## ***ACCESO GRATIS a la Lectura en la Nube***

Para visualizar el libro electrónico en la nube de lectura envíe junto a su nombre y apellidos una fotografía del código de barras situado en la contraportada del libro y otra del ticket de compra a la dirección:

**ebooktirant@tirant.com**

En un máximo de 72 horas laborales le enviaremos el código de acceso con sus instrucciones.

La visualización del libro en **NUBE DE LECTURA** excluye los usos bibliotecarios y públicos que puedan poner el archivo electrónico a disposición de una comunidad de lectores. Se permite tan solo un uso individual y privado

# MANUAL DE ESTUDIOS CRÍTICOS

## Cartografías disidentes para comprender las relaciones internacionales

# MANUAL DE ESTUDIOS CRÍTICOS

## Cartografías disidentes para comprender las relaciones internacionales

*Editoras*

ÁNGELA IRANZO
ITZIAR RUIZ-GIMÉNEZ ARRIETA
MARTA ÍÑIGUEZ DE HEREDIA

**tirant lo blanch**
Valencia, 2025

En caso de erratas y actualizaciones, la Editorial Tirant lo Blanch publicará la pertinente corrección en la página web www.tirant.com.



© TIRANT LO BLANCH
EDITA: TIRANT LO BLANCH
C/ Artes Gráficas, 14 - 46010 - Valencia
TELFS.: 96/361 00 48 - 50
FAX: 96/369 41 51
Email: tlb@tirant.com
www.tirant.com
Librería virtual: www.tirant.es
DEPÓSITO LEGAL: V-2166-2024
ISBN: 978-84-1056-968-3
MAQUETA: Tink Factoría de Color

Si tiene alguna queja o sugerencia, envíenos un mail a: *atencioncliente@tirant.com*. En caso de no ser atendida su sugerencia, por favor, lea en *www.tirant.net/index.php/empresa/politicas-de-empresa* nuestro procedimiento de quejas.

Responsabilidad Social Corporativa: http://www.tirant.net/Docs/RSCTirant.pdf

# *Autores*

## Elsa Aimé González

Es Profesora Ayudante Doctora en el Departamento de Historia Contemporánea de la Facultad de Filosofía y Letras de la Universidad Autónoma de Madrid (UAM). Es Doctora en Relaciones Internacionales y Estudios Africanos (2017) y Licenciada en Historia (2003), y tiene un Diploma de Estudios Avanzados en Estudios Internacionales y Africanos (2008) por la UAM. Es investigadora en diferentes grupos de investigación de la UAM: Grupo de Estudios Africanos, Grupo de Estudios en Relaciones Internacionales, y Escalas. Grupo de investigación en historia conectada de la contemporaneidad. Sus áreas de investigación son la Historia Global, la Teoría de Relaciones Internacionales, el eurocentrismo y los discursos civilizatorios globales, y la agencia de los actores africanos, en particular de Etiopía, y cuestiones ligadas tanto a la conflictividad como la construcción de la paz en la región del Cuerno de África. También ha trabajado sobre política exterior española en África, y la cooperación internacional para el desarrollo en el continente. Ha realizado estancias de investigación internacionales en Etiopía (Centre Français des Études Éthiopiennes, Institute of Ethiopian Studies) y en Francia (Centre d'Étude d'Afrique Noire de Burdeos, Centre d'Études des Mondes Africains de París). Ha publicado sobre estos temas tanto en libros colectivos como en revistas especializadas, y ha participado en una decena de proyectos de investigación competitivos estatales e internacionales.

## Pol Bargués

Es investigador sénior de CIDOB (Barcelona Centre for International Affairs), donde ha explorado el diálogo entre las relaciones internacionales, las teorías críticas y la filosofía. En particular, ha analizado críticamente las intervenciones internacionales en países afectados por conflicto y explorado las ideas de resiliencia, hibridez y esperanza. Obtuvo el doctorado con la Universidad de Westminster, en el Reino Unido, el 2014. Antes de empezar a trabajar en CIDOB en 2018, hizo investigación posdoctoral en el Centre for Global Cooperation Research y en el Institute for Development and Peace (los dos de la Universidad de Duisburg-Essen, Alemania). También ha enseñado varios cursos de Relaciones Internacionales en la Universidad de Groningen, en los Países Bajos, y en el Institut Barcelona d'Estudis Internacionals. Actualmente, es parte del proyecto de investigación Dialogues after Peace (financiado por SNIS), que compara iniciativas y acciones feministas de paz en Colombia, Kosovo y Filipinas. También está trabajando en el proyecto INVIGORATE (dentro del programa Horizon Europe de la UE) sobre la acción exterior de la UE en un contexto geopolítico; participa en el proyecto REGROUP sobre gobernanza y políticas tras el impacto del Covid-19 y el proyecto SHAPEDEM sobre políticas de apoyo a la democracia de la UE en su vecindario sur. Es autor del libro *Deferring Peace in International Statebuilding: Difference, Resilience and Critique* (Routledge 2018; traducido al español por el Instituto Català per la Pau en 2021). También ha co-editado los libros *Hope in the Anthropocene: Agency Governance and Negation* (Edinburg University Press, 2024) y *Mapping and Politics in the Digital Age* (Routledge, 2018).

### Isaline Bergamaschi

Es doctora del Instituto de Estudios Políticos (SciencesPo) de París (Francia) y Profesora de Ciencia Política y Relaciones Internacionales en la Universidad Libre de Bruselas (Bélgica). Entre 2012 y 2016, fue Profesora Asistente en la Universidad de los Andes (Colombia). Su agenda de investigación está centrada en la sociología del desarrollo y la cooperación internacional, a partir del estudio de las intervenciones internacionales en Mali, las contribuciones de los países y sociedades del Sur a la diplomacia multilateral, la cooperación sur-sur y/o los movimientos sociales transnacionales. Sus última publicaciones son: "The Political Economy of Aid in the Sahel," en Leonardo Villalón (ed.), *Oxford Handbook on the Sahel* (Oxford University Press, 2021).

### Valentina Brogna

Es doctora en Ciencias Políticas y Sociales por la Universidad Saint-Louis (Bélgica). Imparte clases sobre políticas de la UE, Relaciones Internacionales, organizaciones internacionales y Sociología en la Universidad católica de Lovaina; es ayudante de cátedra en Relaciones Internacionales en la Universidad Libre de Bruselas, y también ha impartido clases en la Escuela Europea de Ciencias Políticas y Sociales (ESPOL) de la Universidad católica de Lila (Francia). Su investigación está centrada en estudios de desarrollo, estudios europeos, relaciones UE-África, y estudios de las diásporas. Entre sus publicaciones, destacan: "The Case for Epistemic Decolonization: (2021) How Africa Can Take its Development upon Itself", en *International Studies Review* 23(4):1910-1912, y (2017) "The European Union and Africa towards 2030: perspectives from transnational civil society organisations" en Furia A. y B. Venturi (eds.) Un Nuovo 'nomos della terra'? Governance internazionale, sviluppo e aiuto umanitario, *POLITICS. Rivista di Studi Politici*, Vol. VIII 2/2017, 65-82. También ha trabajado en ONG feministas y de desarrollo a nivel europeo e italiano.

### Sergio Caballero

Es Doctor en Relaciones Internacionales por la Universidad Autónoma de Madrid (2012), licenciado en Derecho (2002) y en Ciencias Políticas (2004). Desde 2016, es profesor en la Universidad de Deusto y Director de la Cátedra UNESCO con foco en América Latina. Ha sido Investigador Principal del equipo de investigación de Relaciones Internacionales y Seguridad Multidimensional, así como Vice-Decano de Investigación y Relaciones Internacionales. Sus principales líneas de investigación son: integración regional latinoamericana y política exterior de Brasil, teorías de las Relaciones Internacionales y relaciones UE-América Latina. Sus publicaciones se encuentran en: https://www.researchgate.net/profile/Sergio-Caballero-3 y https://deusto.academia.edu/SergioCaballero

### Carolina Cepeda Másmela

Es Profesora Asistente del departamento de Relaciones Internacionales de la Universidad Javeriana en Bogotá (Colombia). Es politóloga y magíster en estudios políticos por la Universidad Nacional de Colombia, y doctora en ciencia política por la Universidad de los Andes. Sus áreas de investigación se concentran en los movimientos sociales y la política exterior colombiana. Sus publicaciones más recientes incluyen: "Del movimiento estudiantil al Paro Nacional: oportunidades, bases y marcos para la movilización social en Colombia". *Recerca. Revista de Pensament i Anàlisi,* 29(2): 1-20; y "Social Protests in the Andean Region", en *Regional and International Cooperation in South America After COVID* (Routlege, 2022).

### Diego Crescentino

Es Doctor en Historia de las relaciones internacionales por la Universidad Autónoma de Madrid (2021), máster en Relaciones Internacionales (2015) y licenciado en Ciencia Política (2014). Desde 2024 es investigador postdoctoral Juan de la Cierva en la Escuela de Estudios Hispano-Americanos (EEHA) del CSIC, formando parte del equipo HISTOPIA y del grupo ÉPoCA-CSIC. Es también miembro del Grupo de Estudios de Relaciones Internacionales (GERI-UAM) y del Labmundo-IESP/UERJ. Sus líneas de investigación incluyen teoría e historia de las Relaciones Internacionales, estudios utópicos, identidad y estudios latinoamericanos. Sus publicaciones se encuentran en: https://www.researchgate.net/profile/Diego-Crescentino-2 y https://csic.academia.edu/DiegoCrescentino

### Daniel Cubilledo Gorostiaga

Es Licenciado en Sociología, Máster en Estudios Internacionales y Doctor en Estudios Internacionales por la Universidad del País Vasco/Euskal Herriko Unibertsitatea. Desde 2019, ES Profesor Asistente en el Departamento de Relaciones Internacionales de la Facultad de Ciencia Política y Relaciones Internacionales de la Pontificia Universidad Javeriana (Bogotá, Colombia), donde imparte varias materias y ejerce como editor de la revista *Papel Político*. Además de su interés en Cuba y sus relaciones internacionales, donde destaca la publicación *La Revolución cubana y el regreso de la historia. Los desafíos del socialismo cubano en la era de la turbulencia global* (Editorial Pontificia Universidad Javeriana, 2024), en la actualidad también desarrolla varios trabajos sobre las teorías marxistas de las relaciones internacionales.

### José Luis de la Flor

Es licenciado en Farmacia por la Universidad Complutense de Madrid y Doctor en Relaciones Internacionales por la Universidad Autónoma de Madrid con la tesis "Medicalización de las relaciones internacionales: una genealogía africana del poder médico global". Ha realizado estancias de investigación en el Centre for Global Health Policy de la Universidad de Sussex y en el Departamento de Historia Moderna de la Universidad de Sidney. Sus investigaciones se desarrollan en el campo de los estudios críticos de seguridad sanitaria y las políticas de acceso a la salud en África. Ha presentado sus trabajos en congresos internacionales y nacionales, y ha impartido docencia en diferentes másters y estudios de grado. Ha asesorado y colaborado en numerosas sesiones y debates organizados por la sociedad civil sobre gobernanza en salud global y políticas de desarrollo de la salud en África. También ha trabajado en diversos proyectos locales y municipales relacionados con la participación ciudadana y la salud comunitaria.

### Marina Díaz Sanz

Obtuvo en 2018 el doctorado en Ciencias Políticas y Relaciones Internacionales por la Universidad Complutense de Madrid. Sus principales líneas de investigación son los discursos y representaciones geopolíticas de la Posguerra Fría, con especial atención al lugar que ocupa el "Otro musulmán" en el imaginario occidental. Se interesa por las construcciones de significado que orientan el análisis y la práctica de la política mundial. Estos intereses inspiraron la Tesis Doctoral por la que recibió en 2019 el Premio Extraordinario Fin de Doctorado de la Facultad de Ciencias Políticas y Sociología de la Complutense: "Iran and the geopolitical imagination: A Discourse Analysis of the Spanish contribution to the debate on the meaning of modern Iran". Actualmente, es profesora e investigadora en la Facultad de Ciencias Sociales y Humanas de la Universidad de Deusto (Bilbao), donde imparte clases principalmente de teoría de las Relaciones Internacionales y estudios regionales centrados en el área de Oriente Medio y el Norte de África. Ha realizado estancias de investigación en la Universidad de Copenhague (2012), la Escuela de Estudios Orientales y Africanos (SOAS) de la Universidad de Londres (2013) y en el Instituto de Estudios Islámicos de la Universidad McGill de Montreal (2014); y una estancia postdoctoral en la Universidad de Edimburgo (2023). Ha sido profesora visitante en la Universidad Yaşar de Esmirna (Turquía) en 2019 y en las Universidades de Jordania en Amán y San José de Beirut (Líbano) en 2022.

## Jorge Estévez

Es licenciado en Ciencias Políticas, con un Máster en Relaciones Internacionales y Estudios Africanos por la Universidad Autónoma de Madrid. Es también Magíster en Cooperación Internacional por el Instituto Universitario de Cooperación al Desarrollo (IUDC) de la Universidad Complutense de Madrid, y cuenta con diversas especializaciones, entre otras, en Prevención de Conflictos por la Universidad Complutense de Madrid y en SPSS aplicado a las Ciencias Sociales, por el Colegio de Politólogos y Sociólogos. Además de su vertiente académica, Jorge cuenta con una amplia experiencia en el ámbito de la cooperación internacional con más de 15 años de experiencia como responsable de proyectos en Colombia, Senegal, Marruecos o República Dominicana. Además, ha participado como observador electoral en misiones de la OSCE en países como Rusia, Ucrania, Macedonia o Georgia. Realizó una estancia de investigación en la Open University de Londres bajo la tutela de Jef Huysmans, y ha participado en diversos congresos y escuelas internacionales con profesores como Didier Bigo o Vivian Jabri.

## Melody Fonseca Santos

Es Catedrática Auxiliar en la Universidad de Puerto Rico, Recinto Universitario de Mayagüez (UPRM). Se doctoró en Relaciones Internacionales por la Universidad Autónoma de Madrid (UAM) en el 2016. Tiene un máster en Relaciones Internacionales y Estudios Africanos también por la UAM y un B.A. en Ciencias Sociales por la UPRM. Es coordinadora de la Secuencia Curricular en Relaciones Internacionales de la UPRM y co-productora y co-moderadora del programa Hilando Fino desde las Ciencias Sociales de Radio Universidad de Puerto Rico. Ha sido investigadora visitante en distintos centros internacionales como la Universidad de California en Berkeley y la New York University, investigadora postdoctoral en el Centro de Investigaciones y Estudios de Género de la Universidad Nacional Autónoma de México e investigadora visitante y docente en la Universidad de Michigan en Ann Arbor. Sus intereses de investigación son la teoría crítica de Relaciones Internacionales, la política exterior de Estados Unidos hacia Haití, los estudios feministas y estudios postcoloniales y decoloniales. Ha publicado varios artículos en revistas académicas como *Millennium: Journal of International Studies, Interventions: International Journal of Postcolonial Studies, Foro Internacional* y *Relaciones Internacionales,* entre otras; así como capítulos de libros en obras editadas y publicadas en México, Argentina, España y Reino Unido. Junto a Tito Mitjans y Georgina Rodríguez coordinó el libro *Memoria y Feminismos: cuerpo, sentipensares y resistencias,* publicado en el 2022 por Siglo XXI Editores.

## Josep Ibáñez

Es Profesor Titular de Relaciones Internacionales y miembro del Grupo de Investigación en Derecho Internacional Público y Relaciones Internacionales de la Universitat Pompeu Fabra. Es Doctor en Derecho por la UPF desde 2003 y previamente había cursado: Máster en Ciencia Política (1999) y Licenciatura en Ciencias Políticas y Sociales en la Universitat Autònoma de Barcelona (1995), BA in Modern Languages en la University of West of England (Bristol, 1991) y Licence en Langues Étrangères Appliquées en la Université Rennes II (Rennes, 1990). Su docencia se ha desarrollado esencialmente en la UPF, pero también en numerosas universidades e instituciones educativas, como Binus University (Yakarta, Indonesia), Josef Korbel School of International Studies-University of Denver (USA), Seoul National University & University of Korea (Corea del Sur), Instituto Barcelona de Estudios Internacionales (IBEI) y Centro de Estudios Internacionales-International Affairs (CEI). Sus áreas de investigación en Relaciones Internacionales comprenden el estudio de los actores y autoridades no estatales en la política mundial, la dimensión política de las tecnologías de la información y la comunicación, la gobernanza global y el análisis de política exterior. Cuenta con numerosas publicaciones desarrolladas en el marco de una quincena de proyectos de investigación competitivos nacionales e internacionales. También ha sido secretario académico de la Revista Española de Derecho Internacional (2019-2023), editor de los Orbis Working Papers (desde 2015), miembro del Internet Governance Forum – Spain (IGF-Spain, 2009-2014) y del Multistakeholder Advisory Group of IGF Spain (desde 2014).

## Marta Íñiguez de Heredia

Es Doctora en Relaciones Internacionales por la Universidad London School of Economics and Political Science (LSE). Antes de su incorporación al Departamento de Ciencia Política y Relaciones Internacionales de la UAM, era Marie Sklodowska-Curie Fellow en el Institut de Barcelona d'Estudis Internacionals. Ha impartido docencia en Reino Unido, Francia y Australia, incluyendo la Universidad de Cambridge, la LSE, Queen Mary University, Queen's University,

Rouen (Neoma) Business School, Deakin University y La Trobe University. Su investigación se encuentra a caballo entre los estudios de paz y conflicto, estudios africanos, la sociología histórica y la teoría práctica de las Relaciones Internacionales. Desde este enfoque, algunas de sus publicaciones se han centrado en la práctica de la reconstrucción 'post-bélica' de estados, las formas de resistencia cotidiana, la interconexión entre el orden político micro y macro, y el análisis de patrones en las relaciones de poder durante procesos de guerra y paz. Actualmente, su investigación aborda la creciente militarización de los procesos de construcción de paz.

## Ángela Iranzo

Es Doctora en Ciencia Política y Relaciones Internacionales por la UAM. Actualmente, es profesora del Departamento de Ciencia Política y Relaciones Internacionales de la UAM, y previamente fue profesora del Departamento de Ciencia Política de la Universidad de Los Andes (Colombia) y Directora del Centro de Estudios Internacionales (CEI) de la misma universidad. Su investigación busca analizar críticamente el espacio, el tiempo y el movimiento en la producción histórica de relaciones transnacionales de poder; cuestión que ha analizado en relación a temas como las migraciones (a través del nexo seguridad-movilidad), la trata de personas, y las geografías de paz (en frontera y territorialidades de diáspora). Además, ha trabajado sobre religión, espiritualidad y políticas post-seculares en relaciones internacionales. Ha sido investigadora visitante en SOAS-University of London, London School of Economics and Politics Science (LSE), y Bogaziçi University (Turquía), así como profesora invitada de la Escuela de Verano ("Pluriversal knowledges") del Centre for Global South Studies de la Tübingen University (Alemania) desde 2022. Su trabajo ha sido publicado por revistas como *Third World Quarterly*, *Mobilities*, *Space and Polity*, *Colombia Internacional*, *Revista de Estudios Sociales* (RES), y editoriales como Routledge.

## Ari Jerrems

Es profesor de Relaciones Internacionales en la University of Western Australia. Su investigación cruza las disciplinas de Relaciones Internacionales y Geografía Política centrándose en la política de fronteras. Es coordinador del Australian Critical Border Studies Network y el Political Geography Study Group del Institute of Australian Geographers. Su trabajo se ha publicado en *European Journal of International Relations*, *Security Dialogue*, *Millennium: Journal of International Studies* y *Environment and Planning D*, entre otras revistas. Su primer libro *Bordering the Neighbour: The Spatial Limits of Political Community in Spain* será publicado por Bristol University Press en 2025.

## Jonathan Joseph

Es profesor de Política y Relaciones Internacionales en la Universidad de Bristol. Anteriormente, trabajó en las universidades de Sheffield, Kent y Aberystwyth. La mayor parte de su trabajo más reciente analiza la relación entre resiliencia y gubernamentalidad, dando lugar a publicaciones como: *Varieties of Resilience: Studies in Governmentality* (Cambridge, 2018) y *Wellbeing, Resilience and Sustainability: The New Trinity of Governance* (junto a Allister McGregor, Palgrave Macmillan, 2020). Otros trabajos recientes analizan el realismo crítico, la política exterior de la UE, la integración europea y la gobernanza global. Actualmente, está trabajando en un libro sobre la resiliencia y la crisis del orden internacional liberal.

## Alice Martini

Es Profesora Ayudante Doctora en el Departamento de Relaciones Internacionales e Historia Global de la Universidad Complutense de Madrid. Doctora en Relaciones Internacionales conjuntamente por la Scuola Superiore Sant'Anna (Italia) y la Universidad Autónoma de Madrid. Sus principales áreas de investigación son la seguridad internacional y la Teoría de las Relaciones Internacionales. Ha impartido docencia a nivel de grado y postgrado en la Queen Mary, University of London y en la Universidad Pontificia Comillas. En 2022, ha sido investigadora Juan de la Cierva en Formación en la UNED. Ha realizado varias estancias académicas como investigadora y profesora invitada en centros nacionales como, por ejemplo, la UDIMA, e internacionales como el National Centre for Peace and Conflict Studies (Nueva Zelanda), el IPRI-Nova (Lisboa) y la Università di Trento (Italia). Es miembro y coordinadora de varios grupos de trabajos en asociaciones de estudios internacionales como la European International Studies Association (EISA), la International Studies Association (ISA) y la British International Studies Association (BISA). Entre otras publicaciones, es autora de *The UN and counter-terrorism. Global hegemonies, power, and identity* (Routledge, 2021), y co-editora de *Contemporary Reflections on Critical Terrorism Studies* (Routledge, 2023) y *Encountering Extremism. Theoretical Issues and Local Challenges* (MUP, 2020).

## Óscar Mateos

Es Profesor Titular de Relaciones Internacionales y coordinador del grupo de investigación consolidado GLOBALCODES de la Facultad de Comunicación y Relaciones Internacionales Blanquerna (Universidad Ramon Llull). Es Doctor en Relaciones Internacionales, con mención europea, por la Universitat Autònoma de Barcelona (UAB) (2012), posgrado en Cultura de Paz y licenciado en Ciencias Políticas y de la Administración (UAB). Es miembro de la Junta de gobierno del Instituto Catalán Internacional para la Paz (ICIP) desde 2016, investigador asociado del CIDOB y miembro del Grupo de Estudios Africanos (GEA) de la UAM. Imparte clases en diversos másteres y posgrados a nivel estatal e internacional. Ha publicado numerosos artículos en revistas como Politics & Governance, American Behavioural Scientist, Journal of Intervention and Statebuilding, Revista CIDOB d'afers internacionals, Peace and Conflict Studies o Relaciones Internacionales, entre otras. Ha editado y publicado también diversos libros, destacando: *Detrás del Ébola. Una aproximación multidisciplinar a una cuestión global* (Bellaterra, 2016, co-editado con Jordi Tomàs), *¿De la 'tragedia' al 'milagro'? África subsahariana en el nuevo contexto multipolar* (CJ, 2015), *¿Una nueva era para África?: nuevos desafíos y perspectivas sobre paz y seguridad en África* (La Catarata, 2014, co-editado con Rafael Grasa), o *Peace and Security in Subsaharan Africa* (La Catarata, 2009).

## Yoan Molinero Gerbeau

Es licenciado en Ciencias Políticas y de la Administración (UCM), hizo el Máster en Relaciones Internacionales y Estudios Africanos (UAM) y es Doctor en Ciencia Política y Relaciones Internacionales (UAM). En la actualidad es Investigador senior del Instituto Universitario de Estudios sobre Migraciones (IUEM) de la Universidad Pontificia de Comillas y desde 2024 es director de la revista *Migraciones*, de la cual fue secretario técnico en 2022 y 2023. Entre sus actuales responsabilidades cabe también destacar su labor como docente en el Máster Universitario en Migraciones Internacionales (IUEM-Comillas), así como su cargo de presidente, desde 2020, del Comité de Investigación 32 "Estudios Internacionales, Estudios de Área y Globalización" de la Federación Española de Sociología (FES). Anteriormente, fue investigador del Instituto de Economía, Geografía y Demografía (IEGD) del CSIC además de profesor asociado en la Universidad Complutense de Madrid y en la Universidad Carlos III. Su experiencia editorial también pasa por haber sido editor de la Revista "Relaciones Internacionales" entre 2016 y 2022. Ha participado en varios proyectos tanto nacionales como europeos y ha realizado estancias en centros de investigación en Argentina, Chile y Rumanía. En 2022 publicó el libro *El medioambiente en Relaciones Internacionales*, editado por Síntesis, y es autor de diversos artículos principalmente sobre migraciones, trabajo agrícola, medioambiente y Estructuralismo en Relaciones Internacionales.

## Paolo Novak

Es profesor en Estudios de Desarrollo y Director del Centro de Estudios sobre Migración y Diásporas de la School of Oriental and African Studies (SOAS), de la Universidad de Londres. Su investigación está centrada en el estudio de las fronteras y la migración, y su relación conceptual y contextual con los procesos de desarrollo. En particular, busca comprender cómo las estructuras globales y fuerzas íntimas producidas por dicha relación se reproducen y desestabilizan de forma fluida, contingente y específica a cada lugar, así como las implicaciones políticas de estas dinámicas ambiguas. Durante años, ha realizado trabajo de campo en Peshawar (Pakistán), Macerata (Italia), Meghalaya (India) y El Cairo (Egipto). Es autor del libro *Buildings of Refuge* (BUP, 2025).

### Alex Prichard

Es Profesor de Teoría Política Internacional y Director de Investigación del Departamento de Ciencias Sociales y Políticas, Antropología y Sociología (SPSPA) de la Universidad de Exeter. Ha publicado numerosos trabajos sobre el pensamiento de Pierre-Joseph Proudhon, el concepto de anarquía en la teoría de las Relaciones Internacionales, y la historia y filosofía política anarquistas, y ha coeditado tres colecciones sobre las intersecciones entre diversos anarquismos y marxismos. Sus investigaciones han sido financiadas por el ESRC y la Independent Social Research Foundation, así como por otras fuentes. También, su trabajo en coautoría con Ruth Kinna sobre la constitucionalización anarquista ha inspirado y dado forma a las prácticas de una serie de grupos y organizaciones. El profesor Prichard es coeditor de la colección «Contemporary Anarchist Studies», de Manchester University Press, y ha publicado una nueva edición de *Anarchism. A Very Short Introduction* con Oxford University Press en 2022.

### Amaya Querejazu Escobari

Es profesora titular de la Facultad de Derecho y Ciencias Políticas de la Universidad de Antioquia, Colombia. Doctora en Ciencia Política de la Universidad de Los Andes, Colombia y British Academy Newton International Fellow por la Aberywtwyth University, Reino Unido. Dentro de sus intereses académicos están las Teorías de Relaciones Internacionales, enfoques y metodologías relacionales, aproximaciones no antropocéntricas al ambiente, estudios pluriversales, textiles y tejidos y América Latina. Usa métodos y metodologías basadas en investigación creación, específicamente narrativa textil. Es editora asociada de la revista International Relations (Sage), miembro del colectivo "Doing IR Differently", miembro fundador de la Red Colombiana de Relaciones Internacionales (Redintercol), miembro fundante y del comité ejecutivo de la revista Plurivestal Studies: A Journal from de Global South (que publicará a partir de 2025). Ha sido co-Directora del Centre for the International Politics of Knowledge, de Aberystwyth University (2020-2023). Entre otras, sus últimas publicaciones son: (2024) "Animacy and the Agency of Spiritual Beings in Pluriversal Societies", *International Political Sociology* 18(2); y, junto con Christine Andrä, Berit Bliesemann de Guevara y Victória M. S. Santos (2023), "Textiling

World Politics: Towards an extended epistemology, methodology, and ontology", *Global Studies Quarterly* 3(4).

## Lucrecia Rubio Grundell

Es doctora en ciencias políticas y sociales por el Instituto Universitario Europeo de Florencia, donde defendió su tesis doctoral sobre "La dinámica de securitización y des-securitización de las políticas anti-trata de la Unión Europea: el caso de la trata de mujeres con fines de explotación sexual". Desde entonces, ha sido investigadora postdoctoral en la Universidad Libre de Bruselas, participando en un proyecto sobre valores europeos (ValEUR), y en la Universidad Autónoma de Madrid, en un proyecto titulado "Mujeres en movimiento y su derecho a una vida libre de violencia y discriminación: recomendaciones para una política municipal madrileña con enfoque derechos humanos, género e interseccionalidad", financiado por el Ayuntamiento de Madrid. Sus intereses de investigación versan sobre la intersección entre los derechos humanos, el género y la interseccionalidad, la migración y el trabajo sexual, temas sobre los que ha publicado en revistas como el *European Journal of Women Studies, Social Politics, Comparative European Politics* o *European Journal of Politics and Gender*, además de publicar la monografía *Security Meets Gender Equality in the EU: The Politics of Trafficking in Women for Sexual Exploitation* (Palgrave Macmillan, 2023).

## Itziar Ruiz-Giménez Arrieta

Es Profesora Titular de Relaciones Internacionales en el Departamento de Ciencia Política y Relaciones Internacionales de la Universidad Autónoma de Madrid (UAM) y Coordinadora del Grupo de Estudios Africanos (GEA) y del Grupo de Estudios Internacionales (GERI) de dicha universidad. Sus principales líneas de investigación versan sobre: por un lado, los enfoques críticos en Relaciones Internacionales y, en particular, los feminismos críticos; y, por otro, los Estudios Africanos Críticos, investigando sobre temáticas tan diversas como la guerra y la paz en África, la soberanía, las intervenciones humanitarias, los derechos humanos, las migraciones, género e interseccionalidad, cooperación feminista, asistencia humanitaria, política exterior europea y española, entre otros.

## Elizabeth Shakman Hurd

Es Profesora y Directora del Departamento de Estudios sobre las Religiones, y Profesora del Departamento de Ciencia Política en Northwestern University. Enseña e investiga sobre los cruces entre religión y política en la política exterior y migratoria de EEUU; las políticas globales del secularismo, la diversidad y la libertad religiosa; el papel de las relaciones exteriores de EEUU en Oriente Medio y otras regiones del mundo, y sobre las intersecciones entre la teoría política y la teología política. Es codirectora del grupo de investigación sobre Religión y Política en perspectiva global (Global Religion & Politics Research Group). Ha publicado numerosos artículos en revistas especializadas como *Journal of Law and Religion* y *Review of International Studies*, entre otras. Es co-editora de cuatro libros, entre los cuales destacan *Politics of Religious Freedom* (University of Chicago Press, 2015); y autora de dos libros que son referentes en sus áreas de investigación: *The Politics of Secularism in International Relations* (Princeton, 2008) y *Beyond Religious Freedom: The New Global Politics of Religion* (Princeton, 2015). Su libro más reciente es *Heaven Has a Wall: Religion, Borders, and the Global United States* que será publicado en 2025 por la editorial de la University of Chicago. Es también co-curadora de un archivo para la enseñanza de las intersecciones entre religión y derecho en perspectiva global Teaching Law and Religion Case Study Archive.

## Ignasi Torrent

Es profesor agregado de Relaciones Internacionales en la Universitat Oberta de Catalunya. Es doctor en Relaciones Internacionales por la Universitat Pompeu Fabra. En el pasado, ha estado vinculado a instituciones académicas como la University of Westminster de Londres, la City University of New York y la University of Sierra Leone, entre otras. Sus intereses de investiagción se centran en los estudios críticos de paz y conflictos, los desafíos de la era del Antropoceno y el pensamiento crítico contemporáneo. Tiene numerosas publicaciones académicas y no académicas en revistas y editoriales reconocidas internacionalmente. Es autor del libro *Entangled Peace* (Rowman and Littlefield, 2021).

## Francisco J. Verdes-Montenegro

Es profesor de Relaciones Internacionales en la Universidad Complutense de Madrid (UCM) e investigador desde hace más de una década en el Instituto Complutense de Estudios Internacionales (ICEI). Premio Extraordinario de doctorado (UCM) por su tesis centrada en la dimensión de seguridad regional en la Unión de Naciones Suramericanas (UNASUR). Su área de especialización es América Latina, en especial problemáticas vinculadas con las dimensiones de paz, seguridad y desarrollo. Asimismo, cuenta con experiencia profesional como asesor parlamentario y gubernamental, así como de investigador en el área de estudios y análisis de la Fundación Carolina. Ha sido docente en distintas universidades europeas y latinoamericanas. Entre sus últimas publicaciones destacan: *Militarización, militarismo y democracia: ¿nuevas tendencias en América*

*Latina?* (Fundación Carolina, 2023), coordinado junto con Marcos Robledo; o *100 Años de Relaciones Internacionales: Una Mirada Reflexiva* (Tirant Lo Blanch, 2020), coordinado junto con J.A. Sanahuja y Caterina García Segura.

# Índice

**Parte III**
**TEMAS**

# *Prólogo*
## *Pensar lo internacional de otro modo*

**ARLENE B. TICKNER**[*]

La concepción de las "relaciones" y de "lo internacional" en el campo de las Relaciones Internacionales (RRII) ha sido cuestionada, entre otros, por su estrechez, por la dicotomía que fija entre la comunidad política que supuestamente prima "dentro" de los estados soberanos y por la ausencia de ésta en el sistema internacional[1], y por su arraigo en el eurocentrismo, el imperialismo y el colonialismo. Como han argumentado autores como Robert Vitalis[2], desde la creación misma de las RRII como disciplina, su ontología de lo internacional ha estado anclada no en la anarquía y la competencia entre estados soberanos, sino en las relaciones desiguales y jerarquizadas trazadas por las líneas coloniales y racializadas de la diferencia, así como las del género.

En consecuencia, el deseo de hacer las RRII de otro modo ha estado en el centro de una agenda académica disidente desde hace más de tres décadas. Distintas formas de crítica originadas en el postpositivismo (incluyendo el feminismo, el postestructuralismo, el postcolonialismo, la decolonialidad y la teoría queer), la sociología del conocimiento y la historiografía han puesto de relieve la miopía de las principales autonarrativas de las RRII —es decir, las historias que la comunidad académica que se identifica como internacionalista cuenta sobre sí misma—, las implicaciones negativas de la dominación occidental, estadounidense o anglosajona, y el vínculo entre el positivismo como única visión admisible del conocimiento científico y la violencia epistémica. Así mismo, el análisis de las prácticas internacionales del mundo no occidental y del sur global han ilustrado la

---

* Actualmente, es Embajadora itinerante para asuntos de género y política global feminista del gobierno de Colombia y ha sido profesora titular de Relaciones Internacionales en la Universidades del Rosario, la Universidad de Los Andes y la Universidad Nacional de Colombia

1 Walker, R.B. J. *Inside/outside: International Relations as Political Theory* (Cambridge: Cambridge University Press, 1993).

2 Vitalis, Robert. *White World Order, Black Power Politics* (Ithaca: Cornell University Press, 2015).

falta de conexión que existe entre las principales teorías y categorías de las RRII, y las experiencias vividas por buena parte del planeta. Una preocupación común que ha surgido de tales reflexiones tiene que ver con la marginalización y el silenciamiento que ejerce la disciplina como resultado de los rasgos señalados.

A primera vista, los manuales pedagógicos no tendrían por qué ocupar un lugar preponderante en el trabajo de quienes se identifican con la crítica o la disidencia al interior de las RRII, pero ocurre todo lo contrario. Los manuales juegan un rol decisivo en la construcción de narrativas sobre las relaciones internacionales (rrii) al indicarles a estudiantes y profesores/as qué teorías, temáticas e hitos son dignos de pertenecer al estudio de las RRII y qué autores/as deberíamos considerar más importantes e interesantes. Dicho ejercicio de inclusión y validación tiene como contracara la exclusión y el desconocimiento de todo aquello que no se considera parte del campo de las RRII[3]. Con contadas excepciones, los manuales se centran en las lecturas occidentales y estadounidenses de los hechos y temas que han marcado las principales pautas de la política mundial, priorizan a autores (masculinos y blancos) de Estados Unidos, Reino Unido y en menor medida, Europa, y se escriben en inglés.

Este manual busca responder al descontento creciente de quienes nos movemos dentro de las RRII como profesores/as, investigadores/as y estudiantes, con las limitaciones de nuestra disciplina y de sus textos y teorías canónicos a la hora de dar cuenta del complejo y desordenado mundo que nos rodea. Una de sus premisas básicas es que el camino para lograr interpretaciones de lo internacional que tengan mayor sentido y que sean en últimas más adecuadas arranca con aprender a ver y pensar de otro modo, es decir, críticamente.

La función disciplinante de toda disciplina hace difícil, en un texto como este, desviarse de la hoja de ruta esperada en cada manual de RRII, consistente en explorar el "ABC" de las RRII y solo a partir de ello, abordar algunas de las alternativas que se vislumbran. Sin duda, una de las grandes fortalezas de los capítulos que usted leerá a continuación es la decisión colectiva de sus autoras y autores de saltarse la necesidad, generalmente autoimpuesta, de abordar el "canon" teórico primero; pues este condiciona, a priori, el debate al centrar las teorías y los autores clásicos como "punto

---

3 Smith, Karen y Arlene B. Tickner, "Introduction. International Relations from the global South", en Arlene B. Tickner y Karen Smith (eds.), *International Relations from the Global South. Worlds of Difference*, London: Routledge, 2020, pp. 1-14.

de referencia" a partir del cual debe girar todo el resto, incluyendo los desarrollos críticos de la teoría.

El hecho de desarrollar dicho ejercicio en español, idioma en el que existen sorprendentemente pocos manuales sobre teoría de las RRII y ninguno que ahonde exclusivamente en los enfoques críticos, constituye una ventaja adicional. Pese a ello, fíjese usted que aún al estar escrito en español, el libro no resuelve del todo el problema (estructural) del dominio lingüístico, ya que la mayoría de las referencias bibliográficas citadas en cada uno de sus capítulos sigue siendo en inglés (y escrita por hombres blancos).

Recorre las páginas de este manual una pregunta fundamental: ¿cuál es el objetivo del conocimiento, incluyendo el conocimiento teórico? Para Robert Cox[4], existen dos tipos de teoría, la teoría de resolución de problemas y la teoría crítica. Mientras que la primera toma como punto de partida analizar el mundo (pre)existente, dentro del cual busca explicar distintos fenómenos que allí se observan, la segunda aspira a comprender las relaciones de poder, los intereses específicos y los procesos históricos que han dado lugar a determinadas realidades con miras a transformarlas.

Recordando el planteamiento famoso de Cox, "la teoría siempre es *para* alguien y *para* algún propósito. Todas las teorías tienen una perspectiva. Las perspectivas derivan de una posición en el tiempo y el espacio..."[5]. En otras palabras, el conocimiento siempre está situado en contextos geoculturales, sociales, históricos y políticos específicos.

Cabe observar que prácticamente todas las teorías que se reconocen como tales en RRII, como ocurre en la inmensa mayoría de los campos científicos, se elaboran en y provienen de visiones e intereses del norte —nuevamente, Estados Unidos, Reino Unido y Europa—, aun cuando algunos de sus autores/as tengan orígenes nacionales distintos. Ello se debe a lo que se ha denominado la división internacional del trabajo intelectual, que asigna a los países e instituciones del norte la función de creadores teóricos, siendo los del sur los que aportan la "materia prima" o la evidencia empírica necesaria para la teorización. Es pertinente alertar que no tener conciencia sobre esta situación y hacerse preguntas sobre sus posibles im-

---

4 Cox, Robert, "Social Forces, States and World Orders: Beyond International Relations Theory", *Millennium: Journal of International Studies* 10, núm. 2 (1981): 126-155.

5 Ibid.

plicaciones puede constreñir el alcance transformativo incluso de quienes se identifican como teóricos/as críticos. Así, poseer la humildad reflexiva de reconocer nuestra propia complicidad en la construcción del mundo como lo conocemos hoy, constituye un paso fundamental para pensar críticamente.

En el mismo espíritu crítico de practicar el autoanálisis, la aplicación sistemática de la reflexividad permite precisar las formas en que nuestros propios roles sociales y experiencias vividas afectan a cada una de las etapas de construcción del conocimiento, desde las realidades que vemos a nuestro alrededor y las preguntas que nos hacemos sobre éstas, hasta la escogencia de nuestros métodos de análisis y la lectura de los resultados[6]. En consecuencia, para la filósofa feminista de la ciencia Sandra Harding, la reflexividad es un requisito indispensable para lograr interpretaciones más rigurosas del mundo.

Más allá de su compromiso común con la transformación, los enfoques críticos analizados en este manual no aplican con igual vigor la reflexividad y varían también en términos de los proyectos transformativos por los que abogan. No es lo mismo, por ejemplo, el tipo de transformación visualizada por el feminismo, el postestructuralismo o postcolonialismo, que el que plantean el neomarxismo o el constructivismo. A su vez, reflexionar críticamente no es sinónimo de descolonizar el conocimiento; un proyecto específico de transformación que está ahora en boga en campos como las RRII. En éste, dos propósitos centrales son: mostrar cómo fenómenos como el patriarcado, el racismo, el colonialismo, la xenofobia, la islamofobia o la homofobia no se deben a la incapacidad de relacionarnos con quien es "diferente", sino que es en función de su otredad e inferioridad; y explorar las formas en las que las experiencias vividas de la opresión, la violencia y la discriminación producen formas distintas de ver y conocer la realidad que deben ser tenidas en cuenta.

En suma, para los tiempos inciertos y tumultuosos que caracterizan nuestro mundo, el pensamiento crítico debe ser desafiante en términos de cuestionar y retar el estado (pre)existente de las cosas, reflexivo a la hora de interrogarse regularmente a sí mismo, cuidadoso en su pretensión de incluir a "otras voces" —lo cual siempre trae el riesgo de su apropiación— y audaz en su imaginación de otros futuros posibles. En medio de su diversi-

---

6 Harding, Sandra, "Rethinking Standpoint Epistemology: What is ´Strong Objectivity´?" en Sandra Harding (ed.), *The Standpoint Feminist Theory Ready: Intellectual and Political Controversies*, New York: Routledge, 2004, pp. 127-140.

dad, este manual ofrece la provocación de entender los enfoques críticos como un proyecto permanente de compromiso con la transformación del estatus quo, la resistencia, la emancipación y la cocreación de las condiciones de posibilidad del cambio. Qué enfoques le llaman más la atención, le hablan a su mente o corazón, o están en su opinión a la altura de las múltiples crisis que enfrentamos como especie humana, como planeta y como cosmos, es algo que ojalá pueda usted resolver en la medida en que ahonde en su lectura, análisis y discusión.

# *Introducción general*

ÁNGELA IRANZO
ITZIAR RUIZ-GIMÉNEZ ARRIETA
MARTA ÍÑIGUEZ DE HEREDIA

La irrupción y consolidación de los enfoques críticos en Relaciones Internacionales (RRII)[1] han contribuido a la expansión y enriquecimiento de la propia disciplina. Esta lectura, sin embargo, no es compartida, existiendo un debate sobre cuáles han sido sus impactos, a medida que estos enfoques se han consolidado desde los años ochenta del siglo XX[2]. Dos posturas han dominado el debate[3]. La primera ha valorado sus aportaciones como una auténtica revolución, poniendo en valor la novedad, intensidad, variedad, sofisticación y radicalidad de sus múltiples propuestas en formas de saber, metodologías, temas y posicionamientos normativos. La segunda postura, por el contrario, ha interpretado estos aportes como un sombrío panorama científico, al defender que sus propuestas introducen inconsistencias en la producción del "saber científico" y debilitan, por tanto, el rigor y legitimidad de la disciplina.

Si nos centramos en la producción de manuales docentes de RRII, podemos advertir que, si bien en los inicios de la posguerra fría, el grueso de los manuales y revistas académicas dedicadas al estudio de las relaciones internacionales apenas incorporaban estos enfoques críticos, hoy en día, casi todos incluyen, en mayor o menor medida, sus aportes. Sin embargo, el reconocimiento de estas aportaciones ha sido más frecuente entre los manuales escritos y publicados por el mundo anglosajón que en los producidos en otras lenguas, como es el caso del español. Al analizar la producción

---

1 En este capítulo, al igual que en el resto del manual, se escribe el nombre de la disciplina científica con mayúsculas y la práctica política internacional con minúsculas.

2 Ver capítulo 2 de este manual.

3 Sobre esa controversia, véase Tim Dunne, Lene Hansen y Colin Wight, "The end of International Relations theory?", *European Journal of International Relations*, 19, no. 3 (2013) y todo el resto de ese número.

de manuales docentes en español[4], observamos dos hechos. Primero, la mayoría de ellos incorporan una visión parcial de "lo crítico", al limitar la explicación a solo algunos de los muchos y variados enfoques teóricos críticos de RRII; frecuentemente, el constructivismo social, la Teoría Crítica, el postestructuralismo y ciertas versiones del feminismo. Y, segundo, no existe en la actualidad un manual en el mercado editorial en lengua española que se centre exclusivamente en los desarrollos críticos de la Teoría de RRII, como sí han sido recientemente publicados inglés —véase, por ejemplo, *Routledge Handbook of Critical International Relations*, editado por Jenny Edkins en 2019, o *Handbook of Critical International Relations*, editado por Steven C. Roach en 2020[5]. En otras palabras, las propuestas conceptuales y teóricas críticas sobre relaciones internacionales, casi siempre se presentan en los manuales docentes *después de* o como *complemento a* la explicación de los desarrollos teóricos canónicos o *mainstream* de las RRII.

Por ello, este manual nace con el objetivo de contribuir a enriquecer el conocimiento sobre los estudios críticos que, en grados distintos, se han

---

4 En materia de Teoría de Relaciones Internacionales, las obras publicadas en América Latina han sido: Colotta, Mariana, Patricio Degiorgis, Julio Lascano y Vedia, y Ángeles Rodríguez, comp., *Manual de Relaciones Internacionales (Teseo, 2021); Bello, Daniel, ed., Manual de Relaciones Internacionales: herramientas para la comprensión de la disciplina (RIL editores, 2013); Legler, Thomas, Arturo Santa Cruz y Laura Zamudio, Introducción a las relaciones internacionales: América Latina y la política mundial* (México: Oxford University Press, 2013); Santa Cruz, Arturo, *La política sin fronteras. O la ubicuidad de lo distintivo* (México: CIDE, 2012); Santa Cruz, Arturo, ed., *El constructivismo y las relaciones internacionales* (México: CIDE, 2009). Por su parte, las obras publicadas en España han sido: Sodupe, Kepa, *La Teoría de Relaciones Internacionales a comienzos del siglo XXI* (Bilbao: Editorial Universidad del País Vasco, 2003); García Picazo, Paloma, *Teoría breve de Relaciones Internacionales* (Madrid: Tecnos, 2004); Barbé, Esther, *Relaciones Internacionales* (Madrid: Tecnos, 2007); Del Arenal, Celestino y José Antonio Sanahuja, coords., *Teorías de las Relaciones Internacionales* (Madrid: Tecnos, 2015); García Segura, Caterina, José Antonio Sanahuja y Francisco J. Verdes Montenegro, coords., *100 años de Relaciones Internacionales: una mirada reflexiva* (Valencia: Tirant lo Blanch, 2020).

5 Existen otros manuales en inglés que, entre sus capítulos, introducen teorías críticas de Relaciones Internacionales. Por ejemplo: Christian Reus-Smith and Duncan Snidal, eds., *Oxford Handbook of International Relations* (Oxford: Oxford University Press, 2008, 1ª ed.). Asimismo, reconocidas internacionalistas de la academia latinoamericana como Arlene B. Tickner, han publicado varios libros desde un enfoque crítico post-/decolonial, pero en inglés. Por ejemplo, véase: Arlene B. Tickner y Karen Smith, eds., *IR from the Global South. Worlds of Difference* (Londres: Routledge, 2020); Arlene B. Tickner y David L. Blaney, eds., *Thinking International Relations Differently* (Abingdon: Routledge, 2012).

instalado en el seno de la disciplina de RRII o que simplemente se han desarrollado —desde otros lugares disciplinares e incluso fronterizos— por su interés —y compromiso— de pensar "lo internacional" desde otras latitudes y con otros propósitos en lo ontológico, epistémico, político y normativo. Así, este manual busca facilitar a las y los estudiantes de RRII el aprendizaje de los desarrollos críticos interesados por "lo internacional" a través de doce capítulos teóricos que recogen las propuestas provenientes del: (neo)marxismo, feminismos, anarquismo, constructivismo, sociología histórica, post-estructuralismo, los estudios post- y de-coloniales, la geografía política, la teoría verde, los nuevos materialismos, el pragmatismo y el realismo crítico.

Por supuesto, esta selección tiene, como todas, sus límites; unos límites que, como coordinadoras de este manual docente, no queremos dejar de reconocer. Quienes lean esta publicación podrán observar la ausencia de capítulos sobre la variante crítica de la Escuela Inglesa y la Teoría Crítica que también merecerían un lugar en este manual, así como un capítulo sobre teoría normativa e incluso sobre metodologías críticas. Todo esto sería necesario para ofrecer un *puzzle* lo más completo y riguroso posible de la compleja realidad del pensamiento crítico internacional y, por ello, aunque no de forma directa, sí hay en diferentes capítulos —como no podía ser de otro modo— múltiples menciones y reflexiones cruzadas a estas aparentes "ausencias".

Asimismo, como advierte Jenny Edkins, creemos necesario subrayar la dificultad misma de "capturar" —y, con ello, de "cosificar" o "congelar" de algún modo— las contribuciones y debates de un campo teórico de reflexión que está permanentemente abierto[6]. Como subraya dicha autora, la teorización crítica es un campo altamente móvil, en la medida en que los enfoques críticos evolucionan rápidamente y —añadiríamos— no tienen una especial vocación de estabilizarse como herramientas de análisis teórico. Por este motivo, invitamos a las y los estudiantes de RRII a no acercarse a estas doce teorías como un canon cerrado. Por el contrario, les invitamos a tomarlas como un punto de partida, pero no necesariamente de llegada. Esto se explica porque, en última instancia, el objetivo consiste en capacitar al alumnado para rastrear, revisar y participar activamente en los debates introducidos por los enfoques críticos; y, en su caso, contribuir a redirigirlos por nuevos rumbos. Por este motivo, cada capítulo de la segun-

---

6 Edkins, Jenny., ed., *Handbook of Critical International Relations* (Nueva York: Routledge, 2019).

da parte recoge los principales postulados propuestos por cada enfoque teórico, pero también las diferentes corrientes y debates surgidos dentro de ellos; unos debates internos que estas teorías consideran saludables, por enriquecedores, y que, como hemos mencionado, están abiertos a otros futuros rumbos.

Junto a esta amplia (segunda) parte del manual dedicada a los enfoques teóricos, hay otra (tercera) parte orientada al análisis crítico de temas centrales para las relaciones internacionales del tiempo presente. De este modo, el manual recoge y desarrolla diez capítulos temáticos sobre resistencia, naturaleza, desarrollo, sur global, religión, movilidad, frontera, paz, seguridad y salud. Una vez más, reconocemos que esta selección no responde a la totalidad de temas que conforman la "realidad" política internacional en el siglo XXI. En la propuesta inicial, el manual incluía otros temas como intimidad y cuerpos, violencias, justicia y diferencia. Sin embargo, este tipo de proyectos académicos también están atravesados por las contingencias de la vida personal. Por ello, queremos reconocer el esfuerzo que sus autoras y autores han hecho, pese a no haber llegado a la versión final, así como agradecerles su plena confianza e interés en el proyecto. Además, hay otros temas como poder y ética que, si bien atraviesan el análisis de todos los temas recogidos en este manual, nos hubiese gustado introducir en esta tercera parte.

No obstante, el manual ofrece una primera parte, previa a las dos grandes partes presentadas (enfoques teóricos y temas), con dos capítulos que buscan, principalmente, contextualizar a las y los lectores en, primero, el propósito de pensar críticamente y, segundo, el origen y desarrollo de los enfoques críticos en RRII. En primer lugar, el capítulo "Pensar críticamente" ofrece una especie de "hoja ruta" (en cinco pasos) para conocer en qué consiste la práctica de pensar de forma crítica. Sin embargo, ésta es una opción explicativa entre otras posibles, e incluso el capítulo invita a los y las estudiantes a leerlo críticamente; esto es, a poner bajo escrutinio la crítica misma (¿qué es crítico o puede ser crítico en relaciones internacionales?), así como preguntarse por los límites de las propuestas denominadas "críticas" para comprender —y transformar— las relaciones internacionales. En segundo lugar, el capítulo "Surgimiento y desarrollo de los enfoques críticos: un relato alternativo" recorre el pensamiento internacionalista desde el siglo XIX hasta la actualidad, argumentando que el nacimiento y evolución de la disciplina han estado directamente vinculados a los enfoques críticos. Sostiene que el pensamiento crítico feminista, anti-colonial, marxista y anarquista influyeron notablemente en la configuración de las propias bases de las RRII, y no solo lo hicieron el liberalismo y realismo, como ha defendido el *mainstream* de la disciplina. Este capítulo, además, explica los principales impactos que ha tenido el desarrollo de los estudios críticos en RRII y, lo que es más relevante para esta introducción, por qué estos impactos justifican la decisión de elaborar un manual como este, centrado exclusivamente en ellos.

En primer lugar, cabría decir que porque han ampliado de forma muy significativa las herramientas teóricas ('lentes') disponibles para comprender "lo internacional", profundizando en su evolución histórica, su complejidad y distintas dimensiones entramadas (por ejemplo, la política, social, económica, cultural, normativa, ecológica e identitaria, incluida la de género y raza). En segundo lugar, porque ha ensanchado de forma exponencial el objeto de estudio de una disciplina que ya no se circunscribe al estudio de las relaciones de cooperación o conflicto entre los estados —y específicamente entre las grandes potencias—, o a la guerra. Hoy en día, gracias a las voces críticas, se investiga sobre temáticas tan diversas como las recogidas en la segunda parte de este manual, reconociendo la agencia de una pluralidad de actores gubernamentales y no gubernamentales (ej., empresas, medios de comunicación, grupos armados, pueblos indígenas, movimientos sociales, organizaciones no gubernamentales, entre otros), humanos y no-humanos (ej. nuevas tecnologías, IA, océanos, bosques, montañas, huracanes, virus, entre otros), así como la centralidad de estructuras históricas de poder como el capitalismo, el imperialismo, el patriarcado, el racismo y el antropocentrismo.

En tercer lugar, porque estas propuestas han permitido un mayor desarrollo de la disciplina fuera del mundo anglosajón[7], aunque todavía de manera insuficiente como expresa Arlene B. Tickner en el Prólogo. Como dicha autora ha argumentado en otros trabajos[8], los enfoques críticos han permitido que la disciplina desarrolle una mayor sensibilidad

---

7 Son muchos los autores que denuncian la hegemonía de la academia estadounidense en una disciplina profundamente eurocéntrica. Véase, por ejemplo, Kalevi, J. Holsti. *The Dividing Discipline. Hegemony and Diversity in International Theory*, (Allen and Unwin, 1985), o Celestino del Arenal "Americanocentrismo y Relaciones Internacionales: la seguridad nacional como referente", Celestino del Arenal y José Antonio Sanahuja, *Teorías de las Relaciones Internacionales,* (Editorial Tecnos, 2015).

8 Arlene Tickner, "Core, periphery and (neo)imperialist International Relations", *European Journal of International Relations*, 19, no.3, (2013): 627-28; Arlene B. Tickner y David L. Blaney, *Claiming the international (Worlding beyond the West)* (Londres y Nueva York: Routledge, 2013); Arlene B. Tickner and Ole Weaver, *International*

geocultural, favoreciendo la emergencia de miradas teóricas procedentes de otros "lugares de enunciación" y "vivencias" tanto en la academia occidental (de quienes han estado en los *márgenes*) como en África, Asia, América Latina, Oriente Medio, e incluso desde otros "pluriversos" más allá del moderno occidental, como reivindican los estudios indígenas y de-coloniales en RRII[9]. En cuarto lugar, porque los enfoques críticos han presionado para que la disciplina entreabriera —con resistencia— sus puertas a las transformaciones desarrolladas en otras disciplinas de las Ciencias Sociales (la teoría política, la sociología, la geografía, la antropología y la historia), las Humanidades (la literatura, las artes visuales, y la performance) e incluso las Ciencias Naturales (la física, la mecánica cuántica y la ecología, entre otras). Y, finalmente, porque han instalado la reflexión sobre el poder y la emancipación en el centro de la agenda académica y política de relaciones internacionales. En otras palabras, han instaurado la exigencia de comprender qué hace funcionar "el orden de las cosas" imperante en el mundo, incluido el académico[10], y preguntarse qué se puede (y debe) hacer para cambiar ese orden que, de forma injusta, está poniendo en peligro la red de vida, humana y no-humana, que habita el planeta Tierra.

Para concluir esta Introducción, quisiéramos expresar nuestra profunda gratitud hacia todas las personas que han hecho posible este proyecto. En primer lugar, y con un especial cariño, dedicamos este trabajo a la memoria de Francisco Javier Peñas Esteban, quien fue profesor de Relaciones Internacionales en el Departamento de Ciencia Política y Relaciones Internacionales de la Universidad Autónoma de Madrid (UAM). Fue él, "Paco", con quien una parte importante de las autoras y autores de este libro pusimos en marcha y alimentamos, con mucho esfuerzo e ilusión,

---

*Relations Scholarship around the world (Worlding beyond the West)* (Londres y Nueva York: Routledge, 2009).

9 El estudio de la disciplina fuera del mundo anglosajón y en otros países y continentes ha dado lugar a diversas publicaciones, en especial en la última década: entre otras, Acharya, Amitav y Buzan, Barry, "What is there non-Western International Relations theory? Ten years on", *International Relations of the Asia-Pacific,* 17 no. 3 (2010): 341-370; Trownsell, Tamara A., Arlene B. Tickner, Amaya Querejazu, Jarrad Reddekop, Giorgio Shani, Kosuke Shimizu, Navnita Chadha Behera y Anahita Arian. "Forum. Differing about Difference: Relational IR from around the World", International Studies Perspective 22(1): 25-64 (2021): Tickner, Arlene B. y David L. Blaney, *Thinking International Relations Differently* (Londres y Nueva York: Routledge, 2012)

10 Cox, Robert, "Social Forces, States and World Orders: Beyond International Relations Theory", *Millennium: Journal of International Studies,* 10, no. 2 (1981): 128.

tres proyectos colectivos: el Grupo de Estudios Africanos (GEA), creado en 1995, el Grupo de Estudios Internacionales (GERI), en 2005, así como la revista académica *Relaciones Internacionales*[11], la cual ha cumplido 18 exitosos años de vida. También surgía, junto a los anteriores, un cuarto proyecto de carácter docente: el Máster Oficial en Relaciones Internacionales y Estudios Africanos de la UAM; un proyecto que, desde su origen en el año 2000 como programa de doctorado, ha apostado por entender la docencia universitaria en RRII como un espacio, como decía "Paco", para enseñar a pensar críticamente.

Este ha sido el marco institucional, académico, en el que trabajamos actualmente las tres editoras de este manual y donde hace años, en conversaciones con "Paco", surgía la idea de este manual. Hemos pasado, sin embargo, muchos avatares desde entonces. Paco murió, muchas autoras y autores de este manual, al igual que otros integrantes del GEA y GERI, tuvieron que emprender muy diversos caminos académicos y profesionales y, en ocasiones, sufrimos en nuestras propias carnes los envites de una academia, en general, atravesada por lógicas de poder neoliberales, patriarcales, racistas, coloniales y antropocéntricas. Pero, a pesar de todo ello, esa idea de dar luz a un espacio docente donde promover el pensamiento crítico no ha parado de latir, siendo ésta la motivación fundamental que sostiene este manual.

También queremos agradecer el interés, compromiso, esfuerzo, entusiasmo y sucesivo enriquecimiento intelectual aportado por las y los autores de los capítulos de este manual a lo largo de todo su proceso de creación. Durante casi dos años, nos hemos sumergido en un trabajo, físico e intelectual, pero sobre todo de diálogo, que ha pasado por múltiples conversaciones entre las tres editoras, las editoras con las y los diferentes autores, incluyendo la realización de un estimulante seminario en La Corrala de Madrid en diciembre de 2022. Este trabajo nos ha llevado a revisar la estructura y contenidos de los capítulos pero, sobre todo, a cuestionar y enriquecer nuestra propia reflexión sobre los estudios críticos de RRII y la forma más adecuada de facilitar al alumnado su estudio y aplicación.

Aunque, como señala Arlene B. Tickner en el Prólogo, este manual sigue siendo ilustrativo sobre la posición dominante que ocupa la academia occidental en la labor de pensar "lo internacional", hemos hecho el esfuerzo de construir un proyecto que aúna el conocimiento y experiencia

---

11 Véase: https://revistas.uam.es/relacionesinternacionales

de académicos y académicas procedentes de diferentes países del mundo (España, Colombia, Inglaterra, Australia, Puerto Rico, Argentina, Italia y Estados Unidos), así como de contribuir a visibilizar el trabajo de las mujeres académicas de RRII mediante la paridad de género en las autorías. También, un sincero agradecimiento a Arlene B. Tickner por aceptar la invitación a escribir el Prólogo a este manual, y por su constante compromiso activo, durante años, con la producción de un conocimiento de RRII más plural, pluriversal y decolonizado.

Este libro no hubiera sido posible, finalmente, sin la ambición, pero también la humildad que impone llegar a un alumnado que cada vez demanda un aprendizaje más agudo y matizado sobre la política internacional y que toma cada vez más en consideración la necesidad de reflexionar críticamente sobre 'las lentes' con las que miramos al mundo. Es, en especial, a esas personas que os sentáis frente a nosotras en las aulas y nos formuláis preguntas desafiantes, a quienes queremos agradecer su mirada inquieta y continuo recordatorio sobre los límites del pensamiento para abarcar la "realidad" de eso que llamamos "mundo(s)".

# Parte I
# INTRODUCCIÓN A LOS ENFOQUES CRÍTICOS EN LA DISCIPLINA

*Capítulo 1*

# *Pensar críticamente: una aventura intelectual en cinco movimientos*

**ÁNGELA IRANZO***

## I. INTRODUCCIÓN

Pensar puede ser una aventura. Aunque intelectual, puede ser una acción valiente que acepta el riesgo, afronta el reto y lo supera, a la espera relativamente tranquila de nuevos desafíos. Es frecuente, sin embargo, que asociemos la actividad cognitiva (el saber) con ideas ajenas a la aventura. La sociedad nos ha enseñado que el conocimiento está fundado en ideas como la certidumbre, el rigor, la seguridad, la organización sistemática y la verdad como culmen de su desarrollo.

Este capítulo invita a poner en duda esta convención social y adentrarse en la aventura intelectual que ofrece pensar críticamente. El propósito de este capítulo es ofrecer a los y las estudiantes de Relaciones Internacionales (RRII) una especie de guía práctica para desarrollar su capacidad de análisis crítico ante las situaciones y problemas que conforman la política global de nuestros días.

No existe una definición consensuada sobre lo que el "pensamiento crítico" es[1], pero sí hay elementos que nos permiten saber cómo identificarlo[2]. Desde aquí, el objetivo consiste en ofrecer una introducción a la práctica de pensar críticamente a través de "cinco movimientos": sospechar,

---

* Profesora del Departamento de Ciencia Política y Relaciones Internacionales, Universidad Autónoma de Madrid (UAM). angela.iranzo@uam.es

1 Lawrence, Nataly K., Sherry L. Serdikoff, Tracy E. Zinn y Suzanne C. Baker. "Have we demystified critical thinking?", en *Teaching critical thinking in psychology: A handbook of best practices,* editado por Dana S. Dunn, Jane S. Halonen y Randolph A. Smith (Malden, MA: Wiley-Blackwell, 2008), 23-33.

2 Franco, Amanda H. R., Heather A. Butler y Diane F. Halpern. "Teaching Critical Thinking to Promote Learning", en *The Oxford Handbook of Undergraduate Psychology Education,* editado por Dana S. Dunne (Oxford: Oxford University Press, 2015), 65-74.

examinarse, relacionar, crear y transformar[3]. Si aceptamos el símil con la escalada en roca, estos movimientos (acciones cognitivas) equivaldrían a los movimientos (corporales) básicos que el escalador/a tiene que hacer para superar el *crux* de la vía; esto es, el paso más difícil. Como muestra este capítulo, estos movimientos —ya sea en lo intelectual o físico— no son fáciles ni cómodos. Por el contrario, requieren valentía, esfuerzo e imaginación pero, a pesar de ello, vale la pena.

No es mi intención ofrecer una guía exhaustiva sobre los elementos o fases del proceso cognitivo que conducen al saber crítico. Por ello, mi propuesta de cinco movimientos podría ser refutada por psicólogos/as cognitivos y expertos/as en neurociencia, entre otros. Tampoco pretendo ofrecer una prescripción o receta sobre cómo debemos pensar y actuar. Más bien, espero contribuir a derribar las interpretaciones que, a menudo, entienden el pensamiento crítico como un atributo exclusivo de alguna ideología política, reduciendo su alcance y deslegitimando su práctica. Escribo, por tanto, estas líneas desde una convicción: la necesidad de avivar el pensar crítico en las aulas universitarias; esto es, facilitar a nuestros/as estudiantes habilidades para incorporarlo a sus proyectos vitales y profesionales. Parto de la idea de que adquirir la destreza de pensar críticamente es siempre pertinente, pero es además necesario ante determinadas coyunturas históricas.

El desarrollo del pensamiento crítico ha sido valorado a lo largo de la historia y por diferentes epistemologías geoculturales. Hay, sin embargo, coyunturas históricas que parecen demandar con especial urgencia la puesta en marcha de esta forma de pensar. Por ejemplo, la Europa posterior a la II Guerra Mundial ofrece varios ejemplos. Por una parte, en suelo europeo, los devastadores efectos del nazismo provocaron una crisis de civilización occidental que exigió una reflexión profunda, hasta lo más subterráneo, sobre las fuerzas que lo habían hecho posible para crear nuevas rutas de futuro. Así lo mostraron los intelectuales de la Escuela de Frankfurt (ej. Walter Benjamin, Theodor W. Adorno y Max Horkheimer) al reivindicar esta necesidad de pensar para dejar de (re)producir la barbarie en nombre del progreso moderno. La filósofa política Hannah Arendt

---

3 Estos "cinco movimientos" no responden a la clasificación o trabajo previo realizado por un autor/as determinado; más bien, son una propuesta que resulta de la lectura y reflexión en torno a múltiples trabajos académicos de Ciencias Sociales y Humanidades, así como de mi experiencia práctica como docente universitaria durante catorce años.

lo defendió como la urgencia de "pensar sin barandillas" (*Denken ohne Geländer*). Por otra parte, en ese mismo contexto de postguerra, las poblaciones de las colonias europeas que habían servido en las campañas militares de sus metrópolis reflexionaron sobre el horizonte de sus movimientos de resistencia al imperialismo y colonialismo, pasando de una reivindicación de ciudadanía a una de autodeterminación como pueblos libres. Aquí, las reflexiones y escritos de intelectuales como Franz Fanon y Aimé Césaire, así como Mahatma Ghandi, fueron esenciales.

Ya en el siglo XXI, Richard Bernstein[4], por ejemplo, recuperó la actitud reivindicada por Arendt para comprender las violencias del tiempo presente. Como nos decía Bernstein, *pensar* es una actividad valiente y arriesgada, una apuesta que hacemos cuando ya no tenemos donde apoyarnos, o cuando las categorías tradicionales se muestran insuficientes ante los hechos; o cuando nuevas realidades sociales y políticas emergen y demandan nuestra inmediata atención, imaginación y creación de nuevos circuitos por los que pensar y actuar.

Actualmente, vivimos en un mundo donde, si bien viejas preocupaciones como la guerra, la pobreza o la discriminación racial y el patriarcado no dejan de estar muy presentes, tenemos que aprender a vivir en medio de situaciones relativamente nuevas. En apenas dos décadas del siglo XXI, hemos convivido con las nuevas tecnologías y la inteligencia artificial, el metaverso, la circulación de virus y pandemias como la COVID-19, los drones de guerra, las complejas experiencias de migración internacional, las sequías, las restricciones de agua y altas temperaturas, entre otros, provocadas por el cambio climático; así como el teletrabajo, la educación *online*, la criptomoneda o las aplicaciones de citas. Todo ello forma parte de la política, la economía, la ética, las relaciones sociales y afectivas, las relaciones internacionales, la salud, el trabajo, el ecosistema, y nos introduce en un sistema de vida que está más intrincado, presenta cambios en su estructura compleja e introduce incertidumbres a las que no estábamos habituados/as. Por ello, hay expertos que no titubean al afirmar que necesitamos preparar a nuestros/as estudiantes para el mundo presente y equiparlos con las habilidades necesarias para responder a desafíos nuevos o ahora más visibles que antes[5]. "Si no les enseñamos a pensar críticamente, les estamos

---

4 Bernstein, Richard J., *Violencia. Pensar sin barandillas* (Barcelona: Gedisa, 2015).

5 A partir de una amplia muestra de estudiantes y ciudadanos, Heather A. Butler ha concluido que quienes dan altos puntajes en su test sobre pensamiento crítico (el *Halpern Critical Thinking Assesment – HCTA*), han experimentado menos situa-

engañando y dejándolos mal equipados para las etapas siguientes de su vida"[6].

## II. MOVIMIENTO 1: SOSPECHAR

Nos adentramos en un terreno resbaladizo pero infinito en posibilidades porque el pensamiento crítico parte de un hecho clave: la inexistencia de verdades naturales y/o universales. Aunque nos pueda provocar una fuerte ansiedad (cartesiana) porque la mayoría somos hijos/as de la modernidad ilustrada, no existe una verdad original, prístina, metafísica a ser descubierta por la razón humana. Esto implica asumir que vivimos en un mundo sin certezas absolutas como han pretendido serlo, durante mucho tiempo, ideas como el progreso, la racionalidad, las leyes morales universales, la naturaleza egoísta del ser humano y la anarquía internacional, entre otras.

Estas ideas son mundanas; es decir, son producidas *dentro* de la sociedad, en un tiempo y espacio determinados. Son, por tanto, ideas ("verdades") contingentes, aunque muchas veces, como advertía Edward H. Carr[7], lo propio se difunde al mundo como verdad universal y así se legitima una acción —en realidad, soberbia y peligrosa— de poder. Por ello, el pensamiento crítico nos exige una actitud primera de sospecha al aceptar que

---

ciones "negativas" en sus vidas. Butler ha demostrado así que, más que las personas inteligentes, son las personas con capacidad de pensar críticamente quienes mejor analizan las situaciones y hallan respuestas adecuadas para ellas. Butler, entre otros expertos/as, apelan al sector educativo al comprobar empíricamente que el aprendizaje de habilidades críticas puede conducirnos a un mundo mejor. Heather A. Butler, "Halpern critical thinking assessment predicts real-world outcomes of critical thinking", *Applied Cognitive Psychology* 26 (2012): 721-729. Véase también: Butler, Heather A., Christopher Pentoney y Mabelle P. Bong, "Predicting real-world outcomes: Critical thinking ability is a better predictor of life decision than intelligence", *Thinking Skills and Creativity* 25 (2017): 38-46.

6 Franco, Amanda H. R., Heather A. Butler y Diane F. Halpern (2013). "Teaching Critical Thinking to Promote Learning", en *The Oxford Handbook of Undergraduate Psychology Education*, editado por Dana S. Dunne (Oxford: Oxford University Press, 2015), 65.

7 Carr, Edward H., *La crisis de los veinte años (1919-1939)* (Madrid: Los Libros de la Catarata, 2005).

vivimos en un "mundo post-metafísico"[8] o que sólo podemos aspirar a un "pensamiento débil"[9], lo cual no significa inferior o resignado, sino crítico.

De este modo, formular preguntas, sospechar de un concepto o una explicación que suena plausible, lógica e incluso adecuada, es una práctica esencial del saber crítico. Es el mecanismo elemental que lo activa. Lo podríamos definir como un enfoque de la sospecha que consiste en problematizar los conceptos y explicaciones, incluso científicas. En otras palabras, no creerse nada *a priori*; desafiar las asunciones naturalizadas, desestabilizarlas mediante la interrogación.

Por ejemplo, ésta fue la actitud de un grupo de teóricos/as de RRII a finales de los años 80 del siglo XX, al reflexionar sobre la deriva militarista que había tomado la política, la ciencia y la sociedad, en general. Habían aceptado, de forma más o menos consciente, la inevitabilidad de la carrera armamentística nuclear entre el bloque occidental y soviético, e ideas como la posibilidad de contener la guerra escalando la amenaza de destrucción masiva atómica; lo que se interpretó en los círculos expertos como estrategia de disuasión. Estos teóricos/as desafiaron a los científicos *mainstream* de RRII, neorrealistas y neoliberales, al poner en duda la objetividad, neutralidad y verdad de sus explicaciones científicas[10]. Se atrevieron a abrir la *caja de Pandora* y preguntarse si las cosas no podrían entenderse y desarrollarse de otra forma. En otras palabras, se atrevieron a sospechar de mantras cognitivos —muy presentes en el campo político— como *lo normal, inevitable* o *necesario.*

Fue en este contexto cuando Robert Cox publicó su famoso artículo "*Social Forces, States and World Orders*" donde defendía que "toda teoría es

---

8 Habermas, Jurgen, *Pensamiento postmetafísico* (Madrid: Taurus, 1990).

9 Vattimo, Gianni, *El pensamiento débil* (Madrid: Cátedra, 1988).

10 Ashley, Richard, "Political Realism and Human Interest", *International Studies Quarterly* 25, n.° 2 (1981): 975-987; Keohane, Robert (ed.), *Neo-realism and its Critics* (Nueva York: Columbia University Press, 1986); Walker, Rob B. J., "Realism, Change, and International Political Theory", *International Studies Quarterly* 31, n.° 1 (1987): 65-86; Tickner, Ann J., "Hans Morgenthau Principles of Political Realism: A Feminist Reformulation", *Millennium: Journal of International Studies* 17, n.° 3 (1988): 429-440; Enloe, Cynthia, *Bananas, beaches and bases: Making feminist sense of international politics* (Londres: Pandora, 1989); Onuf, Nicholas, *World of our Making: Rules and Rule in Social Theory and International Relations* (California: University of South California Press, 1989).

siempre para alguien y con algún propósito"[11]. Para Cox, esta frase era la clave que revelaba la diferencia entre la teoría de resolución de problemas (*problem-solving theory*) que presume de exactitud, y la teoría crítica (*critical theory*). No es mi intención aquí asimilar la Teoría Crítica de RRII, de base marxista, a la práctica del pensamiento crítico que es mucho más amplia[12]. Más bien, busco ofrecer un ejemplo sobre el movimiento 1 (sospecha) en la propia historia de la teoría de RRII.

En aquel contexto de Guerra Fría, personas dedicadas a pensar lo internacional tuvieron la valentía de *explorar* la posibilidad de pensar de otro modo al cuestionar lo que, en apariencia, eran sólidos postulados explicativos. Al sospechar, abrieron el debate —muy seguramente, sin tener todavía respuestas. Activaron el mecanismo de las preguntas y preguntaron. Abrieron debates incómodos en la esfera pública con interrogantes como: la forma en que la teoría de RRII explicaba la Guerra Fría, ¿la convertía en cómplice de la producción de un poder patológico?; la teoría, con la intención de explicar la realidad, ¿la describía o la construía?; ¿era el conocimiento parte de las relaciones de poder?; ¿podían, científicamente, explicar los hechos de otro/s modo/s?

Epistemológicamente, el enfoque crítico admite una pluralidad de respuestas y soluciones que pueden tener la misma validez. No obstante, es importante matizar que rechazar la existencia de un fundamento último (natural o metafísico), no implica necesariamente aceptar el relativismo; esto es, el "todo vale" porque, si no hay fundamentos absolutos, todo puede tener el mismo valor epistémico, moral y/o político. Para más precisión, el enfoque crítico acepta que nuestras ideas están fundamentadas; es decir, se apoyan en alguna base que las reviste de legitimidad. Pero, y lo más importante, nos invita a aceptar que estos fundamentos son producidos sociohistóricamente. En otras palabras, las ideas más básicas o elementales que forman nuestro sistema cognitivo no escapan al mundo social, sino que están enredadas en las relaciones de poder que lo conforman.

Llegados a este punto, el lector/a debe diferenciar entre conocimiento objetivo (verificable empíricamente, según los principios del raciona-

---

11 Cox, Robert, "Social Forces, States and World Orders: Beyond International Relations Theory", *Millennium: Journal of International Studies* 10, núm. 2 (1981): 126-155.

12 Varadarajan, Latha, "Imperialism and limits of critique", en *Routledge Handbook of Critical International Relations*, editado por Jenny Edkins (Abingdon y New York: Routledge, 2019), 11-22.

lismo positivista), subjetivo (proporcionado por la experiencia cognitiva personal) e intersubjetivo que se refiere a los procesos sociohistóricos que fundan aquellas ideas o marcos de sentido que gozan de mayor consenso social —incluso, a veces, naturalizándolos como lo único o normal que puede llegar a *ser*—. Éste último corresponde a lo que normalmente entendemos como convenciones, sentido común o imaginarios sociales. Por lo tanto, en este primer movimiento, la práctica de pensar críticamente nos exige poner la atención sobre lo intersubjetivo como la estructura elemental —aunque contingente y pasajera— que sostiene (fundamenta) el conocimiento o la aventura del pensar.

## III. MOVIMIENTO 2: EXAMINAR-*SE*

El segundo movimiento es especialmente incómodo. Implica una torsión que, bien hecha, suele des-figurarnos. Es una experiencia que nos perturba: perder nuestra propia forma (identidad) para interrogarnos a nosotros/as mismos/as en tanto sujeto que observa y busca comprender.

El "giro crítico" en las Ciencias Sociales ha rechazado la autonomía entre "sujeto" y "objeto" que estableció Descartes como una de las bases de la ciencia moderna. Entre el sujeto (que mira) y el objeto (que es estudiado) no hay, en realidad, una distancia objetiva que permita entenderlos como dos cosas diferenciadas, con lindes claros. El "sujeto" y el "objeto" son, en cierto sentido, la misma cosa porque comparten, irremediablemente, algo de su existencia. Esto lo ilustra muy bien una reflexión de Fernando Zobel que abrió una exposición (*El futuro del pasado*) organizada por el museo de El Prado a finales de 2022. Zobel nos dice: "*tendemos a confundir lo que vemos con lo que conocemos. Nunca aprendemos realmente a ver*"[13].

Esas cosas que identificamos "ahí", afuera, como la "realidad" no tienen una existencia objetiva. Son, en gran parte, nuestras creencias, experiencias y formas de pensar. En otras palabras, estamos dentro de la cosa o hecho observado. Como explica David J. Schneider[14], somos un espejo de la realidad y, en realidad, ofrecemos una imagen poco fiable de ésta

---

13 Zóbel, Fernando, *El futuro del pasado*, exposición en el museo de El Prado, Madrid, del 15 de noviembre de 2022 al 5 de marzo de 2023.

14 Schneider, David J., "The belief machine", en *Critical thinking in psychology*, editado por Robert J. Sternberg, Henry L. Roediger y Diane F. Halpern (Nueva York: Cambridge University Press, 2007), 251-270.

porque está atravesada por nuestro/s propio/s mundo/s, personal y social (sesgos). Así, hay cosas que existen y no vemos, y cosas que sólo vemos de determinada forma —la que conocemos, siguiendo a Zóbel.

Por tanto, el pensamiento crítico nos incomoda porque nos pone frente al espejo y nos expone a preguntas como: ¿qué pienso yo?, ¿cómo he llegado a esta postura?, ¿qué factores de cultura, clase, raza, religión, género y sexo pueden contribuir a explicar esta forma mía de pensar?, ¿qué efectos sociopolíticos tienen mis explicaciones? En síntesis, este segundo movimiento exige una acción reflexiva; esto es, volver sobre nosotros/as mismos/as, sobre nuestros propios sistemas cognitivos y experiencias. La crítica es necesaria para conocer los límites de lo que sabemos/pensamos y empieza por la autocrítica[15].

Ahora bien, cuando llevamos el propósito de comprender al terreno de las relaciones internacionales (ej., el control migratorio en las fronteras estatales, la desigualdad mundial, el cambio climático, el comercio de armas, las amenazas de seguridad, los derechos humanos) nos encontramos con una particularidad, como advierte Lamy[16]. Las personas interesadas en pensar sobre los problemas de relaciones internacionales tienen que estar dispuestas a flexibilizar sus marcos de sentido de una forma especial; pues, en teoría, son problemas que afectan *al mundo*. En otras palabras, estas personas se enfrentan a la tarea de comprender situaciones y formular respuestas sobre las que hay, potencialmente, muchas *visiones* porque nuestro objeto de estudio abarca una espacialidad mundial, global o planetaria.

Reflexionar críticamente, por tanto, sobre los problemas internacionales es una labor particularmente desafiante. La teoría de RRII ha sido, sin embargo, fuertemente criticada por lo contrario. Teniendo la pretensión de explicar problemas mundiales o globales, ha sido una ciencia norteamericana[17] o provinciana[18]. Pero, más allá de este hecho, *a priori* paradójico, ha sido una ciencia disfuncional o ineficaz por no abrirse a comprender

---

15 Fassin, Didier y Bernard E. Harcourt (eds), *A time for critique* (Nueva York: Columbia University Press, 2019).

16 Lamy, Steven L., *Challenging the Hegemonic Paradigms and Practices: Critical Thinking and Active Learning Strategies for International Relations* (Oxford University Press online, 2007).

17 Hoffman, Standley, "An American Social Science: International Relations", *Daedalus* 106, n.º 3 (1977): 41-60.

18 Chakrabarty, Dipesh, *Provincializing Europe* (Princeton: Princeton University Press, 2000).

cómo piensa y vive la mayor parte de la población del planeta[19]. Quienes han construido las RRII como cuerpo de conocimiento científico, desde el periodo de entreguerras hasta avanzada la Guerra Fría, han practicado poco el movimiento 2. Lejos de examinar-se, buena parte de la producción científica de RRII ha sido el resultado de una actitud epistemológica arrogante, poco dispuesta al ejercicio de flexibilizar los *marcos* (propios) de sentido.

Así que el movimiento 2 nos des-figura y des-estabiliza profundamente. Nos enseña el valor de cuestionarse a uno/a mismo/a (*de-construirse*) y descifrar los falsos pilares de nuestro pensamiento-acción. Nos invita a salir de las jerarquías epistémicas que frecuentemente activamos ante la presencia de la otredad (ej. la persona inmigrante, negra, indígena, pobre, mujer, transexual). También nos demanda acciones que a menudo nos molestan como escuchar más que hablar o, por lo menos, escuchar para poder pensar; respetar opiniones diferentes e incluso buscarles un valor epistémico y/o moral. Y, todo ello, sin ponernos demasiado nerviosos/as, estallar en cólera o abandonar.

Pero no puedo pasar al movimiento 3 sin advertir al lector/a sobre un nivel más de dificultad en la práctica del autoexamen. Se trata de aflojar el pensamiento binario. En otras palabras, ser conscientes de su presencia y efectos, así como, en su caso, trascenderlo. La mayoría de nosotros/as estamos atrapados en las categorías binarias como estrategia cognitiva. En RRII, por ejemplo, tendemos a explicar los problemas o situaciones apoyándonos en unas estructuras de fondo que, en ocasiones, son apenas perceptibles, pero ahí están y hacen su función política.

Habitualmente, pensamos la política internacional desde binarios como *doméstico/internacional, dentro/fuera, nacional/extranjero, norte/sur, local/global, fuerte/débil, material/ideacional, centro/periferia, racional/emocional, guerra/paz, desarrollado/en desarrollo, nosotros/los otros, religioso/secular* e incluso *teoría/práctica*. Este hábito, propio de la tradición de pensamiento occidental, organiza el mundo y lo comprende desde la disyunción (x *o* y). Sin embargo, son también posibles otras lecturas como la complementariedad o ambivalencia (*y/y*), así como la negación (*ni/ni*) para que afloren otras estrategias cognitivas.

---

19 Blaney, David L., "Where, When and What is IR?", en *International Relations from the Global South. Worlds of Difference*, editado por Arlene B. Tickner y Karen Smith (Abingdon y Nueva York: Routledge, 2020), 38-55.

Por ejemplo, decimos que China se ha convertido en el siglo XXI en una potencia mundial que compite con Estados Unidos. Pues bien, para entender la política exterior china es necesario entender su cultura. Estamos ante una cultura milenaria y compleja filosóficamente. Sus textos más antiguos hablan de dos almas: *yin* (el *po*) y *yang* (el *hun*). Estas almas son principios dinámicos que, al igual que el resto del cosmos, han de mantenerse en equilibrio. Por lo tanto, *yin-yang* son fuerzas opuestas en constante interacción. Son opuestos, pero, en ningún caso, se excluyen. Por el contrario, se complementan. Asimismo, uno no tiene más valor que el otro; sino el mismo. En la tradición china y en el hinduismo, todo en el universo es el resultado del movimiento de estas dos fuerzas contrarias que intercambian sus propiedades y nunca permanecen estables. En consecuencia, a diferencia del dualismo disyuntivo de la tradición occidental, hay pueblos (actores) que interpretan la dualidad en términos de reciprocidad, relaciones, intercambios y relatividad[20].

Le doy al lector/a un ejemplo más. Eso que entendemos como opuestos (ej. ser blanco o negro, ser nacional o extranjero, ser norte o sur, estar en guerra o paz) son, en realidad, estados del *ser* relacionales; esto es, un polo no existe sin el otro. No hay población "negra" si no hay población "blanca", y a la inversa. Lo que tendemos a interpretar como "excepcional" —*ser negro*, como resultado del "racismo"—, es el producto de un proceso sociopolítico de construcción de lo "negro" y lo "blanco". Es decir, la clave es la construcción y naturalización social de la *frontera entre*. Pero, además de entender el binario de forma distinta, podemos incluso salir de él. ¿Qué pasa si dejamos de pensarnos como "negros" y "blancos"? ¿Existen ahí fuera personas y/o colectivos que se identifican *por fuera de* estas categorías? ¿Qué efectos políticos tienen estas identificaciones "otras" que escapan al binario?

Colombia, por ejemplo, ha estado en guerra desde hace más de cincuenta años. La comunidad internacional (Naciones Unidas y países donantes como Estados Unidos y España, entre otros) han empezado a reconocer que la, a priori, población "negra" colombiana víctima del conflicto armado se identifica y reivindica políticamente de otro modo. La categoría conceptual "negra" (genérica, abstracta y homogeneizadora) se complejiza al observar las prácticas cotidianas de la gente en su espacio/tiempo (conocimiento *situado*). Entonces, emergen otras realidades. Esta/s población/es se identifica como "negros, "afrocolombianos", "raizales" y "palen-

---

20 Maillard, Chantal, *Las venas del dragón* (Barcelona: Galaxia Gutenberg, 2020), 37.

queros". Así que el asunto no es tan sencillo como inicialmente podíamos creer; incluso cuando lo hacemos con la *buena intención* de dar visibilidad a los daños y sufrimientos particulares que han vivido grupos socialmente discriminados.

En síntesis, este movimiento 2 nos enseña que lo que hay *ahí afuera* (*hechos* como la discriminación, la coacción, la violencia física, la pobreza, la desertificación, por ejemplo) es, en gran parte, lo que piensa y ha vivido (*es*) la persona que los observa, tratando de buscarles una explicación y, así, un orden para los parámetros de su vida. Entender el mundo que hay *ahí afuera* exige ponerse ante el espejo e interrogarse a uno/a mismo/a porque, por duro que resulte, eso que llamamos "realidad" social (y política) no cuenta con una vida propia, ajena a la interacción con el ojo y el cuerpo humano y social.

## IV. MOVIMIENTO 3: RELACIONAR

Hemos hecho un gran esfuerzo para descifrar las *internalidades* (movimiento 2) de la situación o problema que queremos comprender. Ahora, hay que descifrar sus *externalidades* con un tercer movimiento que consiste en pensar de forma compleja.

Como ha explicado el sociólogo y filósofo francés Edgar Morin[21], la palabra "complejidad" tiene una tara semántica. Cualquier búsqueda en el diccionario —al menos, en lengua castellana— nos arroja el significado de "*complicado, enmarañado, difícil*"; ideas que nuestras mentes tienden a asociar con desordenado, confuso e irresuelto. Así, hablar de "pensamiento" y hablar de "complejidad" parece, a simple vista, un oxímoron; esto es, una contradicción en sí misma porque el pensamiento busca disipar la confusión.

Es posible, sin embargo, activar otras lecturas. Morin, por ejemplo, ha reflexionado a lo largo de su vida sobre el "pensamiento complejo". Nos invita a ser críticos y explorar las posibilidades de salir del binario "simple *o* complejo" y entender que el pensamiento complejo puede ser simple, pero no simplificador en el sentido de reduccionista. Dicho de otro modo, la ciencia moderna ha avanzado por un camino epistémico (racionalismo positivista) que, demasiado a menudo, ha simplificado la explicación de los

---

21 Morin, Edgar, *Introducción al pensamiento complejo* (Barcelona: Editorial Gedisa, 2011).

hechos a través de la mutilación de la realidad. Es fantástico tener la capacidad de explicar algo complejo de forma simple —algunos, se esfuerzan por decir "sencilla"—, pero siempre que no sea el resultado de una forma mutilante de organizar el saber.

Para ello, tenemos que empezar por dispar algunas ilusiones o constructos mentales fuertemente arraigados en el pensamiento occidental. A continuación, nos adentramos en dos de ellos: primero, el hábito de contraponer lo simple a lo complejo y, segundo, el anhelo de alcanzar el conocimiento completo.

## *1. Lo complejo y lo simple: hay vida más allá de la oposición*

Ya hemos dicho que muchos/as de nosotros/as somos descendientes de la modernidad occidental y, como demuestra la amplia oferta de másteres existente, estamos obsesionados/as con la especialización. La sociedad se ha vuelto global y muy compleja, y —quizá, por ello— sentimos la necesidad de comprender de forma hiper-especializada. Una persona, por ejemplo, decide ser abogada ambientalista (y no penalista o mercantil) y dentro de su especialidad, se especializa en cambio climático que no es lo mismo que especializarse en recursos hídricos o en gestión de residuos o en biodiversidad y conservación o en emisiones a la atmósfera, entre otras especialidades existentes. Afinar el conocimiento no es malo per se; el problema emerge cuando la hiper-especialización acaba por "hacernos creer que el corte arbitrario operado sobre la realidad es la realidad misma"[22].

Simplificar la explicación puede consistir en organizar la información, clarificar las ideas y precisar posibles respuestas. Desde esta postura, el pensamiento complejo no elimina la simplicidad, sino que la integra. Simplificar puede ser parte del método de pensar: organizar, ordenar, sistematizar, precisar información. De este modo, no necesariamente consiste en reducir (mutilar) la densidad de la trama ecosocial que atraviesa nuestras vidas. Por ello, quienes practican el pensamiento crítico (desde las universidades y centros de investigación, empresas, fundaciones sociales, gobiernos, ONG u otros actores) promueven la creación de grupos de trabajo inter- y trans-disciplinares. Es más, en algunos casos, reivindican la figura del humanista renacentista; esas personas con la capacidad de poner en relación lo que el proyecto de la modernidad ha construido como *esferas* diferen-

---

22 Morin, Edgar, *Introducción al pensamiento complejo*, 30.

ciadas de la vida (ej. derecho, arquitectura, economía, política, filosofía, matemáticas, artes).

## 2. *Lo complejo y lo completo: poner rumbo hacia la incompletud y la incertidumbre*

El pensamiento complejo busca, por tanto, identificar y comprender las *articulaciones entre*. El interés aquí radica, no tanto en hallar la esencia de algo, sino su *ser en relación con*. El pensamiento crítico nos pide tener la capacidad de relacionar unas *cosas* con otras (ej. actores, políticas, tiempos históricos, geografías, culturas, identidades, discursos y un infinito etcétera). Como dice el propio término, la realidad es *compleja* y un conocimiento útil (a sus demandas) no niega sus múltiples relaciones, interacciones, conexiones, solapamientos, procesos co-constitutivos y enredos, sino que las reconoce e integra en su explicación con actitud humilde.

Es importante destacar la humildad como una virtud de quien piensa críticamente. Estas personas aceptan, como punto de partida, que el conocimiento completo es imposible. Aspirar a él es jugar a ser un dios/a que todo lo ve y todo lo puede. La *incompletud* es así un principio del pensamiento crítico. Significa reconocer que todo conocimiento está inacabado o incompleto. Esto obedece a los límites inscritos en nuestro entendimiento como seres sociales y a los límites inscritos en las cosas que observamos. Asimismo, podríamos decir que si sujeto-objeto (junto a sus ecosistemas)[23] son producciones sociales, entonces son acción y la acción está siempre abierta, en constante proceso de *devenir, potencialmente, en* infinitas cosas.

Nos encontramos entonces con la *incertidumbre* como otro de los principios elementales del pensamiento complejo. "En un sentido, la complejidad siempre está relacionada con el azar"[24]. En este punto, llama la atención que saberes, tradicionalmente considerados "exactos", como la física hayan transitado ya por este camino. El paso de la física clásica (newtoniana) a la cuántica (inicialmente con Einstein) desde los inicios del siglo XX, ha demostrado que lo propiamente científico no es eliminar la

---

[23] Si bien la reflexión en filosofía política ha focalizado la atención en la relación entre el *sujeto* que analiza y el *objeto* que es estudiado, los *ecosistemas* (naturales y sociales) puede sumarse a esta relación; pues, en ellos tiene lugar la vida del sujeto-objeto. Para más información, veáse: Morin, Edgar, *Introducción al pensamiento complejo.*

[24] Morin, Edgar, *Introducción al pensamiento complejo*, 60.

ambigüedad, la indeterminación o imprecisión. El determinismo que la física clásica *veía* en la realidad (material) ha quedado superado. Uno de los principales hallazgos de la física cuántica es que, a nivel subatómico, los bien definidos objetos de la física clásica (materia fija) se disuelven en funciones de onda, las cuales solo describen la probabilidad de encontrar los objetos clásicos (partículas de materia fija) cuando los buscamos, pero no como objetos que tienen existencia por sí mismos. Una función de onda solo describe realidades *potenciales*, pero no objetivamente existentes. De modo que la teoría cuántica ha demostrado la imprecisión del determinismo (y causalidad) y ha puesto el foco en las *probabilidades* (de ser).

Alexander Wendt[25], un conocido teórico de RI, ha dedicado más de diez años a reflexionar sobre la posibilidad de releer las ciencias de *lo social* desde lo cuántico[26]. Argumenta que si los seres humanos somos cuánticos —cosa que parece haber demostrado la neurociencia— las ciencias sociales están fundadas en un error porque siguen tomando la física clásica (atomismo, determinismo, causalidad, predicción y observación independiente de la realidad) como principios cognitivos básicos. Además, Wendt, junto al también internacionalista James Der Derian, ha explorado qué pasa si trasladamos conceptos básicos de la revolución cuántica (incertidumbre, complementariedad, enredo y superposición) a las RRII[27]. Der Derian y Wendt subrayan que hay saberes que ya lo están haciendo como la Biología, la Química, la Ingeniería y la Informática a partir del profuso desarrollo de la cibernética. En política internacional, las nuevas tecnologías han permeado campos de gran importancia como la seguridad (ej., seguridad cibernética, o el uso de drones en la guerra) y estamos, por tanto, como argumentan los autores, ante hechos que justifican llevar la revolu-

---

25 Wendt es un teórico de Relaciones Internacionales especialmente reconocido por sus aportes al constructivismo social. Su artículo "Anarquía es lo que los estados hacen de ella: la construcción social del poder", publicado originalmente en inglés en *International Organization* (vol. 46, n.º 2, 1992), ha sido una contribución importante para la disciplina. Véase el capítulo sobre Constructivismo de Josep Ibáñez en este manual.

26 Wendt, Alexander, *Quantum Mind and Social Science* (Cambridge: Cambridge University Press, 2015).

27 Der Derian, James y Alexander Wendt (eds), *Quantum International Relations. A Human Science for World Politics* (Oxford: Oxford University Press, 2022); Der Derian, James y Alexander Wendt, "Quantizing international relations: The case for quantum approaches to international theory and security practice", *Security Dialogue* 51, n.º 5 (2020): 399-413.

ción cuántica a las explicaciones de RRII; lo cual se traduciría en un conocimiento de probabilidades potenciales, abierto a la especulación infinita.

## V. MOVIMIENTO 4: CREAR

De alguna manera, el pensamiento crítico nos abre a un conocimiento especulativo. Nos predispone a abrirnos a lo inesperado, a la sorpresa. Este cuarto movimiento consiste, por tanto, en producir algo nuevo o, al menos, estirar los márgenes de *lo posible.*

Este movimiento se centra en lo que algunos autores/as han llamado "crítica afirmativa", diferenciándola de la "negativa"[28]. Esta distinción no busca otorgarles un valor moral (buena o mala), sino demostrar que hay diferentes formas de ejercer la crítica. Raymond Williams[29] lo expresó con claridad al señalar que había que pensar la crítica no solo como "juicio" sino también como "práctica". Así, entendemos que la crítica "negativa" es una acción centrada en cuestionar, protestar y/o denunciar algo; mientras que la "afirmativa" da un paso más allá (del escepticismo) y se interesa por explorar y activar prácticas alternativas a las ya existentes.

Foucault avanzó por este camino al afirmar en *¿Qué es la crítica?:* "cómo no ser gobernado *así,* por eso, en nombre de esos principios, con tal o cual objetivo en mente y mediante tales procedimientos, no así, no para eso, no por ellos."[30] Nos dice que la crítica no consiste en oponerse al hecho de ser gobernado; más bien, enfatiza la posibilidad de buscar y activar tendencias que nos permitan no ser gobernados de *esta* forma o con los efectos específicos que *ésta* genera. Nos dice que existen otros caminos, momentos y espacios que no sólo son *diferentes a* (los impuestos, dominantes, los que parecen normales o sencillamente posibles), sino *otra cosa.*

---

28 Raffnsøe, Sverre, Dorthe Staunæ y Mads Bank, "Affirmative critique", *Ephemera* 22, n.º 3 (2022): 183-216; Raffnsøe, Sverre, "What is critique? The critical state of critique in the age of criticism", *Outlines* 18, n.º 1 (2015): 28-60.

29 Williams, Raymond, *Palabras clave. Un vocabulario de la cultura y la sociedad* (Buenos Aires: Nueva Visión, 2000).

30 Foucault, Michel, "What is critique?", en *What is enlightenment? Eighteenth-century questions and twenty century answers,* editado por James Schmidt (California: University of California Press, 1997), 44-45. Traducción libre, realizada por la autora de la versión en inglés. Versión en español, disponible en: Foucault, Michel, *¿Qué es la crítica? Seguido de la cultura del sí* (Buenos Aires: Siglo XXI, 2018).

En un curso sobre teoría de RRII que imparto en grado, pedí a mis estudiantes que trajesen a clase una imagen u objeto que les sugiriese una reflexión crítica sobre política global. Además del soporte físico, tenían que preparar un descriptor (500 palabras) que explicase el sentido crítico de la imagen u objeto escogido, y un título. Reiteré a mis estudiantes que lo importante en el ejercicio era dedicar tiempo a reflexionar de manera personal, más que consultar libros u opiniones expertas. De este pequeño experimento salieron reflexiones interesantes y útiles para el aprendizaje. Por ejemplo, pudimos comprobar que, a veces, en lugar de proyectar la energía creativa de la crítica afirmativa, los/as estudiantes encapsulan el pensamiento crítico en una tensión binaria que, lejos de abrirse a lo inesperado, reproduce los márgenes de *posibilidad* establecidos por debates clásicos de RRII. Éste fue el caso de una estudiante, brillante a lo largo del curso, que se presentó voluntaria y expuso con convicción su reflexión. El título era "*La doble cara de las relaciones internacionales*" y la imagen correspondía a un político (hombre con traje) con cabeza de zorro y una máscara de cordero en la mano.

Para ella, la acción crítica consistía en "quitarle la máscara al político" para revelar su naturaleza e intenciones *reales*. La estudiante quedó sorprendida cuando algunas personas le comentamos que su reflexión crítica no respondía, en realidad, al sentido del saber crítico. Por el contrario, reproducía y reforzaba unos marcos de sentido —y, más importante, *posibilidad*— creados por el denominado "primer debate" de RRII: realismo versus liberalismo. Es cierto que este debate está todavía vigente pero también ha sido y puede ser (potencialidad) contestado por otras formas de pensar la política internacional.

Más que trascender los marcos de sentido establecidos, mi estudiante estaba, inconscientemente, afirmando los límites (de pensamiento y acción) sutilmente instalados en la sociedad (y nuestras mentes) por los planteamientos del realismo y el liberalismo. Es más, acababa validando la superioridad onto-epistémica del realismo político. Sin embargo, como el clásico Edward H. Carr ya supo ver en los albores de la II Guerra Mundial, el realismo peca, epistémicamente, de estéril (nos congela en un mundo político que se repite) y el liberalismo peca de soberbio (nos embarca en hazañas universalistas fuera del alcance humano)[31]. Por tanto, es posible y deseable abrir otras fisuras para avanzar por ellas en la vida política.

---

31 Carr, Edward H., *La crisis de los veinte años (1919-1939).*

Así, quien se embarca en la aventura del pensar críticamente tiene que disponerse a explorar, buscar, abrir otros caminos. Actualmente, esta actitud es muy valorada por los equipos de recursos humanos por abrir la posibilidad de la innovación (en ciencia, política, empresa, organización social, creación artística, literaria, comunicación, etc.). Además, es importante señalar que este acto de creación proyecta algo que está todavía *por llegar* pero que, de algún modo, ya está aquí. ¿Cómo comprender esto? No es tan difícil. En el momento en que nos disponemos a explorar en busca de *otra cosa,* estamos activando posibilidades *latentes* que, de algún modo, empiezan a materializarse[32]. Así lo explican autoras feministas de los nuevos materialismos como Karen Barad[33]. Pero cabe subrayar que esta forma "otra" puede desaparecer si no se afirma; es decir, si no se abraza la práctica que *tiene lugar* en la acción misma de pensar críticamente.

Por ello, como ha demostrado Dorthe Staunæs, profesora de psicología social en la Universidad de Aarhus (Dinamarca), es importante trabajar en la experimentación; incluso, desde las aulas. Así lo hace ella mediante la creación de *laboratorios de experimentación.* Por ejemplo, en ellos propone analizar críticamente el liderazgo o autoridad (ej. jefe de estado, presidente de una empresa, jefe de una iglesia) a través de prácticas experimentales como diseñar una silla (en inglés, *chair,* que tiene el doble significado de objeto (silla) y acción (liderar)). De este modo, sus estudiantes trabajan sobre las formas de liderazgo existentes y el diseño de otras nuevas, lo cual es una práctica que adquiere en sí misma la forma de una crítica afirmativa en curso. Como ella misma explica, proyectar diferentes diseños de silla llevó a proyectar diferentes ontologías de liderazgo o autoridad[34]. Lograron así incrementar el potencial para desarrollar otros marcos o enfoques posibles. "El laboratorio de trabajo nos animó a discutir cómo diferentes formas de organización y dirección pueden evocar atmósferas afectivas; cómo el capitalismo tardío, la economía colaborativa (*gig-economy*), el Atropoce-

---

32 Aquí encontramos el principio de incertidumbre que forma parte del pensamiento complejo, explicado en el movimiento 3. Para el pensamiento crítico (afirmativo), la virtualidad —más que lo fáctico y plausible— es un componente fundamental del ser o existencia. La virtualidad, en tanto posibilidades latentes, nos abre una fisura por la que pueden llegar cosas inesperadas y, a su vez, habilitar la esperanza.

33 Barad, Karen, *Meeting the Universe Halfway: Quantum Physics and the Entanglement of Matter and Meaning* (Durham, NC: Duke University Press, 2007). Para saber más, véase el capítulo de Ignasi Torrent sobre Nuevos Materialismos en este manual.

34 Raffnsøe, Sverre, Dorthe Staunæ y Mads Bank, "Affirmative critique", 187.

no o Capitaloceno, con sus implicaciones en biopolítica y necropolítica, co-constityen la silla y el liderazgo (*the chairing*), y cómo categorías sociales como raza y género intersectan con (el diseño de) la silla. Así, el diseño y materialización de la silla nos ayudó a desafiar las normas de gobierno, organización y dirección, sin permitir que nos quedásemos estáticos."[35]

Finalmente, es muy probable que el/la estudiante sienta emociones con este movimiento cuatro (ej., excitación, duda, miedo, curiosidad, desorientación). Es normal. Las emociones no están reñidas con la actividad cognitiva, con el pensar[36]. La creación conlleva necesariamente un estado de ánimo[37]. Así, la crítica afirmativa es una acción que carga emociones en la mochila. No hablamos simplemente de ser positivo/a (tener una buena actitud) sino de abrirse a la exploración y experimentación que nos permita trascender lo dado o establecido socialmente. Además, autoras como Donna Haraway ponen el acento en ser "responsable."[38] La autora emplea "*response-able*" y usa el juego de palabras que ofrece el término en inglés para reconciliar (mis) responsabilidades con (mi) capacidad de responder. De este modo, Haraway lleva la crítica afirmativa no solo al terreno de la práctica sino también al terreno de la ética política, como han hecho otras autoras feministas a través del cuidado[39].

## VI. MOVIMIENTO 5: TRANSFORMAR

Estamos a punto de superar el *crux* de la vía y entiendo perfectamente que el/la lector/a se sienta exhausto/a. Sólo falta, sin embargo, un movimiento para superar el reto y sentir satisfacción. El último movimiento

---

35 Raffnsøe, Sverre, Dorthe Staunæ y Mads Bank, "Affirmative critique",187.

36 Candiotto, Laura, "From Philosophy of Emotions to Epistemology: Some Questions about the Epistemic Relevance of Emotions", en *The Value of Emotions for Knowledge*, editado por Laura Candiotto (Palgrave Macmillan): 3-24; Brun, Georg y Ulvi Dogouglu, *Epistemology and Emotions* (Londres: Routledge, 2008).

37 La crítica negativa también es una acción afectiva, pero dirigida por la desconfianza y, quizá, la ansiedad que provoca la búsqueda de soluciones o caminos alternativos.

38 Haraway, Donna, *When species meet* (Londres: University of Minnesota Press, 2008).

39 Puig de la Bellacasa, María, *Matters of care. Speculative ethics in more than human worlds* (Minneapolis y Londres: University of Minnesota Press, 2017). Véase el capítulo sobre Feminismo, de Lucrecia Grundell e Itziar Ruiz-Giménez, en este manual.

está relacionado con la capacidad de transformación o cambio que podría producir la práctica del saber crítico.

En contra de cierta opinión generalizada, el pensamiento crítico no está orientado a un mundo ideal (utopía) y, por tanto, es de dudosa operativización. Como nos recuerdan Franco, Butler y Halpern, esta forma de pensar tiene la particularidad de estar siempre orientada a un propósito, finalidad u objetivo[40]. Es un tipo de actividad cognitiva que implica no sólo una práctica sino también la búsqueda de un resultado (transformación).

Ahora bien, ¿qué expectativas podemos poner sobre el pensamiento crítico en términos de transformación política? Sergei Prozorov[41] explica que la política no consiste en construir mundos nuevos y mejores, sino en cuestionar y transformar los mundos existentes que, además, son muchos y diversos. Si bien la frase "*otro mundo es posible*" es habitual en activistas y políticos/as que se definen como críticos, no es, en sentido estricto, representativa del "giro crítico" en RRII. Es, sin duda, un buen eslogan y moviliza a mucha gente. Sin embargo, afloran elementos interesantes cuando afinamos (críticamente) su significado.

En primer lugar, internacionalistas que se sitúan en los Estudios Decoloniales sostienen que la idea de *mundo* (uno y totalidad) es una ficción ontológica del pensamiento moderno ilustrado, como explica con detalle el capítulo de Melody Fonseca Santos y Ari Jerrems en este manual. Nos muestran que esta ontología ha funcionado históricamente como una eficaz herramienta de poder (a favor de los actores llamados "occidentales"). Así, más allá de aceptar que *somos/estamos* en *un mundo* —idea que, además, reafirmamos al tomar *el mundo* como una unidad *geo-física*—, estos autores/as usan el concepto de "pluriverso" para salir de esta asunción ontológica[42] que, además, está impregnada de relaciones de poder[43].

---

40 Franco, Amanda H. R., Heather A. Butler y Diane F. Halpern (2013). "Teaching Critical Thinking to Promote Learning".

41 Prozorov, Sergei, "How to criticize without ever becoming a critic", en *Routledge Handbook of Critical International Relations*, editado por Jenny Edkins (Abingdon y Nueva York: Routledge, 2019), 23-33.

42 Blaney, David L. y Arlene B. Tickner, "Worlding, ontological politics and the possibility of a decolonial IR", *Millennium: Journal of International Studies* 45, n.° 3 (2017): 293-311; Querejazu, Amaya, "Cosmopraxis: Relational methods for a pluriversal IR", *Review of International Studies* 48, n.° 5 (2022): 875-890.

43 Acharya, Amitav y Barry Buzan (eds), *Non-Western International Relations Theory* (Londres: Routledge, 2020); Blaney, David L. y Tamara A. Trownsell, "Recraft-

En segundo lugar, es importante señalar que, con la excepción de algunos planteamientos marxistas clásicos que han hecho importantes contribuciones al pensamiento crítico[44], fabricar nuevos mundos no es, en general, un rasgo característico de éste. La búsqueda de "nuevos mundos" se traduciría en proyectos totalizadores y teleológicos al presentarse como *una* alternativa *superior a* lo existente. En contraste, la práctica del saber crítico busca desactivar el estatus (onto-epistémico y político) de lo "normal", frecuentemente asociado a lo bueno, conveniente y/o justo, *para*: primero, denunciar sus efectos políticos (exclusión, discriminación, violencia, muerte) y, segundo, demostrar que es posible transcender estos marcos (de pensamiento-acción) pero de forma *situada*; esto es, en contextos particulares (no universales o mundiales). En otras palabras, estamos ante una forma de pensar que huye de las fórmulas o recetas *para todos*. Entonces, cabría preguntarse si el pensamiento crítico es contrario al cosmopolitismo. Lo es, en su versión liberal ilustrada, como proyecto de la modernidad colonial. No obstante, está abierto a releer el cosmopolitismo de otros modos como nos sugiere, por ejemplo, Isabelle Stengers con la idea de "cosmopolítica."[45]

De este modo, el pensamiento crítico siempre transforma algo en la medida en que re-politiza actores, ideas, sentires que estaban previamente silenciados e invisibilizados. Al revelar asimetrías de poder, al llevarlas a la esfera pública, re-inserta a estos invisibles en el debate político de gobernantes y otros actores (ej. empresas multinacionales, organizaciones internacionales, entidades bancarias, ONG, movimientos sociales). Por

ing International Relations by Worlding Multiply", *Uluslararasi Iliskiler* 18, n.º 70 (2021): 45-62.

44 El marxismo es una tradición de pensamiento moderna y, como tal, abraza en su versión clásica una concepción de la historia/mundo como una, universal y orientada a la realización de un *telos* o fin último que corresponde al fin de la sociedad de clases y la igualdad.

45 Se aproxima al "cosmos" como algo que consiste en mundos múltiples y divergentes (pluriverso) donde todas las formas de pertenecer (no solo humanos sino también cosas como la naturaleza y los espíritus) están presentes, sin diferencias en su estatuto ontológico. De este modo, permite que la "contradicción (o lo uno o lo otro)" se convierta en "contraste", haciendo visible la compleja política ontológica en juego y perturbando la lógica de la modernidad. Afloran así otras formas posibles de entender el cosmos que escapa de nociones ecuménicas o universalistas. Stengers, Isabelle, "The Cosmopolitical Proposal", en *Making Things Public: Atmospheres of Democracy*, editado por Bruno Latour y Brian Weibel (Cambridge: MIT Press, 2005).

ejemplo, como muestran Lucrecia Grundell e Itziar Ruiz-Giménez en el capítulo sobre feminismos, las mujeres y personas LGTBIQ, a menudo atravesadas por las identidades de clase (pobre) y raza (negra o latina), han pasado de un rol subalterno a ocupar una posición central en el debate político. Del mismo modo, el capítulo de Amaya Querejazu nos explica la diferencia entre "añadir" la naturaleza (una agencia no-humana) como un asunto más de la vida sociopolítica sobre el que legislar o aplicar "economías verdes" y re-politizarla.

Asimismo, pesadores como John Dewey[46], uno de los referentes del pragmatismo norteamericano (véase el capítulo de Pol Bargués en este manual), han sostenido que pensamiento crítico y democracia son sinónimos. Como nos explica Bernstein[47], para Dewey la democracia es más que un sistema de gobierno; es una forma de vida, y un asunto ético y moral de primer orden. Solo si aceptamos la necesidad de someter nuestras opiniones a la valoración crítica de los/as demás, podremos saber que no son infundadas, arbitrarias o si se ajustan o no a los criterios más adecuados en cada momento y lugar. El pensamiento crítico es una práctica necesaria para el desarrollo de la democracia. Dicho de otro modo, como sostiene Martha Nussbaum, ha de ser un atributo de los/as ciudadanos/as democráticos[48].

## VII. CONCLUSIÓN

Pensar críticamente es una aventura saludable y necesaria para vivir en la sociedad compleja e incierta de este siglo XXI. El presente capítulo ha ofrecido al estudiante/a de RRII una introducción al pensamiento crítico. En la medida de lo posible, he huido de los academicismos abstractos, con la intención de ofrecer al lector/a una especie de guía práctica sobre cómo aprender a practicar el saber crítico en su cotidianeidad.

No me voy a detener aquí en resumir las ideas básicas que explican lo que he presentado como "cinco movimientos" porque el/la lector/a las va a encontrar en el cuadro resumen que sigue a esta conclusión. Sin embargo, sí reclamo una vez más su atención para detenernos unos instantes en

---

46 Dewey, John, *¿Cómo pensamos? Nueva exposición de la relación entre el pensamiento reflexivo y proceso educativo* (México/Barcelona: Paidós, 1989).

47 Bernstein, Richard J., *Violencia. Pensar sin barandillas.*

48 Nussbaum, Martha, *El cultivo de la humanidad: una defensa clásica de la reforma en la educación liberal* (Barcelona: Paidós, 2005).

algunas limitaciones u objeciones que podemos encontrar en esta forma de modular el sistema cognitivo. Primero, quiero hablar sobre la fatiga. Afrontar el día a día desde una perspectiva crítica puede ser, sin duda, agotador, extenuante e incluso contraproducente. El nivel de esfuerzo y el consumo de tiempo pueden llevarnos a abandonar, o a ser percibidos como personas molestas (siempre disconformes) o arrogantes (porque, en el fondo, busca relacionar todo con todo y de forma sofisticada). Pero, en realidad, estar en todo y desde todos los ángulos es imposible. De hecho, abrazar el saber crítico no implica activarlo ante todas las situaciones de la vida. Hay, por tanto, un antídoto contra la fatiga que consiste en seleccionar qué "batallas" vale la pena "luchar". Esto es, en qué situaciones concretas poner en marcha nuestras habilidades críticas. Por una parte, no todas las situaciones son igual de relevantes en un contexto personal y social particular; y, por otra, somos humildes y reconocemos nuestros propios límites. En definitiva, seleccionamos mediante criterios como la relevancia y capacidad, aquellos problemas o situaciones en los que nos empleamos a fondo con nuestra capacidad crítica.

En segundo lugar, es importante hacer algunas aclaraciones frente a la generalización de la crítica y su validez social. Se dice que, en realidad, la modernidad generalizó la crítica; esto es, inauguró en Occidente una era de crítica (desde Kant con su *Crítica de la Razón Pura* (1781) y *Crítica de la Razón Práctica* (1785) hasta las obras de Nietzsche en el siglo XIX). Lejos de los postulados dogmáticos del oscurantismo medieval, el saber se volvió refutable. Dicho esto, aceptamos que vivimos en una era donde la crítica se generaliza y, con ello, todos/as pueden hacer uso —pero también abuso— de ella. Por ejemplo, Donald Trump, durante su mandato como Presidente de EEUU, mantuvo una actitud de escepticismo ante el cambio climático y sus efectos. Puso en cuestión los hallazgos y advertencias de los científicos/as expertos/as. Sospechó ante un discurso generalizado en la actualidad (la alarma ecológica), lo cual responde al movimiento 1 del pensamiento crítico. Sin embargo, identificamos la caricatura de la crítica cuando no hay más movimientos; ni autoexamen, ni relación, ni creación, ni transformación. La crítica, por tanto, puede pasar de unas manos a otras, pero disponemos de un termómetro para medir su validez política. Así, salta la alarma cuando comprobamos que se trata de una crítica que, en definitiva, ofrece lo contrario al propósito de ésta: no fomenta el saber abierto, el intercambio de argumentos y la exploración de alternativas. Sencillamente, se asienta en la negación y, con ello, acaba protegiendo la ignorancia.

Una vez ofrecidos algunos antídotos contra la fatiga y otros males que deja a su paso el pensamiento crítico, cierro estas páginas subrayando —

como ya hice en la Introducción— la necesidad de impulsar, en la universidad, metodologías que acerquen el pensamiento crítico a nuestros/as estudiantes. Ésta es para el profesor/a una tarea igualmente retadora, agotadora y que reclama imaginación y creatividad. Tenemos que dejar de añadir el adjetivo "crítico" a las múltiples memorias y proyectos que redactamos año tras año para enfrentarnos, como los *Guerreros de la roca*[49], al *crux* de la vía; en este caso, a la aventura de pensar críticamente.

## VIII. RECAPITULACIÓN

| Ideas generales |
|---|
| **Pensar críticamente consiste en ...**<br>✓ Preguntar más que responder.<br>✓ Analizar una situación de forma compleja.<br>✓ Ser humilde en la pretensión de explicar.<br>✓ Revisar los marcos de sentido propios (qué pienso yo y cómo he llegado a pensar esto).<br>✓ Reconocer que el conocimiento es una vía por la que opera el poder.<br>✓ Interesarse por las "relaciones entre" (*las cosas*) que constituyen la realidad.<br>✓ Explorar posibilidades *otras* de pensamiento-acción (crítica afirmativa).<br>✓ Orientar el pensamiento a un propósito: transformación. |

| 5 movimientos | Ideas principales |
|---|---|
| *Movimiento 1:* Sospechar | ▪ Las verdades son biodegradables porque pertenecen al mundo de lo viviente y mortal.<br>▪ El conocimiento es un sistema siempre abierto porque es una práctica social.<br>▪ La sospecha abre la pregunta y desestabiliza las ideas naturalizadas en la sociedad. ¿Cómo hemos llegado a ellas?<br>▪ El conocimiento tiene fundamentos socio-históricos, pero no metafísicos. Es necesario diferenciar entre conocimiento objetivo, subjetivo e intersubjetivo. |

49 Ilger, Arno, *Guerreros de la roca. Entrenamiento mental para escaladores* (Madrid: Desnivel, 2003).

| 5 movimientos | Ideas principales |
|---|---|
| *Movimiento 2:* Examinar-*se* (terreno de las internalidades) | ▪ El sujeto (que analiza) y el objeto (estudiado) comparten parte de su existencia. No son independientes.<br>▪ Analizar un hecho/situación nos pone frente al espejo; esto es, nos interroga. ¿Qué pienso yo? ¿Por qué?<br>▪ La práctica del saber crítico nos exige un ejercicio de de-construcción de nuestros marcos de sentido. |
| *Movimiento 3:* Relacionar (terreno de las externalidades) | ▪ El pensamiento es complejo; esto es, busca re-componer las múltiples dimensiones de la realidad que el positivismo científico ha mutilado.<br>▪ El reto consiste, no en aislar las cosas, sino en ponerlas en relación; conectarlas.<br>▪ La incompletud e incertidumbre son dos principios del pensamiento complejo.<br>▪ El pensamiento complejo puede integrar la simplicidad, pero sin entenderla como reducción. |
| *Movimiento 4:* Crear | ▪ El pensamiento crítico es especulativo; luego, nos abrimos a la exploración, a lo inesperado. Abrazamos las posibilidades latentes.<br>▪ La crítica "afirmativa" da un paso más (que la "negativa", centrada en sospechar y denunciar) al interesarse por la exploración y puesta en práctica de alternativas.<br>▪ La predisposición a crear *algo nuevo* tiene relación con la étnica política (ej. responsabilidad) |
| *Movimiento 5:* Transformar | ▪ El pensamiento crítico no es utópico o inoperativo. Por el contrario, siempre está orientado a un propósito.<br>▪ Transformar no significa abrazar la idea de "otro mundo es posible". El pensamiento crítico busca cambiar las asimetrías de poder, pero no a través de proyectos totalizadores (*para todos*).<br>▪ El objetivo de transformar tiene siempre un efecto de re-politización al dar visibilidad, voz y/o cuerpo, y agencia a actores discriminados. |

## *Capítulo 2*

# *Surgimiento y desarrollo de los enfoques críticos: un relato alternativo*

**ITZIAR RUIZ-GIMÉNEZ ARRIETA**[*]
**MARTA ÍÑIGUEZ DE HEREDIA** [*]

## I. INTRODUCCIÓN

Como se indicó en la introducción del manual, el espectacular desarrollo de los enfoques críticos en el seno de las Relaciones internacionales (en adelante RRII)[1] durante las últimas décadas, ha supuesto una verdadera revolución "copernicana". Esto no quiere decir que estos enfoques hayan surgido hace poco, por el contrario, como venimos a exponer en este capítulo, las muchas y diversas formas de reflexionar *críticamente* en torno a las relaciones internacionales, pasadas y presentes, tienen una larga historia que se remonta, como mínimo, al pensamiento internacionalista del siglo XIX. Por ello, los enfoques críticos no solo son una parte importante de la disciplina, sino que han sido centrales para su constitución.

Aun así, hasta hace poco, gran parte de esa historia ha sido silenciada, o, mejor dicho, expulsada de la narrativa canónica sobre el desarrollo histórico de la disciplina. Dicho relato sitúa el surgimiento de los enfoques críticos en los años 1980, cuando una serie de trabajos provenientes de diferentes escuelas (por ejemplo, feministas, constructivistas, Teoría Crítica, posestructuralistas) provocaban un debate en torno a las bases sobre las que se habían asentado, como canon de estudio, las RRII[2]. En ellos se

---

* Itziar Ruiz-Giménez Arrieta, Profesora de Relaciones Internacionales y Coordinadora del Grupo de Estudios Africanos e Internacionales (GEA-GERI) de la Universidad Autónoma de Madrid (itziar.ruiz-gimenez@uam.es).

* Marta Íñiguez de Heredia Sunyé, Profesora de Relaciones Internacionales de la Universidad Autónoma de Madrid (marta.inniguezdeheredia@uam.es).

1 En este capítulo se usan las mayúsculas para diferenciar a la disciplina de Relaciones Internacionales y las minúsculas para referirnos a la realidad internacional.

2 Inanna Hamati-Ataya, "Reflectivity, reflexibility, reflexivism: IR's "reflexive turn" and beyond", *European Journal of International Relations*, 19 n.° 12: 4, (2012): 669-694.

criticaba, entre otros, el carácter objetivo y científico del estudio de las relaciones internacionales, esto es, el denominado enfoque científico positivista, así como la asunción de que los actores pudieran *siempre* actuar de manera racional. Se trataba de una auténtica "insurgencia teórica"[3] que venía a transformar la disciplina. De esta manera, estas voces *disidentes*[4] se multiplicaban y expandían en las dos décadas finales del siglo XX, saliendo definitivamente del "exilio" que les impuso la historiografía canónica. Lo hacían para darle la "vuelta al calcetín", es decir, para transformar por completo una disciplina que era poco internacional[5], y, al mismo tiempo, revitalizar el pensamiento crítico internacionalista[6].

Este capítulo tiene tres objetivos. El primero es contar otro relato sobre los orígenes y evolución del pensamiento crítico con objeto de desenterrar su existencia, pero también de constatar su centralidad en el seno del pensamiento internacionalista a lo largo de los últimos tres siglos. Con ello no queremos desdibujar la importancia de la década de 1980, pero sí queremos contextualizarla. Para ello, siguiendo a Teresa Yurén, para quien los diferentes "giros" que se han dado en las ciencias sociales tienen que ver con diferentes aspectos de la construcción del conocimiento, evocamos distintas imágenes que nos pueden ayudar a conceptualizar el impacto de la expansión y consolidación de los enfoques críticos:

> "la primera es la de "golpe de timón" que provoca un cambio en la dirección; visto así, el giro tiene sabor de aventura; demanda creatividad y atención para enfrentar el reto de no perderse. La segunda imagen es la de "vuelta de tuerca", es decir, el movimiento de un cuerpo sobre sí mismo. Es una suerte de insistencia para ir profundizando; el reto, en este caso, consiste en evitar que, en aras de la profundización, se cierre la comunicación con otras vías de acceso... Girar es también dar volteretas, hacer cabriolas, piruetas, movimientos... es un tipo de giro que puede provocar vértigo; el reto que se enfrenta es el de aterrizar con los pies firmes, sin perder el equilibrio."[7]

---

3 José Antonio Sanahuja, "Reflexividad, emancipación y universalismo: cartografías de la Teoría de las Relaciones Internacionales", *Revista Española de Derecho Internacional*, 70, n.°. 2 (2018): 105.

4 Se llamarán así, a partir del artículo de Yosef Lapid, "The third debate: on the prospects of international theory in a post-positivist era", *International Studies Quarterly*, 33, n.°. 2, (1989).

5 Ole *Wæver, "The sociology of a not so international discipline: American and European developments in international relations", International Organization, 52, n.°. 4, (1996).*

6 Richard K. Ashley y Robert B.J. Walker, "Speaking the language of exile", *International Studies Quarterly*, Vol.*34*, n.°. 3 (1990): 367-416.

7 Teresa Yuren: "De golpes de timón, vueltas de tuerca y volteretas", *Revista Mexicana de Investigación Educativa*, 13, n.°. 4, (2008): 657-664.

La primera de estas imágenes, la "vuelta de tuerca" nos sirven para ilustrar los giros impulsados por los enfoques críticos en el ámbito ontológico. Este ámbito estudia de qué está hecho el mundo (o cómo es la realidad), lo que implica, por tanto, establecer qué se considera importante analizar y dónde se pone el foco. Aquí encontramos el giro sociológico, histórico, lingüístico y semiótico, cultural, relacional, práctico, materialista, feminista e interseccional, etc. La segunda, el golpe de timón, para los giros epistemológicos (sobre qué se considera conocimiento)[8]: interpretativista, reflectivista, postpositivista, pragmático, del punto de vista, etc. Y, por último, las volteretas para los métodos y las innovaciones metodológicas de las voces disidentes: análisis de discurso, contenido, visual, lingüístico, análisis etnográfico, comparativo, etc. En todas ellas cabría también insertar los debates normativos (sobre los valores y visiones de cómo deber ser el mundo) que han provocado estos enfoques.

El segundo objetivo de este capítulo es realizar un recorrido, siempre parcial y situado, de los enfoques críticos de RRII, indagando sobre sus antecedentes, su contexto de surgimiento, sus influencias teóricas, su evolución y, en especial, su relevancia teórica. Para ello hay que recordar que, como toda teoría, escuela o ámbito de conocimiento, las voces disidentes tienen como "razón de ser" la confluencia de múltiples dinámicas interrelacionadas, unas procedentes del contexto internacional del momento (el mundo real) y otras de la realidad académica, tanto en el ámbito más amplio de las ciencias sociales y humanas y, en particular, en la filosofía de la ciencia, como dentro de las Relaciones Internacionales[9].

El tercer objetivo es evidenciar la rica contribución que estos enfoques han realizado y su solvencia para revisar, cuestionar y reformular los fundamentos teóricos y normativos de la disciplina, incluyendo sus métodos, su carácter científico, su objeto de estudio o su propia razón de ser, además de denunciar su eurocentrismo, androcentrismo y antropocentrismo.

Tras esta introducción, el primer apartado se dedica a desvelar las huellas del pensamiento *crítico* internacionalista durante el siglo XIX y la primera mitad del XX. En el segundo apartado se examinan las razones de la expansión en los años ochenta de voces disidentes (feministas,

---

8 Epistemología se entiende aquí como el estudio del conocimiento, de su naturaleza científico social y de los procesos de validación, en este caso, de las distintas teorías de RRII.

9 Francisco Javier Peñas Esteban,"Es posible una Teoría de las Relaciones Internacionales", *Relaciones internacionales,* 1 (2005): 1-32.

constructivistas, posestructuralistas y Teoría Crítica de RRII), mostrando las "vueltas de tuerca" y los "golpe de timón" que provocaron en las RRII. Esta revisión historiográfica del desarrollo disciplinar de los enfoques críticos se detiene, en el apartado tercero, en las dos últimas décadas (2000-2024), enfatizando, en especial, la consolidación de nuevas voces *disidentes*: estudios post/decoloniales, estudios del Antropoceno, realismo crítico, pragmatismo, nuevos materialismos y los feminismos críticos. La finalidad última de esta cartografía es evidenciar cómo, desde diferentes mundos geoculturales, occidentales y no occidentales, estas voces han conseguido cierta 'descentralización' y 'pluralización' de la disciplina, dando los primeros pasos hacia la descolonización, despatriarcalización y des-antropocentralización del currículo internacionalista. El capítulo se cierra con una llamada a la continua expansión de nuevos enfoques críticos y a su afianzamiento en un mundo convulso, con una necesidad de autocrítica a todos los niveles.

## II. LOS ORÍGENES: DECONSTRUYENDO LA NARRATIVA CANÓNICA

Tanto el origen de los enfoques críticos como de la propia disciplina se encuentra en las aportaciones del pensamiento anarquista, feminista, marxista y anticolonial del siglo XIX y la primera mitad del siglo XX. Esto debe verse a sí mismo, como la expresión más visible e institucionalizada del pensamiento de quienes, a lo largo de toda la historia, tanto desde la praxis (mundo real) como la reflexión teórica (mundo académico), se han dedicado a indagar sobre la guerra, la paz o las relaciones entre sociedades, pueblos, imperios o civilizaciones. Este relato, no obstante, no forma parte de la historiografía canónica, que sitúa el origen de las RRII en 1919 en Reino Unido y Estados Unidos, privilegiando las aportaciones de liberales y realistas en torno a varios "grandes debates"[10]. Por el contrario, el relato que aquí se desarrolla es parte de un trabajo que ha cobrado fuerza en los últimos años con objeto de indagar sobre los orígenes globales —y no solo

[10] La narrativa canónica sitúa el momento fundacional de la disciplina en 1919, con la creación del departamento de RRII en la universidad de Aberyswyth (Gales) y del *Royal Institute of International Affairs* en Londres o el *Council on foreign Relations* en Nueva York. Pocos mencionan, por ejemplo, la creación de centros en la Europa continental como el Institut Universitaire des Hautes Études Internationales en Ginebra en 1927.

anglosajones— de las RRII y de los propios enfoques críticos[11], así como para rescatar del olvido disciplinar canónico las múltiples voces que desde estos orígenes, han impulsado una agenda descolonizadora, despatriarcalizadora y des-antropocentralizadora del currículo internacionalista[12]. Pasamos a ver de forma sintética cuáles son estas voces, para después reflexionar sobre la evolución de los enfoques críticos a partir de 1950.

Las reflexiones críticas del anarquismo y el marxismo sobre el imperialismo europeo fueron centrales en los debates que gestaron la disciplina entre los siglos XIX y XX. De hecho, el imperialismo no fue un tema secundario, sino omnipresente en el pensamiento internacionalista desde finales del siglo XIX[13]. Así, por ejemplo, en el año 1910, Granville Standley Hall y George Hubbard Blakeslee[14] creaban la revista académica *The Journal of Race Developmenty*, dedicada al estudio de la política internacional, la raza, el imperialismo y el colonialismo[15]. Por su parte, como indica Alex Prichard[16], Nicolai Bukharin y otras voces anarquistas denunciaron el papel constitutivo de las guerras coloniales en la conformación del capitalismo, los estados europeos y el sistema internacional. Igual hicieron Karl Marx, Vladimir Lenin y Rosa Luxemburgo[17]. Así, por ejemplo, estos dos

---

11 Amitav Acharya y Barry Buzan, *The making of global international relations: origins and evolution of IR at its centenary,* (Cambridge University Press, 2019). Véase también el capítulo nueve de este manual.

12 Por ejemplo, Friedrich Nietzsche, Sigmund Freud Albert Einstein. Alberto Lozano, "Introducción a ¿Cien años de Relaciones internacionales? Disciplinamiento y revisionismo", en *¿Cien años de relaciones internacionales?, Disciplinariedad y revisionismo,* Alberto Lozano et all (eds), (Amei y editorial siglo XXI, 2019): 16.

13 David Long y Briand C. Schmidt (eds), *Imperialism and Internationalism in the disciple of International Relations,* (State University of New York Press, 2005); Duncan S. A. Bell. "Empire and International Relations in Victorian Political Thought." *The Historical Journal* 49, n.º 1 (2006): 281-98.

14 En la universidad de Clark (Worcester, Massachuetts, EE.UU).

15 Esta revista fue renombrada, primero, como *Journal of International Relations* en 1919 y después como *Foreign Affairs* en 1922. Robert Vitalis, "Birth of a Discipline", en *Imperialism and Internationalism in the Discipline of International Relations,* David Long y Brian C Schmidt (eds), (State University of New York, 2005): 161.

16 En el capítulo 5 de este manual.

17 Rosa Luxemburgo, *Reforma social o revolución* (1898/99), *La acumulación de capital* (1913) o *La cuestión polaca y el movimiento socialista*; Vladímir Lenin, *Imperialismo, fase superior del capitalismo.*1917, (independently published, 2017). Sobre el pensamiento internacionalista de la primera, véase, por ejemplo, Michael Löwy: "O lo uno, o lo otro: Rosa Luxemburgo y el internacionalismo, *Viento Sur,* (agosto 2021).

últimos, en pleno periodo de entreguerras, acusaron a las élites burguesas de las naciones europeas de acaparar las riquezas de las sociedades colonizadas, así como de terminar abocadas a una 1ª Guerra Mundial para buscar nuevas salidas para su excedente de capital y sus manufacturas. Como ejemplo de esa denuncia se puede mencionar el "Informe sobre la Paz" de Lenin (1917) en el que se proponía una inmediata retirada de Rusia de la Gran Guerra y la firma de una paz justa y democrática, sin anexiones de territorios, y que mejorase sustancialmente las condiciones de vida de las clases trabajadoras[18]. Asimismo, Antonio Gramsci, cuyo estudio sobre los aspectos culturales e ideológicos del capitalismo y, en particular, del poder que, a través de su hegemonía cultural, tenían las clases dominantes sobre las clases subalternas, ejercerá una enorme influencia, décadas después, en los enfoques críticos y, en particular en la variante neogramsciana de la Teoría Crítica de RRII desarrollada más abajo.

La historia del pensamiento feminista internacionalista muestra también su relevancia central para las cuestiones que han preocupado a la disciplina de RRII. Esta historia también ha afrontado una reciente revisión crítica[19], cuestionándose el relato occidental que sitúa su origen en la llamada primera oleada del feminismo a finales del siglo XVIII, con autoras liberales como Olympe de Gouges o Mary Wollstonecraft y en la praxis política del sufragismo occidental[20]. Con esta revisión, se han desenterrado del olvido a figuras históricas del feminismo negro decimonónico como Sojourner Truth (y su discurso "*Ain't I a Woman*"), Lucretia Mott o Lucy Stone, todas ellas lideresas del movimiento abolicionista de la esclavitud en Estados Unidos, así como a otras filósofas internacionalistas como la autora peruana Flora Tristán[21]. Siguen en el olvido, por el contrario, el pensamiento *crítico* y el activismo político de millones de mujeres (y hombres) que, a lo largo de la historia, han desafiado los sis-

---

18 Vladimir Ilich Lenin, "Informe sobre la paz" en Vladimir Ilich Lenin, *Obras, Tomo VII (1917-1918), (Progreso: Moscú, 1975) pp. 160-162*

19 Patricia Owens, Kaharina Rietzler y Sarah Dunstan, *Women's International Thought: towards a new canon,* (Cambridge University Press, 2022), Kimberly Hutchings, "Introduction to the Special Issue: Women and the History of International Thought", *Global Studies Quarterly,* 3 (2023): 1-4.

20 Véase el capítulo cuatro de este manual.

21 Angela Grisel Sosa, *Mujeres filósofas del siglo XIX: internacionalismo, conciencia social y de género en el pensamiento de Flora Tristán* (tesis de licenciatura. Universidad Nacional del Sur, Argentina).

temas de sexo-género imperantes en sus sociedades o en las relaciones internacionales[22].

En este ejercicio de revisión historiográfica, también se ha recuperado el pensamiento feminista pacifista de la primera mitad del siglo XX y su denuncia del militarismo imperante en las relaciones internacionales y los estados europeos[23]. Un buen ejemplo de ello es la activista sufragista británica, Helena Swanwick, quien, en 1935, denunciaba, desde la filosofía de la no-violencia, al sistema de seguridad colectivo de la Sociedad de Naciones y al concepto de anarquía que defendían los autores realistas[24]. De esta forma, se ha desenterrado al feminismo pacifista de entreguerras, rememorándose la creación de la Liga internacional de las Mujeres por la Paz y la Libertad (WILPF en inglés) en 1915 y su activismo político durante las décadas siguientes[25]. Se han puesto en valor, igualmente, las obras feministas de Rosa Luxemburgo como "*Women's Suffrage and Class Struggle*" (1912) o "*The Proletarian Woman*" (1914)[26].

La tercera gran tradición intelectual del pensamiento internacionalista que ha participado en la gestación de las RRII y los enfoques críticos ha sido el pensamiento africano y anti-colonial con intelectuales como Aimé Césaire, Franz Fanon, Amílcar Cabral, Kwame Nkrumah, Mabel Dove-Danquah, Fumilayo Ransome-Kuti y Mahatma Gandhi[27]. Sus reflexiones teóricas, junto a su activismo político, tuvieron una fuerte influencia en la lucha anticolonial, sentando las bases para la crítica al racismo imperante en el "mundo real" y el "académico". Dicha crítica será retomada, décadas

---

22 En estas páginas, se denomina así no sólo a las relaciones entre estados o naciones, sino a todas las relaciones que se pueden dar entre pueblos, sociedades, estados, imperios u otros actores no estatales así como a las relaciones transnacionales.

23 Lucian Ashworth, "Women and the Twenty Years Crisis: The Women's International League for Peace and Freedom and the Problem of Colelctive Security", Catia Confortini, *Intelligent Compassion: Feminist Critical Methodology in the Women's International League for Peace and Freedom,* (Oxford University Press, 2012)

24 Lucian Ashworth. "Feminism, War and the Prospects for Peace", *International Feminist Journal of Politics,* n.° 1, (2011), pp. 25-43.

25 Ingrid Sharp y Matthew Stibbe, Women's International Activism during the Inter-War Period, 1919-1939', *Women's History Review,* Vol.26:2, 2017, pp.163-172; Carol Miller "'Geneva-the key to equality': inter-war feminists and the league of nation", *Women's History Review 3,* n.° 2, 1994, pp. 219-245.

26 Rosa Luxemburgo, "Women's Suffrage and Class Struggle", Clara Zetkin, "Women Workers in the Class Struggle".

27 Kwasi Gyamfi Asiedu, *Quartz África* (traducido por Celia Murias para el blog *Africaye,* 18 de junio del 2019).

después, por los estudios postcoloniales y decoloniales[28], desvelando los vínculos del colonialismo con el capitalismo y el militarismo, pero también sus diferencias. Estos y estas pensadoras pusieron de manifiesto, por ejemplo, la forma en la que, como el propio Fanon indica, el racismo —es decir, cómo las sociedades occidentales perciben y piensan sobre los 'otros'— está en la base de la explotación material y la violencia física, estructural y cultural de Occidente[29]. Una idea que retomará, años después, la teoría de la colonialidad-modernidad, denunciando como la raza es el engranaje que divide al mundo entre un 'Norte' y un 'Sur', dando lugar a una relación jerárquica y de explotación entre ellos[30].

También en esa primera mitad del siglo XX nacía, bajo la dirección de Max Horkheimer, la llamada Escuela de Frankfurt. Esta última aglutinó a muchos de los integrantes de la denominada "Teoría Crítica" alemana, como: Theodor W. Adorno, Herbert Marcuse, Friedrich Pollock, Otto Kirchheimer, Leo Löwenthal, Franz Leopold Neumann y, posteriormente, Walter Benjamin y Jurgen Habermas. Muchos años después, esta escuela se convertiría en fuente de inspiración intelectual de diversas corrientes: los Estudios Críticos de Seguridad (ECS) y, en concreto, la denominada Escuela de Aberystwyth (Gales)[31], o la Teoría Crítica de las RRII, una de cuyas dos variantes se denomina, por ese motivo, habermasiana[32].

Por tanto, en el transcurso del siglo XIX al XX, coexistieron diversas corrientes de pensamiento crítico dedicadas a denunciar las situaciones de explotación tanto fuera como dentro de las fronteras estatales. No sólo cuestionaron instituciones claves como el estado, la guerra y el comercio

---

28 Véase el capítulo 9 de este manual.

29 Frantz Fanon, *Piel Negra, Máscaras Blancas* (Siglo XXI: Madrid, 2009); Aimé Cesaire, *Discurso sobre el Colonialismo* (Siglo XXI: Madrid, 2006).

30 Véase el capítulo de Sergio Caballero y Diego Cresentino sobre el Sur Global en este manual.

31 Con autores como Ken Booth y Richard Wyn Jones. Karlos Pérez de Armiño, "Seguridad Humana y estudios críticos de seguridad: de la cooptación a la emancipación", en *Seguridad Humana: aportes críticos al debate teórico y político,* Karlos Pérez de Armiño y Irantzu Media Azkue (eds), (Tecnos, 2013).

32 Sobre la importancia de esta escuela en las RRII, véase, entre otros, José Manuel Pureza y Marcos Farias Ferreira, *Emancipar o Mundo. Teoria Crítica e Relaçoes Internacionais,* (Editorial Almedina y Centro de Estudos Sociais, 2021): 10.

mundial, sino que, además, postularon alternativas políticas con miras a conseguir un mundo más justo y pacífico[33].

De esta forma, como se constata en esta revisión historiográfica, los enfoques críticos no han surgido recientemente, sino que han gestado la disciplina misma. Se cuestiona, así, el relato canónico de que la disciplina ha evolucionado a partir de cuatro "grandes debates": entre el liberalismo de entreguerras y el realismo político (1° debate), entre los enfoques tradicionalista y positivista (2° debate), el debate inter-paradigmático entre el estatocentrismo, el transnacionalismo y el estructuralismo (3° debate) y, por último, entre el positivismo y el postpositivismo, con la mencionada fractura teórica (4° debate). En la narrativa de los "grandes debates", se detecta, por un lado, que el pensamiento político internacional ha sido desde siempre, mucho más rico, diverso y amplio que lo que la narrativa canónica deja ver. Como señala Lucian Ashworth, el primer "gran" debate (entre la década de los 30 y los 50) —ese debate donde se dice que los realistas como E.H. Carr criticaron a los liberales de "idealistas" por pensar que la guerra se podía evitar— fue en realidad:

> 'una multiplicidad de discusiones en torno a por lo menos tres cuestiones: ¿lleva el capitalismo a la guerra?; ¿cuál es la manera más efectiva de abordar la agresión totalitaria de un estado?; y (en los EE. UU.), ¿es retraerse de meterse en alianzas una respuesta razonable a un mundo tornado bocarriba por la guerra y la depresión económica?'[34]

Es decir, este "primer debate" fue mucho más que un debate entre los realistas y los liberales, tanto por la diversidad de temáticas abordadas, como por las aportaciones teóricas de otras voces (ej. feministas, marxistas, anarquistas y anti-coloniales) que, con una mirada crítica, reflexionaron sobre las relaciones internacionales de entonces. El silenciamiento de dichas voces *disidentes*, por la historiografía (occidental) de las RRII, evidencia su carácter sesgado, en especial, en el caso de unas voces que, a lo largo de todo el siglo XX, tuvieron una enorme influencia tanto en el mundo

---

33 Veáse, por ejemplo, las obras de Paul S. Reinsch (*Worlds politics at the end of the nineteenth century. As influenced by the oriental situation*, 1900) o las de W E B Du Bois, (*The study of the negro problems*, 1898, 1903).

34 Lucian M. Ashworth, "Did the Realist-Idealist Great Debate Really Happen? a Revisionist History of International Relations", *International Relations*, 16, n.° 1 (2002): 33-51.

"real" como en el "académico", con la excepción de dentro de la academia anglosajona y occidental[35].

Por otro lado, las limitaciones de esta narrativa canónica se evidencian cuando identifica el surgimiento de los enfoques críticos únicamente en el "cuarto debate"[36] (1980). Este momento, si bien nos puede servir para estudiar analíticamente ciertos cambios que se producen en las RRII, no puede en sí mismo dar cuenta de las aportaciones de los enfoques críticos, ya que estos, como hemos visto, ya venían siendo centrales en la generación de conocimiento, así como en su contribución a una agenda de investigación internacionalista.

De hecho, ya mucho antes de 1980, en las décadas de los 50 y 60 del siglo XX surgieron, dentro de la academia occidental, importantes contribuciones que expandían dicha agenda de investigación y avanzaban una crítica a la hegemonía del realismo político. Así, por ejemplo, Joseph Galtung, uno de los precursores de los denominados Estudios de Paz, fundaba el *International Peace Research Institute* (1959) y la prestigiosa Revista de Investigación sobre la Paz (*Journal of Peace Research*, 1964). Fue entonces cuando Galtung formuló su famosa teoría sobre el "triángulo de la violencia" incidiendo en cómo, por entonces, la principal preocupación de la inmensa mayoría de la humanidad no era la contienda entre las dos superpotencias (EE. UU. y la URSS), sino otras violencias, silenciadas por las RRII, y que Galtung denominó violencia directa y visible (física y verbal), violencia estructural y violencia cultural[37]. Esa preocupación llevará, asimismo, al autor noruego a formular el concepto de "paz positiva" para que no sólo incluyese la ausencia de guerra (paz negativa), sino también el abordaje de esas otras violencias, es decir, las causas profundas de los conflictos armados. Desafiaba, así, la agenda de investigación realista centrada, en exclusiva, en las relaciones político-militares entre las superpotencias. Otro trabajo pionero

---

35 Javier Morales, "El nacimiento de las Relaciones Internacionales en Rusia en los inicios del periodo soviético: narrativas canónicas y relatos alternativos" en *100 años de relaciones internacionales: una mirada reflexiva*, Caterina García Segura, José Antonio Sanahuja y Francisco J. Verdes-Montenegro, eds., (Tirant lo blanch, Valencia, 2020): 49-60.

36 Momento de choque entre enfoques "tradicionales", basados en la creencia de la posibilidad de observación objetiva de la realidad como algo separado del yo, y los "críticos", porque critican esa creencia y anteponen la visión de la realidad como una construcción social y discursiva.

37 Johan Galtung. "Violence, Peace, and Peace Research." *Journal of Peace Research* 6, n.° 3 (1969): 167-91.

sobre la paz, esta vez desde posiciones feministas, fue la obra de Berenice Carroll "Investigación de Paz: la Cultura del Poder" publicada en 1972[38]. A parte de sus contribuciones como activista a la lucha por la igualdad de derechos civiles y el pacifismo, hizo notables contribuciones al estudio de la guerra, la economía política del uso y comercio de armas.

De esta forma, el surgimiento de los Estudios de Paz en la década de los sesenta confluía con los demás movimientos intelectuales citados (feminismo, marxismo, anarquismo, Escuela de Frankfurt, pensamiento africano anticolonial)[39], contribuyendo todos ellos a diversificar la reflexión teórica *crítica*[40]. Una década después, en los años 70, esa insurgencia en el "mundo académico" se convirtió en imparable gracias a su coincidencia (e interrelación) con cuatro dinámicas del "mundo real" que pasamos a detallar.

Destaca, en primer lugar, el proceso de descolonización. Este alcanzaba su punto álgido en esas décadas, consiguiendo las sociedades no occidentales, conforme se independizaban del yugo colonial y se integraban en Naciones Unidas, transformar, de manera radical, el contexto sociopolítico, normativo, cultural e institucional internacional, y en menor medida, el orden económico global[41]. Así es, las iniciativas de los estados no occidentales para despojar de su legado colonial a la política y el derecho internacional de la época fueron incontables: entre otras, la Conferencia de Bandung, el movimiento de los no alineados, el grupo de los 77, la Organización para la Unidad Africana —OUA—, la eliminación del estándar civilizador, la resignificación de los principio de soberanía y autodeterminación de los pueblos, la universalización de la doctrina de los derechos humanos y un largo etcétera. Además, aunque ninguna de estas temáticas resultó de in-

---

38 Bernice Carrol, "Peace Research: The Cult of Power", *Journal of Conflict Resolution*, 16 n.º 4 (1972).

39 Otros autores influyentes fueron Hannah Arendt, Jean-Paul Sartre, Simone de Beauvoir, Jean Baudrillard, Richard Rorty, Zygmunt Bauman, etc.,

40 Un ejemplo es Andrew Mack que en los años 70 analizaba como EEUU y la URSS perdieran guerras aparentemente pequeñas y contra enemigos poco organizados en comparación con sus ejércitos. Mack, Andrew. "Why Big Nations Lose Small Wars: The Politics of Asymmetric Conflict", *World Politics* 27, n.º 2 (1975): 175-200; *War Without Weapons: Non-Violence in National Defence* (Frances Pinter Ltd: Manchester, 1974)

41 Itziar Ruiz-Giménez Arrieta, "Algunas reflexiones teóricas sobre la relevancia actual de Naciones Unidas", *Revista Española de Derecho Internacional*, 72, n.º 2 (2020) o *Historia de la Intervención humanitaria. El imperialismo altruista*, (Los libros de la Catarata, 2005.)

terés para la historiografía canónica de los "grandes debates", nutrieron el pensamiento crítico de la época.

La segunda dinámica que alimentará y, a su vez, será alimentada por dicho pensamiento crítico fue el importante ciclo de fuertes movilizaciones sociales que, en aquel periodo, se dieron en todo el mundo, incluso en Occidente y que favorecieron la emergencia de movimientos feministas, pacifistas y ecologistas en muchos lugares. Dieron, asimismo, alas a la lucha anticolonial, a favor de los derechos civiles en Estados Unidos o contra los regímenes de minoría blanca de Rodesia, Namibia y Sudáfrica, así como a favor de los derechos humanos y de los pueblos indígenas[42].

Todos estos procesos interrelacionados alimentarán, en tercer lugar, el creciente descontento político e intelectual con la modernidad occidental y las estructuras de poder que la integran, así como con los impactos de la contienda bipolar y la carrera armamentística en todo el mundo. Se descubría, asimismo, el agujero de la capa de ozono, lo que, junto a diversos desastres ecológicos (nieblas tóxicas, lluvia acida, escapes químicos, desastres petrolíferos, deforestación de las selvas del río Amazonas, etc.), impulsaba una mayor conciencia ecológica.

La década de los 70 será, en cuarto lugar, un periodo convulso en el "mundo académico", con un creciente descontento con el tipo de producción científica imperante, en particular, en las ciencias sociales y humanas. En efecto, desde diversos "lugares de enunciación", occidentales y no occidentales, surgirán voces *disidentes,* descontentas con el predominio del positivismo en sus disciplinas y dispuestas a innovar teóricamente, creando nuevos marcos conceptuales y analíticos con los que responder (y superar) la por entonces emergente "crisis de la modernidad".

En resumen, estas cuatro dinámicas impactarán, si bien inicialmente de forma tibia, en las RRII que, como apuntó Stanley Hoffman en 1977, era mayormente una ciencia social estadounidense[43]. A partir de entonces, el resurgir de los enfoques críticos en la disciplina se hará imparable. Se revitalizan, por un lado, los enfoques marxistas con escuelas como las teorías del Centro-Periferia, la Dependencia y la Desconexión, así como con la

---

42 Sobre esas luchas, véase, por ejemplo, Itziar Ruiz-Giménez Arrieta, "Luces y sombras del régimen internacional de los derechos humanos. Setenta años de luchas por expandir sus significados", *Papeles de relaciones ecosociales y cambio global*, 142, (2018): 43-53.

43 Stanley Hoffmann, "An American Social Science: International Relations ", *Daedalus,* 106, (1977): 41-60.

del Sistema-Mundo de Immanuel Wallerstein, quien publicaba el primer volumen de *The Modern World-system* en 1974[44]. Con ellas, a diferencia del feminismo, el pacifismo o el ecologismo, la tradición marxista conseguía cierto acomodo dentro del debate inter-paradigmático (3° debate). Con todo, esta inclusión no ha estado exenta de resistencias internas desde el canon disciplinar[45].

La fundación por la *London School of Economics and Political Science* (LSE) de la revista *Millennium: Journal of International Studies,* tres años antes, en 1971, representa otro hito destacable en el reconomiento del pensamiento crítico internacionalista. Esta publicación incorporó desde su inicio voces disidentes, procedentes del marxismo y el posestructuralismo, así como sus críticas a las propias RRII[46]. También desde otras disciplinas surgían voces disidentes como las de Edward Saïd, Homi Babha o Gayatri C. Spivak, cuya denuncia del eurocentrismo imperante en las ciencias sociales occidentales también inspirará a los estudios poscoloniales de RRII, décadas después.

El desarrollo y consolidación de los enfoques críticos en las RRII tiene, por tanto, una larga historia que viene desde, al menos, mediados del siglo XIX, y cuyos orígenes no están exclusivamente localizados en Reino Unido y Estados Unidos, sino que se expanden por lo largo y ancho del mundo, especialmente con el pensamiento anti-colonial, del cual aquí se ha puesto especial énfasis en el proveniente del continente africano por su repercusión en el actual desarrollo de propuestas post y decoloniales. Como se va a desarrollar en la siguiente sección, a partir de los años 80 las diferentes dinámicas en el mundo "académico" y "real" vienen a consolidar estos enfoques, dando a la disciplina en su conjunto, la oportunidad de expandir su foco y convertirse en la disciplina global y transgresora que tuvo oportunidad de ser en sus comienzos.

---

44 Immanuel Wallerstein, *El moderno sistema mundo. La agricultura capitalista y los orígenes de la economía-mundo europea en el siglo XVI,* (Editorial, Siglo XXI, 1974). Esa obra contiene tres volúmenes publicados en 1974, 1980 y 1989. Véase capítulo tres de este manual o la obra de Mark Rupert y Hazel Smith (eds.), *Historical Materialism and Globalization: Essays on Continuity* and Change, (Routledge, 2002).

45 Steve Smith, "The Self-Images of a Discipline: A Genealogy of International Relations Theory", *International Relations Today,* Ken Booth y Steve Smith (eds), (Penn State University Press, 1995): 1-37.

46 Robert J. Shapiro, "An Infantile Disorder: A Reply To the Marxist Critique of Social Science Inquiry", *Millennium, 1,* n.° 2 (1971): 28-38.

## III. REVOLUCIÓN Y EXPANSIÓN DE LOS ENFOQUES CRÍTICOS EN RRII (AÑOS 80-90)

Tal y como se ha señalado antes, en la narrativa canónica, se ha considerado a la década de los ochenta como el momento en el que, como indican José Manuel Pureza y Marcos Farias Ferreira, "múltiples voces críticas encontrarán brechas disciplinares y abrirán espacio para repensar las viejas certezas ontológicas y epistemológicas" de una disciplina académica"[47] que, a partir de entonces, será percibida, desde los enfoques *mainstream* "como en permanente crisis y caos"[48]. Por el contrario, como se viene insistiendo, esas voces siempre han estado ahí. Lo que ocurre a partir de los años 1980 es la expansión de múltiples enfoques que abren nuevos caminos en el mundo académico internacionalista, hasta entonces dominado principalmente por el realismo, cuya visión se verá reforzada por el contexto mundial de la Guerra Fría y el equilibrio de fuerzas de dos superpotencias. Las primeras voces que abrieron estos caminos fueron la Teoría Crítica de las RRII, el feminismo, el constructivismo social y el posestructuralismo.

En efecto, la primera de dichas sendas, en orden cronológico, la emprendía Robert Cox con la publicación en 1981 en la revista *Millenium* de su influyente ensayo "*Social Forces, States and World Orders: Beyond International Relations Theory*"[49], favoreciendo la emergencia de una agenda de investigación neo-gramsciana muy crítica con el sistema de estados y la globalización neoliberal en la que destacan autores como el propio Cox, así como Stephen Gill, Andreas Bieler, Mark Neufeld, Mark Rupert, William Robinson o Claire Cutler[50].

---

47 José Manuel Pureza y Marcos Farias Ferreira: "Introduçâo o que há de crítico nas teorías críticas", *Emancipar o Mundo. Teoria Crítica e Relaçoes Internacionais,* José Manuel Pureza y Marcos Farias Ferreira eds. (Editorial Almedina y Centro de Estudos Sociais, 2021): 10.

48 Tim Dunne, Michael Cox y Ken Booth, "The Eighty Years' Crisis 1919-1999", *Review of International Studies,* 24, (1998): v-xii.

49 En el mencionado volumen 10, de junio de 1981, páginas 126-155. Fue traducido al castellano por el número 24 de la revista *Relaciones Internacionales* de octubre del 2013

50 R. Wyn Jones (ed), *Critical Theory and World Politics,* (Lynner Rienner, 2001); Richard Shacott, "Critical Theory" y Robyn Eckersley, "The Ethics of Critical Theory", *The Oxford Handbook of International Relations*, Cristian Reus-Smith y Duncal Snidal eds. (Oxford University Press, 2008).

La segunda senda por la que la disciplina se abría a nuevas miradas críticas que, a su vez, iban a transformar las RRII, será la de los feminismos que se infiltraban en la misma a mediados de los ochenta. Entre sus obras pioneras destacan el análisis feminista de los seis principios del realismo político de Hans J. Morgenthau (1988) de J. Ann Tickner[51], la obra *Bananas, Beaches and Bases: Making feminist Sense of International Politics* de Cynthia Enloe (1990)[52] que gira en torno a la pregunta ¿dónde están las mujeres?, o el libro editado por V. Spike Peterson, *Gendered States: Feminist (re) visions of International Relations Theory* (1992)[53]. Fue, como denunció Fred Halliday en 1988[54], una tardía incorporación disciplinar motivada por los sesgos de género de los enfoques *mainstream*. Unas cegueras que, desgraciadamente, persisten hoy en día en dichos enfoques como también en los otros enfoques críticos[55].

Aunque en el capítulo de Itziar Ruiz-Giménez y Lucrecia Rubio se presentan los novedosos desarrollos teóricos de esta rica escuela, es menester recordar que las autoras pioneras (como las citadas antes), dedicaron gran parte de sus esfuerzos intelectuales, además de a evidenciar el papel subalterno de las mujeres en las relaciones internacionales, a desvelar los sesgos masculinizados que conforman los conceptos, asunciones y posturas teóricas del realismo político, el liberalismo y el marxismo. De esta forma, avivaron el "golpe de timón" epistemológico reflectivista que, de forma simultánea, empujan el postestructuralismo y el constructivismo social.

En efecto, algunos autores de la disciplina, descontentos con el positivismo e interesados en los giros "sociológico" y "lingüístico" acontecidos en otras ciencias sociales y, en particular, en la teoría social, introducían en

---

51 J. Ann Tickner, "Hans Morgenthau's Principles of Political Realism: A feminist Reformulation", *Millenium*, 17 n.º 3, (1988).

52 Obra publicada por primera vez en 1990 y reeditada en el año 2014 por la editorial *University of California Press*,

53 V. Spike Peterson (eds), *Gendered States: Feminist (re) visions of international relations theory*, (Lynner Rienner, 1992).

54 Fred Halliday, "Hidden from International Relations: Women and the International Area", *Millenium*, 17 n.º 3, (1988). Meses antes, en junio, se celebraba la conferencia sobre *Women and International Relations* en la London School of Economics, cuyas ponencias se recogían en el volumen 17:3 de *Millenium* de junio de 1988.

55 Véase el capítulo cuatro de este manual; o Itziar Ruiz-Giménez Arrieta, "El feminismo y los estudios internacionales", *Revista de Estudios Políticos*, 108, (2000): 325-360.

las RRII, las herramientas teórico-analíticas del posestructuralismo, por entonces denominado postmodernismo. Lo hacían, en concreto, a través de obras como *International/Intertextual Relations: Postmodern Readings of World Politics* (1989) de James Der Derian y Michael Shapiro[56] o el número editado por Richard Ashley y R. B. J. Walker de la revista *International Studies Quarterly*, titulado "*Speaking the language of exile: dissidence in International Studies*" (1990)[57].

Si bien el capítulo de Jorge Estévez y José Luis de la Flor da buena cuenta de las aportaciones de este enfoque, cuyo desarrollo implosionó posteriormente, es inevitable señalar su centralidad en la revolución ontológica y epistemológica que convulsionó las RRII en los años noventa. Sin duda, la apuesta posestructuralista más relevante, junto a su "golpe de timón" epistemológico, ha sido su acérrima defensa de que las relaciones internacionales, pasadas y presentes, son una realidad social construida intersubjetivamente. Se trata de una innovación ontológica que sacudía una disciplina confinada en una concepción no sólo "objetivista" de la realidad, sino, en esencia, individualista, materialista y racionalista. Esto último, en el sentido de explicar el comportamiento de los actores en base a la teoría de la elección (o acción) racional[58].

En oposición a esta ontología se sitúa el posestructuralismo, quien defiende la primacía de las fuerzas ideacionales respecto a la materialidad pura y dura, desvelando como la realidad *social* internacional está (re) construida a través de la reiteración de prácticas discursivas intersubjetivas, prácticas que, *reificadas* por la historia, (re)producen concretas y situadas estructuras y relaciones de poder[59].

---

56 James Der Derian y Michael J. Shapiro, *International/Intertextual Relations: Postmodern Readings of World Politics*, (Lexington Books, 1989).

57 Richard K. Ashley y R. B. J. Walker: "Introduction: Speaking the Language of Exile: Dissident Thought in International Studies", *International Studies Quarterly*, 34, (1990): 259-268.

58 Dicha teoría que considera que las personas tienden a maximizar su utilidad-beneficio y reducir los costes o riesgos, es central en la concepción ontológica de los enfoques positivistas.

59 Además de los capítulos ocho u cuatro de este manual, véase en lengua castellana, Mª Fernanda Noboa González, "El posestructuralismo en las Relaciones Internacionales: un interjuego complejo entre modelos mentales, conceptuales y discursivos para comprender el mundo global", *Comentario Internacional. Revista del Centro Andino de Estudios Internacionales*, 17, (2017), o Noe Cornago, "Introducción

Esta "vuelta de tuerca" ontológica, denominada por el autor constructivista Nicolas Onuf, el giro constructivista y, por los postestructuralistas, el giro sociológico y lingüístico, permite entender la importancia analítica dada por los enfoques *críticos* a las prácticas discursivas y, en particular, a las identitarias. De ahí el inusitado interés, en el caso de las voces postestructuralistas, en releer a sociólogos como Pierre Bourdieu[60] y a filósofos como Jacques Derrida o Michel Foucault para, entre otros usos, desmontar o deconstruir la teoría de la *elección racional* que subyace en los enfoques convencionales de RRII[61]. Se sumaban, si bien desde otro lugar de enunciación (ciego a las cuestiones de género), al giro ontológico de las pioneras voces feministas que, en esas dos décadas finales del siglo XX, ponían el acento en el papel del género, las emociones y los afectos en el comportamiento de los y las actoras internacionales[62].

Igual de relevante será el "golpe de timón" que los enfoques críticos darán a la epistemología positiva en, al menos, tres sentidos. Primero, por entender que el conocimiento científico ni está fuera de la realidad social (*outsider*) que pretende estudiar, ni es un reflejo "objetivo" de la misma. Al contrario, defienden que ambos son construcciones sociales que se constituyen mutuamente. Segundo, por sostener, como escribió Robert Cox en otra de sus famosas citas, que toda "teoría es siempre para alguien y para algún propósito"[63]. Es decir, rechazan la creencia positivista de que es posible producir una ciencia libre de valores y de preferencias ideológicas o culturales. Sostienen, por el contrario, que todo conocimiento, incluido el etiquetado como "científico", está *situado* en el tiempo y el espacio. O, dicho de otra manera, se encuentra conformado por (o enraizado en) las relaciones sociales de poder imperantes, esto es, por un determinado nexo poder-saber.

---

al posestructuralismo para internacionalistas", en *Teorías de las Relaciones Internacionales*, Celestino Arenal y José Antonio Sanahuja, eds. (Tecnos, 2015): 219-268.

60 Pierre Bourdieu, "L'identité et la représentation, Éléments pour une reflexion critique sur l'idée de región ", *Actes de la Recherche en Siciences Sociales*, Année, 35, (1980): 63-72.

61 Véase el capítulo ocho de este manual. Algunos autores citan a Max Weber como otro referente de estos debates, por ejemplo, Mark V. Kauppi y Paul R. Viotti, *International Relations Theory*, (Rowman & Littlefield, 2020): 15.

62 Véase el capítulo cuatro de este manual.

63 Robert Cox "Social forces, states and World Orders: Beyond International Relations Theory, *Millenium*, 10, (1981).

Por consiguiente, las voces postestructuralistas pretenden desvelar y denunciar cómo (y por qué) los saberes imperantes (hegemónicos) en las RRII, se apoyan en (y, a la vez, son sostenidos por) las actuales estructuras de poder globales, de raigambre capitalista y occidental. Tercero, consideran esencial revisar, desde una mirada *crítica,* la propia práctica académica, dado que estudiar y teorizar es, en palabras de Mark Neufeld[64], un acto reflexivo. Un acto, a través del cual interpretamos lo que vemos, siempre desde un concreto lugar de enunciación, marcado por la ideología, la cultura, la clase y, para el feminismo posestructuralista y postdecolonial, el género y el color de piel, respectivamente. De ahí que se diga que las voces poestructuralistas abogan por una epistemología interpretativista o reflectivista, además de post-positivista.

Una senda similar pero diferente emprendía, en cuarto lugar, el constructivismo social a finales de los ochenta, convirtiéndose, al menos para la narrativa canónica, en el enfoque *crítico* más fructífero. De hecho, con el pasado de las décadas, pasa a ser considerado una especie de vía intermedia entre, por un lado, las teorías realistas y liberales y, por otro, en el marco de la fractura teórica, entre el positivismo y el reflectivismo[65]. Sin embargo, en sus inicios, las voces constructivistas tuvieron un efecto más disruptivo en las RRII, en especial con los textos "fundacionales" de Friedrich Kratochwill (*Rule, Norms and Decisions,* 1989), Nicolas Onuf (*World of Our Making,* 1989), Alexander Wendt (con su famoso artículo "*Anarchy is what States Make of it*", 1992) o John G. Ruggie ("*Territoriality and Beyond*", 1993)[66].

---

64 Mark Neufeld "Reflexivity in International Relations Theory", *Millennium: Journal of International Studies,* 22, (1993).

65 Steve Smith, Ken Booth y Marisa Zalewsky, *International theory: Positivism and Beyond,* (Cambridge University Press, 1996). En cambio, para otros autores, el constructivismo más que cualquier otra cosa es un método. Jeffrey T. Checkel, "Review: The constructivist Turn in International Relations", *World Politics,* 50 n.° 2, (1998):325.

66 Friedrich Kratochwill, *Rule, Norms* and Decisions. *On the conditions of Practical and Legal Reasoning in International Relations and Domestic Affairs,* (Cambridge University Press, 1989;); John Ruggie, "Territoriality and beyond: Problematizing modernity in international relations", *International Organization,* 47 n.° 1, (1993); Alexander Wendt "Anarchy is what States Make of it: The Social Construction of Power Politics ", *International organization,* 46 n.°. 2, (1992); o Nicolas Onuf, *World of Our Making. Rules and Rule in Social Theory and International Relations,* (Routledge, 1989).

A pesar de ello, durante la década siguiente, como indica Josep Ibáñez[67], esta escuela cobró un fuerte impulso, desarrollando diversas investigaciones sobre la (re)construcción social de la realidad internacional, sus estructuras y actores, sus intereses e identidades, los cambios normativos, el papel de las organizaciones internacionales o los agentes no estatales, etc[68]. Con todo, la línea de investigación constructivista más fecunda ha sido, a nuestro parece, la dedicada a indagar sobre el papel de la historia en las relaciones internacionales, explorando no sólo la naturaleza ideacional de las estructuras globales (políticas, normativas, sociales, etc.,), sino "su origen histórico, sus despliegues internos y su temporalidad"[69].

En este sentido, es digno de señalar las obras de varios autores constructivistas en los noventa, repensando el relato histórico de la ecléctica Escuela Inglesa[70], desde lo que Elsa Aimé denomina la teoría crítica de la sociedad internacional[71]. Tal es el caso de, por ejemplo, Daniel Philpott, Nicolas Wheeler, Edward Keen[72] y, mucho antes, de Francisco Javier Peñas y otras integrantes del Grupo de Estudios Africanos e Internacionales (GEA-GERI) de la Universidad Autónoma de Madrid (UAM), cuyas obras

---

67 Además del capítulo seis, véase, por ejemplo, Stefano Guizzini, "A reconstruction of Constructivism in International Relations", *European Journal of International Relations*, 6, n.º 2, (2000).

68 Marta Finnemore, *National Interest in International Society*, (Cornell University Press, 1996) o *The social purpose of intervention: changing beliefs about the use of force*, (Cornell University Press, 2003); Kathryn Sikkink y Margaret Keck, *Activist Beyond Borders: Advocacy Networks in International Politics*, (Cornell University Press, 1998), Christian Reus-Smith: *The moral purpose of the State: Culture, Social Identity, and Institutional Rationality in International Relations*, (Princeton University Press, 1999), Audie Klotz, *Norms in International Relations: The struggle against Apartheid* (Cornell University Press, 1999); Michael Barnett y Martha Finnemore, *Rules for the World: International Organizations in Global Politics*, (Cornell University Press, 2004)

69 Jonathan Arriola, "La revolución onto-epistemológica del constructivismo en las relaciones internacionales", *Daimon, Revista Internacional de Filosofía*, 67, (2016): 167.

70 Coincidimos con Arriola en la calificación de ecléctica de esta escuela por sus afinidades con los enfoques críticos, pero también con el realismo clásico o el constructivismo liberal. Jonathan Arriola, "la revolución onto-epistemológica del constructivismo en las relaciones internacionales", *Daimon, Revista Internacional de Filosofía*, 67, (2016): 169.

71 Elsa Aimé, "La teoría de la sociedad internacional. De la narrativa clásica de la Escuela Inglesa al enfoque crítico", *Relaciones Internacionales*, 14, (2019).

72 Daniel Philpott, *Revolutions in Sovereignty: How Ideas shaped modern international relations*, (Princeton University Press, 2001)

sobre la globalización de la sociedad internacional (de la mano de la "revuelta contra Occidente"), evidenciaron la agencia de las sociedades no occidentales y su capacidad de transformar, al menos en parte, las normas e instituciones internacionales[73]. Sin embargo, con posterioridad, esta variante constructivista recibirá fuertes críticas de autores poscoloniales como Siba N. Grovogui, quiene reclaman, según Elsa Aime, "una mirada más crítica sobre los mecanismos de poder de carácter no material, y sobre las disfunciones y contradicciones de la sociedad internacional"[74].

Antes de finalizar este repaso histórico resulta imprescindible esbozar algunas de las mudanzas del mundo real que, junto a la revolución postpositivista, catalizaron las novedades teóricas que estas escuelas introducían en las RRII en este periodo. Entre otras muchas, se puede aludir a la llegada al poder de los gobiernos neoliberales de Margaret Thatcher (Reino Unido, 1979) y Ronald Reagan (Estados Unidos, 1981) y la de Mijaíl Gorbachov (Unión Soviética, 1981), iniciándose el proceso que pondría fin a la Guerra Fría en 1989. Ello favorecía la reunificación de Alemania (1989-90) y aceleraba la integración europea. Se producía, asimismo, un intenso ciclo de transiciones a la democracia en América Latina, Europa del Este y África subsahariana, así como conflictos armados, entre otros, la guerra del golfo (1993), el genocidio en Ruanda (1994) o la guerra de los Balcanes (1991-2000) y, en particular, en Bosnia-Herzegovina. Ese convulso contexto propiciaba la revitalización de Naciones Unidas, la emergencia de la diplomacia humanitaria coercitiva (1989-1995) y la agenda internacional de "paz liberal", así como muchos cambios normativos. En este último sentido, destacan las mudanzas en el régimen internacional de soberanía con la reaparición de un nuevo estándar civilizador liberal, así como el de derechos humanos o el de justicia penal internacional y en el de la cooperación al desarrollo. Reemergían, asimismo, con fuerza las cuestiones medioambientales con la Conferencia de Río sobre el Medio Ambiente y el Desarrollo (1992). Se producían, por último, cambios socioeconómicos esenciales,

---

73 Francisco Javier Peñas, "Estándar de Civilización. Las historias de las Relaciones Internacionales. *Revista Jurídica de la UAM*, 1, (1999) o la traducción al inglés en el número 40 de *Relaciones Internacionales.*

74 Elsa Aimé, "La teoría de la sociedad internacional. De la narrativa clásica de la Escuela Inglesa al enfoque crítico", *Relaciones Internacionales*, 14, (2019): 27. Véase, también, su artículo "Dialogar con la Escuela Inglesa. Una reflexión sobre la expansión de la sociedad internacional y el estándar de civilización", en *100 años de relaciones internacionales: una mirada reflexiva*, Caterina García Segura, José Antonio Sanahuja y Francisco J. Verdes-Montenegro, eds. (Tirant lo Blanch, 2020): 61-74.

debido a la globalización neoliberal y sus políticas de austeridad, provocando un aumento generalizado de las desigualdades, incluidas las de género, a nivel global[75]. Es indudable que todo ello espoleó la expansión de los enfoques críticos, abriendo el camino hacia su posterior crecimiento.

## IV. LOS ENFOQUES CRÍTICOS Y LA RENOVACIÓN DE LAS RRII (2000-2024)

Las dos primeras décadas del siglo XXI han sido claves para consolidar los dos procesos interrelacionados que, en nuestra opinión, han marcado el desarrollo histórico de las RRII: por un lado, su "emancipación" de la hegemonía estadounidense, anglosajona u occidental[76], dando lugar a lo que Celestino Arenal ha denominado una "ciencia líquida"[77] y, por otro, las ya mencionadas vueltas de tuerca ontológicas y los citados giros de timón epistemológicos. Por tal motivo, este apartado se dedica a mostrar los rasgos más novedosos de esa revolución, constatando cómo los enfoques críticos no han supuesto ni el "fin de la teoría de las RRII", ni su fragmentación, a pesar de lo que vienen alertando voces agoreras desde los inicios de la referida fractura teórica, hace más de cuarenta años[78]. Más bien, todo lo contrario, ya que, desde nuestro punto de vista, el pensamiento *crítico* ha "salvado" a la disciplina, haciéndola más rica, diversa, plural y, sobre todo, más efectiva. No sólo ha sido, como venimos insistiendo, la condición *sine qua non* para iniciar su despatriarcalización, descolonización y des-antropocentralización, sino, también, para dotar a las RRII de mejores herramientas analíticas para comprender los problemas globales que afrontamos. Señalamos aquí cinco novedades.

---

75 Francisco Javier Peñas, *Hermanos y Enemigos: Liberalismo y Relaciones Internacionales,* (Los libros de la Catarata, 2003); Itziar Ruiz-Giménez Arrieta, *Historia de la Intervención humanitaria. El imperialismo altruista.* (Libros de la Catarata, 2005).

76 Sobre la academia occidental no anglosajona, véase, Osmo Apunen "Eurodiscipline wanted? International Relations as a Research Orientation and Academic Discipline in Europe, 1993, reeditado en Jörg Friedrichs, *European Approaches to International Relations Theory. A house with many mansions,* (Routledge, 2004).

77 Celestino del Arenal, "Relaciones Internacionales: una disciplina liquida", en *¿Cien años de relaciones internacionales?, Disciplinariedad y revisionismo,* Alberto Lozano et all eds. (Amei y editorial siglo XXI, 2019).

78 Tim Dunne, Lene Hansen y Colin Wight, "The end of International Relations theory?", *European Journal of International Relations,* 19, n.º 3, (2013).

El primer rasgo novedoso es que, en los últimos tiempos, han emergido nuevas voces disidentes que, como se constata en este manual, han añadido una enorme complejidad a las RRII: entre otras, la Teoría Crítica de RRII, los estudios postcoloniales y decoloniales, el realismo crítico, los nuevos materialismos, el pragmatismo, el anarquismo, la teoría verde, la sociología histórica, la geopolítica crítica, los estudios críticos de seguridad[79] con sus diferentes variantes (escuela de Copenhague, escuela de Gales, escuela de Paris, estudios feministas de seguridad, los estudios críticos sobre el terrorismo, etc.), así como nuevas voces feministas como las del feminismo postructuralista, el post/decolonial, el ecofeminismo, el poshumanista, la Teoría Queer, etc.

Detengámonos brevemente en la primera de ellas, la Teoría Crítica de RRII[80]. Aunque forma parte de la misma revolución teórica del resto de los enfoques críticos, sus dos variantes, la habermasiana y la neo-gramsciana, han puesto un mayor énfasis en el debate normativo sobre la globalización neoliberal. En el segundo caso, a partir de la ya citada relectura de Antonio Gramsci realizada por Robert Cox[81], varios autores han puesto sus reflexiones teóricas en torno al concepto de hegemonía al servicio de su proyecto de emancipación. Dicho proyecto pretende desvelar (y cambiar) las estructuras históricas, contingentes y situadas, que reproducen el orden mundial capitalista neoliberal y apuntalan el actual "bloque histórico" (o clase dominante) transnacional y nuevas formas estatales como "el estado internacionalizado". Al querer transformar este complejo conglomerado de poder, la variante neogramsciana pone un especial énfasis no sólo en investigar las contradicciones internas y reconfiguraciones de la globalización neoliberal, sino también en cómo son y cómo actúan las resistencias, en este caso, los movimientos contrahegemónicos que confrontan ese orden neoliberal[82]. Un proyecto que debería estar, a nuestro parecer, en el

---

79 Karlos Pérez de Armiño, "Estudios de seguridad: de la visión tradicional a los enfoques críticos", en *Teoría de las relaciones internacionales*, Celestino del Arenal y José Antonio Sanahuja eds. (Tecnos, 2015).

80 Ello se debe a que, como también se indicó en la introducción, por diferentes avatares, este manual no contiene un capítulo dedicado a esta escuela.

81 Robert Cox, "Multilateralism and World order", *Review of international Studies*, 18 n.º 2 (1992), Robert Cox y Timothy Sinclair, *Approaches to World Order*, (Cambridge University Press, 1996)

82 Stephen Gill y A. Claire Cutler eds. *New constitutionalism and World Order* (Cambridge University Press, 2014); Isabelle Bakker y Stephen Gill eds. *Power, Production and Social Reproduction: Human (In)security in the Global Political Economy*, (Mac-

centro de la agenda de las RRII, entre otras razones, para que la disciplina sea realmente global y responda a las preocupaciones de la inmensa mayoría de la Humanidad.

La otra variante, la habermasiana, de la Teoría Crítica de RRII emprendía una senda normativa diferente. Influidos, como ya se indicó, por la Escuela de Frankfurt y, en particular, por Jürgen Habermas, autores como Kimberly Hutchings y Andrew Linklater se han dedicado a indagar sobre el fundamento moral de los estados-nación, la soberanía y las fronteras. No sólo han cuestionado sus lógicas de exclusión, violencia y opresión, sino, además, han abogado por imaginar otros tipos de comunidad política que, transcendiendo esas lógicas, permitan la emancipación, formas de matriz cosmopolita que definen como postnacionales o postwestfalianas[83].

La segunda innovación que los enfoques críticos han aportado a las RRII ha sido epistemológica, impulsada por el sector de la academia que ha defendido la 'descolonización del curriculum' que se enseña y se estudia en las universidades occidentales. Tal es, por ejemplo, la apuesta, entre otras, de Arlene Tickner, David Blaney, Naeem Inayatullah, Amitav Acharya[84], Barry Buzan, y un largo etcétera[85]. Voces que han impulsado la denominada globalización de las RRII con la finalidad de incorporar, al canon disci-

---

millan-Palgrave, 2003), Mark Rupert, "Reading Gramsci in an age of globalizing capitalism", en *Images of Gramsci: Connections and Contentions in Political Theory and International Relations,* Andreas Bieler y Adam Morton, eds, (Routledge, 2006); Stephen Gill, "The Global Panopticon? The neoliberal State, Economic Life y Democratic Surveilllance, *Alternatives,* 20, n.° 1, 1995.

83 Kimberly Hutchings, *International Political Theory: Re-thinking Ethics in a Global Era* (Sage, 1999) o *Global Ethics: an introduction* (Polity Press, 2018); Andrew Linklater, *Critical Theory and World Politics: Citizenship, Sovereignty and Humanity,* (Routledge, 2007)

84 Fue el primer presidente no nacido en Occidente de la Asociación de Estudios Internacionales.

85 Arlene B. Tickner, "Seeing IR Differently: Notes from the Third World", *Millennium,* 32 n.° 2, (2003); Arlene B. Tickner y Ole Waever (eds.), *International Relations Scholarship around the World,* (Routledge, 2009); Branwen Gruffydd (ed), *Decolonizing International Relations,* (Rowman and Littlefiled, Lanham, 2006); Robbie Shilliam (ed), *International Relations and Non-Western Thought,* Routledge, 2011, Meghana Nayak y Eric Selbin, *Decentering International Relations,* (Zed Book, 2010), Fernando D Márquez y Víctor A. Espinoza, Decolonizing Politics and Theories from the Abya Yala, e-international relations.

plinario, las visiones procedentes del Sur Global[86]. Su esfuerzo por descentrar, expandir, pluralizar y democratizar las RRII ha permitido, según Arlene B. Tickner y David L. Blaney, modificar "la estructura de centro-periferia que gobierna el aparato de producción intelectual de las Relaciones Internacionales"[87], desvelando las diversas "geografías de conocimiento" que, en la actualidad, conforman la disciplina[88].

Este ímpetu académico por desvelar la pervivencia disciplinar del occidentocentrismo o mejor dicho, anglocentrismo, y del racismo, ha venido acompañado de la citada apuesta por la descolonización del curriculum y las aulas universitarias. Este proceso educativo busca desafiar la perspectiva dominante en la enseñanza occidental, oponiéndose a las narrativas oficiales sobre la historia, la cultura, el poder, la dominación o los sujetos políticos, etc. Dichos relatos, con un fuerte enfoque colonial, retratan (y proyectan) la civilización europea como superior a las de otras regiones del mundo, contribuyendo, de este modo, a la exclusión sistemática de las voces y perspectivas de los pueblos indígenas, africanos y otros grupos marginados por la historia y la cultura occidental.

Con todo, como nos recuerdan Arlene B. Tickner y David L. Blaney, es necesario revisar la idea de que "las lecturas periféricas no occidentales son esencialmente diferentes", puesto que "la disciplina comparte en todo el mundo un elevado número de rasgos comunes que difícilmente pueden considerarse alternativos". Globalmente, las RRII tienden a ser estatocéntricas, a enfatizar los temas de seguridad y no se suele explicitar los fundamentos teóricos y las asunciones normativas que subyacen en todas las teorías. Además, suele ser habitual que sea el estado (de origen de quien escribe) quien marca el paso de la investigación, incluso cuando, como suele ser habitual, la influencia de la disciplina sobre ese estado (y su polí-

---

86 Arlene Tickner y David Blaner, *Thinking International Relations Differently*, (Routledge, 2012); Amitav Acharya y Barry Buzan: *The making of global International Relations origins and the evolution of IR at its centenary*, (Cambridge University Press, 2019); Naeem Inayatullah y David Blaney, *International Relations and the problem of Difference*, (Routledge, 2004); Karin M Fierke y Vivienne Jabri, *Global conversations: Relationality, embodiment and power in the move towards a Global IR*, (Cambridge University Press, 2019); Meghana Nayak y Eric Selbin, *Decentering International Relations*, (Zed Books, 2010).

87 Arlene B. Tickner y David L. Blaney: "Pensar la Diferencia-Introducción", *Relaciones Internacionales*, 22, (2013): 214-15

88 John Agnew, "Know-Where: Geographies of knowledge of World Politics", *International Political Sociology*, 1, n.° 2, (2007).

tica exterior) sea mínima"[89]. Para ambos autores, esta dinámica se debe a "ciertos mecanismos disciplinarios que trabajan en contra de la diversidad" y colocan el pensamiento *crítico* fuera del "ámbito de trabajo académico aceptable"[90]. Para ser más precisas, en nuestra opinión, el problema es que este pensamiento es calificado como no ciencia o, mejor dicho, como un acto político e ideológico. De ahí que los estudios críticos sean, de forma sistemática, excluidos de (o tengan un acceso marginal a) los actuales sistemas de acreditación, así como de los circuitos de investigación (revistas, editoriales, proyectos) y docencia internacionalista, que continúan siendo, mayormente, neoliberales, coloniales, patriarcales y antropocéntricos.

En este sentido, unos de los enfoques críticos más influyentes de los últimos tiempos han sido los estudios postcoloniales y decoloniales y su visión de las estructuras de poder globales como una matriz colonial en las que se entrelazan las divisiones sociales, el sistema de estados y el militarismo, así como las formas de conocimiento. El problema, según algunas voces críticas[91], es que esta teoría ha creado sus propias jerarquías, al reformularse, por un lado, como teorías netamente académicas, alejadas de su inicial procedencia militante y activista. Habría desechado, por otro lado, el legado intelectual africano, a pesar de que éste último venía reflexionando acerca de la colonialidad del poder occidental desde los tiempos de la lucha anti-colonial.

La tercera innovación que han aportado, en nuestra opinión, los enfoques críticos a las RRII, tiene que ver con la exponencial expansión de sus agendas de investigación y, por tanto, de la respuesta a la pregunta ¿qué son las relaciones internacionales? En efecto, además de las temáticas que este libro recoge, se han hecho otros muchos avances, por ejemplo, en relación con el estudio de las emociones y los afectos en las relaciones internacionales. Así, por ejemplo, desde los estudios subalternos o la teoría Queer, se ha continuado cuestionando la teoría de la "elección racional", imperante todavía hoy en los enfoques *mainstream*. Se ha defendido, por el contrario, que las emociones y los afectos son esenciales en la toma de decisiones, tanto políticas o socioeconómicas como interpersonales. Han

---

89 Tickner y Blaney, "Pensar la Diferencia-Introducción".

90 Ibid., pp 215; O, Patrick T. Jackson, *Conduct of Inquiry in International Relations: Philosophy of Science and its implications for the Study of World Politics*, (Routledge, 2011).

91 Silvia Rivera Cusicanqui, *Sociología de la Imagen*. Tinta Limón: Buenos Aires, 2010; Marta Íñiguez de Heredia, 'Descolonizar los Estudios Africanos: El Fin de la Biblioteca Colonial' en Africaye, *Brújulas sobre África*, 2021.

contribuido, igualmente, a la inclusión de conceptos y herramientas provenientes de la psicología política, explorando la relación entre la psicología y la política global[92]. Todo ello, desde esa vuelta de tuerca constructivista o posestructuralista, sosteniendo que las emociones son parte integral de la construcción social de la realidad internacional.

Una cuarta innovación destacable de los enfoques críticos ha sido la ampliación del objeto de estudio de las RRII, si bien en otro sentido. En efecto, la importancia que el pensamiento *crítico* otorga a la historia ha servido, entre otras cuestiones, para revisar el pasado de las relaciones internacionales y de la propia modernidad occidental, patriarcal y antropocéntrica. Se ha reconstruido, por ejemplo, los orígenes históricos del sistema occidental de estados, poniéndose de manifiesto que no se sitúa en la Paz de Westphalia (1648), sino, más bien, en los sucesivos procesos de colonización (y de guerra global) llevados a cabo por Occidente. Este énfasis (o giro) histórico también ha permitido revisar la narrativa canónica de los "grandes debates", poniendo de manifiesto los orígenes racistas e imperialistas de las RRII. Una disciplina en la cual, como ya se ha constatado, a principios del siglo XX, se reflexionó en torno a la supremacía de la raza blanca mucho antes de que liberales y realistas escribiesen sobre la guerra o la paz. Por último, resaltar cómo la historiografía crítica ha planteado una historia del mundo más global donde los hitos históricos no tienen necesariamente a Occidente y/o Europa como protagonistas. Todo lo contrario, son las sociedades no occidentales las que han desempeñado un papel cardinal en la historia global, a través de múltiples y entrelazados procesos políticos, socioeconómicos, culturales y medioambientales. [93]

La quinta innovación teórica por resaltar se refiere a los sugerentes giros de timón ontológicos que han llevado a cabo algunas de las nuevas miradas críticas como, entre otras, la Sociología Política Internacional (SPI)[94], el nuevo materialismo, el realismo clásico, la Teoría verde, el ecofeminismo

---

92 Rose McDermott, *Political Psychology in International Relations* (University of Michigan Press: Ann Arbor, 2004); Joshua D. Kertzer y Dustin Tingley, "Political Psychology in International Relations: Beyond the Paradigms", *Annual Review of Political Science*, 21, (2018): 319-339.

93 En este sentido, aunque por otra vía ontológica, la de la multiplicidad social, Rosenberg plantea la teoría del desarrollo desigual y combinado. Véase, por ejemplo, Justin Roserberg, "The elusive international", *International Relations*, 31, n.º 1 (2017)

94 Además del capítulo de Elsa Aime en este manual, véase João Pontes Nogueira y Jef Huysmans, "La contribución de la sociología Política Internacional al pen-

o el feminismo poshumanista. Estos enfoques críticos han entablado una intensa y sugerente conversación con otras ramas del pensamiento crítico internacionalista y, en especial, con el postestructuralismo en torno a su concepción radicalmente ideacional de la realidad y han propuesto un "retorno a la materia". Entre otras críticas, como indica Ignasi Torrent en otro lugar de este manual[95], han cuestionado los giros sociológicos y/o lingüísticos, denunciando la incapacidad de la ontología ideacional para aprehender los procesos socio-naturales que sostienen la vida, humana y no humana, incluido aquellos circuitos que la ponen en peligro y que, algunas voces, denominan Antropoceno y otras Capitaloceno[96]. De ahí su giro de timón para ampliar la mirada ontológica hacia lo no social, esto es, hacia, por un lado, los circuitos (o "ensamblajes"[97]) socio-naturales que sostienen toda la vida, incluida la humana y, por otro, hacia las interrelaciones, contingentes y cambiantes, de esos ensamblajes con la materia que no es concebida como pasiva o inerte.

Este tipo de enfoques denominados semiótico-materiales ponen, por tanto, el énfasis en cómo todas las dimensiones de la realidad, incluida la internacional, están indisolublemente imbricadas, incluido lo político, lo social, lo económico, lo cultural, los estados, las relaciones internacionales, etc. Es más, desde esta ontología relacional múltiple, se sostiene que los marcos ideacionales y la materialidad están profundamente imbricados. Se rechaza, de esta forma, el dualismo imperante en las RRII, incluido en muchos enfoques críticos, entre las fuerzas ideacionales y las materiales al considerar una falacia su conceptualización separada o, mejor dicho,

---

samiento crítico en Relaciones Internacionales", *Relaciones Internacionales*, 50, (2022)

95 En el capítulo 12 de este manual. Véase, igualmente, Karen Barad, *Meeting the Univers Halfway: Quantum Physics and the Entanglement of Matter and Meaning* (Durham, NC: Duke University Press, 2007), Donna J. Haraway, *When Species Meet*, (University of Minnesota Press, 2008) oo el número especial de la revista *Millennium*, Nick Srnicek, Maria Fotou, Edmund Arghand (coord.), 41, n.º 3 (2013)

96 David Chandler, Delf Rothe y Franziska Müller, "Relaciones Internacionales en el Antropoceno", *Relaciones Internacionales*, 50 (2022). Véase Yoan Molinero en este manual (capítulo 11) o James Moore, *Anthopoceno or Capitalocene?, Nature, History and the Crisis of Capitalism*, (PM Press, 2016).

97 Concepto introducido por Gilles Deleuze y Felix Guattari, Mil Mesetas: capitalismo y Esquizofrenia (editorial Pre-Textos, 2020). Sobre la relevancia del mismo, véase, por ejemplo, Joâo Pontes Nogueira y Jef Huysman, "La contribución de la Sociología Política Internacional al pensamiento crítico en Relaciones Internacionales", *Relaciones Internacionales*, 50, (2022).

escindida. Exploran, por el contrario, diferentes herramientas teóricas (el concepto de "ensamblaje"[98] o la Teoría del Actor-Red, ambos de Bruno Latour[99] o la propuesta de *cyborg* de Danna Haraway[100] y un largo etcétera) con la finalidad de aprenheder las constantes y cambiantes interrelaciones de todo lo animado con lo animado. Ello les ha permitido, por ejemplo, constatar el papel central que, en la constitución de todo "lo actuante", tiene lo inanimado, la tierra, el planeta, la tecnología, las maquinas, los objetos, los medicamentos, la cibernética, así como otros modos de existencia no-humana (seres ficcionales, etc.).

La sexta y última aportación teórica de los enfoques críticos que mencionamos y que ésta entrelazada con la anterior es la creación, revisión o afinamiento de diversas herramientas teórico-analíticas con las que desafiar el paradigma estatocéntrico y pensar desde otros paradigmas como el estructuralismo, el transnacionalismo o las topologías de redes[101]. De esta forma, se podría decir que, en las últimas décadas, se ha intensificado el debate interparadigmático que la narrativa canónica denominó el "Tercer Gran Debate", situándolo en los setenta. Según esa narrativa, este debate entre paradigmas habría surgido en los años sesenta del siglo XX, desapareciendo rápidamente, supuestamente, por dos motivos. Primero, por el aparente triunfo del paradigma estatocéntrico que utilizan los enfoques convencionales y también algunos enfoques críticos[102]. Segundo, al ser este tercer debate totalmente eclipsado por el siguiente gran debate, entre el racionalista y el reflectivismo.

Excede el espacio de estas páginas abordar todas las innovaciones introducidas por los enfoques críticos con la finalidad de repensar la loca-

98 Véase, por ejemplo, Rita Abrahamsen y Michael C. Williams, *Security Beyond the State: Global Security Assemblages in International Politics.* (Cambridge University Press, 2012).

99 Bruno Latour, *Reassembling the Social An introduction to Actor-Network Theory* (Oxford University Press, 2007) o, *Investigación sobre los modos de existence. Una antropología de los modernos* (Paidos, 2013)

100 Donna J. Haraway, *Manifiesto para cyborgs,* (Puente Aéreo, 2014).

101 Muchos de esos recursos analíticos proceden de la etnografía, la sociología, la teoría política, la geografía humana o los estudios culturales o literarios, así como del legado intelectual marxista.

102 Hasta el punto de que, incluso para algunas versiones de la narrativa canónica, ese tercer debate no existió. Yosef Lapid, "The third debate: on the prospects of international theory in a post-positivist era", *International Studies Quarterly*, 33, n.° 2, (1989)

lización del poder de forma diferente a cómo lo plantean desde el paradigma estatocéntrico. Sí se considera necesario señalar que se ha llevado a cabo, en palabras de João Pontes y Jef Huysmans, "una problematización radical del estado y de la soberanía como elementos constitutivos de lo internacional"[103], así como de la división entre interno y externo (*inside/ outside*) y de los conceptos de anarquía, sistema internacional[104]. Se entiende, asimismo, relevante presentar algunas de las novedosas topologías de lo *internacional* que existen en la actualidad y que buscan mapear, "los encuentros, conexiones, rutinas, afectos y modos de hacer de actores y procesos en los lugares donde lo internacional se expresa y concretiza"[105]. Se redirecciona la mirada, como planteaban las voces feministas, hacia lo micro, lo cotidiano, lo situacional, las prácticas, las relaciones propiamente dichas con la finalidad de mostrar como lo internacional se expresa en espacios transnacionales, fluidos, cambiantes y atravesados por múltiples temporalidades y producidos por complejas y circulantes interrelaciones entre distintos actores y actoras y una gran variedad de prácticas, saberes, disputas de poder, afectos, etc.

Con todo, es importante señalar que las innovaciones teóricas de los enfoques críticos no se han limitado a introducir nuevas ontologías y epistemologías, a crear nuevas miradas teóricas (gafas), o ampliar el objeto de estudio y las agendas de investigación de las RRII. Han tenido importantes repercusiones, en cuarto lugar, al otro lado de la fractura teórica, es decir, en los enfoques convencionales (neorealismo, neoliberalismo, la síntesis neo), forzándolos a desplazarse hacia posiciones menos radicales y más matizadas. Tal es, por ejemplo, la valoración de Alexander Wendt, quien, ya en 1999, resaltaba cómo las y los autores *mainstream* comenzaban a matizar sus posiciones positivistas más extremas, así como su racionalismo ontológico radical. Aceptaban, aunque de forma tibia, la influencia de la historia, las instituciones y las normas internacionales en la conformación

---

103 João Pontes Nogueira y Jef Huysman, "La contribución de la Sociología Política Internacional al pensamiento crítico en Relaciones Internacionales", Relaciones Internacionales, 50, (2022), p. 90

104 R. B.J, Walker, *Inside/Outside: International Relations as Political Theory* (Cambridge University Press, 1993) o *After the globe, before de world,* (Routledge, 2005).

105 João Pontes Nogueira y Jef Huysman, "La contribución de la Sociología Política Internacional al pensamiento crítico en Relaciones Internacionales", *Relaciones Internacionales,* 50, (2022): 96.

de las preferencias e identidades de los actores globales[106]. Sin embargo, no es ésta la opinión de otras voces *disidentes* para quienes los enfoques convencionales, todavía hoy, mantienen una actitud displicente, por no decir despectiva, hacia los enfoques críticos, al considerar sus teorías como no científicas y, por tanto, como posiciones teóricas no legítimas.

A pesar de ello, el motivo final que apuntala la presencia, nada marginal, de las voces disidentes en la disciplina es de índole institucional. Si bien es cierto que las más prestigiosas revistas académicas siguen publicando mayoritariamente en el marco de los enfoques positivistas y convencionales, aunque incluyen, de forma creciente, al constructivismo social, el resto de los enfoques críticos han ido adquiriendo paulatinamente un lugar más visible en la disciplina. Hasta el punto de que universidades europeas prestigiosas como la Universidad Queen Mary, la de Aberystwyth, o la LSE, han adquirido un sello de identidad *crítico,* acogiendo en su seno a voces de referencia como Kimberly Hutchings, Mark Hoffman o Richard Wyn Jones. Algo similar ha sucedido en América Latina[107] o en España, si bien, en este último caso, de forma más marginal. Destacan, en este último caso, autores como Karlos Pérez de Armiño, Noe Cornado, Irene Rodríguez, José Antonio Sanahuja y, de forma muy destacada, el GEA-GERI de la UAM, al que pertenecen muchas de las voces de este manual. Dicho grupo, denominado de forma cariñosa como la *Rock School* o la *Stone School* en homenaje a uno de sus fundadores, Francisco Javier (Paco) Peñas, ponía en marcha, en el año 2005, la revista académica de *Relaciones Internacionales* (UAM), con la finalidad, según su editorial, de ser "un espacio para reflexionar, fomentar la discusión crítica y reflejar" para aquellas investigaciones "que, a menudo, por la peculiaridad de su enfoque y por la inexistencia de espacios para su publicación, tropiezan con la dificultad de encontrar el lugar adecuado para darles visibilidad y compartirlos"[108]. Cincuenta y cinco números después, esa apuesta por el pensamiento crítico sigue vigente.

---

106 Alexander Wendt, *Social Theory of International Politics,* Cambridge, Cambridge University press, 1999, p 39.

107 Mª Elena Lorenzini y Mª Gisela Pereyra Doval, "Revisando los aportes de las teorías del sur: nexos entre teoría y praxis en Argentina y Brasil", *Relaciones Internacio*nales, 22, (2013).

108 Editorial del n.º 1 de la Revista *Relaciones Internacionales,* 1, (2005).

De nuevo, como en las dos etapas anteriores, la proliferación de debates, agendas de investigación y voces disidentes no hubiera sido posible sin, por un lado, las aportaciones de otras ciencias sociales como la ecología política y, en especial, la filosofía de la ciencia. Y, por otro, sin la influencia de una praxis internacional marcada, en las últimas dos décadas, por un proceso de securitización (la Guerra desde el Terror), impulsada por EE. UU. y el resto de los países occidentales a partir de los atentados del 11 de septiembre del 2001, así como por las guerras en Afganistán (2001), Irak (2003), Libia (2011), Siria (2013), Sahel (2012-2024), Ucrania (2014) o la que ahora mismo está llevando a cabo Israel en Palestina. La realidad internacional ha venido caracterizada, igualmente, por dos crisis socioeconómicas globales (2007-2010 y 2020-21), ésta última vinculada la pandemia del Covid19, así como por cambios geopolíticos de calado con el resurgimiento de Rusia o la consolidación como grandes potencias de otros países como China, Brasil, India, Turquía o Sudáfrica. Todo ello, de forma entrelazada, ha impulsado la reconfiguración del orden neoliberal policéntrico pero, sobre todo, una crisis poliédrica global, al sumarse desde diversas crisis políticas (nuevos ciclos de protesta social y político, fuertemente reprimidas, securitización de las migraciones, recorte de derechos humanos y, en especial, de los derechos de las mujeres, etc.); a otras múltiples crisis interrelacionadas, de índole socio-económico y de los sistemas de cuidados que han generado un aumento de las desigualdades, incluidas las de género, a nivel global y dentro de los estados y, por último pero no menos transcendente, la actual y acuciante crisis medioambiental que está poniendo en peligro la vida, humana y no humana, y al planeta.

## V. CONCLUSIONES

A lo largo de estas páginas se ha analizado el recorrido y desarrollo que ha llevado al pensamiento crítico internacionalista no solo a ser parte del nacimiento de la disciplina de las RRII, sino a desarrollarla y expandirla hasta ser la disciplina plural y diversa que es hoy. Este relato parcial, situado, y que está todavía en construcción, ha intentado además desvelar los silencios de la historiografía canónica de las RRII. Se ha contribuido, con ello, a descentrar la historia de la disciplina, corroborando, por ejemplo, las debilidades de la narrativa canónica de los "grandes debates", constatando, en particular, su profundo eurocentrismo, androcentrismo y antropocentrismo. Se ha buscado, por el contrario, mapear la multiplicidad laberíntica de voces *disidentes* que han pensado críticamente, a lo largo de la historia (cierto es que mayormente occidental)[109] y, en especial, en los últimos 75 años de evolución de las RRII.

Este análisis, no obstante, dista de ser exhaustivo y completo por varias razones. Primero, debido a que nuestro objeto de estudio, el pensamiento internacionalista crítico, ha sido silenciado de tal manera que se podría decir que sufrido por parte de las RRII un epistemicidio, en el caso de las voces y saberes producidos en lugares no occidentales, o bien un silenciamiento y su subalternización (o, incluso, expulsión) del "mundo académico". Tal ha sido el caso, como se ha visto, de las voces anarquistas, feministas, marxistas, anticoloniales, postestructuralistas, poscoloniales, o de la Teoría Crítica de RRII, de la Sociedad Internacional, los Estudios Críticos de Seguridad, el realismo crítico, los nuevos materialismo, los estudios del Antropoceno, la teoría verde y un largo etcétera. Sin embargo, somos conscientes que esta cartografía está incompleta, dado que, aunque hemos podido recuperar algunas voces marginadas, tanto occidentales como no occidentales, otras muchas, por ejemplo, de origen asiático, árabe, islámico o procedentes de los pueblos indígenas y africanos, no han podido ser rescatadas del olvido. Aun así, nuestra humilde contribución se puede concebir como un acto de resistencia académica y, sobre todo, un acto de memoria feminista y anticolonial frente a las narrativas imperantes que existen, todavía hoy, en la academia occidental y que son causantes de su propia violencia.

En segundo lugar, se trata de una cartografía *situada*, dado que, de forma consciente y deliberada, en este capítulo se ha optado por un relato des-centrado[110] del desarrollo disciplinar de las RRII, esto es, intentando que no se base en el relato autoreferencial y canónico de los "grandes debates" con la esperanza de que haya servido para evidenciar la riqueza intelectual del pensamiento crítico internacionalista, sus múltiples innovaciones teóricas y normativas, sus "vueltas de tuerca" ontológicas, sus "giros de timón" epistemológicas y, desgraciadamente, sin poder abordar, como nos hubiera gustado sus sugerentes "volteretas" metodológicas[111].

---

109 Como de forma acertada señala Arlene Tickner en el prólogo de este manual.

110 Meghana Nayak y Eric Selbin, *Decentering international relations.* (Zeb Books, 2010).

111 Cora Lacatus, Daniel Schade, Yuan (Joanne) Yao, "Quo vadis IR: method, methodology and innovation", *Millenniun*, vol 43:3 (2015); Claudia Aradau, Jef Husymans, "Critical methods in International Relations: the political of techniques, devices and acts", *European Journal of International Relations*, 20, n.° 3 (2014).

## VI. RECAPITULACIÓN

El pensamiento internacionalista ha estado marcado desde siempre por el pensamiento crítico a pesar de que este ha sido silenciado por el relato tradicional realtivo al surgimiento y la consolidación de la disciplina.

El feminismo, el anarquismo, el Marxismo y el pensamiento anti-colonial son muestra de los orígenes críticos de la disciplina de Relaciones Internacionales.

Varios hitos entre los años 1960 y 1970 que incluyen publicaciones en el campo de la seguridad, los estudios de paz y conflicto, así como los estudios Marxistas marcan el (re)surgimiento de las teorías críticas en Relaciones Internacionales.

Los enfoques críticos se consolidan en la disciplina entre 1980 y 1990, pasando al siglo XXI como enfoques de referencia en muchos campos de estudio.

Los enfoques críticos han "salvado" la disciplina, haciéndola más rica, más reflexiva y relevante, por su capacidad de abarcar la diversidad y complejidad que caracteriza el mundo actual.

## VII. RECOMENDACIONES

Amitav Acharya y Barry Buzan, *The making of global international relations: origins and evolution of IR at its centenary*, (Cambridge University Press, 2019).

Richard K. Ashler y R. B.J. Walker: "Introduction: Speaking the Language of Exile: Dissident Thought in International Studies", *International Studies Quarterly*, 34, (1990): 259-268.

Patricia Owens, Kaharina Rietzler, *Women's International Thought: A new History* (Cambridge University Press, 2021).

Meghana Nayak y Eric Selbin, *Decentering International Relations*, (Zed Book, 2010)

Arlene Tickner y David Blaner, *Thinking International Relations Differently*, (Routledge, 2012).

***Otras referencias:***

Emma Goldman, Recopilatorio de Escritos (Traficantes de Sueños: Madrid, 2022)

Rosa Luxemburgo, Utopías Pacifistas (1911) (ensayo).

Andrés Rábago et al. Ops: Una Microhistoria del Mundo. (Diputación de Granada: Granada, 2022).

Ngũgĩ wa Thiong'o, Descolonizar la Mente: La Política Lingüística de la Literatura.

Stephan Zweig, *1914 y Hoy* (ensayo).

# Parte II
# ENFOQUES TEÓRICOS

## *Capítulo 3*

# *Marxismo y Neomarxismo*

**CAROLINA CEPEDA MÁSMELA***
**DANIEL CUBILLEDO GOROSTIAGA***

El marxismo de las Relaciones Internacionales (RI) no sólo es una de las teorías críticas más relevantes de la disciplina, sino que además ha tenido una poderosa influencia en otras teorías críticas como el feminismo de las RI o el poscolonialismo, que cobraron protagonismo durante el Cuarto Debate. En términos generales, uno de los elementos distintivos del marxismo es que se acerca a la política internacional enfatizando las posibilidades de su transformación y las condiciones para la emancipación humana. Para ello, parte de un análisis crítico de las relaciones de poder, explotación y dominación entre diferentes actores, además de los Estados, que no son visibles a simple vista en las teorías del *mainstream* de las RI.

El propósito de este capítulo es presentar los principales fundamentos, conceptos y variantes del marxismo y el neomarxismo en la disciplina. Para ello, se ha estructurado de la siguiente forma: primero, se comienza con un breve contexto histórico de su surgimiento; segundo, se muestran los principales postulados y conceptos de la teoría; tercero, se describen algunas de las principales corrientes como las teorías de la dependencia, sistema-mundo, escuela neo-gramsciana, teoría del desarrollo combinado y desigual, marxismo político, y nuevo imperialismo; cuarto, se propone un caso de estudio para que sea analizado a partir de los conceptos presentados; y, quinto, una serie de conclusiones sobre los puntos de encuentro y diferencia entre las distintas variantes marxistas y neomarxistas.

* Profesora asistente del departamento de Relaciones Internacionales de la Universidad Javeriana-Bogotá.

* Profesor asistente en el Departamento de Relaciones Internacionales de la Facultad de Ciencia Política y Relaciones Internacionales de la Pontificia Universidad Javeriana-Bogotá.

## I. CONTEXTO HISTÓRICO DE SURGIMIENTO

La década de los noventa estuvo caracterizada por el "optimismo liberal", el momento unipolar en un sistema internacional dominado por Estados Unidos, y una correlación de fuerzas sociales claramente inclinada hacia proyectos liberal-conservadores que implementaron políticas inspiradas por el nuevo sentido común neoliberal. Sin embargo, los pronósticos del "fin de la historia" auspiciados por el término de la Guerra Fría y el derrumbe del socialismo se fueron deshaciendo a medida que avanzaban los años noventa. La persistencia de los conflictos armados, la pobreza, la profundización de la desigualdad, la degradación del medio ambiente y la mayor recurrencia de las crisis financieras, pusieron en evidencia los límites de la globalización y del orden internacional liberal promovido por Occidente. Así, a pesar de que la derrota del socialismo europeo y soviético supuso un duro golpe para los movimientos sociales y partidos políticos inspirados en la teoría marxista, la recurrencia de las crisis económicas y financieras, el incremento de la pobreza y la desigualdad, y el surgimiento de nuevas resistencias desde la sociedad civil tanto del norte como del sur global, evidenciaron que la capacidad analítica y explicativa del marxismo centrada en la crítica del modo de producción capitalista, lejos de estar obsoleta, estaba más vigente que nunca.

A pesar de la revitalización de la tradición marxista de las Relaciones Internacionales-RI a partir de los años noventa, su posición en la disciplina no siempre fue como la de entonces o como la que goza en la actualidad. Pues, a diferencia de lo sucedido en otras áreas de las ciencias sociales, como la sociología o la historia, su integración en el canon occidental de las RI fue tardía, parcial y problemática[1]. Y, en cierto sentido, lo sigue siendo. Varios son los factores que contribuyeron a ello.

En primer lugar, las RI son una disciplina anglosajona o más precisamente "una ciencia social americana"[2]. Esta situación, en el clima de polarización política y lucha ideológica entre capitalismo y socialismo de la Guerra Fría, contribuyó fuertemente a que las corrientes teóricas principales de la disciplina se limitaran a reducir el marxismo a la política exte-

---

1 Halliday, Fred. *Rethinking International Relations*. Londres: McMillan, 1994; Arenal, Celestino del. *Introducción a Las Relaciones Internacionales*. Madrid: Tecnos, 2010; Teschke, Benno. "Marxism." In The Oxford Handbook of International Relations, edited by Christian Reus-Smith and Duncan Snidal, 161–87. Nueva York: Oxford University Press, 2010.

2 Hoffmann, "An American Social Science: International Relations."

rior de los estados del bloque comunista[3] o, como diría Roberto Mesa[4], a confundir "el marxismo, como opción científica, con el comunismo, en cuanto a realidad política".

En segundo lugar, la problemática entre Relaciones Internacionales y marxismo tiene que ver con las propias particularidades de este último. Pues, tal y como han señalado numerosos autores, si bien los textos de Karl Marx y Friedrich Engels abordaron diversas cuestiones internacionales e incluso destacaron la dimensión global de procesos claves del capitalismo, como la colonización occidental de América, el carácter transnacional de la acumulación del capital, o la vocación universal y cosmopolita de la cultura burguesa, no elaboraron una teorización sistemática sobre lo internacional[5].

Las teorías clásicas del imperialismo producidas a comienzos del siglo XX[6] cambiaron en parte dicha situación. Sin embargo, las interpretaciones unilaterales, economicistas, mecanicistas e incluso banales del imperialismo, tanto por los que defendían el marxismo como por los que lo atacaban, continuaron dificultando su integración dentro de la disciplina[7]. De la misma forma, posteriores aportes que van desde la Escuela de Fráncfort en los años treinta, hasta los marxistas del Tercer Mundo en los años sesenta, tampoco prestaron la atención suficiente a lo internacional (Kubàlkovà y Cruickshank, citado por Pal, 2022).

---

3 Arenal, Celestino del. *Introducción a Las Relaciones Internacionales.* Madrid: Tecnos, 2010

4 Mesa, Roberto. *Teoría y Práctica de Las Relaciones Internacionales.* Madrid: Taurus, 1980; p. 189

5 Teschke, Benno. "Marxism." *In The Oxford Handbook of International Relations,* edited by Christian Reus-Smith and Duncan Snidal, 161–87. Nueva York: Oxford University Press, 2010; Pal, Maïa. "International Relations." In The SAGE Handbook of Marxism, edited by Beverley Skeggs, Sara R. Farris, Alberto Toscano, and Svenja Bromberg, 858–75. Londres, 2022; Halliday, Fred. *Rethinking International Relations.* Londres: McMillan, 1994; Hobden, Stephen, and Richard Wyn Jones. "Marxist Theories of International Relations." *In The Globalization of World Politics: An Introduction to International Relations,* edited by John Baylis, Steven Smith, and Patricia Owens, 115-29. Nueva York: Oxford University Press., 2020.

6 Bujarin, Nicolai. *El Imperialismo y La Economía Mundial.* Córdoba: Pasado y Presente, 1971; Hilferding, Rudolf. *El Capital Financiero.* Madrid: Tecnos, 1985; Luxemburgo, Rosa. *La Acumulación de Capital.* México: Grijalbo, 1978; Lenin, Vladimir Ilich. *El Imperialismo Fase Superior del Capitalismo.* Madrid: Fundamentos, 1974.

7 Halliday, Fred. *Rethinking International Relations.* Londres: McMillan, 1994.

No obstante, el punto de inflexión va a ocurrir en los años 70 de la mano de la perspectiva del Sistema-Mundo capitalista, que como parte del paradigma estructuralista de las RI va a tener un papel relevante durante el Tercer Debate de la disciplina. Así mismo, la recuperación del pensamiento de Antonio Gramsci durante los años 80, contribuyó a que finalmente el marxismo comenzara a ser reconocido como una tradición teórica autónoma dentro de las RI. Estos desarrollos van a permitir hacer una distinción entre las teorías del viejo imperialismo asociadas con una visión más clásica y ortodoxa del marxismo, y un conjunto heterogéneo de contribuciones denominadas como neomarxistas, entre las que se encuentran las que se acaban de destacar.

Desde los años noventa y hasta la actualidad, la perspectiva marxista de las relaciones internacionales va a experimentar un proceso de revitalización importante[8] dando lugar a diversas corrientes: neo-gramscianos, marxismo político, teoría del desarrollo combinado y desigual, marxismo abierto, autores del nuevo imperialismo, marxismo poscolonial y feminismo marxista son algunas de las más importantes. Una de las razones de esta renovación, tal y como sugerimos más arriba, tiene que ver con la persistencia de los problemas de una sociedad internacional marcada por las contradicciones de la globalización del sistema capitalista en su fase neoliberal. En este sentido, tanto la crisis económica y financiera de 2008 desatada en Estados Unidos como la invasión de Irak en 2003, contribuyeron fuertemente a la recuperación de los análisis y reflexiones marxistas en torno a las crisis del capitalismo, el declive de la hegemonía estadounidense y sus consecuencias para el sistema internacional (Gill, 2012; Harvey, 2014; Wallerstein, 2010).

La otra razón se relaciona con que, paradójicamente, el hundimiento del socialismo histórico permitió que una tradición crítica, reflexiva y heterogénea, que siempre existió al interior del marxismo, pudiera desarrollarse con mayor libertad, toda vez que las visiones más dogmáticas, a menudo más comprometidas con las líneas políticas de los partidos comunistas que con el desarrollo de la teoría, naufragaran con aquel.

De esta manera, la tradición marxista de las RI ofrece en la actualidad un panorama de diversificación en las temáticas de su agenda de investigación y de debates vibrantes, tanto entre las diferentes corrientes que la

---

8 Anievas, Alexander. "The Renaissance of Historical Materialism in International Relations Theory: An Introduction." In *Marxism and World Politics: Contesting Global Capitalism*, 1-10. Londres: Routledge, 2010.

integran, como con las perspectivas dominantes de la disciplina vinculadas con el realismo y el liberalismo, tal como se presentará a continuación.

## II. POSTULADOS GENERALES Y PRINCIPALES CONCEPTOS EXPLICATIVOS

Las tradiciones marxistas y neomarxistas en la disciplina de las RI hacen una crítica ontológica y epistemológica a las teorías tradicionales como el realismo y el neoliberalismo, al cuestionar qué hace parte de la política internacional, cómo esta se ha configurado y cuál es la mejor forma de comprender sus dinámicas. Comparten, además, la premisa de Cox[9] de que la teoría siempre es para alguien y con algún propósito, haciendo explícito su compromiso político y asumiendo abiertamente el papel que juega la ideología en sus propios análisis y en su búsqueda de cambios sociales.

Algunos temas centrales para las tradiciones neomarxistas son el surgimiento y la expansión del sistema capitalista; la relación entre modos de producción, fuerzas sociales y órdenes políticos; las relaciones asimétricas de poder entre los centros de la producción capitalista y las periferias; la organización de resistencias en contra de los órdenes instaurados; y, las posibilidades de ruptura o trascendencia del capitalismo. En los análisis desde esta perspectiva, además se reconoce el papel que juegan otros elementos como las ideas, los valores, la cultura y las instituciones, así como la necesidad de situarlos históricamente.

El neomarxismo en la disciplina se caracteriza también por la diversidad de aproximaciones teóricas, pero este capítulo se centra en cinco de ellas: los análisis de sistema mundo, las teorías de la dependencia, la escuela neogramsciana, el marxismo político y las teorías del nuevo imperialismo. Estas variantes, además, presentan en cierta medida una ruptura con el marxismo ortodoxo al reconocer la importancia de la agencia política, el papel de las ideas y la importancia de los contextos históricos específicos.

En una revisión general de estas variantes es posible identificar unos puntos de partida teóricos y epistemológicos que son transversales en sus análisis. Primero, los contextos históricos y la especificidad de los procesos son fundamentales en sus aproximaciones al desarrollo capitalista y sus efectos, muchas veces desiguales, en distintas regiones del mundo

9 Cox, Robert. "Social Forces, States and World Orders: Beyond International Relations Theory." *Millennium-Journal of International Relations 10,* nº. 2 (1981): 126-55.

y entre distintas clases o grupos sociales. Segundo, tienen en cuenta la intervención de distintos agentes y fuerzas sociales en el desarrollo capitalista, reconocen sus intereses concretos, hacen visibles sus interacciones y determinan que se encuentran en una relación de reciprocidad con ciertas estructuras e instituciones. Tercero, logran constatar que el desarrollo capitalista es un fenómeno global que es posible gracias a la conexión entre la producción, el Estado y las relaciones internacionales. Cuarto, exploran posibilidades y obstáculos para un cambio de modelo, subrayando el rol de fuerzas no estatales como las clases sociales transnacionales. Y, quinto, coinciden en destacar y analizar críticamente el papel de Estados Unidos, junto a sus aliados, en la construcción de un orden mundial capaz de garantizar la acumulación de capital tras el fin de la Segunda Guerra Mundial. No obstante, y tal y como se verá a continuación, también existen puntos de desencuentro entre las diversas corrientes e incluso al interior de estas.

Por último, es posible identificar algunos conceptos centrales tanto en los análisis como en las propuestas de emancipación: desarrollo capitalista, relaciones sociales de producción, órdenes mundiales, nuevo imperialismo, Estado, sociedad civil, explotación y superexplotación, desarrollo desigual, hegemonía, sociedad civil, fuerzas sociales e intereses de clase.

## III. EVOLUCIÓN DEL ENFOQUE TEÓRICO Y VARIANTES

### 1. *Dependencia y sistema mundo*

Las teorías de la dependencia surgieron durante la década de los 60 en América Latina[10]. Estos estudios fueron diversos en términos disciplinares y de sus posturas epistemológicas, pero se pueden dividir en dos grandes grupos: estructuralistas y marxistas[11]. Para los primeros, el problema era cómo alcanzar el desarrollo y, por esa vía, superar la dependencia; y para los segundos, esta condición sólo se superaría trascendiendo el modo de producción capitalista.

---

10 Bambirra, Vania. *Teoría de La Dependencia: Una Anticrítica.* México: Ediciones Era, 1978.

11 Centeno, "Dependency Tehory Today"; Evans, "The Relevance of Dependent Development Then and Now."

Cardoso y Faletto[12], identificados con el grupo de los estructuralistas, abordan el problema del desarrollo desde un marco social y político, dado que para la década de los 50 había algunas condiciones en las economías latinoamericanas para alcanzar el desarrollo y no lo hicieron. Partiendo desde un análisis gramsciano, encuentran que factores institucionales, sociales y políticos también jugaron en contra del proceso, por lo que son enfáticos al afirmar que el desarrollo también es el resultado de la interacción de distintos grupos y clases sociales, con intereses y valores propios.

Ruy Mauro Marini[13], desde la orilla marxista, muestra cómo América Latina configura una relación de dependencia a través de su desarrollo mediante la producción de metales preciosos y géneros exóticos. Sostiene que la relación temprana que estableció la economía latinoamericana con el mercado mundial provocó que su producción se orientara a este antes que a un mercado interno; de esa forma, la capacidad interna de consumo pasó a un segundo plano, con lo que la población trabajadora solamente importaba en tanto fuerza de trabajo y no como una fuerza de consumidores. Pese a ello, países como Argentina, México y Brasil lograron un desarrollo industrial, pero sin crear su propia demanda debido a que esta se había estructurado en función del mercado de países industrializados, atendiendo a una nueva división del trabajo donde las etapas avanzadas de la producción y el uso de la tecnología se reservan a los centros imperialistas[14].

Esa situación de dependencia se fundamentó en el intercambio desigual derivado del precio de las materias primas frente a los productos manufacturados, situación analizada por André Gunder Frank[15], quien se centra en la transición del colonialismo al imperialismo en América Latina. Muestra que algunas tentativas de industrialización en el siglo XX se derivaron de coyunturas internacionales como la I Guerra Mundial y la crisis del 29, propiciando el desarrollo de una industria para la producción de bienes de consumo para el mercado interno. Sin embargo, terminaron en 1953, con la guerra de Corea, cuando las corporaciones transnacionales

---

12 Cardoso, Fernando Henrique, and Enzo Faletto. *Dependencia y Desarrollo En América Latina.* México: Sigo XXI editories, 1984.

13 Marini, Ruy Mauro. *Dialéctica de La Dependencia.* Buenos Aires: Siglo del Hombre.

14 Marini, Ruy Mauro. *Dialéctica de La Dependencia.* Buenos Aires: Siglo del Hombre.

15 Frank, Andre Gunder. "Feudalismo No: Capitalismo." In *América Latina: ¿Feudalismo o Capitalismo?,* edited by Andre Gunder Frank, Rodolfo Puiggros, and Ernesto Laclau, 11-29. Bogotá D.C.: Editorial la Oveja Negra, 1972; Frank, Andre Gunder."La Inversión Extranjera En El Subdesarrollo Latinoamericano." In *Capitalismo y Subdesarrollo en América Latina,* 269-304. México: Siglo XXI editores, 1970.

retornaron a la región e instalaron industrias subsidiarias, creando otras formas de dependencia.

Estos trabajos también constituyeron una fuerte influencia en el análisis del sistema mundo, que se desarrolló a partir de la década de los 70. Así, tomando como punto de partida la propuesta de Fernand Braudel[16] de la larga duración y las tendencias de medio plazo, y en una perspectiva más comprehensiva sustituyen la unidad de análisis del estado-nación por el sistema mundo, que logra atravesar distintas unidades políticas y culturales. De allí, que las fronteras tradicionales del conocimiento y las ciencias sociales resulten un obstáculo y sea necesario ir más allá de los "campos disciplinares" [17].

La comprensión del sistema mundo requiere de análisis de larga duración que permita entender cómo este se desarrolló, identificando los distintos ciclos de acumulación del capital[18] y puntos de inflexión política, económica y cultural como la aparición de la economía capitalista en el siglo XVI[19] y la dominación del liberalismo fruto de la revolución francesa[20]. Este ejercicio permite identificar a algunos países y regiones como centros del desarrollo capitalista y otros como periferias y semiperiferias, retomando conceptos aportados por el pensamiento cepalino[21].

Si bien la perspectiva de Wallerstein ofrece una visión histórica y estructural de las relaciones internacionales ligadas al desarrollo del capitalismo, también le otorga un peso relativo a la agencia política en sus trabajos posteriores. El concepto de movimientos antisistémicos, que se propone a

---

16 Braudel, Fernand. "History and the Social Sciences: The Longue Durée." *Review 32*, nº. 2 (2009): 171-203.

17 Wallerstein, Immanuel. *Análisis de Sistemas-Mundo: Una Introducción.* México: Siglo XXI editores, 2006.

18 Arrighi, Giovanni. *The Long Twentieth Century: Money, Power,* and the *Origins of Our Times.* Londres: Verso, 1994.

19 Wallerstein, Immanuel. *The Modern World-System I: Campitalist Agriculture and the Origins of the European World-Economy in the Sixteenth Century.* Berkeley: University of California Press, 2011; Wallerstein, Immanuel. *The Modern World-System II: Mercantilism and the Consolidation of the European World-Economy 1600-1750.* Berkeley: University of California Press, 2011.

20 Wallerstein, Immanuel. *The Modern World-System III: The Second Era of Great Expansion of the Capitalist World-Economy 1730-1840s.* Berkeley: University of California Press, 2011.

21 Prebisch, Raúl. "Reflexiones Sobre La Integración Económica Latinoamericana". In *Obras Selectas.* Bogotà D.C.: Plaza y Janes, 1983.

finales de los 90, es retomado en sus análisis más recientes para acercarse a procesos como el movimiento alterglobalización y la primavera árabe, entendidos como reacciones a las políticas neoliberales y síntomas de la crisis del sistema mundo capitalista en su último ciclo de acumulación estadounidense[22].

Pese a sus diferencias, estos trabajos comparten algunos elementos: recalcan la necesidad de entender el desarrollo, el capitalismo y la dependencia como resultados de procesos históricos en los que intervienen agentes y estructuras, y no como condiciones dadas en el norte y el sur; la importancia de las situaciones particulares de condiciones económicas estructurales, configuración de fuerzas sociales, intereses e interacciones de grupos; y, el reconocimiento del desarrollo capitalista como un fenómeno global que necesitó de espacios y formas no capitalistas[23].

## 2. *Escuela neogramsciana*

Antonio Gramsci es reconocido como el teórico político marxista más importante del siglo XX[24]. Conceptos y categorías como hegemonía, ideología, bloque histórico, crisis orgánica e intelectuales son centrales en los análisis inspirados en su pensamiento. Las RI no han sido ajenas a su influencia y se ha desarrollado una escuela neogramsciana, cuyas líneas teóricas y epistemológicas permiten indagar por las posibilidades y los obstáculos para el cambio en la política internacional, las relaciones de poder entre diferentes actores estatales y no estatales, el rol de las instituciones en la difusión de ideas hegemónicas, la organización de fuerzas de resistencia y las crisis de liderazgos.

El trabajo pionero de esta escuela es el artículo de Robert Cox publicado en la revista *Millennium* en 1981: *Social Forces, States and World Order: Beyond International Relations Theory*. Cox desarrolla su propuesta en una vía doble, que inspirará otras contribuciones: de un lado, el desarrollo de una propuesta teórica inspirada en los usos de Gramsci y, por el otro, los análisis empíricos. Así mismo, el trabajo de Robert Cox también es habi-

---

22 Arrighi, Giovanni, Immanuel Maurice Wallerstein, and Terence K. Hopkins. *Movimientos Antisistémicos.*

23 Wolf, Eric. *Europa y La Gente Sin Historia.* México: Fondo de Cultura Económica, 2005.

24 Hobsbawn, Eric. *How to Change the World. Reflections on Marx and Marxism.* New Haven: Yale University Press, 2011.

tualmente categorizado dentro de la denominada Teoría Crítica de las RI, que recoge las contribuciones de la Escuela de Fráncfort. Sin embargo, tal y como han señalado diversos autores[25], la evolución de la teoría crítica muestra una división clara entre dos tendencias: por un lado, la representada por Andrew Linklater que a partir de una lectura controvertida de la obra de Habermas se asemeja más al idealismo liberal y, por otro lado, la constituida por Robert Cox que al tomar el corpus teórico de Antonio Gramsci puede asociarse más claramente con un intento de reconstrucción crítica del materialismo histórico.

Cox[26] distingue entre teoría de solución de problemas y teoría crítica. La teoría crítica se presenta como una herramienta útil y pertinente para entender la política internacional y los cambios que pueden ocurrir en ella. Su propuesta está dentro del materialismo histórico y se orienta a visibilizar la conexión entre el poder en la producción, en el Estado y en las relaciones internacionales, entendiendo que en estas esferas hay posibilidades de cambio y que desde ellas se puede construir una hegemonía.

La hegemonía mundial se define como una estructura social, económica y política a la vez, que se expresa en normas e instituciones universalizantes, que dictan reglas de comportamiento para los Estados y otros actores de la política internacional[27]. Esta se materializa en una estructura histórica configurada por tres categorías de fuerzas que interactúan de manera recíproca: ideas, capacidades materiales e instituciones; estas fuerzas no determinan las acciones directamente, pero sí les imponen constreñimientos[28]. Dicha estructura, a su vez, tiene tres esferas interrelacionadas de actividad: fuerzas sociales, formas de Estado y órdenes mundiales. Así, muestra el paso de la *pax británica* a la *pax americana*, resaltando el papel del neoliberalismo y el liberalismo en el establecimiento de un orden mundial específico, atado a unas formas particulares de estado y con unos alineamientos de fuerzas sociales que lo respaldan y lo resisten.

---

25 Cornago Prieto, Noé. "Materialismo e idealismo en la teoría crítica de las Relaciones Internacionales." *Revista Española de Derecho Internacional* 57, nº 2 (2005): 665-93.

26 Cox, Robert. "Social Forces, States and World Orders: Beyond International Relations Theory." *Millennium-Journal of International Relations* 10, nº 2 (1981): 126-55.

27 Cox, Robert. "Gramsci, Hegemony and International Relations: An Essay on Method." In *Approaches to World Order*, edited by Robert Cox and Timothy Sinclair. Nueva York: Cambridge University Press, 1996.

28 Marx, Karl. *El Dieciocho Brumario de Luis Bonaparte.* Barcelona: Ediciones Ariel, 1971.

Para Tussie y Ramos[29] el uso de la noción de hegemonía gramsciana, el punto de partida en el orden mundial y la relevancia dada a las ideas y la ideología, le permiten a Cox dar un giro epistemológico y marcar una ruta novedosa. Augelli y Murphy[30] señalan que los aportes de Gramsci permiten enfocar la atención en las fuentes de cambio y continuidad social, a través de elementos fundamentales como la distinción entre hegemonía y dominación, y la concepción de sociedad civil como fuente de legitimidad y confrontación. Gill [31] señala que las preguntas por un nuevo orden mundial deben indagar también por transformaciones en los niveles económico, político y sociocultural. Rescata la utilidad del marco gramsciano para hacer un análisis internacional distinto al de las teorías tradicionales: tiene una aproximación crítica al positivismo; propone una crítica al individualismo metodológico; e, incluye una dimensión ética y política[32].

Cox[33] subraya el concepto de hegemonía para entender los problemas del orden mundial, en la medida en que la sociedad civil es importante para esta. Retoma la definición ampliada de Estado en Gramsci, que incluye las bases de la estructura política en la sociedad civil: iglesia, escuela,

---

29 Tussie, Diana, and Leonardo Ramos. "How Does Gramsci Travel in Latin America? Before and After Critical Internacional Relations Theory." *Contexto Internacional* 44, n° 1 (2022): 2-21.

30 Augelli, Enrico, y Craig N. Murphy. "Gramsci and International Relations: A General Perspective and Example for Recent US Policy toward the Third World". En *Gramsci, Historical Materialism and International Relations,* edited by Stephen Gill. Cambridge: Cambridge University Press, 1993.

31 Gill, Stephen. "Gramsci and Global Politics: Toward a Post-Hegemonic Research Agenda". En *Gramsci, Historical Materalism and International Relations,* edited by Stephen Gill. Cambridge: Cambridge University Press, 1993; Gill, Stephen. "Epistemology, Ontology and the 'Italian School". En *Gramsci, Historical Materialism and International Relations,* edited by Stephen Gill. Cambridge: Cambridge University Press, 1993; Gill, Stephen "Toward a Postmodern Prince? The Battle in Seattle as a Moment in the New Politics of Globalisation". *Millennium-Journal of International Relations* 29, n° 1 (2000): 131-40.

32 Gill, Stephen. "Epistemology, Ontology and the 'Italian School." En *Gramsci, Historical Materialism and International Relations,* edited by Stephen Gill. Cambridge: Cambridge University Press, 1993; Gill, Stephen "Toward a Postmodern Prince? The Battle in Seattle as a Moment in the New Politics of Globalisation." *Millennium-Journal of International Relations* 29, n° 1 (2000): 131-40.

33 Cox, Robert. "Gramsci, Hegemony and International Relations: An Essay on Method." In *Approaches to World Order,* edited by Robert Cox and Timothy Sinclair. Nueva York: Cambridge University Press, 1996.

prensa y demás instituciones que ayudan a moldear el comportamiento y las expectativas de las personas en una forma consistente con el orden hegemónico[34]. En las relaciones internacionales el Estado es importante, pero en su sentido ampliado, y es posible entender que hay jerarquías entre estos: los estados más poderosos gozan de mayor autonomía en la formulación y conducción de sus políticas exteriores, en un orden mundial donde la hegemonía también se funda en una sociedad civil globalmente concebida.

Dentro de los análisis empíricos se puede ubicar el trabajo de Sklair[35], que se centra en el sistema global, sus fuerzas e instituciones. Muestra cómo las prácticas transnacionales operan en los niveles económico, político e ideológico-cultural, donde existen actores centrales, respectivamente: corporaciones transnacionales, clases capitalistas transnacionales y agentes e instituciones de la ideología. La asimetría de este sistema da lugar a la posibilidad de ejercicio de la hegemonía por parte de un Estado, una clase, un individuo o una organización, pero esta puede ser resistida por actores contrahegemónicos.

Augelli y Murphy[36] analizan la segunda mitad del siglo XX, entendiendo que las clases dirigentes de Estados Unidos consolidaron el "mundo libre" después de la II Guerra Mundial, pero este empezó a resquebrajarse para los años 90 debido a su excesivo uso de la fuerza, debilitando su hegemonía. Gill[37], en una lectura similar, propone la existencia de una crisis[38] de la hegemonía del siglo XX en la que, al tiempo que el capitalismo se expande como la forma de organización socioeconómica predominante, se difunde una cultura global crítica frente a los efectos no deseados de ese proceso.

---

34 Gramsci, Antonio. *Escritos. Antología.* Alianza Ed. Madrid, 2017; p. 265. Q 25, §5.

35 Sklair, Leslie. *Sociología del Sistema Global.* Barcelona: Gedisa, 2003.

36 Augelli, Enrico, y Craig N Murphy. "Gramsci and International Relations: A General Perspective and Example for Recent US Policy toward the Third World." En *Gramsci, Historical Materialism and International Relations,* edited by Stephen Gill. Cambridge: Cambridge University Press, 1993.

37 Gill, Stephen. "Gramsci and Global Politics: Toward a Post-Hegemonic Research Agenda." En *Gramsci, Historical Materalism and International Relations,* edited by Stephen Gill. Cambridge: Cambridge University Press, 1993.

38 Gramsci, Antonio. *Escritos. Antología.* Alianza Ed. Madrid, 2017; p. 337. Q 13, §23.

Estos sectores críticos del capitalismo son analizados por Cox[39], quien muestra que las condiciones de producción y trabajo han conducido a la búsqueda de alternativas más equitativas en un proceso en que la sociedad civil es esencial, dado su potencial emancipatorio. Gill[40] define a estas formas emergentes de lucha como un "príncipe posmoderno", retomando la noción del "príncipe moderno" de Gramsci[41]: unas protestas plurales y diferenciadas, pero vinculadas a la construcción de una nueva forma de globalismo.

Pese a ello, el mismo Gill[42] reconoce que también hay un fortalecimiento de las fuerzas neoliberales que abre la posibilidad de una disputa por el liderazgo mundial, fundamentado en herramientas como el nuevo constitucionalismo y el disciplinamiento neoliberal[43]. En esta disputa de liderazgo aparecen distintas fuerzas sociales: fuerzas dominantes, fuerzas contrahegemónicas, fuerzas alternativas y fuerzas reaccionarias. Gill profundiza esta línea de análisis en trabajos sobre las crisis derivadas de la crisis financiera de 2008[44].

En el mismo contexto, Owen Worth[45] indaga por las fuerzas contrahegemónicas que aparecen como respuesta a la depredación de la globalización neoliberal y en el marco de la crisis; identifica tres tipos de resistencia: internacionalismo progresista, populismo nacionalista y fundamentalismo religioso. Cualquiera de estas tres formas de resistencia puede desarrollar formas de liderazgo capaces de disputar la dirección política de la sociedad, en una confrontación de visiones de mundo que a 2022 sigue sin consolidar una dirección hegemónica.

---

39 Cox, Robert. "Social Forces, States and World Orders: Beyond International Relations Theory." *Millennium-Journal of International Relations* 10, nº 2 (1981): 126-55.

40 Gills, Barry. "Introduction: Globalization and the Politics of Resistance." En *Globalization and the Politics of Resistance*, edited by Barry Gills, 3-11. Londres: MacMillan Press, 2000.

41 Gramsci, Antonio. *Escritos. Antología.* Alianza Ed. Madrid, 2017; p. 260. Q 13, §1.

42 Gill, Stephen. *Power and Resistance in the New World Order.* Nueva York: Palgrave McMillan, 2008.

43 Gill, Stephen, u A. Claire Cutler, eds. *New Constitutionalism and World Order.* Cambridge: Cambridge University Press, n.d.

44 Gill, Stephen. "Introduction: Global Crises and the Crisis of Global Leadership." En *Global Crises and the Crisis of Global Leadership*, edited by Stephen Gill. Cambridge: Cambridge University Press, 2012.

45 Worth, Owen. *Resistance in the Age of Austeriry.* London: Zeld, 2013.

### 3. *Teoría del Desarrollo Combinado y Desigual y Marxismo Político*

Respondiendo al llamado de Fred Halliday[46] sobre el necesario reencuentro entre RI y Materialismo Histórico, distintos autores marxistas de las RI han realizado importantes contribuciones acerca de los vínculos entre el capitalismo, la formación del Estado-soberano y el moderno sistema interestatal. Para autores como Benno Teschke[47], tales aportes suponen "una refundación de la teoría marxista de las relaciones internacionales reformulada como una sociología histórica internacional".

Justin Rosenberg[48] va a demostrar la correspondencia estructural entre diferentes sistemas geopolíticos y sus estructuras sociales o modos de producción [49]. Sin embargo, para el caso de la geopolítica propia del capitalismo, el autor va a identificar una particularidad importante que le va a permitir construir una teoría alternativa al realismo [50]. Basándose en uno de los presupuestos centrales de Ellen Meiksins Wood[51], Rosenberg argumenta que la separación de las esferas de lo político y lo económico constituye la singularidad del capitalismo; pues, a diferencia de los modos de producción anteriores, donde la apropiación del excedente económico se realizaba mediante la coerción directa de un poder personalizado, en el capitalismo el momento de la explotación económica se da de manera indirecta en el ámbito privado de la sociedad civil. De esta manera, el concepto moderno de lo político y su diferenciación de lo económico, también se relaciona con la división de una esfera privada vinculada con la producción y el comercio, donde priman las relaciones jerárquicas de explotación, y una esfera pública surgida de la existencia de ciudadanos libres con iguales derechos, en la que el poder político y coercitivo se condensa en el principio impersonal de la soberanía moderna.

---

46 Halliday, Fred. *Rethinking International Relations.* Londres: McMillan, 1994.

47 Teschke, Benno. "Marxism." In *The Oxford Handbook of International Relations, edited by Christian Reus-Smith and Duncan Snidal,* 161.87. Nueva York: Oxford University Press, 2010.

48 Rosenberg, Justin. *The Empire of Civil Society. A Critique of the Realist Theory of International Relations.* Londres-Nueva York: Verso, 1994.

49 Teschke, Benno. "Marxism." En *The Oxford Handbook of International Relations,* edited by Christian Reus-Smith and Duncan Snidal, 161-87. Nueva York: Oxford University Press, 2010.

50 Rosenberg, Justin. "Isaac Deutscher and the Lost History of International Relations." *New Left Review,* n° 215 (1996): 3-15.

51 Wood, Ellen Meiksins. "The Agrarion Origins of The Agrarian Origins of Capitalism." *Monthly Review* 50, n° 3 (1998): 13-31.

Analizando las implicaciones de tal singularidad en el plano de las relaciones internacionales, Rosenberg[52] argumenta que, en la medida en que la lógica del capital opera transnacionalmente, es la existencia de un mercado capitalista de alcance internacional la condición necesaria para la existencia de un espacio político fragmentado de Estados-nación soberanos con fronteras territoriales delimitadas, aunque necesariamente porosas. Dicha tesis tiene dos consecuencias importantes. La primera, que el orden geopolítico del capitalismo supone una discontinuidad estructural con respecto a los órdenes anteriores, siendo la geopolítica moderna una expresión de una totalidad social más amplia marcada por el surgimiento del capitalismo. La segunda, que el principio moderno de la anarquía, el mecanismo del equilibrio de poder y la existencia de unidades políticas cuya igualdad se basa en el principio impersonal de la soberanía moderna, se fundamentan en las relaciones sociales capitalistas y la lógica transnacional del mercado[53].

La tesis anterior se complementa con la teoría del desarrollo combinado y desigual, elaborada por León Trotsky, que Rosenberg introduce en trabajos posteriores[54]. Dicha teoría plantea que, en la medida en que los países parten de condiciones históricas iniciales diferentes, el patrón de desarrollo capitalista en cada formación social se produce de una manera desigual pero también combinada. Los más avanzados, imponen presiones sobre los demás hacia la transformación económica y política. Sin embargo, estos también pueden verse beneficiados ocasionalmente de su atraso, pues el acceso a nuevas tecnologías y capital les puede permitir saltar a estadios superiores de desarrollo, si bien las rápidas trasformaciones económicas resultan con frecuencia en estructuras políticas más inestables.

Con ello, Rosenberg también rechaza el presupuesto neorrealista de la igualdad entre los Estados soberanos. Afirma que la abstracción realista del principio de la anarquía no se fundamenta en la existencia de una es-

---

52 Rosenberg, Justin. *The Empire of Civil Society. A Critique of the Realist Theory of International Relations.* Londres-Nueva York: Verso, 1994.

53 Rosenberg, Justin. "Isaac Deutscher and the Lost History of International Relations." *New Left Review,* nº 215 (1996): 3-15.

54 Rosenberg, Justin."Kenneth Waltz and Leon Trotsky: Anarchy in the Mirror of Uneven and Combined Development." *International Politics* 20, nº 2 (2013): 183-230; Rosenberg, Justin. "Isaac Deutscher and the Lost History of International Relations." *New Left Review,* nº 215 (1996): 3-15; Rosenberg, Justin. "Basic Problems in the Theory of Uneven and Combined Development: A Reply to the CRIA Forum." Cambridge Review of International Affairs 22, nº 1 (2009): 107-10.

pacialidad fragmentada de unidades políticas ahistóricas y preexistentes, que con los tratados de Westfalia y Utrecht se constituyeron como Estados-soberanos modernos. Por el contrario, la condición de posibilidad del moderno sistema interestatal es el surgimiento de un nuevo modo de producción capitalista mundial, hacia finales del siglo XIX, y de su desarrollo combinado y desigual.

Tales ideas, sin embargo, han sido criticadas por Benno Teschke y Hannes Lacher, dos de los máximos representantes del marxismo político de las relaciones internacionales[55]. El marxismo político, que surge a finales de los años setenta de la mano del historiador Robert Brenner[56] y es desarrollado, posteriormente, por Ellen Meiksins Wood[57] y George C. Comninel[58], propone una lectura de Marx a partir de algunos de sus textos más "políticos", donde la lucha de clases ocupa un lugar central. A diferencia del modelo de desarrollo capitalista comercial propuesto por la teoría de la dependencia y los análisis de sistema-mundo, Robert Brenner argumenta que el surgimiento del capitalismo no puede entenderse a partir de la esfera de la circulación —la existencia de un mercado mundial capitalista ya en el siglo XVI— sino de la de la producción. Más específicamente, a partir del desarrollo de unas relaciones sociales de propiedad particulares, donde la expropiación de la tierra de los productores directos en el periodo de transición entre el feudalismo y el capitalismo agrario en Inglaterra ocupó un lugar central.

Así, introduciendo la teoría de las relaciones sociales de propiedad en las RI, Benno Teschke[59] critica dos aspectos fundamentales las tesis de Rosenberg. Primero, que en la evolución histórica de los diferentes órdenes geopolíticos europeos presentados por el autor, los periodos de transición

---

55 Dufour, Guillaume. "Chapter Twenty-Four: Historical Materialism and International Relations." En *Critical Companion on Contemporary Marxism,* edited by Jaques Bidet and Stathis Kouvelakis, 369-84. Londres: Brill, 2008.

56 Brenner, Robert. "The Origins of Capitalist Development: A Critique of Neo-Smithian Marxism." *New Left Review,* n° 104 (1977): 25-92.

57 Wood, Ellen Meiksins. *The Origin of Capitalism.* Londres: Monthly Review Press, 1999. Worth, Owen. *Resistance in the Age of Austeriry.* London: Zeld, 2013.

58 Comminel, George C. "English Feudalism and the Origins of Capitalism." *Journal of Peasant Studies* 27, n° 4 (2000): 1-53.

59 Sklair, Leslie. *Sociología del Sistema Global.* Barcelona: Gedisa, 2003. Teschke, Benno. "Marxism." En *The Oxford Handbook of International Relations,* edited by Christian Reus-Smith and Duncan Snidal, 161-87. Nueva York: Oxford University Press, 2010.

marcados por las crisis, las guerras y las revoluciones parecen desaparecer, y el poder de agencia de las clases sociales y sus conflictos queda subrepresentado. Segundo, que la geopolítica moderna del sistema interestatal no está estructural y funcionalmente ligada con la lógica transnacional del capitalismo y su desarrollo combinado y desigual, sino que el surgimiento de las relaciones sociales capitalistas se combinó con un legado geopolítico preexistente, que en un proceso mucho más complejo, cristalizó finalmente en el moderno sistema interestatal. Así, bajo su perspectiva, que es apoyada también por Hannes Lacher[60], la articulación entre capitalismo y el moderno sistema interestatal fue un proceso contingente y no necesario, pues no estaría demostrada la existencia de una "lógica del capital" independiente que produzca necesariamente la fragmentación del espacio geopolítico.

## *4. Nuevo imperialismo*

Existe también un conjunto de autores que han realizado valiosos aportes para la comprensión de las relaciones internacionales más contemporáneas. En este caso, dos son los ejes temáticos principales que enmarcan los debates: primero, el impacto que la transnacionalización del capital, asociada con la globalización neoliberal, tiene sobre el Estado-nación, y su relación con lo internacional y lo global. Segundo, el significado y alcance del "giro unilateral" que se produjo tras los atentados del 11 de septiembre de 2001 y la consecuente "guerra global contra el terror", emprendida por el gobierno de George W. Bush. Sumado a otros hechos posteriores como la creciente rivalidad entre Estados Unidos con China y Rusia, una de las preguntas claves es si estamos asistiendo al regreso de la competencia geopolítica y si el concepto de "imperialismo" sigue siendo pertinente.

Alex Callinicos[61] ha diferenciado tres grandes posturas al respecto al interior de la tradición marxista. Así, un primer grupo de autores asociados principalmente con la escuela neogramsciana argumenta que los procesos de internacionalización de la producción y financiarización de la economía, surgidos en las décadas de los '70 y '80 del siglo XX, condujeron a la

---

60 Lacher, Hannes. *Beyond Globalization: Capitalism, Territoriality and the International Relations of Modernity*. Londres: Routledg, 2006.

61 Callinicos, Alex. "Does Capitalism Need the State-System?" En *Marxism and World Politics: Contesting Global Capitalism*, edited by Alexander Anievas, 13-26. Londres: Routledge, 2010.

formación un bloque histórico trasnacional[62]. En este proceso cobra una especial relevancia la construcción de una gobernanza global, tanto a partir de la creación de foros informales de decisión como la Comisión Trilateral, como de instituciones multilaterales como el FMI, la OMC o la OCDE. De esta forma, los Estados-nación jugarían ahora un papel crecientemente subordinado frente a los imperativos de la economía global y el capital trasnacional, en un proceso comprendido como "la internacionalización del Estado" [63], la formación de un "estado transnacional"[64] o, en las versiones más radicales, un imperio global "descentrado y desterritorializado" en el que Estados Unidos ya no sería el centro de un proyecto imperialista[65]. En esta visión, por lo tanto, la antigua competencia geopolítica quedaría obsoleta[66].

Por otro lado, un segundo grupo formado principalmente por la propuesta de Leo Panitch y Sam Gindin afirma que el capitalismo global sí estaría centrado en Estados Unidos bajo la forma de un "imperio informal", que surgió como proyecto durante la Gran Depresión y el *New Deal*, se desarrolló durante la Era Dorada del capitalismo fordista entre 1945 y 1970, y se concretó finalmente tras el fin de la Guerra Fría y el desarrollo de la globalización neoliberal[67]. Así, a diferencia de las antiguas rivalidades intercapitalistas captadas por las teorías clásicas del imperialismo, el

---

62 Pijl, Kees Van der. The Making of an Atlantic Ruling Class. Londres: Verso, 1984; Pijl, Kees Van der Transnational Classes and International Relations. Londres: Routledge, 1998; Gill, Stephen, and David Law. "Global Hegemony and the Structural Power of Capital." *International Quaterly Studies* 36, nº 4 (1989): 475-99; Gill, Stephen. American Hegemony and the Trilateral Commission. Cambridge: Cambridge University Press, 1990; Overbeek, Henk. "Transnational Historical Materialism: Theories of Transnational Class Formation and World Order." En *Global Political Economy. Contemporary Theories,* edited by Ronen Palan, 168-83. Londres: Routledge, 2000.

63 Palloix, Christian. "The Self-Expansion of Capital on a World Scale." *Review of Radical Political Economics,* nº 9 (1977): 3-17.

64 Robinson, William I. "Social Theory and Globalization: The Rise of a Transnational State." *Theory and Society* 30, nº 2 (2001): 157-200.

65 Hardt, Michael, y Antonio Negri. *Empire.* Cambridge: Harvard University Press, 2000.

66 Callinicos, Alex. "Does Capitalism Need the State-System?" En *Marxism and World Politics: Contesting Global Capitalism,* edited by Alexander Anievas, 13-26. Londres: Routledge, 2010.

67 Panitch, Leo, y Sam Gindin. *The Making of Global Capitalism. The Political Economy of American Empire.* Londres: Verso, 2012.

actual imperio estadounidense se caracteriza por el liderazgo hegemónico que ejerce sobre sus aliados, fundamentado en la gran asimetría de poder existente. En este sentido, uno de sus argumentos centrales afirma que tales relaciones asimétricas "no se disolvieron a raíz de la crisis de la Edad de Oro o al final de la Guerra Fría, sino que fueron reformados y reconstituidos durante la era de la globalización neoliberal"[68]. Por lo tanto, en la propuesta de estos autores el modelo vigente es el de un imperio estadounidense informal en el que las rivalidades interimperialistas y el equilibrio de poder quedan suspendidos por la organización global del capitalismo liderada por Estados Unidos[69].

Finalmente, existe un tercer conjunto de autores denominado por Kiely[70] como "teóricos del nuevo imperialismo" entre los que se encuentran David Harvey[71], Walden Bello[72], Peter Gowan[73], Chris Harman[74], John Rees[75], Claud Serfarti[76] y Alex Callinicos[77]. A diferencia de las dos perspectivas anteriores, los autores del nuevo imperialismo van a poner mayor énfasis en la importancia de la lógica territorial y el conflicto geopolítico como un aspecto crucial del capitalismo y de las relaciones internacionales contemporáneas. Así, si bien comparten algunas ideas de las dos perspectivas anteriores, existen importantes diferencias.

En primer lugar, porque si bien la lógica del capital tiende a producir un espacio transnacional de acumulación a escalas cada vez mayores, dicho

---

68 Panitch, Leo, y Sam Gindin. "Imperialism and Global Political Economy: A Reply to Alex Callinicos." *International Socialism 2*, nº 109, 2006; p. 12.

69 Teschke, Benno. "Marxism." En *The Oxford Handbook of International Relations*, edited by Christian Reus-Smith and Duncan Snidal, 161-87. Nueva York: Oxford University Press, 2010.

70 Callinicos, Alex. "Does Capitalism Need the State-System?" En *Marxism and World Politics: Contesting Global Capitalism*, edited by Alexander Anievas, 13-26. Londres: Routledge, 2010; p. 107.

71 Harvey, David. *The New Imperialism*. Nueva York: Oxford University Press, 2003.

72 Bello, Walden. *Dilemmas of Domination: The Unmaking of the American Empire*. Henry Holt, 2005.

73 Gowan, Peter. *The Global Gamble*. Washington's Faustian Bid for World Dominance. Londres: Verso, 1999.

74 Harman, Chris. "Analyzing Imperialism." *International Socialism* 2, nº 99 (2003): 3-81.

75 Rees, John. Imperialism and Resistance. Londres: Routledge, 2006

76 Serfati, Claude. *Impérialisme et Militarisme*. Lausanne: Editions Page deux, 2004.

77 Callinicos, Alex. *Imperialism and Global Political Economy*. Londres: Polity, 2009.

proceso está condicionado por las lógicas de competencia geopolítica y territorial de un sistema de Estados que, como argumentan los autores del marxismo político, precede al surgimiento del capitalismo. Y, en segundo lugar, porque la fase actual del capitalismo neoliberal está caracterizada por una crisis de sobreacumulación que se puso de manifiesto durante la década de los años setenta, en la que las soluciones puestas en juego por Estados Unidos para superarla y revertir su declive hegemónico —la financiarización de la economía y la transnacionalización del capital—, no estarían siendo suficientes. En este contexto, los conceptos de "ajustes espacio-temporales" y de "desarrollo geográfico desigual" juegan un papel fundamental para entender la intensificación de la competencia geopolítica y las prácticas imperialistas en la actualidad [78].

Para Harvey[79] las crisis del capitalismo como la que se desarrolla actualmente "son esenciales para la reproducción del capitalismo y en ellas sus desequilibrios son confrontados, remodelados y reorganizados para crear una nueva versión de su núcleo dinámico". Una de las soluciones son los ajustes espacio-temporales, donde los excedentes de capital son invertidos en el ámbito de las finanzas o localizados en nuevos espacios geográficos aprovechando el desarrollo desigual del capitalismo. Sin embargo, los países o regiones donde fluye el capital excedente son susceptibles de convertirse en nuevos centros dinámicos de acumulación que, eventualmente, entran en competencia con los antiguos, estimulando nuevos conflictos. El ejemplo más notorio en la actualidad sería la creciente rivalidad entre Estados Unidos con Rusia y China, aunque también las tensiones existentes entre el primero con la Unión Europea y con Japón. No solo es importante el papel que juega la crisis de acumulación del capitalismo, sino otras crisis relacionadas y superpuestas con esta, como la crisis ecológica y energética, que intensifica las contradicciones geopolíticas y las prácticas imperialistas.

---

78 Harvey, David. "El 'Nuevo Imperialismo': Acumulación Por Desposesión." En *Socialist Register 2004*, edited by CLACSO, 99-129. Buenos Aires: CLACSO, 2005.

79 Harvey, David. *Diecisiete Contradicciones y El Fin del Capitalismo*. Madrid: Iaen y Traficantes de Sueños, 2014.

Por último, lo más característico del nuevo imperialismo sería la "acumulación por desposesión" [80]. Identificada con las "prácticas canibalísticas, depredadoras y fraudulentas"[81] que Karl Marx analizó durante la acumulación originaria del capital entre los siglos XV y XVII, Harvey argumenta que no se circunscriben al pasado, sino que se prolongan y proliferan en la actualidad. Entre ellas se incluirían, entre otras, la mercantilización y privatización de la tierra; la mercantilización de la fuerza de trabajo y la supresión de formas indígenas de producción y consumo; los procesos coloniales, neocoloniales e imperiales de apropiación de activos (incluidos los recursos naturales); o el comercio de esclavos (que se mantiene particularmente en la industria del sexo) [82].

## IV. ESTUDIO DE CASO. ESTALLIDO SOCIAL EN CHILE: "NO SON $30, SON 30 AÑOS"

2019 marcó el inicio de una ola de movilización social en Suramérica que ha implicado un realineamiento de las fuerzas sociales: Colombia, Ecuador, Perú y Chile vivieron fuertes protestas entre 2019 y 2021, fruto de la profundización de políticas neoliberales y de la fragilidad democrática de algunos de estos países. El estallido social en Chile, donde la hegemonía neoliberal se cuestionó y se retó desde la sociedad civil, empezó el 18 de octubre de 2019 después de que se anunciara un incremento de CLP $30 en el tiquete de metro, medida que generó gran rechazo y respuestas directas por parte de sectores organizados y no organizados. Las protestas crecieron y se difundieron por todo el país para expresar una inconformidad generalizada frente a las políticas neoliberales y sus efectos, así como a la imposibilidad de construir soluciones sin promover una transformación en la forma del Estado, debido a la vigencia de la Constitución de 1980.

---

80 Harvey, David. "El 'Nuevo Imperialismo': Acumulación Por Desposesión." En *Socialist Register 2004*, edited by CLACSO, 99–129. Buenos Aires: CLACSO, 2005; Harvey, David. *The New Imperialism.* Nueva York: Oxford University Press, 2003.

81 Harvey, David, "El 'Nuevo Imperialismo': Acumulación Por Desposesión." En *Socialist Register 2004*, edited by CLACSO, 99-129. Buenos Aires: CLACSO, 2005; p. 115.

82 Harvey, David. *Espacios del Capitalismo Global. Hacia una Teoría del Desarrollo Geográfico Desigual.* Madrid: Akal, 2021.

Los repertorios de protesta fueron variados y estas continuaron incluso después de que el expresidente Sebastián Piñera anunciara la suspensión de la medida. El 25 de octubre se alcanzó un punto de inflexión, cuando 1.5 millones de personas se concentraron pacíficamente en Plaza Italia en Santiago y corearon *el baile de los que sobran*, canción emblemática de la banda chilena "Los Prisioneros". Las demandas entonces habían crecido y recogían las agendas de protestas de años anteriores como las manifestaciones del pueblo mapuche desde 2005, la revolución de los *pingüinos* en 2006, las movilizaciones de estudiantes universitarios en 2011 y las protestas de ahorradores de fondos privados de pensiones de 2016. Estas protestas dejaban ver un inconformismo con las políticas neoliberales y con sus efectos, siendo la desigualdad uno de los más evidentes: en 2018 el coeficiente Gini en Chile era de 0.454 (CEPAL). Así, en 2019 convergieron demandas como el reconocimiento, educación pública de calidad, acceso a la seguridad social, justicia social y democracia, llevando a que el objetivo se dirigiera hacia una nueva constitución.

El gobierno nacional respondió con represión y, de acuerdo con el Instituto Nacional de Derechos Humanos, en las protestas entre el 18 de octubre y el 11 de noviembre hubo 5 personas fallecidas, 2300 personas heridas, 1100 denuncias de tortura y 70 delitos sexuales cometidos por oficiales de policía. La presión social creció y el 10 de noviembre el ministro del Interior anunció el acuerdo para convocar una convención constitucional, reconociendo la necesidad de una nueva forma de Estado fundamentada en la misma sociedad civil que cuestionaba el modelo neoliberal. Era necesario hacer un plebiscito "de entrada" para saber si la ciudadanía quería o no una nueva constitución, y el 25 de octubre de 2020 ganó el sí con el 78% de los votos. La convención constitucional, elegida el 16 de mayo de 2021, se instaló el 4 de septiembre, fue paritaria en términos de género y quedó compuesta mayoritariamente por diputados y diputadas de izquierda. La convención trabajó en el nuevo texto y el 14 de junio de 2022 lo aprobó; sin embargo, este fue rechazado en el plebiscito "de salida" del 4 de septiembre de 2022 por el 62% de los votantes.

Pese a esto, el estallido social tuvo varios impactos empezando por la suspensión del aumento del pasaje en metro y el acuerdo sobre la necesidad de una nueva constitución. La elección de Gabriel Boric como presidente (2022-2026, Apruebo Dignidad) también es un resultado del estallido social y refleja el proceso ampliación de la base de movilización social: estudiantes, trabajadores, desempleados, profesionales de clases medias, activistas por los derechos humanos, indígenas, organizaciones ambientalistas, jubilados, amas de casa, feministas, activistas LGBTIQ+, artistas y ciudadanos sin ninguna afiliación política formal.

La crisis del neoliberalismo en Chile y sus procesos no son únicos; ya se cuentan varios antecedentes en el mundo. Sin embargo, es emblemática porque el modelo empezó su expansión de la mano de la dictadura militar en 1973 y es válido preguntarse si la consigna de los manifestantes de 2019 tendrá algo de profética: "el neoliberalismo nace y muere en Chile".

A partir de este caso de estudio y teniendo en cuenta algunos de los conceptos teóricos que se han desarrollado en las diferentes variantes del neomarximo en las Relaciones Internacionales, se podrían plantear los siguientes interrogantes para la reflexión académica y política: ¿qué factores estructurales de carácter transnacional se pueden identificar en el estallido social chileno?; ¿cómo se reta la hegemonía neoliberal en el proceso que sigue al estallido social en Chile?; ¿qué relación hay entre los procesos locales y globales de cuestionamiento al orden mundial y de reajuste de sus estructuras?; y, ¿hasta qué punto protestas antineoliberales como esta pueden representar una transición en el sistema mundo capitalista?

## V. CONCLUSIONES

A pesar de su reconocimiento tardío, parcial y problemático, el marxismo de las RI constituye una de las tradiciones críticas de pensamiento más potentes dentro de la disciplina, que se fundamenta en una sólida trayectoria de más de 150 años y cuya influencia es notoria en otras corrientes como los estudios postcoloniales, la Teoría Crítica, la Economía Política Internacional, la Ecología Política o el feminismo de las Relaciones Internacionales, entre otras.

El análisis de las relaciones de explotación y dominación que el capitalismo establece entre diferentes clases, fuerzas sociales y países, en combinación con el de las dinámicas y contradicciones de la acumulación del capital, hacen del marxismo una teoría en la que el desenmascaramiento de las estructuras de poder subyacentes, actores, intereses, estrategias y proyectos de orden que compiten entre sí en las relaciones internacionales contemporáneas, se convierten en elementos claves. De esa forma, ofrece una singular visión de la política internacional basada en el estudio de las posibilidades de su transformación y las condiciones para la emancipación humana.

Por otro lado, la visión holística de la realidad social que busca integrar las dimensiones sociales, económicas, políticas, culturales e ideológicas, así como las distintas escalas geográfico-espaciales; la importancia dada a la historia con sus diferentes escalas y ritmos temporales; y su mirada contradictoria, dinámica y dialéctica del desarrollo de los órdenes mundiales y el sistema capitalista; proveen al marxismo de un gran potencial heurístico para criticar los fundamentos de las corrientes principales del realismo y el liberalismo. De esa forma, el marxismo promueve un debate fructífero al interior de la disciplina que permite indagar por alternativas políticas, al tiempo que traza una ruta para superar los constreñimientos impuestos por el positivismo en las aproximaciones más tradicionales.

Las variantes estudiadas en este capítulo presentan algunos puntos de diferencia y encuentro. Para los análisis del sistema mundo, la unidad de análisis deja de ser el Estado-nación para darle paso, justamente, al sistema mundo. En el caso de las teorías de la dependencia, su foco está centrado en las relaciones que construyen los países desarrollados y los países dependientes, mientras que desde la escuela neogramsciana se privilegian las estructuras históricas y su configuración en las fuerzas sociales, las formas de Estado y los órdenes mundiales. El marxismo político, por su parte, se concentra en los patrones que sigue el desarrollo capitalista en las distintas formaciones sociales para mostrar cómo este se produce de manera desigual y combinada. Y, finalmente, el nuevo imperialismo pone el acento en la lógica territorial y el conflicto geopolítico que se deriva de la expansión capitalista.

Por otro lado, todas permiten incorporar dimensiones estructurales y de agencia política en un análisis que no se centra solamente en lo que ocurre en la política y la economía internacional, sino que también contempla los procesos nacionales y locales. Sus agendas de investigación se constituyen como alternativas frente a los asuntos tratados por las teorías tradicionales, abriendo espacios alrededor de temáticas como el declive de la hegemonía estadounidense, la crisis de acumulación del capitalismo, la crítica a la globalización neoliberal, el papel de las grandes corporaciones transnacionales, el rol de las instituciones financieras multilaterales, el auge de las rivalidades geopolíticas, las posibilidades de agencia de los actores, y la construcción y difusión de proyectos contrahegemónicos. En síntesis, la posibilidad de explorar e indagar por alternativas de cambio social que puedan construirse aquí y ahora, reconociendo las posibilidades de la agencia política y las limitaciones que se derivan de las estructuras históricas.

# VI. RECAPITULACIÓN

| Principales rasgos Teoría Marxista de las RI | | |
|---|---|---|
| **Orígenes** | **Desarrollo** | **Debates teóricos** |
| ➢ Los trabajos originales de Marx y Engels tuvieron en cuenta la dimensión transnacional del capitalismo, pero no teorizaron acerca de "lo internacional".<br>➢ El carácter anglosajón de las RI, la confrontación entre capitalismo y comunismo durante la Guerra Fría, y algunos sesgos economicistas y mecanicistas de cierto marxismo, contribuyeron al lugar marginal y problemático que ocupó dentro de la disciplina<br>➢ Desde los años '80 y sobre todo desde los '90, los nuevos desarrollos en la teoría marxista, el fin de la Guerra Fría y el mantenimiento de la desigualdad, pobreza, exclusión, etc., van a hacer que el marxismo de las RI sea reconocido como una corriente autónoma en la disciplina. | ➢ Las teorías clásicas del imperialismo fueron las primeras en abordar más específicamente los conflictos geopolíticos entre las grandes potencias capitalistas y las relaciones de explotación y dominación entre estas y los países no occidentales.<br>➢ El desarrollo de la Teoría de la Dependencia y los análisis del Sistema-Mundo, supuso el inicio del reconocimiento de la teoría marxista dentro de la disciplina de las RI.<br>➢ Los años '80 van a ser una década clave para la consolidación de la teoría marxista, a partir de la introducción del pensamiento de Antonio Gramsci y la Teoría Crítica de la Escuela de Fráncfort en las RI.<br>➢ Con el fin de la Guerra Fría y los avances contradictorios de la globalización neoliberal, se produce una renovación y revitalización de la tradición marxista surgiendo nuevas corrientes como el Marxismo Político, la Teoría del Desarrollo Combinado y Desigual y los autores del "nuevo imperialismo" | ➢ El marxismo de las RI cuestiona los principios ontológicos, epistemológicos, metodológicos y normativos del Realismo y el Liberalismo, evidenciando los vínculos del Estado y sus intereses con las relaciones de producción y las clases sociales; la necesidad de integrar de las dimensiones económicas, político-institucionales, culturales e ideológicas; la importancia de la historia; y los propósitos con los que se construyen las teorías.<br>➢ Desde el marxismo político se cuestiona la perspectiva del Sistema-Mundo: el capitalismo no puede ser definido a partir de la creación de un mercado mundial, sino que debe hacerse a partir de las relaciones sociales de propiedad. También se critica la teoría de los ciclos hegemónicos de Wallerstein, al considerarse estructural funcionalista y dar poco lugar a la agencia de las fuerzas sociales.<br>➢ Existen desacuerdos entre las distintas corrientes marxistas en cuanto a la relevancia de los Estados-nación en la actualidad y su relación con el sistema capitalista mundial. Gobernanza global, un estado transnacional en formación, imperio informal, e imperialismo son algunos de los conceptos claves que lo evidencian. |

## VII. RECOMENDACIONES

***Podcast***

David Harvey's Anti-Capitalist Chronicles: http://davidharvey.org/2022/01/new-podcast-david-harveys-anti-capitalist-chronicles/

***Documentales***

Ferguson, T. *Inside job* [Documental]. Representational Pictures y Sony Pictures Classics, 2010

Kleim, Naomi. *The shock doctrine* [Documental]. Revolution Films y Renegade Pictures, 2009.

***Películas***

Daldry, S. *Billy Elliot* [Película]. Universal Pictures, Studio Canal, BBC films, Working Title Films y Tiger Aspect Pictures, 2000.

Warchus, M. *Pride* [Película]. BBC films, Calamity Films, Canal+, Ciné +, Ingenious Media y Pathé, 2014.

***Libros***

Hobsbawm, Eric. *Historia del Siglo XX.* Madrid: Crítica, 1998

Steinbeck, John. *Las uvas de la ira.* Madrid: Tusquets Editores, 2010.

Linebaugh Peter y Rediker, Marcus. *La hidra de la revolución.* Madrid: Traficantes de sueños, 2022.

*Capítulo 4*

# *Feminismos*

**ITZIAR RUIZ-GIMÉNEZ ARRIETA***
**LUCRECIA RUBIO GRUNDELL***

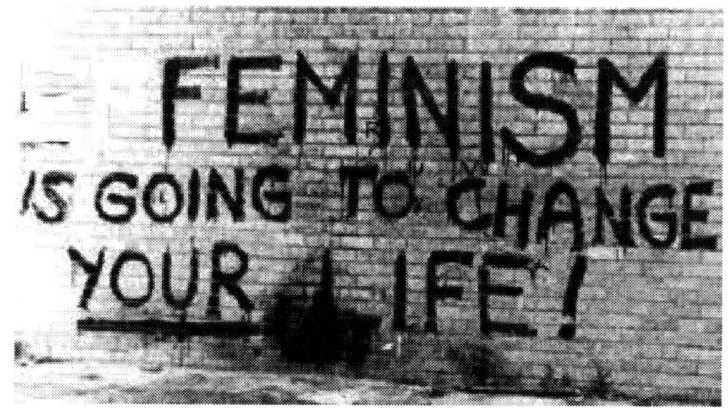


## I. INTRODUCCIÓN

Este capítulo presenta una de las escuelas críticas más importantes de las Relaciones Internacionales (RRII), los Estudios Feministas. Dichos estudios, gracias a su gran diversidad teórico-analítica, han desplegado una prolífica agenda de investigación evidenciando cómo, de formas diversas, las 'cuestiones de género' conforman el escenario global y a sus principales protagonistas; es decir, los estados, las organizaciones internacionales, las empresas, los grupos armados, los movimientos sociales y las personas[1].

---

* Itziar Ruíz-Giménez Arrieta, profesora de Relaciones Internacionales y Coordinadora del Grupo de Estudios Africanos e Internacionales (GEA-GERI), Universidad Autónoma de Madrid.

* Lucrecia Rubio Grundell es investigadora Postdoctoral MSCA-COFUND-UNA-4CAREER en el Grupo de Género y Política (GEYPO) de la Universidad Complutense de Madrid.

1 Itziar Ruíz-Giménez Arrieta, "El feminismo y los Estudios Internacionales," *Revista de Estudios Políticos*, no 108 (2000): 325-57.

Para mostrar la riqueza teórica y empírica de esta heterogénea escuela, este capítulo indaga, en su segundo apartado, sobre su emergencia y consolidación en las RRII para explicar, en el apartado tres, sus principales señas de identidad: a) una singular caja de herramientas teórico-analíticas basada en los conceptos, entre otros, de género, interseccionalidad, heteropatriarcado, violencia de género, masculinización y feminización, división sexual del trabajo, ética del cuidado y relacionalidad; b) una aproximación *crítica,* es decir, emancipadora, a la realidad social internacional, y c) una común curiosidad feminista. Esta última ha sido crucial para desvelar cómo (y por qué) el poder, en sus diferentes manifestaciones, opera a nivel global, reproduciéndose, entre otros factores, a través de ciertas formas de entender la 'masculinidad' y la 'feminidad' o, mejor dicho, las 'masculinidades' y 'feminidades'. Ha servido, en particular, para constatar cómo los discursos y prácticas de género se actualizan constantemente con la finalidad, hasta ahora, de alimentar lógicas patriarcales, es decir, de mantener el acceso privilegiado de los hombres (en realidad, de unos pocos) a los recursos políticos, socioeconómicos, culturales o naturales, así como para dejar en los márgenes a las mujeres; si bien, como sostiene Cynthia Enloe, algunas son ubicadas "en un pedestal para que puedan ser admiradas"[2].

Como se mostrará en el apartado cuatro, la curiosidad feminista ha estimulado, asimismo, el desarrollo de una serie de innovadoras preguntas: ¿qué dinámicas de masculinización y/o feminización concretas subyacen, por ejemplo, a la globalización neoliberal, la guerra, las migraciones o la crisis ecológica?; ¿quiénes las impulsan?; ¿quiénes las sufren?; ¿qué impactos tienen y cómo violentan y/o oprimen, de forma específica y situada, a las mujeres y también a las personas lesbianas, gais, bisexuales, transexuales, transgénero, intersexuales y queer (en adelante, colectivo LGBTIQ+)? O, ¿cómo impactan estos procesos, de forma diferenciada, en niñas y adolescentes, en las mujeres mayores o dependientes o en quienes pertenecen a ciertos colectivos discriminados (como, por ejemplo, las migrantes, refugiadas, gitanas, africanas, latinas o de origen musulmán)?

Gracias a esta rica agenda de investigación se ha ido conformando un mosaico de 'lentes violetas', cuyos rasgos identitarios y principales líneas de investigación se presentan en ese apartado cuarto con la finalidad de evidenciar cómo esta heterogénea escuela ha constatado que, como diría Cynthia Enloe, "lo internacional es personal" y "lo personal es

---

2 Cynthia Enloe, *Globalización y Militarismo,* trans. Marina Díaz Sanz (Trama Editorial, 2022), 21.

internacional”[3]. Algunas voces feministas han demostrado, asimismo, que el género no es la única categoría que moldea la esfera global, sino que, de forma situada y cambiante, interactúa y se entrelaza con otros ejes de discriminación articulados en torno a la sexualidad, la raza, la cultura, la religión, la clase, el capacitismo o el antropocentrismo. Es, por ello, por lo que, antes de las conclusiones y través de un estudio de caso, se ejemplifica cómo, desde diferentes lentes violetas, se puede analizar la política exterior feminista adoptada oficialmente por una decena de países, entre ellos, Suecia, Canadá, Francia, Luxemburgo, México, Alemania, Chile o España.

## II. ORIGEN Y EVOLUCIÓN DE LOS ESTUDIOS FEMINISTAS EN LAS RELACIONES INTERNACIONALES

Como ocurre con el resto de los enfoques incluidos en este manual, los Estudios Feministas irrumpen en las RRII a mediados de la década de los ochenta, en un contexto académico marcado por el predominio del (neo) realismo y el (neo)liberalismo[4]. Dos escuelas que, desde siempre, han rechazado explícitamente la inclusión de las cuestiones de género en sus investigaciones, sin renunciar, por ello, a su autopercepción como teorías objetivas, imparciales y rigurosas. Sin embargo, a lo largo de los últimos treinta y cinco años, una serie de cambios en el contexto global, así como en las ciencias sociales en general y, en las RRII en particular, han consolidado un “espacio para pensar”[5] lo internacional desde los feminismos.

Si bien no es posible realizar una genealogía detallada de tales cambios, interesa resaltar aquí el protagonismo de millones de mujeres en las incontables movilizaciones que, a lo largo de la segunda mitad del siglo XX, transformaron la realidad internacional. Tal fue el caso, por ejemplo, de

---

3 Cynthia Enloe, *Bananas, beaches and bases: Making feminist sense of international politics* (Pandora Press, 1989).

4 Es importante recordar que la presencia de autoras feministas en muy anterior a la aparición de dicho nombre y, en el caso del pensamiento internacionalista, se está ahora recuperando las voces de numerosas teóricas silenciadas. Veáse capítulo 2 en este manual o, entre otras obras, las de Patricia Owens, Kaharina Rietzler y Sarah Dunstan, *Women's International Thought: towards a new canon*, (Cambridge University Press, 2022), o Patricia Owens, Kaharina Rietzler, Women's International Thought: A new History (Cambridge University Press, 2021).

5 Jim George, “International relations and the search for thinking space: another view of the third debate,” *International Studies Quarterly* 33, n.º 3 (1989): 269-279.

los movimientos de liberación nacional que acabaron con la colonización europea en Oriente Medio, Asia y África, o él de las luchas antirracistas en los países occidentales o en Namibia, Sudáfrica o la entonces Rodesia (hoy Zimbabue). Estos movimientos, en sí mismos conformados por dinámicas de género, impulsaron cambios normativos cruciales en la esfera global, consiguiendo, por ejemplo, la prohibición de la colonización, la conquista territorial y la discriminación racial en todas sus formas[6]. Millones de mujeres participaban, asimismo, en los movimientos pacifistas, ecologistas o de derechos humanos, consiguiendo introducir algunas de sus demandas en diversos ámbitos internacionales como la cooperación al desarrollo, la paz, la seguridad o la protección del medioambiente. Destaca, por último, la proliferación de alianzas feministas transnacionales que llevan décadas obteniendo avances claves en la lucha global por la igualdad de género.

Entre estos últimos hitos sobresalen la Convención para la Eliminación de todas las formas de Violencia contra la Mujer (CEDAW, 1979), que consagra el derecho de las mujeres a tener derechos[7]; la Conferencia Mundial de Derechos Humanos de Viena (1993), que reconoce las violencias machistas como una vulneración de DDHH; la Declaración y Plan de Acción de Beijing (1995), que incluye amplios compromisos políticos de defensa de los derechos de las mujeres; y la creación de diversos sistemas regionales (en África, América Latina o Europa)[8]. Destacan, asimismo, su inclusión en la Agenda 2030 de los Objetivos de Desarrollo Sostenible —ODS—, la Cumbre Humanitaria Mundial de Estambul (2016) o la creación, en el marco del Consejo de Seguridad de Naciones Unidas, de la Agenda Mujeres, Paz y Seguridad —MPS—. Estos hitos, con sus luces y sombras, evidencian el nivel, densidad y diversidad de las resistencias feministas a la tradicional subordinación de las mujeres en la esfera internacional.

La consolidación de los Estudios Feministas en las RRII responde, en segundo lugar, a su previa irrupción en las ciencias sociales. En concreto,

[6] La Convención para la Eliminación de todas las formas de discriminación racial (CEDR) es de 1960.

[7] El Comité CEDAW realiza una importante labor normativa con más de *38 Observaciones Generales.*

[8] La Convención Interamericana para Prevenir, Sancionar y Erradicar la Violencia contra la Mujer (Convención Belém do Pará, 1994), la Comisión y Corte Interamericana de DDHH; el Protocolo de los Derechos de la Mujer en África (Protocolo Maputo, 2003) de la Unión Africana y los Convenios del Consejo de Europa sobre prevención y lucha contra la violencia contra las mujeres y la violencia doméstica (Convenio de Estambul, 2011).

será en las décadas de los sesenta y setenta, cuando diversas autoras, inmersas en el denominado 'giro cultural'[9], aplicarán su curiosidad feminista en el seno de disciplinas como la psicología, la sociología, la filosofía o la ciencia política. Para ello, y con el objetivo de entender mejor los orígenes de la opresión de las mujeres y las complejas causas de su pervivencia, inventaron creativas herramientas teórico-analíticas como los conceptos de género, patriarcado o ética del cuidado, por citar algunas. Con todo, aquellas primeras investigaciones feministas, etiquetadas entonces como *Estudios de la Mujer,* encontraron fuertes resistencias en el seno de sus propias disciplinas, muy sesgadas (hasta hoy) hacia enfoques positivistas y, por tanto, contrarias a indagar sobre cómo el género informa la realidad social. Este rechazo epistémico impulsó a aquellas autoras pioneras a investigar cuáles eran las concretas asunciones, ideas y prácticas de género que imperaban en sus disciplinas, constatando la parcialidad y subjetividad de un conocimiento producido mayormente por hombres y desde sus situados puntos de vista[10].

Fue después, a partir de los noventa, cuando las investigaciones feministas, renombradas como *Estudios de Género,* se multiplicaban de forma exponencial, fundándose un número creciente de publicaciones, editoriales, congresos, asociaciones y/o planes de estudios especializados, incluso en las ciencias STEM (Ciencia, Tecnología, Ingeniería y Matemáticas)[11]. Aun así, la curiosidad feminista continuará operando en y desde los márgenes de todas las áreas de conocimiento, incluidas las RRII.

El tercer elemento que explica la consolidación de los Estudios Feministas en RRII es el propio desarrollo de la disciplina desde mediados de los ochenta. Aunque esta evolución se aborda con más detalle en otro lugar

---

9 Aunque tiende a definirse de forma diferente en distintas disciplinas, uno de los rasgos comunes de las y los autores que promueven ese giro cultural es el énfasis en la dimensión subjetiva e identitaria de la acción social y/o política, dado que éstas últimas no pueden entenderse fuera de los marcos ideológicos y culturales que utilizan las y los actores que la llevan a cabo.

10 Sandra Harding, *Ciencia y Feminismo,* trans. Angel Gallardo (Ediciones Morata, 1996); Carol Gilligan, *In a different voice: Psychological theory and women's development* (Harvard University Press, 1993); Seyla Benhabib, *Situating the self: Gender, community, and postmodernism in contemporary ethics* (Psychology Press, 1992); Silvia Federici, *Calibán y la bruja: mujeres, cuerpo y acumulación* originaria, trans. Verónica Hendel y Leopoldo Sebastián Touza (Editorial Abya-Yala, 1992); Sunn Moller Okin, *Justice Gender and the Family* (Basic Books, 1989).

11 Acrónimo de *Science, Technology, Engineering and Mathematics.*

del manual[12], resulta imprescindible destacar el protagonismo de las autoras feministas entre las voces *disidentes*[13] que, impulsando los giros críticos, han transformado radicalmente la disciplina.

En este sentido, son reseñables las numerosas aportaciones feministas al denominado "cuarto debate" y, en especial, su refinada y demoledora crítica a los postulados ontológicos (materialistas, racionalistas[14] e individualistas), epistemológicos (positivistas) y ético-normativos (estatistas y propensos a naturalizar las relaciones de poder y el *statu quo*) imperantes, cuanto menos, en la academia occidental y/o anglosajona[15]. Resultan, por ejemplo, sumamente sugerentes sus estudios sobre cómo los enfoques convencionales están socialmente construidos en base a dicotomías de género (entre otras, las que distinguen entre *masculino-femenino, público-privado, mente-cuerpo, razón-emoción, cultura-naturaleza y autonomía-dependencia*), constatando cómo permean los conceptos centrales del Realismo, el Liberalismo o la síntesis *neo-neo (neorrealismo y neoliberalismo)* y, en particular, los conceptos de *anarquía, orden, guerra, estado, poder y seguridad*[16]. De este modo, las autoras feministas han evidenciado cómo los enfoques convencionales, en palabras de Robert Cox, "escriben para alguien y con al-

---

12 Véase el capítulo Segundo de este manual.

13 Richard Ashley y Rob. B. J. Walker, "Introduction: Speaking the language of exile: Dissident thought in International Studies," *International Studies Quarterly* 34, nº 3 (1990): 259-268.

14 En este sentido, se entiende por racionalismo a aquella posición que asume que los y las actoras se comportan o actúan en base a la "elección o acción racional".

15 Existe cierta controversia sobre sí denominar tercer o cuarto debate al debate entre positivismo y reflectivismo en función de que se incluya (o no) el diálogo interparadigmático entre el estatocéntrico, el transnacionalista y el estructuralista. En este manual se ha optado por la denominación de cuarto debate.

16 Ann J. Tickner, "Hans Morgenthau's Principles of Political Realism: A feminist Reformulation," *Millennium* 17, nº 3 (1988); Mary K. Burguieres, "Feminist Approaches to Peace: Another Step for Peace Studies," *Millennium* 19, n.º 1 (1990); Jean Benthke Elshtain, *Women and War*, (University of Chicago Press, 1995); Spike V. Peterson, "Transgressing boundaries: Theories of knowledge, gender and international relations", *Millennium* 21, n.º 2 (1992): 183-206; Anne Sisson Runyan and Spike V. Peterson, "The Radical Future of Realism: Feminist Subversions of IR Theory," *Alternatives* 16, n.º 1 (1991): 67-106; Spike V. Peterson, *Gendered States. Feminist (Re)Visions of International Relations Theory* (Lynne Rienner, 1992); Ann J. Tickner, *Gender in International Relations. Feminist Perspectives on achieving global security* (Columbia University Press, 1992).

gún propósito"[17]. Es decir, producen un conocimiento *situado* que, como señala Donna Haraway[18], en lugar de explicar de forma objetiva y veraz la realidad, necesita ser explicado, dado que forma parte de las ideologías imperantes y es, por tanto, copartícipe del *statu quo*, es decir, de relaciones globales de poder profundamente desiguales.

El crucial protagonismo de los Estudios Feministas entre las voces disidentes destaca en otros dos sentidos. En primer lugar, por su firme compromiso de alterar, de forma radical, la manera en que se estudia lo internacional, imprimiéndolo de una mayor densidad y complejidad. Así, por ejemplo, muchas autoras apuestan por una epistemología y/o metodología de la *inclusión*, basada en las perspectivas y prácticas cotidianas de las personas, sus vidas, cuerpos y afectos, en particular, de las mujeres. Se busca revisar, desde esos otros puntos de vista, la agenda clásica de la disciplina (las grandes potencias, la guerra y la economía global), así como introducir temas tradicionalmente ignorados o silenciados, como las violencias machistas, la feminización de la pobreza, las cadenas globales neoliberales, las migraciones o el sistema de cuidados[19].

En segundo lugar, los Estudios Feministas han sido extremadamente fructíferos en imaginar y crear alternativas teóricas y políticas (otros mundos posibles) para perturbar y transformar la disciplina y, en particular, la desigual realidad internacional[20]. En este sentido, han sido clave sus cuidadosas investigaciones sobre el carácter *socialmente construido* de la realidad social internacional. Con este fin, se apuesta por una ontología relacional con la que indagar no tanto sobre los actores, sean estados o individuos, sino también sobre las complejas dinámicas políticas, socioeconómicas,

---

17 Robert, W. Cox, "Fuerzas sociales, estados y órdenes mundiales: Más allá de la Teoría de Relaciones Internacionales", trans. Melody Fonseca, *Relaciones Internacionales,* n.º 24 (2013): 129-162.

18 Donna Haraway, *Ciencia, cyborgs y mujeres: la reinvención de la naturaleza,* trans. Manuel Talens (Catedra, 1995).

19 Laurel S. Weldon, "Inclusion and understanding: A collective methodology for feminist International Relations", *Feminist Methodologies for International Relations,* eds. Brook A. Ackerly, Maria Stern and Jaqui True (Cambridge University Press, 2006), 62-88.

20 Kimberly Hutchings, "The Nature of critique in critical International Relations theory", en Critical *Theory and World Politics,* ed. Richard Wyn Jones (Lynne Rienner, 2001): 79-90; David Blaney y Arlene Tickner, "Worlding, Ontological Politics and the Possibility of a Decolonial IR", *Millennium: Journal of International Studies* 45, N.º 3 (2017): 293-311.

culturales y ecológicas que, de forma interrelacionada, subyacen/producen tanto a esos actores como a la realidad social, incluida la internacional[21]. Para ello, disponen de un variado mosaico de herramientas que se detalla a continuación.

## III. LA CAJA DE HERRAMIENTAS FEMINISTAS

Desde su irrupción en las ciencias sociales, los Estudios Feministas han creado una nutrida caja de herramientas teórico-analíticas para poder aplicar su curiosidad feminista al análisis de las múltiples formas que el poder adopta, para legitimarse y perpetuarse, tanto en los espacios imaginados convencionalmente como 'públicos', sean internacionales, estatales, sociales, laborales, educativos o culturales, como en los etiquetados como 'privados', en concreto, el espacio de lo doméstico, la familia, y el resto de relaciones afectivo sexuales. Comparten, asimismo, como ya se ha dicho, una percepción de la investigación académica como práctica *emancipadora;* esto es, como una actividad orientada a eliminar, en su caso, las desigualdades de género y, por tanto, comprometida con la transformación del mundo para que sea más justo y equitativo. Veamos, a continuación, algunas de sus aportaciones.

### *1. A vueltas con el concepto de género*

Una de las principales señas de identidad de los Estudios Feministas es el uso del concepto de *género.* Sin embargo, es necesario resaltar que, como todo concepto, se trata de una noción en disputa, existiendo diversas concepciones (en concreto tres: esencialista, constructivista y posestructuralista) en función de la relación que se establezca entre el sexo y el género, es decir, entre los atributos físicos y el comportamiento y la identidad[22].

---

21 Cynthia Enloe, *The curious feminist: Searching for Women in a New age of Empire* (University of California Press, 2004): 215.

22 Laura J. Shepherd, "Feminist security studies", en *Critical Approaches to Security: An introduction to theories and methods,* ed. Laura J. Shepherd (Routledge, 2013).

- La concepción *esencialista* establece una relación directa y causal entre ambos. Es decir, considera que las diferencias entre hombres y mujeres (el género) derivan de sus distintas características físicas (sexuales y reproductivas), aspectos biológicos con las que nacemos y que condicionan nuestro comportamiento. Por ejemplo, en relación con la mayor (o menor) propensión al uso de la fuerza o a los cuidados, y/o con el tipo de trabajos (roles sociales) que se realizan.
- La concepción *constructivista* articula una relación más compleja entre sexo y género. Mientras el primero se referiría a las diferencias biológicas, el segundo es una *construcción social*, a través de la cual se socializa a las personas en una serie de ideas y prácticas (mandatos sociales) sobre lo que significa ser hombre o mujer. Es decir, el género remite a los significados que, en cada sociedad, tendrían los conceptos de *masculino/femenino*. De esta forma, se puede visibilizar, por ejemplo, cómo hay hombres que actúan de forma 'afeminada', y mujeres de forma 'masculina'[23].
- La concepción *posestructuralista* (y/o de la Teoría Queer) afirma, por su parte, que el sexo y el género no son conceptos independientes, sino que, al contrario, se constituyen mutuamente. Esta concepción se desarrolla fundamentalmente a partir de la teoría de la performatividad del género de Judith Butler. Según esta filósofa posestructuralista, nadie tiene un género dado desde el inicio, sino que éste se *expresa* a través de la constante repetición cotidiana y ritualizada de acciones, gestos, formas de vestir, de hablar etc., que tienden a reflejar las normas hegemónicas sobre cómo ser o no ser "masculino" o "femenino". Es más, para esta teoría, esa performatividad no sólo dota de sentido (o en palabras de Butler, de *inteligibilidad*) al género, sino también al *sexo* (es decir, lo biológico, lo físico, el cuerpo) al producir los significados que atribuimos a la distinción biológica —hombre/mujer—[24], así como a la sexualidad, la orientación sexual y la expresión de género.

De esta forma, esta tercera concepción rompe con la articulación binaria de la diferencia sexual y el género y pone el foco en los mecanismos del

---

[23] Laura Sjoberg and Ann J. Tickner, "Introduction: International Relations through feminist lens", en *Feminist and International Relations. Conservations about the past, present and future*, eds. Laura Sjoberg and Ann J. Tickner (Routledge, 2011): 5.

[24] Judith Butler, *El género en disputa: el feminismo y la subversión de la identidad*, trans. Mª Antonia Muñoz, (Paidós, 2007).

poder que las conforman. Muestra cómo dichas diferencias y, por tanto, las identidades de género y sexuales, los cuerpos, el deseo y la sexualidad son construidos (*naturalizándolos*) a partir de normas de género hegemónicas, generando cuerpos e identidades legibles y, a su vez, otros cuerpos e identidades que, a través de prácticas cotidianas de subversión o resistencia, son considerados transgresoras e "ininteligibles"[25].

La conversación entre quienes defienden estas tres definiciones del género ha sido intensa. Así, por ejemplo, desde las concepciones constructivista y posestructuralista, se cuestiona el esencialismo de la primera concepción, al considerar que *naturaliza* las identidades cuando, para ellas, son construcciones sociales. Por su parte, desde la concepción posestructuralista se critican ciertos aspectos (silencios) de la constructivista. Primero, por reproducir, en términos binarios, los vínculos entre el sexo y el género, y de ambos con el deseo. Segundo, por silenciar el papel crucial que, para reproducir el patriarcado, juega la 'cis-heteronormatividad' como patrón social dominante respecto a cómo, en cada sociedad, se entiende la sexualidad, el sexo biológico, el cuerpo, la identidad y los roles de género, los vínculos afectivo sexuales, y la relación entre todos ellos[26]. De ahí que, como se verá, aboguen por resignificar el binario sexo/género y analizar no sólo las violencias y desigualdades que afrontan las mujeres, sino también el colectivo LGBTIQ+.

## 2. *El concepto de interseccionalidad*

Este concepto ha irrumpido con fuerza en los Estudios Feministas de la mano de los feminismos negros, africanos, latinoamericanos y post/decoloniales[27]. Se trata de un concepto acuñado por Kimberlé Williams Crenshaw en 1989 con el objetivo de indagar sobre "el fenómeno por él cual cada persona sufre opresión (u ostenta un privilegio) en base a su

---

25 Judith Butler, *El género en disputa: el feminismo y la subversión de la identidad,* trans. Mª Antonia Muñoz, (Paidós, 2007).

26 Judith Butler, *El género en disputa: el feminismo y la subversión de la identidad,* trans. Mª Antonia Muñoz, (Paidós, 2007).

27 Lucrecia Rubio Grundell y Itziar Ruíz-Giménez-Arrieta, "Debates feministas en relaciones internacionales: de los enfoques resolución de problemas a los enfoques críticos," en *100 años de Relaciones Internacionales: Una mirada reflexiva,* eds. Caterina García Segura, José Antonio Sanahuja y Francisco J. Verdes-Montenegro (Tirant Lo Blanch, 2020).

pertenencia a múltiples categorías sociales"[28]. Esta necesidad surgió, en su caso, al analizar un caso judicial en Estados Unidos en él que cinco mujeres negras demandaron a General Motors alegando que sus despidos eran discriminatorios[29]. Para esta jurista feminista negra, el tribunal fue incapaz de entender cómo, en ese caso, entraba en juego la dualidad de las identidades de género y raza, dado que las demandantes no fueron discriminadas por ser mujeres, ni por ser negras, sino por ser mujeres negras[30].

Esto último, la existencia de discriminaciones interrelacionadas, es lo que se busca atender con el concepto de interseccionalidad, al permitir explorar lo que Crenshaw denominó su dimensión *estructural*, esto es, analizar cómo, en todo fenómeno social, interactúan, de forma entrelazada y situada, distintos sistemas de opresión y desigualdad: sexo/género, clase, color de piel, origen étnico, nacional, religión, edad, estatuto migratorio, orientación sexual, identidad de género, discapacidad o diversidad funcional. Sirve, por tanto, para documentar las diferentes experiencias de privilegio u opresión que, en base a dichas intersecciones, afrontan, de forma diferenciada, todas las personas.

Este término analítico permite explorar, a su vez, sobre la otra dimensión de la interseccionalidad, la *política*, esto es, sobre los efectos contraproducentes de aquellas estrategias políticas que sólo abordan un tipo de discriminación, por ejemplo, la de género, evidenciando cómo invisibilizan las concretas experiencias de opresión que afrontan las mujeres pertenecientes a colectivos discriminados, contribuyendo, de esta forma, a su reproducción. Asimismo, sirve, en opinión de los feminismos críticos, para desvelar la violencia epistémica de aquellas 'lentes violetas' que sólo visibilizan una única opresión, la del patriarcado, siendo una invitación para pensar, de forma múltiple y cambiante, las subjetividades e identidades.

---

28 Kimberle Crenshaw, "Demarginalizing the intersection of Race and Sex: A Black Feminist Critique of Antidiscrimination Doctrine, Feminist Theory and Antiracist Politics", en *Feminist Legal Theories*, ed. Karen Maschke (Routledge, 1997): 25.

29 Alegan que, al basarse el despido en una menor antigüedad, habían sido despedidas por haber entrado después que las mujeres blancas y también después que los hombres negros, reproduciéndose, así la desigualdad estructural que venían sufriendo por su género y raza.

30 Al sólo permitir alegar un motivo la legislación antidiscriminatoria vigente entonces el juez desestimó la demanda.

## 3. *Otras herramientas feministas claves*

Si bien en el apartado cuarto se introducen otras herramientas utilizadas por los Estudios Feministas para investigar sobre el carácter *generizado* de la realidad social internacional, a continuación, se introducen algunas definiciones claves:

- *Heteropatriarcado*: aquel sistema de relaciones de dominación/desigualdad que, alimentado a través de complejos entramados políticos, socioeconómicos, culturales y demás, privilegia ciertas formas de masculinidad (hombre, adulto, heterosexual y cabeza de familia) y atenta contra algunas otras formas de masculinidad, así como, muy en especial, todas las formas de feminidad. Se trata de un fenómeno global que, en cada sociedad y también en la esfera internacional, adopta distintas formas y frecuencias a lo largo del tiempo y el espacio.
- *Violencia de género y/o violencias machistas*: aquellas violencias sistémicas contra una persona o grupo de personas por razón de su género que tienen su origen en el heteropatriarcado y se producen con la finalidad de mantenerlo. Se trata de una de las violencias más generalizadas y de las violaciones más sistemáticas de los DDHH que se produce en todo el mundo y que afecta de manera desproporcionada a las mujeres, adoptando diversas manifestaciones, como el feminicidio, la violencia física, sexual, psicológica, emocional, económica o digital, el matrimonio infantil, la trata de personas, la mutilación genital femenina (MGF) o la violencia contra el colectivo LGBTQI+.
- *Procesos de masculinización y feminización*: aquellos procesos sociales que, respectivamente, promueven, según Cynthia Enloe[31], "una cosa como 'naturalmente' o 'especialmente' alineada con los hombres, los niños y la virilidad" (por ejemplo, ser soldado, jugar al fútbol o ser astronauta o científico,) "o, por el contrario, con las mujeres, las niñas y la feminidad" (por ejemplo, los cuidados, o ser modelo, enfermera, maestra en escuelas infantiles). Ambos procesos son construcciones sociales que se pueden revertir a través de otros procesos, en este caso de desmasculinización y desfeminización[32].

---

[31] Enloe, *Globalización y Militarismo*, 18.

[32] Anne Sisson Runyan and Spike V. Peterson, "The Radical Future of Realism: Feminist Subversions of IR Theory," *Alternatives* 16, n.º 1 (1991): 67-106.

- *Ética de cuidados:* Una ética articulada en torno a ideas y prácticas de colaboración, cooperación, solidaridad, empatía, armonía y responsabilidad por el bienestar de las demás personas y el mantenimiento de la vida[33].
- *Dicotomía público-privado*: la división entre las esferas de la sociedad, el mercado y el estado, es decir, de las relaciones sociales, políticas y económicas, socialmente atribuidas a los hombres; y la esfera de la familia, esto es, la privada y doméstica, asignadas, a su vez, a las mujeres. Sobre esta división, propia del pensamiento liberal occidental, se asientan toda una serie de normas acerca de los roles de género que se naturalizan para justificar la desigualdad y discriminación de las mujeres en todos los ámbitos: sociedad, estado, mercado y familia.
- *División sexual del trabajo, la economía y la guerra*: es la manera en que cada sociedad organiza la distribución de tareas entre los hombres y las mujeres, en función de los roles de género que socialmente se han establecido como apropiados para cada sexo.
- *Ontología relacional*: se concibe la realidad (socio-natural) como un entramado de interconexiones, relaciones, prácticas y dinámicas, a través de las cuales las personas se interrelacionan y conviven, no sólo con otras personas, sino con otros seres vivos, de forma entrelazada y co-dependiente.

## IV. PRINCIPALES VARIANTES DE LOS ESTUDIOS FEMINISTAS Y SUS AGENDAS DE INVESTIGACIÓN

Aunque a lo largo de su prolífica andadura se han ido perfilando diversas formas de clasificar la pluralidad de enfoques que integran esta escuela[34], aquí se ha optado por enumerar los más significativos en el siguiente cuadro:

---

[33] Marysia Zalewsky, "Feminist Standpoint Theory meets International Relations Theory: A Feminist Version of David and Goliath?" *The Fletcher Forum. World Affairs 17*, n.° 2 (1993): 221-22; Fiona Robinson, "Globalizing care: Ethics, feminist theory, and international relations" *Alternatives* 22, n.° 1 (1997): 113-133.

[34] Existen diversas clasificaciones, destacando la clásica de Sandra Harding, en *Ciencia y Feminismo* (1996), entre el feminismo liberal (o empirista), el del punto de vista y el posmoderno. Por nuestra parte, en otras obras, hemos utilizado la clasificación de Robert Cox entre teorías "resolución de problemas" y "teorías críticas",

**Cuadro N.º 1: Resumen con diferentes variantes**

Como se puede constatar por su denominación, los abordajes feministas de lo internacional, además de heterogéneos, han enriquecido otros enfoques críticos, contribuyendo de forma significativa a su formulación y desarrollo y, en especial, a la revisión de sus fundamentos teóricos y analíticos. Desgraciadamente, ese enriquecimiento no ha sido recíproco, debido a que, salvo contadas excepciones, el resto de las escuelas críticas (integradas fundamentalmente por varones) continúan "subestimando, o contemplando con incredulidad, cuando no hostilidad, las cuestiones de género"[35]. Una resistencia epistemológica que resulta paradójica dado su similar afán emancipador y que evidencia cómo también las voces disidentes escriben *para alguien y con algún propósito*, contribuyendo, de esta forma, a que las RRII sigan estando, a pesar de los giros críticos, simbióticamente relacionadas con estructuras globales de poder que continúan siendo patriarcales.

---

ubicando al feminismo liberal, del punto de vista y constructivista entre las primeras y al resto de feminismos en las segundas. Lucrecia Rubio Grundell y Itziar Ruíz-Giménez Arrieta, "Debates feministas en relaciones internacionales".

35 Irene Rodríguez Manzano, "En los márgenes de la disciplina: feminismo y Relaciones Internacionales", en *Teorías de las Relaciones Internacionales*, eds. Celestino del Arenal y José Antonio Sanahuja (Editorial Tecnos, 2015): 267. Sobre estas resistencias véase, por ejemplo, Lucrecia Rubio Grundell y Itziar Ruíz-Giménez Arrieta, "Debates feministas en relaciones internacionales".

## *1. El Feminismo Liberal*

Esta corriente feminista pone el foco en las causas, múltiples y cambiantes, de la persistente subordinación de las mujeres en la política internacional, la economía global y la guerra, así como en el impacto diferenciado que cualquier fenómeno internacional tiene en mujeres y hombres, desarrollando diferentes líneas de investigación.

En primer lugar, han intentado responder a la pregunta ¿dónde están las mujeres en la política internacional?, constatando su desigual acceso, tanto en el pasado como en la actualidad, a la "alta política": jefaturas de estado, presidencias, embajadas, puestos militares, direcciones de empresas multinacionales u organizaciones internacionales. Han documentado, asimismo, los obstáculos legales, políticos y sociales que encuentran las mujeres para participar, en condiciones de igualdad, en la vida política y económica internacional. Aunque reconocen que la división sexual del trabajo y la dicotomía público-privado resultan claves en este sentido[36], constatan la persistencia en la esfera pública de importantes brechas de género (en forma de segregación vertical y horizontal y brechas salariales, principalmente) que explican por qué, hoy en día, lo internacional sigue siendo un mundo fundamentalmente de hombres[37].

Una tercera conclusión del feminismo liberal respecto a esa pregunta ha sido constatar la continua presencia de las mujeres en la esfera internacional a lo largo de la historia, bien como reinas o políticas, bien en posiciones subalternas (como secretarias, funcionarias, esposas, amantes o espías, por ejemplo), desvelando cómo siempre han jugado un papel político clave, aunque haya sido silenciado o invisibilizado. De ahí que propongan cambiar la concepción imperante sobre lo que entendemos por política internacional para no visibilizar sólo a estadistas, soldados, diplomáticos, militares o terroristas, sino también a las "personas ordinarias"[38].

---

36 Por su uso del género como variable para visibilizar a las mujeres en la esfera internacional, algunas autoras denominan a esta escuela como feminismo empirista. Itziar Ruiz-Giménez Arrieta, "El feminismo y los Estudios Internacionales", *Revista de Estudios Políticos*, 108 (2000): 251-52.

37 Una obra pionera fue la de Cynthia Enloe, *Bananas, beaches and bases* (University of California, 1989).

38 Véanse otras obras pioneras como Cynthia Enloe, *The morning after: Sexual politics at the end of the Cold War* (University of California Press, 1993); Nancy Huston, "Tales of war, and tears of women", *Women' Studies International Forum* 5, n.º 3-4

**Cuadro N.º 2: Brechas de género en la participación político a nivel global (2023)**

- **Aunque la presencia de las mujeres en los Parlamentos ha aumentado de forma gradual en todo el mundo, en el 2023 sólo ocupaban el 26% de los escaños.**
- **Sólo 6 países tienen paridad de género en sus parlamentos con el 50% o más de mujeres: Ruanda, Cuba, Nicaragua, México, Nueva Zelanda y Emiratos Árabes Unidos.**
- **Sólo 13 países tienen un ejecutivo compuesto por al menos en un 50% de mujeres.**
- **En la actualidad, sólo 22 de los 193 países tienen una mujer como jefa de estado o presidenta de gobierno.**

Fuente: Women's Power Index.

Una segunda gran línea de investigación del feminismo liberal ha sido evidenciar y cuantificar hasta qué punto lo internacional es personal, indagando en particular sobre la compleja interrelación entre las violencias machistas y las políticas globales. Así, por ejemplo, han demostrado que la violencia de género, en todas sus formas, es, en realidad, violencia *política*, al ser esencial para el mantenimiento del patriarcado, siendo, por tanto, sustentada, en todo el planeta, por gobiernos, organizaciones internacionales, empresas, medios de comunicación, comunidades, familias, y personas. En este sentido, esta corriente liberal ha constatado, de forma contundente, el papel que juega la violencia de género en la guerra, la militarización, las migraciones, la actual contraofensiva conservadora o el auge de extremismos violentos[39]. Y, de esta forma, tanto a través de sus análisis como de su activismo político, el feminismo liberal ha contribuido a la consolidación del *momentum feminista* que, como se señaló en el apartado dos, consagraba la igualdad de género y la eliminación de las violencias machistas en distintos regímenes internacionales: derechos humanos, construcción de paz, cooperación al desarrollo, asistencia humanitaria, cambio climático, etc.

## 2. *El feminismo del punto de vista*

Esta segunda variante de los Estudios Feministas brinda un diagnóstico diferente sobre los fundamentos de la subordinación de las mujeres. A di-

(1992); Anne Sisson Runyan and Spike V. Peterson, "The Radical Future of Realism".

39 Virginia Maquieria D'Angelo, "El largo camino de nombrar las violencias contra las mujeres como violaciones de los derechos humanos", en *Cuando el estado es violento. Narrativas de violencias contra las mujeres y las disidencias sexuales*, eds. Marta Cabezas y Ana María Pérez (Traficantes de Sueños, 2023): 75-98.

ferencia del feminismo liberal, cuyas propuestas considera insuficientes e incluso contraproducentes, esta corriente sostiene que, para acabar con el patriarcado, no basta con eliminar las brechas de género existentes en el espacio internacional. Más bien, es necesario *desmasculinizar* dicho espacio, dado que, como han documentado, en él impera una cultura política patriarcal basada en valores asociados, todavía hoy en día, con lo 'masculino', entre otros, fortaleza, racionalidad, autoridad, control, ambición y competitividad. Afirman, pues, que ese imaginario patriarcal es, en gran medida, la causa de que persistan esas brechas de género, al igual que los silencios de la disciplina de RRII[40].

Por ese motivo, el feminismo del punto de vista aboga por la *feminización* de la política internacional, esto es, por la revalorización del punto de vista de las mujeres para reorientarla, de forma que, en lugar de ser conflictiva, competitiva y propensa a la guerra, se oriente hacia la paz, la colaboración y la ética de los cuidados[41]. Actitudes femeninas que han sido *sistemáticamente* devaluadas y silenciadas en el seno de las culturas patriarcales, incluso en la predominante en la política internacional. Es, por esto, por lo que defienden tenazmente la necesidad de una mayor presencia de las mujeres, concibiendo su participación como un recurso esencial para cambiar la forma de hacer política y para mejorar su eficacia, efectividad y sostenibilidad[42].

La tercera gran aportación del feminismo del *punto de vista* (y quizás la que más influencia ha tenido) ha sido su propuesta epistemológica y su defensa de la necesidad de cambiar las lentes con las que se mira lo internacional, ampliando la mirada de la disciplina de RRII y, "subvirtiendo sus límites excluyentes y revelando aspectos hasta entonces ocultos"[43]. No sólo han jugado, como ya se ha mencionado, un papel central en la denuncia

---

40 Itziar Ruíz-Giménez Arrieta, "El feminismo y los Estudios Internacionales," (2000): 334-35

41 Sara Ruddick, *Maternal Thinking: Towards a Politics of Peace* (Beacon Press, 1980), Betty Reardon, *Sexist and the war of systems* (Teacher College Press, 1985); Ann J. Tickner, *Gender in International Relations* (Columbia University Press, 1992) Marysia Zalewski, "Feminist standpoint theory", 13-32; Annick T. Wibben, "Feminist international relations: Old debates and new directions", *The Brown journal of world affairs* 10, n.º 2 (2003): 97-114.

42 Sawane Hunt, "The Critical Role of Women waging peace", *Columbia Journal of Transnational Law* 41, n.º 3 (2003): 557.

43 Gabriela de Lima Grecco, "Feminismos y género en los estudios internacionales", *Relaciones Internacionales*, 44, (2020): 129.

postpositivista sobre la falta de objetividad y neutralidad de los enfoques "*malestream*"[44], sino que, de ahí su nombre, han llevado a cabo una fuerte reorientación del conocimiento internacionalista, abriéndolo al punto de vista femenino[45]. Parten de la idea de que las mujeres, sistemáticamente excluidas de poder, perciben el mundo desde actitudes de mayor empatía, cooperación, inclinación hacia el diálogo, repulsión hacia la violencia y orientación hacia los demás (la ya mencionada "ética del cuidado"). Producen, por tanto, un tipo de conocimiento diferente, una epistemología feminista, por ejemplo, en torno a la guerra o la seguridad, proponiendo un análisis desde un lugar de enunciación diferente, es decir, desde la visión femenina. Para ello, adoptan y desarrollan las tesis de Carol Gilligan, Nancy Chodorow, Sara Ruddick, Sandra Harding y otras autoras del feminismo de la diferencia[46], para proponer una posición epistemológica basada en las experiencias cotidianas, las emociones, los afectos y los cuerpos de las mujeres. Consideran que, ese punto de vista no es sólo diferente, sino más ventajoso, debido a que implica una visión de la realidad más cercana a representar los intereses de la sociedad como un todo, en lugar de reflejar el punto de vista y las necesidades e intereses de un sector de la población, los hombres. Además, entienden que es éticamente más justo entender el mundo desde la perspectiva de los grupos socialmente oprimidos[47].

Un último apunte sobre el feminismo del punto de vista para señalar que algunos de sus postulados han sido fuertemente criticados por otras corrientes feministas, en especial, la defensa de sus integrantes de la existencia de una repulsión *natural* de las mujeres hacia la violencia, al considerarlo, para algunas, esencialista[48] y, para otras, el punto de vista de las

---

44 Este neologismo en inglés, acuñado por Mary O'Brien en 1981, se refiere a la perspectiva masculina (el sesgo masculino) de las corrientes académicas principales (mainstream) que asume que sus puntos de vista se pueden generalizar a toda la población, con independencia de su sexo o género o de otras cuestiones. Mary O'Brien, *The politics of Reproduction* (Routledge, 1981).

45 Sandra Harding, ed. *The feminist standpoint theory reader: Intellectual and political controversies*, (Psychology Press, 2004).

46 Sobre todas ellas, véase, Marysia Zalewski, "Feminist standpoint theory meets international relations theory".

47 Marysia Zalewski, "Feminist standpoint theory meets international relations theory, (1993): 21.

48 Se crítica, en concreto, a aquellas autoras que consideran que las mujeres tienen una repulsión natural hacia la violencia y una mayor orientación hacia las personas. Sobre ello, véase Laura Sjoberg y Caron Gentry, *Beyond mothers, monsters, whores: thinking about women's violence in global politics*, (Zed Books, 2015): 3.

mujeres blancas y, por tanto, por obviar la existencia de subjetividades femeninas distintas a las establecidas por el sistema de sexo-género occidental[49]. Con todo, es necesario resaltar que este tipo de postulados del feminismo del punto de vista ha alimentado ciertas narrativas que se han consolidado en la política internacional, por ejemplo, cuando, dentro de la Agenda MPS, se defiende que *las mujeres son más pacíficas* para fundamentar su participación en los procesos de paz o su mayor presencia en las actividades posconflicto[50]. Algo similar ocurre en la Agenda 2030 de los ODS, donde imperan discursos que legitiman la inclusión de *mujeres emprendedoras* para hacer más eficaces y sostenibles las políticas y proyectos de desarrollo[51].

### *3. El feminismo constructivista*

A diferencia de su hermano, el constructivismo social[52], esta corriente feminista se ha centrado en el estudio de cómo las normas e ideas sobre el género construyen la política global y cómo ésta última configura, a su vez, a las primeras. Para ello, han explorado cómo dichas ideas informan y conforman las normas internacionales y las identidades e intereses de los y las actores globales[53]. Así, por ejemplo, se ha documentado cómo las ideas sobre la masculinidad y la feminidad permean las categorías de combatiente y no combatiente del derecho internacional humanitario[54]. Se ha constatado, asimismo, cómo esas mismas ideas han enmarcado los debates acaecidos en el seno de la Organización Internacional del Trabajo en tor-

---

49 Vron Ware, "Moments of Danger, Race, Gender and memories of Empire", *History and Theory*, 31 (1992): 116-137.

50 Itziar Ruíz-Giménez Arrieta, "Mujeres, paz y Seguridad: Controversias feministas en torno a la paz liberal", *La tensión cosmopolita* eds. Caterina García Segura, Marta Abegón Novella, (Tecnos, 2016): 345-46.

51 Itziar Ruíz-Giménez, "El ODS 16, paz, seguridad, gobernanza y desarrollo. ¿Diálogos y prácticas convergentes? *Agenda 2030: Claves para la transformación sostenible*, eds. Margarita Alfaro, Silvia Arias y Ana Gamba (Catarata, 2019).

52 Birgit Locher y Elisabeth Prügh, "Feminism and Constructivism: Worlds apart or Sharing the middle ground?", *International Studies Quarterly* 45, n.º 1 (2001): 111-129.

53 Ann J. Ticker, *Gendering world politics: Issues and approaches in the post-Cold War era* (Columbia University Press, 2001); Jill Steans, *Gender & International Relations*, (Polity Press, 2013)

54 Charli Carpenter, Gender Theory in World Politics: Contributions of a Non-Feminist Standpoint? *International Studies Review*, 5 (2013): 153-165.

no al trabajo a domicilio (Convenio 17 de 1996) o el trabajo decente para las trabajadoras y trabajadores de hogar (Convenio 189 de 2011)[55].

Una segunda línea de investigación del feminismo constructivista, en especial, de su variante liberal, ha sido su estudio del origen y evolución de la *agenda internacional de género,* indagando cómo (y por qué) la igualdad de género se instalaba dentro de los consensos intersubjetivos de varios regímenes internacionales. Para ello, han constatado el largo camino del activismo político feminista transnacional, al que identifican como una red transnacional de defensa, y sus múltiples esfuerzos para, como *emprendedora normativa,* deslegitimar las lógicas patriarcales imperantes en la esfera internacional[56]. En este sentido, sus estudios se centran en los cambios normativos conseguidos por esta red para nombrar y codificar las violencias contra las mujeres como una vulneración de derechos humanos y, en el caso de la violencia sexual que se produce en los conflictos armados, como un crimen internacional[57]. Igualmente, han documentado los logros y desafíos de dicho movimiento para conseguir la inclusión de la transversalización del enfoque de género en la cooperación internacional, la agenda MPS o la política exterior de los estados[58]. En este sentido, coinciden con el feminismo liberal y del punto de vista en una consideración positiva, en términos generales, de la agenda internacional de género, al interpretarla como reflejo de la consolidación de un cambio normativo pro-igualdad en la esfera internacional.

### 4. *El feminismo neomarxista*

A diferencia de las tres anteriores, esta rama de los Estudios Feministas se ubica en el ámbito de la Economía Política Internacional Crítica, dialogando con los demás enfoques críticos ubicados en el paradigma estructu-

---

55 Elisabeth Prügl, *The Global Construction of Gender: Home-Based work in the Political Economy of the 20th Century,* (Columbia University Press, 1999); Birgit Locher y Elisabeth Prügl, "Feminism and Constructivism".

56 Margaret Keck, y Kathryn Sikkink, *Activists Beyond Borders* (Cornell University Press, 1998).

57 Alison Brysk, "Introducción: violencia de género y relaciones internacionales", Revista CIDOB *d'Afers Internacionals,* 17 (2017): 7-28.

58 Susanne Zwingel, "Gender Equality norms in International Governance: Actors, Contexts, Meanings", en *Rethinking gender equality in global governance: The delusion of norm diffusion* eds. Lars Engberg-Pedersen, Adam Fejerskov, and Signe Marie Cold-Ravnkilde (Palgrave MacMillan, 2019).

ralista en torno al sistema-mundo capitalista, sus orígenes en el siglo XV, sus posteriores desarrollos a través del comercio de esclavos y la colonización y, en particular, en el contexto de la actual globalización neoliberal.

En este contexto paradigmático, el feminismo neomarxista ha realizado aportaciones cruciales sobre la que considera es la mayor ceguera de sus hermanos neomarxistas: el análisis del papel co-constitutivo del patriarcado y el modo de producción capitalista[59], dando lugar a tres hallazgos clave.

En primer lugar, ha evidenciado el carácter sexuado/generizado del sistema-mundo, documentando el crucial papel que, tanto a escala global como en el seno de los países centrales, ha desempeñado la división sexual del trabajo en los procesos de acumulación capitalista. Para ello, han resaltado el papel esencial que ha jugado (y sigue jugando) el trabajo reproductivo, realizado casi en exclusiva por mujeres, para el mantenimiento y cuidado de los espacios denominados 'domésticos' y el sostenimiento de la vida, tanto de quienes realizan el trabajo productivo como de las clases dominantes[60]. De ahí su intensa crítica a las otras escuelas neomarxistas por obviar (o infravalorar) las múltiples y situadas formas en las que el capitalismo ha impulsado una profunda reestructuración patriarcal de la vida social, el trabajo, la escuela, la familia y la sexualidad; tanto en los países centrales como, a través de la trata de esclavos y la colonización, en los espacios periféricos del sistema-mundo[61]. Un proceso complejo y violento que, según Silvia Federici, desencadenó en todo el mundo, e incluso en

---

59 Sobre las críticas feministas al marxismo, véase, por ejemplo, Silvia Federici, *El patriarcado del salario: Criticas Feministas al Marxismo,* trans. María Aránzazu Catalán Altuna (Traficantes de Sueños, 2018).

60 Spike V. Peterson, "How (the meaning of) gender matters in political economy", *New Political Economy* 10, n.º 4 (2005): 499-521; Spike V. Peterson, "Rethinking theory. Inequalities, informalization and feminist quandaries", *International Feminist Journal of Politics* 14, n.º 1 (2014):1-35. Véase también Isabella Bakker and Stephen Gill, P*ower, Production and social reproduction* (Palgrave Macmillan, 2003), Adrianne Roberts, "Feminist historical materialist and critical theory" en *Handbook on gender in World politics,* eds. Jill Steans and Daniela Tepe-Belfrage (Edward Elgar Publishing, 2016).

61 María Mies, Prina Werbner and Richard Werbner, *Patriarchal and Accumulation on a World Scale: Women in the international division of Labour,* (Zed Books, 1986) o Selena Pizarro Gómez, "Las Relaciones Internacionales desde los feminismos decoloniales, Una propuesta dialógica hacia una economia feminista decolonial", *Relaciones Internacionales,* 44 (2020)

Europa, una violenta caza de brujas[62], esto es, un intenso proceso durante el cual se ejerció una violencia sistemática contra miles de personas y, en especial, contra las mujeres y, en particular, aquellas más ancianas que eran quienes custodiaban otro tipo de conocimientos médicos, filosóficos y saberes populares y comunales. Una caza de brujas que, para el feminismo neomarxista, se perpetúa, en la actualidad, a través de las violencias machistas, así como de la violencia extractivista del capitalismo actual[63].

En efecto, el feminismo neomarxista ha desarrollado una rica agenda de investigación con la finalidad de cartografiar los espacios y tareas que desempeñan las mujeres (y los hombres) en la actual globalización neoliberal. Así, por ejemplo, han documentado su participación, en condiciones desiguales, en los distintos procesos de "acumulación por desposesión"[64]: entre otros, lo que denominan el maldesarrollo, así como el extractivismo, la privatización de bienes públicos y comunes, la mercantilización del aire, el agua y los ecosistemas, la financiarización y la gestión y manipulación de varias crisis, incluidas las económicas o las sanitarias (como, por ejemplo, la pandemia del COVID19). Han defendido, asimismo, la necesidad, según Saskia Sassen, de expandir "el estrecho terreno analítico de los estudios sobre la globalización económica" para "releer y reconceptualizar hechos fundamentales, de una forma que capte las estrategias asociadas a los roles de género y, en especial, las nuevas formas de presencia de las mujeres" en lo que dicha autora denomina las "contrageografías" de la globalización, entre las que destacan los circuitos transfronterizos, las ciudades neoliberales, las cadenas globales de cuidados, la industria del sexo y las economías informales[65]. De esta forma, la vida cotidiana, sobre todo los cuerpos y experiencias mundanas de las personas, pasan a ser un foco relevante de estudio para esta variante neomarxista del feminismo.

Un último apunte para señalar los debates de esta variante feminista con la Teoría Crítica de RRII. Si bien ésta última realiza una revisión crítica

---

62 Silvia Federici, *Calibán y la bruja. Mujeres, cuerpo y acumulación originaria* (Autonomedia, 2004)

63 Silvia Federici, *Brujas, caza de brujas y mujeres* (Traficantes de Sueños, 2021).

64 David Harvey, *El nuevo imperialismo,* trans. Juan Mari Madariaga (Editorial Akal, 2004).

65 Saskia Sassen, *Contrageografías de la globalización. Género y ciudadanía en los circuitos transfronterizos* (Traficantes de Sueños, 2003), 81-104. Véase, de la misma autora, "Una Sociología de la Globalización ", *Análisis político 20,* n.º 61 (2007):3-27; *Expulsados. Brutalidad y complejidad en la economía global* (Katz, 2015); *Inmigrantes y Ciudadanos. De las migraciones masivas a la Europa fortaleza* (Siglo XXI España, 2013).

del marxismo clásico y del neomarxismo, interrogándose sobre el papel de las instituciones políticas, la administración burocrática, los medios de comunicación de masas y la cultura en el proceso de acumulación capitalista, presenta, según el feminismo neomarxista, algunas lagunas significativas al marginalizar la dimensión generizada de la actual globalización neoliberal. De ahí que se cuestione tanto a la variante *neogramsiciana* (Robert Cox, Craig Murphy, Barry Gills) como a la *habermasiana* (Linklater)[66]. A los primeros, se les critica por no tener en cuenta el papel que desempeñan los discursos de género en la conformación de los relatos del "bloque histórico" capitalista neoliberal para asegurarse el consentimiento de las y los dominados, las clases trabajadoras, incluidas las mujeres que realizan el trabajo reproductivo no renumerado. Dichos discursos se difunden reiteradamente a través de múltiples instancias (educación, religión, medios de comunicación, cine, redes sociales, cultura popular, publicidad), reproduciendo los consensos dominantes, naturalizando, de esta forma, un orden social no sólo capitalista y neoliberal, sino patriarcal. Por el contrario, a la variante *habermasiana*, se le cuestionaría desde el feminismo neomarxista y otros, la no inclusión de la necesidad de acabar con el patriarcado en sus proyectos normativos cosmopolitas, de forma que serían proyectos que universalizan cómo única experiencia de opresión, la de clase, obviando el resto[67].

### *5. El feminismo postestructuralista*

Esta corriente del feminismo, al igual que resto de estudios posestructuralistas[68], explora los modos en los que, a través de un conjunto heterogéneo de elementos interconectados, incluidos discursos, instituciones, leyes, políticas públicas, medidas administrativas, saberes y proposiciones

---

66 Robert Cox, *Production, Power, and World Order. Social Forces in the making of history*, (Columbia University Press, 1987), Craig Murphy, *Global Institutions, Marginalization and Development*, (Psychology Press, 2005); Barry Gills, Globalization in Crisis (Routledge, 2011); Andrew Linklater, *Men and Citizens in the Theory of International Relations*, (Palgrave, 1990) or *The Idea of Civilization and the making of the Global Order* (Briston University Press, 2020).

67 Silvia Roque y Rita Santos, "Feminismos e Teoría Crítica nas relações internacionais: encontros e desencontros", en *Emancipar o Mundo. Teoría Crítica e Relações Internacionais*, eds. José Manuel Pureza, Marcos Farias Ferreira (Almedina, 2021).

68 Véase el capítulo sobre postestructuralismo en este manual.

científicas, filosóficas y morales (lo que Foucault llama un 'dispositivo'[69]), las estructuras de poder global co-participan, junto a otras (regionales, estatales y locales) en la *fabricación,* de forma precaria y situada, de ciertas identidades o subjetividades, en este caso, de género y sexuales, que se construyen y se hacen habitables a partir de ese dispositivo de *saber-poder*. Aunque utilizan, para ello, herramientas metodológicas postestructuralistas (como, por ejemplo, la genealogía, la deconstrucción o la intertextualidad), su especificidad reside en su manejo de la caja de herramientas feministas y, en particular, de la concepción posestructuralista del género, explicada en el apartado tres.

Cinco son las contribuciones del feminismo posestructuralista que se destacan aquí. En primer lugar, sus aportaciones a la *deconstrucción* del carácter 'científico' de las RRII en términos positivistas al cuestionar su pretensión de universidad, neutralidad y objetividad, desvelando el *malestream*; esto es, las asunciones de género cis-heteropatriarcales tanto de los enfoques convencionales como de las voces *disidentes*[70]. En este sentido, destaca su denuncia de la 'gramática androcéntrica' imperante, desvelando las concretas relaciones de poder/saber que, dentro de la disciplina, (re)producen ciertos relatos identitarios basados en opuestos binarios y *generizados,* entre otros, orden/anarquía, dentro/fuera, poder/debilidad, razón/emoción, paz/guerra, estados fuertes/fallidos, democracia/dictadura, desarrollado/subdesarrollado y civilizado/bárbaro.

Otra de las grandes contribuciones teóricas del feminismo posestructuralista ha sido su denuncia de cómo (y por qué) esa misma gramática androcéntrica alimenta los discursos y prácticas de quienes, en el marco de la actual globalización capitalista, han revitalizado viejas identidades o fabricado nuevas, convirtiéndose ambas, según Laura Shepherd, en los horizontes de posibilidad de la acción política contemporánea[71]. En este sentido, sus aportes sobre cómo esa gramática patriarcal vertebra 'los regímenes de verdad' (esto es, las reglas que determinan qué es verdadero y que es falso), prevalecientes en el escenario internacional en torno a cuestiones como la guerra, la paz, la seguridad, el terrorismo, las migraciones,

---

69 Michel Foucault, "El juego de Michel Foucault", en Foucault, Michel, *Saber y Verdad,* Ediciones de la Piqueta, (1984): 127-162.

70 Gilliam Young, "Why Women and gender are essential to understanding "the world we live in" *International Affairs* 80, n.º 1 (2004): 75-87.

71 Laura Shepherd, *Gender, violence, and security: Discourse as practice* (Bloomsbury Publishing, 2008).

la cooperación o la asistencia humanitaria[72], entre otras, han contribuido a iluminar la investigación académica internacionalista.

Han desvelado, por ejemplo, cómo los relatos imperantes sobre la 'humanidad', lo 'humanitario' o lo 'humano', no son representaciones neutras y universales. Son, más bien, categorías parciales, situadas geo-culturalmente y vertebradas sobre una asunción de superioridad por parte de un sujeto masculino, racional, eurocéntrico, cisheteronormativo, sin discapacidad, con estudios y de habla inglesa[73]. Ello ha dado lugar a diferentes líneas de investigación. En unos casos, se ha puesto el foco en los hombres como sujetos generizados, surgiendo diversos estudios sobre los varones y/o las *masculinidades hegemónicas*[74]. En otros casos, se ha indagado sobre cómo las políticas de la representación imperantes en la esfera global continúan nutriendo relaciones de poder-saber que no sólo distribuyen, de forma desigual, el acceso a privilegios y derechos, sino que además, siguen produciendo relatos para considerar (y tratar) como no plenamente humana a la inmensa mayoría de la humanidad, en concreto, a mujeres, personas LGBTIQ+, personas no europeas y cristianas, pueblos colonizados, indígenas, migrantes y refugiadas.

Estos últimos aportes nos introducen, en tercer lugar, en la denominada *Teoría Queer de RRII*. Esta variante feminista se ha dedicado a indagar, a partir de la concepción posestructuralista del género, sobre cómo (y por qué razones) la *cis-heteronormatividad* se manifiesta y opera, de formas diversas, en la realidad social internacional. No se trata sólo de analizar qué les

---

72 Sobre la guerra véase, por ejemplo, Cynthia Cockburn, *The space between us: Negotiating Gender and National Identity in Conflict* (Zed Books, 1998); sobre seguridad, Lene Hansen, *Security as Practice: Discourse Analysis and the Bosnian War* (Routledge, 2006); sobre migraciones y/o refugiadas, Itziar Ruíz-Giménez Arrieta, "El naufragio de Europa: reflexiones feministas en torno a la crisis de las políticas migratorias y de asilo", *Revista Europea de Derechos Fundamentales* 29 (2017): 143-164; Lucrecia Rubio Grundell, "Repensar la relación entre seguridad y ciudadanía: la regulación europea de la trata de mujeres con fines de explotación sexual como caso de estudio", *Relaciones Internacionales*, 35 (2017):53-78; Marta de la Libera, "Sex with the Other: Anxieties and Representations of gender in Europe during the refugee Crisis", *International Journal of Multicultural and multireligious Understanding*, 3, n.º 6 (2017):19-29. Jenny Edkinks, *Whose Hunger? Concepts of Famine, Practices of Aid*, (University of Minnesota Press, 2000).

73 Rosi Bradiotti, *Feminismo poshumano* (Editorial Gedisa, 2022).

74 Marysia Zalewski and Jane Parpart, *The Man Question in International Relations* (Routledge, 2019); Charlotte Hooper, *Manly States* (Columbia University Press, 2001); Raewyn Cornell, *Masculinities* (University of California Press, 2005).

ocurre en concreto a las personas con sexualidades no normativas, es decir, cómo las dinámicas de género imperantes generan (o no) desigualdades, violencia u opresión a las personas que conforman el colectivo LGBTIQ+. Se trata, además, de visibilizar cómo las normas cis-heteronormativas, en intersección con otros sistemas de opresión, operan en todo fenómeno internacional (por ejemplo, en la guerra, las migraciones, la política exterior, la agenda MPS, etc.)[75]. De esta forma, el feminismo *queer* ha indagado cómo esas construcciones sociales conforman y alimentan los discursos y prácticas que legitiman, entre otras, las intervenciones militares, la lucha contra el terrorismo, o la propia agenda internacional de género. Ha investigado, asimismo, sobre el *homonacionalismo*, esto es, la instrumentalización los derechos de las personas LGBTBIQ+ para, con fines racistas y (neo) imperialistas, acusar a otros países de homófobos y pretender proyectar una imagen propia más progresista, tal y como, por ejemplo, hace Israel (pinkwashing)[76].

La cuarta contribución del feminismo postestructuralista que se menciona aquí es su desarrollo específico en el seno de los *Estudios Feministas de Seguridad* (EFS)[77]. Además de cuestionar el *malestream* de las otras tres grandes escuelas (Gales, Copenhague y París) que conforman los Estudios

---

75 Jasbir Puar, *Terrorist assemblages: Homonationalism in queer times* (Duke University Press, 2018); Spike, V. Peterson, "Political identities/nationalism heterosexism", I*nternational Feminist Journal of Politics* 1, n.° 1, (1999); 34-65; Cynthia Weber, "Performative states", *Millennium*, 27, n.° 1, (1998):77-95. Cynthia Weber, *Faking it: US Hegemony in a 'post-phallic' Era* (University of Minnesota Press, 1999); Jamie Hagen, "Queering Women, Peace and Security", International Affairs 92, n.° 2 (2016): 313.332.

76 Cynthia Weber, *Queer international relations: Sovereignty, sexuality and the will to knowledge* (Oxford University Press, 2016); Rahul Rao, *Out of Time: The Queer Politics of postcoloniality*. (Oxford University Press, 2023).

77 Ya, en la década de los noventa, algunas pioneras reformularon el concepto de seguridad en clave feminista. Veáse por ejemplo, Spike V. Peterson, "Sexing political identity/nationalism as heterosexism", *International Feminist Journal of Politics* 1, n.° 1 (1999); Laura Sjoberg, "Towards trans-gendering international relations? *International Political Sociology* 6, n.° 3 (2012): 337-354; Laura Sjoberg, *Gendering global conflict: Toward a feminist theory of war* (Columbia University Press, 2013); Laura Sjoberg "The State of Feminist Security Studies: Continuing the conversation, *International Studies Perspectives*, 14, n.° 4 (2013): 436-439; Miranda Alison, "Women as agents of political violence: Gendering Security", *Security Dialogue* 35, n.° 4: 447-463.

Críticos de Seguridad (ECS)[78], esta variante feminista ha contribuido, de manera significativa, a *deconstruir* el concepto de seguridad imperante en la política global en la disciplina. Para ello, además de cuestionar que su referente sea exclusivamente el estado-nación y la única respuesta a la inseguridad, la respuesta militar o policial, se ha defendido la resignificación y ampliación del concepto de seguridad para ubicar en su centro (como referentes) las vidas y experiencias de las personas y, en particular, sus inseguridades, incluida las violencias machistas o las violencias que enfrentan las personas no-normativas[79].

Sin embargo, algunas autoras de los EFS han defendido un cuestionamiento más radical tanto del propio concepto de seguridad como de las formas en las que las cuestiones de género se han insertado en la agenda internacional de seguridad. En este sentido, perciben como muy problemático que el fenómeno de la violencia de género y, en particular, la violencia sexual en conflicto armado se haya *securitizado,* esto es, reconvertido discursivamente por parte del Consejo de Seguridad de Naciones Unidas en una "amenaza a la paz y seguridad internacionales". Sostienen que, de esta forma, se estaría legitimado como única respuesta al fenómeno, la respuesta securitizada, militarizada y punitiva, en lugar de abordar las causas de esa violencia. Se estaría, igualmente, contribuyendo a legitimar la militarización de la agenda internacional de construcción de paz, un proceso dañino y contraproducente por distintas razones interrelacionadas. Primero, por reproducir la dicotomía *justos guerreros* (países occidentales) salvando *bellas almas desvalidas* (mujeres y niñas) y, por tanto, por retroalimentar la ideología patriarcal imperante en la esfera global. Segundo, por militarizar la vida política internacional, a pesar de sus múltiples impactos negativos: entre otros, el aumento de la represión estatal, y en especial, de la protesta y la labor de las defensoras y defensores de DDHH y de los territorios, así como de otras vulneraciones de DDHH, incluidas las vio-

---

78 Véase también Karlos Pérez de Armiño, "Estudios de seguridad: de la visión tradicional a los enfoques críticos", en *Teorías de las Relaciones Internacionales,* eds. Celestino del Arenal y José Antonio Sanahuja (Editorial Tecnos, 2015); Sobre las controversias entre los feminismos y los ECS, veáse, Christine Sylvester, "Tensions in feminist Security Studies" *Security Dialogue* 41, n.º 6 (2010): 607-614, o Christine Sylvester, "Anatomy of a Footnote", *Security Dialogue* 38, n.º 4 (2007): 547-558.

79 Carol Cohn, "Feminist Security Studies": Toward a Reflexive Practice" *Politics & Gender* 7, n.º 4 (2011): 581-586; Ann J. Tickner, "Feminist responses to international security studies". *Peace Review,* 16, n.º 1 (2004): 43-48; Laura Shepherd, *Gender, violence and security* (Bloomsbury Publishing, 2008).

lencias machistas. Tercero, por alimentar una espiral de violencia política armada en todo el mundo, así como, en cuarto lugar, un ingente desvío de fondos públicos hacia el negocio de la seguridad, convertido en uno de los principales nichos del capitalismo global neoliberal. Han evidenciado, en quinto lugar, cómo la apuesta estatal por ese negocio ha ido en detrimento de otras políticas públicas nacionales (por ejemplo, en materia de servicios sociales, educación, sanidad, de cuidados, de lucha contra la desigualdad o las violencias machistas) así como globales (en este caso, de defensa de bienes comunes como la paz, el medioambiente, la justicia o la solidaridad). Se denuncia, en sexto y último lugar, como esas políticas securitizadas se han puesto al servicio del orden global neoliberal, agudizado la actual y poliédrica crisis global (política, socioeconómica, de género y ecológica)[80].

Un último apunte para rememorar la quinta de las líneas más novedosas del feminismo posestructuralista que se destacan en este apartado, cómo es la especial relevancia que dan al análisis de la multiplicidad de experiencias e identidades de quienes son silenciadas por la actual globalización neoliberal y sus "regímenes de verdad"; es decir, de las y los sujetos oprimidos, desvelando cómo es en la esfera de la *micropolítica* y la política de lo cotidiano, donde sus cuerpos, afectos, emociones, hábitos, prácticas e ideas se convierten en potenciales lugares de dominación, pero también de resistencia[81]. Esta sugerente línea de investigación ha sido explorada con mayor profundidad por otros feminismos críticos, como los que se presentan a continuación.

### 6. *Los feminismos postcoloniales y feminismos decoloniales*

Esta denominación engloba, en realidad, a toda una serie de enfoques teóricos que, con curiosidad feminista, han abordado el estudio del orden global neoliberal contemporáneo y, en particular, las relaciones Norte-Sur, con las herramientas teórico-analíticas desarrolladas por los feminismos negros, africanos, chicanos, latinoamericanos, indígenas y caribeños, así

80 Itziar Ruíz-Giménez, "Mujeres, paz y Seguridad. Véase también Lucrecia Rubio Grundell y Itziar Ruíz-Giménez Arrieta, "Debates feministas en relaciones internacionales".

81 M.ª Eugenia Cardinale y Sonia Winer, "Lo personal es político y es internacional: contribuciones feministas interseccionalidad y Relaciones Internacionales", *Relaciones Internacionales*, n.º 49, (2022):11-30.

como por los estudios postcoloniales y decoloniales de RRII[82]. Para ello, han enriquecido la caja de herramientas feministas con conceptos como él ya mencionado de interseccionalidad, así como otros como la colonialidad del género, la matriz interseccional de poder, el eurocentrismo, el lugar de enunciación, la mujer como alteridad u otredad o la y el sujeto subalterno, entre otros.

En general, suele ser habitual distinguir entre los feminismos poscoloniales y los decoloniales, fundamentalmente por su lugar de enunciación y sus fuentes intelectuales de inspiración. Así, el término "postcolonial" denominaría a aquellas feministas que, dentro de las RRII, han desarrollado las propuestas teóricas de pensadores poscoloniales como Edward Said, Homi Bhabha, Gayatri Chakravorty Spivak o Chanda Talpade Mohanty[83]. Entre sus principales preocupaciones está el análisis de los efectos generizados de la colonización, el imperialismo y el racismo, así como el interés por explorar las distintas estrategias de resistencia que, frente a ello, se han articulado.

Por su parte, suele utilizarse el término decolonial para referirse a muy diversas autoras que piensan lo internacional desde diversos lugares de enunciación no occidentales: en especial, desde los feminismos africanos y negros y desde de Abya Yala (América[84]) y, en particular, por las autoras feministas que retoman y reformulan, sin circunscribirse a ellos, los conceptos del denominado Grupo de estudios modernidad/colonialidad. Este heterogéneo movimiento intelectual y político, formado, entre otros muchos, por autores como Enrique Dussel, Aníbal Quijano, Walter D. Mignolo, Antonio Escobar, Ramón Grosfoguel, Catherine Walsh, Juliana Flórez, Móni-

---

82 Véase capítulo sobre estudios poscoloniales y decoloniales en este manual o Melody Fonseca Santos y Ari Jerrems, "Pensamiento decolonial: ¿una "nueva" apuesta en las Relaciones Internacionales?", *Relaciones Internacionales* 19 (2012): 103-121.

83 Edward Said, *Orientalismo*, (Debolsillos editorial, 2015, 1 ed. 1978) Homi Bhabha, *The location of the culture* (Routledge, 2004), Gayatri Chakravorty Spivak, ¿Pueden hablar los subalternos?, *Revista Colombiana de Antropología*, n.° 39 (2003) Chanda Talpade Mohanty: *Feminism without borders: Decolonizing Theory. Practicing Solidarity* (Duke University Pres, 2003).

84 Se trata de un término utilizado por numerosos pueblos indígenas, muy diversos movimientos sociales latinoamericanos e intelectuales post/decoloniales para referirse al continente en el que habitan, por considerar que el nombre de América es una denominación impuesta por la colonización europea sobre unos pueblos y continente que tiene milenios de historia propia. Proviene del idioma guna, hablada por el pueblo indígena del mismo nombre que habita en Panama y Colombia y significa "tierra en plena madurez".

ca Espinosa y María Lugones, comparten un acervo conceptual común que pivota en torno al concepto (para algunos, paradigma) de la Modernidad/colonialidad[85]. Esto es, la idea de que ambas nociones son impensables la una sin la otra, es decir, sin colonialidad no hay modernidad ni viceversa. De ahí que también compartan con las feministas postcoloniales una agenda de investigación centrada en la dimensión generizada del colonialismo, pero no sólo en el pasado (trata de esclavos, imperialismo, etc.), sino en sus huellas (o, mejor dicho, su abrumadora presencia) en la realidad global contemporánea, a través de, entre otras, el neocolonialismo, los relatos *civilizatorios* (la pesada carga del hombre blanco) o la subalternización cultural y epistémica de las culturas no blancas. Sostienen, por tanto, que la colonialidad, como forma de poder y gobierno, pervive más allá del fin, formal, de la colonización occidental. Sobrevive, eso sí, profundamente transformada, rediseñada y adaptada al contexto global contemporáneo.

Cinco son las líneas de investigación de los feminismos poscoloniales y decoloniales que, a continuación, se destacan. Primero, sus estudios desde una perspectiva interseccional, sobre cómo (y por qué) la colonialidad del poder se ejerce, hoy en día, a través de un ensamblaje de jerarquías y opresiones entrelazadas (de género, raza, origen, clase, social, religión, etc.) que, si bien se fue tejiendo durante la expansión colonial, pervive, aunque transformada, en el contexto de la actual globalización neoliberal[86]. En este sentido, desde las múltiples voces que se inscriben en estas dos variantes feministas, el foco se pone, por un lado, en la dimensión sexuada/*generizada* (y cisheteronormativa) de los patrones de dominación de la modernidad neocolonial occidental y, por otro, en cómo esos discursos y prácticas atraviesan y se inscriben en los cuerpos y vidas de las personas que habitan en las diferentes geografías en las que, de manera situada y diferente, se despliegan dichos patrones.

En efecto, el énfasis desde los feminismos poscoloniales y, sobre todo, decoloniales en la *corporeidad* de las relaciones internacionales contemporáneas, ha permitido constatar, en primer lugar, la enorme violencia política, física, sexual, psicológica y epistémica que ha desplegado la modernidad/colonialidad occidental sobre las mujeres (y hombres) no occidentales y sobre todas las formas de vida. Para ello, han indagado sobre las experiencias cotidianas de las mujeres negras durante la economía esclavista, las de

85 Véase capítulo de Ari Jerrems y Melody Fonseca Santos en este manual.

86 María Lugones, "Toward a Decolonial Feminism", *Hypatia* 25, n.º 4, (2010): 742-759.

los pueblos de Abya Yala, África, Asía, Oriente Medio u Oceanía durante la expansión colonial, así como sobre sus vivencias bajo el actual sistema capitalista neoliberal[87]. Han constatado cómo, en todos los casos, estas experiencias han estado atravesadas, aunque de forma situada en el tiempo y el espacio, por esa enorme violencia y control de sus cuerpos y sexualidad, así como por el saqueo de su trabajo (productivo o reproductivo) y de sus medios de vida y territorios[88]. Sus investigaciones han sido claves, en este sentido, para impulsar el giro practico (*practice turn*) de los enfoques críticos y su énfasis en evidenciar, como sostienen María Eugenia Cardinale y Sonia Winer, "las prácticas concretas de las personas en su singularidad, para comprender cómo éstas construyen, sostienen y resisten frente a los embates neoliberales"[89].

De esta forma, en segundo lugar, se ha ido conformando una de las más rompedoras e interesantes líneas de investigación de estas voces disidentes feministas: la exploración de las consecuencias del impacto, material y simbólico, de la modernidad/colonialidad en lo que, los estudios decoloniales, denominan la colonialidad del ser, el saber y el poder. Aunque en otro lugar de este manual se explican estos conceptos con más detalle[90], interesa insistir aquí en su denuncia de como la racionalidad moderna/colonial impuso, a sangre y fuego, un patrón colonial de saber-poder basado en la dicotomía occidente versus la otredad. Dicho patrón, transformado, ha retroalimentado durante los siglos de expansión colonial una relación jerarquizada y desigual entre las identidades europeas y las no europeas, reduciendo a éstas últimas a un estatus ontológico inferior[91]. En este sentido, es interesante resaltar el concepto de colonialidad del género propuesto por la feminista decolonial argentina, María Lugones, y los planteamientos

---

87 Chanda Talpade Mohanty: *Feminism without borders, (2003):230.*

88 Jill Stearn, *Gender & International Relations* (Polity Press, 2013); Grada Kilomba *Recuerdos de la plantación: episodios de racismo cotidiano*, trans. Jess Oliveria (Editorial Cobogó, 2019), Patricia Hill Collins, *Black Feminist Thought, 30th Anniversary Edition*, (Routledge, 2022) Sylvia Tamale, *Decolonization and Afro-feminism* (Daraja Press, 2020), Jayne Ifekwuningew, *Scattered Belongings: Cultural Paradoxes of Race, nation and Gender* (Routledge, 2020), entre otras.

89 Mª Eugenia Cardinale y Sonia Winer, "Lo personal es político y es internacional" (2022): 16. David Blaney y Arlene B. Tickner, "Worlding, Ontological Politics and the possibility of a decolonial IR"; Joanne Sharp, "Guerra contra el terror y geopolítica feminista", *Tabula Rasa,* 3 (2005): 29-46.

90 Véase el capítulo sobre los estudios poscoloniales y decoloniales en este manual.

91 Gayatri Chakravorty Spivak, *A critique of postcolonial reason. Toward a history of the vanishing present.* (Harvard University Press, 1990).

de la pensadora africana Oyeronké Oyewumí, sobre "el poderoso componente de género" de todo el sistema moderno colonial, desvelando cómo situaba en la cúspide social a los varones blancos por encima de las mujeres del colonizador y negando la humanidad de los "machos" y "hembras colonizadas". Ambas autoras, desde diferentes lugares de enunciación, han defendido, por último, que el género y la cisheteronormatividad son invenciones coloniales que no existían en muchas culturales y cosmovisiones no occidentales y que han resultado fundantes de la modernidad colonial, capitalista y eurocéntrica[92].

Con estas lentes y herramientas conceptuales, los feminismos post/decoloniales nos animan a indagar, en tercer lugar, cómo (y por qué) esas meta-narrativas coloniales continúan copando, hoy en día, los discursos políticos occidentales, reproduciendo un retrato falso y maniqueo de los estados y ciudadanos/as occidentales como "justos guerreros", "salvadores" y defensores de la democracia, los derechos humanos y la igualdad de género. Por el contrario, se retrata a las mujeres de los Sures Globales (entre ellas, las negras, indígenas, latinas, asiáticas, musulmanas, migrantes, refugiadas y gitanas) como seres oprimidos, indefensos y "necesitadas de protección", negándoles agencia, saberes, capacidades y agenda. Se representa, por último, a los hombres no occidentales como "bárbaros", "incivilizados", "irracionales", machistas, atrasados, premodernos, corruptos, terroristas, fanáticos, etc. Todo ello, para legitimar las políticas exteriores de las "benevolentes" y "altruistas" potencias occidentales, hasta el punto de que, de forma frecuente, legitiman sus guerras e intervenciones, aduciendo actuar en defensa de los derechos de las mujeres, como ha ocurrido en Irak, Siria, Afganistán, Somalia, Libia, Mali, entre otros[93].

Este cuestionamiento de las narrativas identitarias imperantes en la agenda internacional se ha extendido, asimismo, a los discursos hegemó-

---

92 Oyeronké Oyewumí, *La invención de las mujeres. Una perspectiva africana sobre los discursos occidentales del género,* (la Frontera, 2017):208; María Lugones, "Colonialidad y género: Hacia un feminismo descolonial", en *Genero y decolonialidad,* eds. Walter Mignolo, et all, (ediciones del Signo-Duke University, 2008) o "Hacia metodologías de la decolonialidad", *Prácticas otras de conocimiento* (2015): 75; Paula Gunn Allén, *The sacred hoop: recovering the feminine in American Indian Traditions* (Beacon Press, 1992).

93 Itziar Ruíz-Giménez Arrieta, *La historia del imperialismo altruista,* (Los Libros de la Catarata, 2002); o Selena Pizarro Gómez, "Las Relaciones Internacionales desde los feminismos decoloniales, Una propuesta dialógica hacia una economia feminista decolonial", *Relaciones Internacionales,* 44 (2020)

nicos en el feminismo occidental. En efecto, éste último, en sus diversas variantes, ha sufrido una demoledora crítica por parte de los feminismos post/decoloniales quienes, entre otras cuestiones, han denunciado sus bases eurocéntricas, su acrítica inserción en el discurso moderno/colonial, su creencia en la idea del progreso y, muy en particular, su dicotómica representación de las mujeres: unas, las occidentales, como laicas, libres, feministas, autónomas; otras, las mujeres no occidentales como tradicionales, retrógradas, sumisas, dependientes y víctimas. Es decir, han constatado la pervivencia de la colonialidad del género en el seno del propio feminismo occidental. De ahí que lo denominan "feminismo civilizatorio"[94] y cuestionen tanto su supuesta excepcionalidad (como origen fundamento de la lucha feminista) como su pretensión de universalizar lo que son sus situadas experiencias de opresión patriarcal. Rebaten, en especial, el silenciamiento (y desprecio) del feminismo occidental de la diversidad, riqueza y complejidad de las identidades de las mujeres y, muy en especial, de las del Sur Global[95].

Con todo, la cuarta de las aportaciones más novedosas y sugerentes de los feminismos post/decoloniales ha sido, sin duda, su apuesta sistemática por poner de relieve las múltiples resistencias antiracistas y anticoloniales que, a lo largo de toda la historia de la modernidad/colonial occidental, han desplegado las y los sujetos oprimidos, pero a la vez, resistentes. En este sentido, estas lentes violentas han sido especialmente enfáticas en tomar, como eje y punto de partida de sus investigaciones, las luchas, resistencias, experiencias y prácticas políticas insurgentes de quienes siguen siendo subalternizadas a nivel global o, mejor dicho, radicalmente silenciadas en el marco del epistemicidio llevado a cabo por Occidente[96].

Frente a ese proceso de invisibilización epistémica, las autoras de estas dos corrientes feministas han evidenciado, en primer lugar, las voces contrahegemónicas de las mujeres no occidentales, su diversidad de puntos de vista, visiones del mundo, y prácticas políticas, así como sus luchas en múltiples escenarios y temporalidades. Han contribuido, en segundo lugar, a ha-

---

94 Françoise Vergès, *A decolonial Feminist,* trans Ashley, J. Bohrer, (Pluto Press, 2021): 12.

95 Chandra Mohanty, "Under Western Eyes; Feminist Scholarship and Colonial Discourse", *Feminist Review* 30, n.º 1 (1988): 61-88; o Chandra Mohanty, *Feminist without Borders: Decolonizing Theory, Practicing Solidarity* (Duke University Press, 2003); María, Lugones, " Colonialidad y género" (2008).

96 Rosalba Icaza y Ronaldo Vázquez, "Social Struggles as Epistemic Struggles", *Development and Change* 44, n.º 3 (2013): 683-704.

cer visible lo invisible, mostrando, por ejemplo, cómo billones de mujeres explotadas y racializadas hacen valer su *derecho a la existencia*, sosteniendo la vida y a la sociedad en todo el mundo y, en particular, en el centro del sistema-mundo, mientras, de forma entrelazada, resisten las políticas neoliberales de muerte, desposesión, extractivismo y sistemática destrucción de la vida[97]. Revindican, en tercer lugar, la puesta en valor de la diversidad interseccional y, por tanto, de las identidades "fronterizas" y "mestizadas" de las "mujeres de color", capaces de habitar y desarrollarse en "múltiples mundos", a partir de la renegociación cotidiana con sus múltiples orígenes raciales, lingüísticos, espirituales y sus complejas subjetividades y sexualidades[98]. Es decir, celebran la vida, las resistencias y la creatividad existente desde los muy diversos "locus fracturados" del pensamiento no hegemónico o subalterno, espacios fronterizos en los que se recrean otras formas de ser y estar y se pueden construir coaliciones y alianzas desde las que caminar juntas con la finalidad de decolonizar la imaginación y la praxis política, abriendo la posibilidad a la creación de otros mundos.

Un último apunte para señalar la quinta gran contribución de estas dos variantes: la profunda renovación de la teoría feminista y, en particular, de lo que se entiende por pensar de forma crítica y con curiosidad feminista. Para ello, han ido tejiendo puentes entre las múltiples y situadas formas de hacer y de saber que habitan las geografías culturales de los Sures Globales, para producir lo que María Lugones denomina las "epistemologías de frontera", esto es, aquellos conocimientos y prácticas subversivas que se nutren de los conocimientos y saberes milenarios de las culturas no occidentales, así como de las experiencias cotidianas de las mujeres y las diversidades (no occidentales) que han resistido y sobrevivido, empero transformadas, al epistemicidio occidental[99]. De esta forma, los feminismos post/decoloniales forman parte del extenso y diverso movimiento de reapropiación científica y filosófica que, además de revisar la narrativa occidental sobre el mundo y la historia (provincializando Europa), ha fomentado el pluralis-

---

97 Ratna Kapur, *Makeshift Migrants and Law: gender, belonging and poscolonial Anxieties* (Routledge Indica, 2012), Amaya Querejazu Escobari, "Violencias encubiertas de la gobernanza global", *Estudios Políticos*, 49 (2016): 148-166.

98 María Lugones, Colonialidad y género (2008): 76; Gloria Anzaldúa, *Borderlands/ la Frontera. The new Mestiza* (Aunt Lute Bools, 1999); Chela Sandoval, *Otras inapropiables: feminismos desde las fronteras* (Traficantes de Sueños, 2003) o *Methology of the Oppressed* (University of Minnesota Press, 2000).

99 María Lugones, "Colonialidad y género" (2008). Silvia Rivera Cusicanqui, *Un mundo ch'ixi es posible: ensayos desde un presente en crisis* (Tinta Limón, 2018).

mo ontológico dentro de la disciplina de RRII y el uso de otras epistemologías y pedagogías articuladas en torno a otros modos de conocer y de ser[100].

## *7. El ecofeminismo y el feminismo poshumanista*

Son pocos los manuales docentes de RRII que incluyen, dentro de los Estudios Feministas, a estas dos corrientes feministas. Y ello, a pesar de que los orígenes del ecofeminismo se remontan a la década de los setenta[101], cuando algunas voces feministas, en la India, Australia o Europa, empezaron a poner de relieve una conciencia medioambiental y denunciaban el modelo de desarrollo occidental, al considerar que se estaba desarrollado de espaldas a las bases materiales y relacionales que sostienen la vida. Un modelo que, en palabras de Shiva y Mies, "se constituyó, se ha constituido y se mantiene por medio de la colonización de las mujeres, de los pueblos "extranjeros" y de sus tierras y de la naturaleza"[102]. Algo similar ocurría dentro de la disciplina de RRII dado que ya en 1993, una de las autoras feministas pioneras, Ann Tickner, publicaba un artículo desde esta perspectiva ecofeminista analizando cómo el surgimiento de los estados modernos y del sistema capitalista se llevó a cabo a través de un proceso de extremada violencia no sólo contra las mujeres sino también contra la naturaleza[103].

Desde entonces, el pensamiento ecofeminista se ha diversificado en diferentes corrientes (entre ellas, el ecofeminismo materialista, el esencialista y el constructivista, así como el feminismo posthumano), contribuyendo a deconstruir muchos de los dogmas dominantes en Ciencias Sociales y mostrando otras formas de entender la vida cotidiana, la economía, la historia, la política o las relaciones internacionales[104]. A pesar de esta variedad, todas estas corrientes comparten algunos rasgos clave. Primero, la

---

100 Arlene B. Tickner "Core, periphery and (neo)imperialist International Relations", *European Journal of International Relations* 19, n.° 3 (2013): 627-646; Amaya Querejazu Escobari, "Encountering the Pluriverse: Looking for Alternatives in Other Worlds", *Revista Brasileña de Política internacional* 59, n.° 2 (2016).

101 Se cita a la feminista francesa Francoise d'Eaubonne como la primera en acuñarlo en una obra titulada Feminismo o la muerte de 1974. Rosi Bradiotti, *Feminismo posthumano*, (Gedisa, 2022) 86.

102 Vandana Shiva y María Míes, *Ecofeminismo* (Icaria, 1997), 128.

103 J. Ann Tickner, "States and Markets: An Ecofeminist perspective on International Political Economy", *International Political Science Review* 14, n.° 1 (1993): 59-69.

104 Yayo Herrero, "Apuntes introductorios sobre el Ecofeminismo", *Boletín de recursos de información* 43 (2015).

visión de que la subordinación patriarcal de las mujeres y la explotación de la naturaleza son dos caras de una misma moneda y responden a una misma lógica: la de subordinar el sostenimiento de la vida y los cuidados al proceso de acumulación por desposesión del capitalismo occidental. Ambos procesos de explotación se encuentran, asimismo, interconectados con el resto de las opresiones desplegadas por la modernidad occidental[105]. Abogan, por ello, por desarrollar un marco analítico que incorpore las categorías de raza, clase, género y naturaleza[106], para indagar sobre (y denunciar) cómo los patrones de dominación imperantes deshumanizan a las mujeres, a las personas LGBTQ+, a las personas negras e indígenas, a las árabes y musulmanas, al pueblo gitano, etc., acercándolos a los animales y otros no humanos para así, según Rosi Bradiotti, reducir a todos ellos a proveedores "inagotables de recursos para su explotación comercial por parte del capitalismo colonialista"[107].

Segundo, la denuncia del antropocentrismo imperante en la academia occidental, incluida la internacionalista, así como en las sociedades occidentales. Para ello, van a extender la crítica a la razón moderna liberal a su estricta (y falsa) distinción entre cultura y naturaleza, agregando a las acusaciones de sexismo y racismo de sus otras hermanas feministas, la del especismo[108]. Destaca, en este sentido, la denuncia del ecofeminismo de la extrema violencia ontológica, epistemológica y normativa que dicha dicotomía produce sobre todas las demás especies. Se incide, asimismo, en la crítica al resto de las tradiciones feministas y, en particular a las variantes constructivista y posestructuralista por reproducir, en cierta medida, la oposición dicotómica propia del pensamiento occidental antropocéntrico entre cultura y naturaleza y, por tanto, por denigrar el fundamento

[105] Anupam Pandey, "Globalization and ecofeminism in the South: keeping the Third World alive", *Journal of Global Ethics* 9, n.º 3 (2013): 113-126; Val Plumwood, *Feminist and the Master of Nature* (Routledge, 1993); Val Plumwood, "Integrating Ethical Frameworks for Animals, Human and nature", *Ethics and Environment*, 5, n.º 2 (2000): 285-322; Ariel Salleh, *Eco-sufficiency and Global Justice: Women write Political Ecology*, (Pluto Press, 2009) o Selena Pizarro Gómez, "Las Relaciones Internacionales desde los feminismos decoloniales, Una propuesta dialógica hacia una economia feminista decolonial", *Relaciones Internacionales*, 44 (2020)

[106] Val Plumwood, *Feminist and the Master of Nature (1993).*

[107] Rosi Bradiotti, *Feminismo posthumano*, 92.

[108] Donna Haraway, *The companion Species Manifesto: Dogs, People and Significant Otherness*, (Pickly Paradigm Press, 2003)

biológico de la subjetividad[109]. Es más, el ecofeminismo revela cómo esa distinción es claramente eurocéntrica, dado que la inmensa mayoría de las culturas en el planeta no se basan en esa oposición binaria. Al contrario, se concibe a los seres humanos como parte de la naturaleza, en permanente interacción e interdependencia con el resto de las especies[110]. En este sentido, destacan las tesis de la filósofa ecofeminista y multiespecies, Donna Haraway, que, en varias de sus obras, reflexiona sobre cómo vivir bien (y morir bien), reconfigurando las relaciones de las personas con un planeta profundamente dañado, y con el resto de los seres que lo habitan. Para ello, propone denominar a la era actual, el Chthuluceno, para un lugar y tiempo "que fue, aún es y podría llegar a ser", en él que aprendamos a seguir con el problema de vivir y morir con respons-habilidad en una tierra dañada"[111].

De esta forma, el ecofeminismo se conecta con (y se alimentan de) los feminismos decoloniales e indígenas, con sus creativos saberes milenarios y su enérgica defensa de la responsabilidad ética de todas y todos por el cuidado de todo lo vivo, de todos los seres, humanos o no humanos. Se produce, de esta forma, una revalorización de la naturaleza, abarcando no sólo los seres vivos sino la materia y al planeta Tierra (Gaia) en su conjunto. Se afirma, al mismo tiempo, en especial desde las filosofías indígenas, africanas o no occidentales, los complejos enredos (o entramados) que existen entre todo lo vivo y también como el territorio y las entidades inorgánicas (rocas, minerales, polvo, atmósfera), de forma que, se otorga agencia (social, política, cognitiva) a todo ello[112].

Esta proximidad no sólo brinda nuevas herramientas para analizar las violencias e injusticias generadas por el actual entramado de poder global y sus narrativas y prácticas capitalistas, patriarcales, coloniales, cisheteronormativas, capacitistas y antropocéntricas[113]. Permite, asimismo, imaginar e impulsar nuevos marcos éticos y de acción política que pongan en el centro la sostenibilidad del dinámico entramado de las múltiples y entrelaza-

---

109 Rosi Bradiotti, *Feminismo posthumano*, 89.

110 Rosi Bradiotti, *Feminismo posthumano*, 87-96.

111 Donna Haraway, *Staying with the Trouble. Making Kin in the Chthulucene*, (Duke University Press, 2016): 95.

112 Mario Blaser y Marisol de la Cadena, "Pluriverse: proposals for a world of many worlds" en eds. Marisol de la Cadena y Mario Blaser *A world of many worlds* (Duke University Press, 2018).

113 Amaya Querejazu Escobari, "Cosmopraxis: Relational methods for a pluriuniversal IR", *Review of international Studies* 48, n.º 5 (2021): 1-16.

das interdependencias materiales (orgánicas y no orgánicas) que sostienen la vida. Un entramado, hoy en día, en claro peligro de extinción debido al desmedido afán extractivista y depredador del capitaloceno neoliberal imperante.

El impulso de estos nuevos marcos políticos y normativos que vienen de la mano de una revisión radical del conocimiento científico, es una de las señas de identidad del feminismo posthumanista que se ubicaría también como una variante de los nuevos materialismos[114]. Esta corriente desarrolla, desde una ontología material relacional, su propia caja de herramientas conceptuales y metodológicas para, por un lado, apostar por una renaturalización de la humanidad, concibiendo sus múltiples subjetividades, no sólo como "construcciones sociales" sino, también como materia (cuerpos) enraizados. Por otro lado, tiene en cuenta los desarrollos de las ciencias de la vida, la genómica, las neurociencias y la robótica, las nanotecnologías, las nuevas tecnologías de la información o el mundo digital, para participar en los debates sobre su impacto en la condición humana[115].

## V. ESTUDIO DE CASO: LA POLÍTICA EXTERIOR FEMINISTA

A lo largo de este capítulo hemos visto la prolífera caja de herramientas feminista con la cual acercarse, con curiosidad feminista, a cualquier fenómeno internacional. Para mostrar un ejercicio práctico de cómo utilizar algunas de las herramientas de esa caja, se han seleccionado las políticas exteriores de los países que, como ya se mencionó en la introducción, han adoptado la etiqueta de "política exterior feminista"[116] como seña de iden-

---

114 Sobre esta escuela, véase el capítulo sobre Nuevos Materialismos y sus límites de Ignasi Torrent,

115 Alyssa Niccolini y Jessica Ringroses, *Feminist posthumanism*, (Sage Publications, 2019); Karen Barad, *Meeting the universe halfway*, (Duke University Press, 2007) y Donna Haraway, "Situated knowledges, the science question in feminism and the privilege of partial perspectives", *Feminist Studies*, n.º 14 (1988); Donna Haraway, *Staying with the Trouble. Making Kin in the Chthulucene* (Duke University Press, 2016).

116 Lucrecia Rubio Grundell, Gabriela de Lima y Itziar Ruíz-Giménez Arrieta, "Una mirada desde los feminismo críticos a las políticas exteriores feministas de Suecia, Canadá, Francia, México y España". *Tempo exterior* 21, n.º 42 (2021): 7-26.

tidad de su acción exterior: entre otros, Suecia[117] (2014), Canadá (2017), Francia (2018), México (2020), España (2021) y Alemania (2023).

Así, por ejemplo, desde los enfoques feministas liberal y del punto de vista se harían preguntas de investigación como:

- *¿Dónde están las mujeres en la política exterior de estos países? ¿Hay brechas de género?, ¿Qué lugares ocupan? ¿Hay techos de cristal?*
- *¿Qué temas se abordan en relación con las cuestiones de género? ¿lucha contra las violencias machistas?, ¿derechos de las mujeres?*
- *¿Adoptan un enfoque de género que tenga en cuenta el impacto diferenciado que esa política tiene en mujeres y hombres?*
- *¿Se busca desmasculinizar la política exterior de esos países? ¿Imperan narrativas sobre por qué las mujeres son más pacíficas o emprendedoras?*

Desde los enfoques feministas constructivistas y del punto de vista, a su vez, se preguntaría:

- *¿Qué ideas sobre la masculinidad y la feminidad permean dichas políticas de exterior feminista?*
- *¿Qué normas de género están siendo reproducidas o cuestionadas?* y *¿Quién ha participado en su desarrollo?*
- *¿Qué papel ha desempeñado la red transnacional de defensa de los derechos de las mujeres?*

Por el contrario, desde otros enfoques feministas, de carácter más *crítico* se harían otras preguntas clave. Así, desde el enfoque neomarxista, se preguntaría:

- *¿Cómo abordan las políticas exteriores feministas la global división sexual del trabajo, reforzándola o cuestionándola?*
- *¿Y los distintos elementos que contribuyen a la acumulación por desposesión?*
- *¿Como contribuyen esas propias políticas exteriores a la reproducción de ese proceso de acumulación?*

Desde los enfoques posestructuralistas y pos/decoloniales, en particular, se interrogarían:

---

117 En octubre de 2022, el nuevo gobierno conservador sueco anunciara el fin de su política exterior feminista.

- *¿Cómo conceptualizan a las mujeres, de forma ahistórica y universal, o situada y performativa?*
- *¿Qué tipo de hegemonías representativas se desarrollan en este sentido, y a quién benefician?*
- *¿Desarrollan verdaderamente un enfoque interseccional, que tiene en cuenta cómo los distintos sistemas de opresión/desigualdad interactúan, dando lugar a experiencias de opresión y desventaja cualitativamente distintas, o lo hacen de manera cumulativa?*

Por otro lado, los estudios críticos de seguridad se preguntarían:

- *¿Contribuyen las políticas exteriores feministas a securitizar la igualdad de género, y en especial la violencia de género?*
- *¿Qué tipo de respuestas promueven? ¿Militares y policiales o de otro tipo?*

Los enfoques queer, a su vez, se preguntarían:

- *¿Qué papel juegan la cis-heteronormatividad y el homonacionalismo en las políticas exteriores feministas?*
- *¿Qué inclusiones y exclusiones producen?*

Por su parte, mientras que los enfoques pos/decolonial se preguntarían, sobre todo, si reproducen la división identitaria, dicotómica y jerárquica entre los países occidentales y los países del Sur Global. Desde estas preguntas, por tanto, se desarrollaría una visión más crítica con las políticas exteriores feministas adoptadas hasta el momento.

## VI. CONCLUSIONES

A lo largo de estas páginas se ha constatado la enorme riqueza teórico-analítica de los Estudios Feministas y las múltiples aportaciones que han realizado a la disciplina de las RRII, tanto en el ámbito ontológico, epistemológico y metodológico como en el político y normativo. Se ha mostrado, asimismo, como el prolífero mosaico de corrientes teóricas (lentes violetas) que conforman esta heterogénea escuela han contribuido no sólo a consolidar los giros críticos en la disciplina sino, muy en especial, a desvelar y evidenciar cómo lo personal es internacional y lo internacional es personal; esto es, cómo las cuestiones de género conforman la realidad social internacional y las relaciones de poder que la atraviesan. Y lo han hecho, a través de un complejo e intenso debate dentro de los estudios feministas en torno a cuestiones tan diversas como el propio concepto de género o la necesidad de ampliar el análisis más allá de preguntarse "¿dónde están las mujeres?" o "¿qué les ocurre?" para indagar sobre las múltiples y entrelazadas opresiones (de género, orientación sexual, expresión o identidad de género, raza, clase, edad, capacidad, especie, etc.) que, hoy en día, conforman y atraviesan la vida cotidiana de la inmensa mayoría de la humanidad.

## VII. RECAPITULACIÓN

- Los Estudios Feministas en Relaciones Internacionales despliegan una agenda de investigación prolífica y heterogénea, centrada sin embargo en evidenciar cómo, de formas diversas, las 'cuestiones de género' conforman el escenario global y a sus principales protagonistas, en la medida en que el poder se reproduce a nivel global a través de formas determinadas de entender las 'masculinidades' y 'feminidades'.
- Los Estudios Feministas irrumpen en las RRII a mediados de la década de los ochenta, como consecuencia de una serie de cambios en el contexto global, y en las ciencias sociales en general y, las RRII en particular, entre los que destacan el protagonismo de millones de mujeres en las incontables movilizaciones que, en la segunda mitad del siglo XX transformaron la realidad internacional, consiguiendo avances clave en la lucha global por la igualdad de género; su previa irrupción en las ciencias sociales, así como entre las voces *disidentes*que, impulsando los giros críticos, transformaron radicalmente la disciplina de las RRII.
- Los Estudios Feministas han desarrollado una nutrida caja de herramientas teórico-analíticas para aplicar su curiosidad feminista al análisis de las múltiples formas en las que el poder se legitima y perpetua tanto en los espacios considerados 'públicos' como 'privados', basada en conceptos clave como los de género, interseccionalidad, heteropatriarcado, violencia de género, masculinización y feminización, división sexual del trabajo, ética del cuidado y relacionalidad.
- Una de las señas de identidad de los Estudios Feministas es el uso del concepto de *género* aunque de manera disputada, pues existen distintas concepciones del mismo en función de la relación que se establezca entre sexo y género, es decir, entre los atributos físicos y el comportamiento y la identidad: una concepción esencialista, que establece una relación directa y causal entre ellos; una constructivista, que distingue entre el sexo biológico y el género como construcción social, y una posestructuralista, que afirma que sexo y género se constituyen mutuamente.
- Los Estudios Feministas, además de heterogéneos, han enriquecido otros enfoques críticos, contribuyendo a su formulación y desarrollo y, en especial, a la revisión de sus fundamentos teóricos y analíticos.
- Los enfoques Feministas Liberales se centran en las causas, múltiples y cambiantes, de la subordinación de las mujeres en la política internacional, la economía global y la guerra, así como en el impacto diferenciado que cualquier fenómeno internacional tiene en mujeres y hombres, desarrollando diferentes líneas de investigación.

- Los enfoques Feministas del Punto de Vista sostienen que, para acabar con el patriarcado, no basta con eliminar las brechas de género existentes en el espacio internacional, sino que es necesario *desmasculinizar* dicho espacio, dado que en él impera una cultura política patriarcal basada en valores 'masculinos', entre otros, fortaleza, racionalidad, autoridad, control, ambición y competitividad.
- Los enfoques Feministas Constructivistas se han centrado en el estudio de cómo las normas e ideas sobre el género construyen la política global, sobre todo a partir de la conformación de las normas internacionales y las identidades e intereses de los y las actores globales, y cómo éstas as su vez configuran dichas normas e ideas sobre el género.
- Los enfoques Feministas neomarxistas se ubican en el ámbito de la Economía Política Internacional Crítica, visibilizando la principal ceguera de género de los enfoques críticos del paradigma estructuralista en torno al sistema-mundo capitalista: el papel co-constitutivo del patriarcado y el modo de producción capitalista, y evidenciando así el carácter generizado del sistema-mundo, los espacios y tareas que desempeñan las mujeres en la actual globalización neoliberal y, así, la dimensión generizada de la actual globalización neoliberal.
- Los enfoques Feministas Postestructuralistas exploran los modos en los que, a través de un conjunto heterogéneo de elementos interconectados (dispositivo), incluidos discursos, instituciones, leyes, políticas públicas medidas administrativas y saberes y proposiciones científicas, filosóficas y morales, las estructuras de poder globales conforman ciertas identidades o subjetividades, en este caso de género y sexuales, que se construyen y hacen habitables a partir de ese dispositivo de *saber-poder*.
- Los enfoques Feministas post/de-coloniales abordan, con una curiosidad feminista, el estudio del orden global neoliberal contemporáneo y, en particular, las relaciones Norte-Sur, haciendo uso de las herramientas teórico-analíticas desarrolladas por los feminismos negros, africanos, chicanos, latinoamericanos, indígenas y caribeños, así como por los estudios postcoloniales y decoloniales de RRII.
- Los enfoques ecofeministas resaltan una conciencia medioambiental, denunciando el modelo de desarrollo occidental que tiene lugar de espaldas a las bases materiales y relacionales que sostienen la vida. Así, la subordinación patriarcal de las mujeres y la explotación de la naturaleza responden a una misma lógica. Junto a los enfoques feministas posthumanistas denuncian el antropocentrismo de la sociedad en general y la academia occidental, incluida la internacionalista, en particular.

## VIII. RECOMENDACIONES

Bradiotti, Rosi. F*eminismo poshumano*, Editorial Gedisa, 2022.

Enloe, Cynthia. *Globalización y Militarismo,* trans. Marina Díaz Sanz, Trama Editorial, 2022.

Federici, Silvia. *Calibán y la bruja: mujeres, cuerpo y acumulación* originaria, trans. Verónica Hendel y Leopoldo Sebastián Touza, Editorial Abya-Yala, 1992.

Hansen, Lene. *Security as Practice: Discourse Analysis and the Bosnian War*, Routledge, 2006.

Puar, Jasbir. *Terrorist assemblages: Homonationalism in queer times,* Duke University Press, 2018.

Shepherd, Laura. *Gender, violence, and security: Discourse as practice,* Bloomsbury Publishing, 2008. Shiva Vandana, y Míes, María. *Ecofeminismo,* Icaria, 1997.

Sjoberg, Laura. *Gendering global conflict: Toward a feminist theory of war,* Columbia University Press, 2013.

Spivak, Gayatri Chakravorty. *A critique of postcolonial reason. Toward a history of the vanishing present,* Harvard University Press, 1990.

Weber, Cynthia. *Queer international relations: Sovereignty, sexuality and the will to knowledge,* Oxford University Press, 2016.

Zalewski Marysia and Parpart, Jane. *The Man Question in International Relations*, Routledge, 2019.

***Otras referencias***

- Una conversación con Cynthia Enloe sobre el feminismo y su obra Banana, Beaches and Bases.
- Exposición virtual: *Mujeres en la Teoría de las Relaciones Internacionales. 50 científicas y pensadoras para comprender mejor el mundo.* Web del profesor Javier Morales, UCM.
- Thinking Global Podcast – Women's International Thought: Towards a New Canon (Part One). Un postcast en él que las profesoras Katharina Rietzler, Kimberly Hutchings y Sarah presentan el libro en el que exploran las razones de la invisibilización de las mujeres en el canón del pensamiento internacionalista.

# *Capítulo 5*
# *Anarquismo*

**ALEX PRICHARD**[*]

## I. INTRODUCCIÓN

La teoría anarquista de las RRII es posiblemente la primera teoría moderna de las RRII. Si entendemos por modernidad una cosmovisión eurocéntrica, originada con la Revolución Francesa, y convertida en un orden mundial marcadamente colonial, tecnocrático, racista, industrial, capitalista y patriarcal, centrado en la proliferación y alabanza del Estado-nación como modelo político por excelencia, entonces *Guerra y paz* de Proudhon, publicado en 1861, es la primera teoría sistemática, extensa y moderna de las relaciones entre Estados[1]. Este libro, que reflejaba y criticaba muchas de estas tendencias modernas, dio forma a las ideas de algunos de los principales teóricos europeos de la política mundial de entreguerras y posteriores a la Segunda Guerra Mundial, como Harold Laski, Carl Schmitt, Hans Morgenthau, E. H. Carr, Raymond Aron y muchos otros. Pero a medida que las RRII se convirtieron en una disciplina *para* el Estado-nación tras la Segunda Guerra Mundial, el anarquismo, por razones que deberían ser obvias, pasó a ser tangencial a las preocupaciones de la disciplina[2].

---

* Profesor de Teoría Política Internacional y Director de Investigación del Departamento de Ciencias Sociales y Políticas, Antropología y Sociología (SPSPA) de la Universidad de Exeter

Agradezco a Chris Beaumont y Marta Íñiguez de Heredia sus comentarios sobre un primer borrador de este capítulo.

1 Proudhon, Pierre-Joseph. *War and Peace. On the Principle and Constitution of the Rights of Peoples.* Traducido por Paul Sharkey. Editado con una Introducción de Alex Prichard. (Chico: AK Press, 2020); Prichard, Alex. 'Justice, Order and Anarchy: The International Political Theory of Pierre-Joseph Proudhon (1809-1865)'. *Millennium. Journal of International Studies,* 35/3, (2007): 623-45.

2 Prichard, Alex. 'What Can the Absence of Anarchism Tell us About the History and Purpose of International Relations?', *Review of International Studies,* 37/04, (2011): 1647-69.

Desde el cambio de milenio, esto ha empezado a cambiar. La "batalla de Seattle", como se la conoce, fue una especie de momento decisivo. Aquellas protestas, que estallaron contra las instituciones que impulsaban la globalización del orden mundial neoliberal, incluidos el FMI, el Banco Mundial y la OMC, tuvieron un marcado sabor anarquista y, durante los quince años siguientes, el anarquismo estuvo en primera línea de la conciencia pública como no lo había estado desde las desastrosas campañas terroristas y el éxito del movimiento obrero anarcosindicalista mundial cien años antes. Con el declive del marxismo-leninismo en la política mundial y en la academia, y el surgimiento de una nueva generación de activistas académicos que emprenden carreras académicas, la visibilidad del anarquismo en las RRII y en las ciencias sociales en general ha aumentado exponencialmente[3].

Pero será en vano buscar *cualquier* referencia al anarquismo en *cualquier* libro de texto de RRII, teórico o no. Esto es aún más sorprendente si se tiene en cuenta que la anarquía es uno de los conceptos centrales tanto de las RRII como del anarquismo: dos enfoques históricos de lo que el historiador de la disciplina Brian Schmitt llama el "discurso político de la anarquía"[4]. Pero quizás precisamente porque las RRII han sido una disciplina *para* el Estado, el anarquismo y las RRII rara vez se han hablado directamente. Por esta razón, el anarquismo todavía tiene que ser recuperado por las ciencias sociales en general y sigue siendo antitético a la teoría de las RRII, sea dominante o crítica.

El anarquismo es una ideología de la libertad y de cómo alcanzarla, por lo que ha necesitado un enfoque sociológico para el estudio de la dominación. Los anarquistas han tendido a argumentar que dos instituciones en particular son antitéticas a la libertad, el Estado y la propiedad privada, y en la medida en que estas dos se mantienen, la dominación estructura la sociedad y nadie es libre. Los anarquistas han teorizado lo internacional de numerosas maneras, pero han demostrado que las relaciones entre grupos, desde las tribus hasta los Estados nación, son constitutivas de las estructuras de dominación que experimentamos en nuestra vida cotidiana. Desde las desigualdades duraderas legadas por el colonialismo y la esclavitud, las es-

---

3 Prichard, Alex. 'Introduction: Anarchism and World Politics'. *Millennium. Journal of International Studies* 39/2, (2010), pp. 373-80; Levy, Carl, and Matthew S Adams (eds.). *The Palgrave Handbook of Anarchism.* (Springer, 2018); Levy, Carl, and Saul Newman (eds.). *The Anarchist Imagination: Anarchism Encounters the Humanities and the Social Sciences.* (London: Routledge, 2019).

4 Schmidt, Brian C. *The Political Discourse of Anarchy: A Disciplinary History of International Relations.* (New York: State University Press, 1998).

tructuras de clase sostenidas por las relaciones sociales y productivas capitalistas, hasta el patriarcado, la heteronormatividad y la supremacía blanca, todas ellas son fuerzas estructurales globales analizadas por los anarquistas. Pero lo que diferencia a los anarquistas de otros teóricos críticos es la afirmación de que intentar abordar estas estructuras de dominación a través de las instituciones del poder moderno (el Estado, las organizaciones internacionales, el capitalismo, etc.) no haría sino perpetuar el problema al cooptar a los agentes de cambio.

Curiosamente, al igual que gran parte de la teoría crítica cosmopolita post-estatista, los anarquistas sostienen que el Estado es una estructura que no puede ampliar el alcance de la libertad humana. La solución es la anarquía, es decir, un orden sociopolítico sin un punto final de autoridad. Irónicamente, esto refleja la anarquía del orden internacional, un mundo sin una autoridad soberana final. La problemática asociación casi universal de la anarquía con la forma en que se utiliza el concepto en la teoría dominante de las RRII ha obstaculizado la adopción más general de la teoría anarquista de las RRII en la disciplina y en otros ámbitos.

En este capítulo resumiré la historia de la teorización anarquista de lo internacional, explicaré el desarrollo de la teoría anarquista de las RRII durante el último medio siglo, identificaré los conceptos centrales y algunos de los debates entre los teóricos anarquistas de las RRII, y luego esbozaré cómo este enfoque nos ayuda a entender la política mundial contemporánea de una manera radicalmente diferente. La teoría anarquista de las relaciones internacionales no es sólo un análisis de la política mundial, sino un intento de "cambiar el mundo sin tomar el poder", por utilizar la conocida frase de John Holloway[5]. Un estudio de Decolonize Oakland lo ilustrará.

## II. HISTORIA E HISTORIOGRAFÍA DE LA TEORÍA ANARQUISTA DE LAS RRII

A pesar de que los anarquistas han escrito extensamente sobre relaciones internacionales durante los últimos 150 años, un enfoque anarquista identificable de la política global es relativamente nuevo en la disciplina

---

5 Holloway, John. *Change the World without Taking Power: The Meaning of Revolution Today.* (London: Pluto Press, 2002).

de RRII[6]. El primer anarquista autoidentificado y primer teórico de las relaciones internacionales modernas fue Pierre-Joseph Proudhon (1809-1865). A principios de la década de 1860, Proudhon escribió siete libros sobre las relaciones internacionales europeas. Para 1873, tres de ellos habían sido traducidos al español por el entonces presidente español, Francisco Pí y Margall (1825-1901), ninguno de los cuales había sido traducido al inglés antes de la edición de AK Press de *Guerra y paz* en 2022[7]. Debido a que gran parte de las RRII son angloamericanas y monolingües en inglés, pocos en RRII están familiarizados con estos textos, y menos aún son conscientes de su influencia en el siglo y medio posterior de pensamiento europeo.

Proudhon sostenía que la guerra no era más que una manifestación macro e intergrupal del choque básico de fuerzas que formaba parte de toda "dinámica social", término que tomó prestado del padre de la sociología, Augusto Comte. Pero en lo que la guerra se diferenciaba del conflicto y del uso de la fuerza en términos generales era en la santidad altamente moralizada, profundamente política e incluso religiosa que se le atribuía, y en el modo en que la preparación para la guerra y su consecución eran capaces de galvanizar a poblaciones enteras y remodelar completamente las sociedades. En otras palabras, para Proudhon, la guerra era el motor central de la historia, pero no era sólo un proceso material, sino también claramente moral y normativo, impulsado por altos ideales y una retórica elevada. Las sociedades justifican sus guerras como luchas por la justicia, rindiendo homenaje a sus creencias más preciadas, ya sean estas nociones religiosas del bien y del mal, justificaciones modernas racionalistas para las guerras revolucionarias o guerras por "la nación". Estas metáforas también saturan nuestro lenguaje habitual: pensemos, por ejemplo, en las metáforas marciales que conforman nuestro análisis del fútbol.

La mayoría de los anarquistas explican el estallido de la guerra haciendo referencia a la economía política. Proudhon, por ejemplo, argumentaba que la guerra era el producto de lo que él llamaba una "ruptura del equilibrio económico", causada por un desequilibrio radical entre consumo y producción. La sobreproducción o el consumo excesivo provocan excedentes o hambrunas, lo que lleva a los grupos políticos a saquear primero a sus vecinos en las guerras de la Antigüedad, y luego a conquistarlos y

---

6 Véase Rossdale, Chris, 'Anarchism and Critical Security Studies'. En Levy, C., y Newman, S. (eds.), *The Anarchist Imagination: Anarchism Encounters the Humanities and the Social Sciences.* (London: Routledge, 2019), pp.62-80.

7 Proudhon, *War and Peace.*

reclamar territorios y personas a partir de Alejandro Magno. Estas guerras se justificaban como cruzadas teológicas o misiones civilizadoras o imperiales. La guerra, aunque motivada por necesidades básicas, se justificaba con todo tipo de apelaciones pomposas a lo divino o lo racional. Así, los resultados de las guerras, que normalmente se traducían en la transferencia del botín de un territorio a otro, resolviendo temporalmente la ruptura económica, se consideraban correctos y justos como consecuencia de esas apelaciones previas a lo divino, sagrado o a la razón. Pero, por supuesto, la búsqueda de la guerra, la guerra en sí misma, es infernal y las acciones llevadas a cabo en nombre del ideal, socavan la legitimidad de la cruzada, momento en el que estallan insurrecciones, rebeliones y contrarrevoluciones, evocando de nuevo las normas sociales sagradas para justificar sus acciones. Ciento veinte años antes de que Charles Tilly expusiera el famoso argumento de que los Estados hacen la guerra y la guerra hace los Estados[8], Proudhon demostró lo mismo: los Estados y el capitalismo se forjaron en la guerra, y viceversa.

El paso del saqueo a la conquista, de las civilizaciones teológicas a la soberanía estatal, impulsó el desarrollo de Estados cada vez más centralizados, para gestionar, dirigir y construir nuevos armamentos modernos industrializados. Al mismo tiempo, se desarrolló la invención de la especie moderna, la deuda estatal y el modo de producción capitalista para pagarla, todo ello impulsado por la amenaza de invasión de los vecinos de un Estado. Un elemento central del acuerdo posterior a la Segunda Guerra Mundial, y un proceso que Proudhon sólo vio vagamente en su época, fue el compromiso entre los intereses de clase: el compromiso entre el capital, el trabajo y el Estado, lo que se conoce como socialdemocracia, que generó riqueza suficiente para proporcionar seguridad social a poblaciones cada vez más nacionalizadas, para pagar la defensa general del Estado y, a través de la lucha colonial e imperial por los territorios, abrir mercados para los productos y asegurar más territorio para materias primas y mano de obra (esclava) más baratas[9]. Proudhon previó claramente la unificación y centralización de los Estados necesaria para sostener este grado de industrialización en interés de una minoría. Las revoluciones de la tecnología militar

---

8 Tilly, Charles. 'War Making and State Making as Organised Crime'. En *Bringing the State Back In,* coordinado por Peter B. Evans, Dietrich Rueschemeyer y Theda Skocpol (ed.) (Cambridge: Cambridge University Press, 1985), pp. 169-91.

9 Cf. DuBois, William Edward Burghardt. 'The African Roots of War'. *The Atlantic* (1915).

de esta época permitieron y precipitaron la globalización de la moderna guerra de clases europea.

A diferencia de sus camaradas marxistas-leninistas, los anarquistas ven el gobierno como una institución relativamente autónoma de la sociedad, que sostiene las desigualdades del capitalismo. Para los anarquistas, no puede haber un camino parlamentario hacia la libertad. A diferencia de los marxistas-leninistas, los anarquistas sostienen que los Estados sólo persisten para mantener esta "guerra social" en interés de la clase terrateniente o propietaria. Tolstoi, cuyos escritos sobre este tema han sido ignorados durante más de un siglo, sostenía que las instituciones del poder ejecutivo, el poder judicial, la policía y el ejército, cumplen todos la misma función, que es mantener la subyugación de los pueblos en interés de la clase dominante[10]. Tolstoi argumentó que aquellos que asumen funciones estatales salen del proceso productivo y se convierten en parásitos de los trabajadores, pasando a depender de los impuestos generales para sus ingresos, por lo que necesariamente defenderán la propiedad privada y las injusticias a las que se enfrentan los trabajadores, con el fin de garantizar que su posición de privilegio pueda mantenerse. Debido a que Tolstoi universalizó esta afirmación, sus escritos políticos fueron suprimidos en la Unión Soviética.

Todos los anarquistas más destacados del siglo XIX y principios del XX fueron también teóricos de la política mundial. Además de los voluminosos escritos de Proudhon sobre el tema, el texto clave de Bakunin, *Estatismo y anarquía,* contiene reflexiones sobre la unificación de Alemania y los efectos de la guerra. Los escritos de Élisée Reclus sobre el lugar del hombre en la ecosfera dieron origen a una tradición de ecoanarquismo, y la geografía también, pero sus reflexiones sobre la guerra civil americana no son intervenciones menos llamativas. Las críticas de Kropotkin al darwinismo social se desarrollaron a partir de una teoría del periodo de las ciudades-estado medievales, y sus escritos sobre la Revolución Francesa han sido ignorados durante mucho tiempo. La defensa de Kropotkin de la participación anarquista del lado de los Aliados en la Primera Guerra Mundial fue definitiva para la teoría militarista y antimilitarista anarquista en ese momento, al igual que la respuesta a la guerra de clases de Errico

---

10 Tolstoy, Leo. *Government is violence: essays in anarchism and pacifism* (Phoenix Press, 1990).

Malatesta[11]. Las reflexiones de Emma Goldman sobre las dimensiones internacionales de la revolución rusa, y sobre las leyes anti-inmigración establecidas por Woodrow Wilson durante la Primera Guerra Mundial fueron visceralmente personales, siendo una emigrante rusa a los EE.UU., y su expulsión de América a Rusia, como consecuencia de la legislación anti-anarquista del presidente Woodrow Wilson, en 1917. El anarcopacifismo de Tolstoi ya se ha mencionado, y sus escritos influyeron profundamente en Mahatma Gandhi y en la lucha anticolonial india, por no mencionar el movimiento por los derechos civiles en Estados Unidos. El anarquismo de Emilio Zapata y los escritos de Ricardo Flores Magón sobre la revolución mexicana no fueron incidentales al levantamiento zapatista en Chiapas en 1994. Del mismo modo, las objeciones de los anarquistas chinos y japoneses al imperialismo de sus respectivos países, dieron forma al antiimperialismo en ambos países. Los escritos de Rudolf Rocker sobre el ascenso del fascismo alemán y el movimiento británico contra la guerra son sólo una pequeña muestra de los escritos anarquistas sobre la guerra y la paz y las relaciones internacionales en general[12].

El ascenso de la Confederación Nacional del Trabajo (CNT) a dos millones de miembros en la década que precedió a la Guerra Civil en España es sólo una parte tardía de la historia del surgimiento de un movimiento social anarquista mucho más amplio y anterior que formó la corriente principal del radicalismo socialista, en todo el mundo, hasta el final de la Segunda Guerra Mundial. La Asociación Internacional de Trabajadores, o Primera Internacional, fundada en 1866, coordinó y dio origen a cientos de federaciones anarcosindicalistas en todo el mundo, antes de dividirse entre los socialdemócratas, liderados por Karl Marx, y los federalistas anarquistas liderados por Bakunin en 1872. Algunos de los mayores sindicatos anarcosindicalistas se formaron a finales del siglo XIX en Perú, Argentina y América del Norte, el Sudeste Asiático y Australia. Además, contrariamente a la opinión de que el anarquismo se disipó después de 1945, los movimientos anarquistas contraculturales de la clase obrera y bohemios siguieron siendo prominentes durante toda la Guerra Fría, a pesar del intento de Stalin y Occidente de sofocarlos. El resurgimiento del anarquismo en la conciencia pública tras la Batalla por Seattle en 1999 no debería

---

11 Kinna, Ruth y Adams, Matthew S. (eds.). *Anarchism, 1914-18: Internationalism, anti-militarism and war.* (Manchester: Manchester University Press, 2017).

12 Véase también Hirsch, Steven, and Van der Walt, Lucien (eds.), *Anarchism and syndicalism in the colonial and postcolonial world, 1870-1940: the praxis of national liberation, internationalism, and social revolution* (Brill: Boston, 2010).

haber sido la sorpresa que fue. La razón por la que tan pocos tienen una memoria cultural del anarquismo, especialmente en el mundo anglosajón, es que fue suprimido por bolcheviques y fascistas, y en menor medida por los liberales, hasta nuestros días.

La teoría anarquista de las RRII es relativamente nueva en los debates académicos sobre la teoría de las RRII debido a la supresión del anarquismo en todo el mundo. Desde la década de 1910, existe un consenso de posguerra de que el estatismo (no la anarquía) era el único camino para salir de las ruinas de la Segunda Guerra Mundial y una hegemonía material del marxismo-leninismo en el mundo académico, siendo la Internacional Comunista dirigida por los soviéticos, o Commintern, un apoyo a los académicos comunistas que denigraban a todos los que desafiaban la línea del partido durante el mismo periodo. En RRII, E.H. Carr fue un ejemplo de ello. Sus escritos sobre Proudhon, Bakunin y los anarquistas en general[13], formaban parte de una supresión más amplia del anarquismo, que siguió con una residencia en Moscú, donde escribió una historia de catorce volúmenes de la revolución rusa bajo el patrocinio de Joseph Stalin[14].

## III. EL DESARROLLO DE LA TEORÍA ANARQUISTA DE LAS RRII

Dada la trayectoria de la praxis anarquista descrita anteriormente, no debería sorprender que haya más gente escribiendo sobre las teorías anarquistas de las relaciones internacionales en las disciplinas de Historia e Historia del Pensamiento Político que en RRII[15]. De hecho, la rica historia del anticolonialismo anarquista, el cosmopolitismo anarquista y la tensa relación entre los anarquistas y las luchas de liberación nacional es el tema de algunos de los mejores trabajos recientes sobre anarquismo y relaciones internacionales. Pero estos trabajos no proceden de los problemas y preo-

---

13 Carr, Edward Hallet, *Michael Bakunin*. (London: Macmillan 1937); Carr, Edward Hallet 'Proudhon: The Robinson Crusoe of Socialism', en, Carr, Edward Hallet (ed) *Studies in Revolution*. (London: Macmillan 1950), pp.38-55. Carr, E. H. y Deutscher, T. *The Comintern and the Spanish Civil War*. (London: Macmillan, 1984).

14 Prichard, Alex, 'What can the absence of anarchism tell us about the history and purpose of International Relations?' *Review of International Studies*, 37/04, (2011): 1647-1669.

15 Por ejemplo, Hirsch and Van der Walt, *Anarchism and syndicalism*; Kinna and Adams *Anarchism, 1914-18*.

cupaciones de las relaciones internacionales (al menos directamente), ni hablan de ellos. Y los estudiosos de las RRII que trabajan en áreas afines siguen ignorando a los anarquistas.

Irónicamente, sin embargo, las teorías críticas contemporáneas de las RRII incorpora muchas de las ideas anarquistas claves desarrolladas en los últimos 150 años, pero en gran medida ignorando por completo esas teorías precedentes[16]. Explicar esto nos ayuda a situar la teoría anarquista de las RRII en el canon más amplio de la teoría crítica de las RRII, al tiempo que reconocemos su relativa marginalidad.

Durante la Guerra Fría, sólo se publicaron dos artículos sobre anarquismo y política mundial por parte de reconocidos especialistas en relaciones internacionales. Thomas Weiss, en 1975, y Richard Falk, en 1978, exploraron las virtudes de la filosofía política anarquista de la libertad y la democracia participativa radical para reforzar sus incipientes teorías de la democracia global[17]. Pero la teoría anarquista de las RRII resurgió en serio al final de la Guerra Fría y, en gran parte, se introdujo subrepticiamente a través de los matices post/antiestatistas de la teoría postestructuralista y crítica de las RRII a finales de la década de 1990. Había razones intelectuales y sociológicas para ello. Desde principios de los noventa, los postestructuralistas radicales, basándose en la obra de Derrida, Foucault, Deleuze y Guattari, estaban transformando nuestra forma de entender la soberanía y el poder en la disciplina (para más información, véanse otros capítulos de este volumen), y acercándose al anarquismo a medida que se alejaban del marxismo-leninismo dominante u ortodoxo. Pero al mismo tiempo, el mundo de la posguerra fría parecía menos un mundo de Estados y naciones y más un orden mundial globalizado, unipolar y neoliberal, configu-

---

16 Prichard, Alex. 'Justice, Order and Anarchy: The International Political Theory of Pierre Joseph Proudhon (1809-1865)'. *Millennium: Journal of International Studies* 35/3, (2007): pp. 623 645.

17 Alker, Hayward R., 'The presumption of anarchy in world politics: On recovering the historicity of world society', en Hayward R. Alker (ed.), *Rediscoveries and Reformulations: Humanistic Methodologies for International* Studies, (Cambridge University Press: Cambridge, 1996), pp. 355-393; Falk, Richard. 'Anarchism and World Order', en Pennock, Roland J. y John Chapman (eds.), *Nomos XIX: Anarchism,* (New York University Press: New York, 1978), pp. 63-87; Weiss, Thomas G. 'The Tradition of Philosophical Anarchism and Future Directions in World Policy', *Journal of Peace Research,* 12, (1975), pp. 1-17; May, Todd. 'From world government to world governance: an anarchist perspective', *International Journal of Applied Philosophy*, 27 (2013), pp. 277-86.

rado por la política neoimperial de los Estados capitalistas del hemisferio norte.

Desde mediados de la década de 1980, los teóricos de las RRII se sentían cada vez más frustrados con una visión del mundo centrada en el Estado. Richard Ashley, R.B.J. Walker y otros llevaron la crítica al estadocentrismo más allá de señalar simplemente que otros actores son importantes en la política mundial. Basándose en la obra de Derrida, Foucault, Horkheimer y otros teóricos críticos, argumentaron que las narrativas de la soberanía y el Estado centrismo eran simplemente eso (es decir, no "hechos" materiales), que estas narrativas ocluían el pluralismo radical en el orden mundial y que estaban diseñadas para simplificar la complejidad con el fin de sostener regímenes de verdad y poder. La soberanía fue un objeto clave de ataque, y el resultado, particularmente en la "doble lectura" de Ashley fue un orden mundial radicalmente anárquico, no sólo a nivel internacional, sino, epistemológicamente hablando, a todos los niveles y entre ellos, lo que dio lugar a un orden mundial sin fundamento racional o material[18]. Los teóricos críticos de las RRII, como Andrew Linklater[19], combinaron a Kant, Marx, Habermas y las ideas sociológicas de la Escuela Inglesa de RRII para desarrollar una teoría de las RRII decididamente post-estatista. El argumento era que la lógica totalizadora de la estatalidad y la lógica tecnoracionalista de la construcción del Estado contribuyeron decisivamente al holocausto. Linklater sostenía que recuperar la promesa de la Ilustración significaba seguir a los anarquistas, entre otros, y seguir adelante con proyectos políticos que apuntaran más allá del estatismo hacia nuevas formas de comunidad política cosmopolita[20].

Asimismo, las feministas de esta época dieron tres pasos importantes de los que se hizo eco y que fueron desarrollados por la teoría política anarquista. En primer lugar, las teóricas feministas de las relaciones internacionales empujaron a la disciplina a explorar el mundo desde el punto de vista de las mujeres. Al estar predominantemente en la base de cualquier jerarquía social, ver el mundo desde este punto de vista ascendente expone la enorme pluralidad de formas en que los diferentes "tipos y variedades

---

18 Ashley, Richard K. 'Untying the Sovereign State: A double reading of the Anarchy problematique', *Millennium. Journal of International Studies,* 17 (1988), pp. 227-62.

19 Linklater, A., *The transformation of political community: ethical foundations of the post-Westphalian era.* (Cambridge: Polity, 1998).

20 Ibid, p. 196.

de poder [operan] en las relaciones internacionales"[21]. En segundo lugar, haciéndose eco de los escritos de Emma Goldman, entre otros, algunos aspectos de la teoría feminista de las RRII posterior a la Guerra Fría exponían que el Estado y el capitalismo global están fundamentalmente estructurados por la dominación patriarcal. Dados los limitados éxitos del feminismo liberal para las mujeres de color y de clase trabajadora, la teoría feminista interseccional de las relaciones internacionales sugiere que la no dominación debe comprender una política prefigurativa y una ética del cuidado, que evite el Estado y el capitalismo como los principales medios institucionales para la liberación sexual y de género[22].

## IV. LOS ELEMENTOS CLAVE DE LA TEORÍA ANARQUISTA DE LAS RRII

Los anarquistas tomaron el antifundacionalismo posmoderno, el post-estatismo de la Teoría Crítica de la Escuela de Frankfurt y la teoría feminista del punto de vista y lo combinaron con el estudio del movimiento altermundialista, la crítica del militarismo, el Estado y el capitalismo. Esto generó un enfoque antifundacionalista de la identidad, la subjetividad política y la ética. Aplicaron esta teoría en el contexto del colapso del Consenso de Washington y el estallido de las protestas antiglobalización a partir del cambio de milenio. Esta nueva generación de académicos estaba más familiarizada con la globalización del neoliberalismo, el cambio climático y la pluralidad de luchas, incluidas las indígenas y LGBTQ+ por el reconocimiento y los derechos, que con las luchas sindicalistas de principios del siglo XX. Eran cada vez más de clase media, educados, conectados a redes globales, conocedores de la tecnología, transnacionales y móviles, saltaban de cumbre en cumbre y se reunían en protestas masivas anuales. Los puntos de referencia intelectuales centrales para estos estudiantes y académicos-activistas no eran Proudhon y Kropotkin, sino Noam Chomsky, Michel

---

21 Enloe, C., *Bananas, Beaches and Bases: Making feminist sense of international politics.* Second ed. (Berkley: University of California Press, 2014); Maiguashca, Bice. 'They're talkin' bout a revolution: feminism, anarchism and the politics of social change in the global justice movement', *Feminist Review,* 106 (2014), pp. 78-94.

22 Rossdale, Chris. 'Enclosing critique: the limits of ontological security'. *International political sociology* 9 (2015), pp. 369-386; Sjoberg, Laura. 'The Invisible Structure of Anarchy: Gender, orders, and global politics', *Journal of International Political Theory,* 13 (2017), pp. 325-40.

Foucault y Hardt y Negri[23]. Los acontecimientos que dieron forma a las generaciones pasadas pueden haber sido el movimiento por los Derechos Civiles, Vietnam y la fallida revolución de París en mayo de 1968, pero esta generación fue educada en Seattle en 1999, las reuniones del Foro Social Mundial, las protestas del 15M en España, la Plaza Tahrir y el Parque Gezi, Occupy Wall Street, los Campamentos Climáticos y, más recientemente, Black Lives Matter y las protestas contra el oleoducto Dakota Access, por nombrar sólo algunos. La identidad, la jerarquía, la dominación y la interconexión social global sustituyeron a la guerra como problema central en el estudio de la política mundial después de 1989. La teoría anarquista de las relaciones internacionales también reflejó este cambio. A continuación, esbozo la amplia arquitectura teórica de la teoría anarquista de las relaciones internacionales de finales de la modernidad.

## *1. Ontología social*

Los anarquistas adoptan ampliamente una ontología social realista. Mientras que algunos anarquistas derivan esto directamente de escritores como Roy Bhaskar, la mayoría despliega la ontología social realista implícitamente[24]. Lo que esto implica es, principalmente, un enfoque no reductivo de las ideas y las cosas. A diferencia de quienes reducen la vida social a procesos materiales o ideas, o dan prioridad al individuo sobre la estructura, los anarquistas han equilibrado en su mayoría los dos lados de estas posiciones filosóficas estándar. Así, la teoría anarquista de las RRII otorga el mismo valor metodológico y ontológico al individuo que al colectivo. Los anarquistas sostienen que los individuos no somos entidades fijas, nuestras identidades y cuerpos son constelaciones que cambian con el tiempo, forjadas en grupos sociales en continuo cambio, y que los propios individuos tienen cierta agencia para cambiar a su vez[25]. Como sostiene Rossdale, fijar

---

23 Chomsky, Noam, y Edward S. Herman. *The political economy of human rights* (Spokesman Books for the Bertrand Russell Peace Foundation Ltd: Nottingham, 1979); Foucault, Michel. *Society Must Be Defended.* (London: Penguin, 2003); Hardt, Michael, and Antonio Negri. *Empire.* (Cambridge, Mass.; London: Harvard University Press, 2000).

24 Graeber, David. 'Radical Alterity Is Just Another Way of Saying 'Reality': A Reply to Eduardo Viveiros De Castro'. *HAU: Journal of Ethnographic Theory* 5, n° 2 (2015), pp. 1-41. Véase también Jonathan Joseph, este volumen.

25 Prichard, Alex. 'Collective Intentionality, Complex Pluralism and the Problem of Anarchy'. *Journal of International Political Theory,* 13, n° 3, (2017), pp. 360-77.

identidades es peligroso, ya que suele dar lugar a la priorización de unas sobre otras y a la movilización de recursos sociales para sostener jerarquías peligrosas[26]. El antifascismo anarquista puede entenderse como una objeción a la fijación de identidades, ya sean de género, sexuales o comunitarias, y defiende y combina un compromiso normativo con la dignidad y la soberanía del individuo y una afirmación cautelosa de la sociedad.

Los anarquistas también son a menudo relativistas epistemológicos, que tienden a estar menos comprometidos con un método específico de análisis del mundo social, y como papagayos que hablan sin parar en su enfoque de la creación de conocimiento[27]. Esto se debe a que el mundo no sólo está compuesto por diferentes tipos de cosas, sino que también está estratificado en profundidad estructural/ontológica. Esto significa que las formas en que analizamos las actividades del complejo militar industrial deben diferir del análisis de las revoluciones militares, o de cómo podríamos estudiar una ideología del militarismo[28]. Lo primero exigirá un método histórico y ampliamente empírico, lo segundo un análisis más hermenéutico y del discurso[29]. Tanto las armas como las ideas son reales, solo que existen de diferentes maneras, en diferentes niveles de la realidad social: las cosas materiales existen en las "aguas poco profundas" ontológicas, mientras que las ideas nadan a mayor "profundidad", y las dos se dan forma mutuamente[30].

## *2. Ética*

Sin embargo, la teoría anarquista de las RRII también es profundamente normativa, en dos sentidos. En primer lugar, los anarquistas se toman en serio la ética como objeto de la economía política y, en segundo lugar, llevan este impulso ético y político a la propia investigación académica. En

---

26 Rossdale, Chris. 'Enclosing Critique: The Limits of Ontological Security'. *International political sociology*, 9, nº 4, (2015), pp. 369-86.

27 Koch, Andrew M. 'Poststructuralism and the Epistemological Basis of Anarchism'. *Philosophy of the Social Sciences*, 23, nº 3, (1993), pp. 327-51.

28 Rossdale, Chris. *Resisting Militarism: Direct Action and the Politics of Subversion* (Edinburgh: Edinburgh University Press, 2019).

29 Newman, Saul. *The Politics of Postanarchism.* (Edinburgh: Edinburgh University Press, 2010); Newman, Saul. 'Crowned Anarchy: Postanarchism and International Relations Theory'. *Millennium. Journal of International Studies*, 40, nº 2, (2012), pp. 259-78; Newman, Saul. 'What Is an Insurrection? Destituent Power and Ontological Anarchy in Agamben and Stirner'. *Political Studies*, 65, nº 2, (2017), pp. 284-99.

30 Véase Joseph, este volumen.

cuanto a lo primero, los anarquistas exploran las formas en que los compromisos éticos particulares con el orden y la jerarquía (por ejemplo, el determinismo biológico) dan forma a nuestras teorías del Estado, o cómo las nociones específicas de razón y derecho pueden utilizarse para transformar, o "anarquizar", la democracia liberal y el constitucionalismo[31]. En lugar de ver a los Estados como inevitables, o como una fuente *apriori* de derechos y deberes, los anarquistas argumentan que los Estados son elecciones históricas hechas por la gente, con pros y contras, y que su valor debe ser demostrado en lugar de asumido. Como han demostrado investigaciones recientes, la estatalidad es relativamente rara en la historia de la humanidad y los Estados-nación son una rareza histórica del siglo XX. De hecho, la mayoría de la gente de hoy sigue viviendo sin un Estado en el sentido weberiano de poder contar con un monopolio legítimo de la violencia dentro de un territorio determinado[32].

Los estudios pioneros en la investigación en la intersección de los estudios indígenas y el anarquismo, profundizan las observaciones de Linklater sobre los efectos europeos de la estatalidad y las normas de civilización, mostrando que el colonialismo dio lugar a genocidios inimaginables[33]. Al igual que la ciencia de la raza que justificó estos crímenes, el imperativo ético de abordar el genocidio y la continua privación de derechos estructurales y materiales de los pueblos indígenas, debe formar parte de la propia empresa científica. De lo contrario, esas injusticias serán sostenidas tácitamente por la ciencia y persistirán.

Al señalar los "regímenes de dominación"[34] que estructuran nuestra existencia, los anarquistas también obligan a los teóricos de las RRII y a

---

31 Maeckelbergh, Marianne. 'Doing Is Believing: Prefiguration as Strategic Practice in the Alterglobalization Movement'. *Social Movement Studies* 10, nº 1 (2011), pp. 1-20. Kinna, Ruth, Alex Prichard, and Thomas Swann. 'Occupy and the Constitution of Anarchy'. *Global Constitutionalism* 8, nº 2 (2019), pp. 357-90.

32 Para un análisis no anarquista de esta cuestión véase Börzel, Tanja A., and Thomas Risse. *Effective Governance under Anarchy: Institutions, Legitimacy, and Social Trust in Areas of Limited Statehood.* (Cambridge: Cambridge University Press, 2020).

33 Por ejemplo, Corntassel, Jeff. 'Life Beyond the State: Regenerating Indigenous International Relations and Everyday Challenges to Settler Colonialism'. *Anarchist Developments in Cultural Studies,* 1 (2021), pp. 71-97; Kauanui, J. Kēhaulani, (ed.) *The Politics of Indigeneity, Anarchist Praxis, and Decolonization.* Special issue of *Anarchist Developments in Cultural Studies,* 2021.

34 Gordon, Uri. *Anarchy Alive!: Anti-Authoritarian Politics from Practice to Theory.* (London: Pluto Press, 2008).

otros a pensar de forma más creativa sobre cómo queremos vivir. En ausencia de planos y utopías universales, nos vemos obligados a la coexistencia y el pluralismo, a un ethos de progreso que no es un camino hacia un punto final predefinido, sino hacia la apertura continua de posibilidades de cambio, experimentación, pero también el respeto de la tradición y la autonomía de la comunidad. Los planteamientos anarquistas antirreductivos y no fundacionales de la ética y la ontología exigen una priorización ética de la anarquía, es decir, el rechazo de un punto final de autoridad, ya sea política o moral, y la búsqueda de la anarquía como posibilitadora de múltiples experimentos en el orden social. Esta experimentación exige las mayores libertades posibles para los individuos, en el seno de comunidades propicias y sostenibles, y un compromiso normativo con la apertura, el pluralismo y el futuro. La historia, la ciencia, la ética y el progreso serían un intento continuo de encontrar nuevos órdenes en la anarquía.

## *3. Conceptos clave*

Los conceptos clave en la teoría anarquista de las RI son: anarquía, libertad, propiedad privada, Estado, ayuda mutua, prefiguración y federalismo. Las declaraciones resumidas de su significado en la teoría anarquista de las RI son posibles a pesar de la gama de significados que tienen estos términos[35]. La anarquía, como he afirmado anteriormente, puede entenderse como la ausencia de un punto final de autoridad. No es solo una afirmación empírica sobre la falta de un gobierno mundial o de una única deidad omnipotente, también es una afirmación filosófica sobre la falta de un telos trascendente para la historia, la ausencia de fundamentos para la razón y la sociedad, y un compromiso normativo para mantenerlo así. Los múltiples puntos de autoridad no son incompatibles con esta visión, pero los principios en los que se basan podrían serlo. Los anarquistas quieren que toda autoridad defienda la libertad de todos. Todos los ordenamientos constitucionales anarquistas buscan equilibrar los poderes para garantizar que ninguno domine, que las sociedades sean lo más constitucionalmente horizontales (en lugar de verticales) posible. Esto no excluye la experiencia o las jerarquías voluntarias y funcionales, pero sí excluye las jerarquías involuntarias y arbitrarias, que inhiben rutinariamente las libertades individuales y colectivas.

---

35 Véase el excelente, Franks, Benjamin, Nathan Jun, and Leonard Williams (eds.). *Anarchism: A Conceptual Approach*. (London: Routledge, 2018).

Los anarquistas distinguen entre propiedad privada y posesión, conocidas como dominium y usufructo en el derecho de propiedad. La primera es una reivindicación exclusiva de un derecho sobre una cosa, que está respaldada por la violencia; el segundo es un sistema de relaciones conmutativas y multilaterales que rigen el uso de las cosas de forma democrática y colectiva. Proudhon sostenía que, en realidad, toda propiedad es usufructo, ya que no sólo no existen derechos "naturales" (hay que luchar por los derechos), sino que todas las relaciones de propiedad son precisamente eso: relacionales. La exclusividad es imposible en la práctica. Ya se trate de la educación que recibes, de las redes de distribución o de las competencias de los trabajadores de los que dependemos, toda propiedad está siempre organizada colectivamente. Es el uso de la violencia para defender el derecho exclusivo al producto excedente de esas relaciones lo que caracteriza al capitalismo, en particular a través de los instrumentos del Estado (tribunales, ejército, policía, gobierno, etc.).

Dado que toda propiedad es siempre social, deben ser los principios morales de ayuda mutua, y no el interés propio, los que determinen su uso y distribución. Seguir un principio de interés propio produce comunidades egoístas e individualizadas, y tiende a los monopolios de la riqueza mediante la distribución desigual de los recursos y el acceso a la violencia. En cambio, si nuestras relaciones sociales se rigieran por un principio de ayuda mutua, esto prefiguraría unas relaciones sociales más horizontales, pondría en primer plano las necesidades de los menos afortunados y aumentaría el bienestar general. Históricamente, los anarquistas han dicho que este tipo de ayuda mutua debería ser coordinada por y a través de los sindicatos, que, mucho antes del Estado del bienestar, proporcionaban seguridad social, educación y sanidad a los trabajadores. Desde entonces, los anarquistas han pluralizado los tipos de instituciones que deberían suministrar bienes públicos, desde cooperativas a asociaciones de vivienda, desde las "escuelas libres" de Paolo Freire a policías, tribunales y milicias elegidos democráticamente, en clubes, ciudades, pueblos, regiones y todo lo demás. Estas instituciones anarquistas múltiples, plurales, superpuestas y que se entrecruzan estarían federadas y vinculadas, en lugar de unificadas y ampliadas, prefigurando continuamente "lo nuevo en la cáscara de lo viejo"[36].

---

[36] IWW 1995.

## V. DIFERENTES CORRIENTES DE LA TEORÍA ANARQUISTA DE LAS RRII

La teoría anarquista de las RRII es un enfoque muy plural de la política mundial precisamente porque tiene un conjunto muy diverso de tradiciones alimentadoras en la historia del pensamiento político. El primer tipo de teoría anarquista de las RRII, y el más prolífico, se enmarca en lo que podríamos denominar Teoría Política Internacional (TPI). Tiene dos elementos principales: uno es la historia del pensamiento político y el segundo se centra en las dimensiones normativas de la vida internacional. En cuanto al primero, como ya se ha señalado, se recupera y reutiliza el pensamiento de los anarquistas clásicos y del siglo XX para comprender mejor las raíces de nuestra época, así como nuevas formas de pensar más allá de ellas[37]. Los estudios sobre los anarquistas clásicos conviven con nuevas apreciaciones del pensamiento de Chomsky, por ejemplo[38], o del anarquismo anticolonial del subcontinente indio[39]. La teoría política internacional más normativa incluye el análisis de Turner de los derechos humanos desde un punto de vista anarquista[40], las diversas obras sobre el derecho internacional anarquista[41], hasta los relatos de la democracia global y los parlamentos ciudadanos globales en la obra de Richard Falk, Thomas Weiss y Todd May.

---

37 Sobre Tolstoi, véase Christoyannopoulos, Alexandre. 'An Anarcho-Pacifist Reading of International Relations: A Normative Critique of International Politics from the Confluence of Pacifism and Anarchism'. *International studies quarterly,* 66, nº 4 (2022).

38 Laffey, Mark. 'Discerning the Patterns of World Order: Noam Chomsky and International Theory after the Cold War'. *Review of International Studies,* 29, nº 4, (2003): 587-604; Osborn, Ronald. 'Noam Chomsky and the Realist Tradition'. *Review of International Studies,* 35, nº 2, (2009), pp. 351-70.

39 M.P.T. Acharya, y Ole Birk (editor) Laursen. *We Are Anarchists: Essays on Anarchism, Pacifism, and the Indian Independence Movement, 1923-1953.* (Oakland: AK Press, 2019); Ramnath, Maia. *Decolonizing anarchism: an antiauthoritarian history of India's liberation struggle* (Edinburgh: AK Press, 2011).

40 Turner, Scott. 'Global Civil Society, Anarchy and Governance: Assessing an Emerging Paradigm', *Journal of Peace Research,* 35, (1998), pp. 25-42; Turner, Scott. 'Anarchist theory and human rights', en Jun, Nathan., and Shane Wahl (eds.), *New Perspectives on Anarchism* (Lexington Books: Plymouth, 2010), pp. 133-148.

41 Halling, Matt. 'A Law of No Gods, No Masters - Developing and Defending a Participatory Legal System'. *HASTINGS INT'L & COMP. L. REV,* 32, nº 1 (2009), pp. 237-70.

Otra vertiente de la TPI es el análisis conceptual que ha dado forma al replanteamiento del concepto de anarquía en las RRII. La teoría anarquista de las RRII ha intentado descentrar la definición realista y el uso de la anarquía en las RRII. Tradicionalmente, la anarquía se entiende como la estructura que limita las opciones de los Estados o como un contexto social, repleto de reglas y normas culturales, que reúne a los Estados en una mancomunidad en ausencia de un Estado mundial[42]. Esta doble definición de anarquía, que se refuerza mutuamente, ha sido "notablemente indiscutida"[43], dada la centralidad del concepto para las RRII. Sin embargo, trabajos recientes han demostrado que este relato del sistema o sociedad internacional es una función y una consecuencia de la teoría del contrato social, desde Hobbes hasta la actualidad. Repensar la anarquía, como he hecho anteriormente, nos permite pensar de nuevo sobre el tipo de fuerzas que dan forma a la política mundial.

Una de las fuentes más fértiles de desarrollo de teoría anarquista de RI ha sido en las áreas de estudios de paz y conflicto. El trabajo de Chris Rossdale sobre el antimilitarismo es una contribución fundamental a los estudios críticos militares y de seguridad[44]. El trabajo de Alex Christoyannopoulos sobre el pacifismo de Tolstoi se ha sintetizado recientemente en un importante artículo sobre este tema[45], y el trabajo de Jonas Rusche también desarrolla ideas anarquistas para responder a las preocupaciones de los estudios sobre la paz y los conflictos[46]. Mientras que Christoyannopoulos se ocupa de articular la teoría pacifista anarquista de las relaciones internacionales, Rusche muestra cómo el antiestatismo anarquista puede desplegarse para teorizar la paz en ausencia de la imposición colonial del Estado liberal occidental en zonas postconflicto.

Existe una amplia literatura que relaciona el anarquismo, el postestructuralismo y la política mundial. El posanarquismo despliega una epistemología ampliamente hermenéutica para desentrañar las formas en que

---

42 Bull, Hedley. *The Anarchical Society: A Study of Order in World Politics.* (London: Macmillan, 1977); Waltz, Kenneth Neal. *Theory of International Politics.* (Reading, Mass.; London: Addison-Wesley, 1979).

43 Havercroft, Jonathan, and Alex Prichard. 'Anarchy and International Relations Theory: A Reconsideration'. *Journal of International Political Theory*, 13, nº 3, (2017), pp. 252-65.

44 Rossdale, *Resisting Militarism.*

45 Christoyannopoulos 'An anarcho-pacifist Reading of International Relations'.

46 Rusche, J., Imagining Peace Outside of Liberal Statebuilding: Anarchist Theory as Pathway to Emancipatory Peacefacilitation. *Alternatives*, 47, nº 1, (2022), pp. 18-44.

el significado es constitutivo de la realidad. Desarrollando los escritos de Deleuze y Guattari, Foucault y otros, estudiosos como Todd May y Saul Newman, las voces más importantes en este ámbito, exploran cómo la preocupación anarquista por encontrar el orden en la anarquía proporciona una política al antifundacionalismo del giro postestructuralista. Esto también ha acercado al anarquismo y al postmarxismo. Por ejemplo, una de las cosas más sorprendentes de *Imperio* de Hardt y Negri[47], no fueron sólo sus fenomenales cifras de ventas mundiales, sino sus temas y argumentos claramente anarquistas. Aunque se autodenominaban leninistas, había pocas dudas de que los elementos postestructuralistas, postestatistas, antifundamentales y normativos de su teoría de la biopolítica global eran claramente anarquistas[48].

La ecología social anarquista está dominando las alas críticas de los campos de la ciencia, la política y la economía medioambientales. El cambio climático y el colapso ecológico se achacan directamente al legado del capitalismo, el colonialismo y la centralización de los Estados nación, así como a los múltiples regímenes de dominación que sustentan. Los intentos de abordar esta cuestión van desde la teoría posthumanista de la complejidad[49], hasta la economía del decrecimiento[50], pasando por la ecología social[51]. El objetivo normativo de esta investigación es encontrar formas de vivir en armonía con la naturaleza, reducir nuestra huella de carbono mediante el decrecimiento de nuestras economías y construir una política municipal radicalmente participativa e igualitaria.

Por último, como se mencionó anteriormente, en los últimos años, los anarquistas y los estudiosos de los derechos indígenas se han descubierto mutuamente. En América del Norte, escritores como Jeff Corntassell[52], y otros han buscado un camino más allá del imperialismo cultural y material del colonialismo de colonos en el pensamiento anarquista o con conclusio-

47 Hardt and Negri, *Empire.*

48 Bates, David., 'Situating Hardt and Negri'. En Prichard et al., (eds), *Libertarian Socialism: Politics in Black and Red.* (London, Palgrave Macmillan, 2012), pp. 275-293.

49 Cudworth, Erica, y Hobden, Steve., *Posthuman international relations: Complexity, ecologism and global politics.* (New York: Bloomsbury Publishing, 2011).

50 Schmelzer, Mathias., Vansintjan A., y Vetter A., *The future is degrowth: a guide to a world beyond capitalism.* (London: Verso 2022).

51 Bookchin, Murray. *Post-scarcity anarchism* (Edinbrough: AK Press, 2004).

52 Corntassel, J., 'Life beyond the State: Regenerating Indigenous International Relations and Everyday Challenges to Settler Colonialism'. *Anarchist Developments in Cultural Studies*, 1 (2021), pp.71-97.

nes anarquistas[53]. Este trabajo tiene antecedentes obvios en el antiimperialismo de Noam Chomsky y Ward Churchill en particular. Otros grupos de derechos indígenas, como La Vía Campesina, han sido fuente de inspiración para el desarrollo de la teoría anarquista de las RI[54]. Desde estas perspectivas, el legado del colonialismo sigue vivo en nuestras actitudes hacia la estatalidad, las jerarquías de civilización y las soluciones a los problemas a los que se enfrentan los pueblos indígenas. Si queremos abordar la difícil situación de los más marginados, también nos corresponde descolonizar el anarquismo.

A pesar de la profundidad y amplitud de esta literatura, y aquí sólo he arañado la superficie, esta literatura apenas ha aparecido en el radar de la corriente principal de las RRII. No ha provocado ningún debate ni ha causado ningún alboroto. De hecho, el silencio que rodea a la teoría anarquista de las RRII es ensordecedor. Tal es la pobreza de la participación en el debate. Cuando esta se produce, son los compañeros de viaje los que fabrican la crítica, y a menudo parece artificiosa[55]. Sin duda, cuando lleguen las críticas, serán sostenidas y beligerantes, pero sin duda la percepción del anarquismo como "utópico", "micropolítica", impregna la conciencia popular. Que la gente no pueda ver esto como un beneficio es parte del problema.

## VI. ESTUDIO DE CASO: DECOLONIZE OAKLAND Y EL ORDEN MUNDIAL ANARQUISTA

Decolonize Oakland fue un intento de cambiar el nombre del campamento Occupy Oakland en 2011. Occupy Oakland fue uno de los 750 campamentos instalados en todo el mundo durante las protestas Occupy Wall Street, que se desarrollaron desde agosto de 2011 hasta la primavera de

---

53 See also, Graeber, D., y Wengrow, D., *The dawn of everything: a new history of humanity*. (London: Penguin, 2021).

54 Dunford, R., Converging on food sovereignty: transnational peasant activism, pluriversality and counter-hegemony. *Globalizations*, 17, nº 5 (2020), pp.782-796.

55 Kazmi, Zaheer. 'Contesting the state of nature: Anarchism and International Relations', en Carl Levy and Saul Newman (eds.), *The Anarchist Imagination: Anarchism encounters the humanities and the social sciences* (Routledge: London, 2019), pp. 42-61.

2012[56]. Los campamentos fueron una respuesta más o menos espontánea a la crisis financiera de 2008 y a las revueltas árabes en la región de Oriente Medio y Norte de África, en particular el levantamiento contra el sistema en la plaza Tahrir de El Cairo en febrero de 2011 y las protestas contra la austeridad del 15 de mayo en España. Con el colapso del mercado hipotecario de alto riesgo, la crisis mundial de la deuda provocó la contracción del crédito, la quiebra de grandes bancos, como Lehman Brothers, y el bombeo de billones de dólares de ayuda estatal a los bancos, en lugar de directamente a las manos del público, para evitar el colapso total. En el plazo de dos años, los gobiernos fiscalmente conservadores de todo el mundo descargaron estos costes sobre el contribuyente, iniciando un periodo de "austeridad" que ha tenido profundos efectos sociales, políticos y, por supuesto, económicos en las sociedades capitalistas avanzadas, efectos que todavía estamos sintiendo, desde el auge de la extrema derecha hasta el Brexit, el descenso del nivel de vida, el subempleo masivo y la disminución de la inversión pública. Las decisiones coordinadas de los gobiernos de rescatar a los bancos que causaron la crisis, y cargar la deuda sobre las personas que sufrieron la mayoría de las pérdidas, provocaron protestas y revoluciones en todo el mundo, desde una guerra civil en curso en Siria, el Brexit, y mucho más.

El movimiento Occupy Wall Street se estableció primero en Zuccotti Park, Nueva York, y después en ciudades de todo Estados Unidos y en la mayoría de las principales ciudades del mundo. Se establecieron de acuerdo con los Principios de Solidaridad fundacionales y las Declaraciones constitucionales de la Ocupación de la ciudad de Nueva York, constituciones anarquistas que se imitaron e hibridaron en casi todos los campamentos[57]. Los campamentos también estaban estructurados físicamente según las líneas anarquistas, lo que significa que estaban radicalmente descentralizados, basados en gran medida en la toma de decisiones por consenso, con asambleas generales que se reunían al menos una o dos veces por semana para gestionar los campamentos. Podían atraer a miles de personas, crear vínculos con las comunidades locales y concienciar sobre la violencia policial, el racismo sistémico, la política de clases, el capitalismo global y mucho más.

---

56 Anthony, Andrew, "We showed it was possible to create a movement from almost nothing': Occupy Wall Street 10 years on', *The Guardian*, 12.11.2021.

57 Kinna, Prichard y Swann, 'Occupy and the Constitution of Anarchy'.

El campamento de Oakland se convirtió en uno de los más conocidos en los círculos radicales por al menos cuatro razones importantes. En primer lugar, el campamento se instaló en la plaza Oscar Grant, una plaza que había sido rebautizada de esta manera para conmemorar el asesinato de un adolescente negro local a manos de la policía durante los disturbios del año anterior. Las batallas campales con la policía local se convirtieron en tema de debate en los movimientos anarquistas de todo el mundo: ¿deben los anarquistas ejercer la violencia contra la policía? En segundo lugar, el campamento de Occupy Oakland tenía fuertes vínculos con los sindicatos locales y organizó una huelga general en Oakland y en el resto de la bahía. En tercer lugar, el campamento de Oakland había declarado desde el principio su solidaridad con el pueblo Chochenyo Ohlone, la comunidad indígena local, y este acto de solidaridad planteó importantes cuestiones sobre la decisión de llamar al campamento una ocupación en tierras ya ocupadas. Por último, el intento de descolonizar Oakland se convirtió en un debate y una lucha emblemáticos dentro de las comunidades anarquistas y anticapitalistas de todo el mundo.

Pero, ¿qué intentaron hacer y por qué? Un participante en una asamblea general pública de Oakland lo expresó así: La historia de Wall Street se basa en la colonización de los pueblos indígenas y la esclavitud de los africanos en la tierra. Los asientos del poder están dentro de nosotros —no necesitamos usar el mismo paradigma de "tomar los asientos del poder"[58]. Junto con la comunidad indígena local, algunos miembros del campamento intentaron eliminar el lenguaje de "ocupación" del título del campamento e introducir una política de descolonización más amplia. Trágica y, en cierto modo, irónicamente, el intento fracasó.

Occupy Oakland había establecido un umbral democrático muy alto para cualquier cambio en su funcionamiento. La introducción de una regla de consenso en la mayoría de las decisiones y de supermayorías para los cambios constitucionales garantizaba que las mayorías simples no pudieran expulsar a los anarquistas que crearon el Movimiento Occupy, pero también significaba que las pequeñas minorías podían bloquear los cambios, ya fuera con un único veto en el caso del consenso, o con un pequeño grupo para derrotar a una supermayoría. Cuando se presentó al campamento la propuesta de descolonizar Oakland, no se consiguió una supermayoría y fracasó. El bando se dividió entonces de forma enconada.

---

[58] Actas de la AG, 4 de diciembre de 2011, citadas en Kinna et al, 'Occupy and The Constitution of Anarchy', p. 374.

¿Cómo la teoría anarquista de las RRII nos ayuda a entender este caso? Ante todo, las relaciones internacionales se hicieron realidad en el microcosmos de la política callejera anarquista, a través de una confrontación a pie de calle con el pasado, el presente y el futuro previsto del capitalismo global. Las relaciones internacionales no son sólo las relaciones entre gobiernos, sino el modo en que configuran las oportunidades vitales de las personas en todos los ámbitos de la vida. En segundo lugar, Occupy Wall Street trató de prefigurar "lo nuevo en la cáscara de lo viejo", construyendo nuevas relaciones alternativas de solidaridad y poder social. En concreto, Decolonise Oakland reconoció el legado de la guerra y el colonialismo en las estructuras de poder locales y globales, y trató de desafiarlas y transformarlas directamente, de abajo arriba. Una acción directa similar llevó a derribar la estatua del diputado y esclavista del siglo XVII Edward Colston en Bristol en 2020.

Todos estos acontecimientos demuestran el poder y la falta de poder de las masas en la política mundial contemporánea. Las estructuras de toma de decisiones a escala mundial son excluyentes, y suelen seguir criterios de clase, etnia y género. Estos campamentos pusieron esto de manifiesto. Al adoptar modos de hacer política no violentos y participativos, diseñados explícitamente para combatir las estructuras del poder mundial tal y como se manifestaban en los campamentos y para ser el cambio que querían ver en el mundo, vincularon un análisis del poder mundial con una ética de la igualdad política y el activismo social. Se trataba de una reivindicación de la capacidad de acción y la responsabilidad, al tiempo que se reconocían las estructuras de poder mundial que precipitaron la crisis y los propios campos, y limitaban la capacidad de acción de los participantes.

En general, se considera que los logros de Occupy han sido mínimos, pero los marcos para establecer el éxito se han aplicado normalmente de forma errónea. Las acampadas no planteaban exigencias a los Estados o al capital, sino que su objetivo siempre fue la concienciación. Y en este sentido fueron un gran éxito. Occupy Wall Street cambió el tono del debate político en los Estados capitalistas avanzados, volviendo a poner la clase en la agenda pública, y podría decirse que galvanizó el electorado que casi llevó a Bernie Sanders a la presidencia, a Corby al liderazgo del Partido Laborista en el Reino Unido y a Ada Colau a la alcaldía de Barcelona en 2015. Una de las principales campañas surgidas del movimiento estadounidense Occupy fue un movimiento para la cancelación de la deuda estudiantil, en parte impulsado por el notable éxito del bestseller internacional *Debt: The First 5000 years (Deuda: los primeros 5.000 años),* del fallecido David Graeber, publicado durante el movimiento Occupy Wall Street que él ayudó a establecer[59]. Doce años después, el gobierno de Estados Unidos cancelará este año unos cuatrocientos mil millones de dólares de deuda estudiantil. La acción directa consigue sus objetivos.

## VII. CONCLUSIÓN

La teoría anarquista de las RRII sitúa los motores de la historia mundial en las acciones de los individuos que actúan de forma concertada y a través de grupos sociales, ya sean éstos campamentos de OWS en red, élites de clase o ejércitos. Con esta ontología social, los anarquistas son capaces de desagregar los Estados y las sociedades, y aislar e identificar a los grupos e individuos clave que dan forma a la política mundial, y las estructuras de poder que les permiten o inhiben. Además de ser una tradición analítica, esta visión de la política mundial es claramente normativa. Los anarquistas identifican a los grupos e individuos poderosos, y las estructuras históricas que los han originado, con el fin de desafiar su dominación arbitraria y los desiguales equilibrios de poder en los que se basan. Y lo hacen para diseñar y construir un orden mundial más igualitario y justo desde la base. Pero esta ontología social también demuestra que los mecanismos que facilitan y constituyen el cambio son siempre locales, cotidianos e intersticiales. En otras palabras, todo el mundo tiene poder social, sólo que es diferenciado y, la mayoría de las veces, latente y no realizado. Los anarquistas ofrecen una teoría sobre cómo combinar, interconectar, federar o mutualizar ese poder social para reequilibrar la dinámica entre lo individual y lo colectivo. Las relaciones internacionales son relaciones entre tipos específicos de grupos que constituyen lo global de maneras específicas, desde ejércitos (en toda su complejidad social), hasta gobiernos y clases elitistas, pasando por organizaciones multilaterales, etcétera. La forma en que interactúan estos grupos super dotados de recursos constituye las estructuras del poder global. Los anarquistas no temen la anarquía, "la invocan". La anarquía es la precondición de la libertad y de una estructura justa y futura para la política global *tout court*.

---

59 Graeber, David. *Debt: The First 5,000 Years.* (New York: Melville House, 2011).

# VIII. RECAPITULACIONES

## Cuadro sinóptico con las principales ideas sobre el origen, desarrollo y debates surgidos en el seno de esta perspectiva teórica

| **Orígenes del Anarquismo en la Teoría de RRII** |
|---|
| • La primera teoría anarquista de las RRII fue desarrollada en siete libros por Pierre-Joseph Proudhon entre 1861 y 1864. Estos libros constituyen posiblemente la primera teoría europea moderna de las RRII.<br>• Los escritos anarquistas sobre relaciones internacionales de la década de 1870 en adelante se centran en las tendencias imperialistas de las luchas nacionalistas anti-imperialistas. En otras palabras, los anarquistas acusan a los nacionalistas de las mismas tendencias colonizadoras que sus enemigos imperiales.<br>• Los anarquistas también reflexionan ampliamente sobre la ética de la guerra y la violencia de masas, a través de las dos Guerras Mundiales y el periodo descolonizador de la Guerra Fría.<br>• Irónicamente, en Relaciones Internacionales, el desarrollo teórico del concepto de anarquía comienza en la década de 1970, pero, salvo una o dos excepciones, todos los escritos anarquistas pasan desapercibidos.<br>• Con el cambio de milenio, una nueva generación de académicos, activos en el movimiento ecologista radical y en campañas de justicia social más amplias, se doctoran en ciencia política y disciplinas afines, y surge una nueva generación de estudiosos de las relaciones internacionales anarquistas. |
| **Desarrollos y debates en la teoría contemporánea** |
| • Los estudios anarquistas en las RRII contemporáneas se centran en ofrecer nuevas perspectivas sobre viejos problemas de la disciplina, más que en abrir un debate entre anarquistas sobre la forma correcta de entender la política mundial.<br>• Las principales áreas de interés son: la redefinición del concepto de anarquía; la incorporación del pacifismo a las RRII; la de-construcción del militarismo; reescribir la historia del pensamiento internacional; arrojar nueva luz sobre los movimientos sociales anarquistas; aportar nuevos avances teóricos en las áreas de la seguridad, ontología política y agencia; explorar las posibilidades de la democracia participativa radical en los asuntos mundiales contemporáneos.<br>• Los anarquistas han desempeñado un papel decisivo en la configuración del mundo moderno, y los estudiosos anarquistas han interpretado y reinterpretado el mundo moderno. Pero la disciplina en general, hasta la fecha ignorado todos estos desarrollos. |

## *Capítulo 6*

# *Constructivismo*

**JOSEP IBÁÑEZ***

## I. INTRODUCCIÓN: ENTRE LAS TEORÍAS CRÍTICAS Y LAS APROXIMACIONES DOMINANTES

De todas las teorías críticas de las relaciones internacionales, el constructivismo es la que con mayor claridad se ha desplazado desde los márgenes disciplinares y las aproximaciones críticas hacia espacios teóricos centrales y más influyentes. Los postulados teóricos constructivistas constituyen una aproximación alternativa, o en ocasiones complementaria, a aquellas que conformaron el *mainstream* de la disciplina a lo largo del siglo XX. Han sido los méritos explicativos de los argumentos constructivistas los que han situado a esta aproximación en un lugar mucho más acomodado y reconocido. Esencialmente, el constructivismo parte de la consideración de la política internacional como un constructo social que obedece a factores ideacionales, de modo que los hechos sociales deberían ser el objeto de estudio central de la teoría internacional.

El capítulo mostrará, en primer lugar, cómo esta idea central es la que se encuentra en los orígenes del constructivismo en las Relaciones Internacionales. En segundo lugar, serán identificados los postulados teóricos y principales conceptos que sostienen el auge de las teorías críticas constructivistas. A continuación, en tercer lugar, veremos que estas aproximaciones se desarrollan hasta consolidarse en la disciplina y generar variantes que nutren su diversidad teórica. En cuarto lugar, el capítulo ilustrará la capacidad explicativa del constructivismo con un estudio de caso en el que se analiza la enemistad entre Estados Unidos y China en el siglo XXI en términos de construcción social, más que como fenómeno basado en factores materiales y motivado por la competencia por el poder.

---

* Josep Ibáñez es Profesor Titular de Relaciones Internacionales en la Universitat Pompeu Fabra (josep.ibanez@upf.edu).

## II. LOS ORÍGENES DEL CONSTRUCTIVISMO EN LAS RELACIONES INTERNACIONALES

Filósofos y sociólogos clásicos establecieron las bases del constructivismo en las Ciencias Sociales y, desde finales de los años ochenta, en la teoría de las relaciones internacionales. Immanuel Kant sería una de estas referencias clásicas al destacar la mediación existente entre la realidad objetiva y nuestro conocimiento subjetivo de ella[1]. Los autores neokantianos del siglo XX elaborarían estas ideas y subrayarían la naturaleza intersubjetiva de nuestra interpretación de la realidad social, en lo que se ha dado en llamar "la construcción social de la realidad" desde la sociología del conocimiento[2]. También Emile Durkheim reflexionó desde la teoría sociológica sobre la influencia que ejercían los vínculos interpersonales en la conformación de los grupos constitutivos del orden social, sobre la relevancia causal de las ideas y sobre cómo los "hechos sociales" eran constitutivos de prácticas lingüísticas, creencias religiosas, normas morales y otros factores ideacionales[3]. Otra referencia clásica fundamental sería Max Weber, para quien la creación de una ciencia social dependía de la existencia diferenciada de acciones sociales con un significado propio en el orden social. La tarea específica de esa nueva ciencia sería la interpretación de los significados que los actores sociales atribuyen a las acciones y a los significados compartidos, entendidos como fenómenos ideacionales con una función al tiempo instrumental y normativa en la ciencia social[4]. Weber llevó a la sociología el método analítico de la comprensión interpretativa (*Verstehen*), cuya aplicación permitiría la definición de tipos ideales y la elaboración de explicaciones causales para conocer mejor la realidad social[5].

La aparición del constructivismo en la teoría de las relaciones internacionales se produjo de manera paulatina durante la segunda mitad del siglo XX, siendo especialmente destacadas algunas aproximaciones socio-

---

1 Ian Hacking. *The Social Construction of What?* (Cambridge, MA: Harvard University Press, 1999).

2 Peter L. Berger y Thomas Luckmann, *The Social Construction of Reality: A Treatise in the Sociology of Knowledge* (Nueva York: Anchor Books, 1966).

3 John G. Ruggie, "What Makes the World Hang Together? Neo-Utilitarianism and the Social Constructivist Challenge", *International Organization* 52, núm. 4 (1998): 857-858.

4 Max Weber, *Economy and Society, 3 Vols. (Totowa, N.J.: Bedminster Press, 1968).*

5 Ruggie, "What Makes the World Hang Together? Neo-Utilitarianism and the Social Constructivist Challenge", 859-861.

lógicas como el estudio de las comunidades de seguridad de Karl Deutsch *et al*[6]. o el neofuncionalismo propuesto por Ernst B. Haas[7] para explicar la integración europea. Discípulos y seguidores de estos autores serían los responsables de que el constructivismo emergiese con fuerza en la disciplina a finales de los años ochenta y principios de los noventa, con trabajos que subrayaban la base intersubjetiva de la vida social, como los de Nicholas Onuf[8], Friedrich Kratochwil[9], John G. Ruggie[10] o Alexander Wendt[11]. La proliferación de trabajos constructivistas se explica por un conjunto de factores muy diversos vinculados tanto al contexto histórico como a la evolución de la teoría de las relaciones internacionales[12].

Durante los años ochenta las corrientes teóricas dominantes encontraron cada vez más dificultades para seguir ofreciendo explicaciones satisfactorias a fenómenos políticos, económicos y sociales cada vez más complejos. El fin abrupto e inesperado de la Guerra Fría acabó convirtiéndose en el desencadenante de una sacudida teórica que desplazó a las grandes teorías realistas y liberales en favor de nuevas propuestas. Los cambios sistémicos de finales de los años ochenta y principios de los noventa hicieron evidente la incapacidad del neorrealismo y del neoliberalismo para dar cuenta del cambio estructural en el sistema internacional. No es que no pudiesen anticipar su curso, es que ni siquiera vislumbraron la posibilidad de que se produjese[13].

---

6 Karl W. Deutsch *et al.*, *Political Community and the North Atlantic Area* (Princeton: Princeton University Press, 1957).

7 Ernst B. Haas, *The Uniting of Europe: Political, Social and Economic Forces, 1950-1957* (Palo Alto, CA: Stanford University Press, 1958).

8 Nicholas G. Onuf, *World of Our Making: Rules and Rule in Social Theory and International Relations* (Columbia: University of South Carolina Press, 1989).

9 Friedrich V. Kratochwil, *Rules, Norms and Decisions: On the Conditions of Practical and Legal Reasoning in International Relations and Domestic Affairs* (Cambridge: Cambridge University Press, 1989).

10 John G. Ruggie, "Territoriality and beyond: problematizing modernity in international relations", *International Organization* 47, núm. 1 (1993): 139-174.

11 Alexander Wendt, "Anarchy is what states make of it: the social construction of power politics", *International Organization* 46, núm. 2 (1992): 391-425.

12 Christian Reus-Smit, "Constructivism", en *Theories of International Relations*, ed. Scott Burchill, Andrew Linklater y Richard Devetak (Nueva York: Palgrave, 2001, 2ª ed.), 188-212.

13 Heikki Patomäki, "What Is It That Changed with the End of the Cold War? An Analysis of the Problem of Identifying and Explaning Change", en *The End of the Cold War: Evaluating Theories of International Relations*, ed. Pierre Allan y Kjell

Para muchos, la superación del racionalismo se convirtió en un desafío y cada vez más autores ofrecieron explicaciones alternativas a los fenómenos cuya explicación dominante había sido fijada por realistas/neorrealistas y liberales/neoliberales. Temas tradicionales de la Guerra Fría (interés nacional, armas de destrucción masiva, concepciones estratégicas del conflicto internacional) fueron retomados para ofrecer sobre ellos tratamientos alejados de la ortodoxia teórica y en sintonía con la denominada modernidad reflexiva, en la que el progreso y la racionalidad son concebidos con una conciencia mucho más crítica respecto de sus efectos sociales, económicos y políticos[14]. La reflexividad se extiende a todas las Ciencias Sociales y alcanza de lleno a las Relaciones Internacionales, siendo "quizás el elemento central del constructivismo"[15]. De hecho, a finales de los años ochenta, Robert Keohane ya había planteado la existencia de una fractura que dividía la disciplina entre las teorías racionalistas y las teorías reflectivistas[16].

En este giro reflectivista de la disciplina en los años noventa el constructivismo ocupa un espacio central, pues aparece como una aproximación rupturista que cuestiona profundamente el dominio de las teorías racionalistas. La capacidad explicativa de las teorías constructivistas evidencia las carencias de las teorías realistas/neorrealistas y liberales/neoliberales enmarcadas en un contexto histórico y sociopolítico tan limitado como el de la Guerra Fría. Y lo hace a partir de posiciones epistemológicas e instrumentos metodológicos novedosos que contribuyen decisivamente al enriquecimiento de la teoría de las relaciones internacionales.

En términos epistemológicos, el constructivismo se sitúa en una posición metateórica difícilmente conciliable con el positivismo tradicional. Éste, como conjunto heterogéneo de tradiciones filosóficas, plantea de entrada el monismo metodológico, es decir, la consideración análoga de

---

Goldmann (Dordrecht: Martinus Nijhoff Publishers, 1992), 179-225; Friedrich V. Kratochwil, "The Embarassment of Changes: Neo-realism and the Science of Realpolitik without Politics", *Review of International Studies* 19, núm. 1 (1993): 63-80.

14 Ulrich Beck, Anthony Giddens y Scott Lash, *Reflexive Modernization. Politics, Tradition and Aesthetics in the Modern Social Order* (Palo Alto, CA: Stanford University Press, 1997).

15 Stefano Guzzini, "A Reconstruction of Constructivism in International Relations", *European Journal of International Relations* 6, núm. 2 (2000): 150.

16 Robert O. Keohane, "International Institutions: Two Approaches", en *International Institutions and State Power. Essays in International Relations Theory*, ed. Robert O. Keohane (Boulder, CO: Westview Press, 1989), 158-179.

las Ciencias Sociales y las Ciencias Naturales, de acuerdo con la cual los mismos patrones metodológicos sirven para conocer el mundo social y el mundo natural. Una teoría sería entonces científica cuando permitiese conocer y explicar la realidad a partir de hipótesis deducidas de leyes probabilísticas generales y contrastadas de manera empírica[17]. En contraste, el constructivismo nace de la ruptura del monismo metodológico y subraya el carácter construido de la realidad social *y* del conocimiento sobre la realidad social. Al menos en este sentido elemental, el constructivismo es postpositivista[18]. De ahí la necesidad de recurrir a una epistemología interpretativa que explique la realidad social a partir de interpretaciones y generalizaciones condicionadas, no universales. Los actores no son entes pre sociales con intereses invariables, sino que existen en un marco social determinado y son construidos en el marco de estructuras ideacionales y normativas que contribuyen a definir identidades e intereses. Así, las acciones sociales no se explican por un cálculo de costes y beneficios que todos los actores realizan de manera similar, sino que su comportamiento se adecúa a los parámetros normativos en los que interactúan y en los que se encuentran los márgenes de lo legítimo o aceptable[19].

Metodológicamente, estas aproximaciones requieren, en primer lugar, el recurso a métodos interpretativos para explicar los significados intersubjetivos y las intencionalidades colectivas que definen la acción política. En segundo lugar, necesitan la elaboración de narrativas historicistas para realizar inferencias causales o constitutivas, más allá de los métodos cuantitativos y cualitativos tradicionales para realizar inferencias descriptivas. El carácter construido de la realidad social exige que el científico social la "deconstruya" y la "reconstruya" mediante narrativas que permitan comprender cómo surgieron los hechos sociales que la componen: ideas, valores, normas, instituciones, identidades, intereses, significados intersubjetivos, intencionalidades colectivas e, incluso, emociones. Estas consideraciones postpositivistas justifican el escepticismo de los estudiosos constructivistas con respecto a la posibilidad de adquirir verdades absolutas, ya que la pro-

---

17 Guzzini, "A Reconstruction of Constructivism in International Relations", 157.

18 Ruggie, "What Makes the World Hang Together? Neo-Utilitarianism and the Social Constructivist Challenge", 880.

19 Michael N. Barnett, "Social Constructivism", en *The Globalization of World Politics: An Introduction to International Relations,* ed. John Baylis y Steve Smith (Oxford: Oxford University Press, 2005), 167-168.

pia participación del sujeto observador en el objeto observado hace que el mundo social sea inaprehensible para la teoría[20].

A partir de los años noventa estas posiciones epistemológicas y metodologías serán cada vez más reconocidas por las teorías dominantes y, en el marco del diálogo neo-neo, se aceptan algunos de los postulados constructivistas y se articula un diálogo que aproximará al constructivismo hacia espacios centrales de la disciplina. Se configura así un panorama teórico cada vez más acomodado en el que algunas variantes constructivistas moderan sus propuestas asumiendo algunos postulados del positivismo o la centralidad de los Estados en la política internacional, como hace Alexander Wendt[21], mientras que otras variantes, como la que Thomas Risse-Kappen denomina "constructivismo liberal"[22], asumen una cierta convergencia entre explicaciones racionalistas y explicaciones culturales, presente en trabajos sobre el cambio normativo como los de Martha Finnemore y Kathryn Sikkink[23]. Aparecerán también dentro del constructivismo rasgos que lo vincularán con la Escuela Inglesa de las Relaciones Internacionales, con autores como Barry Buzan, Andrew Hurrell, Tim Dunne o Thomas Rengger, quienes otorgan especial relieve al papel de las normas, la identidad, el discurso o los aspectos cognitivos a la hora de analizar la sociedad internacional. Mención especial por el reconocimiento que acabaría obteniendo sería el constructivismo que nutre los estudios sobre la "securitización" promovidos desde la Escuela de Copenhague[24].

---

20 Emmanuel Adler, "Constructivism and International Relations", en *Handbook of International Relations*, ed. Walter Carlsnaes, Thomas Risse y Beth A. Simmons (Londres: Sage, 2002), 101.

21 Alexander Wendt, *Social Theory of International Politics* (Cambridge: Cambridge University Press, 1999).

22 Thomas Risse-Kappen, "Collective Identity in a Democratic Community: The Case of NATO", en *The Culture of National Security: Norms and Identity in World Politics*, ed. Peter J. Katzenstein (Nueva York: Columbia University Press: 1996), 357-399.

23 Martha Finnemore y Kathryn Sikkink, "International Norm Dynamics and Political Change", *International Organization* 52, núm. 4 (1998): 887-917.

24 Barry Buzan, Ole Wæver y Jaap De Wilde, *Security: A New Framework for Analysis* (Boulder, CO: Lynne Rienner, 1998).

# III. POSTULADOS TEÓRICOS Y PRINCIPALES CONCEPTOS CONSTRUCTIVISTAS

Los orígenes teóricos, la posición epistemológica y el propio contexto histórico de finales del siglo XX hacen que la inmensa mayoría de trabajos constructivistas constituyan aportaciones teóricas con un alcance parcial o limitado, sin aspirar a conformar grandes teorías generales. Sin embargo, sus postulados teóricos y principales conceptos son suficientemente sólidos para sostener aproximaciones plausibles, críticas y alternativas a las dominantes en la disciplina.

## *1. Las ideas y los valores son determinantes en la política internacional*

Ideas y valores son elementos esenciales para la comprensión del comportamiento de los actores políticos. Contrariamente a las aproximaciones materialistas de diverso signo (realismo clásico y neorrealismo, marxismo y corrientes neomarxistas, etc.), desde posiciones constructivistas se plantea que las "ideas" son determinantes en la política internacional. El carácter ideacional del constructivismo se deriva de su consideración de la relevancia de los valores, conocimientos, significados colectivos, cosmovisiones, creencias normativas, creencias causales, ideologías y prescripciones políticas que operan como factores ideacionales en las estructuras sociales.

Éstas se conforman a partir de conocimientos, recursos materiales y prácticas[25]. En primer lugar, las comprensiones, las expectativas y los conocimientos compartidos constituyen a los actores y conforman la naturaleza de sus relaciones (conflictivas o cooperativas). Estas ideas compartidas son sociales en virtud de su carácter intersubjetivo y operan como estructuras sociales que determinan el comportamiento. Así lo demuestran el "dilema de la seguridad" o las "comunidades de seguridad". Ambas son estructuras sociales definidas por comprensiones intersubjetivas sobre las intenciones ajenas que motivan, en el primer caso, comportamientos desconfiados que producen situaciones más propensas a degenerar en conflicto abierto y, en el segundo caso, comportamientos confiados que nutren una dinámica cooperativa entre quienes interactúan. En segundo lugar, los recursos materiales adquieren significado en el marco de estructuras sociales porque las características intrínsecas de dichos recursos no son las que generan

---

25 Alexander Wendt, "Constructing International Politics", *International Security* 20, núm. 1 (1995): 71-81.

un determinado tipo de comportamiento, sino que son las ideas en las que se enmarcan las que orientan la acción social. El elocuente ejemplo que ofrece Wendt se refiere al valor de las percepciones y consideraciones que los Estados asumen sobre sus relaciones mutuas: "500 armas nucleares británicas son menos amenazantes para los Estados Unidos que 5 armas nucleares norcoreanas, pues los británicos son amigos de los Estados Unidos y los norcoreanos no, y amistad o enemistad es una función de las comprensiones compartidas"[26]. En tercer lugar, las estructuras sociales están presentes en las prácticas y en los procesos de interacción social, no sólo en las mentes o en los recursos materiales de los actores, como demuestra el tipo de interacción conflictiva reproducida a lo largo de la Guerra Fría y que desapareció en el momento en que ésta finalizó.

En el estudio de la dimensión ideacional de la política internacional las ideas conforman marcos culturales o razones que orientan las acciones en un determinado sentido, más que constituir una causa precisa claramente identificable para explicar el comportamiento de los actores. Buena muestra de esta aproximación serían los estudios sobre las comunidades epistémicas y la influencia de las redes transnacionales de expertos[27]. En ellos se relaciona el impacto de los conocimientos compartidos por los miembros de estas redes con la resolución de problemas políticos precisos, con la operacionalización de intereses estatales de carácter general y con la definición o la alteración de intereses estatales con respecto a temas específicos. De manera más amplia, las ideas informan las creencias culturales de las sociedades y la cultura está inextricablemente ligada a numerosos ámbitos y prácticas de la política internacional, comenzando por la seguridad. El contexto cultural-institucional y la identidad colectiva constituyen factores sociales determinantes, por ejemplo, para las concepciones de seguridad predominantes en cada Estado en un momento histórico dado[28]. La seguridad también se construye con ideas, como defendió la Escuela de Copenhague[29].

---

26 Wendt, "Constructing International Politics", 73.

27 Ernst B. Haas, *When Knowledge is Power: Three Models of Change in International Organizations* (Berkeley: University of California Press, 1990); Emmanuel Adler y Peter M. Haas, "Conclusion: Epistemic Communities, World Order, and the Creation of a Reflective Research Program", *International Organization* 46, núm. 1 (1992): 367-390.

28 Peter J. Katzenstein, ed., *The Culture of National Security: Norms and Identity in World Politics* (Nueva York: Columbia University Press, 1996).

29 Buzan, Wæver y De Wilde, *Security: A New Framework for Analysis.*

## 2. *Normas e instituciones enmarcan la acción política y constituyen a los actores*

Las normas y las instituciones influyen sobre las opciones y los resultados de la política internacional, pero además son constitutivas de los intereses y las identidades de los actores internacionales. Contrariamente a lo que el realismo clásico y el neorrealismo habían proclamado durante décadas, las normas y las instituciones influyen en la política internacional a través de las organizaciones internacionales, la diplomacia, el derecho internacional público, el equilibrio de poder o el multilateralismo.

El tratamiento convencional de las normas tiende a considerarlas como el resultado de opciones racionales de los actores para servir a sus intereses de la mejor forma posible. Sin embargo, desde el constructivismo se destaca cómo las normas conforman las opciones estratégicas y discursivas con las que cuentan los actores, e incluso conforman la propia existencia de éstos. Las normas no sólo regulan, sino que también constituyen. En los trabajos de Kratochwil y Onuf, así como anteriormente en obras de referencia de la Escuela Inglesa, como la de Hedley Bull, se subraya cómo estas normas y las instituciones que conforman hacen posible la existencia del orden internacional, del sistema de Estados, de los mismos Estados y otros actores internacionales[30]. El surgimiento de los Estados modernos, su coexistencia en el sistema de Estados y la consolidación del orden internacional son procesos históricos que dependen, entre otras, de las normas constitutivas asociadas al reconocimiento mutuo de la soberanía entre unidades políticas territorialmente diferenciadas[31].

Una de las vías constructivistas más relevantes para mostrar la influencia de las normas ha sido el estudio de las organizaciones internacionales[32]. Martha Finnemore ha ilustrado con elocuencia la incidencia que éstas pueden tener sobre los Estados[33]. Su punto de partida es que el comportamien-

---

30 Kratochwil, *Rules, Norms and Decisions: On the Conditions of Practical and Legal Reasoning in International Relations and Domestic Affairs*; Onuf, *World of Our Making: Rules and Rule in Social Theory and International Relations*; Hedley Bull, *The Anarchical Society. A Study of Order in World Politics* (Nueva York: Columbia University Press, 1977).

31 Ruggie, "Territoriality and beyond: problematizing modernity in international relations".

32 John G. Ruggie y Friedrich V. Kratochwil, "International Organization: a State of the Art on an Art of the State", *International Organization* 40 (1986): 753-775.

33 Martha Finnemore, *National Interests in International Society* (Ithaca, NY: Cornell University Press, 1996).

to de éstos depende de su identidad y sus intereses, que son conformados por fuerzas internacionales entre las que se encuentran las normas de comportamiento constitutivas de la sociedad internacional. Estas normas se transmiten a los Estados a través de las organizaciones internacionales, que contribuyen a conformar las políticas estatales "enseñando" cuál es el interés estatal en algunos ámbitos materiales y orientando normativamente para servirlo de la mejor forma posible. Estas organizaciones, en realidad, son actores autónomos con poder para crear taxonomías, para definir categorías normativas, y para difundir y promover normas en la sociedad internacional[34].

El estudio de las normas e instituciones desde aproximaciones constructivistas ha sido especialmente prolífico y ha enriquecido las aproximaciones racionalistas más tradicionales dedicadas al estudio de los regímenes internacionales. Aunque la agenda de estudio de estos trabajos entronca con la del liberalismo y el institucionalismo neoliberal, el foco del constructivismo liberal se ha dirigido más bien a la explicación del cambio normativo, ya sea el que las normas producen en los actores[35] o el propio cambio de las normas a partir de la acción normativa emprendida por los actores, estatales y no estatales. En este sentido, Martha Finnemore y Kathryn Sikkink han explorado el "emprendimiento normativo" (*norm entrepreneurship*) y el papel que desempeñan aquellos actores que actúan como emprendedores normativos que contribuyen al cambio de las normas internacionales[36]. En muchos casos, estos cambios no proceden de Estados, sino de actores no estatales como las redes transnacionales que articulan coaliciones y campañas en marcos de movilización social con un impacto significativo en

---

34 Michael N. Barnett y Martha Finnemore, "The Politics, Power, and Pathologies of International Organizations", *International Organization* 53, núm. 4 (1999): 699-732; Michael N. Barnett y Martha Finnemore, *Rules for the World: International Organizations in Global Politics* (Ithaca: Cornell University Press, 2004); Michael N. Barnett y Raymond Duvall, "International organizations and the diffusion of power", en *International Organization and Global Governance*, ed. Thomas G. Weiss y Rorden Wilkinson (Londres: Routledge, 2018, 2ª ed.), 51-62.

35 Audie Klotz, *Norms in International Relations: The Struggle Against Apartheid* (Ithaca, NY: Cornell University Press, 1995); Thomas Risse-Kappen, Stephen C. Ropp y Kathryn Sikkink, eds., *The Power of Human Rights: International Norms and Domestic Change* (Cambridge: Cambridge University Press, 1999); Nicholas G. Onuf, "Institutions, intentions and international relations", *Review of International Studies*, núm. 28 (2002): 211-228.

36 Finnemore y Sikkink, "International Norm Dynamics and Political Change".

algunos ámbitos de la política internacional o nacional[37], como puede ser el de los derechos humanos[38].

Según Finnemore y Sikkink, la evolución de las normas se da según un patrón de "ciclo vital" en el que diferentes lógicas de comportamiento dominan diferentes fases de dicho ciclo (emergencia de la norma, "cascada de la norma" o *norm cascade*, e internalización de la norma por parte de los actores, que la asumen como algo propio e incuestionable)[39]. Por su parte, Antje Wiener ha propuesto un enfoque dual en su "teoría de la contestación", entendida en una dimensión normativa como actividad social que se expresa a través de prácticas sociales espontáneas, prácticas jurídicas rutinarias o la atribución de diversos significados a conceptos de las ciencias sociales, y en otra dimensión normativa como actividad académica crítica a la que se dedica la teoría política. Así, el cambio normativo se produce no sólo a partir de emprendimiento generador de nuevas normas, sino también de contestación frente a las normas existentes que da lugar a nuevas normas[40].

### *3. Las identidades e intereses de los actores son una construcción social*

El carácter socialmente construido de las identidades y los intereses en la política internacional constituye otro de los postulados básicos del constructivismo. Según Emanuel Adler, los constructivistas "creen que las identidades, los intereses y el comportamiento de los agentes políticos son construidos socialmente mediante significados, interpretaciones y asunciones de carácter colectivo sobre el mundo"[41]. En otras palabras, las identidades de los actores están en la base de la construcción de los intereses, éstos orientan las acciones y éstas conforman la práctica social en el marco de la cual las identidades se producen y reproducen. Identidades e intereses se encuentran presentes en las interacciones sociales y éstas conforman, pues, un entramado de significados intersubjetivos esencial en las relaciones internacionales.

---

37 Klotz, *Norms in International Relations: The Struggle Against Apartheid*; Keck y Sikkink, *The Power of Human Rights: International Norms and Domestic Change.*

38 Risse-Kappen, Ropp y Sikkink, 1999.

39 Finnemore y Sikkink, "International Norm Dynamics and Political Change".

40 Antje Wiener, *A Theory of Contestation* (Heidelberg / Nueva York: Springer, 2014).

41 Emanuel Adler, "Seizing the Middle Ground: Constructivism in World Politics", *European Journal of International Relations* 3, núm. 3 (1997): 324.

El constructivismo dedica especial atención al estudio de la identidad porque ésta nos indica quiénes son los actores, cuáles son sus preferencias e intereses y como éstos últimos influyen sobre las acciones de dichos actores[42]. Las identidades garantizan una cierta estabilidad, hacen previsible el comportamiento de los actores y contribuyen al mantenimiento del orden. De las identidades de los actores se desprenden sus preferencias y, de acuerdo con ellas, las acciones que puede esperarse que realicen. El comportamiento de un Estado o de cualquier otro actor tomará en cuenta las identidades ajenas a la hora de calcular estratégicamente lo que los otros harán y, en función de esta previsión, determinará el curso de su propia acción. A su vez, este comportamiento reproducirá la identidad propia que será proyectada a los demás a través de la práctica social reiterada. Los otros actores, por su parte, también realizarán el cálculo estratégico y decidirán acciones teniendo en cuenta la previsión de las acciones ajenas. Aunque cada actor define sus intereses, desarrolla un determinado comportamiento y proyecta una imagen al resto de actores, la percepción de dicha imagen por parte de éstos escapa a su control[43]. Esta interacción desarrollada sobre la base de las percepciones mutuas es constitutiva de los significados intersubjetivos que conforman la política internacional y es constitutiva asimismo de la identidad de los actores, que se crea a través de procesos sociales[44].

En lo que respecta a los intereses, la identidad es relevante porque contribuye a definirlos de manera socialmente diferenciada para cada actor. Los enfoques racionalistas, tanto el neorrealismo como el neoliberalismo, anclan su análisis en la asunción de que todos los Estados comparten una identidad basada en el egoísmo necesario para el mantenimiento de la soberanía estatal y la maximización del poder. De estos rasgos identitarios comunes a todos los Estados se deriva que todos ellos tengan intereses análogos definidos como interés nacional, una categoría universal que en sus elementos más esenciales es invariable en el tiempo y en el espacio.

Al subrayar el carácter social de las identidades y las diferencias identitarias, así como la pluralidad de actores, los estudios constructivistas están

42 Christine Agius, "Social Constructivism", en *Contemporary Security Studies*, ed. Alan Collins (Oxford: Oxford University Press, 2010), 53.

43 Ted Hopf, "The Promise of Constructivism", *International Security* 23, núm. 1 (1998): 174-175.

44 Berger y Luckmann, *The Social Construction of Reality: A Treatise in the Sociology of Knowledge*.

destacando la existencia de intereses socialmente construidos y diferenciados y, por tanto, la imposibilidad de considerar el interés nacional como asunción previa de cualquier análisis de la política internacional[45]. La consideración específicamente constructivista de los intereses subraya el carácter social de las influencias sobre la formación de éstos[46]. La diversidad de intereses resultante hace que las opciones potenciales de los actores sean también variadas y, por tanto, difíciles de prever. De ahí la necesidad de estudiar la construcción histórica de los "intereses nacionales" de los Estados para entender su comportamiento en política exterior[47].

### *4. Los significados intersubjetivos definen la acción política*

El conglomerado de identidades e intereses se mantiene unido a través de la comunicación social, de la que surgen los significados intersubjetivos y la intencionalidad colectiva de los grupos sociales. La noción de intersubjetividad es central en el constructivismo porque, de acuerdo con la comprensión interpretativa de la acción social (*Verstehen*), el significado de las cosas se encuentra tanto en el comportamiento humano como en la interpretación que el observador hace de él. Las Ciencias Sociales interpretan el mundo social, que previamente ha sido interpretado por quienes lo conforman, de ahí la distinción entre diferentes niveles de interpretación y la relación dialéctica entre ellos, a la que se refiere Anthony Giddens con el concepto de doble hermenéutica y la teoría de la estructuración social[48].

Los significados intersubjetivos no son simplemente la suma de las creencias de los individuos que de manera colectiva experimentan e interpretan el mundo, sino que existen como conocimiento colectivo que "persiste más allá de las vidas de los actores sociales individuales, incardinándose en las rutinas y prácticas sociales que son reproducidas por intérpretes que participan en su producción y funcionamiento", en palabras de Adler[49]. A diferencia de la idea positivista de los "significados subjeti-

---

45 Hopf, "The Promise of Constructivism", 176.

46 Ian Hurd, "Constructivism", en *The Oxford Handbook of International Relations,* ed. Christian Reus-Smit y Duncan Snidal (Oxford: Oxford University Press, 2008), 303.

47 Finnemore, *National Interests in International Society.*

48 Anthony Giddens, *The Constitution of Society: Outline of a Theory of Structuration* (Berkeley: The University of California Press, 1984).

49 Adler, "Seizing the Middle Ground: Constructivism in World Politics", 326.

vos" y los "consensos", los significados intersubjetivos constituyen una "red de significado" que se inserta en la sociedad, sin que los individuos sean necesariamente conscientes de ellos[50]. Por tanto, estos significados intersubjetivos *definen* la realidad social de los actores y en dicha definición desempeñan un papel esencial la comunicación social y el lenguaje[51]. En primer lugar, el lenguaje es el medio para la construcción de significados colectivos, pues con él se definen derechos y deberes orientados hacia objetivos colectivos. En segundo lugar, los actos discursivos del lenguaje no sólo describen la realidad, sino que también la construyen, la generan a través de los significados intersubjetivos. En tercer lugar, el lenguaje es poder porque a través del discurso establece las condiciones en las que se definen los problemas sociales y las soluciones posibles. En cuarto lugar, el lenguaje contribuye a fijar la realidad, pero también puede ser un motor para el cambio social. El lenguaje con el que se crean los significados no puede reducirse al materialismo objetivo ni al individualismo subjetivo, sino que es intersubjetivo, pues su existencia depende del acuerdo mutuo de quienes lo utilizan[52].

Cuando este acuerdo colectivo adquiere suficiente apoyo y seguimiento, incluso convirtiéndose en el significado único o más asentado, podemos hablar de consensos intersubjetivos dominantes, de extraordinaria relevancia para entender la comprensión de conceptos y fenómenos de la vida social. Por ejemplo, la asistencia humanitaria, la intervención humanitaria y el "humanitarismo" en el sentido más amplio se han conformado y han evolucionado con significados y narrativas dominantes que definen los parámetros básicos para la comprensión de los actores y la determinación normativa de las prácticas más adecuadas[53].

La teoría de la acción comunicativa de Jürgen Habermas[54] ha sido utilizada por algunos autores constructivistas precisamente porque explica cómo los actores sociales interactúan a través de discursos que les permiten

---

50 Mark Neufeld, "Interpretation and the 'Science' of International Relations", *Review of International Studies*, núm. 19 (1993): 39-61.

51 Adler, Emanuel. "Constructivism and International Relations", 102-103.

52 Guzzini, "A Reconstruction of Constructivism in International Relations", 164.

53 Itziar Ruiz-Giménez Arrieta, "Una mirada crítica al «humanitarismo» desde los estudios pospositivistas", *Revista CIDOB d'Afers Internacionals*, núm. 117 (2017): 173-196.

54 Jürgen Habermas, *The Theory of Communicative Action* (Boston: Beacon Press, vol. 1, 1984) y *The Theory of Communicative Action* (Boston: Beacon Press, vol. 2, 1987).

demostrar la validez de sus argumentos y cómo dichos discursos contribuyen al surgimiento de significados colectivos[55]. Nicholas Onuf ha sido uno de los autores constructivistas que más énfasis ha puesto en la relevancia del lenguaje, considerándolo un conjunto de normas que a través de los actos discursivos constituyen a los actores. Tres tipos de actos discursivos están presentes en la política internacional: afirmaciones, instrucciones y compromisos[56] (Onuf 1998, 66-68). Las afirmaciones se refieren al conocimiento sobre el mundo ("se ha cometido un genocidio"), las instrucciones orientan la acción proyectándola hacia el futuro y anticipando sus consecuencias ("no debe cometerse un genocidio"), y los compromisos establecen promesas de comportamiento futuro ("evitaremos que se cometa un genocidio"). Utilizando los ejemplos entrecomillados, es relevante determinar si un acto es calificado como "genocidio" porque de ello se derivan consecuencias legales, políticas, etc. e implicaciones para los actores participantes o afectados. Al estudiar los actos discursivos, el constructivismo permite comprender mejor las funciones de la comunicación social en las relaciones internacionales.

Cuando los miembros de un grupo social definen sus intenciones individuales en función de su pertenencia a un grupo, cuando cada uno de los actores individuales actúa en función de objetivos de carácter colectivo, entonces los actos sociales deben entenderse en alguna medida como resultado de la intencionalidad colectiva. Ésta opera en tres niveles de la política internacional. En un nivel más profundo y con un carácter constitutivo, la intencionalidad colectiva da lugar al sistema de Estados y lo reproduce a lo largo de la historia. Al reconocerse mutuamente los derechos y obligaciones derivados del principio de la soberanía, los Estados operan de manera individual en un marco colectivo que se proyecta hacia el futuro. En un segundo nivel, en la evolución histórica del sistema interestatal la intencionalidad colectiva da lugar a la aparición de nuevos derechos y obligaciones que se consolidan a medida que consiguen legitimidad por parte de todos (o la gran mayoría) de los miembros de la sociedad internacional. En un tercer nivel, la intencionalidad colectiva genera nuevos consensos intersubjetivos dominantes para la acción políti-

---

55 Thomas Risse-Kappen, "'Let's argue!': Communicative Action in World Politics", *International Organization* 54, núm. 1 (2000): 1-40.

56 Nicholas G. Onuf, "Constructivism: A User's Manual", en *International Relations in a Constructed World*, ed. Vendulka Kubálková, Nicholas G. Onuf y Paul Kowert (Armonk, NY: M. E. Sharpe, 1998), 66-68.

ca y da lugar a la aparición y aceptación de nuevas ideas, ya sea en forma de creencias normativas, creencias causales, ideologías o prescripciones políticas[57].

## 5. *Agentes y estructuras están mutuamente constituidos*

Un debate clásico en las Ciencias Sociales, y en particular en las Relaciones Internacionales, es el de la consideración que se otorga, por un lado, a unidades, actores o agentes y, por otro lado, a la totalidad, al sistema o la estructura de la realidad social estudiada. La propuesta constructivista de Alexander Wendt fue considerar que los agentes y las estructuras se constituyen mutuamente, sin que uno de estos dos elementos pueda ser considerado como anterior o predominante respecto del otro[58]. En realidad, la discusión tiene dos vertientes, una ontológica y otra epistemológica. La primera y fundamental se refiere a la naturaleza de ambas realidades, pues de ella depende la relación que se establezca entre ellas, que una anteceda a la otra o que una de las dos sea más determinante. La vertiente epistemológica se refiere a la elección de las mejores teorías posibles para explicar la realidad social, lo cual conlleva determinar tanto el tipo de explicación que se da a los agentes y a las estructuras, como el peso relativo que en términos teóricos merece cada uno. La solución al problema, según Wendt, pasa por una explicación que relacione ambos términos en la forma que propone la teoría de la estructuración, concibiendo a los agentes y a las estructuras de manera mutuamente constitutiva, aunque sean entidades ontológicamente diferenciadas, pues "las capacidades e incluso la existencia de los agentes humanos están de algún modo *necesariamente* relacionadas con un contexto social estructural"[59].

Ello conlleva que Wendt sitúe el constructivismo en una posición estructuralista u holista, más que individualista, aunque diferenciada de otras corrientes como la teoría de los sistemas-mundo, el marxismo neogramsciano o el neorrealismo, pues estas aproximaciones teóricas son materialistas, no idealistas[60]. Además, a diferencia de la concepción neorrealista de la

---

57 Ruggie, "What Makes the World Hang Together? Neo-Utilitarianism and the Social Constructivist Challenge", 869-870.

58 Alexander Wendt, "The Agent-Structure Problem in International Relations Theory", *International Organization* 41, núm. 3 (1987): 335-370.

59 Wendt, "The Agent-Structure Problem in International Relations Theory", 355.

60 Wendt, *Social Theory of International Politics,* 32.

estructura (distribución de capacidades materiales entre las unidades), el constructivismo plantea que las estructuras sociales están compuestas por conocimientos compartidos, recursos materiales y prácticas. En tanto que fenómenos colectivos, las estructuras ideacionales y normativas constituyen hechos sociales que se imponen a los individuos conformando sus identidades e intereses. Pero también los individuos modifican las estructuras sociales a través de sus prácticas, que incardinan conocimientos, normas, ideas, identidades, intereses, significados intersubjetivos e intencionalidad colectiva. De este modo, el proceso de constitución de los actores a través de las estructuras se da simultáneamente al proceso en el que los actores constituyen esos marcos estructurales[61].

Esta relación dialéctica y mutuamente constitutiva es ilustrada con elocuencia en la explicación crítica que Wendt ofrece sobre la anarquía en el sistema internacional, contraria a las teorías racionalistas. Como elemento estructural, la anarquía no genera de manera lógica ni causal el mecanismo de la autodefensa y la política del poder, sino que éstas son el resultado de procesos y prácticas que no tienen por qué desarrollarse de acuerdo con una "lógica" predeterminada. En las condiciones de anarquía propias del sistema internacional —ausencia de una autoridad central reconocida por todos como superior—, los procesos de formación de la identidad de los Estados han incorporado concepciones de seguridad en las que se asume como esencial la preservación del "yo" frente al "otro". Pero como el grado de identificación del "yo" con el "otro" varía entre Estados, de esta variación depende el significado que se otorgue a la anarquía: "La autodefensa y la política del poder son instituciones, no rasgos esenciales de la anarquía. *La anarquía es lo que los Estados hacen de ella*"[62]. Por ello, en diferentes sistemas de seguridad la anarquía constituirá para los Estados que los conforman un tipo de estructura diferente, una "cultura de anarquía" que puede denominarse hobbesiana, lockiana o kantiana en función del grado de identificación que los Estados establecen entre ellos y del tipo de interacción que realizan[63].

---

61 Hurd, "Constructivism", 304.

62 Wendt, "Anarchy is what states make of it: the social construction of power politics", 395.

63 Wendt, *Social Theory of International Politics*, 246-312.

## IV. LA CONSOLIDACIÓN DEL CONSTRUCTIVISMO EN LA TEORÍA DE LAS RELACIONES INTERNACIONALES Y SU DIVERSIDAD TEÓRICA

Desde su llegada a la disciplina de las Relaciones Internacionales, el constructivismo adquirió cada vez más relevancia a lo largo de los años noventa con trabajos muy diversos que conformaron espacio de encuentro entre los internacionalistas, una suerte de *middle ground*[64] o *via media*[65] alternativa a las teorías hasta entonces dominantes. Desde posiciones iniciales más bien críticas y marginales, los estudios constructivistas proliferaron hasta convertirse en una aproximación teórica relevante en la que podían identificarse numerosas tendencias: modernista, posmodernista, normativa, convencional, radical, crítica, clásica, neoclásica, liberal, pragmática, sistémica, holística, ligera, densa,...[66]. Esta diversidad se ha conformado a partir del desarrollo de trabajos de investigación en torno a diferentes temas o cuestiones, más que como el resultado de una competencia entre tendencias[67]. De manera simplificada, las diferencias teóricas pueden apreciarse en cuatro planos conectados.

En el plano ontológico (teoría del ser) pueden constatarse los diversos intereses académicos a la hora de determinar el objeto de estudio central y los temas prioritarios en la agenda de investigación. En función de las diferencias respecto de si merecen mayor atención los agentes, las estructuras o una síntesis de ambas instancias, puede distinguirse entre constructivismo sistémico, constructivismo centrado en las unidades y constructivismo holístico[68]. Así, el constructivismo sistémico sería aquel que se centra en el estudio de las interacciones entre Estados unitarios, que no está interesado en lo que pasa dentro de las fronteras de éstos y que ofrece teorías para explicar fundamentalmente cómo se relacionan en el medio internacional[69]. En segundo lugar, el constructivismo centrado en las unidades se interesa

---

64 Adler, "Seizing the Middle Ground: Constructivism in World Politics".

65 Alexander D. Barder y Daniel J. Levine. "'The World Is Too Much with Us': Reification and the Depoliticising of Via Media Constructivist IR", *Millennium: Journal of International Studies* 40, núm. 3 (2012): 585-604.

66 Adler, "Constructivism and International Relations", 97-98.

67 Finnemore y Sikkink, "Taking Stock: The Constructivist Research Program in International Relations and Comparative Politics", 396.

68 Reus-Smit, "Constructivism", 219-221.

69 Wendt, "Anarchy is what states make of it: the social construction of power politics"; Alexander Wendt, "Collective Identity Formation and the International

más por las relaciones entre las normas legales y sociales de los Estados y las identidades e intereses estatales. En este caso, son los factores internos los que explican en mayor medida la constitución de identidades e intereses de los actores que participan en la política internacional y las variaciones de comportamiento que pueden apreciarse entre ellos[70]. En tercer lugar, el constructivismo holístico se plantea como un puente entre los enfoques centrados en el nivel sistémico y los enfoques dedicados a las unidades. En este caso, la dimensión interna y la dimensión internacional son caras de una misma moneda del orden social y político. Lo relevante entonces es explicar el cambio global y el desarrollo de las estructuras normativas e ideacionales a lo largo de la historia[71].

En el plano epistemológico (teoría del conocimiento) la diversidad de enfoques procedentes de orígenes teóricos diferenciados permite distinguir entre constructivismo neoclásico, constructivismo posmodernista y constructivismo "naturalista"[72]. Los constructivistas neoclásicos se caracterizarían por su afinidad con la tradición filosófica del pragmatismo y por la utilización de herramientas analíticas necesarias para dar cuenta de los significados intersubjetivos (teoría de los actos discursivos, teoría de la acción comunicativa, etc.). Los autores más críticos del constructivismo posmodernista o radical realizan planteamientos rupturistas y ponen el énfasis en la construcción lingüística de los sujetos y las prácticas discursivas, sin interés por aproximarse a las teorías dominantes (consideradas como parte de un discurso hegemónico que impone la verdad sobre el conocimiento y las formas de obtenerlo). Al abandonar cualquier idea de causalidad se sitúan en un terreno compartido con el postestructuralismo, pues son cuestionados la ciencia, el racionalismo y la modernidad en el tratamiento de la realidad social construida[73]. Por su parte, los constructivistas "naturalistas" se encuentran entre los neoclásicos y los posmodernistas, combinan

---

State", *American Political Science Review* 28, núm. 2 (1994): 384-396; Wendt, *Social Theory of International Politics.*

70 Katzenstein, *The Culture of National Security: Norms and Identity in World Politics.*

71 Kratochwil, *Rules, Norms and Decisions: On the Conditions of Practical and Legal Reasoning in International Relations and Domestic Affairs*; Ruggie, "Territoriality and beyond: problematizing modernity in international relations".

72 Ruggie, "What Makes the World Hang Together? Neo-Utilitarianism and the Social Constructivist Challenge", 881-882.

73 Adler, "Constructivism and International Relations". Como puede apreciarse en el capítulo de este mismo volumen dedicado al postestructuralismo, son muchas las coincidencias epistemológicas con las teorías constructivistas más radicales.

elementos de ambos, se inspiran en el realismo científico[74] y consideran irrelevante situarse en posiciones epistemológicas positivistas o postpositivistas[75]. Cuanto más se aleja de sus orígenes en la teoría crítica, el constructivismo se vuelve más "convencional", pues mantiene su singularidad frente a las corrientes dominantes al estudiar temas como las identidades y los significados intersubjetivos, pero también considera que es posible y necesario realizar generalizaciones condicionadas[76].

En el plano axiológico (teoría de los valores) la diversidad de posiciones es más limitada, pues esencialmente cabría distinguir aquellos enfoques más próximos a la teoría crítica, movidos por intereses cognitivos emancipatorios, de aquellos otros mucho menos comprometidos con las implicaciones normativas de la investigación. Las posiciones epistemológicas más claramente postpositivistas o rupturistas tienden a plantear con mayor facilidad y transparencia la carga política que conlleva la tarea investigadora, mientras que los trabajos constructivistas más convencionales, seguramente mayoritarios, eluden esta cuestión normativa, quizá aspirando a una "normalidad" científica que les permita convertirse en corriente dominante en la disciplina.

Finalmente, en el plano metodológico (teoría de los métodos) puede apreciarse una gran diversidad de métodos que conviven en un cierto desorden sin que hasta ahora se haya producido entre los constructivistas un verdadero debate: desde métodos cualitativos (técnicas interpretativas, etnográficas, genealógicas, análisis de discurso, análisis simbólico, etc.) a métodos cuantitativos (técnicas estadísticas, simulaciones computarizadas, etc.), pasando por la utilización combinada de técnicas cualitativas y cuan-

---

74 El realismo crítico es una aproximación filosófica elaborada por Roy A. Bhaskar que defiende el potencial crítico y emancipador de la investigación científica y filosófica frente a los retos del positivismo y del posmodernismo. Véase Roy A. Bhaskar, *A Realist Theory of Science* (Londres, Verso, 1975); Roy A. Bhaskar, *The Possibility of Naturalism* (Londres, Routledge, 1979); y Roy A. Bhaskar, *Scientific Realism and Human Emancipation* (Londres, Verso, 1987). Además del trabajo de referencia de Alexander Wendt (1998), algunos de los autores que han explorado las virtudes del realismo científico en las relaciones Internacionales han sido Heikki Patomäki y Colin Wight, ¿"After Positivism? The Promises of Critical Realism", *International Studies Quarterly*, núm. 44 (2000): 213-237.

75 Jonathan Joseph y Colin Wright, eds., *Scientific Realism and International Relations* (Nueva York: Palgrave Macmillan, 2010).

76 Hopf, "The Promise of Constructivism", 184.

titativas[77]. Algunos autores constructivistas han abogado explícitamente por el "convencionalismo metodológico" en el sentido de considerar innecesaria la diferenciación del constructivismo respecto de las corrientes racionalistas[78], pero lo cierto es que los métodos cualitativos son más habituales en el conjunto de trabajos constructivistas, en contraste con la preferencia del neorrealismo y el neoliberalismo institucional por los métodos cuantitativos.

Atravesando estos cuatro planos, una de las cuestiones que ha suscitado más interés y debate es el papel de la racionalidad en la construcción de la realidad social, lo que nos llevaría a plantear si el racionalismo y el constructivismo son aproximaciones científicas incompatibles o si, por el contrario, es posible combinarlas para conocer diferentes aspectos de una misma realidad[79]. Este debate indica en sí mismo la consolidación del constructivismo en las primeras décadas del siglo XXI como aproximación teórica más normalizada y convencional[80]. Para algunos, éste es un desarrollo positivo, que no sólo permite a los teóricos críticos plantear un desafío más poderoso a las teorías racionalistas dominantes, sino que también permitiría hacer avanzar la propia teoría internacional crítica[81]. Para otros autores, este avance podría caracterizarse como una "síntesis crítica-constructivista" que no resultaría positivo para la disciplina, pues contribuiría a una suerte de estancamiento al reducir el potencial emancipador de las teorías propiamente críticas[82].

Autores como David McCourt plantean que nos encontramos en un momento de transición en el que se agota un "viejo constructivismo", demasiado centrado en el estudio del papel de las normas, la identidad y la cultura en la política mundial, con tratamientos comparables al que las

---

77 Adler, "Constructivism and International Relations", 108-109; Barnett, "Social Constructivism", 166-167.

78 Ronald L. Jepperson, Alexander Wendt y Peter J. Katzenstein. "Norms, Identity, and Culture in National Security", en *The Culture of National Security: Norms and Identity in World Politics,* ed. Peter J. Katzenstein (Nueva York: Columbia University Press, 1996), 67.

79 Adler, "Constructivism and International Relations", 108-109.

80 Hopf, "The Promise of Constructivism".

81 Richard Price y Reus-Smit, Christian. "Dangerous Liaisons?: Critical International Theory and Constructivism", *European Journal of International Relations* 4, núm. 3 (2016): 259-294.

82 J. Samuel Barkin y Laura Sjoberg. *International Relations' Last Synthesis? Decoupling Constructivist and Critical Approaches* (Oxford: Oxford University Press, 2019), 3-4.

teorías racionalistas realizan de los factores materiales en la política exterior[83]. Ese constructivismo antiguo habría perdido su potencial crítico o emancipador para construir una realidad social alternativa. Frente a él, emerge un "nuevo constructivismo", fruto de dos "giros teóricos" combinados: por un lado, el giro hacia la teoría de la práctica, que se dedica a la lógica cotidiana de la política mundial y afirma que los actores se mueven más por imperativos prácticos, hábitos y disposiciones incorporadas que por fuerzas abstractas como el interés nacional, las preferencias o las normas sociales; por otro lado, el giro hacia el relacionismo, que rechaza la idea según la cual las unidades básicas de la política mundial son entes (Estados, organizaciones internacionales, normas o identidades) y sugiere más bien un enfoque centrado en los procesos de interacción. Estos giros, junto a algunas aproximaciones teóricas como el análisis de redes sociales o la teoría de actor-red, conllevarían una renovación o actualización del constructivismo que le permitiría mantener su vigencia teórica.

## V. UN ESTUDIO DE CASO: LA CONSTRUCCIÓN SOCIAL DE LA ENEMISTAD ENTRE ESTADOS UNIDOS Y CHINA EN EL SIGLO XXI

La evolución de las relaciones sino-estadounidenses en el siglo XXI está marcada por los profundos cambios que han experimentado China y Estados Unidos en un sistema internacional también en transformación. El ascenso de China como gran potencia es el resultado de décadas de crecimiento económico y fortalecimiento militar, así como de una proyección internacional cada vez más intensa y decidida en diversas regiones del mundo. La base material de este ascenso es innegable, pero éste no se produce al margen de una evolución ideológica y discursiva de la política exterior china. Asimismo, la reacción de la política exterior estadounidense ante estos cambios no resulta únicamente de cálculos racionales sobre la mejor forma de servir al interés nacional de Estados Unidos, sino de las creencias y la interpretación que cada gobierno ha asumido para guiar las relaciones con China. Una aproximación constructivista subrayaría el carácter socialmente construido de la evolución de la relación bilateral, pues son factores ideacionales los que permiten comprender algunos cambios significativos, y no variaciones sustanciales en la distribución de capacida-

---

[83] David M. McCourt, *The new constructivism in International Relations theory* (Bristol: Bristol University Press. 2022).

des (como apuntaría el neorrealismo) ni la revisión de los cálculos racionales derivados de las condiciones políticas internas o enmarcados en las instituciones internacionales (como defendería el neoliberalismo). La lógica de sus relaciones mutuas no está predeterminada, sino que se define a través del discurso, la acción y la interacción. La amistad o enemistad entre Estados Unidos y China se construye a partir de ideas, normas, identidades e intereses que ellos mismos definen en sus políticas exteriores.

La construcción social de China como competidor por parte de Estados Unidos se ha producido progresivamente a lo largo del siglo XXI y sin ambages a partir de 2017. La presidencia de Barack Obama con Hillary Clinton en la Secretaría de Estado adoptó un "giro hacia Asia" (*Pivot to Asia*) en el que se reconocía la importancia creciente de la región y en especial el ascenso de China como potencia competidora. Desde la perspectiva estadounidense, se imponía un esfuerzo militar y diplomático para equilibrar esta situación cambiante[84]. Esta retórica y su traducción en una nueva estrategia de seguridad pudo ser percibida como un movimiento hostil por los responsables políticos chinos, que pasaron a adoptar una proyección más agresiva en su política exterior.

Desde 2013 China abandonó una estrategia de política exterior de perfil bajo y pasó a definir y a adoptar en el discurso oficial de su política exterior el concepto "diplomacia de gran país con características chinas" (*Major-Country Diplomacy with Chinese Characteristics*). Este concepto se integra en las narrativas y la retórica del Partido Comunista Chino con algunos ejes reconocibles, según Stephen N. Smith[85]. El primero es que opera como guía científica para conseguir dos objetivos interconectados: el fortalecimiento interno del país (una "China de ensueño") y la promoción de un proyecto de orden internacional alternativo (una "comunidad de futuro compartido para la humanidad"). El segundo eje asocia este concepto a una narrativa grandilocuente de "cambios profundos jamás vistos en el último siglo" en los que China asumiría una función de liderazgo, en contraste con los siglos liderados por potencias occidentales. El tercer eje vincula la diplomacia de gran país al estilo chino con un discurso firme orientado a la legitimación internacional de la gobernanza global que propone China.

---

84 *Hillary Clinton, "America's Pacific Century", Foreign Policy (11/10/2011);* Kenneth G. Lieberthal, *The American Pivot to Asia* (Washington, DC, Brookings, 21/12/2011, https://www.brookings.edu/articles/the-american-pivot-to-asia/).

85 Stephen N. Smith, "China's "Major Country Diplomacy": Legitimation and Foreign Policy Change", *Foreign Policy Analysis* 17, núm. 2 (abril 2021): 7-13.

Y, en cuarto lugar, este concepto se conecta con discursos normativos desacomplejados que proyectan la idea de China como gran potencia benévola con un papel más proactivo en los asuntos globales. La popularización del término "diplomacia aguerrida" (*wolf warrior diplomacy*), utilizada en la película de acción china *Wolf Warrior 2* y difundida por los propios diplomáticos chinos, transmite sin ambages cambios identitarios en la forma como China se muestra al mundo, con una política exterior más asertiva o incluso agresiva. Bajo el mandato de Xi Jinping, estas innovaciones en los discursos de identidad nacional y en las estrategias de legitimación internacional de China han ampliado la proyección de la política exterior, de modo que ésta incluye ahora esfuerzos indisimulados para reformar proactivamente el orden internacional, para entrar en competencia ideológica con Occidente y para asumir más responsabilidades de gobernanza global acorde con su elevado poder y estatus[86].

El análisis discursivo de los documentos que definen la estrategia de seguridad nacional estadounidense (NSS)[87] durante el siglo XXI permite identificar la evolución de las afirmaciones, prescripciones y compromisos de comportamiento norteamericanos. Pese al *Pivot to Asia*, hasta 2015 la retórica diplomática subrayaba la existencia de un marco cooperativo en las relaciones con China, la conveniencia de que este país creciese de manera estable, pacífica y próspera, así como el mantenimiento de una política de compromiso (*engagement*) heredera de los años sesenta. Más allá de algunas discrepancias de calado, "los desacuerdos no deberían impedir la cooperación en asuntos de interés mutuo, pues una relación pragmática y efectiva entre Estados Unidos y China es esencial para enfrentar los grandes retos del siglo XXI"[88], y por ello conviene "desarrollar una relación constructiva con China que resulte beneficiosa para nuestros dos pueblos y promueva la seguridad y la prosperidad de Asia y alrededor del mundo"[89].

La llegada de Donald Trump a la presidencia cambia radicalmente la definición de la relación bilateral. Bajo la retórica populista de *America*

---

86 Smith, "China's "Major Country Diplomacy": Legitimation and Foreign Policy Change", 2.

87 Los documentos *National Security Strategy (NSS)* de los Estados Unidos se encuentran disponibles en https://history.defense.gov/Historical-Sources/National-Security-Strategy/ (de 1987 a 2017) y en https://www.whitehouse.gov/wp-content/uploads/2022/11/8-November-Combined-PDF-for-Upload.pdf (2022).

88 *National Security Strategy* (Washington, DC: The White House, 2010), 43.

89 *National Security Strategy* (Washington, DC: The White House, 2015), 24.

*First* se asumen los argumentos de narrativas confrontacionales en las que China es el origen de los males estadounidenses y la mayor amenaza existencial a la que hacer frente. Quienes las promueven entran en el gobierno y modifican el discurso diplomático para abandonar las "políticas basadas en el supuesto de que el compromiso con los rivales y su inclusión en las instituciones internacionales y el comercio mundial los convertiría en actores benignos y socios dignos de confianza"[90]. De este modo, se legitima la adopción de todo tipo de medidas económicas contra China en la "guerra comercial" que se desarrolla entre enero de 2018 y diciembre de 2020, y que refuerza la consideración de China como competidor de Estados Unidos. La llegada de Joe Biden a la Presidencia ya no alterará esta narrativa y, en todo caso, la depurará para referirse desde 2021 a un marco de "competición estratégica" y "cooperación limitada" entre ambos países[91]. Esta lógica de la competencia de suma cero se ha instalado en Washington con un amplio consenso ideológico entre demócratas y republicanos y marcará el devenir de las relaciones bilaterales[92].

## VI. CONCLUSIONES

Durante el siglo XXI el constructivismo se ha consolidado como aproximación teórica en el estudio de las relaciones internacionales. Sin duda alguna, ha contribuido al desarrollo de nuevas teorías con propuestas críticas o alternativas a las de los enfoques racionalistas. Su singularidad se aprecia en la agenda de estudio y los temas tratados, en la epistemología reflexiva defendida, en las posiciones normativas comprometidas y en las metodologías interpretativas.

Sin menoscabo de la diversidad teórica que ha acompañado esta consolidación, un balance de este recorrido permite afirmar que las aproximaciones constructivistas mayoritariamente han tendido a centrar sus análisis sustantivos en cuestiones de seguridad en la región del Atlántico Norte, han realizado contribuciones con tratamientos más teóricos que empíricos, se han decantado por la generación de conocimiento sin aspiraciones

---

90 *National Security Strategy* (Washington, DC: The White House, 2017), 3.

91 *National Security Strategy* (Washington, DC: The White House, 2022), 23.

92 Jessica Chen Weiss, "The China trap: U.S. foreign policy and the perilous logic of zero-sum competition", *Foreign Affairs* (septiembre/octubre 2022).

prescriptivas o prácticas y han optado por la utilización de métodos más cualitativos que cuantitativos[93].

La relevancia de las aproximaciones constructivistas no ha sido uniforme y su proyección futura es incierta. En Estados Unidos está justificada por su capacidad para cuestionar desde los años ochenta el dominio del neorrealismo y el neoliberalismo y, de manera más amplia, para ofrecer alternativas al racionalismo imperante en la teoría de las relaciones internacionales. En Europa la consolidación del constructivismo en la disciplina estuvo menos marcada por la existencia de una contienda teórica y se vio facilitada por la existencia de enfoques sociológicos previos, como los de la Escuela Inglesa o la Escuela de Copenhague, con los que enlazaba fácilmente[94]. Pese a las diferencias a uno y otro lado del Atlántico, el constructivismo de ha convertido en una de las aproximaciones dominantes de la teoría internacional y ha dejado de ocupar los márgenes de la disciplina desde los que surgió en los años ochenta. Este tránsito hacia la normalidad o el convencionalismo no se ha debido tanto a la moderación interna de las propuestas constructivistas como al reconocimiento externo de sus méritos para ofrecer explicaciones plausibles a fenómenos de la vida internacional hasta entonces inexplicados. Paradójicamente, el éxito de una teoría crítica ha generado un riesgo de estancamiento teórico que pone en duda el mantenimiento de su relevancia futura.

La vigencia de las aproximaciones constructivistas dependerá de su capacidad para mantener su esencia crítica y para trascender de los ámbitos académicos dominantes en la disciplina. La inmensa mayoría de los trabajos constructivistas han prescindido hasta ahora de las ideas, cosmovisiones y propuestas teóricas procedentes de entornos académicos no occidentales. Sin embargo, como apunta Amitav Acharya, los postulados teóricos y principales conceptos constructivistas están en una posición mucho más favorable que otras aproximaciones para enlazar con esos enfoques y preocupaciones no occidentales todavía marginales[95]. El interés por cuestiones ideacionales, identitarias y normativas permite al constructivismo no

---

93 Mariano E. Bertucci, Jarrod Hayes y Patrick James, "Constructivism in International Relations: The Story So Far", en *Constructivism Reconsidered. Past, Present, and Future* (Ann Arbor: University of Michigan Press, 2018), 28.

94 McCourt, "The Future of Constructivism: A Constructivist Assessment", 37-38.

95 Amitav Acharya, "Epilogue: Constructivism and Global International Relations: False Promise to Vanguard", en *Constructivism Reconsidered. Past, Present, and Future*, ed. Mariano E. Bertucci, Jarrod Hayes y Patrick James (Ann Arbor: University of Michigan Press, 2018), 263-278.

sólo prolongar sus lazos con muchas otras teorías críticas tratadas en este volumen, sino compartir con ellas una vocación de teoría global, no sólo occidental, de las relaciones internacionales. El futuro del constructivismo dependerá de la utilización de su potencial no sólo para explicar la realidad social, sino también para construirla.

## VII. RECAPITULACIÓN

- La política internacional es una construcción social que obedece tanto o más a factores ideacionales como a factores materiales. Las ideas priman sobre la distribución de capacidades en la estructura del sistema internacional y los cálculos racionales en las decisiones de la política exterior de los Estados.
- La emergencia del constructivismo en la teoría de las relaciones internacionales se produce a finales de los años ochenta, aunque sus orígenes en las Ciencias Sociales son anteriores.
- La epistemología constructivista se aleja del positivismo tradicional en los enfoques racionalistas dominantes en la disciplina de las Relaciones Internacionales hasta finales del siglo XX.
- Ideas y valores son determinantes en la política internacional porque orientan las decisiones de los actores políticos, ya sea conformando razones para la acción o modelando preferencias normativas derivadas de contextos culturales.
- Normas e instituciones enmarcan las opciones y los resultados de la política internacional y además son constitutivas de los intereses y las identidades de los actores internacionales.
- Identidades e intereses son construcciones sociales, no preexisten a los actores y se encuentran presentes en las interacciones sociales que generan significados intersubjetivos.
- Significados intersubjetivos surgidos de la comunicación social definen la acción política de los actores, guiada por objetivos y proyectos que reflejan una intencionalidad colectiva.
- Agentes y estructuras están mutuamente constituidos, pues los actores conforman sus identidades e intereses en el marco de estructuras sociales y, al mismo tiempo, las prácticas de los actores generan o modifican dichas estructuras.
- Durante el siglo XXI el constructivismo se ha consolidado como aproximación teórica, ha ocupado espacios teóricos más influyentes y ha contribuido al desarrollo de nuevas teorías con propuestas críticas, alternativas o complementarias a las de los enfoques racionalistas.

*Capítulo 7*

# *Sociología Histórica*

## De internacional a global

**ELSA AIMÉ GONZÁLEZ***

*"World politics is more than the intersection of various foreign policies"*[1]

Hablar de sociología histórica en Relaciones Internacionales es hablar del encuentro de tres disciplinas, de la riqueza teórica que generan estos intercambios, de los desafíos de la interdisciplinariedad, y también de los problemas de la compartimentalización en ciencias sociales. Para abordar todas estas cuestiones, este capítulo en primer lugar contextualiza la incorporación de la sociología histórica a las Relaciones Internacionales como forma de enriquecer la disciplina. En segundo lugar, profundiza en los elementos característicos de la sociología histórica en Relaciones Internacionales y su aportación crítica. En tercer lugar, examina diferentes formas de entender este enfoque interdisciplinar, las críticas que ha recibido, y las propuestas para su renovación. Finalmente, para comprender la sociología histórica global, plantearemos la cuestión del voto de los estados africanos en la sesión especial de emergencia de la Asamblea General de Naciones Unidas sobre la crisis de Ucrania a raíz de la invasión rusa de 2022.

### I. EL SURGIMIENTO DE LA SOCIOLOGÍA HISTÓRICA EN RELACIONES INTERNACIONALES

Uno de los primeros autores que reivindicaron la sociología histórica desde y para las Relaciones Internacionales fue Stanley Hoffman en su artí-

* Profesora Ayudante Doctora en el Departamento de Historia Contemporánea de la Facultad de Filosofía y Letras de la Universidad Autónoma de Madrid (UAM).

1 Hoffmann, Stanley H. «International Relations, The Long Road to Theory.» *World Politics* 11, n.º 3 (1959), 354.

culo "International Relations. The Long Road to Theory". Este texto se enmarca en lo que clásicamente se denomina el segundo debate en Relaciones Internacionales, precisamente para desmarcarse del mismo dado que en él Hoffmann cuestiona tanto el realismo como las teorías cientificistas.

Para Hoffmann, la comprensión realista del poder y del interés nacional de los estados, y su visión mecanicista de las relaciones internacionales, constituyen una "utopía reaccionaria" que fracasa a la hora de dar cuenta del cambio, y que piensa "la idoneidad de las civilizaciones y de las naciones" en función de su supervivencia, sin atender críticamente los problemas estructurales que estas presentan y generan a pesar de su capacidad por asegurar su propia existencia[2]. Hoffmann criticó asimismo el cientificismo político por confundir los métodos de la ciencias físicas con los fines de las ciencias sociales. Las aspiraciones a "descubrir leyes [...] hacer de la predictibilidad una prueba de la ciencia [...] el ideal de una ciencia deductiva" para Hoffman empobrecen la disciplina porque no permiten comprender la realidad internacional en su complejidad, es decir, en su dimensión sociológica, compuesta por instituciones, culturas, individuos en constante transformación[3]. Y sus pretensiones de objetividad son ciegas a su propia subjetividad[4]. El cientificismo político convierte así el *statu quo* en un eje empírico y normativo, y no se preocupa por construir "utopías relevantes"[5]. Frente a ello, Hoffmann defendió la incorporación a la disciplina de la sociología histórica para un desarrollo más sólido y sistemático de la teoría de las Relaciones Internacionales.

También Antonio Truyol y Serra defendía en la década de 1950 un acercamiento sociológico e interdisciplinar a las relaciones internacionales dada la íntima conexión entre la Relaciones Internacionales y la Sociología y la importancia de la Historia, y por ello se le ha situado en la órbita de la sociología histórica de Hoffmann[6]. La comprensión sociológica de las rela-

---

2 Hoffmann, Stanley H. «International Relations, The Long Road to Theory.», 352; 353-355.

3 Hoffmann, Stanley H. «International Relations, The Long Road to Theory.», 349; 357; 360.

4 Hoffmann, Stanley H. «International Relations, The Long Road to Theory.», 366.

5 Hoffmann, Stanley H. «International Relations, The Long Road to Theory.», 360; 376.

6 Truyol y Serra, Antonio. *La teoría de las relaciones internacionales como sociología*. Madrid: Instituto de Estudios Políticos, 1957, 304; 325; Arenal, Celestino del. *Introducción a las relaciones internacionales*. Madrid: Tecnos, 1990, 184; Aimé González,

ciones internacionales ha sido señalada de hecho como un rasgo característico de la denominada escuela española de Relaciones Internacionales[7].

Uno de los elementos característicos de la sociología histórica en las Relaciones Internacionales y origen de su surgimiento fue por tanto la insatisfacción con las asunciones epistemológicas y ontológicas preponderantes en la disciplina, especialmente del realismo, y el interés por cómo otras disciplinas podían contribuir a la comprensión teórica de las relaciones internacionales. Su postulado de base, en palabras de Del Arenal, es "que el estudio de las relaciones sociales que se producen en la sociedad internacional debe realizarse desde la consideración y análisis de la naturaleza de esa misma sociedad, lo que exige una perspectiva histórica y sociológica en orden a su comprensión"[8].

Fue a partir de las décadas de 1980 y 1990 cuando la sociología histórica ganó peso en las Relaciones Internacionales como corriente teórica al dar lugar a la sociología histórica internacional y, más recientemente, a la sociología histórica global. Podemos decir que la sociología histórica internacional se afianzó en el contexto de las críticas al debate interparadigmático, al positivismo de los enfoques clásicos, y al ahistoricismo de sus variantes neo. Los giros histórico y sociológico que arraigaron en la disciplina en ese momento nutrieron y fueron alimentados por la sociología histórica internacional y, a comienzos del siglo XXI, con la creciente visibilidad de las teorías reflectivistas, dieron lugar a lo que John Hobson[9] ha denominado un "giro histórico-sociológico".

Otras corrientes teóricas como la Escuela Inglesa ya habían defendido la importancia de la dimensión histórica de, y la mirada sociológica a, las relaciones internacionales, y la crítica a la concepción de la teoría como generadora de leyes y definiciones inmutables. Algunos de los planteamientos característicos de esta corriente teórica, como el concepto de sociedad

---

Elsa, y Francisco Javier Peñas Esteban. «Sociologías Históricas: caminos separados y propuestas de reencuentro.» *Relaciones Internacionales*, n.º 5 (2006), 5.

7 Calduch Cervera, Rafael. «La escuela española de Relaciones Internacionales.» En *Teorías de las Relaciones Internacionales*, de Celestino del Arenal y José Antonio Sanahuja, Madrid: Tecnos, 2015, 362.

8 Arenal, Celestino del. *Introducción a las relaciones internacionales*, 163.

9 Hobson, John M. «What's at stake in 'bringing historical sociology *back* into international relations'? Transcending 'chronofetishism' and 'tempocentrism' in international relations». Hobden, Stephen, y John M. Hobson. *Historical Sociology of International Relations*. Cambridge: Cambridge University Press, 2002, 4.

internacional y la defensa de la historia como fundamento de la Teoría de las Relaciones Internacionales[10], están en directa sintonía con el enfoque de la sociología histórica internacional. Un enfoque que fue también abrazado por teóricos constructivistas, marxistas, postestructuralistas o críticos, como refleja en particular el trabajo de autores como John Ruggie, Robert Cox, Richard Ashley, Fred Halliday, Andrew Linklater o Christian Reus-Smit, entre otros[11]. Sin embargo, su versatilidad también ha generado cierta confusión en torno a qué es la sociología histórica internacional. El objetivo del siguiente apartado es por tanto aclarar sus elementos distintivos, y su propuesta teórica y metodológica para alimentar un análisis crítico de las Relaciones Internacionales.

## II. POSTULADOS GENERALES Y PRINCIPALES CONCEPTOS EXPLICATIVOS DE LA SOCIOLOGÍA HISTÓRICA EN RELACIONES INTERNACIONALES

La publicación en 1998 de la obra de Stephen Hobden *International Relations and Historical Sociology* y del debate sobre "The 'Second Wave' of Weberian Historical Sociology" en un número del *Review of International Political Economy* reflejaron un creciente interés por la sociología histórica en las Relaciones Internacionales. Sin embargo, a pesar de su crecimiento, ha existido una cierta indefinición sobre qué es la sociología histórica internacional porque, como señaló Lawson, se convirtió en un "término comodín"[12] para cualquier investigación desde un enfoque histórico, sociológico y con una orientación internacional. Los manuales no suelen incorporar capítulos específicos sobre esta corriente[13], lo que parecería

---

10 Butterfield, Herbert, y Martin Wight. *Diplomatic Investigations: Essays in the Theory of International Politics.* Cambridge: Harvard University Press, 1966.

11 Hobson, John M. «What's at stake in stake in 'bringing historical sociology *back* into international relations'?», 3; Hobson, John M., George Lawson, y Justin Rosenberg. «Historical Sociology.» *Oxford Research Encyclopedia of International Studies.* 2010, 15.

12 Lawson, George. «Historical Sociology in International Relations: Open Society, Research Programme and Vocation.» *International Politics* 44, n.º 4 (2007), 345.

13 Pensamos en obras como: Devetak, Richard y True, Jacqui (eds.) (2022) *Theories of International Relations,* Bloomsbury; Dunne Tim; Kurki, Milja y Smith, Steve (eds.) (2020) *International Relations Theories. Discipline and Diversity,* Oxford University Press; Weber, Cynthia (2021) *International Relations Theory. A Critical Introduction,* Routledge. La excepción sería Bukovansky, Mlada; Keene, Edward; Reus-Smit,

indicar que sigue siendo minoritaria[14]. Como veremos, diferentes autores se han interrogado acerca de su relevancia y aportación crítica llegando a conclusiones diferentes, como por ejemplo Stephen Hobden, Steve Smith, o Tom Lundborg[15].

Además, para añadir más confusión, la nomenclatura empleada para referirse a ella varía. Los teóricos de las Relaciones Internacionales hablan de sociología histórica de las relaciones internacionales[16], sociología internacional[17], sociología histórica internacional[18], sociología histórica en Relaciones Internacionales[19], o sociología histórica global[20]. El objetivo de este apartado es, por tanto, definir la sociología histórica en Relaciones Internacionales, y clarificar los postulados generales e ideas clave que caracterizan su enfoque crítico.

---

Christian; y Spanu, Maja (eds.) (2023) *The Oxford Handbook of History and International Relations,* Oxford University Press.

14 Lawson. «Historical Sociology in International Relations...», 344.

15 Hobden, Stephen. «Can Historical Sociology Be Critical?» *Alternatives: Global, Local, Political* 24, n.º 3 (1999): 391-413; Smith, Steve. «Historical sociology and international relations theory.» En *Historical Sociology of International Relations,* de Stephen Hobden y John M. Hobson, 223-243. Cambridge: Cambridge University Press, 2002; Lundborg, Tom. «The limits of historical sociology: Temporal borders and the reproduction of the 'modern' political present.» *European Journal of International Relations* 22, n.º 1 (2016): 99–121.

16 Hobden, Stephen, y John M. Hobson. *Historical Sociology of International Relations.* Cambridge: Cambridge University Press, 2002; Hobson, John M. «Reconstructing International Relations Through World History: Oriental Globalization and the Global–Dialogic Conception of Inter-Civilizational Relations.» International Politics 44, n.º 4 (2007): 414–430.

17 Lawson, George. *Negotiated Revolutions: The Czech Republic, South Africa and Chile.* Burlington: Ashgate, 2005.

18 Rosenberg, Justin. «Why is There No International Historical Sociology?» *European Journal of International Relations* 12, n.º 3 (2006): 307–340.

19 Lawson, George. «Historical Sociology in International Relations...»; Hobson; Lawson; Rosenberg. «Historical Sociology.».

20 Go, Julian, y George Lawson. «Introduction: For a Global Historical Sociology.» En *Global Historical Sociology,* de Julian Go y George Lawson, 1-34. Cambridge: Cambridge University Press, 2017.

## *1. Propuesta de definición*

Según Lawson, la sociología histórica tiene por objetivo "desentrañar la complejidad que subyace a la interacción entre la acción social (tanto deliberada como involuntaria) y las fuerzas estructurales (construidas socialmente, pero con una autoridad y dinámica propia y duradera)."[21] Aplicada a las relaciones internacionales, esto supone analizar cómo "los factores internacionales se yuxtaponen con las variables nacionales con el fin de encontrar patrones que expliquen los procesos internacionales."[22] Esta síntesis es interesante si tenemos en cuenta la dificultad para encontrar en otras publicaciones una definición clara, pero es también muy sucinta y algo binaria.

Proponemos aquí una definición de la sociología histórica en Relaciones Internacionales como una teoría que pone el foco en las dinámicas y estructuras generadas por las múltiples y crecientes interacciones entre diferentes formaciones sociales, y en su configuración, funcionamiento y transformación espacial e histórica a gran escala. Una teoría por tanto que concibe la sociedad global como un ámbito en constante transformación, caracterizado por la profunda complejidad, diversidad y desigualdad entre los actores que lo conforman y por los múltiples procesos, prácticas, materialidades, estructuras y redes que lo articulan, estatales o no, y que en su interacción conectan lo local con lo global. Una teoría que, para desentrañar esa complejidad, busca establecer relaciones de causalidad y comprender, a partir de un trabajo empírico, hasta qué punto los procesos sociales, políticos y económicos examinados son específicos de un determinado tiempo y lugar, o si por el contrario se pueden generalizar histórica y espacialmente para plantear una abstracción conceptual.

Esta definición refleja los dos postulados centrales de la sociología histórica de las relaciones internacionales reflejados en su propio nombre: la importancia de la historia y el enfoque sociológico, que la distinguen de los enfoques clásicos y la vinculan con otras corrientes reflectivistas. Por ello, a continuación, además de presentar los dos ejes que articulan su concepción ontológica y epistemológica de las relaciones internacionales, haremos asimismo una mención a su planteamiento metodológico.

---

21 Lawson. «Historical Sociology in International Relations…», 346.

22 Lawson. «Historical Sociology in International Relations…», 346.

## 2. *Cambio y continuidad: la importancia de la historia*

Como hemos apuntado, un aspecto característico de la sociología histórica internacional es defender la importancia de un análisis de lo internacional en perspectiva histórica, y subrayar que los acontecimientos, la contingencia y particularidades locales son claves para pensar internacionalmente[23]. Este enfoque busca explícitamente alejarse de las concepciones de la historia de las teorías clásicas y sus variantes neo. En primer lugar porque aunque no siempre han dado la espalda a la historia, no construyen su teoría a partir de la investigación histórica, sino que usan la historia como cajón de sastre para construir su teoría y confirmar postulados preestablecidos[24]. Y, segundo, por su ahistoricismo[25], porque parten de una conceptualización de las relaciones internacionales en la que la anarquía se erige como una condición estructural constante, como una lógica transhistórica.

El liberalismo se fundamenta en una concepción teleológica del tiempo histórico, como un progreso definido según los principios liberales, y en este sentido construye la diversidad que caracteriza el mundo como un problema. El realismo se articula sobre una visión pesimista de la naturaleza humana, consonante con la convicción de la imposibilidad de cambiar la política internacional, que a su vez deriva de y alimenta una interpretación de la historia como recurrencia y repetición, por encima de los cambios aparentes, por los siempre resurgentes conflictos[26]. En la corriente neorrealista, la preocupación por el tiempo presente y el afán de predicción científica actúa en detrimento del análisis de los procesos históricos de construcción del poder y de las identidades, de las normas constitutivas del presente, o de la exclusión social. Un problema presente también en el neoliberalismo cuya atención se focaliza en la interacción y funcionamiento de los actores estatales y de las instituciones existentes en el tiempo presente, reificando los arreglos políticos contemporáneos en detrimento de las transformaciones sociales a largo plazo[27].

---

23 Hobson; Lawson; Rosenberg. «Historical Sociology.», 13.

24 Hoffmann. «International Relations, The Long Road to Theory.», 355.

25 Hobson; Lawson; Rosenberg. «Historical Sociology.», 6.

26 Aimé González, Elsa. «La Transformación de la Sociedad Internacional. Cambio y Continuidad en la Razón Civilizatoria Occidental en su Encuentro con Etiopía.» Tesis doctoral. Universidad Autónoma de Madrid, 22 de Diciembre de 2017, 79; 88.

27 Aimé González. «La Transformación de la Sociedad Internacional...», 91.

Según John Hobson, los enfoques clásicos de las teorías de Relaciones Internacionales presentan dos problemas en su tratamiento de la dimensión temporal: su "cronofetichismo" y su "tempocentrismo". El primer término alude a la asunción de que el presente puede ser explicado fuera de su contexto socio-temporal, y por lo tanto entendido como si fuese un orden espontáneo, natural, inmutable. Un orden que definen como anárquico, como examinaremos en el siguiente apartado. El segundo concepto proyecta esta lógica en el pasado, generando la ilusión de que todos los sistemas internacionales se parecen, omitiendo las características fundamentales de cada sistema. Para Hobson, estas dos lógicas son las que impiden interrogarse acerca de qué es lo que caracteriza moral, institucional y espacialmente las relaciones internacionales[28]. Y, podríamos añadir, las que dificultan analizar las relaciones internacionales desde un prisma emancipatorio.

La crítica que la sociología histórica internacional plantea al ahistoricismo de los enfoques clásicos subraya la importancia de comprender y teorizar la transformación de las relaciones internacionales, los procesos de cambio que afectan al sistema internacional y las motivaciones de sus actores[29]. En otros términos, la sociología histórica internacional concibe la realidad política global como un proceso social en constante mutación pero con continuidades entre diferentes periodos, y pone su foco en ello.

Cambio y continuidad coexisten porque ni la continuidad implica una identidad radical entre diferente periodos, ni el cambio supone necesariamente una ruptura radical. Los acontecimientos, la contingencia y las particularidades locales, los cambios y las continuidades no imposibilitan la comprensión de lo internacional como realidad social compleja. El estudio de caso de este capítulo, sobre la votación en Naciones Unidas en marzo de 2022 para condenar la invasión rusa de Ucrania, busca generar una reflexión sobre esa dimensión histórica de las relaciones internacionales, y cómo este hecho concreto refleja procesos de cambio y continuidad y la complejidad de la sociedad internacional.

---

[28] Hobson. «What's at stake in stake in 'bringing historical sociology *back* into international relations'?», 6-15.

[29] Aimé González; Peñas Esteban. «Sociologías Históricas…», 13.

### *3. Las relaciones internacionales como realidad social*

Por tanto, otro aspecto característico de la sociología histórica internacional es defender la importancia de un análisis de lo internacional desde una perspectiva sociológica. Es decir, la mirada sociológica de las relaciones internacionales concibe estas como un ámbito de interacción social entre múltiples sociedades y actores, quienes determinan los acontecimientos, la contingencia y la particularidad de las dinámicas internacionales. En este sentido, la sociología histórica internacional cuestiona la disociación radical entre el ámbito doméstico y el internacional de las teorías clásicas y, como corolario, la caracterización de las relaciones internacionales como un ámbito sempiternamente anárquico en el que los estados buscan asegurar su propia supervivencia bien sea a través de la lucha o de la cooperación[30].

Desde esta perspectiva, el concepto de anarquía en relaciones Internacionales, central tanto en el realismo como en el liberalismo y en sus variantes neo, es un lugar común que no sirve para explicar las relaciones internacionales porque parte de una comprensión antisociológica[31] de la realidad política global. Para la sociología histórica internacional esto es problemático al menos por dos razones. En primer lugar, porque genera una ceguera a las múltiples estructuras y dinámicas de poder que la caracterizan, a las desigualdades y jerarquías, a los discursos que las sustentan, y a los múltiples actores que constituyen el ámbito social de lo internacional. En segundo lugar, porque al asumir un determinado orden como el orden natural de las cosas impide la posibilidad de pensar el cambio. Esta ceguera a la complejidad social de lo internacional, y esta incapacidad de ver, interpretar y pensar el cambio está ligada a las aspiraciones cientificistas de las teorías clásicas y neoclásicas a generar una teoría parsimoniosa, deductiva y predictiva de la política internacional. Asumir la idea de la existencia de una estructura fija de anarquía internacional facilita este objetivo, pero a costa de una simplificación de la realidad internacional que limita nuestra comprensión.

La sociología histórica internacional es en este sentido crítica con la visión positivista de la ciencia y la explicación social. Como ya planteó Hoff-

30 Hobden, Stephen. *International Relations and Historical Sociology. Breaking Down Boundaries.* Londres: Routledge, 1998, 8; Hobson; Lawson; Rosenberg. «Historical Sociology.», 14-15.

31 Hobson; Lawson; Rosenberg. «Historical Sociology.», 21.

mann: "La reducción de nuestro campo a un sistema de leyes [...] sería un empobrecimiento. [...] Las "leyes" más generales de las relaciones internacionales están abocadas a ser generalizaciones bastante triviales."[32] Una crítica que encontramos también en la Escuela Inglesa y en el concepto de "sociedad anárquica" acuñado por Hedley Bull[33] con el que señaló cómo, aún sin gobierno supraestatal, las relaciones entre los estados y las sociedades que los habitan se articulan sobre una serie de normas básicas de coexistencia, con metas y reglas concretas, que permiten hablar de una sociedad internacional. La constatación de la ausencia un gobierno común a todos los estados no excluye la comprensión de las relaciones internacionales como un entorno de interacción social que trasciende esos estados, en el que participan otros actores, que ha generado estructuras específicas para su articulación, y que se transforma.

La sociología histórica pone el foco del análisis en la comprensión de la naturaleza social e históricamente construida de lo internacional para establecer posibles relaciones de causalidad, y especificar "cómo los patrones, configuraciones y conjuntos de relaciones sociales se combinan en contextos particulares para generar ciertos resultados."[34] Aspira por tanto a generar narrativas causales sobre la producción, reproducción, reforma y transformación de procesos histórico-sociológicos mundiales para ofrecer "explicaciones teóricas poderosas" sobre la sociedad internacional[35]. El estudio de caso al final de este capítulo plantea cómo el resultado de la votación de la resolución de Naciones Unidas ES1/11 en 2022, así como la disparidad en el voto de los estados africanos, es fruto de esas relaciones sociales; refleja las diferentes interpretaciones sobre la invasión rusa de Ucrania y sus impactos, desde lo local hasta lo global; y busca dar forma a la sociedad internacional.

## 4. *Teoría y metodología*

Tras plantear los dos ejes sobre los que se articula la sociología histórica internacional podemos entenderla como una teoría lente crítica y con cierto componente normativo. Teoría lente, en primer lugar, porque permite

---

32 Hoffmann. «International Relations, The Long Road to Theory.», 357.

33 Bull, Hedley. *La Sociedad anárquica. Un estudio sobre el orden en la política mundial.* Madrid: Los Libros de la Catarata, 2005, 1ª edición en inglés 1977.

34 Hobson; Lawson; Rosenberg. «Historical Sociology.», 19.

35 Hobson; Lawson; Rosenberg. «Historical Sociology.», 19.

explorar cómo los actores sociales se enfrentan a los acontecimientos y procesos sociales, lo que estos significan para ellos. El objetivo aquí es comprender cómo los actores ven el mundo y actúan en él, aunque sus visiones del mundo puedan parecer *a priori* incoherentes o ilógicas. La ideología, la percepción, las relaciones internas entre el estado y la sociedad son cuestiones que adquieren relevancia para pensar internacionalmente. Teoría crítica, en segundo lugar, porque comprender el mundo de esta forma no supone su aceptación como una realidad natural e inmutable; al contrario, el objetivo es criticar esa realidad, positiva y negativamente, para responder y comprometerse con los mundos que habitamos. Teoría normativa, finalmente, porque al buscar exponer las contradicciones de la sociedad internacional apunta formas de replantear la política global en términos emancipatorios.

La sociología histórica internacional cuestiona la concepción de la Historia como empirismo puro y la Teoría como generadora de leyes y definiciones inmutables, así como las lógicas binarias en la investigación y las teorías en ciencias sociales. Sigue por tanto un razonamiento dialógico que se aleja de dicotomías lineales como interior/exterior, orden/anarquía, paz/guerra, buenos/malos. En defensa de la sociología histórica como método de investigación en Relaciones Internacionales, Calduch señala que la dimensión histórica aporta comprensión sobre la singularidad, y la dimensión sociológica comprensión sobre las conexiones entre diferentes singularidades. Y esa doble dimensión permite contrastar cualquier elaboración teórica y plantear, a partir de ello, formas de repensar el mundo[36].

Como consecuencia de estos planteamientos ontológicos (la dimensión social e históricamente construida de las relaciones internacionales) y epistemológicos (la importancia de las interacciones sociales, incluidos sus efectos epistémicos), la sociología histórica internacional abraza métodos interpretativistas de tipo cualitativo, discursivo e histórico para analizar los factores que impactan en el comportamiento humano. Como enfoque interdisciplinar, combina y trata de trascender la clásica contraposición entre los enfoques ideográficos —orientados hacia la búsqueda de lo particular mediante un método inductivo— y los enfoques nomotéticos —orientados hacia la búsqueda de regularidades y patrones generales mediante un método deductivo— con la que se suele representar los diferentes cometidos

---

36 Calduch Cervera, Rafael. *Relaciones Internacionales.* Madrid: Ediciones de las Ciencias Sociales, 1991, 30.

de la investigación histórica y la teórica respectivamente[37]. El objetivo es, en suma, un análisis histórico y social de las relaciones internacionales en lugar de, como pretenden los enfoques positivistas, establecer relaciones causales mediante la detección de patrones regulares de comportamiento observable y, de ahí, leyes generales inmutables.

El estudio de caso al final de este capítulo plantea estas cuestiones. Para analizar el voto de los distintos países en la Resolución ES-11/1 de 2022 de Naciones Unidas sobre la guerra en Ucrania, y en particular la división en el voto de los estados africanos, es necesario explorar lo que el conflicto supuso en el momento de su estallido para estos, sus impactos inmediatos; pero también es necesario pensar cómo sus diferentes recorridos históricos nutrieron sus interpretaciones sobre la situación, y cómo ese pasado y presente generaron nuevas necesidades y futuros posibles. No existe un único relato, sino que los diferentes proyectos y trayectorias políticas conforman una madeja de lecturas e interpretaciones de la guerra en Ucrania que requieren ser comprendidas para poder posicionarse frente a ellas. Asimismo, esa madeja refleja dinámicas y lógicas políticas que se prolongan transformadas hasta hoy, tales como el imperialismo y el colonialismo, la idea de la familia de naciones civilizadas occidental, o los legados de la Guerra Fría.

## III. ORÍGENES Y TRANSFORMACIÓN DE LA SOCIOLOGÍA HISTÓRICA INTERNACIONAL

La aparición de la sociología histórica internacional se enmarca por tanto en el contexto de las discusiones epistemológicas y ontológicas en Relaciones Internacionales. Sin embargo, lo que se entiende tradicionalmente como sociología histórica no surge dentro de las Relaciones Internacionales sino como una rama específica de la Sociología, centrada en comprender y teorizar los orígenes históricos de las estructuras sociales y las transformaciones y variaciones de y entre estas, a través de un análisis histórico y comparado, orientado por lo general hacia la búsqueda de relaciones de causalidad. Sin embargo, aunque los primeros sociólogos (primera ola de la sociología histórica) tenían un enfoque histórico con el que analizar los cambios sociales a gran escala, este enfoque quedó diluido en el periodo

---

[37] Aimé González. «La Transformación de la Sociedad Internacional...», 174-175.

de entreguerras y con el auge de los fascismos y no se recuperó hasta la década de 1960 con la denominada segunda ola de sociología histórica[38].

Además de las cuestiones centrales en el trabajo de los sociólogos históricos como la formación de los estados, las revoluciones sociales, el nacionalismo, o la religión, esta segunda ola prestó una atención específica por la dimensión internacional de estos procesos, que incorporó como una variable causal más de sus análisis[39]. Hobden lo señala al hablar y analizar la obra de autores como Michael Mann, Theda Skocpol, Charles Tilly, o Immanuel Wallerstein, pero también fue el caso de otro sociólogo como Raymond Aron que puede ser considerado, junto con Hoffmann o Truyol, precursor de la sociología histórica en Relaciones Internacionales[40]. Por tanto, si la segunda ola de sociología histórica en la década de 1960 permeó hacia las Relaciones Internacionales, dando lugar a la sociología histórica internacional, esto fue tanto por el interés que esa segunda ola mostró por lo internacional como por el interés que algunos teóricos de las Relaciones Internacionales como Hoffmann mostraron por aquella, abriendo la vía a un intercambio interdisciplinar.

## *1. De internacional a global: la sociología histórica en Relaciones Internacionales*

Existe, no obstante, cierta confusión entre la segunda ola de sociología histórica y la sociología histórica en Relaciones Internacionales. Como

---

38 Kumar, Krishan. «Historical Sociology.» En *The New Blackwell Companion to Social Theory*, de Bryan S. Turner, 391-408. West Sussex: Wiley-Blackwell, 2009, 392-393; Hobden. *International Relations and Historical Sociology*, 25; 34; Bhambra, Gurminder K. «Historical sociology, international relations and connected histories.» *Cambridge Review of International Affairs* 23, n.° 1 (2010), 129-131.

39 Kumar. «Historical Sociology.».

40 Hobden. *International Relations and Historical Sociology*; Aimé González; Peñas Esteban. «Sociologías Históricas...», 1-5. Raymond Aron plasmó su interés en tanto que sociólogo histórico por las relaciones internacionales en la obra *Paix et guerre entre les nations*, así como en textos como "Qu'est-ce que une Théorie des Relations Internationales?" en el que afirma que todo estudio de las relaciones internacionales es sociológico —por la búsqueda de regularidades— e histórico —por la comprensión de las coyunturas particulares—y su objetivo es "sacar a la luz los datos determinantes de la sociedad internacional" y "comprender, en profundidad, la diversidad histórica de los sistemas internacionales". Aron, Raymond. «Qu'est-ce qu'une théorie des relations internationales?», 853-854.

decíamos, varios autores sitúan las obras de Skocpol, Tilly, Mann o Aron dentro de la segunda ola de sociología histórica, pero otros autores como Hobson, Lawson y Rosenberg se refieren a ella como la primera de tres olas de "sociología histórica en Relaciones Internacionales". Según esta nomenclatura, esta primera ola de sociología histórica en Relaciones Internacionales surgió en las décadas de 1980 y 1990 desarrollada por sociólogos históricos como Tilly, Skocpol, Giddens, Aron o Mann, pero también por varios teóricos de las Relaciones Internacionales como John Ruggie, Robert Cox, Richard Ashley o Andrew Linklater que incorporaron desde diferentes enfoques teóricos las obras de los primeros a sus investigaciones[41]. Podríamos decir que una característica de esta primera ola de sociología histórica en Relaciones Internacionales fue vincular estas dos disciplinas. Sin embargo, existe en ella todavía una fuerte impronta neo-weberiana que llevó a algunos de los sociólogos a adoptar un enfoque neorrealista y caracterizar las relaciones internacionales como un ámbito anárquico, mientras que algunos internacionalistas como el propio Hobson no habían consumado su ruptura con el realismo[42].

Esto fue, según Hobson, una cuestión clave en la aparición de una segunda ola de sociología histórica en Relaciones Internacionales, que buscó desarrollar un enfoque más complejo, que desafiara "el reduccionismo ontológico y el ahistoricismo del neorrealismo de Waltz con su cosificación de la anarquía como presencia organizadora o socializadora atemporal dentro del sistema internacional"[43]. Sin embargo, la segunda ola de sociología histórica en Relaciones Internacionales condujo a un eclecticismo cada vez mayor[44]. De hecho, la agenda de investigación de la sociología histórica en Relaciones Internacionales ha sido muy amplia, al tratar cuestiones como los orígenes y variaciones temporales y espaciales de los siste-

---

41 Hobson; Lawson; Rosenberg. «Historical Sociology.», 3; 14-15; Pastor Verdú, Jaime. «Sociología Histórica y Relaciones Internacionales. Apuntes para un balance.» *Relaciones Internacionales*, 5 (2007), 6.

42 Hobson, John M. *The State and International Relations*. Cambridge: Cambridge University Press, 2000, 175-191; Hobson; Lawson; Rosenberg. «Historical Sociology.», 15-16; Shaw, Martin. «The Historical Sociology of the Future» *Review of International Political Economy*, vol. 5, n.º 2 (1998): 321-326.

43 Hobson, John M. «What's at Stake in the Neo-Trotskyist Debate? Towards a Non-Eurocentric Historical Sociology of Uneven and Combined Development.» *Millennium: Journal of International Studies* 10, n.º 1 (2011), 151.

44 Lawson, George. «Historical Sociology in International Relations…», 345; Hobson. «What's at Stake in the Neo-Trotskyist Debate?», 150.

mas internacionales, los mitos fundacionales de la disciplina de Relaciones Internacionales y de Westphalia en particular, los orígenes no occidentales del sistema mundial contemporáneo, la relación co-constitutiva entre el ámbito internacional y las relaciones Estado-sociedad en los procesos de cambio, variaciones en el desarrollo del capitalismo, o la modernidad y su dimensión internacional[45].

De ahí la aparición de una tercera ola que Hobson, Lawson y Rosenberg denominan no ya sociología histórica en Relaciones Internacionales sino "sociología histórica internacional", en la que ubican su propia producción[46]. Según Hobson, esta tercera ola surgió con dos objetivos principales: primero, "producir una explicación de lo internacional" que ofreciera "una explicación sociológica de cómo el sistema internacional siempre ha adoptado una forma pluralista"; segundo, "desarrollar una explicación sociológica de cómo el ámbito internacional socializa a los estados"[47]. Sin ser marxista *stricto sensu*, esta tercera ola se ha interesado por conceptos como el de desarrollo desigual y combinado[48] para reflexionar sobre las relaciones internacionales.

Por su parte, sin cuestionar estas olas, Go, Lawson y de Carvalho distinguen dos grandes etapas en el desarrollo de la sociología histórica en Relaciones Internacionales[49]. La primera etapa, según estos autores, coincidió en el tiempo con la segunda ola de sociología histórica, fue influida por esta, y se articuló sobre tres ideas clave: la importancia "de la interacción entre las escalas nacional e internacional, prestando especial atención a las formas en que las presiones procedentes del sistema internacional re-

---

45 Lawson, George. «Historical Sociology in International Relations...», 344; 346-347.

46 Hobson; Lawson; Rosenberg. «Historical Sociology.», 21.

47 Hobson. «What's at Stake in the Neo-Trotskyist Debate?», 150.

48 Como señala Justin Rosenberg, el desarrollo desigual y combinado es un concepto acuñado por Leon Trotsky para hacer referencia a la dimensión múltiple e interactiva de la realidad social, la manera en que coexisten procesos diferentes —de ahí la noción de desarrollo desigual—, y el hecho de que se puedan influir entre ellos de formas imprevistas —de ahí la idea de combinado—. Véase: Rosenberg, J. et al. (2022). *Debating Uneven and Combined Development/Debating International Relations: A Forum. Millennium,* 50(2), 295. https://doi.org/10.1177/03058298211064346

49 Go; Lawson. «Introduction: For a Global Historical Sociology.», 18-19; Go, Julian, George Lawson, y Benjamin de Carvalho. «Historical Sociology in International Relations.» En *Handbook of Historical International Relations,* de Benjamin de Carvalho, Julia Costa Lopez y Halvard Leira, 47-58. Abingdon: Routledge, 2021, 51-52.

modelaban las sociedades nacionales"; la importancia "de las ideologías y normas transnacionales"; y la importancia "de la discontinuidad en el ámbito internacional" frente a la idea de una política mundial con características inmutables[50]. La segunda etapa se caracteriza por historizar nuestra comprensión de las relaciones internacionales, por "desentrañar las distintas formas que han adoptado los órdenes internacionales en el pasado", y comprender "cómo las formas y procesos sociales configuran los acontecimientos internacionales" específicos, no predeterminados[51].

Sin embargo, en la medida en que consideran que la sociología histórica internacional no termina de superar el papel preponderante del estado en la comprensión de la interacción internacional, estos autores también abogan por una sociología histórica global que trascienda el estado[52], como veremos en el epígrafe III.3. Aunque no lo mencionan, es importante señalar que, veinte años antes, Martin Shaw ya defendía la necesidad de una sociología histórica globalista que rompiera con el dualismo nacional-internacional y pusiera el foco en las transformaciones de la era global[53].

Las diferentes periodizaciones y nomenclaturas que plantean estos autores reflejan que no existe un relato unívoco sobre la sociología histórica en Relaciones Internacionales, la transformación de su agenda de investigación y así como los desafíos de la investigación interdisciplinar. Partiendo de sus reflexiones, vemos útil distinguir entre la sociología histórica a secas, para referirnos a los trabajos de los sociólogos que incorporaron la dimensión histórica e internacional a sus análisis; la sociología histórica internacional, para referirnos al trabajo de los internacionalistas que buscan teorizar la política global desde un enfoque socio-histórico; y la sociología histórica global, para referirnos a las propuestas para que esa sociología histórica internacional trascienda la espacialidad del estado. Estos dos últimos son los que articulan la sociología histórica en Relaciones Internacionales.

## 2. *El diálogo intra e interdisciplinar como fuente de transformación*

En relación con los desafíos de la investigación interdisciplinar, la sociología histórica internacional sin duda es un ejemplo de la complejidad de

50 Go; Lawson. «Introduction: For a Global Historical Sociology.», 18.

51 Go; Lawson. «Introduction: For a Global Historical Sociology.», 19.

52 Go; Lawson. «Introduction: For a Global Historical Sociology.», 21.

53 Shaw, Martin. «The Historical Sociology of the Future».

los diálogos e intercambios entre disciplinas. Como señala Marta Íñiguez de Heredia, estos diálogos "son necesarios para polinizar las Relaciones Internacionales con un mayor número de herramientas analíticas y de investigación", si bien pueden presentar problemas cuando la interdisciplinariedad conduce a préstamos que no tienen en cuenta los antecedentes de las ideas, metodologías y categorías de análisis que se adoptan[54].

Al examinar los orígenes de la sociología histórica en Relaciones Internacionales vemos reflejado este problema dado que la segunda ola de sociología histórica incorporó una comprensión de lo internacional propia de teorías de las Relaciones Internacionales ajenas a la dimensión histórica y social de los procesos internacionales, que no concebían las relaciones internacionales en términos sociológicos. Como consecuencia, como hemos visto, la sociología histórica internacional concedió inicialmente un lugar central en sus investigaciones al estado y a Occidente[55]. Por ello, algunos autores no la percibieron como una alternativa a los enfoques clásicos. Cornelia Navari o Jan Scholte se mostraron escépticos a los aportes que ofrecía a la teoría de Relaciones Internacionales, mientras que Barry Buzan entendió por su parte que la incorporación de la sociología histórica reforzaba las asunciones del realismo[56]. De hecho, la teoría postcolonial cuestionó la concepción de la modernidad, el estado y las sociedades occidentales de Mann, Skocpol y Tilly "como un milagro auto-creado y que olvida el impacto de la explotación colonial como motor de la industrialización"[57]. Martin Shaw señaló por su parte que la sociología histórica estaba aún lastrada por un entendimiento realista de lo internacional, alejado de las realidades de un mundo global[58]. Asimismo, Steve Smith planteó que no basta con introducir la dimensión sociohistórica de las relaciones internacionales en su teorización para superar los planteamientos ontológicos y epistemológicos de las teorías clásicas de Relaciones Internacionales, especialmente la preponderancia concedida a los estados.

---

54 Íñiguez de Heredia, Marta. «Prácticas y Procesos en las Relaciones Internacionales.» *Relaciones Internacionales,* n.º 24 (2013), 27.

55 Hobson; Lawson; Rosenberg. «Historical Sociology.», 14; Bhambra. «Historical sociology, international relations and connected histories.», 132; Go; Lawson. «Introduction: For a Global Historical Sociology.», 9-14.

56 Hobden, Stephen. *International Relations and Historical Sociology,* 8-9.

57 Íñiguez de Heredia. «Prácticas y Procesos...», 16.

58 Shaw, Martin. «The Historical Sociology of the Future».

Estas críticas desde las Relaciones Internacionales llevaron a la sociología histórica internacional a profundizar en su objetivo, presente desde sus orígenes, de articular una comprensión de las relaciones internacionales como un ámbito social a gran escala en constante transformación, y no como una sempiterna estructura política anárquica. Para ello ahondó su comprensión de las estructuras de poder, las ideologías que las sustentan, y las desigualdades por ellas generadas para, desde esa mirada, plantear nuevas formas de pensar el mundo. Es decir, la sociología histórica en Relaciones Internacionales buscó desarrollar los imperativos emancipatorios y normativos que Smith echaba en falta en ella[59]. En esto fue clave el papel que la ética juega en las conexiones interdisciplinares dado que, como señala Íñiguez de Heredia, son compromisos éticos concretos, antirracistas y no eurocéntricos, los que por ejemplo permiten "romper con la imagen de Occidente como producto de una auto-creación, y como actor primordial en la política mundial."[60]

Un ejemplo de ello es la crítica que se ha formulado desde la sociología histórica de las relaciones internacionales al relato clásico de la Escuela Inglesa sobre la expansión europea, a pesar de que, como señalamos anteriormente (epígrafe 1), estas dos corrientes teóricas comparten un interés por la dimensión social e histórica de las relaciones internacionales. La Escuela Inglesa enfatizó como rasgo distintivo de la sociedad internacional la existencia de normas y valores con unas raíces civilizatorias comunes fundamentadas en el sistema político occidental[61]. Desde esta perspectiva, la existencia de una cultura compartida, de un mismo sustrato intelectual y moral, facilitó la comunicación y reforzó la percepción de unos intereses comunes en Occidente (entendiendo por ello la sociedad internacional compuesta por los estados europeos y aquellos en los que, por su pasado colonial, predominaba la cultural europea) de tal forma que este se diferenció del mundo no occidental mediante un estándar de civilización. Dicho estándar estipuló una serie de criterios (políticos, económicos, culturales) a los que se tenían que ajustar las sociedades no occidentales si querían evitar ser sometidas a un trato desigual. Según este relato, la adaptación de esas sociedades no occidentales al estándar de civilización transformaría la sociedad internacional occidental en una sociedad internacional global,

---

59 Smith, Steve. «Historical sociology and international relations theory.», 231.

60 Íñiguez de Heredia. «Prácticas y Procesos...», 15; 18.

61 O'Hagan, Jacinta, *Conceptualizing the West in International relations. From Spengler to Said*, Palgrave, Nueva York, 2002, p. 114.

que sin embargo mantuvo los criterios occidentales para la conducta de las relaciones internacionales. Por ello, este enfoque entiende la sociedad internacional global como una creación occidental.

Fred Halliday planteó una crítica desde la sociología histórica internacional al este relato sobre la expansión europea, si bien reconoció como aporte fundamental de la Escuela Inglesa a la teoría de las Relaciones Internacionales el reconocimiento de las instituciones y normas, de la importancia del cambio, y del propio concepto de sociedad internacional. Sin embargo, a pesar de la mirada sociohistórica de la Escuela Inglesa, Halliday apuntó la cercanía de esta escuela con el realismo debido a su enfoque centrado en el estado, y al mismo tiempo su sesgo liberal, presente en su visión de la expansión de la sociedad internacional; señaló cómo la Escuela Inglesa suavizó el relato de la expansión europea al presentarla como la homogenización de las prácticas políticas y legales a nivel global, eludiendo la reflexión sobre la dimensión material de la expansión europea[62].

Frente a este relato, Halliday interpretó la expansión europea como producto de una socialización impuesta, articulada sobre los principios del liberalismo capitalista, que forzó a las sociedades no europeas a una cierta homogeneización a través de la adopción e inserción en determinadas estructuras de poder. Matizó sin embargo esta idea de homogeneización de la sociedad internacional introduciendo el concepto de Trotsky de desarrollo desigual y combinado. [63] Su idea fue desarrollada posteriormente por su discípulo Justin Rosenberg para analizar la diversidad de la sociedad internacional, visible en la coexistencia de múltiples sociedades y en el impacto mutuo de unas sobre otras. Ello explicaría que el proceso de homogeneización derivado de la expansión europea no impidiera la existencia de desigualdades entre las sociedades.

También John M. Hobson se ha mostrado crítico al señalar la historia de las relaciones internacionales como una historia intercivilizacional y no como la historia de la expansión de una sociedad europea prístina, convertida en global por la superioridad de sus características civilizatorias, como se desprende del relato clásico de la Escuela Inglesa[64]. Las críticas

---

62 Aimé González. «La Transformación de la Sociedad Internacional…», 176-177.

63 Aimé González. «La Transformación de la Sociedad Internacional…», 177.

64 Hobson, John M., «Reconstructing International Relations through world history…»; Hobson, John M., «Is critical theory always for the white West and for Western imperialism? Beyond Westphilian towards a post-racist critical IR». *Review of International Studies*, vol. 33 (2007), ps. 91-116.

desde la sociología histórica de las relaciones internacionales señalan en suma cómo el relato de la expansión de la sociedad internacional de la Escuela Inglesa genera silencios que crean una imagen benigna de la sociedad internacional, ocultan cuestiones centrales de su funcionamiento (como la existencia de relaciones jerárquicas y desiguales) que perduran en el tiempo, e invisibilizan la agencia de las sociedades no europeas para transformar la sociedad internacional[65].

### *3. Agenda de investigación y propuestas de renovación: de la sociología histórica internacional a la sociología histórica global*

Estos diálogos nos llevan a subrayar cómo la sociología histórica internacional ha compartido agenda de investigación con otras teorías de Relaciones Internacionales como el constructivismo, el marxismo, el postestructuralismo, la teoría crítica o la Escuela Inglesa[66]. Es por ello por lo que Hobson distingue entre siete tipos de sociología histórica de las relaciones internacionales: neoweberiana (2ª ola de sociología histórica), constructivista (Barnett, Reus-Smit), sistema-mundo (Wallerstein), materialismo histórico crítico (Cox), crítica (Linklater), postmoderna (Smith), realista estructural (Buzan y Little)[67]. Aunque esta tipología puede generar más confusión que claridad para comprender la especificidad de la sociología histórica internacional[68], Hobson pone de manifiesto que se trata de una teoría enriquecedora para diferentes enfoques, y cómo existe un diálogo entre las teorías de Relaciones Internacionales que hizo que, con el tiempo, incluso autores de tradición realista o liberal aplicaran métodos sociohistóricos a sus investigaciones[69].

Hobson, Lawson y Rosenberg buscaron consolidar la orientación no positivista con lo que denominan tercera ola de sociología histórica inter-

---

65 Hobson señala sin embargo la emergencia desde principios del siglo XXI de una corriente no-eurocéntrica en la Escuela Inglesa. En *The Eurocentric Conception of World Politics. Western International Theory, 1760-2010*, Cambridge: Cambridge University Press (2012), p. 329.

66 Hobson; Lawson; Rosenberg. «Historical Sociology.», 18-19; Go; Lawson; de Carvalho. «Historical Sociology in International Relations.», 54.

67 Hobson. «What's at stake in stake in 'bringing historical sociology *back* into international relations'?», 20-41.

68 Lawson. «Historical Sociology in International Relations…», 345.

69 Aimé González. «La Transformación de la Sociedad Internacional…», 467.

nacional, reuniendo la propuesta formulada en 1998 por Shaw, con una agenda de investigación que trascienda la dicotomía doméstico/internacional y el énfasis en el estado, y crítica con el eurocentrismo de la teoría social[70]. Con respecto a la idea de la expansión de la sociedad internacional, retomaron el concepto de desarrollo desigual y combinado, sumando otras dos ideas. Primero, la necesidad de combinar el análisis de las relaciones entre sociedades con el de las dinámicas intercivilizacionales derivadas del encuentro entre diferentes modelos de desarrollo. Así, no se trata sólo de reconocer que la coexistencia de diferentes sociedades hace que estas se vayan influyendo mutuamente, sino también que estas se insertan en diálogos civilizatorios globales[71]. Por otro lado sostienen que examinar cómo el orden social se produce, reproduce, trastoca y transforma requiere detenerse en sucesos históricos particulares, acontecidos en periodos de cambio acelerado[72]. Es decir, se trata de comprender cómo en la contingencia se reúnen el cambio y la continuidad.

Como señalábamos en el epígrafe III.1, la sociología histórica global es otra de las propuestas para renovar la agenda de investigación de la sociología histórica internacional. Go y Lawson la definen como "el estudio de dos dinámicas interrelacionadas: en primer lugar, las dinámicas transnacionales y globales que permiten la emergencia, reproducción y ruptura de los órdenes sociales, independientemente de que estos órdenes se sitúen a escala subnacional, nacional o global; y en segundo lugar, la emergencia histórica, reproducción y ruptura de las formas sociales transnacionales y globales."[73] Lo primero significa que la sociología histórica global presta atención a las interconexiones sociales y su expansión espacial, y a cómo el imperialismo, las guerras, el racismo, el machismo o el capitalismo son procesos que se manifiestan y conectan las sociedades desde lo local hasta lo global. Lo segundo está ligado al interés por la dimensión temporal de esas interconexiones y relaciones, y por cómo un determinado suceso o fenómeno no se puede comprender mediante una foto fija del mismo, sino que requiere ser situado dentro de los procesos sociales y temporalidades que lo generan.

Al calificar la sociología histórica como global en lugar de como internacional, Go y Lawson buscan abarcar el tiempo y el espacio en su totalidad;

---

70 Hobson; Lawson; Rosenberg. «Historical Sociology.», 19-29.

71 Hobson; Lawson; Rosenberg. «Historical Sociology.», 23-24.

72 Hobson; Lawson; Rosenberg. «Historical Sociology.», 26.

73 Go; Lawson. «Introduction: For a Global Historical Sociology.», 2.

es decir, subrayan la importancia de la temporalidad y la historicidad para comprender las conexiones entre "acontecimientos, personas y procesos que normalmente se aíslan por el mero hecho de tener lugar en territorios nacionales diferentes."[74] El calificativo global marca distancias con el de internacional para alejarse de la comprensión eurocéntrica de la política mediada por la idea del estado-nación, una entre tantas manifestaciones históricas y geográficas de la política, y para profundizar hacia una comprensión de lo internacional que piense el mundo en sus interconexiones desde lo local hasta lo global, y en el tiempo.

Mientras que estas propuestas de renovación dialogan con las críticas que hemos señalado más arriba, no resuelven otras como la que ha planteado Tom Lundborg desde el postestructuralismo. Para Lundborg, la sociología histórica internacional reproduce la idea de un presente político moderno como un "proyecto antropocéntrico que busca reafirmar la presencia ontológica de individuos humanos al guiarles con la ayuda de la voz soberana y la razón."[75] Esto se debe según este autor a que la sociología histórica descansa en una problemática asunción sobre la diferencia entre historia y estructura, sobre pasado y presente, y busca establecer cadenas de eventos y causalidades que expliquen los orígenes de los fenómenos sociales. Es decir, desde esta perspectiva, la sociología histórica aspira a un control discursivo del curso de los eventos, lo que plantea el problema de la "voz soberana de la razón", de la inscripción del ser humano como la figura soberana de la historia[76]. Desde el postestructuralismo, Lundborg plantea la necesidad de trastocar el presente político moderno, de deconstruir la relación entre historia y estructura, "con el objetivo de demostrar que no hay una base estable en la que apoyarse para interpretar el significado de los acontecimientos, solo un proceso, una práctica y una política de fundamentación altamente contingentes."[77] La diferencia entre la sociología histórica internacional y el postestructuralismo es cómo plantean esa política de fundamentación para comprender los acontecimientos; mientras este último busca su singularidad, aquella busca las conexiones estructurales e históricas, en el tiempo y el espacio, y los múltiples factores que los originan, como planteamos a continuación.

---

74 Go; Lawson. «Introduction: For a Global Historical Sociology.», 5.

75 Lundborg. «The limits of historical sociology…», 112.

76 Lundborg. «The limits of historical sociology…», 113.

77 Lundborg. «The limits of historical sociology…», 116.

El estudio de caso que planteamos a continuación parte de un hecho concreto como es la votación de los estados miembros de la ONU en la resolución ES-11/1, y en particular el voto de los estados africanos, para señalar la necesidad de pensar el porqué de los diferentes posicionamientos. El resultado de la votación es una foto fija, que requiere ser examinada en su complejidad, y puesta en movimiento mediante el análisis de la dimensión histórica y social de ese momento. En él se reflejan las interconexiones pasadas, marcadas por determinadas experiencias, pero también la presente búsqueda de (otras) interconexiones, transformando o cuestionando las existentes, o reforzando y preservándolas.

## IV. ESTUDIO DE CASO: EL VOTO DE LOS ESTADOS AFRICANOS EN LA SESIÓN ESPECIAL DE EMERGENCIA DE LA ASAMBLEA GENERAL DE NACIONES UNIDAS SOBRE LA CRISIS DE UCRANIA

El 2 de marzo de 2022, la Asamblea General de Naciones Unidas aprobó la resolución ES-11/1 en la que condenó la "agresión contra Ucrania" por parte de Rusia. El resultado de esta votación mostró el rechazo de la mayoría de los estados miembros de Naciones Unidas a la invasión rusa de Ucrania de febrero de 2022, pero también reflejó que los estados africanos no compartían una posición unánime al respecto. Asimismo, para varios analistas resultó sorprendente que estados cuyas sociedades lucharon hasta bien entrado el siglo XX por su soberanía e independencia política se abstuvieran.

**Tabla 1. Resultado de la votación de los estados miembros de la ONU en la resolución ES-11/1, y desglose del voto de los estados africanos**

| Votos | Países miembros de la ONU | | Estados Africanos Miembros de la ONU | |
|---|---|---|---|---|
| | *Número* | *Porcentaje (sobre el total de estados miembros)* | *Número* | *Porcentaje (sobre el total de estados africanos miembros)* |
| **A favor** | 141 | 73,05% | 28 | 51,85% |
| **En contra** | 5 | 2,60% | 1 | 1,85% |
| **Abstenciones** | 35 | 18,15% | 17 | 31,50% |
| **Ausentes** | 12 | 6,20% | 8 | 14,80% |
| **Total** | 193 | 100% | 54 | 100% |

Fuente: Elaboración propia con datos de la Biblioteca Digital de las Naciones Unidas https://digitallibrary.un.org/record/3959039?ln=es

¿Cómo podemos interpretar esta disparidad en el voto de los estados africanos? ¿Cómo influyen las conexiones estructurales e históricas en el tiempo y en el espacio en esta votación? ¿Cómo refleja esta votación las transformaciones en la política global, la dimensión histórica de las relaciones internacionales y la situación actual de la sociedad internacional?

Desde la perspectiva de la sociología histórica en Relaciones Internacionales, no hay una única interpretación del posicionamiento de los estados en la votación. Tomado como suceso histórico singular, el resultado de esta sesión especial de la Asamblea General de Naciones Unidas refleja procesos de cambio y continuidad en la política global, y las conexiones y desconexiones espaciales y temporales en un momento particular. El resultado de la votación y el posicionamiento de los estados se ha de comprender por tanto desde la multicausalidad, y requiere un análisis que tenga en cuenta tanto la dimensión histórica como las dinámicas y estructuras políticas en diferentes niveles local, regional/estatal, estatal, regional/continental, continental, transcontinental.

En relación con la dimensión histórica, es necesario analizar tanto eventos pasados y sus legados como otros más recientes —como el colonialismo, la Guerra Fría, el neocolonialismo, la pandemia de COVID-19, o el tratamiento de la propia conflictividad en África por parte de Naciones Unidas y de sus estados miembros—, y cómo reflejan la existencia de conexiones multitemporales. En relación con las dinámicas y estructuras políticas, es necesario analizar cómo estas influyen en la percepción de la guerra, cómo esta percepción influye en esas dinámicas y estructuras o genera otras nuevas, y cómo reflejan la existencia de conexiones multiespaciales. Cuestiones como la memoria de esos procesos históricos, los impactos económicos de la guerra —por ejemplo, en el alza de algunas materias primas como el trigo o el gas—, el tratamiento discriminatorio al que fueron sometidos los expatriados africanos en Ucrania al comienzo de la guerra, los vínculos intercontinentales —por ejemplo, con la Unión Europea, Rusia o la República Popular China, o con el Movimiento de Países No Alineados—, la estructura política y económica de los países, las instituciones regionales africanas, influyeron en las diferentes lecturas que los gobiernos africanos hicieron de la guerra y sus impactos. Esto fue clave para determinar su voto en la sesión especial de la Asamblea General y posicionarse dentro de un diálogo sobre la transformación global.

## V. CONCLUSIONES

En este capítulo hemos visto cómo la sociología histórica emergió en las Relaciones Internacionales, a raíz del creciente interés desde finales de la década de 1950 por cómo la sociología histórica podía contribuir a los horizontes teóricos críticos con la visión estática, inmutable, de las relaciones internacionales y con las aspiraciones cientificistas. Surgió así un creciente interés por investigar la sociología histórica de las relaciones internacionales, generando una corriente teórica dentro de la disciplina que hemos denominado en este capítulo sociología histórica internacional, y que más recientemente ha evolucionado hacia una sociología histórica global. La sociología histórica internacional es en este sentido un proyecto de investigación crítico sobre la conformación y transformación histórica de la sociedad internacional, sus actores y estructuras, y de las "cadenas de eventos" materiales e ideacionales que la han originado, para identificar los procesos a largo plazo y los patrones de las relaciones internacionales en todas sus escalas espaciales y, desde ahí, plantear nuevos horizontes de posibilidad. A tal fin busca historizar tanto su objeto de estudio como la producción de conocimiento.

Esta corriente ha cobrado peso desde la última década del siglo XX, si bien se ha enfrentado asimismo a críticas que han puesto de manifiesto los desafíos y dificultades de la interdisciplinariedad y la superación de la compartimentalización en las ciencias sociales, pero que también han impulsado su renovación. Así han surgido nuevas propuestas tanto para renovar la sociología histórica internacional como para una sociología histórica global con el objetivo de intentar trascender los encorsetamientos espacio temporales que constriñen nuestra capacidad de pensar globalmente y visualizar la coexistencia de múltiples historias en múltiples direcciones.

## VI. RECAPITULACIÓN

**Principales rasgos de la sociología histórica en Relaciones Internacionales**

- Considera que la comprensión política del mundo no puede pasar por su simplificación sino que ha de analizar su complejidad social e histórica.
- Concibe la política global como un ámbito social en constante transformación, caracterizado por la diversidad y desigualdad entre los actores que lo conforman, y por los múltiples procesos, prácticas, materialidades, estructuras y redes que lo articulan, y que en su interacción conectan lo local con lo global.

| |
|---|
| – Pone el foco en las dinámicas y estructuras generadas por las múltiples y crecientes interacciones entre diferentes formaciones sociales, en sus acciones —directas o indirectas—, y en su configuración, funcionamiento y transformación espacial e histórica a gran escala.<br>– Busca establecer relaciones de causalidad, y comprender si los procesos sociales examinados son específicos de un determinado tiempo y lugar, o si por el contrario se pueden generalizar histórica y espacialmente.<br>– Emplea métodos interpretativistas de tipo cualitativo, discursivo e histórico.<br>– Cambio y continuidad coexisten: la sociedad global experimenta una constante transformación, que sin embargo no imposibilita la existencia de ciertas continuidades. |
| **Origen de la sociología histórica en Relaciones Internacionales**<br>La insatisfacción con las asunciones epistemológicas y ontológicas preponderantes en los enfoques clásicos de la Teoría de Relaciones Internacionales motivó en algunos autores el desarrollo de una mirada sociológica e histórica para alcanzar una comprensión de la política mundial en su complejidad. Aunque esto comenzó a plantearse en la década de 1950, cobró más relevancia a partir de las décadas de 1980 y 1990. Este encuentro interdisciplinar llevó a la sociología histórica en Relaciones Internacionales a definirse como internacional o global. |
| **Debates**<br>La incorporación de la sociología histórica a las Relaciones Internacional buscó reforzar el análisis crítico de los orígenes históricos y sociológicos de la configuración política internacional actual, sus características, y en particular los discursos, procesos y prácticas que la articulan y sustentan, como el imperialismo, el eurocentrismo, el estatocentrismo, o el racismo. Surgió así una sociología histórica internacional, por su comprensión espacial y temporal compleja y a gran escala de la realidad social estudiada, pero que se piensa a sí misma cada vez más como global en su objetivo de comprender el mundo en sus interconexiones espaciales y temporales. |

## VII. RECOMENDACIONES

- La canción "Todo cambia" de Julio Numhauser, compositor chileno exiliado en Suecia, publicada en 1984, cuya versión más conocida es la de Mercedes Sosa. Una canción que habla del cambio y de la continuidad, de la distancia temporal y de la física, y del recuerdo.
- El retrato de Juan de Pareja pintado por Velázquez en 1650, y actualmente en el Museo Metropolitano de Arte de Nueva York. Un cuadro que, junto con la propia obra pictórica de Juan Pareja, encierra varias historias, entre otras la de la de las personas esclavizadas en Europa en el siglo XVII, la posibilidad del cambio de las mentalidades, pero también sus dificultades.
- La novela *Aux États-Unis d'Afrique*, de Abdourrahman A. Waberi (París: Jean-Claude Lattès, 2006) en la que convergen presente, pasado y futuro. Un horizonte de posi-

bilidad que hace una crítica punzante al mundo actual y sus contradicciones, y en el que reverbera la historia.

- La trilogía *Regreso al Futuro*, del director de cine Robert Zemeckis (Universal Pictures, 1985; 1989; 1990) en las que presente y pasado se influyen mutuamente, y esto a su vez marca el futuro, en las que hay cambio y no cambio a la vez, y en las que se ven cristalizados determinados imaginarios reflejo del contexto socio-cultural en que fueron producidas.
- El comic *A People's History of American Empire* del historiador Howard Zinn, junto con Mike Konopacki y Paul Buhle (Nueva York, Henry Holt, 2008). Es una adaptación gráfica de las obras de Zinn *A People's History of the United States* y *You Can't Be Neutral on a Moving Train*, que retrata el imperialismo estadounidense desde sus orígenes coloniales hasta la actualidad, y señala la imposibilidad de disociar política interior y política exterior.

# *Capítulo 8*
# ***Postestructuralismo***

**JORGE ESTÉVEZ***
**JOSÉ LUIS DE LA FLOR***

## I. INTRODUCCIÓN

En la década de 1960 una corriente de pensamiento filosófico que conocemos como postestructuralismo comienza a cuestionar la posición dominante del estructuralismo científico y sus principios teóricos en las Ciencias Sociales[1]. Más allá del campo de la lingüística, disciplina en la que tiene sus inicios, el postestructuralismo expandió su crítica por otras disciplinas como la Literatura, la Ciencia Política, la Historia, la Sociología, y por supuesto, la disciplina de Relaciones Internacionales. En términos generales, el postestructuralismo aparece como un conjunto de experimentos variados sobre textos, ideas y conceptos que muestran y problematizan los límites del conocimiento. Estos experimentos se observan desde los estudios históricos de Michel Foucault, hasta la creación de nuevos conceptos filosóficos por Gilles Deleuze, pasando por las deconstrucciones de textos de Jacques Derrida, los estudios de obras de arte y lingüística de Julia Kristeva, y los estudios sobre estructuras y sensaciones de Jean-François Lyotard. Estos autores y autoras, centrales para el desarrollo del postestructuralismo, elaborarán algunos de los principales conceptos y herramientas usadas posteriormente por los y las postestructuralistas de Relaciones Internacionales (RRII).

---

* Magíster en Cooperación Internacional por la Instituto Universitario de Cooperación al Desarrollo (IUDC) de la Universidad Complutense de Madrid.

* Licenciado en Farmacia por la Universidad Complutense de Madrid y Doctor en Relaciones Internacionales por la Universidad Autónoma de Madrid.

1 James Williams, *Understanding poststructuralism*, (Chesman: Acumen Publishing Limited, 2005).

## II. PRINCIPALES IDEAS DE LA CORRIENTE POSESTRUCTURALISTA

Un primer rasgo compartido en la corriente postestructuralista es poner en cuestión la seguridad y estabilidad de las estructuras, para lo cual es central el análisis sobre dos elementos: el lenguaje y el poder. De forma general, los autores y autoras postestructuralistas representan un movimiento hacia los enfoques lingüísticos, según los cuales ninguna materialidad puede presentarse fuera de una representación discursiva, y la elección de analogías, comparaciones, símiles, símbolos, alegorías, hipérboles o metáforas que muestran cómo la realidad es entendida[2]. Así, el análisis del discurso aparece como elemento central, apuntando a una serie específica de representaciones y prácticas a través de las cuales se producen significados y constituyen identidades. Esto no significa que el postestructuralismo niegue el significado de la materialidad, sino que reconoce que los discursos son performativos; es decir, que constituyen los objetos de los que hablan, existiendo diferentes narrativas en competencia en torno a los distintos hechos materiales. De este modo, la formación discursiva hace posible todo un conjunto de identidades, relaciones sociales, posibilidades políticas y resultados éticos[3]. En definitiva, el objetivo de esta corriente no ha sido, como señala Anthony Burke, liberar el lenguaje de todas las afirmaciones de verdad, sino mostrar cómo las estructuras sociales, las instituciones y los eventos modernos están históricamente vinculados y son contingentes[4].

El postestructuralismo establece también una concepción diferente del poder; esto es, un poder distribuido, circulante y productivo. Esto ha permitido la extensión del campo de lo político a una amplia gama de procesos que anteriormente aparecían como ajenos a las dinámicas de poder. Con ello, a diferencia del campo estructuralista, que espera generar un conocimiento seguro a partir del análisis de las estructuras y sus variaciones, el postestructuralismo afirma que la excepción constituye la norma y

---

2 Barry Buzan y Lene Hansen, *The evolution of International Security Studies* (Cambridge: Cambridge University Press, 2009).

3 David Campbell, "Poststructuralism" en Tim Dunne, Milja Kurki y Steve Smith, *International Relations Theories: Discipline and Diversity* (Oxford: Oxford University Press, 2007): 235-236.

4 Anthony Burke, "Postmodernism" en Christian Reus Smit y Duncan Snidal (eds), *The Oxford Handbook of International Relations* (Oxford: Oxford University Press, 2008,): 359—77.

lo explica argumentando que toda estructura presupone un límite y que éste, al estar en constante transformación, se convierte en una fuente de producción interminable de nuevas diferencias. Así, no es extraño que la seguridad y la soberanía, dos conceptos centrales del desarrollo histórico de las RRII, fueran los objetivos del ataque posestructuralista y de su esfuerzo por transformar la disciplina.

Un segundo rasgo es la cuestión normativa. El postestructuralismo pone en cuestión la posibilidad de generar un conocimiento estable en cuanto que cuestiona constantemente las epistemologías y con ello la comprensión y las posiciones de la verdad establecidas. El posestructuralismo no niega la moralidad, pero se opone a considerar que la ética sea una cuestión de absolutos. Por ello, por encima de cualquier otro compromiso ético o normativo, el postestructuralismo afirma un compromiso intelectual con el cuestionamiento constante de los significados y valores dados por válidos y eternos. Sobrepasar estos límites normativos permite que emerjan líneas de factura, disidencias o derivas desde las que producir diferentes posiciones éticas y políticas. En este sentido cuestionar y deconstruir valores fundadores de la disciplina como son la seguridad, la soberanía o la diplomacia supone mostrar sus contingencias históricas y sus líneas de fuga hasta presentarlos no tanto como valores objetivos, fijos y universales sino más bien como conceptos en lucha y en redefinición constante.

Adicionalmente, otros rasgos destacables de las corrientes postestructuralistas son su cuestionamiento sobre la separación entre ciencia, ética (entendida como el estudio de la relación entre el comportamiento humano y los preceptos morales) y estética (entendida como el estudio de la percepción sensorial o artística). Frente a la supuesta pureza y objetividad del método científico, el posestructuralismo no solo investiga las relaciones de poder/saber o las configuraciones históricas del conocimiento científico, sino que analiza también los valores, éticos y estéticos. Por ello, el postestructuralismo se ha interesado especialmente por la producción cultural y artística al entender que su análisis abre la puerta a diferentes límites de las formas establecidas de entender.

Por todo ello, el postestructuralismo es político en cuanto que supone, por todo lo presentado en este apartado, un cuestionamiento al proyecto de la modernidad Occidental asentado en el positivismo y la universalidad. Las epistemologías críticas del postestructuralismo suponen así un cuestionamiento ontológico a las posiciones fundacionales de las RRII basadas en conceptos como la seguridad, la soberanía, la cooperación o la diplomacia y un avance hacia nuevas formas de comprender la naturaleza de las relaciones internacionales basadas en el análisis del lenguaje y las relaciones conocimiento-poder. Por eso, el postestructuralismo a la vez que cuestiona la estabilidad teórica plantea otras formas políticas de hacer-pensar, a través de su revisión radical de la historia, de los sistemas éticos y de su práctica de intentar mostrar los límites y problemas del humanismo y el racionalismo El postestructuralismo, como praxis de pensamiento nos permite cambiar la visión del mundo y ello abre vías a su transformación material.

## III. ORÍGENES DEL POSTESTRUCTURALISMO EN LAS RELACIONES INTERNACIONALES Y PRINCIPALES APORTACIONES CONCEPTUALES

No puede desligarse la aparición de este enfoque y su evolución del contexto histórico en el que surge. Su inicio como un enfoque crítico distinto en la disciplina comienza en la década de 1980, durante la Guerra Fría, en un momento dominado por los discursos de contención nuclear y la rivalidad entre las grandes superpotencias. En estos inicios, la corriente postestructuralista constituye una fuerte crítica a la concepción militarizada y estatocéntrica de los Estudios Estratégicos por descartar las implicaciones históricas, normativas y políticas en sus análisis. Al abrirse una nueva etapa de las políticas internacionales caracterizada por la caída de la Unión Soviética y el comienzo de la post-guerra fría los estudios posestructuralistas dirigen un especial interés a analizar cómo los estados construyen la percepción de la amenaza y el enemigo, como parte central de su política exterior y su identidad nacional. Ya dentro del trascurrir de la década de 1990 las crisis y conflictos internacionales como la primera Guerra del golfo, la Guerra en los Balcanes, o el conflicto en Somalia reforzaron el interés del postestructuralismo por el debate en torno a la legitimidad de las intervenciones y las guerras occidentales. Estas preocupaciones se multiplicaron después de los atentados del 11 de septiembre de 2001 impulsando un análisis crítico de las implicaciones éticas y políticas de la denominada guerra global contra el terrorismo

De manera más detallada podemos situar la entrada del posestructuralismo en las RRII durante la década de 1980 de la mano de los trabajos de

Richard Ashley[5], James Der Derian[6], Michael Shapiro[7] y R. B. J. Walker[8]. Estos autores pusieron de manifiesto cómo debates significativos sobre la forma de construir conocimiento estaban sucediendo en diversas ramas de las Ciencias Sociales y las Humanidades, pero no en las RRII. Dos colecciones importantes reunieron estos primeros estudios: James Der Derian y Michel J. Shapiro "International-intertextual relations: postmodern readings of world politics" (New York: Lexington Books, 1989) y Richard Ashley y R. B. J. Walker "Special Issue: Speaking the Language of Exile: Dissidence in International Studies" en *International Studies Quarterly*, Vol. 34, n.º 3 (Sep., 1990).

Como sucedió con otras disciplinas, el postestructuralismo supuso un gran desafío para las RRII en la medida en que cuestionó algunos de sus principales fundamentos y desarrollos. Desde el primer momento, los autores y autoras postestructuralistas trataron de evidenciar las relaciones existentes entre poder y conocimiento dentro de la misma disciplina[9]. Así, en lugar de entender la producción de conocimiento simplemente como un asunto cognitivo, el postestructuralismo empieza a abordarlo como un asunto normativo y político.

A través de la revisión crítica del proceso histórico e intelectual que configuró la disciplina, el postestructuralismo cuestiona una visión de la política mundial que, obsesionada con la política de poder y la soberanía del Estado, excluye otras interpretaciones sobre qué es lo que puede constituir "lo internacional"[10]. Como señala Mariela Cuadro, las críticas del postestructuralismo hacia las corrientes hegemónicas de la disciplina trataron de desnaturalizar los supuestos sobre los que ésta se había sostenido desde sus orígenes a principios del siglo XX, llamando la atención sobre el poco de-

---

5 Richard Ashley, "Political Realism and Human Interests" *International Studies Quarterly* Vol. 25, n.º 2 (1981): 204-236; Ashley, Richard, "The Poverty of Neorealism" *International Organization* Vol. 38, n.º 2 (1984): 225-286.

6 James Der Derian, *On Diplomacy a Genealogy of Western Estrangement* (Oxford: Blackwell, 1987).

7 Michel J. Saphiro, *The politics of representation: writing practices in biography... op.cit.*

8 RBJ Walker, "Realism, change, and international political theory" *International Studies Quaterly*, Vol. 31, n.º 1 (1987): 65-86.

9 Richard Devetak, "Postmodernism" en Scott Burchill et al, *Theories of International Relations* (Hampshire: Palgrave Macmillan, 2005).

10 Noe Cornago, "Breviario de postestructuralismo para internacionalistas" en https://www.academia.edu/2286259/Breviario_de_postestructuralismo_para_internacionalistas.

sarrollo teórico de conceptos medulares como "soberanía", "diplomacia" y "guerra"[11]. En este sentido, las posiciones postestructuralistas han realizado una crítica a las teorías realistas, neorrealistas, liberales y neoliberales para demostrar cómo sus supuestos teóricos daban forma a lo que podía decirse sobre la política internacional y lo que debía excluirse.

Frente a las grandes corrientes imperantes en la disciplina (Realismo, Liberalismo, Neoliberalismo, Neorrealismo o Constructivismo) el postestructuralismo, como señala David Campbell[12], no es un modelo o teoría de las RRII porque no establece un paradigma a través del cual todo se entiende. Al contrario, supone una corriente crítica preocupada intelectual y éticamente por la importancia de la representación, la relación entre poder y conocimiento o la política de identidad en la comprensión de los asuntos globales. Además, está interesada en incluir a quienes habían/han sido desplazados o excluidos por las corrientes principales de la disciplina. Así, la crítica postestructuralista no se construye como una forma de decir que las cosas no están bien como son, sino de señalar sobre qué tipo de supuesto y modos de pensamiento no cuestionados y no considerados descansan las prácticas que aceptamos, mostrando que las cosas no son tan evidentes como se creían[13].

Aquellos autores y autoras pertenecientes al postestructuralismo fueron mal recibidos por las principales corrientes principales de RRII, excluyéndolos como interlocutores en la conversación de la disciplina y etiquetándolos de forma despectiva como posmodernos o reflectivistas[14], o anti-cientifistas. Por tanto, esta corriente de conocimiento aparece visible para la disciplina desde los márgenes, con la aparición del número especial que referimos en páginas anteriores de Richard Ashley y R. B. J. Walker "Special Issue: Speaking the Language of Exile: Dissidence in International Studies" en *International Studies Quarterly* Vol. 34, n.° 3 (Sep., 1990). Sin embargo, como veremos más adelante, las corrientes postestructuralistas se han consolidado en las RRII, contando con espacios como la revista *Al-*

---

11 Mariela Cuadro, "El post-estructuralismo en las RRII: una perspectiva alternativa", en Llenderrozas, Elsa (ed), *Relaciones Internacionales: Teorías y debates* (Buenos Aires: EUDEBA, 2013): 107-130.

12 David Campbell, "Poststructuralism" en…, op. cit., p. 225.

13 David Campbell,Poststructuralism" en…, op. cit., p. 233.

14 Steve Smith, "Postitivism and beyond", en Steve Smith, Ken Booth y Marysia Zalewski (ed.), *International Theory: Positivism and Beyond* (Cambridge: Cambridge University Press, 1996).

*ternatives* y permeando y conectándose con otros enfoques como la teoría feminista o la sociología política internacional.

Pasemos ahora a presentar algunas de las principales aportaciones conceptuales del postestructralismo al debate teórico de RRII.

## IV. IDEAS FUERZA DE LAS INVESTIGACIONES DEL POSTESTRUCTUTALISMO EN RRII

En este apartado presentamos las principales categorías analíticas que ha aportado el postestructuralismo a las RRII, aterrizando estos conceptos sobre algunos ejemplos ilustrativos.

### *1. Estado y soberanía*

En primer lugar, el postestructuralismo ha cuestionado el Estado y la soberanía como fundamentos centrales de la comprensión de la disciplina. Como señala Anthony Burke, los paradigmas realistas y liberales de RRII— así como las corrientes neorrealistas y neoliberales, y el constructivismo de Alexander Wendt— se basan en la asunción de ciertos postulados ontológicos centrales, siendo el primero de ellos: "la prioridad normativa y existencial del estado nación territorial como un contenedor privilegiado para el ser y un hecho estructurante del sistema o sociedad internacional"[15].

A principios de la década de 1980 Richard Ashley llevó a cabo una deconstrucción del concepto de anarquía aplicada al ámbito internacional en oposición a un interior pacífico conformado por el Estado nación[16]. De este modo, desveló que el "paradigma de la soberanía" daba lugar a una disposición epistemológica y ontológica de la política moderna basada en la representación del estado soberano como depositario del orden, la homogeneidad y la identidad, algo por tanto inexistente fuera de sus límites. A través del análisis genealógico de los "orígenes" del estado moderno en la violencia y de la deconstrucción de la identidad ligada a discursos de seguridad y política exterior, Ashley trató de cuestionar esa representa-

15 Anthony Burke, "Postmodernism"... *op.cit.* p. 364.

16 Richard Ashley "Political Realism and Human Interests", *International Studies Quarterly*, n.º 25 (1981): 204-236; Richard Ashley, "Untying the Sovereign State: A Double Reading of the Anarchy Problematique" *Millennium: Journal of International Studies* Vol. 17, n.º 2 (1988): 227-262.

ción del Estado soberano como el actor central, unitario y racional en las Relaciones Internacionales. A través de la conexión entre poder y conocimiento, el autor mostró cómo la asunción de la soberanía como principio constitutivo de la disciplina, había condicionado tanto la teoría como la práctica de las relaciones internacionales. En este sentido, los trabajos post-estructuralistas han evidenciado cómo el privilegio ontológico otorgado a la soberanía se ha utilizado, por ejemplo, para negar a los pueblos indígenas o a los estados africanos la plena subjetividad y derechos dentro de las instituciones que rigen las relaciones internacionales[17].

## *2. Identidad-Seguridad*

Relacionado con el punto anterior, el enfoque posestructuralista pone su foco en la relación entre Estado, identidad y seguridad. La construcción de un Estado soberano como actor central del sistema internacional requiere la generación/producción de una identidad homogénea. La corriente postestructuralistas cuestiona esta percepción al señalar cómo la identidad es histórica y culturalmente construida a través de una serie de exclusiones y oposiciones. El postestructuralismo sostiene que las identidades políticas parten de la diferenciación del yo y "el Otro" entendido como diferente y, por ello, como una amenaza o peligro que debe ser contenido, disciplinado, negado o excluido.

El texto central de este desarrollo conceptual fue *Writing Security*, de David Campbell (1992)[18], donde el autor señalaba cómo la construcción de "el Otro" como amenaza en las políticas exteriores de Estados Unidos era la base de la creación y reproducción de su identidad nacional. Posteriormente, en esta misma línea se desarrollaron otros análisis de identidad estatal y política exterior; por ejemplo, estudios sobre el carácter de género de la identidad estatal en el contexto de la intervención estadounidense, lecturas interpretativas de la diplomacia y la seguridad europea[19]; así como

[17] Cynthia Weber, *Simulating sovereignty: Intervention, the state, and symbolic exchange* (Cambridge: Cambridge University Press, 1995); Shiba Grogovi, *Sovereigns, Quasi-Sovereigns, and Africans: Race and Self-Determination in International Law* (Minesota: University of Minnesota Press, 1996); Robert Jackson, *Sovereignty: The Evolution of an Idea*, Polity Press (Cambridge: Cambridge University Press, 2007).

[18] David Campbell, *Writing Security. United States Foreign Policy and the Politics of Identity* (Minnessota: University of Minnesota Press, 1992).

[19] Constantinou Costas, *On the way to diplomacy* (Minnesota: University of Minnesota Press, 1993).

la rearticulación del régimen de refugiados y la soberanía[20]. Un ejemplo claro de esta idea sería la construcción de una identidad democrático-liberal en la Unión Europea a través de su política internacional en contraposición a la actuación de Rusia, lo que además estaría justificando la decidida acción de la UE en apoyo a Ucrania[21].

### *3. Fuera/Dentro: frontera, violencia y poder*

El postestructuralismo cuestiona radicalmente la visión naturalizada por parte de la disciplina sobre la existencia de un espacio político internacional "externo" en oposición a un espacio de política doméstica "interno" y propio de los estados soberanos, justificando de tal modo que el objeto de estudio único de la disciplina sea el ámbito "exterior". Como muestra Rob B. J. Walker en su obra *Inside/outside: International Relations as Political Theory* (1993)[22], esta distinción entre "dentro" y "fuera" es producto de una forma específicamente moderna de organizar el espacio político según una ética de la exclusión, que tiene por efecto la fragmentación territorial, más o menos arbitraria, de la comunidad política. De este modo, el postestructuralismo defiende la necesidad de atender a las múltiples manifestaciones de oposición que brotan en los márgenes de la política mundial, y que cuestionan conceptos centrales como el estado, la seguridad o la ciudadanía. Pensemos, por ejemplo, en la existencia de otras formas de autoridad comunitaria o religiosa que perviven en la actualidad y cuyo poder, sin emanar del estado, tiene capacidad de producir subjetividades políticas y sancionar o regular procesos sociales; o en la ansiedad social que los medios de comunicación provocan al opinar sobre diversos eventos/hechos como la migración o la delincuencia, lo que crea una mayor percepción de (in)seguridades y con ello refuerza la demanda de mayores medidas de control; o las desigualdades por clase, género o procedencia que tienen lugar en al interior de las sociedades europeas neoliberales y que cuestionan

---

20 Nevzat Soguk, *States and Strangers: Refugees and Displacements of Statecraft* (Minnesota: University of Minnesota Press, 1999).

21 Morales Hernández, Javier, *Rusia como "no-Europa": procesos de alterización en la construcción de una identidad de la UE en política exterior*. XII Congreso de la Asociación Española de Ciencia Política y de la Administración (AECPA). GT 6.7 Relaciones Unión Europea – Federación Rusa: entre la rivalidad y la interdependencia. Donostia/San Sebastián, 13 de julio de 2015.

22 R.B.J. Walker, *Inside/outside: International Relations as Political Theory* (Cambridge: Cambridge University Press, 1993).

una idea de comunidad asentada en la creencia de compartir los mismos derechos, garantías, responsabilidad y libertades.

Es en estas críticas a la diferencia ontológica entre el dentro/fuera de la RRII donde cobra especial relevancia para la corriente posestructuralista el análisis de la frontera, la violencia y el poder. Dada la construcción de la identidad en base a la distinción binaria entre interior/exterior, por la que lo que está dentro se considera bueno y lo exterior es "el Otro" peligroso, aparece el concepto de frontera como elemento central de los análisis postestructuralistas. Así, y en estrecha relación con la Sociología Política Internacional[23], se establecen nuevas preguntas y agendas de análisis en RRII, orientadas a conocer cómo la soberanía es producida espacial y temporalmente y el tipo de reconfiguraciones internacionales que sucederían con la ruptura del binario "dentro/fuera". Un ejemplo de esto estaría en los análisis sobre la creciente militarización de las labores de policía[24] o la ruptura de la diferencia entre seguridad interna e internacional en un

---

23 La Sociología Política Internacional surge en la década de 1990 de la mano de autores como Didier Bigo y con el objetivo de analizar sociológicamente fenómenos propios de las políticas internacionales. Las sinergias con la corriente postestructuralista en las RRII surge del interés compartido por problematizar los límites y fronteras de lo internacional, como ejemplifican las colaboraciones entre R. B. J. Walker y Dider Bigo, representantes fundamentales de cada una de estas corrientes. La confluencia entre ambos enfoques surge en relación a varias cuestiones como el interés por analizar cómo las personas crean relaciones internacionales en sus actividades diarias, las definiciones de seguridad y riesgo, y los procesos de construcción de seguridad o la importancia de los discursos en la conformación de la realidad internacional. Mientras que en su inspiración foucaultiana el postestructuralismo considera los discursos como prácticas que sistemáticamente forman los objetos de los que se habla, la Sociología Política Internacional, siguiendo la obra de Pierre Bourdieu, pone el foco en las interacciones lingüísticas que manifiestan las posiciones de los diferentes agentes en el espacio social y las categorías de comprensión posibles. La diferencia, por tanto, no es el énfasis en el discurso, sino en cómo estudiarlo.

24 Loïs Wacquant muestra cómo, de forma creciente, las agencias urbanas actúan en barrios pobres de la misma forma que los controles de frontera y las fuerzas de ocupación en zonas de guerra, y su población es tratada como población "alien" que no merece las protecciones normales de la ley. En este sentido, es particularmente relevante el análisis, para el caso de Brasil, del despliegue paralelo e interrelacionado de la misión político-militar de Brasil en Haití y las acciones ejecutadas en las favelas durante los últimos años, en ambos casos a cargo del ejército brasileño. Loïs Wacquant, "The militarization of Urban Marginality: Lessons from the Brazilian Metropolis", *International Political Sociology*, Vol. 2, n.º.1, (2008): 56-74.

espacio que Didier Bigo denomina un "continuum de amenazas"[25]. Ligado a la deconstrucción de la soberanía y la distinción dentro/fuera, el postestructuralismo desarrolla una reconceptualización de la violencia como un elemento fundacional fundamental de la naturaleza ontológica de los estados soberanos, incluidos los estados democráticos liberales, y del poder que entiende como productivo y no exclusivamente represivo. En esta concepción del poder se recogen elementos clave del trabajo de Michel Foucault. como son la importancia dada a los discursos y a la constitución mutua de poder/conocimiento lo que introdujo en la interpretación y el análisis de la naturaleza del poder características productivas, en cuanto que constituía sujetos e identidades, alejadas de percepciones más tradicionales que lo ligaban exclusivamente a su faceta represiva. Se transforma además en un poder circulante y distribuido[26] en cuanto que se produce y difunde a través de la red de relaciones que establecen diferentes agentes, a diferencia de la consideración tradicional que lo representa como un atributo/posesión que emanan de un centro específico como sería el Estado soberano. En relación a esto, son de sumo interés algunos análisis sobre los "pequeños soberanos" o regímenes especiales que ordenan y actúan en espacios concretos y excepcionales como son por ejemplo los aeropuertos[27].

### *4. Gubernamentalidad*

El interés por el análisis del poder de Foucault llevó al postestructuralismo a la idea de gubernamentalidad que el filósofo francés exploró dentro de sus estudios históricos sobre el análisis del poder y que definió como:

---

25 Para Didier Bigo, este "continuum de amenazas" conecta las vulnerabilidades y miedos surgidos de los efectos "nocivos" de la circulación global facilitada por el desarrollo capitalista neoliberal y que permiten relacionar libertad e (in)seguridad a través del conocimiento producido por ciertos profesionales que buscan así legitimar su autoridad. Por ejemplo, durante las epidemias de gripe aviar se denunció que los expertos de la OMS habían declarado la "emergencia global" para reforzar el papel de autoridad internacional de la organización y por sus conexiones con la industria farmacéutica interesada en las compras que tal declaración les iba a propiciar. Ver Deborah Cohen y Philip Carter, "WHO and the pandemic flu "conspiracies", en *British Medical Journal*, Vol. 340 (2010):. 1274–1279.

26 Anthony Burke, "Postmodernism"...op.cit. p. 363

27 Salter, Mark B. (2006) "The Global Visa Regime and the Political Technologies of the International Self: Borders, Bodies, Biopolitics", *Alternatives*, Vol. 31, N.2, April, pp: 167-189.

> "conjunto constituido por instituciones, procedimientos, análisis y reflexiones y tácticas que permiten ejercer esta forma [...] de poder que tiene como principal objetivo la población, como su principal conocimiento la economía política y como instrumento técnico esencial los dispositivos de seguridad"[28].

La primera de ellas se refiere al gobierno, definido como "conducción de conductas" (*conduct of conducts*), que incluiría "una actividad dirigida a moldear, guiar o afectar la conducta de alguna persona o personas"[29] pero también las formas en las que nos gobernamos a nosotros mismos[30]. Este gobierno es conformado por dispositivos específicos y un rango diferente de conocimientos[31] y, como subrayan William Walters y Jens Henrik Haahr con especial énfasis, emerge de una "pluralidad de prácticas que son conducidas dentro y a lo largo de innumerables espacios sociales [...], a menudo en contradicción o solo parcialmente coordinadas"[32].

En la segunda de ellas, la gubernamentalidad hace referencia también al conocimiento de la racionalidad de gobierno a través de hacer "explícitas las formas de razón política y asunciones éticas que están incorporadas en nuestras actividades de gobierno"[33]. De este modo, el concepto de gubernamentalidad orienta la investigación hacia "la emergencia de nuevos objetos y sujetos de gobernanza, nuevas técnicas de gobierno [y] nuevas formas de plantear los problemas del gobierno"[34].

Desde la idea de gubernamentalidad el análisis de la emergencia/surgimiento del neoliberalismo nos hablaría de la creación de una nueva racionalidad de gobierno[35] lo que nos permite capturar la extrema complejidad

---

28 Michael Foucault, *Seguridad, territorio, población. Curso del Collège de France (1977-1978)* (Madrid: Akal, 2008): 115-116.

29 Colin Gordon (1991) "Governmental rationality: an introduction" en Graham Burchell, Colin Gordon y Peter Miller, *The Foucault Effect. Studies in governmentality* (Chicago: University of Chicago Press): 2.

30 Thomas Lemke, "Foucault, Governmentality, and Critique". Paper presented at the *Rethinking Marxism Conference* (University of Amherst (MA), September 2000): 4.

31 Michael Foucault, *Seguridad, territorio, población. Curso del Collège de France (1977-1978)* (Akal: Madrid, 2008): 116.

32 William Walters y Jens Henrik Haahr (2005) "Governmentality and political studies", *European Political Sciences,* Vol.4, n.º.3, pp: 289 288-300.

33 Walters y Haahr: 290.

34 Walters y Haahr: 291.

35 Wendy Brown "Neoliberalism and the end of Liberal Democracy" en *Edgework: Critical Essays on Knoledge and Politics* (New York: Princeton University Press, 2005): 37.

de las articulaciones neoliberales. En este sentido el neoliberalismo sería un avance de la lógica del mercado cuya actividad afectaría el comportamiento y la conducta de los individuos promoviendo mayores formas de individualismo, auto-cuidado y emprendimiento social. Como señala Thomas Lemke, esta racionalidad no se refiere en ningún caso a una "razón trascendental, sino a prácticas históricas" que, sin implicar un juicio normativo absoluto[36], permite comprender la contingencia y mutabilidad de toda racionalidad política.

## V. HERRAMIENTAS METODOLÓGICAS APORTADAS POR EL POSTESTRUCTURALISMO

En primer lugar, como acabamos de señalar encontramos el enfoque genealógico, inspirado por Frederich Nietszche y la interpretación posterior que Michel Foucault hizo del término en base a la obra del filósofo alemán. Las genealogías "se centran en el proceso por el cual hemos construido orígenes y dado sentido a representaciones particulares del pasado, representaciones que guían continuamente nuestra vida cotidiana y establecen límites claros a las opciones políticas y sociales"[37]. De este modo, el enfoque genealógico analiza las continuidades y discontinuidades históricas (incluidas aquellas luchas, conocimientos e ideas que han sido ocultadas o silenciadas) que han permitido el surgimiento y consolidación de un sujeto, concepto o estructura (material o simbólica) en el presente, normalizando su presencia y efectos.

En segundo lugar, una amplia corriente de investigaciones postestructuralistas han entendido el lenguaje como un rasgo constitutivo y primordial de la realidad social. El análisis del discurso, basado en elementos sacados de diversos desarrollos filosóficos[38], la idea de intertextualidad desarrollada por Julia Kristeva[39] y la deconstrucción, concepto desarrollado por Jac-

---

36 Lemke: 7.

37 Roland Bleiker, *Popular Dissent, Human Agency and global politics*. Vol. 70 (Cambridge: Cambridge University Press, 2000).

38 También en la comprensión del análisis de discurso debe tenerse en cuenta la contribución de Michael Foucault en su atención a la forma en que los "discursos" crean sistemas coherentes de conocimiento, objetos y sujetos, y su análisis posterior más dinámico sobre la constitución mutua de poder / conocimiento.

39 El concepto de intertextualidad fue introducido por Julia Kristeva en "Bakhtine, le mot, le dialogue et le roman", *Critique*, 239 (abril 1967). En relación a la inter-

ques Derrida[40]. Dentro de esta metodología estarían los trabajos ya citados de Richard Ashley en torno a la soberanía o de David Campbell sobre las políticas de seguridad y el discurso de la política exterior de los Estados Unidos o la obra de Lene Hansen (1996) *Security as Practice: Discourse Analysis and the Bosnian War*[41].

Además del lenguaje como forma de representación del mundo, el postestructuralismo habría buscado elementos definitorios de las relaciones internacionales en lugares novedosos para la disciplina como el arte [42], las noticias televisivas, los anuncios, la prensa fotográfica, la cultura popular y también al desarrollo de los videojuegos y su relación con la configuración de las nuevas guerras[43]

## VI. DESARROLLOS Y VARIANTES DEL POSTESTRUCTURALISMO EN RELACIONES INTERNACIONALES

El postestructuralismo ha entrado en diálogo y confluencia con otras corrientes. En este apartado, nos centraremos en su relación con los Estudios Críticos de Seguridad (ECS), lo cual ha terminado influyendo de manera decisiva en la participación de la disciplina de RRII en la emergencia de un campo de investigación denominado Estudios de Gubernamentalidad Global (EGG). Otras confluencias han sido con establecidas con el Feminismo, cuyos desarrollos postestructuralistas son explicados en el capítulo

textualidad, partiendo de esas consideraciones, tal y como propone Michael Shapiro, textualizar el estudio de la política mundial implica desarrollar una atención cuidadosa al interminable repertorio de formaciones discursivas productoras de significado. En esta línea, es necesario prestar atención a las transferencias de sentido entre los dominios más dispares.

40 El método deconstructivo tomado de Jacques Derrida los lleva a concentrarse en los binarismos discursivos y los efectos que producen en la construcción de identidades y otredades. Para un análisis en detalle de cada uno de los autores y autoras posestructuralistas ver James Williams, *Understanding poststructuralism* (Chesman: Acumen Publishing Limited, 2005).

41 Lene Hansen, *Security as Practice: Discourse Analysis and the Bosnian War*, (Londres y Nueva York: Routledge, 2006).

42 En este sentido, ya desde los enfoques feministas se había desarrollado esta idea, por ejemplo, el trabajo de Cynthia Enloe *Bananas, Beaches and Bases: Making Feminist Sense of International Politics* (Berkeley: University of California Press, 1989).

43 Barry Buzan y Lene Hansen, *The evolution of International…*, *op. cit.*

"Feminismos" de este mismo volumen, y con la Sociología Política Internacional que hemos referido en anteriores páginas, que cristalizó dentro de los Estudios Críticos de Seguridad en la llamada Escuela de París[44].

## *1. Estudios de Gubernamentalidad Global (EGG)*

William Walters definió los Estudios de Gubernamentalidad Global como una constelación de trabajos procedentes de distintas disciplinas de las Ciencias Sociales que compartían el interés por aplicar los análisis del poder realizados por Foucault al estudio de las políticas globales. Estos trabajos han contribuido a explorar las posibilidades y los límites de la aplicación del concepto de gubernamentalidad al estudio de las relaciones internacionales[45].

---

44 La Escuela de París ha contribuido a introducir en la disciplina de RRII el trabajo sociológico de Pierre Bourdieu y el análisis de las relaciones de poder de Michael Foucault. A diferencia de otras escuelas críticas de seguridad, la Escuela de París ha centrado su interés en las prácticas y el carácter relacional de la seguridad, apareciendo ésta no como el resultado de un acto discursivo, sino de luchas entre grupos de profesionales por categorizar las amenazas, prioridades y formas de lucha contra ellas. De esta forma, la idea de seguridad se reconfigura como una técnica de gobierno en cuya definición están implicados los profesionales de seguridad que, en contra de concepciones excepcionalistas, definirían la seguridad a través de la normalidad de sus prácticas rutinarias y la imposición de sus propias definiciones de "peligro" y "amenazas", así como de las tecnologías para ordenar y administrar ambos, explotando para ello el nexo poder-conocimiento. En este sentido, una de las principales aportaciones de la Escuela de París ha sido introducir el "análisis del riesgo" en los ECS, entendido éste como una tecnología política que, actuando en el presente, trata de prevenir los posibles efectos perjudiciales que a corto o medio plazo pueden causar ciertos eventos o fenómenos internacionales. Esta comprensión del riesgo como tecnología política implica analizar cómo los expertos internacionales problematizan la seguridad. En otras palabras, a través de qué conocimientos crean un tipo de "régimen de verdad" que produce prácticas materiales y discursivas desde las que un determinado asunto se construye como una (in)seguridad internacional. Por ejemplo, las políticas de control de emisiones debidas a combustibles fósiles sería un tipo de actuación preventiva cuyo objeto es frenar el calentamiento global en próximos años o, por ejemplo, la incorporación de protocolos y tecnologías de vigilancia epidemiológica en aeropuertos tendría como objetivo identificar la aparición de un nuevo tipo de agente vírico y anticiparse a la extensión de una epidemia.

45 William Walters, *Governmentality. Critical Encounters* (Abingdon-New York: Routledge, 2012).

Nicholas Rose y Peter Miller[46] destacaron que uno de los rasgos más notables de la aparición del concepto de gubernamentalidad fue situar el estudio del poder fuera del espacio tradicional del estado, para explorar así las tácticas, técnicas y tecnologías que configuraban ámbitos aparentemente "no políticos" como eran, por ejemplo, las escuelas o los hospitales. Estos estudios ofrecían una vía novedosa para investigar las formas que adquirían el ejercicio del poder y el gobierno en las sociedades modernas, pero limitaron su interés a un conjunto de cuestiones (políticas, económicas y sociales) que operaban en "el interior" de los estados[47]. De alguna manera, la ausencia de interés por "el exterior" del estado (por las políticas internacionales) respondió también al tardío interés que la disciplina de RRII mostró por el concepto de gubernamentalidad. Aunque éste se había traducido en diversas publicaciones y diferentes elementos de la obra de Foucault habían sido introducidos en la disciplina —como vimos que pasó, muy especialmente, con la genealogía—, no fue hasta la traducción de los cursos dictados en el *Collège France* 1978-1979 (*Seguridad, territorio y población*) cuando comenzó a surgir un interés por aplicar el concepto de gubernamentalidad al estudio de las relaciones internacionales. Fue entonces cuando, según William Walters y Wendy Larner, la disciplina apreció las posibilidades que la gubernamentalidad ofrecía para establecer un nuevo diálogo con tres preocupaciones que atravesaban su propia evolución académica[48].

La primera, era el interés de ciertos enfoques post-estructuralistas por estudiar los discursos de los actores internacionales. La idea de gubernamentalidad presentaba afinidades significativas con estos trabajos postestructuralistas al ofrecer una visión del poder fragmentado y una insistencia en la naturaleza constitutiva del lenguaje. Sin embargo, la orientación de los estudios de gubernamentalidad se distanciaba de un interés exclusivo por el análisis del discurso, para enfatizar el estudio histórico de los conocimientos y tecnologías que participan de la creación de formas de gobierno actuales y pasadas. De esta forma, se busca entender la gobernanza no como un conjunto de agendas, discursos o instituciones, ni tampoco en términos de una determinada ideología, sino como una actividad eminen-

---

46 Nikolas Rose y Peter Miller, "Political power beyond the State: problematics of government", *The British Journal of Sociology* vol. 43, n.°. 2 (1992): 177.

47 Nikolas Rose y Peter Miller, "Political power beyond the State: problematics of government", *The British Journal of Sociology* vol. 43, n.°. 2 (1992): 173-205.

48 Wendy Larner y William Walters, *Global governmentality: governing international spaces* (New York and London: Routledge, 2004).

temente práctica que puede ser estudiada, historizada y precisada a nivel de las racionalidades, programas, técnicas y subjetividades que lo sustentan y le dan forma y efecto.

La segunda preocupación venía de los enfoques críticos tradicionales, vinculados a los estudios marxistas y la teoría crítica, donde los estudios de gubernamentalidad interesaron al abrir nuevas vías para el estudio crítico y la oposición a las políticas neoliberales, comprendidas como estrategias y formas de gobierno, pero sin caer por ello en el ideal emancipatorio ni en una sobre-determinación de la lógica de la acumulación de capital. En otras palabras, planteaban una posición crítica de cuestionar el capitalismo sin recuperar las posiciones tradicionales marxistas.

La tercera preocupación fue la aparición de una serie de cambios en las relaciones internacionales que respondían a las transformaciones que reformularon el estado y las políticas internacionales durante las dos últimas décadas del siglo XX ligadas a la aparición del término globalización y su relación con un periodo de gobernanza global y políticas post-westfalianas.

Pero también ha habido críticas a la aplicación del concepto de gubernamentalizad al estudio de las RRII. Por ejemplo, se ha atacado, la consideración de un poder gubernamental por encima de un poder soberano de exclusión y de otras formas de ejercicio de violencia; la dificultad de atender a las resistencias debido a la prioridad dada al análisis del poder; o la exclusión en los análisis de poder de Foucault de la historia colonial y de experiencias en sociedades y estados no europeos — lo cual, sin embargo, no ha evitado que diferentes trabajos hayan trasladado su análisis del poder a realidades coloniales e introducido este interés en la construcción de los estudios decoloniales[49]. De todas estas críticas, nos detenemos en las que cuestionan que la naturaleza del análisis del poder de Foucault hace imposible su traslado a las investigaciones de las relaciones internacionales[50]. Para Jan Selby, el análisis del poder que propone Foucault como algo capilar y relacional, alejado de su ejercicio específico por un actor concre-

---

49 Ver Ann Laura Stoler *"Race and the Education of Desire", Foucault's History of Sexuality and the Colonial Order of Things* (Durham:Duke University Press, 1995); James Ferguson, *Global shadows: Africa in the neoliberal world order* (Durham: Duke University Press, 2006).

50 Nos detenemos específicamente en esta por la relevancia que tiene la impugnación total que supone negar la posibilidad de trasladar a la disciplina de Relaciones Internacionales el propio concepto y análisis del poder que propone Foucault.

to, no se puede adecuar al estudio de las relaciones internacionales. Según el investigador, estudiar así el pode quedaría limitado al ámbito doméstico porque los principales actores de las relaciones internacionales (los estados, las agencias internacionales o las grandes multinacionales) actúan por medio de un poder más concentrado y central[51].

Sin embargo, la microfísica del poder supone comprender cómo el poder de las grandes corporaciones, los estados y las organizaciones internacionales no responde tanto o únicamente a una propiedad exclusiva que acumularían estos actores en su interior y extenderían de manera directa en respuesta a sus intereses. Los trabajos de *global network* que estudian las relaciones internacionales a través de la construcción histórica de redes transnacionales dialoga con la propuesta que encierra la microfísica del poder porque analiza las contingencias, desestabilizaciones y contestaciones que deben enfrentar esos actores para mantener su autoridad, y las estrategias que despliegan para desplazar las resistencias[52]. Más que asumir la existencia dada y fija del poder como un atributo exclusivo de ciertos actores hegemónicos, la microfísica analizaría/analiza el poder como una función históricamente constituida, cuyas capacidades han podido crearse y mantenerse a través de las pugnas, cooperaciones, alianzas, desestabilizaciones y refuerzos que han mantenido una red de actores.

La microfísica del poder plantea así una visión alejada de un ejercicio del poder presente en ocasiones y momentos particulares, para comprenderlo como un quehacer diario que relaciona ideas, tecnologías, valores éticos, visiones, posiciones ideológicas de actores, internacionales, nacionales, locales[53]. En todo caso, como Walters señala, es necesario aclarar que la microfísica no rechaza la existencia de amplios diseños de orden político que pueden operar a nivel de las relaciones internacionales, pero insiste en comprender que cualquier orden macro está en continuo cambio. Como señaló el propio Foucault, "las grandes dominaciones son los

---

51 Jan Selby, "Engaging Foucault: Discourse, liberal governance and the limits of Foucauldian IR", *International Relations* vol. 21, n.º. 3 (2007).

52 Thomas Callaghy, Ronald Kassimir y Robert Latham. *Intervention and Transnationalism in Africa: global-local networks of power.* (Cambridge: Cambridge University Press, 2001).

53 Michael Merlingen, "Monster studies", *International Political Sociology* vol. 2, n.º. 3 (2008).

efectos hegemónicos sostenidos continuamente por la intensidad de todos esos enfrentamientos"[54].

Tratemos de comprenderlo con un ejemplo. Cuando se habla de una empresa trasnacional, imaginemos por ejemplo una gran empresa petrolífera, se suele describir su poder como un atributo propio y concentrado que opera de manera incuestionable a nivel global. Sin embargo, el análisis detallado de las operaciones realizadas por este tipo de empresas dibuja una delicada red de relaciones que conecta elementos heterogéneos, como ingenieros, inversores, políticos, laboratorios de investigación, poblaciones y territorios diversos. Para los EGG, es el estudio de estas interacciones que suceden entre diversos actores lo que caracterizaría el análisis del poder de las corporaciones petrolíferas. De este modo, los EGG escapan tanto de una visión objetiva que considera el poder como un atributo externo a la constitución de esa red, como de una visión finalista que lo entiende como un recurso que responde sólo a los intereses iniciales de la corporación.

Por ello, para los EGG, el análisis de las interacciones que suceden dentro de esta red, además de explicitar su naturaleza, también mostrarían/muestra que el poder no es tanto un ejercicio simple y sencillo de dominación sino más bien un conjunto de técnicas, cálculos, incentivos y coacciones donde se dan procesos de resistencia, contestación y reconstrucción a los que tiene que atender la corporación para perseguir sus objetivos.

El interés de la disciplina de RRII por los estudios de gubernamentalidad aumentó durante la década posterior a la publicación del estudio de Walters y Larner. Esto supuso la aparición de un conjunto diverso de obras que aplicaban la idea de gubernamentalidad al estudio de diferentes ámbitos de las políticas internacionales como la seguridad, la migración, la integración regional, el desarrollo, los conflictos, la historia, las tecnologías, así como al estudio teórico y la reflexión crítica sobre conceptos propios de la disciplina como soberanía, frontera, autoridad, violencia o la existencia de otras racionalidades políticas internacionales distintas al liberalismo y al neoliberalismo. La aparición de esta producción académica confirmaba/ha venido a confirmar el reconocimiento del valor que la noción de gubernamentalidad ofrecía/ofrece para el análisis de las políticas internacionales y el desarrollo de la propia disciplina; lo que ha disipado cualquier consideración sobre su carácter de moda pasajera o intento de crear una

---

[54] Foucault, 2009, ..., *op. cit.*, p. 56.

subdisciplina alejada de los intereses académicos que atravesaban/atraviesan a las RRII[55].

## VII. ESTUDIO DE CASO. ¿CÓMO PODEMOS EXPLICAR LAS TENDENCIAS AUTORITARIAS DE LOS ÚLTIMOS AÑOS DE LAS LLAMADAS DEMOCRACIAS LIBERALES MÁS ALLÁ DEL CONCEPTO DE NEOFASCISMO?

Desde el 2001 y la llamada "Guerra contra el Terror", aunque avivado a partir de la crisis financiera de 2008, vivimos un momento histórico en el que observamos cómo el marco de derechos y mutuas obligaciones, ligado al concepto de democracia liberal representativa, ha sido profundamente erosionado como resultado, en primer lugar, de la reducción o total desmantelamiento, en algunos casos, del estado de bienestar[56], y, en segundo lugar, de un creciente autoritarismo ejercido por estados tradicionalmente caracterizados como democráticos[57], la consolidación global de las políticas neoliberales y las consecuencias de la guerra global contra el "terror". Estas transformaciones son tan profundas que autores como Peter Nyers nos invitan a preguntarnos "qué queda de la ciudadanía" en referencia a estas complejas transformaciones contemporáneas que han derivado en una "significativa transformación de las formas en que los ciudadanos, cuasi ciudadanos y no ciudadanos están siendo incluidos y excluidos del orden sociopolítico."[58] En relación a todo ello podrías pensar cómo se respondería a estas cuestiones desde un enfoque posestructuralista:

¿Crees que las políticas actuales comparten formas de gobierno no liberales y autoritarias con marcos democráticos? ¿Qué ejemplo se te ocurre para argumentar la respuesta?

¿Cómo podría analizarse desde un enfoque postestructuralista la constelación de actores políticos de corte autoritario surgidos en los últimos años

---

55 Walters, 2012, ..., *op. cit.*, p. 5.

56 Saskia Sassen, *Contrageografías de la globalización. Género y ciudadanía en los circuitos transfronterizos* (Madrid: Traficantes de Sueños, 2003): 94.

57 Yoav Peled, "Towards a Post-Citizenship Society? A report from the front", *Citizenship Studies*, Vol.11, n.º.1 (007): 95-104.

58 Peter Nyers,"Introduction: What's left of citizenship?", *Citizenship Studies* Vol.8, n.º 3 (2004): 203-215.

en países de tradición democrática? ¿Qué herramientas de análisis podrías utilizar? (Polonia, Hungría, Brasil, Italia, Argentina, España, EEUU)

¿Crees que en las políticas de la Unión Europea la racionalidad neoliberal y el consiguiente avance de la lógica de mercado necesita de la aplicación de políticas de control y vigilancia? ¿En qué áreas políticas ves ejemplos que confirma este encuentro o desencuentro?

¿Cómo consideras que un enfoque posestructuralista analizaría la idea de una ciudadanía global? ¿Crees que afirmaría su existencia o la entendería más allá de su definición formal para hablar de la existencia de ciudadanos, cuasi ciudadanos y de ciudadanos no incluidos y excluidos del orden sociopolítico y sus derechos? ¿Qué ejemplo puedes usar para justificar tu respuesta?

## VIII. CONCLUSIONES

El origen y desarrollo del postestructruralismo en RRII ha permitido introducir el pensamiento de diferentes autores y autoras para cuestionar elementos centrales de nuestra disciplina como, por ejemplo, la soberanía, la diplomacia, el poder, la frontera y la seguridad. En este sentido, un aporte central ha sido visibilizar/problematizar los supuestos/asunciones que han sostenido el discurso hegemónico disciplinar. Se trata, por tanto, de una "actitud disidente" que insiste en plantear/acercarse a estos supuestos/asunciones como preguntas más que como afirmaciones[59]. Como hemos visto, sus variantes y líneas de trabajo han sido diversas, desplegando diferentes intereses y propuestas a nivel epistemológico como la centralidad dada al estudio del lenguaje, la deconstrucción de conceptos centrales de la disciplina o el uso del concepto de gubernamentalidad. También su desarrollo ha permitido introducir en las RRII un conjunto de preocupaciones y herramientas propias de otras disciplinas de las ciencias sociales como la genealogía, la intertextualidad o el análisis del poder, por citar algunos de los más significativos.

Todo eso ha permitido que el postestructuralismo entre en diálogo con otros enfoques como el Feminismo, la Sociología Política Internacional, los EGG, la crítica literaria o los estudios de riesgo, lo que ha supuesto con-

---

59 ASHLEY, Richard K. y R. B. J. Walker, "Special Issue: Speaking the Language of Exile: Dissidence in International Studies" International Studies Quarterly (1990) Vol. 34, n.º 3.

tinuar introduciendo esas formas de pensar que, de otro modo, hubieran tardado en llegar a la disciplina. En este contacto, y en su evolución conforme al propio contexto histórico de las relaciones internacionales, el postestructuralismo ha generado dos ramas con una importancia capital para la disciplina: los estudios de seguridad postestructuralistas y los estudios de gubernamentalidad global. Los primeros habrían/han posibilitado, junto a otros enfoques, repensar el propio concepto de seguridad, desplazando conceptos estatocéntricos como guerra y paz que habían primado en la disciplina, frente a una concepción de la seguridad como un discurso a través del cual las identidades y amenazas son socialmente constituidas; o la introducción del concepto de riesgo como una tecnología política, implicando ambos a múltiples actores más allá del estado. Por su lado, los Estudios de Gubernamentalidad Global se configuran en torno a los análisis del poder realizados por Michel Foucault y su concepto de gubernamentalidad, aplicados al estudio de las políticas globales. Así, nos permite analizar las relaciones de poder establecidas en múltiples espacios y por diferentes actores, dejados habitualmente de lado por la disciplina de RRII pero que configuran y determinan el espacio internacional.

## IX. RECAPITULACIÓN

**Cuadro ilustrativo sobre principales rasgos del origen, desarrollo y debates del enfoque teórico**

| **Elemento central:**<br>• Crítica de la modernidad y el positivismo<br>• Extrañamiento de la realidad<br>• Cuestionamiento de la normalización del conocimiento y las normas |
|---|
| **Principales líneas de desarrollo:**<br>*Postestructuralismo de enfoque lingüístico.*<br>• Centralidad dada al estudio la representación discursiva.<br>• Herramientas centrales de investigación: análisis del discurso, desconstrucción e intertexualidad<br>*Postestructuralismo enfocado en el análisis del poder.*<br>• Centralidad dada al estudio de las relaciones conocimiento-poder.<br>• Herramientas centrales de investigación: gubernamentalidad, genealogía, análisis de riesgo. |

**Principales Confluencias postestructuralistas:**

*Estudios de Gubernamentalidad Global.*

- Microfísica del poder, racionalidades de gobierno.

*Sociología política internacional.*

- Burocracias internacionales y campo social.

*Escuela de París (Estudios Críticos de Seguridad).*

- Análisis de riesgo y tecnologías de (in)seguridad.

*Feminismos (repasar el capítulo de este Manual).*

## X. RECOMENDACIONES

- La obra pictórica de Jason Pollock. Ver el análisis de Christine Sylvester, "Picturing the Cold War: An Art Graft/Eye Graft" en *Alternatives: Global, Local, Political,* Vol. 21, n.º 4 (Oct.-Dec. 1996), pp. 393-418
- Películas como Matrix (dirigida por las hermanas Wachowski en 1999 y 2003), Alphaville (1965, dirigida por Jean-Luc Godard) o Guerra Mundial Z (2013, dirigida por Marc Foster)
- Novelas: PIERCY, Marge, *Mujer al borde del tiempo,* Ed. CONSONNI, Bilbao, 2020; CORTAZAR, Julio, Rayuela, Ed. Cátedra, España, 2008.

*Capítulo 9*

# *Estudios Postcoloniales y Decoloniales*

**ARI JERREMS***

**MELODY FONSECA SANTOS***

## I. INTRODUCCIÓN

Los estudios postcoloniales y decoloniales hacen referencia a dos escuelas de pensamiento crítico que, dentro de la disciplina de las Relaciones Internacionales (RRII), han tenido dos objetivos principales. Por un lado, criticar el eurocentrismo y estatocentrismo de la disciplina y, por otro lado, introducir al cuerpo de conocimiento de las RRII a nuevos sujetos, nuevas geografías y epistemologías con el propósito de diversificarla, en unos casos, o de descolonizarla, en otros. A pesar de que durante los primeros años de desarrollo de ambas escuelas de pensamiento estas fueron consideradas como perspectivas marginales a la disciplina, al menos desde las últimas dos décadas su influencia ha crecido hasta atravesar gran cantidad de debates epistemológicos, ontológicos y metodológicos. Los postulados de estas escuelas han abierto las puertas a propuestas que van desde la necesidad de diversificar las voces y sujetos, hasta el cuestionamiento de los fundamentos y ambiciones coloniales e imperiales de la propia disciplina. En cualquier caso, ambas escuelas han cobrado tal relevancia en la actualidad que es difícil encontrar una perspectiva crítica que no haga algún tipo de referencia, así sea superficial, a los postulados planteados por estas en torno al eurocentrismo, el estatocentrismo, el colonialismo y el imperialismo.

En este capítulo presentamos los distintos contextos en los que surgen ambas escuelas de pensamiento, así como sus evoluciones históricas y conceptuales. Para esto, tomamos en cuenta el contexto de descolonización que surge a partir de la segunda mitad del siglo XX y la influencia de pen-

---

* Profesor de Relaciones Internacionales y Geografía Política en la University of Western Australia.

* Catedrática Auxiliar en la Universidad de Puerto Rico, Recinto Universitario de Mayagüez (UPRM).

sadores anticoloniales en la producción de conocimiento sobre lo internacional. Luego, introducimos los postulados generales de estas perspectivas, subrayando algunos elementos claves como la identificación de relaciones de poder entre poderes coloniales y colonizados, la construcción de diferencia entre estos poderes y los intentos para re-concebir lo internacional más allá de los imaginarios dominantes. Después, discutimos cuatro tendencias en los estudios actuales desde los estudios postcoloniales y decoloniales. En primer lugar, el enfoque sobre la raza y el capitalismo racial; en segundo lugar, los intentos de recuperar el pensamiento anticolonial; en tercer lugar, la corriente denominada Relaciones Internacionales Globales; y, por último, el giro ontológico. Finalmente, usaremos el caso de estudio de los desastres sociales provocados por fenómenos naturales en Haití y Puerto Rico para ilustrar algunos de los postulados de estos enfoques como lo son las historias conectadas, la colonialidad del poder y el capitalismo racial.

## II. CONTEXTO DE SURGIMIENTO Y EVOLUCIÓN HISTÓRICA

De manera similar a como ocurrió con la llegada de los enfoques críticos a las RRII, el interés y la vinculación explícitas con las perspectivas postcoloniales y decoloniales fue uno más bien tardío; en gran parte, entre la década de 1990 y principios del 2000. Incluso entonces, muchas de las primeras referencias a las perspectivas postcoloniales se abrieron paso en la disciplina a través del trabajo de académicas feministas y posestructuralistas[1]. ¿Qué explica esta llegada tardía de los estudios postcoloniales y decoloniales a las RRII? Como se ha presentado en este manual, hasta entonces, esta disciplina había sido considerada una ciencia social con una agenda de investigación marcadamente estatocéntrica y centrada en analizar las acciones de los actores más poderosos del sistema internacional. No fue sino hasta el cuestionamiento más amplio de los fundamentos ontológicos y epistemológicos de la disciplina —es decir, qué es y qué estudia— que se fueron abriendo espacios para los estudios postcoloniales y también decoloniales, a pesar de que su aceptación fue lenta hasta hace relativamente poco tiempo. Si bien, estas perspectivas llegaron tarde a la disciplina, sus antecedentes teóricos han apuntado durante mucho tiempo tanto a la teo-

---

1 Roxanne Lynn Doty, "The Bounds of 'Race' in International Relations," *Millennium: Journal of International Studies* 22, n.º 3 (1993): 443-461.

rización como a la práctica de la política global. En esta praxis, potenciada con mayor fuerza tras la Segunda Guerra Mundial, en plena Guerra Fría y en medio de los procesos de descolonización en el continente africano y otras regiones del Sur Global, han sido fundamentales los movimientos anticoloniales, el internacionalismo del llamado Tercer Mundo y el pensamiento de intelectuales anticoloniales de origen caribeño y africano como Aimé Césaire, Frantz Fanon, Amílcar Cabral y Cheikh Anta Diop, a pesar de que sus aportaciones intelectuales fueran subestimadas durante mucho tiempo[2]. Asimismo, acontecimientos fundacionales de las redes de solidaridad política contemporáneas entre el Tercer Mundo, como la Conferencia de Bandung en 1955[3], sirvieron para el propósito de imaginar la política global de formas alternativas. Esto es notable en investigaciones recientes que se han inspirado en la praxis decolonial del contexto de descolonización, particularmente del continente africano, para pensar proyectos que partan de formas anticoloniales de creación de mundos y que nos permitan pensar la política global de otra manera[4]. Es también durante este período que encontramos teorizaciones claves sobre lo que viene después de la descolonización, en particular, sobre la perpetuación de las estructuras de poder colonial en este contexto, como el neocolonialismo[5] y varias formas de dependencia[6]. La teoría de la dependencia y las teorías del sistema-mundo, aunque a veces son obviadas en el análisis de la trayectoria del pensamiento postcolonial, también surgieron en este contexto y desempeñaron un papel clave al subrayar la conexión histórica y los procesos de diferenciación moldeados por el colonialismo, aún presentes en los

---

2 Sheira El-Malik y Isaac Kamola, eds., *Politics of African Anticolonial Archive* (Londres: Rowman & Littlefield, 2017). Véase: Aimé Césaire, *Discurso sobre el colonialismo* (Madrid: Akal, 2006); Frantz Fanon, *Piel Negra, Máscaras Blancas* (Madrid: Akal, 2009); Frantz Fanon, *Los condenados de la tierra* (México: Fondo de Cultura, 1963/2003); Cheikh Anta Diop, *Naciones negras y cultura* (Barcelona: Bellaterra, 1955/2012); y Amílcar Cabral, *Unity and Struggle, Speeches and Writings of Amilcar Cabral* (Nueva York: Monthly Review Press, 1979).

3 Quỳnh N. Phạm y Robbie Shilliam, eds., *Meaning of Bandung: Postcolonial Orders and Decolonial Visions* (Londres: Rowman & Littlefield, 2016).

4 Adom Getachew, *Worldmaking after Empire: The Rise and Fall of Self-Determination* (Princeton: Princeton University Press, 2019).

5 Véase: Kwame Nkrumah, *Neo-colonialism: The Last Stage of Imperialism* (Londres: Thomas Nelson & Sons, 1965); y Walter Rodney, *De cómo Europa subdesarrolló a África* (Buenos Aires: Siglo XXI, 1972/1982).

6 Andre Gunder Frank, "The Development of Underdevelopment," *Monthly Review* 18, n.º 4 (1966): 17-31.

contextos postcoloniales del llamado "tercer mundo". Tales perspectivas, no obstante, han tenido mayor influencia en el pensamiento decolonial que emerge desde el contexto latinoamericano y caribeño.

Sin embargo, a pesar de todo el cuerpo de conocimiento teórico y práctico que estaba emergiendo desde el Sur Global a lo largo de la segunda mitad del siglo XX, los antecedentes postcoloniales más influyentes se dieron en las ciencias sociales anglófonas y fue desde ahí que se abrieron paso en la teoría de las RRII, a través de la teoría cultural y del trabajo del intelectual de origen palestino Edward Said. Las aportaciones teóricas de Said y sus conceptos de "orientalismo" y "geografías imaginarias" influyeron en los primeros estudios de las RRII y disciplinas afines[7]. En su libro *Orientalismo* (1978), Said teorizó sobre cómo la identidad europea se fue construyendo a lo largo de los siglos en torno a un sujeto objetivo y racional vis-à-vis la reconstrucción identitaria de la "otredad", en concreto del islam y de Oriente, como sujetos/territorios subjetivos, irracionales y exóticos.

Por su parte, en gran conexión con los estudios postcoloniales, el grupo de estudios subalternos emprendió la tarea de volver a concebir la historia y la política desde una perspectiva no occidental, apostando por ir más allá de la crítica a las ausencias del subalterno en la historia hegemónica, así como proponiendo la teorización de la agencia subalterna. De este grupo de académicos y académicas —quienes en su mayoría provienen del subcontinente indio y se encuentran en la diáspora— emergieron propuestas analíticas como la "ambivalencia del mimetismo" de Homi Bhabha[8], así como reflexiones provocadoras como el ensayo "Can the Subaltern Speak?" de Gayatri Chakravorty Spivak[9].

---

7 Derek Gregory, "Imaginative geographies," *Progress in Human Geography* 19, n.º 4 (1995): 447-485.

8 Al analizar el discurso colonial inglés sobre la India, Homi Bhabha plantea que este producía una ambivalencia del mimetismo. Por un lado, el mimetismo colonial pretende crear una imagen del "Otro" que le sea familiar al inglés y que le permita entenderlo, a la vez que refuerza las diferencias entre el colono y el colonizado. Esto, a su vez, produce una paradoja: si el "otro" se parece al inglés, o puede ser traducido a las expectativas e imaginarios culturales del inglés, entonces, ¿en qué se diferencia? Si no es tan diferente, entonces, ¿cómo se justifica su colonización basada en las supuestas diferencias que conlleva inevitablemente a su inferioridad? Homi Bhabha, *The Location of Culture* (Londres: Routledge, 1994).

9 Gayatri Chakravorty Spivak, "'Can the Subaltern Speak?'," en *Marxism and the Interpretation of Culture*, ed. Cary Nelson y Lawrence Grossberg (Londres: Macmillan, 1988) 24-28.

Paralelo —e incluso, con anterioridad— a este desarrollo académico en los estudios postcoloniales vinculados al subcontinente indio, desde el continente africano también emergieron propuestas para repensar las formas de producir conocimiento sobre el yo y el otro, para problematizar la mirada colonial detrás del pensamiento filosófico occidental pretendido como universalista, así como para evidenciar las continuidades de las dinámicas coloniales más allá de las independencias. En esta línea, resultaron fundamentales obras como *Naciones negras y cultura* (1955) de Cheikh Anta Diop y *The Invention of Africa: gnosis, philosophy, and the order of knowledge* (1988) de Valentin-Yves Mudimbe[10]. Diop, historiador y antropólogo senegalés, propició un giro epistémico y ontológico con su investigación sobre los orígenes negros de Egipto. Su investigación puede entenderse como un quiebre en la razón occidental que había negado a las poblaciones negras la posibilidad de tener historia y civilización, así como había blanqueado la historia de Egipto. Por su parte, la obra de Mudimbe y su conceptualización de la "biblioteca colonial", resulta como gran referente para los estudios postcoloniales desde el continente africano, en tanto que vincula la conformación de un sentido sobre la otredad y determinado régimen de saber a partir de los imaginarios, narrativas y deseos coloniales.

Durante estos primeros años de la década de los noventa, comenzamos a ver un compromiso más sistemático con las ideas propuestas por la escuela postcolonial en la teoría de las RRII. Por ejemplo, ya en 1993, Sankaran Krishna ofreció una perspectiva postcolonial sobre la teoría crítica de las RRII en el ensayo bibliográfico "The Importance of Being Ironic: A Postcolonial View on Critical International Relations Theory"[11], mientras que Philip Darby y A.J. Paolini, por su parte, en el artículo "Bridging International Relations and Postcolonialism" de 1994, buscaron tender puentes entre las RRII y esta escuela[12]. A esta incursión de la perspectiva postcolonial en las teorías de RRII se sumaron trabajos que apuntaron a la cuestión racial en

---

10 Otros autores y obras referentes de la escuela africanista de estudios postcoloniales y decoloniales son: Achille Mbembe, *Crítica de la razón negra. Ensayo sobre el racismo contemporáneo* (Barcelona: Futuro Anterior, 2016); así como la extensa producción académica desde las RRII de Siba N'Zatioula Grovogui.

11 Sankaran Krishna, "The Importance of Being Ironic: A Postcolonial View on Critical International Relations Theory", *Alternatives: Global, Local, Political* 18, no. 3 (1993): 385-417.

12 Phillip Darby y A.J. Paolini, "Bridging International Relations and Postcolonialism," *Alternatives: Global, Local, Political* 19, n.º 3 (1994): 371-397.

la política internacional[13], así como a las dinámicas de género y asimetrías entre el centro y la periferia. Algunos ejemplos relevantes son los volúmenes editados *At the Edge of International Relations: Postcolonialism, Gender and Dependency*[14] y, más recientemente, *Power, Postcolonialism and International Relations: Reading Race, Gender and Class*[15].

La producción de teoría de RRII desde la mirada postcolonial recogida anteriormente emergió en un contexto histórico y político complejo en el que las dinámicas de la política global se percibían fuertemente marcadas entre Norte y Sur, Primer y Tercer Mundo, Occidente y Oriente. La década de los noventa no solo representó la era de la post Guerra Fría, las transiciones a la democracia y el consenso neoliberal, sino también un perceptible regreso del triunfalismo occidental y capitalista[16] que pretendía ocultar de su narrativa el análisis de factores fundamentales para el resto del mundo como las dinámicas de raza y de género, la continuidad del extractivismo y el neocolonialismo. A su vez, otra mirada triunfalista sobre Occidente, también se tornó hegemónica. El llamado "choque de civilizaciones"[17], además de potenciar una mirada de desconfianza hacia lo entendido como "diferente", empleó el uso de categorías socialmente construidas como la raza o la etnia, pero entendiéndolas de forma esencialista y determinista. En este contexto se volvió fundamental para los teóricos y teóricas postcoloniales en las RRII proponer un análisis que develara la complicidad de las teorías hegemónicas con los sistemas de poder coloniales, imperialistas y racistas con el propósito de desmantelar estos sistemas en la disciplina y fuera de esta.

No obstante, a pesar de la relevancia para la teoría crítica de RRII de estos trabajos, los estudios postcoloniales permanecieron en los márgenes de la disciplina hasta más adelante en la década de los 2000. Es para entonces que los trabajos críticos de las RRII empiezan también a hacer referencia

---

13 Doty, "The Bounds," 443-461; Siba N'Zatioula Grovogui, *Sovereigns, Quasi Sovereigns, and Africans: Race and Self-Determination in International Law* (Minneapolis: University of Minnesota Press, 1996).

14 Phillip Darby, *At the Edge of International Relations: Postcolonialism, Gender, and Dependency* (Londres: Pinter, 1997).

15 Geeta Chowdry y Sheila Nair, *Power, Postcolonialism and International Relations: Reading Race, Gender and Class* (Londres: Routledge, 2022).

16 Francis Fukuyama, *The End of History and the Last Man* (Nueva York: The Free Press, 1992).

17 Samuel Huntington, *The Clash of Civilizations and the Remaking of World Order* (Londres: Touchstone, 1996).

a obras claves del enfoque decolonial como *The Darker Side of Renaissance: Literacy, Territoriality, and Colonization* de Walter Mignolo[18] y "Coloniality of Power, Eurocentrism and Latin America" de Aníbal Quijano[19]. Es importante señalar que el propio anglocentrismo de la disciplina facilitó la entrada como literatura de "referencia" para el análisis crítico de los legados del colonialismo, el imperialismo y el racismo diversas obras de autores latinoamericanos que habían sido publicadas en inglés. Así, comenzó a darse una conversación crítica postcolonial y decolonial facilitada por el uso de este idioma.

## III. PRINCIPALES RASGOS DE LOS ESTUDIOS POSTCOLONIALES Y DECOLONIALES

Como todas las teorías, las perspectivas postcoloniales y decoloniales están conformadas por diferentes puntos de vista que a veces chocan entre sí. De hecho, algunos académicos y académicas harían una distinción estricta entre la perspectiva postcolonial y la decolonial, a pesar de que son muchos más sus puntos de encuentro y sus referentes intelectuales compartidos. Sin embargo, con la proliferación de estas perspectivas, esta distinción se hace menos clara, particularmente ante el surgimiento de programas de investigación enfocados en otras áreas geográficas (por ejemplo, en el continente africano o desde la diáspora africana en distintas regiones), así como con el uso de sus lentes analíticas para estudiar las sociedades resultado del colonialismo de asentamiento (Estados Unidos, Australia, Nueva Zelanda, Canadá, entre otros).

En esta sección, identificamos y esbozamos tres propuestas claves presentes en las perspectivas postcoloniales y decoloniales, particularmente dentro de las RRII. Estas propuestas pretenden: (1) subrayar la conexión entre los antiguos poderes coloniales y los colonizados, y la importancia de tales conexiones para comprender la política global contemporánea; (2) estudiar los procesos a través de los cuales estas conexiones son borradas y se construyen las diferencias entre el yo y el otro; (3) re-imaginar formas nuevas y más justas de ordenar lo político y lo internacional.

---

18 Walter Mignolo. *The Darker Side of Renaissance: Literacy, Territoriality, and Colonization* (Ann Arbor: University of Michigan Press, 1995).

19 Aníbal Quijano, "Coloniality of Power, Eurocentrism and Latin America," *Nepantla: Views from South* 1, n.º 3 (2000): 533-580.

## *1. Conexión entre antiguos poderes coloniales y los colonizados*

Algunos conceptos fundamentales de la política global, como el "desarrollo" y los "estados fallidos", por ejemplo, parten de una separación entre los distintos estados-nación en el orden internacional. Desde una perspectiva hegemónica, la idea de desarrollo suele ser pensada como algo que le compete exclusivamente al estado-nación en cuestión, siendo este considerado como desarrollado o sub-desarrollado en función a las políticas económicas que tome. Asimismo, sobre los estados-nación, caen en categorizaciones en torno a sus niveles de estabilidad o fragilidad. Las perspectivas postcoloniales y decoloniales, en lugar de asumir tales desigualdades como endógenas a los estados-nación, lo primero que hacen es interrogar las "historias conectadas"[20] a través de las cuales se produjeron los estados y las desigualdades. Al hacerlo, estas perspectivas subrayan las interconexiones de dos maneras claves. En primer lugar, señalan cómo el pasado colonial no ha quedado atrás, sino que continúa estructurando el presente colonial y, en segundo lugar, cómo se ejerce el dominio continuo a través de relaciones de poder entre el antiguo colonizador y el colonizado. En términos de desarrollo y de la "fragilidad" de los estados del Sur Global, esto significa que la desigualdad entre los estados-nación se ha producido históricamente a través de relaciones de poder que han sostenido un sistema por el que, por un lado, la riqueza contemporánea del Norte Global es producida a través de la explotación histórica del Sur Global y, por otro lado, que como consecuencia de estas prácticas "subdesarrollantes"[21] los estados del Sur Global enfrentan mayor "fragilidad". Desde el enfoque decolonial, estas interconexiones han sido conceptualizadas como la "colonialidad del poder"[22], subrayando cómo estas relaciones de poder que emergen de la experiencia colonial no existen en el pasado, sino que continúan.

[20] Zeyneb Gulsah Çapan, "Beyond Visible Entanglements: Connected Histories of the International," *International Studies Review* 22, n.º 2 (2020): 289-306.

[21] Roberto Fernández Retamar, *Algunos usos de civilización y barbarie* (Buenos Aires: Ediciones Letra Buena, 1993).

[22] La colonialidad del poder puede entenderse como el entramado de poder colonial, capitalista, racial y patriarcal co-constitutivo de la modernidad y que ha establecido las relaciones entre imperios y colonias, Occidente y el resto, el Norte Global y el Sur Global.

## *2. Procesos de borradura de las conexiones históricas*

La segunda propuesta clave de las perspectivas postcoloniales y decoloniales es la de interrogar cómo se niegan las conexiones históricas a través de las diferenciaciones entre el yo y el otro, identidad/diferencia y los tipos de prácticas que tales distinciones hacen posibles. Esto también puede ilustrarse a través de las nociones de desarrollo y estados fallidos como presentamos anteriormente. La escuela postcolonial describe cómo las perspectivas dominantes niegan las conexiones históricas y las relaciones de poder entre sujetos al naturalizar los límites entre el yo y el otro, la identidad y la diferencia. Estas perspectivas dominantes entienden el "subdesarrollo" o la "fragilidad" de un estado como resultado de las características inherentes de la sociedad en cuestión. Por ejemplo, lo atribuyen a una mentalidad retrógrada, tendencias corruptas o conflictos étnicos, más que a procesos políticos vinculados a la explotación histórica. Es decir, el "subdesarrollo" y la "fragilidad" es atribuida a las características de los sujetos que componen la sociedad en cuestión. De ahí que desde la perspectiva postcolonial se busque no solo denunciar la conexión entre el colonialismo y el subdesarrollo del estado o su fragilidad en el Sur Global, si no también señalar cómo estas cuestiones estructurales han sido atribuidas a sujetos, cuerpos e identidades concretas. Tales distinciones a menudo están vinculadas a concepciones sobre la raza en las que se enmarca a personas particulares como incapaces de desarrollo o estabilidad[23]. El subdesarrollo y la inestabilidad del "otro" sirve entonces para reafirmar la identidad del Norte Global, un lugar/sujeto que, según los discursos dominantes, ha dejado atrás las mentalidades retrógradas y la corrupción y que, por tanto, ha desarrollado marcos para superar los conflictos internos que son entendidos como endémicos en las sociedades del Sur Global.

La perspectiva decolonial, por su parte, aborda tales distinciones a través de las nociones de la colonialidad del saber y del ser[24]. La noción de la

---

23 Arturo Escobar, "Beyond the Third World: Imperial Globality, Global Coloniality and Anti-Globalisation Social Movements," *Third World Quarterly* 25, n.º 1 (2004): 207-230; Branwen Gruffyyf Jones, "'Good governance', and 'state failure': the pseudo-science of statesmen in our times", en *Race and Racism in International Relations: Confronting the Global Colour Line,* ed. Alexander Anievas, Nivi Manchanda y Robbie Shilliam (Londres: Routledge, 2015), 62-80.

24 La colonialidad del saber es la práctica de silenciar, invisibilizar o borrar conocimientos no occidentales, teniendo como resultado la primacía del conocimiento occidental entendido este, además, como universal. La colonialidad del ser, por su parte, es la práctica de diferenciar a los sujetos que interactúan entre sí a través de

colonialidad del saber cuestiona cómo las formas particulares de conocer el mundo desarrolladas en el Norte Global son entendidas como superiores a las del Sur Global, siendo estas últimas imaginadas como retrógradas y subdesarrolladas. Este imaginario se sostiene sobre la suposición de que el Norte Global es el origen del progreso, mientras que el Sur Global, en tanto un derivado del norte, es inferior o se encuentra rezagado. A su vez, esto tiene implicaciones para la noción de la colonialidad del ser, la cual establece que existen unas relaciones de poder que diferencian entre sujetos entendidos como el ser y sujetos entendidos como el no ser. En este sentido, el vínculo entre la jerarquización del conocimiento y de los sujetos se ve ejemplificado en las nociones de subdesarrollo, por ejemplo, cuando se justifican varios programas de ajuste estructural que limitan las posibilidades económicas de los estados en cuestión, basándose en el entendimiento de que estos estados y sujetos no saben gobernarse. Igualmente, la subjetivación de los sujetos coloniales en términos de no ser es visible en las nociones hegemónicas de fracaso estatal cuando esto es utilizado para justificar invasiones extranjeras en sus países o territorios con el propósito de traer orden, estabilidad y democracia, ante la supuesta incapacidad política de sus habitantes. Así, como mencionamos anteriormente, continúan reproduciéndose las dinámicas que nutren lo que Mudimbe (1988) —analizando la mirada colonial sobre el continente africano— nombró como la "biblioteca colonial". Es decir, una matriz de "conocimiento" colonial que opera estableciendo las formas en las que se determinan las posibilidades y limitaciones de los sujetos/estados entendidos como "fallidos", "frágiles", "sub-desarrollados" o "conflictivos".

Otro ejemplo del vínculo entre el saber y la subjetivación se encuentra en el trabajo de Nivi Manchanda sobre las dinámicas imperiales de Estados Unidos y Reino Unido en Afganistán[25]. La autora analiza esto como el proceso de conformación de conocimiento imperial sobre Afganistán, entendido como un espacio de otredad debido, entre otras cosas, a su naturaleza tribal, la condición de desigualdad de la mujer y el fracaso estatal. Manchanda se centra particularmente en analizar cómo las "ideas, percepciones y representaciones" estadounidenses y británicas están informadas

la matriz de la colonialidad del poder y sobre los cuales, a través de la colonialidad del saber, se produce conocimiento. La colonialidad del ser representa, entonces, las prácticas que marcan una diferencia entre aquellos entendidos como el ser (sujeto colonial) y los entendidos como el no ser (sujetos colonizados).

25 Nivi Manchanda, *Imagining Afghanistan: The History and Politics of Imperial Knowledge* (Cambridge: Cambridge University Press, 2020).

por el "poder y el privilegio" que emergen de sus proyectos coloniales[26]. Más aún, similar a la perspectiva de las historias conectadas, vemos cómo tales narrativas sobre Afganistán sirven para encubrir las relaciones de poder colonial de las que emergen, en las que además se formó una idea particular de la "otredad" afgana en términos de "terrorista", la cual ha servido a los nuevos proyectos imperiales a través de la guerra contra el terrorismo. Afganistán, como sostiene la autora, "es enmarcado, en gran medida, como un problema de seguridad y se 'divide' y 'vacía' como una cuestión de política"[27]. Así, podemos decir que el "otro" termina siendo entendido como un sujeto/estado destinado al subdesarrollo o al fracaso, por lo que, la violencia política que evoca y ejerce la intervención es sanitizada y justificada ante el paradigma del progreso.

### *3. Re-imaginar formas nuevas de lo internacional*

Una tercera propuesta clave para las perspectivas postcoloniales y decoloniales es el interés por re-imaginar lo político y lo internacional de formas alternativas. Estas escuelas sugieren que se pueden encontrar formas políticas más justas y éticas, siendo necesario para ello deshacer la colonialidad del saber y del ser, y desafiar la colonialidad del poder. La búsqueda de alternativas se ha llevado a cabo en tres direcciones desde las miradas postcolonial y decolonial. En primer lugar, recuperando las ideas de los pensadores, pensadoras y activistas anticoloniales, quienes han brindado no solo herramientas para criticar la colonialidad de la política global contemporánea, sino que también han aportado un archivo de imaginarios alternativos de lo político y lo internacional. Algunos, como Aimé Césaire, abogaron por un federalismo radical en el que se mantuvieran los vínculos políticos con Francia, pero repensando las relaciones radicalmente, desde una crítica antirracista y anticolonialista. Mientras que otros pensadores clave, como Frantz Fanon, no se limitaron a un imaginario centrado en el estado, sino que buscaron promover proyectos de creación de mundos y concebir otras formas de infraestructura política[28]. En segundo lugar, estas escuelas se han comprometido con ontologías políticas indígenas, africanas y no occidentales para ir más allá de las concepciones modernas y

---

26 Manchanda, *Imagining Afghanistan*, 6.

27 Manchanda, *Imagining Afghanistan*, 7-8.

28 Begum Adalet, "Infrastructures of Decolonization: Scales of Worldmaking in the Writings of Frantz Fanon," *Political Theory* 50, n.° 1 (2022): 5-31.

occidentales de lo político. Si bien, el pensamiento político internacional occidentalizado asume límites estrictos entre el yo y el otro, la perspectiva decolonial se basa en enfatizar la relacionalidad y la co-constitución de sujetos para imaginar otras formas de comunidad política. Finalmente, estas escuelas se han inspirado de, y vinculado con, las prácticas de los movimientos sociales contemporáneos como base para imaginar la política global de otra manera. Particularmente, durante las últimas décadas, el Movimiento Zapatista, el Foro Social Mundial, los movimientos nacional populares en Suramérica y los movimientos sociales indígenas, negros y africanos, han sido fuentes de inspiración y ejemplo de la praxis postcolonial y decolonial de las conexiones globales. En este sentido, el libro de Adom Getachew *Worldmaking after Empire: The Rise and Fall of Self Determination* (2019)[29] es un ejemplo del esfuerzo por recuperar los pensamientos de los intelectuales anticolonialistas. En contra de la afirmación de que, a través del proceso de descolonización, los estados del Tercer Mundo aceptaron los ideales occidentales del estado-nación como una forma política superior, Getachew argumenta que los pensadores y actores políticos anticoloniales no adoptaron simplemente el nacionalismo, sino que intentaron forjar un mundo más justo en el que fuera posible la autodeterminación.

## IV. EVOLUCIÓN Y VARIANTES DE LOS ENFOQUES TEÓRICOS POSTCOLONIALES Y DECOLONIALES

La literatura académica internacionalista que parte de, o está influenciada por, el pensamiento postcolonial y decolonial responde a varias corrientes temáticas pertinentes en la actualidad. En este capítulo nos centraremos en cuatro. En primer lugar, la corriente que se enfoca en investigar la raza como factor estructurante en la política global contemporánea, en tanto que está informada por el racismo y materializada a través del capitalismo racial. En segundo lugar, se encuentran las tendencias hacia la recuperación del pensamiento anticolonial y de la tradición radical negra en la praxis y estudio de la política global. En tercer lugar, la corriente preocupada por construir una disciplina "global", prestando atención a actores menos prominentes y restaurando la agencia del pensamiento no occidental. En cuarto lugar, se encuentra el "giro ontológico" y el esfuerzo por reconocer y aprender de ontologías políticas no occidentales. Como

---

29 Getachew, *Worldmaking after Empire.*

veremos, estas son agendas de investigación bastante divergentes que no siempre están en conversación entre sí ni deben considerarse como un todo uniforme o una perspectiva singular.

## *1. Raza, racismo y capitalismo racial*

Si bien el estudio de la raza y el racismo ha sido durante mucho tiempo un foco central de las perspectivas postcoloniales y decoloniales, no ha sido así dentro de la disciplina de RRII, donde solo recientemente se ha empezado a conformar como una agenda de investigación independiente y explícita. La obra editada *Race and Racism in International Relations: Confronting the Global Color Line* (2015)[30], es una de las pioneras de esta línea de investigación y reúne una variedad de estudios dedicados a promover el análisis de la "línea global de color". Otros ejemplos del estudio del papel de la raza y el racismo se abordan en una variedad de trabajos recientes, algunos de estos incluidos el número especial de International Affairs sobre raza e imperialismo en las Relaciones Internacionales, editado por Jasmine K. Gani y Jenna Marshall en 2022[31], los que se suman a trabajos previos que abordan el rol de la blanquitud en la conformación de la cuestión racial en la política global[32]. Así, el enfoque en la raza y el racismo ha apuntado particularmente a la cuestión constitutiva de los procesos de conformación de subjetividades políticas, sean estas fuerzas políticas como individuos, grupos, estados o normas conformadoras de órdenes. Por ejemplo, teniendo en cuenta una norma u orden, como el orden capitalista, un concepto importante ha sido el de "capitalismo racial", acuñado por pensadoras y pensadores marxistas negros como Ruth Wilson Gilmore y Cedric Robinson. En una línea que resuena con la colonialidad del poder, esta corriente apunta a la centralidad de la raza, el sistema esclavista y el colonialismo en la conformación del capitalismo. En este sentido, el capitalismo siempre ha sido capitalismo racial, y se sostiene y reconfigura a través de procesos de racialización[33]. Otra norma

---

30 Alexander Anievas, Nivi Manchanda y Robbie Shilliam, eds., *Race and Racism in International Relations: Confronting the Global Colour Line* (Londres: Routledge, 2015).

31 Jasmine Gani y Jenna Marshall, eds., "Race and Imperialism in International Relations: Theory and Practice." Special Issue. *International Affairs* 98, n.º (2022).

32 Meera Sabaratnam, "Is IR Theory White? Racialised Subject-Positioning in Three Canonical Texts," *Millennium: Journal of International Studies* 49, n.º 1 (2020): 3-31.

33 Ida Danewid, "The fire this time: Grenfell, racial capitalism and the urbanisation of empire," *European Journal of International Relations* 26, n.º 1 (2019): 289-313.

conformadora del orden racial ha sido la soberanía. Sobre esto, Kerem Nisancioglu (2020)[34] ha desarrollado la noción de "soberanía racial" a través de la cual busca ilustrar cómo la racialización es fundamental para el despojo de las poblaciones nativas por parte de los colonos, resultando esto en la pérdida de soberanía sobre sus territorios.

## 2. *Pensamiento anticolonial y la tradición radical negra*

Desde los enfoques postcoloniales y decoloniales, estudiar la raza y el racismo en la política global requiere que se revisiten autoras, autores, intelectuales y activistas que han sentado las bases del pensamiento anticolonial, antirracista y abolicionista. Esta mirada de lo global es la que guía esa arqueología de saberes que conecta el antirracismo y abolicionismo —centrales en la tradición radical negra— con el anticolonialismo. Así, cada vez más, se acercan a la disciplina de RRII diversos análisis de las dinámicas raciales que parten de otras disciplinas y que aportan a su interdisciplinariedad. Un ejemplo de esto es la recuperación para la disciplina de RRII del trabajo de Stuart Hall, quien hizo un análisis coyuntural, particularmente en torno al populismo autoritario, proporcionando información sobre el capitalismo racial que nutre los análisis críticos contemporáneos[35]. En sus obras, Hall destacó cómo la policía racializada y las estructuras estatales represivas fueron fundamentales para el surgimiento del neoliberalismo en Occidente. Asimismo, su análisis sobre la "raza" en términos de un significante flotante resulta de gran valor para quienes apuntan a estudios genealógicos del concepto raza y su articulación en la política global[36]. Desde las escuelas postcoloniales y decoloniales, también se ha impulsado un compromiso con el estudio del pensamiento intelectual de grupos de activistas y militantes de organizaciones políticas como el Partido de las Panteras Negras en Estados Unidos. Nivi Manchanda y Chris Rossdale, por ejemplo, argumentan que el pensamiento de Huey Newton "enfatizó las interacciones del capitalismo racial, la privatización de la guerra, las prácticas violentas de desfronterización y el poder policial" que proporcionaron la base para una crítica del militarismo y para la conformación de alter-

---

34 Kerem Nisancioglu, "Racial sovereignty," *European Journal of International Relations* 26, n.º 1 (2020): 39-63.

35 Ida Danewid, "Policing the (migrant) crisis: Stuart Hall and the defence of whiteness," *Security Dialogue* 53, n.º 1 (2022): 21-37.

36 Stuart Hall, "Raza, el significante flotante," *Intervenciones en estudios culturales* 1 (1995/2015): 9-23.

nativas radicales[37]. Por último, moviéndose en una dirección ligeramente diferente, Louiza Odysseos se basa en el pensamiento feminista negro de Saidiya Hartman, entre otras, para estudiar cómo el periodo posterior a la esclavitud ha estructurado las condiciones de posibilidad de la política global actual. Partiendo de una mirada afrofuturista, Odysseos teoriza sobre la revuelta poética que busca imaginar un futuro ya visible en el horizonte. Este presente-futuro está compuesto por las dinámicas de fuga y resistencia cotidiana a las reverberaciones aún presentes de la esclavitud. Es decir, contrario a las narrativas que limitan la imaginación y el potencial negro dentro del sistema esclavista, negándole de su agencia liberadora, la revuelta poética está en la ruptura con la captividad de aquellos y aquellas que miran a otras formas futuras de sociabilidad[38].

### *3. Relaciones Internacionales Globales*

El llamado por una disciplina más global ha obtenido gran atención en los últimos años, con varias obras editadas que muestran dicha globalidad en cuanto a los temas, enfoques y autores incluidos. La idea central que sustenta estos trabajos es que los actores, pensadores y pensadoras no occidentales han sido marginadas y marginados en la disciplina y que es necesario incorporarlos al proceso de conformación disciplinaria. Para esto, proponen, en primer lugar, reconsiderar la teoría de las RRII desde lugares particulares, reconociendo el eurocentrismo de las tendencias universalistas que no contemplan que toda teoría parte de un lugar y una experiencia particular. En segundo lugar, proponen recuperar teorías y perspectivas sobre la política global de pensadoras y pensadores situados en lugares previamente marginados —o "más allá de Occidente". Un ejemplo de esto se encuentra en el libro editado en 2009 por Arlene Tickner y Ole Wæver *International Relations Scholarship Around the World*[39], el cual fue pionero en esta agenda de investigación. Desde entonces, se han incluido cuestionamientos más específicos sobre la naturaleza de la disciplina en

---

37 Nivi Manchanda y Chris Rossdale, "Resisting racial militarism: War, policing and the Black Panther Party," *Security Dialogue* 52, n.° 6 (2021): 474.

38 Louiza Odysseos, "Stolen Life's Poetic Revolt," *Millennium: Journal of International Studies* 47, n.° 3 (2019): 341-372.

39 Arlene Tickner y Ole Wæever, eds. *International Relations Scholarship Around the World.* Londres: Routledge, 2019.

diferentes regiones como América Latina[40], Asia y África[41], o países como China[42]. Algunos de estos primeros trabajos reconocen que muchas veces los estudios de las RRII en la periferia continúan basándose en fuentes e ideas similares a las del centro[43]. Esto ha llevado a algunos académicos y académicas a optar por priorizar el análisis de los procesos de conformación de subjetividades más allá de la disciplina, en vez de continuar fijándose exclusivamente en las formas de construcción de conocimiento, es decir, en la cuestión epistémica. Esto, en cierta medida, dio paso a lo que a continuación presentamos como el "giro ontológico".

## 4. *El giro ontológico*

Uno de los propósitos principales de esta corriente ha sido el de superar la lógica dominante de un "único mundo" para auscultar los vínculos con otros mundos posibles[44]. Esta corriente de pensamiento propone un diálogo pluriversal a través de una multiplicidad de interrogantes y de localizaciones geográficas. Uno de los primeros ejemplos de esta perspectiva se encuentra en la obra *The Dao of World Politics: Towards a Post-Westphalian, Worldist International Relations* de L.H.M. Ling[45]. A esta apertura han dado continuidad autoras como Tamara Trownsell, Arlene Tickner y Amaya Querejazu, aportando diversas perspectivas desde los Andes, el sur de Asia, el este de Asia y el Medio Oriente en conversación entre sí. Este enfoque también se aborda en el número especial sobre "relacionalidad pluriversal" publicado en Review of International Studies y editado por Trownsell, Behera y Shani en 2022, que incluye exploraciones de perspectivas adicionales como el pensamiento aborigen en Australia y el pensamiento Ki-

---

40 Amitav Acharya, Melisa Deciancio y Diana Tussie, eds., *Latin America in Global International Relations* (Londres: Routledge, 2022).

41 Ersel Aydinli y Gonca Biltekin, eds. *Widening the World of International Relations: Homegrown Theorizing* (Abingdon: Routledge, 2018).

42 Yongjin Zhang y Teng-Chi Chang, eds. *Constructing a Chinese School of International Relations: Ongoing Debates and Sociological Realiti*es (Abingdon: Routledge, 2016).

43 Audrey Alejandro, *Western Dominance in International Relations? The Internationalisation of IR in Brazil and India* (Abingdon: Routledge, 2019).

44 David Blaney y Arlene Tickner, "Worlding, Ontological Politics and the Possibility of a Decolonial IR," *Millennium: Journal of International Studies* 45, n.º 3 (2017): 293-311.

45 *L.H.M. Ling, The Dao of World Politics: Towards a Post-Westphalian, Worldist International Relations* (Londres: Routledge, 2014).

chwa de la Amazonía[46]. Una de las teorizaciones más interesantes de esta propuesta es la desarrollada por Arlene Tickner y Amaya Querejazu en términos de "cosmopraxis" o "relacionalidad profunda", que implica "el co-ser, la coexistencia y la complementariedad como principios básicos de la existencia"[47]. La "cosmopraxis" brinda la posibilidad de entendimientos no jerárquicos y no binarios de nosotros mismos y de los demás, incluyendo el cómo nos relacionamos con las entidades no humanas, así como con la cultura y cosmogonías de los otros.

Como refleja este repaso de cuatro agendas de investigación, estos enfoques representan un campo heterogéneo y, a veces, conflictivo. A grandes rasgos podríamos distinguir entre dos corrientes principales. La primera corriente es más explícitamente política, e incluye el estudio de la raza, el racismo y el pensamiento anticolonial. Las líneas de investigación dentro de esta corriente buscan brindar una crítica a las estructuras de poder del presente para superarlas, desmantelarlas o transformarlas. La segunda corriente, en cambio, se preocupa por diversificar las bases empíricas, analíticas, teóricas y metodológicas de la disciplina de las RRII. Para esto, estas líneas de investigación se centran más en las políticas del conocimiento de la disciplina, en cómo superarlas o en cómo desplazarlas al atender y centrarse en formas otras de producción de conocimiento.

## V. COLONIALIDAD, FENÓMENOS NATURALES Y DESASTRES SOCIALES: HAITÍ Y PUERTO RICO

En el contexto del cambio climático en el capitaloceno estamos asistiendo al aumento de los fenómenos naturales de diversa índole, desde incendios hasta inundaciones, huracanes y otros fenómenos meteorológicos extremos, que devienen en desastres sociales particularmente en el Sur Global. A continuación, trazamos algunos hilos de las historias conectadas entre Haití y Puerto Rico, centrándonos, desde lentes postcoloniales y decoloniales, en las dinámicas de la colonialidad del poder y del capitalismo racial. Prestamos particular atención a cómo se manifiestan estas dinámicas a través de la relación colonial e imperial de ambos países con Estados Unidos y cómo esta relación, a su vez, incidió en las medidas de austeridad

---

46 Tamara Trownsell, Navnita Chadha Behera y Giorgio Shani, eds., "Pluriversal Relationality," Special Issue. *Review of International Studies* 48, n.° 5 (2022).

47 Arlene Tickner y Amaya Querejazu, "Weaving Worlds: Cosmopraxis as Relational Sensibility," *International Studies Review* 23, n.° 2 (2021): 393.

que repercutieron en desastres sociales tras el embate de los fenómenos naturales. Así, nos preguntamos: ¿qué historias conectadas exacerbaron el impacto del terremoto en Haití en 2010 y del Huracán María en Puerto Rico en 2017?

Las historias conectadas entre Puerto Rico y Haití anteceden al proceso de conquista y colonización europea y están sumamente entrecruzadas a lo largo de la modernidad/colonialidad por la experiencia del sistema de plantación, los conflictos europeos en el Caribe y los levantamientos de personas esclavizadas y campesinos pobres en contra de estos sistemas de opresión. No obstante, una de las conexiones más relevantes es la relación de ambos países con Estados Unidos. Haití estuvo ocupado por la marina estadounidense entre 1915 y 1934, mientras que el proceso en Puerto Rico —iniciado en 1898 tras la Guerra Hispanoamericana— incluyó gobernadores militares y civiles estadounidenses nombrados por el presidente de EEUU hasta 1948. Tras la aprobación de la constitución del Estado Libre Asociado en 1952, Puerto Rico fue retirado de la lista de territorios no autónomos de la ONU. Mientras que, en Haití, poco después de la salida de la marina estadounidense, llegó al poder François Duvalier, quien posteriormente instauró una de las dictaduras más sangrientas del siglo XX.

Durante la Guerra Fría, el gobierno de Puerto Rico, junto al de EEUU, impulsaron una política de desarrollo basada en la industrialización por invitación de inversionistas. Esto repercutió en una gran dependencia de la inversión extranjera, principalmente estadounidense. Sin embargo, con la firma de tratados de libre comercio entre Estados Unidos y otros países del Sur Global, Puerto Rico se hizo menos competitivo ante los inversionistas que ahora movían su capital a otras regiones. A esto se suma la profundización del neoliberalismo, la privatización de servicios públicos y la crisis de la deuda pública. En el 2016 el Congreso de EEUU aprobó la Ley PROMESA que, entre otras cosas, creó una Junta de Supervisión Fiscal que ha tenido a su cargo la reestructuración de la deuda de Puerto Rico y la aprobación del presupuesto del gobierno, mientras que ha impuesto medidas severas de austeridad.

En Haití, la agenda neoliberal también afectó a la infraestructura estatal. En 1994, el gobierno estadounidense bajo la administración de Bill Clinton llevó a cabo la operación militar "Defender la Democracia" y devolvió al poder al presidente democráticamente electo, Jean-Bertrand Aristide, quien había sido depuesto por un golpe de estado en 1992. Sin embargo, parte de los acuerdos para ser devuelto a la presidencia implicaron la aceptación de la democracia liberal y del libre mercado. Durante la década de los noventa, la dependencia haitiana de la ayuda estadounidense se profundizó. Uno de los efectos más perversos fue la destrucción de la industria de arroz como resultado de los incentivos que el gobierno federal estadounidense daba a sus productores para la sobreproducción que terminaba siendo donada en grandes cantidades a Haití. En tanto estado caribeño, Haití está expuesto constantemente a huracanes, tormentas tropicales y temporadas de lluvia. Sin embargo, entre 1994 y 2009, la USAID solo destinó el 1,8% del monto total de ayuda para prevención y preparación de desastres (42 millones de dólares), de los cuales el gobierno haitiano no recibió un solo centavo. Es decir, este dinero quedó en manos de las oenegés, mayoritariamente estadounidenses.

Entonces, ¿cuál era la situación de estos países y cómo esta se reflejó cuando fueron afectados por un terremoto de magnitud 7 y un huracán categoría 4? La desinversión y la austeridad gubernamentales crean condiciones en las que se exacerban los efectos de los fenómenos naturales. En el caso de Puerto Rico, la fragilidad del sistema eléctrico implicó que varias regiones del archipiélago estuvieran más de seis meses sin electricidad tras el paso del Huracán María. En dicho periodo, los servicios médicos se afectaron de tal manera que personas con enfermedades crónicas como diabetes o cáncer no pudieron recibir sus tratamientos por semanas o meses. A pesar de las cifras de muertes dadas inicialmente por el gobierno (primero 19 y luego 64), un estudio conducido por la Universidad de Harvard y otras universidades develó que las muertes en Puerto Rico entre el periodo de septiembre de 2017 y enero de 2018 ascendieron a 4,645[48]. Tras este estudio, se comenzó a contemplar el impacto que la falta a servicios esenciales como electricidad, agua potable y asistencia médica tuvo en el periodo posterior al huracán. Por último, es importante recordar que Puerto Rico, al no ser un país independiente, no podía recibir ayuda humanitaria ni suministros de terceros países, a menos que esta fuera a través de EEUU. Mientras que el gobierno estadounidense demoró semanas en llegar hasta el archipiélago, países cercanos ofrecieron ayuda que fue denegada por la administración de Donald Trump.

En el caso de Haití, el terremoto fue devastador. Los cálculos más conservadores apuntan a unos 315 mil muertos y más de 350 mil heridos. Al momento del terremoto, Haití se encontraba ocupada por las fuerzas de

---

[48] Nishant Kishore, et. Al., “Mortality in Puerto Rico after Hurricane Maria,” *The New England Journal of Medicine* 379 (2018): 162-170.

mantenimiento de la paz de las Naciones Unidas, MINUSTAH y se estima que en el país operaban entre 8000 y 9000 oenegés[49]. Para entonces, el 72% de la población no tenía acceso a atención sanitaria de ningún tipo y de la población atendida, el 70% lo era a través de las oenegés. Cabe entonces considerar cuán preparado estaba el estado en temas de infraestructura de salud, escuelas, refugios, para enfrentar una catástrofe de este nivel.

Los datos presentados nos llevan a reflexionar sobre la complejidad de las dinámicas de la colonialidad que, como se sostiene desde las perspectivas postcoloniales y decoloniales, continúan presentes en la actualidad. Si bien las relaciones formales de cada país con EEUU son distintas —siendo Puerto Rico una colonia de EEUU, mientras que Haití es un estado soberano—, un enfoque en las historias conectadas nos permite ver los procesos por los que EEUU fue conformando su ser imperial vis-à-vis los territorios caribeños. Las y los haitianos, así como las y los puertorriqueños han sido sujetos coloniales racializados como no blancos, y la dominación y explotación de EEUU hacia estos territorios y sus habitantes ha estado sostenida por la supremacía blanca. Sin embargo, la política de EEUU hacia cada uno se ha diferenciado entre el deseo de contener o convertir al otro. Asimismo, las dinámicas del orden neoliberal y la primacía del sector privado y de las oenegés en detrimento de lo público —demonizado como corrupto e ineficiente— son un reflejo del capitalismo racial que ha subordinado a los sujetos coloniales racializados. La política estadounidense hacia el Caribe, la colonización de Puerto Rico, el tutelaje sobre Haití, el neoliberalismo y el desmantelamiento del estado, la incapacidad de respuesta ante un fenómeno natural y el desastre social provocado, son un ejemplo de historias globales conectadas en la modernidad/colonialidad.

## VI. CONCLUSIONES

En este capítulo, hemos introducido las perspectivas postcoloniales y decoloniales como escuelas de pensamiento que han desarrollado diversas y vibrantes agendas de investigación con distintos objetivos, enfoques

---

49 Laura Zanotti, "Cacophonies of Aid, Failed State Building and NGOs in Haiti: setting the stage for disaster, envisioning the future," *Third World Quarterly* 31, n.° 5 (2010): 757.

geográficos y basándose en diferentes tradiciones de pensamiento social y político. Es importante señalar que, desde sus inicios, ha habido mucho diálogo entre las perspectivas postcoloniales y decoloniales y otras perspectivas críticas de las RRII. Los y las estudiantes pueden haber notado, por ejemplo, cómo el énfasis en la producción histórica de desigualdades materiales entra en conversación con el trabajo realizado por académicas y académicos marxistas y feministas. Por otro lado, el estudio de la producción discursiva de sujetos y espacios dialoga con el trabajo realizado por posestructuralistas, feministas y académicas que trabajan en la tradición de la Geopolítica Crítica. Más recientemente, desde el centro de la disciplina, se ha comenzado a re-visitar las obras de las y los teóricos desde los márgenes, situadas y situados en distintas geografías e incluyendo el análisis de procesos históricos tradicionalmente marginalizados en las RRII. Esto demuestra el impacto que han tenido las perspectivas postcoloniales y decoloniales sobre la disciplina de RRII, pero también, la necesidad de mantener el impulso. Dada la necesidad de desentrañar historias conectadas y descifrar las divisiones discursivas entre el yo y el otro para comprender temas actuales como el cambio climático, las pandemias globales, los conflictos territoriales y el resurgimiento de la extrema derecha, las perspectivas postcoloniales y decoloniales aún tienen mucho trabajo que hacer. Además, las múltiples crisis de la política global contemporánea hacen que el proyecto de pensar desde diversas tradiciones para imaginar otros mundos sea más importante que nunca.

## VII. RECAPITULACIÓN

Los estudios postcoloniales y decoloniales aportan una mirada interdisciplinaria y crítica sobre cómo se construye el conocimiento y cómo esto informa las prácticas de las RRII. Estos han aportado a la deconstrucción del conocimiento eurocéntrico, al cuestionamiento de conceptos hegemónicos en las RRII como el estado y la soberanía, así como a otras formas de entender lo político. En todos estos casos, siempre señalando los legados del colonialismo, su reformulación a lo largo del tiempo y la importancia de las historias conectadas que lo conformaron. Estas escuelas también centran su atención en las prácticas de resistencia, en el legado de intelectuales y activistas anticoloniales, así como en la conformación de redes de solidaridad globales que han contestado el orden hegemónico, proponiendo y analizando alternativas a las formas hegemónicas de la política mundial. Además, sus debates teóricos se han centrado en temas que son de interés para los grupos vulnerabilizados. En este capítulo hemos presentado cuatro líneas de investigación que nutren a los estudios postcoloniales y decoloniales en la actualidad.

1) Las que se enfocan en el estudio de la raza, el racismo y el capitalismo racial y que entienden que la construcción moderna de las categorías raciales está en el centro de los sistemas de opresión aún vigentes. Estas plantean que fue la idea moderna de raza la que permitió a los conquistadores europeos someter a la servidumbre a las poblaciones nativas en las Américas, así como articular el sistema de trata de personas negras esclavizadas. Esto creó un sentido común sobre el lugar de cada grupo racializado en el orden moderno/colonial y fue fundamental para el sistema de plantaciones que fue, desde la perspectiva del capitalismo racial, el momento de acumulación originaria para la emergente clase burguesa en Europa. La población esclavizada, desposeída de su humanidad y enajenada del producto de su trabajo, era entendida como producto y reproductora de más objetos/productos.

2) Quienes se centran en las conexiones entre el pensamiento anticolonial y la tradición radical negra como movimientos de resistencia al imperialismo, al colonialismo y al racismo, que además propiciaron ideas y referentes de luchas conectadas.

3) La línea de investigación de las Relaciones Internacionales Globales que apuesta por globalizar la disciplina incluyendo las teorías y perspectivas de las regiones y sujetos no occidentales.

4) Por último, la más reciente línea de investigación que parte del giro ontológico y que provee herramientas para imaginar la posibilidad de un mundo compuesto por varios mundos. Al ir más allá de la cuestión epistémica, el giro ontológico nos permite salir de los marcos establecidos que limitan nuestro pensamiento a la experiencia humana. Así, resultan en una gran aportación para pensar otras formas de relacionarnos con las entidades no humanas, algo sumamente relevante en el contexto del cambio climático en el capitaloceno.

## VIII. RECOMENDACIONES ADICIONALES

### *Bibliografía adicional*


- Césaire, Aimé. *Discurso sobre el colonialismo.* Madrid: Akal, 2006.
- Chakrabarty, Dipesh. "Legacies of Bandung: Decolonisation and the Politics of Culture." *Economic and Political Weekly* 40, n.° 46 (2005): 4812-4818.
- Lorde, Audre. *Sister Outsider: Essays and speeches.* Trumansburg, NY: Crossing Press, 1984.
- Tuck, Eve y Wayne K. Yang. "Decolonization is Not a Metaphor." *Decolonization: Indigeneity, Education & Society* 1, n.° 1 (2012): 1-40.
- Williams, Eric. *Capitalismo y Esclavitud.* Madrid: Traficantes de Sueños, 2011.


### *Otros materiales*


- Carpentier, Alejo. *El reino de este mundo.* Nueva York: Alfred A. Knopf, 1949.
- Ejército Zapatista de Liberación Nacional (1996), Cuarta declaración de la Selva Lacandona (https://enlacezapatista.ezln.org.mx/1996/01/01/cuarta-declaracion-de-la-selva-lacandona/)
- Hartman, Saidiya. *Lose Your Mother: A Journey Along the Atlantic Slave Route.* Farrar: Straus and Giroux, 2007.

- The disorder of things (https://thedisorderofthings.com).
- Yates, Pamela (2017), *500 Years*. Documental, Skylight.

# *Capítulo 10*
# *Geopolítica Crítica*

**MARINA DÍAZ SANZ***

## I. INTRODUCCIÓN

El término "geopolítica" aparece tradicionalmente asociado al razonamiento sobre las relaciones exteriores entre Estados y al papel que juegan los factores geográficos en la distribución de poder a escala global. Este punto de vista está implícito en afirmaciones como "la tensión entre Estados Unidos y China responde a razones geopolíticas" o "Rusia utiliza el gas como arma geopolítica". En ellas se asume que la geografía, entendida como realidad "fija y objetiva"[1], condiciona y orienta el comportamiento de los Estados y sus posibilidades de relación con otras unidades del sistema —como norma general, con otros Estados—.

Con frecuencia, quienes se interesan por la geopolítica, desde la universidad, los medios de comunicación o los llamados "tanques de pensamiento" (*think tanks*), anhelan adquirir y ofrecer claves certeras sobre cuestiones como: i) las rivalidades entre Estados; ii) qué papel juegan en estas la demografía, la localización y los rasgos climáticos de un Estado, su capacidad de acceso a recursos naturales, o su condición de insularidad o continentalidad; o bien, iii) la geopolítica actual o pasada de un país, tratando de conocer los orígenes y las motivaciones que sustentan sus alianzas militares, los escenarios estratégicos a los que da prioridad y el estado de sus capacidades ofensivas y defensivas. Sin embargo, es menos probable que, desde estos mismos ámbitos, se asocie una agenda de investigación geopolítica con el espacio doméstico, las relaciones íntimas y la escala del cuerpo; o bien, con la revisión de las relaciones entre humanos, su entorno y con otros objetos no humanos.

---

* Profesora e investigadora en la Facultad de Ciencias Sociales y Humanas de la Universidad de Deusto (Bilbao).

1 John Agnew y Stuart Corbridge, *Mastering Space: Hegemony, Territory and International Political Economy* (Londres: Routledge, 1995), 3.

Este capítulo nace con dos propósitos. El primer propósito es presentar el viaje que tiene lugar desde el desarrollo de una tradición geopolítica centrada en el análisis del comportamiento estatal y de sus condicionantes geográficos (cuestiones centrales del pensamiento geopolítico desde el siglo XIX) hasta la emergencia de la llamada "geopolítica crítica" en la etapa final de la Guerra Fría. La geopolítica crítica, que autores como Gearóid Ó Tuathail (Gerard Toal), Simon Dalby o John Agnew fueron definiendo en el tránsito hacia el mundo post-bipolar, se fundamentó sobre la premisa de que la geopolítica es un discurso. Posteriormente, el enfoque discursivo de la geopolítica crítica ha sido ampliado de la mano de los feminismos y los nuevos materialismos. Estas ampliaciones han abonado lo que hoy ya podemos considerar una "geopolítica crítica feminista" y una "geopolítica crítica posthumana" o con enfoque "más-que-humano" (*more-than-human* en la formulación anglosajona). Estas tratan de completar, en algunos casos, dar un tirón de orejas al programa de investigación de la primera geopolítica crítica, considerado como excesivamente textualista y andro- y antropocéntrico.

El segundo propósito del capítulo, expresado de manera transversal en las siguientes páginas, es esbozar el espacio de posibilidades que las diferentes corrientes geopolíticas abren para el análisis de lo internacional/global y para la definición de las agendas prácticas de actores políticos de toda índole.

## II. LA TRADICIÓN GEOPOLÍTICA

En el siglo XIX, cuando la geografía se institucionalizó como disciplina académica y cristalizó la división entre geografía física y geografía humana, la geografía política apareció como subcampo de la geografía humana, siendo entendida como una "geografía del Estado"[2]. Así, la genealogía de

[2] Franco Farinelli, "Friedrich Ratzel and the nature of (political) geography." *Political Geography* 19, núm. 8 (Noviembre 2000): 943-55, https://doi.org/10.1016/S0962-6298(00)00036-6. Esta definición remite al sentido dominante del término "geopolítica" hoy, pero, en la actualidad, las diferencias entre los campos de estudio de la geopolítica y la geografía política son más distinguibles. En el primer caso, en un sentido clásico, tiene que ver con el análisis de la proyección del poder estatal a escala global y los factores geográficos que la condicionan. En el segundo, puede englobar desde los estudios de frontera, a las geografías electorales y urbanas.

la geografía política está íntimamente ligada al pensamiento estato-céntrico moderno y a las teorizaciones de los que, a la postre, han sido considerados sus "padres fundadores".

Vinculada a la tradición geográfica decimonónica, quienes leen la historia intelectual de la geografía política (*qua* geopolítica) desde una mirada contemporánea, consideran estas primeras articulaciones como una "justificación académica del imperialismo"[3]. En esto, la influencia del geógrafo Friedrich Ratzel (1844-1904) y su teoría orgánica del Estado recogida en la obra *Politische Geographie* tiene un peso indiscutible. Sin embargo, el neologismo concreto —"geopolítica" (*geopolitik*)— se lo debemos a otro geógrafo, el sueco Rudolf Kjellén (1864-1922), quien lo utilizó por primera vez en un artículo de 1899 para designar uno de los rasgos nucleares de los Estados. Con *geopolitik*, Kjellén se refería a "la localización, la forma, y la superficie y características físicas del territorio del Estado, así como al examen de esas características"[4].

Pocos años más tarde, se dio a conocer el modelo geopolítico "más influyente del siglo XX"[5]. Su artífice fue Halford Mackinder (1861-1947), geógrafo británico y político concernido por la modernización y reforma del Imperio Británico. Mackinder presentó el "pivote geográfico de la historia" (también conocido como la "tesis del corazón continental") ante la Sociedad Geográfica de Londres el 25 de enero de 1904 y, aunque lo revisó en dos ocasiones más (en 1919 y 1943), ninguna de las revisiones llegó a ser tan famosa como la primera. En la tesis del corazón continental, Mackinder llevó a cabo una racionalización espacial de la historia cuyo propósito era explicar el comportamiento global de las grandes potencias apoyándose en un marco de interpretación geográfico. De este modo, el modelo de Mackinder ofrecía un relato de la historia reciente como una pugna entre una "potencia marítima" (Gran Bretaña) y una "potencia terrestre" (Rusia) en la cual, y dependiendo del momento, cada una de estas potencias ha-

---

3 Gerry Kearns, "Geopolitics," en *The Sage Handbook of Geographical Knowledge*, editado por John Agnew y David Livingstone (Los Ángeles: Sage, 2011), 611.

4 Virginie Mamadouh, "Reclaiming geopolitics: Geographers strike back," *Geopolitics* 4, núm. 1 (1999): 120, https://doi.org/10.1080/14650049908407640.

5 Heriberto Cairo Carou, "Comentario: «El pivote geográfico de la historia», el surgimiento de la geopolítica clásica y la persistencia de una interpretación telúrica de la política global," *Geopolítica(s). Revista de estudios sobre espacio y poder* 1, núm. 2 (2010): 323, https://revistas.ucm.es/index.php/GEOP/article/view/36332.

bría contado con ventajas estratégicas frente a su rival para el dominio del "corazón continental"[6].

Aunque con una influencia menor a la del británico, en Estados Unidos, el Capitán Alfred Thayer Mahan (1840-1914), autor de *La Influencia de la Potencia Marítima sobre la Historia 1660-1783*, trató de aplicar las ideas de Mackinder para mejorar el posicionamiento estratégico de Estados Unidos. En perspectiva histórica, las contribuciones de Mackinder y Mahan ejemplifican de manera elocuente la íntima relación que un día existió entre la geopolítica como campo de conocimiento y la geopolítica como campo de práctica política, en donde la primera acabó siendo puesta al servicio de los poderosos, también en décadas posteriores del siglo XX.

En el periodo de entreguerras en Europa, la geopolítica alemana o *Geopolitik* fue un campo de estudio influyente gracias al trabajo de Karl Haushofer (1869-1946), uno de los intelectuales que lideró la oposición al Tratado de Versalles y que buscó un mejor acomodo de los intereses alemanes en el mundo. Haushofer abogó por el establecimiento de un modelo de panregiones en el que cada una de las grandes potencias del momento (Alemania, Japón y Estados Unidos) lideraría un bloque político-económico organizado en torno a los principios de autarquía[7]. Aunque la idea ha sido ampliamente cuestionada, durante mucho tiempo se consideró que Haushofer había actuado como ideólogo del Tercer Reich, razón por la cual se le hacía parcialmente responsable de las consecuencias trágicas de la expansión territorial de la Alemania nazi. Bajo el proyecto expansivo alemán latía la teoría de Ratzel sobre el Estado, entendido como un organismo vivo con la necesidad de ampliar su espacio vital (*Lebensraum*), una influencia directa en el pensamiento de Haushofer que la Alemania nazi quiso llevar a la práctica. Por todo ello, tras la Segunda Guerra Mundial, la *Geopolitik* cayó en desgracia y la conversación sobre geopolítica en general se silenció en el debate público[8].

---

6 En las famosas palabras de Mackinder, "Quien gobierne la Europa Oriental dominará el corazón continental; quien gobierne el corazón continental dominará la isla mundial; quien gobierne la isla mundial dominará el mundo" citado por Peter J. Taylor y Colin Flint, en *Geografía Política. Economía-mundo, Estado-nación y Localidad.* Traducción de Adela Despujol Ruiz-Jiménez y Heriberto Cairo Carou. (Madrid: Trama, 2002), 58.

7 Taylor y Flint, *Geografía Política.*

8 Mamadouh, "Reclaiming geopolitics".

No obstante, esta fue una desaparición más simbólica que real ya que "la interpretación y el análisis geopolítico continuaron, ocultados tras otras etiquetas como los estudios estratégicos e incluso la geografía política"[9]. Esto es especialmente cierto con respecto a América, adonde la geopolítica viajó, y donde se dio continuidad a la tradición geopolítica clásica[10]. Uno de los principales exponentes de ese viaje fue Nicholas J. Spykman, quien en 1942 aseguró que "la geografía es el factor determinante de la política exterior de los Estados porque es el más permanente"[11]. El mismo Spykman también revisitó la tesis del corazón continental de Mackinder, que bautizó con el nombre de modelo del "corazón continental-cinturón exterior"[12].

Tras un periodo de aparente desaparición, a comienzos de la década de 1970, el lenguaje de la geopolítica volvió al debate público. El "resurgimiento" se dio de manera simultánea en Estados Unidos y Europa, en los ámbitos académicos y prácticos. Entre las décadas de 1970 y 1990, señala Virginie Mamadouh, la regeneración de la geopolítica se agrupó en cuatro grandes escuelas: la geopolítica neoclásica, la geopolítica radical, la no-geopolítica, y la geopolítica crítica[13].

La escuela de geopolítica neoclásica experimentó desarrollos sustanciales en Estados Unidos, donde figuras como Henry Kissinger, asesor de seguridad estadounidense y secretario de Estado entre 1973 y 1977, o Zbigniew Brzezinski, consejero de seguridad nacional entre 1977 y 1981, dieron voz a las preocupaciones geoestratégicas del Estado y pusieron el pensamiento geopolítico al servicio de los intereses y la seguridad nacionales[14]. En otro escenario, Francia, tomó forma la escuela de la geopolítica radical, nacida de la mano del geógrafo Yves Lacoste y de la revista de geografía

---

9 Leslie W. Hepple, "The revival of geopolitics," *Political Geography Quarterly* 5, núm. 4, suplemento 1 (Octubre 1986): S23, https://doi.org/10.1016/0260-9827(86)90055-8.

10 Isaiah Bowman, "Geography vs. Geopolitics," *Geographical Review* 32, núm. 4 (Octubre 1942): 652, https://doi.org/10.2307/210002.

11 Nicholas J. Spykman, "Frontiers, Security, and International Organization," *Geographical Review* 32, núm. 3 (Julio 1942): 441, https://doi.org/10.2307/210386.

12 Nicholas J. Spykman, "Heartland and Rimland," en *The Structure of Political Geography*, eds. E. Kasperson y Julian V. Minghi (Londres: University of London Press, 1970).

13 Virginie Mamadouh, "Geopolitics in the nineties: One flag, many meanings," *GeoJournal* 46, núm. 4 (1998): 237-53, https://doi.org/10.1023/A:1006950931650.

14 Mamadouh, "Geopolitics in the nineties," 238.

*Hérodote*. Esta compartía con la escuela neoclásica la idea de que los factores geográficos determinan el comportamiento de los Estados en el ámbito internacional y en la guerra, cuestión que el propio Lacoste abordó en su famoso ensayo de 1976 *La géographie, ça sert, d'abord, à faire la guerre*.

En los años 80, y en el contexto académico británico, aparece la escuela de la no-geopolítica de la mano de los geógrafos Peter J. Taylor y John O'Loughlin. Se trató de una escuela motivada por el rechazo a la instrumentalización política del saber geopolítico. Esta basó su propuesta en la definición de una geopolítica antiestatista y rupturista con una tradición en la que "los geógrafos políticos no se han situado en la primera línea de crítica del *statu quo*; más bien al contrario, han puesto sus recetas espaciales al servicio de los poderosos"[15]. Este fue un anhelo compartido, y continuado, por la llamada geopolítica crítica, que representa la cuarta escuela, y de la que nos vamos a ocupar por extenso en las siguientes páginas. En la actualidad, la geopolítica crítica es la escuela más próxima a la agenda de investigación de las corrientes críticas en Relaciones Internacionales. La otra es la escuela geopolítica neoclásica, estrechamente vinculada a los enfoques conservadores y realistas de las relaciones internacionales[16].

## III. LA GEOPOLÍTICA CRÍTICA: CONTEXTO DE SURGIMIENTO, REFERENTES Y POSTULADOS

Tras varias décadas de andadura, hoy podemos distinguir dentro de la historia intelectual de la geopolítica crítica una fase inicial de desarrollo de una primera geopolítica crítica y una segunda fase de ampliación vinculada al pensamiento feminista y a los nuevos materialismos[17]. Debe vislumbrarse esta historia intelectual como una gran conversación en la que destacan tres momentos: i) el de la tradición geopolítica de raíces decimo-

---

15 Peter J. Taylor, "Radical Political Geographies," en *A Companion to Political Geography*, eds. John Agnew, Katharyne Mitchell, y Gerard Toal (Oxford: Blackwell Publishers, 2003), 47.

16 Virginie Mamadouh y Dijkink Gertjan, "Geopolitics, International Relations and Political Geography: The Politics of Geopolitical Discourse," *Geopolitics* 11, núm. 3 (2006): 349-66, https://doi.org/10.1080/14650040600767859.

17 Sara Koopman, Simon Dalby, Nick Megoran, Jo Sharp, Gerry Kearns, Rachael Squire, Alex Jeffrey, Vicki Squire, y Gerard Toal, "Critical Geopolitics/critical geopolitics 25 years on," *Political Geography* 90 (Octubre 2021), 102421, https://doi.org/10.1016/j.polgeo.2021.102421.

nónicas, cuyos postulados y principales referentes acabamos de presentar; ii) el de la geopolítica crítica del "enfoque discursivo" que surge a finales de los años 80; y, iii) el de la geopolítica crítica con orientación feminista y/o enfoque "más-que-humano" que empieza a articularse a principios de los 2000. Cada uno de estos momentos tiene origen en unas coordenadas históricas, políticas e intelectuales determinadas, y destaca por tratar de proponer una mejor y más completa comprensión de la relación entre lo geográfico-espacial y el poder.

## *1. La primera geopolítica crítica: Crítica a la tradición geopolítica y desarrollo del enfoque discursivo*

La fórmula "geopolítica crítica" apareció por primera vez en la tesis doctoral del irlandés Gearóid Ó Tuathail, *Critical Geopolitics: the social construction of state and place in the practice of statecraft*, defendida en 1989 en la Universidad de Siracusa (Estados Unidos). Ó Tuathail es hoy uno de los representantes más icónicos de la geopolítica crítica y autor de la obra de referencia dentro del campo, *Critical Geopolitics*[18]. El artículo de Simon Dalby sobre la construcción del Otro soviético en el discurso geopolítico estadounidense durante la Guerra Fría, "Geopolitical Discourse: The Soviet Union as Other" y el posterior libro *Creating the Second Cold War: The Discourses of Politics*, también reciben la consideración de obras fundacionales de la geopolítica crítica; y su autor, Simon Dalby, sigue siendo identificado como una de las voces autorizadas en el campo[19]. Algunas reconstrucciones de la historia intelectual de la geopolítica crítica consideran que la obra de Peter J. Taylor, *Britain and the Cold War, 1945 as Geopolitical Transition*[20], debe contarse entre los trabajos que contribuyeron a sentar las bases de este campo de estudio[21].

Sin embargo, en la actualidad, el trabajo de Peter J. Taylor se discute más como parte de una geografía política con claras intersecciones con la economía política internacional de perspectiva marxista o neomarxista,

18 Gearóid Ó Tuathail, *Critical Geopolitics* (Abingdon, UK: Taylor and Francis, 1996).

19 Simon Dalby, "Geopolitical Discourse: The Soviet Union as other," *Alternatives* 13, núm. 4 (Octubre 1988): 415-42, https://doi.org/10.1177/030437548801300401; y *Creating the Second Cold War: The discourse of politics* (Londres: Pinter, 1990).

20 Peter J. Taylor, *Britain and the Cold War, 1945 as Geopolitical Transition* (Londres: Pinter, 1990).

21 Mamadouh, "Geopolitics in the nineties".

donde el análisis de sistemas-mundo wallerstiniano y el análisis crítico del capitalismo de autores como David Harvey son una contribución fundamental, que como parte de la geopolítica crítica de orientación discursiva de la que este capítulo se ocupa con mayor intensidad[22]. También resulta paradójico que el trabajo de John Agnew y obras como *Geopolítica: Una re-visión de la política mundial*[23] formen parte del relato habitual sobre la geopolítica crítica y que se cuente entre las referencias intelectuales dentro del campo, considerando que el propio Agnew no se autodenominaría principalmente como un autor "de geopolítica crítica".

El surgimiento de la geopolítica crítica como nicho intelectual es inseparable del contexto político internacional, de los factores moldeadores de las relaciones internacionales y de los nuevos derroteros por los que transitaba una parte de las Ciencias Sociales desde los años 80 por efecto del "giro cultural", la influencia del posmodernismo, el posestructuralismo y la crítica poscolonial[24]. Por ello, para comprender cuáles fueron las condiciones que posibilitaron el cuestionamiento por parte de la geopolítica crítica de la tesis determinista sobre la relación entre geografía y poder, debemos tener en cuenta una confluencia de elementos.

De un lado, debe subrayarse que la propia Guerra Fría no fue una guerra *strictu sensu*, y que, tanto las condiciones tecnológicas como los adelantos armamentísticos experimentados en la época, demostraron que los factores geográficos dejaron de ser estratégicamente determinantes para los contendientes en la guerra. Desde una perspectiva estadounidense, resulta muy claro comprender que, ante el desafío de la carrera espacial y los desarrollos constantes en el ámbito nuclear, la condición que había mantenido históricamente a Estados Unidos "aislado de los rigores de la guerra y del equilibrio de poder"[25] —su aislamiento geográfico con respecto al convulso espacio euroasiático— dejó de ser una barrera infranqueable ante los desafíos soviéticos.

---

22 Ver al respecto Heriberto Cairo Carou, "Elementos para una geopolítica crítica: Tradición y cambio en una disciplina maldita," Ería 0, núm. 32 (1993): 204-206, https://doi.org/10.17811/er.0.1993.195-213.

23 John Agnew, *Geopolítica: Una re-visión de la política mundial*, traducción de María Lois Barrio (Madrid: Trama, 2005).

24 Gerard Toal, "Una reflexión sobre las críticas a la Geopolítica Crítica," *Geopolítica(s). Revista de estudios sobre espacio y poder* 12, núm. 2 (2021): 191-206, https://doi.org/10.5209/geop.78616.

25 Barry Buzan y Lene Hansen, *The evolution of International Security Studies* (Cambridge: Cambridge University Press, 2009), 52.

De otro lado, la Guerra Fría y su fin trajeron al primer plano del análisis político internacional la importancia de la dimensión cultural de las relaciones internacionales. El objetivo de muchos analistas —muchos de ellos vinculados al posestructuralismo— fue llamar la atención sobre la influencia de elementos de naturaleza subjetiva como las mitologías nacionales, las historias culturales y las culturas estratégicas en el comportamiento de los Estados, y en las relaciones internacionales en general[26]. De este modo, se trataba de superar las limitaciones inherentes al análisis de corte realista o tradicionalmente geopolítico —con su fijación en las capacidades estatales para sobrevivir en un entorno internacional anárquico—, y de tratar de dilucidar la manera en que las identidades, los mitos nacionales y las normas culturales condicionan el comportamiento internacional de los Estados. A finales de los 80 y principios de los 90, algunos de los trabajos más relevantes en este campo emergente se ocuparon de desgranar el vínculo entre la política exterior estadounidense y el discurso de seguridad, lo cual pasó irremediablemente por entender la manera en que la construcción antagónica del Otro soviético (el "Imperio rojo") jugó un papel fundamental de legitimación del anticomunismo y la política de la contención en EEUU durante la Guerra Fría[27].

Sobre este telón de fondo, la geopolítica crítica llevó a cabo la revisión del signo "geopolítica" en dos sentidos relacionados. En primer lugar, propuso reexaminar el estatus de la geopolítica como campo de conocimiento ampliamente asociado a prácticas de poder imperialistas[28], lo que empezó con el cuestionamiento del estatus de neutralidad del que se habían beneficiado los modelos geopolíticos tradicionales. Ello precipitó un cambio de mirada sobre la geopolítica, que para algunos dejó de ser una ciencia "objetiva" y pasó a ser vista, en términos de Foucault, como una práctica de poder/conocimiento[29]. En segundo lugar, la geopolítica crítica adoptó una premisa ontológica diametralmente distinta a la de la tradición geopo-

---

26 Mamadouh y Dijkink, "Geopolitics, International Relations and Political Geography", 354.

27 Ver Simon Dalby, "Geopolitical Discourse" y *Creating the Second Cold War*, así como David Campbell, *Writing Security: United States Foreign Policy and the Politics of Identity* (Manchester: Manchester University Press, 1998). La primera edición del libro de Campbell data del año 1992.

28 Felix Driver, "Geography's Empire: Histories of Geographical Knowledge," *Environment and Planning D: Society and Space*, 10, núm. 1 (Febrero 1992): 23-40, https://doi.org/10.1068/d100023.

29 Mamadouh y Dijkink, "Geopolitics, International Relations and Political Geography".

lítica con relación a su objeto de estudio. En lugar de considerar la "geopolítica" como un factor de la política exterior de los Estados, la geopolítica crítica resignificó la geopolítica en términos de discurso[30] o como "modo particular de representación del espacio global"[31].

A los ojos de los geógrafos políticos críticos, la tradición geopolítica forjada en el pensamiento de Ratzel, Mackinder, Mahan o Haushofer —los fundadores del canon— era precisamente eso: un conjunto de prácticas discursivas de inscripción de significado sobre el espacio global que lo dotaba de un sentido[3233]; un sentido que, a su vez, creaba las condiciones de posibilidad para la intervención (imperialista) en el mundo. La geopolítica crítica rechazó que la geopolítica fuera una ciencia objetiva, dedicada a asépticos exámenes de distribución del poder a escala global. Al contrario, la geopolítica participa activamente en la construcción de la realidad política internacional a través de categorías que no describen el mundo de manera neutral, sino que lo construyen y ordenan. Por ello, para McDowell, el conocimiento geopolítico

> "refleja y mantiene relaciones de poder; es parcial, contextual, situado en tiempos, lugares y circunstancias concretas. Las representaciones de estas verdades parciales las producen autores con una identidad racial y de género, pertenecientes a una determinada clase y que, por lo tanto, tienen un modo particular de mirar el mundo"[34].

Sin embargo, la tradición geopolítica había negado el posicionamiento del conocimiento[35], naturalizado las diferencias entre "aquí" y "allí", e in-

---

30 Martin Müller, "Reconsidering the concept of discourse for the field of critical geopolitics: Towards discourse as language and practice," *Political Geography* 27, núm. 3, (Marzo 2008): 322-38, https://doi.org/10.1016/j.polgeo.2007.12.003.

31 Gearóid Ó Tuathail, "Postmodern geopolitics? The modern geopolitical imagination and beyond", en *Rethinking Geopolitics*, eds. Gearóid Ó Tuathail y Simon Dalby (Londres: Routledge, 1998), 22.

32 Ó Tuathail, *Critical Geopolitics*, y Klaus Dodds y David Atkinson, eds., *Geopolitical Traditions: A century of geopolitical thought* (Londres: Routledge, 2000).

33 Por ello recordar la etimología del término "geografía" (*geos y graphos* o "escritura de la tierra") resulta especialmente útil.

34 Linda McDowell, "Understanding Diversity: The Problem of/for Theory," en *Geographies of Global Change: Remapping the World*, ed. Ron Johnston, Peter J. Taylor, y Michael Watts (Oxford: Oxford Blackwell, 2002), 282.

35 Donna Haraway, "Situated Knowledges: The Science Question in Feminism and the Privilege of Partial Perspective," *Feminist Studies* 14, núm. 3 (Otoño 1988): 575-99, https://doi.org/10.2307/3178066.

visibilizado el ejercicio político que sostiene la definición del mundo "ahí fuera"[36]. Esta última operación reproducía el *ethos* de una filosofía científica positivista situando al observador en una dimensión externa a la realidad observada, perpetuando así la división entre sujeto y objeto de conocimiento. La geografía tradicional había asumido que "los ojos ven [...] pero no son vistos"[37]; que es posible desplegar sobre el mundo una "mirada desde ninguna parte" (*a gaze from nowhere*)[38]. Frente a esto, la geopolítica crítica reconoce que al ser definida como "un discurso y una práctica orientada a la creación de relaciones y órdenes geográficos" en los que "el espacio global se divide en categorías simplistas como bueno/malo, amenazante/seguro y civilizado/bárbaro"[39], los relatos geopolíticos expresan la subjetividad e intereses de aquellos que participan en su definición.

Aunque volveremos pronto al escenario de la Guerra Fría, resulta útil adelantar unos años la línea del tiempo para ilustrar el tipo de objeto de estudio que interesa a aquellos que adoptan la premisa de que la geopolítica es un discurso. Nos situamos a comienzos del siglo XXI para recordar uno de los discursos políticos más analizados del presente siglo: el discurso del presidente George W. Bush sobre el Estado de la Nación (*State of the Union Address*) pronunciado el 29 de enero del año 2002, unos meses después de los atentados del 11 de septiembre de 2001[40]. En esa alocución, el presidente Bush acuñó la famosa expresión del "eje del mal" (*axis of evil*). Rápidamente, el "eje del mal" se erigió como metáfora de los enemigos de las democracias liberales occidentales —en especial, de la democracia y "forma de vida" estadounidenses—. En el contexto de principios del año 2002, el señalamiento de una (no probada) alianza entre Irán, Irak y Corea del Norte (los tres Estados integrantes de este supuesto "eje del mal")

---

36 Gerard Toal, "Una reflexión sobre las críticas a la Geopolítica Crítica," *Geopolítica(s). Revista de estudios sobre espacio y poder* 12, núm. 2 (2021): 191-206, https://doi.org/10.5209/geop.78616.

37 Citado por Klaus Dodds y James D. Sidaway en "Locating Critical Geopolitics," *Environment and Planning D: Society and Space* 12, núm. 5 (Octubre 1994): 519, https://doi.org/10.1068/d120515.

38 Ó Tuathail, *Critical Geopolitics.*

39 Jason Dittmer y Klaus Dodds, "Popular Geopolitics Past and Future: Fandom, Identities and Audiences," *Geopolitics* 13, núm. 3 (2008): 441, https://doi.org/10.1080/14650040802203687.

40 El discurso completo pronunciado por George W. Bush puede leerse aquí: https://georgewbush-whitehouse.archives.gov/news/releases/2002/01/20020129-11.html

estaba directamente relacionada con los apoyos que estos Estados habrían brindado al terrorismo yihadista responsable de asestar un duro golpe a la nación estadounidense y de poner en jaque la seguridad internacional (según el relato de Bush). Tras la invasión de Afganistán como respuesta inmediata a los atentados del 11-S, el discurso del "eje del mal" sirvió para anticipar posibles objetivos militares dentro de la llamada Guerra contra el Terror y para profundizar en la definición de un mundo dividido entre los defensores de un orden internacional liberal y los enemigos de este —terroristas y demás regímenes corruptos—[41].

La inspección de los "discursos, códigos, visiones, representaciones, narrativas, y otros conceptos relativos a la importancia del lenguaje en las prácticas geopolíticas"[42] ha constituido una de las líneas de actuación principales de una primera geopolítica crítica comprometida con la deconstrucción de "las espacializaciones conceptuales de la identidad, la nación y el peligro"[43]. Algunas de las primeras obras icónicas en el campo son muestra de ello. En *Critical Geopolitics,* Ó Tuathail examinaba el papel del discurso imperial británico, incluidas sus prácticas cartográficas, en la constitución de Irlanda como enclave colonial[44]. Los trabajos de Dalby desgranaron la construcción del peligro soviético y la mitología cultural estadounidense durante la Guerra Fría[45]; y, el trabajo de Agnew hizo lo propio acerca de la relación mutuamente constitutiva entre órdenes y discursos geopolíticos desde principios del siglo XIX, y en torno a las bases de la imaginación geopolítica moderna[46].

Para ello, la economía geopolítica de Agnew[47], también desarrollada en co-autoría con Corbridge en una obra anterior[48], combinó postulados de economía política marxiana, el concepto de hegemonía de Antonio Gramsci y elementos de la teoría espacial de Henry Lefebvre[49]. Así, los conceptos

---

41 John Agnew, *Geopolítica: Una re-visión de la política mundial,* traducción de María Lois Barrio (Madrid: Trama, 2005), 4-6.

42 Mamadouh y Dijkink, "Geopolitics, International Relations and Political Geography", 349.

43 Gearóid Ó Tuathail y Simon Dalby, *Rethinking Geopolitics* (Londres: Routledge, 1998), 4.

44 Ó Tuathail, *Critical Geopolitics.*

45 Dalby, "Geopolitical Discourse" y *Creating the Second Cold War.*

46 Agnew, *Geopolítica.*

47 Agnew, *Geopolítica.*

48 Agnew y Corbridge, *Mastering Space.*

49 Citado en Ó Tuathail, "Postmodern geopolitics", 18.

de orden y discurso geopolítico guardan una relación directa con los conceptos de "prácticas espaciales" y "representaciones del espacio" de Lefebvre. Siguiendo al sociólogo francés, en *Mastering Space*, Agnew y Corbridge afirmaron que, en cada periodo histórico, las características dominantes de la economía política internacional y sus modos de funcionamiento particular (las "prácticas espaciales") están asociados a unos determinados modos de representación del espacio global ("representaciones del espacio"). La trialéctica espacial lefebvriana añade un tercer elemento que son los "espacios de representación". Estos apuntan a "los escenarios de prácticas espaciales futuras o 'geografías imaginadas' que inspiran cambios en las representaciones del espacio con la mirada puesta en la transformación de las prácticas espaciales". En el pensamiento de Lefebvre, la relación entre estos tres elementos es dialéctica, lo que significa que "ningún concepto adquiere primacía causal sobre los otros"[50].

Así, y de manera significativa, podemos decir que gran parte de la producción en el campo de la geopolítica crítica se ha situado en el nivel de análisis de las prácticas discursivas estatales y bajo la premisa de que las "representaciones del espacio" operan como legitimadoras de unos determinados órdenes materialmente establecidos, si bien sujetos al cambio histórico. Sin embargo, la identificación de ámbitos más allá del estatal de producción de discurso geopolítico llegó de forma temprana a la reflexión geopolítica. Se va forjando así la diferenciación entre la geopolítica "práctica", "formal" y "popular"[51], en donde la "geopolítica práctica" va a retener el interés por los discursos y prácticas de "los intelectuales de gobierno" (*intellectuals of statecraft*) que, para Ó Tuathail y Agnew son "los funcionarios, líderes, expertos en política exterior y asesores a lo largo y ancho del mundo que comentan, ejercen influencia y orientan las actividades de gobierno de los Estados"[52]. Esto es, "el Estado" encarnado en productores de discurso particulares.

Por otra parte, la etiqueta de "geopolítica formal" va a reservarse para designar el conjunto de prácticas de generación de conocimiento y discurso geopolítico desde ámbitos como la academia o los *think tank*, así como para distinguir al conjunto de investigaciones sobre estos. Los modelos

---

50 Agnew y Corbridge, Mastering Space, 7.

51 Tuathail y Dalby, *Rethinking Geopolitics*, 1-15.

52 Gearóid Ó Tuathail y John Agnew, "Geopolitics and discourse: Practical geopolitical reasoning in American foreign policy," *Political Geography* 11, núm. 2 (Marzo 1992): 193, https://doi.org/10.1016/0962-6298(92)90048-X.

geopolíticos de Mackinder o Haushofer son un ejemplo de conocimiento geopolítico formal. Por último, se va a utilizar la etiqueta de "geopolítica popular" para designar las representaciones sobre lo internacional/global articuladas en la cultura popular (el cine, la literatura o los medios de comunicación), y su examen. Este último dominio, el menos convencional, ha sido particularmente fértil en las últimas dos décadas[53]. Por ello, resulta relevante conocer mejor su programa de investigación.

## 2. *La geopolítica popular: La producción del discurso geopolítico más allá del Estado*

> "La reflexión espacial sobre las relaciones de poder no se puede limitar —como ocurría en la Geopolítica tradicional— a las existentes entre los Estados; olvidaría entonces los innumerables flujos que ocurren al margen; operaría de forma reduccionista limitando 'lo político' a 'lo estatal'"[54].

El desarrollo de una línea de investigación sobre cultura popular en el campo de estudio de la geopolítica es posible por el reconocimiento de que "lo político" no se circunscribe a lo que ocurre o emana en el espacio estatal. También es posible porque, quienes se adscriben a la geopolítica crítica, asumen como premisa que las definiciones de la comunidad nacional, las amenazas y los enemigos domésticos y extranjeros son prácticas culturales de las que participan actores políticos en un sentido convencional (actores vinculados al ámbito de la geopolítica práctica de los Estados) y en un sentido amplio. Esta última categoría la integran desde reporteros de guerra como Maggie O'Kane, caricaturistas como Steve Bell o los creadores del celebérrimo James Bond, por poner solo algunos ejemplos de los que se ha hecho eco la literatura.

La historia concreta de la geopolítica popular echa a andar de la mano de la geógrafa Joanne P. Sharp. A principios de los 90, Sharp sometió a examen a *The Readers' Digest*, y argumentó que este semanario estadounidense leído por millones de personas a lo largo de la década de los 80 había jugado un papel fundamental en la construcción de EEUU y la URSS

---

53 James D. Sidaway, "Popular Geopolitics 3.0? Deconstructing the Boundaries of Popular Geopolitics," *Geopolitics* 27, núm. 5 (2022): 1622-28. https://doi.org/10.1080/14650045.2021.2022909.

54 Cairo Carou, "Elementos para una geopolítica crítica".

como "polos opuestos"[55]. Las raíces más profundas de este proceso debían remontarse a la década de 1930, cuando *The Readers'* ya había "forjado un vínculo exclusivo entre la URSS y el comunismo y escribía sobre el nuevo estado como un peligro para el emergente orden mundial estadounidense basado en el libre comercio"[56]. La tesis de Sharp fue que *The Readers' Digest* contribuyó de forma decisiva a la construcción de la Unión Soviética como un "espacio negativo" en el que se proyectaron "todos aquellos valores que [son] antitéticos a los valores propios ('americanos')"[57], reforzando así el discurso oficial estadounidense y su agenda de política exterior. Las investigaciones de Sharp iniciaron con vigor un camino cuyo propósito fue subrayar la importancia de "la geografía escrita en los medios de comunicación de masas, debido al papel de estos en la creación y difusión del conocimiento del mundo"[58].

Este camino se ha ensanchado a lo largo de las últimas tres décadas llegando a comprender "el estudio de los medios de comunicación en prácticamente todas sus formas"[59]. Como muestra de ello, se han llevado a cabo análisis geopolíticos críticos de cómics[60] y de viñetas editoriales[61], de pelí-

---

55 Joanne P. Sharp, "Publishing American identity: Popular geopolitics, myth and The Reader's Digest," *Political Geography* 12, núm. 6 (Noviembre 1993): 495, https://doi.org/10.1016/0962-6298(93)90001-N.

56 Joanne P. Sharp, "Publishing American identity", 496.

57 Joanne P. Sharp, "Publishing American identity", 496.

58 Joanne P. Sharp, "Publishing American identity", 491.

59 Jason Dittmer, *Popular Culture, Geopolitics and Identity* (Lanham: Rowman & Littlefield, 2010), 15.

60 Jason Dittmer, "Captain America's Empire: Reflections on Identity, Popular Culture, and Post-9/11 Geopolitics," *Annals of the Association of American Geographers* 95, núm. 3 (2005): 626-43, https://doi.org/10.1111/j.1467-8306.2005.00478.x.

61 Algunos ejemplos son: Klaus Dodds, "The 1982 Falklands War and a critical geopolitical eye: Steve Bell and the if... cartoons," *Political Geography* 15, núm. 6 (Julio-Septiembre 1996): 571-92, https://doi.org/10.1016/0962-6298(96)00002-9; Klaus Dodds, "Steve Bell's Eye: Cartoons, Geopolitics and the Visualization of the 'War on Terror'," *Security Dialogue* 38, núm. 2 (Junio 2007): 157-77, https://doi.org/10.1177/0967010607078536; Ghazi-Walid Falah, Colin Flint y Virginie Mamadouh, "Just War and Extraterritoriality: The Popular Geopolitics of the United States' War on Iraq as Reflected in Newspapers of the Arab World," *Annals of the Association of American Geographers* 96, núm. 1 (2006): 142-64, https://doi.org/10.1111/j.1467-8306.2006.00503.x; y, Juha Ridanpää, "Geopolitics of Humour: The Muhammed Cartoon Crisis and the Kaltio Comic Strip Episode in Finland," *Geopolitics* 14, núm. 4 (2009) 729-49, https://doi.org/10.1080/14650040903141372.

culas[62] o de comedia *stand-up*[63], por citar algunos ejemplos dentro de una literatura que hoy es mucho más amplia[64].

Pero el proyecto de la geopolítica popular no se limita a reconocer la política del discurso cultural, sino también a tratar de entender la relación entre los ámbitos de discurso geopolítico práctico y popular (fundamentalmente); a tratar de dirimir qué papel juega el discurso geopolítico popular en los "regímenes de verdad" de la política internacional[65]. Las posibilidades van desde el papel de legitimación de la política exterior estadounidense jugado por *The Readers' Digest* en la Guerra Fría[66] a la potencial articulación de una "mirada anti-geopolítica"[67] que, en otras palabras, equivale a la articulación de una mirada anti-realista sobre los asuntos internacionales. Dodds lo definió como "una forma de ver la política internacional que no acepta los enfoques convencionales para representar y entender la

62 Ver Klaus Dodds, "Licensed to Stereotype: Geopolitics, James Bond and the Spectre of Balkanism," *Geopolitics* 8, núm. 2 (2003): 125-56, https://doi.org/10.1080/714001037; Klaus Dodds, "Hollywood and the Popular Geopolitics of the War on Terror," *Third World Quarterly* 28, núm. 8 (2008): 1621-37, https://doi.org/10.1080/01436590802528762; y, Marcus Power y Andrew Crampton, "Reel Geopolitics: Cinemato-graphing Political Space," *Geopolitics* 10, núm. 2, (2005): 193-203. https://doi.org/10.1080/14650040590946494.

63 Darren Purcell, Melissa S. Brown, y Mahmut Gökmen. "Achmed the dead terrorist and humor in popular geopolitics," *GeoJournal* 75, núm. 4 (2010): 373-85. https://doi.org/10.1007/s10708-009-9258-9.

64 Robert A. Saunders y Vladimir Strukov, eds. *Popular Geopolitics. Plotting an evolving interdiscipline* (Londres: Routledge, 2018).

65 "Régimen de verdad" es un concepto que aparece en la obra de Michel Foucault y por el cual se refiere a "una política general de la verdad"; es decir, a "los tipos de discurso que [la sociedad] acepta y hace funcionar como verdad; los mecanismos e instancias que le permiten a uno distinguir las afirmaciones verdaderas y las falsas, los medios que confirman o desautorizan a cada una de ellas; las técnicas y procedimientos considerados valiosos para la adquisición de la verdad; el estatus atribuido a quienes dicen lo que cuenta como verdad", en Michel Foucault, "Truth and Power," en *Power/Knowledge. Selected Interviews and Other Writings 1972-1977. Michel Foucault*, ed. Colin Gordon (Nueva York: Pantheon Books, 1980), 131.

66 Sharp, "Publishing American identity" y "Hegemony, popular culture and geopolitics: The Reader's Digest and the construction of danger," Political Geography 15, núm. 6 (Julio-Septiembre 1996): 557-70, https://doi.org/10.1016/0962-6298(96)00031-51996).

67 Gearóid Ó Tuathail, "An Anti-geopolitical Eye: Maggie O'Kane in Bosnia, 1992-93," *Gender, Place & Culture* 3, núm. 2 (1996): 171-86, https://doi.org/10.1080/09663699650021873.

guerra"[68]. Este tipo de mirada abre la posibilidad de construir relatos sobre los asuntos internacionales fuera de los marcos habituales de interpretación, aunque ello no se traduzca en una reversión automática del estado de las cosas. Ó Tuathail encontró este modo de hacer en la cobertura de la guerra de Bosnia realizada por la periodista irlandesa Maggie O'Kane[69]. Dodds la encontró en la representación del gobierno de Thatcher y la guerra de las Malvinas en las viñetas de Steve Bell publicadas por *The Guardian,* más interesadas en atacar el nacionalismo y *ethos* imperial británico que en adular su belicismo[70].

Los trabajos en este campo son numerosos y comprenden los más variados temas y géneros de la cultura popular. La portada del número 2.374 de la revista satírica española *El Jueves*, publicado el 23 de noviembre de 2022, y mostrada a continuación (Figura 1) sirve para ilustrar la manera en que desde los ámbitos populares se representa, reacciona y/o participa en la conversación sobre temas internacionales y, al hacerlo, se contribuye a la constitución de espacios y sujetos geopolíticos. La imagen que mostramos aquí remite a un evento de carácter global como fue la celebración del Mundial de Fútbol celebrado en Qatar en el año 2022. Esta se posiciona críticamente dentro del debate sobre la conveniencia de la celebración de este tipo de eventos en Estados como el qatarí donde, precisamente los mismos preparativos de este tipo de convocatoria, destaparon abusos y restricciones de todo tipo; desde las extremadamente abusivas condiciones a las que estuvieron sometidos trabajadores de origen extranjero en obras como la construcción de estadios —estas condiciones fueron la causa de muerte de muchos de ellos— hasta la discriminación estructural que sufren las mujeres o el nulo respeto por derechos humanos como los derechos LGTBI—. El dibujo consigue situarse críticamente en ese debate a través de la combinación de unos pocos, pero retóricamente efectivos elementos visuales y textuales, como son: i) el personaje principal —un figura icónica que los lectores pueden identificar como un "árabe del Golfo"— cuyo gesto refleja una mezcla de perfidia y avaricia desmedida; ii) la pelota de fútbol —símbolo del evento— que este siniestro personaje maneja a su antojo; iii) el telón de fondo de cráneos, algunos de ellos cascos de obra, y una bandera LGTBI —todos ellos víctimas del régimen qatarí—; y, finalmente, iv) el juego de palabras entre "Qatar" y "Matar" en el texto que da

[68] Dodds, "The Falklands War", 573.

[69] Ó Tuathail, "An Anti-geopolitical Eye".

[70] Dodds, "The Falklands War".

título a la viñeta, *Mundial de Q/Matar*, que contribuye a apuntalar la crítica al Estado qatarí, al negocio del fútbol o las desigualdades estructurales que forman parte de las condiciones de posibilidad de este tipo de espectáculo.

**Figura 1. Portada de *El Jueves* del 23 de noviembre de 2022**

Fuente: VerPortadas.es[71]. Viñeta reproducida con permiso del autor Julio A. Serrano, Don Julio.

## IV. LAS AMPLIACIONES DE LA GEOPOLÍTICA CRÍTICA

### 1. *La geopolítica crítica feminista: El enfoque de las geografías cotidianas*

La fotografía general de la geopolítica crítica no está exenta de problemas para el pensamiento feminista que desde principios de los años 2000 ha tratado de sentar las bases para una geopolítica crítica feminista[72].

---

71 VerPortadas.es. "Hemeroteca El Jueves," acceso el 24 de junio de 2023. https://www.verportadas.es/hemeroteca/el-jueves.html

72 Lorraine Dowler y Joanne Sharp, "A Feminist Geopolitics?," *Space & Polity* 5, núm. 3, (2001): 165-76, https://doi.org/10.1080/13562570120104382; Kim England, "Towards a feminist political geography?," *Forum: Political Geography in Question* 22, núm. 6 (Agosto 2003): 611-16, https://doi.org/10.1016/S0962-6298(03)00065-9; Jennifer Hyndman, "Towards a feminist geopolitics," *Canadian Geographer* 45, núm. 2 (Junio 2001): 210-22, https://doi.org/10.1111/j.1541-0064.2001.tb01484.x,

Como punto de partida, las geógrafas feministas encuentran limitaciones en el examen que la primera geopolítica crítica hace de la tradición geopolítica y de la agenda imperialista que la inspiró y fundamentó.

En un editorial publicado en *Political Geography* con motivo del 25 aniversario de la publicación de *Critical Geopolitics*, autoras como Joanne Sharp reconocían los logros de la obra escrita por Gearóid Ó Tuathail y con la que inicia su andadura la "geopolítica crítica". Pero, en paralelo, la misma Sharp consideraba que la revisión de la historia intelectual que realizan Ó Tuathail y otros en sus obras pioneras, y los intentos de deconstrucción de esta seguían siendo "masculinistas"[73]. Para ilustrar su crítica, Sharp se preguntaba por qué no era posible encontrar entre los referentes teóricos del proyecto de la geopolítica crítica nombres como, entre otras, el de Cynthia Enloe, cuya contribución al análisis crítico de lo internacional/global es indudable. En esta misma línea, Dowler y Sharp consideraron que "muchas geógrafas feministas y poscoloniales *están* produciendo trabajo que tiene como objeto principal la problematización del mundo, ya sea la politización del ocio, el cuerpo o el conocimiento sobre la gente y los lugares que nos rodean"[74]. Sin embargo, inicialmente, los pioneros en el campo de la geopolítica crítica ignoraron la contribución de teóricas feministas y poscoloniales al desarrollo de una geopolítica crítica con el canon geopolítico. Para conocer más sobre sus contribuciones, ver el capítulo sobre *Feminismos* en este volumen.

Más allá de esta cuestión, resulta pertinente realizar un esbozo del programa de investigación en clave geopolítica, o con resonancia geopolítica, impulsado desde la geografía feminista. La geopolítica crítica feminista no renuncia a inspeccionar la reproducción de las mitologías nacionales, los procesos de definición del peligro, y las prácticas de inscripción de fronteras (*boundary-drawing*) entre "aquí" y "allí", o entre "nosotros" y "ellos", pero lo hace sumando escalas de análisis a las habituales escalas

---

"Mind the gap: Bridging feminist and political geography through geopolitics," *Political Geography* 23, núm. 3 (Marzo 2004): 307-22, https://doi.org/10.1016/j.polgeo.2003.12.014, y "Critical Geopolitics: Deconstructing the old and reconstructing anew," *Progress in Human Geography* 39, núm. 5 (Octubre 2015): 666-67, https://doi.org/10.1177/0309132514563001.

73 Sara Koopman, Simon Dalby, Nick Megoran, Jo Sharp, Gerry Kearns, Rachael Squire, Alex Jeffrey, Vicki Squire, y Gerard Toal, "Critical Geopolitics/critical geopolitics 25 years on," 2.

74 Dowler y Sharp, "A Feminist Geopolitics?", 165.

estatal/nacional e internacional/global[75]. Destaca en el ámbito de la investigación feminista en geografía la atención a las escalas "cuerpo" y "hogar". Este propósito es, a su vez, inseparable del intento por flexibilizar la división binaria entre "espacio doméstico" y "espacio internacional", "espacio privado" y "espacio público". Así, la geopolítica crítica feminista argumenta que, en tanto que los espacios habituales de la política (los grandes escenarios nacionales e internacionales) son espacios menos poblados por mujeres, estas parecen no haber sido relevantes en la definición o práctica geopolítica[76].

Esto sería cierto si "lo geopolítico" se negociara solamente en esos grandes escenarios nacionales e internacionales, y no también en los hogares donde la idea de unirse a filas puede germinar como una aspiración loable[77]; o, en los cuerpos de las mujeres donde se localiza la reproducción de la comunidad nacional, el sostenimiento de la vida y del "ámbito privado" para la continuación de las estructuras materiales del orden internacional, o en donde se depositan las esperanzas de una vida mejor vinculadas a un proyecto migratorio[78]. Las geógrafas feministas argumentarán entonces que lo geopolítico se encuentra también en las "geografías cotidianas", y que la geografía feminista "ofrece una lente a través de la cual las experiencias de las donnadie puede adquirir mayor visibilidad"[79]. Como trata de ilustrar el estudio de caso que se muestra a continuación (ver recuadro), la geografía política feminista sitúa al cuerpo, lo global y otros "lugares intermedios" (el hogar, la nación) como parte de una misma constelación geopolítica donde las distintas escalas de acción social aparecen anidadas unas en otras.

---

75 Además, por lo general, las investigaciones geográficas feministas tratan la escala como un ámbito de relación social "activamente producido, relacional y fluido", y no como un ámbito de actuación que pre-existe a las relaciones sociales. En England, "Towards a feminist political geography?", 613.

76 Hyndman, "Mind the gap".

77 Cynthia Enloe, *Globalización y Militarismo*, Traducción de Marina Díaz Sanz (Madrid: Trama, 2022).

78 England, "Towards a feminist political geography?", y Hyndman, "Mind the gap".

79 Dowler y Sharp, "A Feminist Geopolitics?", 169.

**Estudio de caso**

*Mujeres musulmanas, espacio público, y leyes sobre la vestimenta religiosa en Francia*

En los años 2004 y 2010 Francia adoptó, respectivamente, la *Ley sobre los símbolos religiosos en las escuelas públicas* y la *Ley que prohíbe la ocultación del rostro en el espacio público.* Estas leyes tuvieron como objetivo prohibir la exposición de símbolos religiosos "ostentosos" y el uso del velo integral fuera del espacio privado. Las medidas se tomaron con el argumento de hacer efectivo el principio de la laicidad (*laïcité*). Esta tendencia se ha intensificado tras los atentados del 11 de septiembre de 2001, cuando la religión —muy especialmente, el Islam— se ha convertido en un problema de seguridad en las democracias liberales occidentales. La securitización del Islam ha abonado las actitudes islamófobas, especialmente frente a las personas más *visiblemente* musulmanas como son las mujeres con velo. En Francia, organizaciones como CCIF (*Collectif de Lutte contre l'Islamophobie en France*) se ocupa desde el año 2003 de documentar la discriminación institucional y social a la que son sometidas las personas musulmanas, especialmente las mujeres.

Un análisis geográfico-político sobre la adopción de leyes restrictivas con la exhibición de símbolos religiosos en Francia nos obliga a pensar en las dinámicas de poder y los procesos de inclusión/exclusión de la comunidad nacional o de "nuestro país" que operan a través de estas leyes o que estas leyes contribuyen a profundizar. Algunos de estos procesos tienen una clara dimensión espacial —ocurren en lugares concretos, contribuyen a su definición, así como a erigir barreras más o menos visibles entre quienes tienen el derecho a habitarlos/definirlos y quienes están condenados/as a vivir en los márgenes—.

Estas cuestiones han sido tratadas en una serie de trabajos recientes en el ámbito de la geografía política feminista, con gran capacidad de iluminar los efectos concretos que las citadas leyes desencadenan en la vida cotidiana, las posibilidades de movilidad social, el sentido de pertenencia a la comunidad nacional *francesa* y las maneras de habitar la ciudad (París) de la comunidad musulmana, especialmente de las mujeres visiblemente musulmanas. En sus investigaciones, Claire Hancock y Virginie Mobillion, y Katwar Najib y Peter Hopkins tratan de responder a preguntas como las siguientes[80]:

- ¿Qué efectos tiene la agenda de seguridad global centrada en combatir el "terrorismo islámico" sobre la vida cotidiana de las mujeres visiblemente musulmanas en Francia?
- ¿Qué efectos tiene la consideración del velo como símbolo de atraso cultural en las posibilidades de movilidad social de las mujeres visiblemente musulmanas en Francia?

---

80 Claire Hancock y Virginie Mobillion, "'I want to tell them, I'm just wearing a veil, not carrying a gun!' Muslim women negotiating borders in femonationalist Paris," *Political Geography* 69 (Marzo 2019): 1-9, https://doi.org/10.1016/j.polgeo.2018.11.007, y Kawtar Najib y Peter Hopkins, "Veiled Muslim women's strategies in response to Islamophobia in Paris," *Political Geography* 73, (Agosto 2019): 103-11, https://doi.org/10.1016/j.polgeo.2019.05.005.

- ¿Qué efectos tiene el señalamiento de "comunidades sospechosas" (*suspect communities*) en la definición del espacio urbano y los modos de habitar la ciudad de sus miembros?
- ¿Qué efectos tiene la extranjerización del Islam sobre el sentido de pertenencia a la comunidad nacional de los/as musulmanes/as franceses/as (o los/as musulmanes/as en Francia)?

Que el cuerpo de las mujeres visiblemente musulmanas es un espacio de negociación de identidades y órdenes geopolíticos no es una novedad, ni siquiera un fenómeno particular del siglo XXI. Desde un prisma europeo y occidental y, desde al menos la Edad Media, las musulmanas —los musulmanes, en general— han encarnado los valores y formas de ser contrarias a la Modernidad. Sin embargo, uno de los rasgos distintivos del proceso de alterización de lo musulmán que opera hoy en día tiene que ver con la relación supuestamente intrínseca entre Islam y terrorismo. En los últimos años, los episodios de "terrorismo islámico" acontecidos en suelo europeo han contribuido firmemente a consolidar este supuesto. En el caso de Francia, los ataques contra la sede del semanario satírico Charlie Hebdo y la discoteca Bataclan (enero y noviembre de 2015, respectivamente) y en Niza (julio de 2016) han desembocado en una defensa furibunda del laicismo y de los valores republicanos a través de leyes como las referidas. Sin embargo, esta defensa no está exenta de efectos nocivos.

Las investigaciones geográficas feministas citadas aquí demuestran que las mujeres visiblemente musulmanas se han convertido en los últimos años en el blanco de ataques islamófobos y racistas. La motivación de estos ataques está directamente relacionada con el argumento de que el velo musulmán es un signo inequívoco de subordinación y, por lo tanto, restringirlo es la manera de salvarlas a ellas y a "nosotros". Tras episodios de atentados terroristas en Francia, las mujeres musulmanas declaran haber alterado su vida cotidiana, optando por no abandonar el espacio doméstico o por mantenerse dentro de los confines del barrio por miedo a recibir insultos o miradas reprobatorias de otras personas. Según demuestran las autoras, muchos de esos insultos y ataques se han realizado en nombre del feminismo.

Teniendo como objetivo arrinconar la práctica del velo a los espacios privados, las citadas leyes tienen efectos en la movilidad social de las mujeres visiblemente musulmanas. El rechazo generalizado a la práctica del velo en espacios profesionales con proyección pública es un factor que contribuye a que las opciones laborales de las mujeres musulmanas se limiten a tareas de cuidados y limpieza (poco visibles y poco reconocidas socialmente). Al no ser tan visiblemente musulmanes, los hombres no sufren con tanta intensidad estas discriminaciones.

Las investigaciones feministas abordan también los efectos que la demonización del Islam tiene sobre cómo se mueven las mujeres en el espacio urbano y cómo ejercen el "derecho a la ciudad" (expresión acuñada por Henri Lefebvre)[81]. Especialmente tras los

81 Citado por Najib y Hopkins, "Veiled Muslim women's strategies in response to Islamophobia in Paris", 109.

episodios violentos, estas mujeres declaran haber evitado transitar los distritos centrales de París —los económicamente más desarrollados, secularizados y "modernos"— por miedo a ser señaladas como visitantes incómodas. Por el contrario, se sienten a salvo en las *banlieues*, los barrios del extrarradio de París. Así, las leyes contrarias a los símbolos religiosos forman parte de un repertorio de prácticas y discursos que intensifican las fronteras invisibles del espacio urbano de París construyendo un "adentro" y un "afuera" de lo verdaderamente francés/republicano/moderno.

Por último, la geografía feminista reflexiona sobre los efectos que las leyes restrictivas de los símbolos religiosos tienen sobre el sentido de pertenencia a la comunidad nacional en los/as musulmanes/as. Las investigaciones revelan que, a pesar de que en muchas ocasiones se trata de personas ciudadanas de la República Francesa, la experiencia del racismo y la islamofobia, el acceso restringido a los bienes y recompensas sociales —a través del mundo del trabajo— y las exclusiones espaciales impiden que pueda arraigar en estas personas un sentido de pertenencia a la comunidad nacional. Lejos de considerar la nación un *a priori*, la geografía política feminista parte de la premisa de que la nación *se hace*, y en este hacer, la doctrina del nacionalismo sitúa metafóricamente al cuerpo de las mujeres en un rol reproductor. Las mujeres son las madres que alumbran a los hijos de la nación. El cuerpo de las mujeres se nos aparece, así, como un lugar donde observar cómo anidan las distintas escalas de la acción social relevantes para el caso estudiado: el propio cuerpo, el hogar, la ciudad, la nación y la política global.

Por último, es relevante mencionar qué consideración merece el enfoque discursivo de la geopolítica a las geógrafas feministas. Las siguientes palabras de Sharp sintetizan la postura de forma convincente: "Buscábamos situar al cuerpo en el centro de la geopolítica como contrapeso al abrumador carácter discursivo de la geopolítica crítica de entonces"; y continúa, "Pero [..] no tratábamos de desdeñar la naturaleza discursiva de la geopolítica, sino de reconocer las conexiones entre las prácticas cotidianas y la creación de espacios nacionales y globales"[82]. Estas palabras encierran el reconocimiento de que la geopolítica crítica feminista no le da la espalda al análisis del discurso (en efecto, solo hace falta pensar en cómo el discurso del Orientalismo opera en el caso sobre "Mujeres musulmanas, espacio público, y leyes sobre la vestimenta religiosa en Francia" sirviendo como espacio para la constitución del Otro musulmán —más aún, la Otra musulmana—en clara oposición al sujeto liberal secular)[83], pero ha de encontrar apoyos sólidos en métodos de investigación etnográficos que

---

82 Sharp en Sara Koopman, Simon Dalby, Nick Megoran, Jo Sharp, Gerry Kearns, Rachael Squire, Alex Jeffrey, Vicki Squire, y Gerard Toal, "Critical Geopolitics/ critical geopolitics 25 years on," 3.

83 Edward W. Said, *Orientalism* (Londres: Penguin, 2003).

permitan el acceso a las experiencias cotidianas y mundanas de lo (geo) político[84].

## 2. *La aportación de los nuevos materialismos: El fin del antropocentrismo y de las ontologías no relacionales*

Bajo el influjo de los "nuevos materialismos", otro grupo de autores/as se ha centrado en reflexionar sobre la crítica a lo que para algunos es un exceso de textualismo resultante de la adopción del enfoque discursivo de la geopolítica. En uno de los primeros textos críticos con la creciente atención al discurso geopolítico (y otras nociones relacionadas como visiones, narrativas o códigos geopolíticos), Nigel Thrift reclamó la necesidad de rematerializar el análisis geopolítico llevando la atención a "las pequeñas cosas" a través de las cuales, en efecto, y de manera determinante, se proyecta el poder geopolítico[85]. A partir de ahí, Thrift proponía intervenir en tres ámbitos. En primer lugar, siguiendo a Bruno Latour[86], en el "mundo de los objetos". Thrift partía del supuesto de que el poder geopolítico no se ejerce a través de discursos elocuentes sobre las amenazas a la seguridad nacional y los procesos de subjetivación que se sitúan bajo la lupa del análisis textual, sino a través de prácticas geopolíticas. Para el autor, son estas prácticas, situadas en un espacio/tiempo, las fuentes constitutivas del trabajo burocrático o logístico de ejércitos, administraciones coloniales o servicios diplomáticos —prácticas geopolíticas como la generación de archivos, censos y mapas o el despliegue de armamentos—[87].

En segundo lugar, Thrift consideró importante prestar atención a cómo la geopolítica se constituye en y a través del "cuerpo humano" y, de manera particularmente ignorada, en y a través de los cuerpos de las mujeres. Este punto es compartido con la agenda de investigación feminista[88]. Por últi-

---

84 Dowler y Sharp, "A Feminist Geopolitics?".

85 Nigel Thrift, "It's the little things," en *Geopolitical Traditions*, eds. Klaus Dodds y David Atkinson (Londres: Routledge, 2000), 380-87. Posteriormente, Nigel Thrift publica *Non-representational theory* (Londres: Routledge, 2008) donde continúa desarrollando su propuesta geográfica materialista. También se recomienda consultar la obra de Ben Anderson y Paul Harrison, eds. *Taking Place: Non-Representational Theories and Geography* (Abingdon y New York: Routledge, 2011).

86 Para profundizar en el pensamiento de Bruno Latour, ver obras como *Reassembling the Social* (Oxford: Oxford University Press, 2005).

87 Thrift, "It's the little things", 381-83.

88 Thrift, "It's the Little things", 383.

mo, Thrift llamó a considerar la importancia del "mundo de las palabras" para la constitución de lo geopolítico en un sentido distinto al entendido mayoritariamente en la primera geopolítica crítica. Más allá de los grandes actos discursivos de definición del peligro, la seguridad y la comunidad nacional, son las palabras "mundanas" —los pequeños rasgos del habla en los que se fijan los analistas de la conversación y los pragmáticos— las encargadas de establecer fronteras entre "nosotros" y "ellos"[89].

Para otros autores como Jason Dittmer[90] o Vicki Squire[91], en su apuesta por la rematerialización del análisis geopolítico, la geopolítica crítica tiene mucho que aprender de desarrollos del "pensamiento complejo" de Edgar Morin (a este respecto, ver el capítulo *Pensar Críticamente* en este volumen), de la "teoría de conjuntos" de Manuel DeLanda[92], o de la filosofía posthumana/materialista de Karen Barad[93] y Annemarie Mol[94]. Tanto Dittmer como Squire coinciden en que el viaje desde el "giro cultural" que definió los orígenes de la geopolítica crítica hacia el "giro materialista" o "posthumano" no significa la vuelta al determinismo geográfico característico de la tradición geopolítica o de la geopolítica neoclásica de la Guerra Fría, sino un compromiso con el examen de lo social-material y la relación humano-no humano entendida como una distribución de agencias. Ello claramente implica la ruptura con el antropocentrismo característico de la geografía tradicional y la apuesta por subrayar la ontología relacional que sitúa a hu-

---

89 Thrift, "It's the Little things", 383-84.

90 Jason Dittmer, "Geopolitical assemblages and complexity," *Progress in Human Geography* 38, núm. 3 (Junio 2014): 385-401, https://doi.org/10.1177/0309132513501405.

91 Vicki Squire, "Reshaping critical geopolitics? The materialist challenge," *Review of International Studies* 41, núm. 1 (Enero 2015): 139-59, https://doi.org/10.1017/S0260210514000102. En este artículo Squire matiza que, a pesar de la atención que la geopolítica crítica presta a lo cultural, discursivo e interpretativo, la preocupación por lo material ha estado notablemente presente en los trabajos de algunos de sus máximos exponentes, Gearóid Ó Tuathail y Simon Dalby; especialmente en la investigación de Dalby sobre seguridad y medioambiente.

92 Ver al respecto: Manuel DeLanda, *A New Philosophy of Society: Assemblage Theory and Social Complexity* (Londres: Continuum, 2006).

93 Algunos títulos de la autora que cabe destacar son: "Posthumanist Performativity: Towards an understanding of how matter comes to matter," *Signs: Journal of Women in Culture and Society* 28, núm. 3 (Primavera 2003): 801-831, https://doi.org/10.1086/345321, y *Meeting the Universe Halfway: Quantum Physics and the Entanglement of Matter and Meaning* (Durham: Duke University Press, 2007).

94 De Annemarie Mol destacamos *The Body Multiple* (Durham: Duke University Press, 2002).

manos y no humanos en sistemas de relación contingentes, heterogéneos y abiertos al cambio[95]. Desde este punto de vista, ni los actores sociales ni las escalas de acción social existen de manera autónoma, sino que —en terminología baradiana—emanan en/de las *intra-acciones materialdiscursivas* entre "sujetos", "objetos" y "entornos"[96] (al respecto de todo ello, ver el capítulo *Nuevos Materialismos* en este volumen).

Las implicaciones derivadas de la adopción de enfoques "más-que-humanos" para el análisis geopolítico son notables. Este tipo de enfoques invitan a un reposicionamiento ontológico radical (en comparación con el posicionamiento ontológico de los enfoques clásicos) sobre objetos de estudio tan centrales para la geopolítica, las Relaciones Internacionales o la Ciencia Política como el Estado o el poder. Por ejemplo, donde las teorías orgánicas de autores clásicos como Friedrich Ratzel habían concebido al Estado desde un punto de vista funcionalista como una suma de partes, cada una de las cuales posee unas determinadas propiedades y proyecta una serie de necesidades (por ejemplo, la de ampliar el espacio vital), un enfoque "más-que-humano" sobre el Estado (en este caso, inspirado en la teoría de conjuntos de DeLanda) invita a considerarlo como un conjunto de elementos heterogéneos cuya ontología deriva de sus capacidades para afectar la agencia de los componentes humanos y no humanos del conjunto. Ello implica un total cuestionamiento de la idea de escalas de acción social o niveles de análisis (local, nacional, global) que han estructurado tradicionalmente el análisis geográfico, incluso los desarrollos en geografía política más directamente influidos por el análisis wallerstiniano de los sistemas-mundo[97]. La geografía de inspiración posthumana/materialista es una geografía que "huye de imaginarios espaciales particulares" y que, por lo tanto, contribuye a cuestionar los marcos de análisis tradicionales en geografía política y geopolítica, asociados al Estado y a las relaciones interestatales[98].

---

95 Nótese que la clasificación de la geografía en dos grandes categorías, la geografía física y geografía humana, es un reflejo de la división naturaleza-cultura que está en la base de la epistemología moderna y del entendimiento de la naturaleza como algo externo al ser humano. Los enfoques geográficos posthumanos o "más-que-humanos" nacen de una revisión crítica de una división que contiene en sí misma un sesgo antropocéntrico.

96 Citado en Squire, "Reshaping critical geopolitics?".

97 Taylor y Flint, *Geografía Política.*

98 Ben Anderson, Matthew Kearnes, Colin McFarlane, y Dan Swanton, "On assemblages and geography," *Dialogues in Human Geography* 2, núm. 2 (Julio 2012): 172, https://doi.org/10.1177/2043820612449261.

El debate sobre el concepto de discurso sobre el que se fundamentan los primeros desarrollos en geopolítica crítica se encuentra en el telón de fondo de la propuesta de renovación de la agenda procedente de los nuevos materialismos. La discusión se hace eco del grado de rigidez que se le supone a la divisoria discurso/materialidad y sobre si se entiende que el discurso representa la realidad o la actúa. En otras palabras, esta segunda opción se acerca a una concepción performativa del discurso. Deudora de la filosofía foucaultiana, esta noción concibe el discurso como combinación de discurso *y* práctica y desdibuja las fronteras entre sujeto y objeto del discurso [99]. Por ello Squire proponía reemplazar el debate discurso/materialidad por el reconocimiento de la imbricación entre lo material y lo discursivo. Ello anticipaba una agenda de investigación centrada en conocer la manera en que "sujetos", "objetos" y "entornos" se constituyen mutuamente[100].

El ejemplo al que recurre Squire para ilustrar lo que esta agenda de investigación significa frente al modo de hacer habitual de la geopolítica crítica discursivista/interpretivista debe servirnos también aquí para ejemplificar lo que la rematerialización del análisis geopolítico propone. Squire nos sitúa en el Sahel, con el telón de fondo de la intervención francesa de 2013 en el norte de Malí, y nos dice: el propósito de una geopolítica crítica (al estilo de finales de los 80/principios de los 90) sería tratar de entender las diversas *perspectivas* y *construcciones del espacio* saheliano que realizan cada uno de los actores implicados en el conflicto. Esta geopolítica crítica volcada en alumbrar distintas interpretaciones del espacio nos pondría entonces frente a las narrativas y contra-narrativas que compiten por la definición ontológica del Sahel y que no son un relato vacuo, sino la articulación discursiva de los intereses materiales de cada uno de los actores. Así, tendríamos la narrativa de que el Sahel es una "localización estratégica" y a la vez "inabarcable" para las fuerzas extranjeras intervinientes, un espacio para avanzar en la "liberación" del país para la oposición maliense, un espacio del que extraer "rendimiento económico" para los traficantes de sustancias ilícitas, y también la narrativa del espacio donde se juegan la "supervivencia" quienes lo atraviesan como parte de un viaje migratorio[101].

---

99 Para conocer con mayor detalle el debate, véase Müller, "Reconsidering the concept of discourse".

100 Squire, "Reshaping critical geopolitics?", 156.

101 Squire, "Reshaping critical geopolitics?", 154.

Un enfoque posthumano/materialista, sin embargo, trata de abrir un camino que no consista, fundamentalmente, en un registro de las distintas prácticas de construcción de significado que conforman las visiones sobre el Sahel de una serie de actores vinculados entre sí por un conflicto. Para empezar, porque la ontología relacional de la que parten los enfoques posthumanos/materialistas es anti-esencialista y anti-determinista. Ello quiere decir que el pensamiento posthumano/materialista apuesta por entender*nos* como múltiples y en constante estado de emergencia, de tal forma que "sujetos", "objetos" y "entornos" (las fuerzas de intervención extranjeras, los traficantes de sustancias ilícitas, los migrantes, el armamento, los vehículos, el propio ecosistema del desierto, etc.) siempre están haciéndose mutuamente y sin que el resultado de la intra-acción social esté predeterminado por una definición "congelada" de quiénes/cómo son —modernos/bárbaros, tecnologizados/atrasados, racionales/emocionales, aculturados/asalvajados, etc.—[102].

## V. CONCLUSIONES

El desarrollo de la geopolítica crítica durante más de tres décadas permite hacer balance sobre el espacio de posibilidades abierto para el pensamiento y el esbozo de mundos alternativos forjados a través de los diálogos inter- e intradisciplinarios. Desarrollada como reacción a un canon geopolítico de base realista (la tradición geopolítica), la primera geopolítica crítica nació como un enfoque sobre la política mundial centrado en reconceptualizar la geopolítica como discurso y en cultivar la sospecha con respecto a los modos de representación que habían guiado el análisis y la práctica de la política mundial en la era de la rivalidad interimperial (1875-1945), pero también durante la Guerra Fría y más recientemente. Sospechar, en un sentido geopolítico, significó —y sigue significando— formular preguntas sobre las categorías y marcos de interpretación geográficos que inundan la conversación práctica y académica sobre política mundial; porque sabemos que cómo llamamos a las cosas y al mundo de "ahí fuera", orienta las actuaciones de los ministerios de defensa y la política exterior de los Estados. Con el tiempo, geógrafas feministas y académicos concernidos por traer de nuevo la atención a la dimensión material (y no humana) de la vida humana en el planeta, han planteado algunas enmiendas al proyecto de extrañamiento que tan sugerentemente impulsaron Ó Tuathail, Dalby

---

102 Squire, "Reshaping critical geopolitics?", 155.

y otros, contribuyendo así a ampliarlo. La geografía feminista es decisiva a la hora de cartografiar los múltiples lugares de la geopolítica porque cuando pregunta "dónde están las mujeres", "cómo atraviesa la política mundial el cuerpo de las mujeres" y "sobre qué ideas *estrechas* de la masculinidad y la feminidad se construye y actúa la política mundial", obliga a llevar la mirada a los espacios de la vida cotidiana, a las geografías íntimas y a los espacios urbanos donde *toman cuerpo* las fronteras, las políticas de seguridad de los Estados, y las ansiedades geopolíticas desencadenadas por enemigos desterritorializados. El enfoque "más-que-humano" en geografía y geopolítica amplía aún más el potencial de extrañamiento en la era del Antropoceno (a este respecto, ver capítulo sobre *Teoría Verde* en este volumen) cuando los términos de la relación cultura-naturaleza requieren una profunda y urgente revisión.

## VI. RECAPITULACIÓN

- La historia intelectual de la geopolítica exhibe una trayectoria parecida a la que se da en las Relaciones Internacionales. El punto de partida son una ontología realista, materialista y agencial y una epistemología positivista o empirista vinculadas al nivel de análisis del Estado; desde ahí, la evolución hasta enfoques críticos.
- Desde finales de los años 80, geógrafos críticos como Simon Dalby y Gearóid Ó Tuathail reconceptualizan la geopolítica como discurso. Esto implica un cuestionamiento sobre el carácter natural, objetivo y fijo del espacio, y una defensa de la naturaleza representacional de la espacialidad. El discurso geopolítico se convierte en el principal objeto de estudio de la primera geopolítica crítica, conocida como la geopolítica del "enfoque discursivo".
- La geopolítica crítica establece tres ámbitos de examen, coincidentes con tres lugares de producción del discurso geopolítico: la geopolítica "práctica", "formal" y "popular".
- Los desarrollos críticos en el campo de la geopolítica aparecen como resultado del "giro cultural", y por la influencia del poscolonialismo y el posestructuralismo. Más recientemente, ya entrado el siglo XXI, el "giro materialista" también ha desembarcado en el campo de la geopolítica.
- En la geopolítica crítica feminista destacan dos elementos: la inclusión de más mujeres en la historia intelectual pasada y presente del campo; y la consideración del hogar y el cuerpo como ámbitos de producción y negociación de "lo geopolítico".

*Capítulo 11*

# *Teoría Verde*

**YOAN MOLINERO GERBEAU**[*]

## I. INTRODUCCIÓN

La creciente degradación y destrucción del medioambiente ha llevado al planeta tierra al borde del colapso climático. Los efectos que tienen las incesantes emisiones de gases de efecto invernadero en la atmosfera sobre la temperatura terrestre no solo empiezan a hacerse palpables, sino que amenazan con acelerar un calentamiento global desbocado. Tal como indica el informe "The World in 2030" de la UNESCO[1], el cambio climático es ya considerado como el principal desafío inmediato para la vida humana, sin embargo, la adopción de soluciones viables para revertirlo sigue pareciendo una quimera ¿Dónde radican las causas del desastre? ¿quiénes son los responsables del mismo? ¿qué transformaciones podrían revertirlo? Pese a la aparente simpleza de estas preguntas, la realidad es que, hasta los años 90 del siglo XX, la disciplina de Relaciones Internacionales, tan centrada en la agenda de seguridad y dominada por marcos estatocéntricos, apenas disponía de herramientas que permitieran una comprensión global del medioambiente que no estuviera marcada por el discurso hegemónico. La Teoría Verde, etiqueta aglutinadora comúnmente aplicada a un heterogéneo conjunto de corrientes teóricas de carácter ecologista, surgirá en oposición a este dominio, tratando así de romper con las visiones predominantes de la realidad internacional para ubicar al planeta tierra en su conjunto (y no solo las civilizaciones humanas) como marco estructural de referencia.

En este capítulo abordaremos las diversas aristas que componen la Teoría Verde con el objetivo de reivindicar un paradigma que, pese a seguir siendo minoritario, se muestra indispensable para hallar soluciones a los principales problemas que asolan la realidad global contemporánea. Para

---

* Instituto Universitario de Estudios sobre Migraciones (IUEM), Universidad Pontificia Comillas, Madrid (España).

1 UNESCO, *The world in 2030* (París: UNESCO, 2021).

llevar a cabo este plan, tras esta introducción, el siguiente apartado realizará un repaso histórico al contexto en el que surgió este bloque teórico. Seguidamente, en la tercera sección, se procederá a definir sus principales propuestas y conceptos explicativos. La cuarta sección, por su parte, dará cuenta de la evolución del paradigma reflejando la diversidad de corrientes que alberga. Tras ello, la quinta sección contendrá un caso de estudio aplicado mostrando cómo la Teoría Verde puede ayudarnos a entender elementos centrales de la gobernanza medioambiental global como son las Conferencias de las Partes (COP) de la Convención Marco de las Naciones Unidas sobre el Cambio Climático (CMNUCC). Finalmente, la sexta sección contendrá una serie de conclusiones.

## II. CONTEXTO HISTÓRICO DES SURGIMIENTO

La incorporación del medioambiente como elemento de análisis ha sido prácticamente inexistente en la disciplina de Relaciones Internacionales hasta los años 90. Los grandes debates sobre la guerra y la paz, así como el predominio del marco estatocéntrico en los paradigmas hegemónicos coparon la inmensa mayoría de una producción académica que no veía incidencia alguna de la ecología sobre los procesos que marcaban las agendas internacionales.

No obstante, el fin de la Guerra Fría, lejos de confirmar el "fin de la historia" pronosticado por Francis Fukuyama, permitió vislumbrar la existencia de nuevas problemáticas transnacionales cuya comprensión difícilmente podía llevarse a cabo con teorías diseñadas para entender los choques entre potencias. Si las guerras mundiales o la destrucción atómica se erigieron como las grandes preocupaciones de los analistas internacionales desde mediados del siglo XX, en el mundo multipolar surgido tras la caída de la URSS pronto destacará un problema de forma preminente: el cambio climático.

Los estudios impulsados por el Panel Intergubernamental del Cambio Climático (IPCC) puesto en marcha por las Naciones Unidas en 1988 fueron contundentes señalando que la principal e inminente amenaza para el planeta no la constituían los Estados y sus arsenales (aunque fueran responsables en gran parte de esta) sino el aumento de la temperatura global fruto de la emisión sin precedentes de gases de efecto invernadero.

Los marcos Realistas o Liberales fueron construidos para un mundo de Estados, pero el cambio climático es un problema ecológico, dimensión no solo ignorada por estos, sino de difícil encaje en sus armazones teóricos. Lo que hoy conocemos como Teoría Verde, que en realidad constituye una etiqueta que engloba perspectivas muy diversas entre sí, surge en este contexto como respuesta a la "ceguera ecológica de la disciplina"[2].

Cuatro tipos de actores contribuirán a cimentar las bases de la Teoría Verde.

Por un lado, estará la academia, notablemente la disciplina filosófica cuyas reflexiones ecológicas pueden remontarse hasta la antigua Grecia[3]. Siguiendo esta tradición, existen escritos que desde tiempo antes, ya en los siglos XVII y XVIII advertían de las posibles consecuencias que la depredación del medioambiente tendría sobre el ecosistema planetario. Y es que, como señalan Christophe Bonneuil y Jean Baptiste Fressoz[4] la historia del cambio climático es también la historia de una academia minoritaria y silenciada que lleva siglos indicando la deriva que el esquema productivo capitalista tendría sobre el planeta. Pero no será hasta 1968 cuando esta tendencia empiece a revertirse, gracias al impacto que tuvo el texto de Garrett Hardin titulado "La tragedia de los comunes". En él, el autor indicó la necesidad de cuidar aquellos espacios naturales carentes de propietario pues por esa condición, estaban potencialmente sometidos al expolio común. En el estudio, en realidad se abogaba por una privatización de la naturaleza como solución para su cuidado, un postulado cuestionable que, sin embargo, servirá para iniciar un intenso debate internacional sobre la necesaria protección de entornos como, por ejemplo, la Antártida. Posteriormente, a raíz de estos debates crecerá notablemente la corriente de estudios en ecología política que sin duda será la fuente teórica más directa de la que beberá la Teoría Verde.

Una sociedad civil crecientemente transnacionalizada desde mediados del siglo XX será otro de los actores que influirán decisivamente en el cor-

---

2 Karlos Pérez de Armiño, "La Teoría Verde En Las Relaciones Internacionales. Aportes y Desafíos de Una Corriente Emergente" en *100 Años de Relaciones Internacionales. Una Mirada Reflexiva*, ed. Caterina García Segura, José Antonio Sanahuja y Francisco J. Verdes-Montenegro (Valencia: Tirant Lo Blanch, 2020), 338.

3 Álvaro San Román y Yoan Molinero-Gerbeau, "Anthropocene, Capitalocene or Westernocene? On the Ideological Foundations of the Current Climate Crisis," *Capitalism Nature Socialism* 34, nº 4: 39-57. https://doi.org/10.1080/10455752.2023.2189131

4 Christophe Bonneuil y Jean-Baptiste Fressoz, *L'événement Anthropocène. La Terre, l'histoire et Nous* (París: Points, 2016).

pus teórico de la Teoría Verde. Así, actores como el Fondo Mundial para la Naturaleza (WWF), Greenpeace o Amigos de la Tierra, surgidos como respuesta social al desinterés de Estados y corporaciones multinacionales por el cuidado medioambiental, contribuirán a identificar problemáticas y establecer debates sobre la relación entre la actividad humana y el deterioro planetario con una visibilidad y alcance nunca antes vistos.

En tercer lugar, el sistema de Naciones Unidas jugará un rol determinante en la ubicación del medioambiente entre los grandes temas de discusión internacional. La primera Cumbre de la Tierra, que tendrá lugar en Estocolmo en 1972 será un punto de partida crucial que vendrá posteriormente seguido de firmas de tratados, convenciones y puesta en marcha de organismos específicos para poner freno a la degradación medioambiental. Actores como el IPCC y foros como las COP de la CMNUCC se han erigido hoy día como los espacios de mayor relevancia en la discusión climática al constituir regímenes internacionales propios.

Por último, aunque con una incidencia menor pero no por ello menos desdeñable, el surgimiento en Europa de partidos ecologistas generará, sobre todo en países como Alemania, un discurso, un análisis y una militancia que también influirán en la Teoría Verde.

En todo caso, si hubiera que señalar un año y un evento decisivo para el asentamiento del pensamiento ecologista transnacional será la Cumbre de la Tierra de Río de Janeiro de 1992. Según Ken Conca[5] este acontecimiento será el que definitivamente integre la cuestión medioambiental como asunto internacional de primer orden, dando lugar a la firma de importantes documentos como la mencionada CMNUCC e imponiendo conceptos como el de "desarrollo sostenible" que marcarán la gobernanza medioambiental global hasta la actualidad.

En la siguiente sección, procederemos a exponer los principales rasgos definitorios de la Teoría Verde.

---

5 Ken Conca, *An Unfinished Foundation. The United Nations and Global Environmental Governance* (Oxford: Oxford University Press, 2015).

## III. POSTULADOS GENERALES Y PRINCIPALES CONCEPTOS EXPLICATIVOS

Para comprender la propuesta conceptual de la Teoría Verde debemos atender al debate más longevo (e irresoluble) de las ciencias sociales conocido como "estructura vs agencia", que, en Relaciones Internacionales, dados los objetivos de la disciplina, tiene un calado especial[6]. Este se refiere a una pregunta básica ¿qué define la estructura internacional y cuáles (o cuál) son los actores centrales de la misma?

Los marcos hegemónicos, tales como el Realismo y el Liberalismo, coparon estos debates indicando la naturaleza anárquica de una estructura internacional donde los Estados eran los actores preminentes. El análisis, por tanto, se centraba en la acción desplegada por las potencias y en entender sus puntos de fricción. Ciertamente, otros marcos, como el Estructuralista, complejizaron la comprensión de la realidad internacional indicando la existencia de un sistema, el capitalismo en tanto que sistema-mundo, como estructura internacional que, lejos de ser anárquica, estaría jerárquica y vertebralmente organizada para garantizar los procesos de acumulación del centro sobre la periferia global. No obstante, todos estos paradigmas coincidían en reproducir un marco exclusivamente antropocentrista, donde los seres humanos (y solo éstos) copaban el discurso.

La Teoría Verde vendrá a romper con este marco, proponiendo un relato más amplio que incluya a las naturalezas humana y extrahumana en una misma matriz de análisis. Es decir, su propuesta partirá del hecho de que el mundo que habitamos no solo es regido por los seres humanos y sus estructuras, sino que existe un planeta mucho más complejo cuyos espacios y formas de vida interactúan de forma decisiva con la humanidad en la conformación de la realidad planetaria.

La Teoría Verde así propone partir de un presupuesto ecocéntrico, donde la Tierra en su conjunto conforma la estructura de las relaciones internacionales y la agencia que la moldea proviene de todos los seres que la habitan. Para esta corriente, todo fenómeno social es también medioambiental pues la vida tiene lugar en un espacio planetario que condiciona e influye inevitablemente sobre todo acontecimiento que tenga lugar en

---

6 Colin Wight, *Agents, Structures and International Relations: Politics as Ontology* (Cambridge: Cambridge University Press, 2006).

él. Jason W. Moore y Gennaro Avallone[7] de forma sintética lo explican a la perfección, indicando cómo, por ejemplo, no puede entenderse el fin del feudalismo con un marco exclusivamente antropocéntrico pues las revueltas que terminaron con este periodo tienen que ver con una serie de hambrunas provocadas por la llegada de la conocida como "Pequeña Edad de Hielo" probablemente impulsada por la erupción del volcán Samalas en Indonesia en 1257. De igual manera, el cambio climático contemporáneo no puede comprenderse tan solo atendiendo a las emisiones de gases de efecto invernadero de la industria global, pues elementos como la deforestación masiva para generar monocultivos durante los periodos coloniales también han sido decisivos en el aumento de la temperatura mundial.

Si las acciones de los seres humanos y sus comunidades tienen lugar en un espacio físico, el terráqueo, que se mueve, reacciona y condiciona dicho actuar, entonces obviar esta dimensión implica reducir nuestra comprensión del mundo. Precisamente esta es una crítica de partida de la Teoría Verde: la distanciación analítica arbitraria entre el mundo social y el mundo natural está en el origen de la crisis climática por lo que toda solución a la misma debe partir de una perspectiva socioecológica unitaria.

Una parte de la Teoría Verde ha definido esta división entre lo humano y lo natural como "dualismo cartesiano"[8] o como "dualismo filosófico"[9], una fractura cognitiva heredera del pensamiento ilustrado que ubicó a los seres humanos en la cúspide de la vida justificando así su gobierno sobre el resto de los elementos presentes en nuestro planeta. Se trata de un marco asumido de forma inconsciente que, al permear las ciencias sociales de los últimos 500 años, nos ha hecho comprender la historia, la política o la sociología en clave meramente antropocéntrica legitimando la conquista y el expolio de un medioambiente que quedó reducido a mero reservorio de recursos.

---

7 Jason W. Moore y Gennaro Avallone, "El Mundo Como Campo de Batalla. La Larga Historia de Las Crisis Climáticas y La Naturaleza Barata En El Sistema Westfaliano," en *El Medioambiente en las Relaciones Internacionales,* ed. Yoan Molinero-Gerbeau (Madrid: Síntesis, 2022), 9–24.

8 Jason W. Moore, El *Capitalismo En La Trama de La Vida. Ecología y Acumulación de Capital.* (Madrid: Traficantes de Sueños, 2020).

9 Charlotte Bretherton, "Gender and Environmental Change: Are Women the Key to Safeguarding the Planet?," en *The Environment and International Relations,* eds. John Vogler y Mark F. Imber (Londres: Routledge, 1996), 108-29.

El dualismo cartesiano asume que el hombre (europeo, blanco y heterosexual) es jerárquicamente superior a la naturaleza por lo que debe apropiarse de ella para garantizar su progreso. De esta forma, dominándola y transformándola, el mundo se civilizaría y se acercaría más a la obra de dios. Se trata por tanto de un relato teleológico según el cual, la dominación infinita de la naturaleza constituiría una aspiración mesiánica de la humanidad. Pero ¿qué es la naturaleza? Tal como han indicado las corrientes ecofeministas o el pensamiento decolonial, para la concepción dualista cartesiana la naturaleza incluye, además del medioambiente, a las mujeres y a las poblaciones no blancas, por lo que, su apropiación colonial, patriarcal y racista estaría legitimada en pro del progreso.

Parte de la Teoría Verde señala que la reproducción inconsciente del esquema dualista no solo beneficia al discriminador gobierno capitalista del planeta, sino que perpetúa su marco de análisis impidiendo encontrar soluciones efectivas a los problemas socioambientales que predominan en nuestros tiempos. Otra parte, asociada a la teoría de la Fractura Metabólica que más tarde analizaremos, aboga por estudiar de forma separada a las sociedades humanas y el medioambiente, centrándose en los efectos de su desigual interacción en el marco del capitalismo global.

Como puede deducirse, la Teoría Verde es anticapitalista, pero, a diferencia de los marxismos más o menos ortodoxos, es también anti industrialista, abogando por modelos de gestión ecológica respetuosos con el entorno y oponiéndose al crecimiento como meta a alcanzar. Es, por tanto, una teoría antimoderna, en el sentido de que se opone a la visión teleológica de un progreso asentado en la acumulación y depredación infinita de recursos y poblaciones subalternizadas.

Se trata pues de una tercera vía, opuesta a las estructuras que considera responsables de la destrucción planetaria, ya sean Estados u corporaciones. Tampoco se alía con los mensajes de la sostenibilidad, concepto promovido por actores como las Naciones Unidas que, para la Teoría Verde, no es sino una forma de legitimar un "capitalismo verde". Los Objetivos de Desarrollo Sostenible (ODS) de la Agenda 2030 serían así meros dispositivos para mantener el mismo sistema con una menor agresión al medioambiente, lo que significa ganar tiempo, pero no frenar una deriva imparable.

A nivel científico los estudios enmarcables dentro de esta corriente de Relaciones Internacionales se han apoyado sobre los informes del IPCC, pero también de ONGs como Greenpeace y Amigos de la Tierra. Si a principios de los 90 la corriente era acusada de ser más bien militante que académica, el enorme volumen de evidencias científicas ya disponible que demuestra la acelerada destrucción de la ecología planetaria ha servido de gran apoyo a la corriente para exhibir la solidez de sus postulados[10].

En lo referente a la disciplina de Relaciones Internacionales, la Teoría Verde ha pugnado específicamente por el asentamiento de dos conceptos: el de seguridad medioambiental y el de justicia medioambiental.

El debate en torno a qué debemos conceptualizar como seguridad medioambiental está abierto pero sus impulsores han tratado principalmente de romper con los conceptos tradicionales de seguridad, tanto interestatal como humana, que consideran parciales y reproductores de la ceguera ecológica de la disciplina[11]. Para la Teoría Verde, toda discusión internacional sobre seguridad deberá tener en cuenta cuestiones como la agresión climática, la depredación de recursos, las tasas naturales de reposición, la limpieza de espacios y el cuidado a la biodiversidad, entre otros.

En cuanto a la justicia medioambiental, se trata de un concepto cuyos impulsores indican que debería guiar transversalmente toda acción internacional. Según Robyn Eckersley[12] esta se compone de cinco pilares:

- Reconocer y abordar el riesgo ecológico no solo para las comunidades humanas del presente, sino también para las futuras generaciones, así como para todas las formas de vida
- Impulsar la participación de ciudadanos y comunidades en riesgo en las deliberaciones medioambientales
- Incorporar trasversalmente el riesgo ecológico en toda la toma de decisiones internacionales
- Establecer mecanismos para una distribución justa de los riesgos ecológicos
- Compensar y enmendar a las partes afectadas por los problemas medioambientales

Veamos ahora qué variantes se han desarrollado bajo estos postulados.

---

10 Yoan Molinero-Gerbeau, *El Medioambiente En Las Relaciones Internacionales* (Madrid: Síntesis, 2022).

11 Lorraine Elliott,"Human Security/Environmental Security," *Contemporary Politics* 21, n.º 1 (January 2, 2015): 11–24, https://doi.org/10.1080/13569775.2014.993905.

12 Robyn Eckersley, "Green Theory," en *International Relations Theories. Discipline and Diversity*, eds. Tim Dunne, Milja Kurki y Steve Smith (Nueva York: Oxford University Press, 2007), 266–86.

## IV. EVOLUCIÓN DEL ENFOQUE TEÓRICO Y VARIANTES DENTRO DE ÉSTE

### *1. Ecofeminismo*

Probablemente la corriente teórica fundacional de la Teoría Verde fue el ecofeminismo, cuya génesis data de 1974 cuando Françoise D'Eaubonne en su obra "Feminismo o muerte" vinculó el patriarcado con la ubicación dualista de la mujer en la esfera de lo "natural". Desde entonces, el ecofeminismo se ha situado a caballo entre ser una corriente teórica y un movimiento social[13]. Sus principios, al ser de aplicación transversal, han terminado por formar parte del corpus teórico común a las diversas corrientes de Teoría Verde, como la ecología-mundo o la Fractura Metabólica, integrándose dentro de paradigmas más amplios. De entre los temas abordados por el ecofeminismo, podría indicarse como central la reproducción social[14], dedicándose a identificar cómo el patriarcado cumple una función estructural en la reproducción y mantenimiento del esquema capitalista, siendo uno de los dispositivos de gobierno claves responsables del cambio climático, entre otros. Sin duda, una de las contribuciones fundamentales de esta perspectiva ha consistido en vincular la defensa del medioambiente con los derechos de las mujeres, lo cual ha dado pie a la formación de diversos movimientos sociales a lo largo del planeta.

### *2. Fractura Metabólica*

Históricamente, la segunda gran corriente de Teoría Verde ha sido conocida como la "Fractura Metabólica" siendo su impulsor más destacable el investigador John Bellamy Foster. A finales de los 90, el medioambiente seguía siendo una dimensión prácticamente ignorada por los teóricos marxistas cuyo eje de análisis partía siempre del trabajo humano como fuente exclusiva de generación de valor. Es más, parte de la ruptura que el ecologismo político tuvo con el marxismo provenía del hecho de considerar que Karl Marx apenas dio importancia al medioambiente en sus análisis. No

---

13 Aneel Salman, "Ecofeminist Movements - from the North to the South," *The Pakistan Development Review* 46, n.º 4 (2007): 853–64.

14 Tithi Bhattacharya, *Social Reproduction Theory: Remapping Class, Recentering Oppression* (Londres: Pluto Press, 2017).

obstante, John Bellamy Foster[15] desmontará esta idea en su obra "La ecología de Marx. Materialismo y Naturaleza" indicando que el pensamiento ecologista no solo estaba presente en los escritos del filósofo alemán, sino que era central para comprender el funcionamiento de los macroprocesos de acumulación impulsores de la expansión capitalista.

John Bellamy Foster y su escuela defenderán que Karl Marx habló de la existencia de dos metabolismos, el social (la civilización humana) y el universal (el medioambiente planetario) cuya interacción constante a través del proceso productivo constituye el principal intercambio entre humanidad y naturaleza[16]. Este marco, que reproduce deliberadamente el dualismo cartesiano, partirá de la idea de que solo puede entenderse la apropiación capitalista de la naturaleza estudiando por separado el mundo de los seres humanos y el medioambiente al ser su interacción la causante del deterioro planetario. De esta manera, pese a que los humanos formen metabolismos sociales separados de la naturaleza, interrelacionan constantemente con el metabolismo universal (al que también pertenecen) pues elementos de consumo como las materias primas o la energía provienen de este.

En su análisis histórico, el marco de la Fractura Metabólica indicará que esta relación entre los humanos y la naturaleza ha estado siempre presente desde las primeras civilizaciones, formando un ciclo natural donde el consumo del metabolismo social volvía a la tierra en forma de desechos que, al generar nutrientes, realimentaban el metabolismo universal asegurando una coexistencia donde ambos podían reproducirse armónicamente.

Sin embargo, este ciclo natural sufrirá una fuerte disrupción con la llegada del capitalismo como sistema-mundo pues al orientar a los metabolismos sociales hacia la acumulación infinita de capital se generará una "fractura metabólica" donde el consumo del metabolismo social se desbocará y no permitirá la reposición del metabolismo universal[17]. Con el capitalismo, la relación entre ambos metabolismos ya no será armónica ni circular, ge-

---

15 John Bellamy Foster, Brett Clark y Richard York, *The Ecological Rift: Capitalism's War on the Earth* (Nueva York: Monthly Review Press, 2010).

16 Brett Clark, John Bellamy Foster y Stefano B. Longo. "Metabolic Rifts and the Ecological Crisis," en *The Oxford Handbook of Karl Marx*, eds. Matt Vidal, Tony Smith, Tomás Rotta, y Paul Prew (Oxford: Oxford University Press, 2019), 651–58.

17 Michael J., Lynch, Michael A. Long y Paul B. Stretesky, "Metabolic Rift and Eco-Justice," en *Green Criminology and Green Theories of Justice*, eds. Michael J. Lynch, Michael A. Long, y Paul B. Stretesky (Cham: Palgrave Macmillan, 2019), 151–92.

nerando un sometimiento del mundo natural por parte del mundo social que deriva en una presión sin precedentes sobre el medioambiente.

Las sociedades precapitalistas producían y consumían en su entorno próximo por lo que el medioambiente se reponía al reciclar nutrientes tales como el potasio, el fósforo o el nitrógeno. Esto, sin embargo, no sucede en el capitalismo pues al basarse en una división internacional del trabajo e intensificar los intercambios mediante el libre mercado, desplaza a distancias lejanas los enclaves productivos de los metabolismos sociales. Si por ejemplo, en la era precapitalista, se consumían alimentos producidos en circuitos cortos, ahora estos viajan miles de kilómetros desde los monocultivos globales hasta las grandes ciudades, evitando que los nutrientes derivados de los desechos retornen al enclave productivo.

Este sistema no solo agota la tierra, sino que la contamina por el intensivo uso de agroquímicos que fertilizan de forma artificial los espacios para que sigan produciendo pese a no disponer de nutrientes naturales. De esta manera, el sistema-mundo engorda al metabolismo social destruyendo al metabolismo universal, generando fracturas que derivan en problemas climáticos, oceánicos e hidráulicos. Es decir, "creando una fractura en la relación metabólica entre naturaleza y sociedad, el capitalismo está destruyendo la naturaleza"[18].

Este marco dará pie a todo un enfoque analítico que, partiendo del marco Estructuralista del sistema-mundo, se orientará a estudiar las fracturas metabólicas generadas por el capitalismo. Con el tiempo, la escuela de la Fractura Metabólica irá agrandándose, constituyéndose como una de las grandes corrientes de la Teoría Verde gracias a una versatilidad que ha permitido, por ejemplo, medir estadísticamente ciertas fracturas metabólicas, como la acidificación de los océanos, la destrucción de los ecosistemas o la contaminación (en diversos campos y formas)[19].

Otro de los grandes valores de esta teoría reside en haber generado una importante corriente dentro del Estructuralismo orientada a analizar el sistema-mundo desde una óptica medioambiental antes prácticamente no contemplada por la mayoría de sus teóricos.

---

18 Lynch, "Metabolic Rift and Eco-Justice," 152.

19 Bellamy Foster, Clark y York, *The Ecological Rift: Capitalism's War on the Earth.*

### 3. Ecología-mundo

No obstante, y pese a incorporar gran parte de los análisis ecofeministas en su corpus, una parte del ecologismo político considerará un error que la Fractura Metabólica reproduzca el dualismo cartesiano, al entender que el gran problema medioambiental causado por el capitalismo parte precisamente de la arbitraria división entre los seres humanos y la naturaleza.

Evidentemente, percibir el capitalismo como un sistema externo agresor de la naturaleza implica en definitiva reproducir el diagnóstico Liberal de la insostenibilidad del sistema como causante de la crisis climática. La divergencia con el Liberalismo por tanto radicará en la solución propuesta por ambos marcos pues para la escuela de John Bellamy Foster esta pasaría por un cambio de sistema mientras que para el Liberalismo lo deseable sería un "capitalismo verde" basado en una producción sostenible.

Esta postura, constituirá un error de concepto para Jason W. Moore[20] quien indicará que el capitalismo no es externo a la naturaleza, sino que constituye un régimen socio-ecológico específico. Y es que, para este autor y su corriente, el capitalismo no es un mero modelo productivo que tiene efectos sobre la naturaleza, es, en sí, un modo de organizar la naturaleza. Por ello, partir de este presupuesto implica entender que, si bien el capitalismo es el sistema mundial que rige las relaciones internacionales (un sistema-mundo como dijo Immanuel Wallerstein), es también una ecología-mundo[21] pues organiza las naturalezas del planeta para garantizar la infinita acumulación de capital.

Con este marco, Jason W. Moore se opondrá a la teoría de John Bellamy Foster a la par que reelaborará la perspectiva iniciada por Fernand Braudel y perfeccionada por Immanuel Wallerstein construyendo un marco teórico propio orientado a conocer las relaciones internacionales sin reproducir el dualismo cartesiano. En todo caso, el mantenimiento de la coletilla "-mundo" indicará su indisociable vínculo teórico con el Estructuralismo clásico del que tomará la inmensa mayoría de categorías tales como la división centro-periferia, la vertebración de cadenas globales o la división históri-

---

20 Moore, *El Capitalismo En La Trama de La Vida. Ecología y Acumulación de Capital.*

21 Jason W. Moore, "Capitalism as World-Ecology: Braudel and Marx on Environmental History," *Organization & Environment* 16, n.º 4 (2003): 431–58.

ca en fases de acumulación, pero incorporando un marco socioambiental orientado a romper con el dualismo cartesiano[22].

La principal adición de la ecología-mundo al sistema-mundo provendrá de la teoría de los cuatro baratos, una serie de elementos cuya reproducción sistémica a bajo coste ha sido crucial para garantizar las fases expansivas de los ciclos económicos de Kondratiev. Como indicó Jason W. Moore[23] históricamente, cada gran salto productivo del sistema capitalista mundial ha requerido disponer estructuralmente de trabajo humano, energía, materias primas y comida a bajo coste. Su importancia radica en el hecho de constituirse como factores productivos básicos de los que extraer la plusvalía, a los que cabe añadir la comida por ser el elemento sistémico que determina el precio simbólico del trabajo: una comida a bajo coste permite presionar a la baja los salarios garantizando la reproducción social del proletariado, lo que deriva en una maximización de la apropiación de plusvalías del trabajo por parte del capital[24]. Considerando que comida, energía y materias primas provienen del medioambiente o de la naturaleza extrahumana, Jason W. Moore dedujo que el sistema capitalista no solo crecía gracias al trabajo humano, como sostuvo el marxismo clásico, sino también gracias a una apropiación a gran escala de la naturaleza convertida en barata. Es decir, el capitalismo "pone a trabajar a la naturaleza"[25] moldeándola y orientándola para servir a la acumulación, mostrando su estructural carácter socio-ecológico: sin una naturaleza barata no puede haber alienación del trabajo y viceversa. Por ello, cuando se generan monocultivos o se construyen pozos petrolíferos, no está la civilización capitalista dañando la naturaleza, sino que el capitalismo está construyendo una ecología, la ecología-mundo capitalista.

Siguiendo esta perspectiva podemos entender que Wall Street es también una forma de organizar la naturaleza pues la incorporación de esta al circuito del capital es absolutamente indispensable para la expansión acumulativa global. De esta manera el cambio climático no queda reducido

---

22 Yoan Molinero Gerbeau y Gennaro Avallone, "Ecología-Mundo, Un Nuevo Paradigma Para El Estudio de Las Migraciones Internacionales," *Empiria. Revista de Metodología de Ciencias Sociales* 46 (2020): 23–44.

23 Moore, *El Capitalismo En La Trama de La Vida. Ecología y Acumulación de Capital.*

24 Yoan Molinero-Gerbeau. "Periphery-core migrations and the global capitalist agriculture". en *Handbook of Research on the Global Political Economy of Work,* eds. Maurizio Atzeni, Dario Azzellini, Alessandra Mezzadri, Phoebe Moore y Ursula Apitzsch (Cheltenham: Edward Elgar Publishing, 2023), 292–301.

25 Moore, *El Capitalismo En La Trama de La Vida. Ecología y Acumulación de Capital.*

a un mero daño colateral de un sistema agresivo con el medioambiente, sino que es el clima cálido de la ecología construida por el capitalismo global. Karl Marx dijo que la gran contradicción del capitalismo era que, en su ejercicio de alienación sobre el proletariado, generaría las condiciones para que esta clase social se uniera y acabara con el sistema, pero, como dijo James O'Connor[26], existe también una segunda contradicción: en su afán por construir una ecología orientada hacia la acumulación infinita, el capitalismo genera las condiciones ambientales para su propia destrucción, al arrasar con el planeta sobre el que rige como sistema.

El análisis socio-ambiental de la ecología-mundo dará pie a numerosas líneas de estudio vinculadas a estudiar la apropiación planetaria de los cuatro baratos[27], comprender las migraciones humanas[28] o entender la crisis climática[29] entre otros.

## 4. *Los Estudios del Antropoceno*

En torno a esta última cuestión, el cambio climático, se ha erigido la cuarta gran perspectiva de Teoría Verde en Relaciones Internacionales que podemos denominar como los "Estudios del Antropoceno".

El término Antropoceno proviene del premio nobel Paul Crutzen, un geólogo que advirtió que se habían terminado las condiciones climáticas del actual periodo geológico, el Holoceno, caracterizado por disponer de un clima templado que, a diferencia del gélido Pleistoceno, permitió el desarrollo de la agricultura y, con ello, de la civilización humana. Este clima templado estaría virando hacia uno más cálido debido a la acción de los seres humanos sobre el planeta, por lo tanto, estaríamos ante un nuevo periodo donde la humanidad ha actuado como una fuerza geofísica capaz de cambiar per se las condiciones climáticas. El nuevo tiempo, por ello, se

26 James O'Connor, *Natural Causes: Essays in Ecological Marxism* (Nueva York: Guilford Press, 1998).

27 Raj Patel y Jason W. Moore, *A History of the World in Seven Cheap Things. A Guide to Capitalism, Nature and the Future of the Planet* (Oakland: University of California Press, 2017).

28 Molinero Gerbeau y Avallone, "Ecología-Mundo".

29 Jason W. Moore, "The Capitalocene, Part I: On the Nature and Origins of Our Ecological Crisis," *The Journal of Peasant Studies* 44, n.º 3 (Mayo 4, 2017): 594–630. https://doi.org/10.1080/03066150.2016.1235036.

denominaría "Antropoceno" dado que el antropos (la humanidad) habría sido su impulsor.

A raíz de la creciente preocupación por el cambio climático, la perspectiva antropocénica ganará fuerza, convirtiéndose en hegemónica no solo en circuitos académicos sino también en el ámbito socio-político donde numerosos actores naturalizarán el empleo del término Antropoceno para referirse al actual periodo climático.

En Relaciones Internacionales surgirán revistas específicas dedicadas a estudiar el impacto de la huella humana sobre el planeta dando pie a los conocidos como "Antropocene Studies" (Estudios del Antropoceno). Aunque este campo de estudio ha tenido un fuerte componente crítico desde sus inicios, la corriente mainstream viene constituida por quienes sostienen la perspectiva del sistema-tierra, una visión socio-geológica orientada a medir la incidencia que la acción humana ha tenido y tiene sobre los ecosistemas[30]. Por otro lado, una fuerte corriente crítica ha dedicado sus esfuerzos a vincular el Antropoceno con actores como los Estados o los mercados. En este caso, sin criticar los principios constitutivos del marco antropocénico, quienes sostienen esta perspectiva han impulsado estudios críticos sobre cómo la producción capitalista, las guerras o el interés Estatal se han erigido como pilares fundacionales del Antropoceno, ubicado como el marco estructural de las relaciones internacionales contemporáneas[31].

Pese al carácter crítico de estos estudios, una parte del ecofeminismo y de la ecología-mundo ha criticado su reproducción del dualismo cartesiano. Para estas corrientes, el Antropoceno es un marco funcional al status quo pues al aglutinar a toda la humanidad en abstracto como un actor unitario capaz de modificar el clima, diluyen responsabilidades y opacan la relevancia de factores como el género, la clase o la raza para explicar la crisis climática.

La perspectiva antiantropocénica que más ha sobresalido es probablemente la del Capitaloceno, escuela asociada a la ecología-mundo y orientada a estudiar los vínculos entre capitalismo y cambio climático. Si entendemos que la periferia mundial no tiene la misma responsabilidad que el centro, ni que el proletariado tiene la misma responsabilidad que la

30 Carles Soriano, "Anthropocene, Capitalocene, and Other '-Cenes': Why a Correct Understanding of Marx's Theory of Value Is Necessary to Leave the Planetary Crisis," *Monthly Review* 74, n.º 6 (2022).

31 Bonneuil y Fressoz, *L'événement Anthropocène. La Terre, l'histoire et Nous.*

burguesía entonces podemos deducir que la "humanidad" como tal alude a un especismo homogeneizador que opaca el hecho de que el cambio climático es responsabilidad del capitalismo, no del antropos, y por lo tanto el periodo actual es el Capitaloceno, no el Antropoceno.

Esta escuela así perseguirá analizar los vínculos entre capitalismo y cambio climático, debatiendo, por ejemplo, sobre sus orígenes y persiguiendo una atribución justa de responsabilidades. Dentro del campo capitalocénico se han erigido numerosas perspectivas subsidiarias. Por ejemplo, una parte del ecofeminismo ha denominado el actual periodo climático como el "Hombretropoceno" (Manthropocene en inglés) indicando que el carácter patriarcal del capitalismo es decisivo para entender cómo destrucción de la naturaleza y sometimiento de la mujer han sido igualmente decisivos para que aumente la temperatura de la tierra[32]. Otras perspectivas como el "Desechoceno" (Wasteocene)[33] o el "Tecnoceno"[34] han perseguido indicar cómo el Capitaloceno es también la historia de un periodo donde hay más desechos que seres humanos o donde la tecnología ha derivado en un calentamiento global sin precedentes. Existen muchos "-cenos", es decir, perspectivas orientadas a señalar algún rasgo característico específico del actual periodo climático y analizarlo críticamente, por lo general partiendo del marco más amplio del Capitaloceno, lo cual es indicativo de lo vigoroso y vibrante que es este campo de estudio en Relaciones Internacionales.

## V. ESTUDIO DE CASO: LAS CONFERENCIAS DE LAS PARTES (COP) DE LA CMNUCC

En 1992, con un contexto internacional de apertura tras el fin de la Guerra Fría tuvo lugar la Cumbre de la Tierra más exitosa hasta la actualidad: la Conferencia de las Naciones Unidas sobre Medio Ambiente y Desarrollo de Río de Janeiro, conocida como Rio 92. Tras casi cincuenta años de gobernanza medioambiental global, es posible afirmar, tal como indica

32 Martin Hultman y Paul Pulé. "Ecological Masculinities: A Response to the Manthropocene Question?" en *Routledge International Handbook of Masculinity Studies*, ed. Lucas Gottzén, Ulf Mellström y Tamara Shefer (Londres: Routledge, 2019), 477–87.

33 Marco Armiero, *Wasteocene* (Cambridge: Cambridge University Press, 2021).

34 Álvaro San Román, *Pensar El Tecnoceno, Vivir El Cosmoceno. Distopía y Esperanza En La Era de La Emergencia Climática* (Madrid: Ápeiron, 2021).

Ken Conca[35], que este evento fue un salto histórico mayor, al asentar la integración de la cuestión medioambiental en la agenda internacional, lo que dio lugar a la toma de medidas concretas.

De entre los compromisos adoptados por la comunidad internacional en Rio 92 sobresale la Convención Marco de Naciones Unidas sobre el Cambio Climático (CMNUCC), eje central del que será el régimen internacional de lucha contra el cambio climático vigente hasta la actualidad.

La CMNUCC será universal, constará de un secretariado y, sobre todo, dispondrá de las Conferencias de las Partes (COP) como órgano supremo de gestión de la misma. Desde 1994, año en que entró en vigor el tratado, las COP han reunido anualmente a los firmantes de la CMNUCC con el objetivo de revisar su implementación y/o negociar la puesta en marcha de nuevas acciones.

Pese a avances como el Protocolo de Kioto de 1997 o el Acuerdo de París de 2015, tras casi tres décadas de vigencia del régimen internacional de lucha contra el cambio climático, la realidad es que la temperatura global no deja de aumentar y todos los datos parecen indicar que estamos lejos de frenar el cambio climático. El marcado carácter acrítico con el sistema capitalista y estatocéntrico de las COP, donde pese a participar actores diversos, la toma de decisiones sigue exclusivamente en manos de los Estados, constituyen dos grandes frenos a la puesta en marcha de acciones efectivas. Las medidas acordadas en estas conferencias reflejan el carácter neoliberal de una gobernanza medioambiental global donde el marco de la sostenibilidad es predominante. De esta manera los Estados acuerdan medidas que no supongan un perjuicio para sus intereses y promueven un capitalismo verde que, a la larga, demuestra ser inviable.

El diagnóstico de la crisis climática que hace la Teoría Verde permite entender la necesidad de incorporar una perspectiva ecocéntrica a las discusiones internacionales si se quiere revertir de manera efectiva el problema medioambiental. Si se señala que el causante de este, en vez de ser un difuminado *anthropos*, es el capitalismo como ecología-mundo o como fractura metabólica, entonces puede entenderse que el marco de la sostenibilidad constituye un mero (e imposible) intento de mantener el sistema responsable de la destrucción medioambiental haciéndolo más amigable con el entorno. Dejar en manos de los Estados la responsabilidad de poner

---

[35] Conca, *An Unfinished Foundation. The United Nations and Global Environmental Governance.*

freno a la deriva climática capitalogénica implica pedir a las estructuras causantes del problema que vayan contra su propio interés.

Para que las COP sean efectivas, desde una óptica de Teoría Verde, se requeriría una perspectiva holística, donde se atiendan a las raíces del problema, participen todos los actores afectados y se persiga la justicia medioambiental global. La CMNUCC es un instrumento ineficaz para revertir el cambio climático porque, si bien parte del diagnóstico del Antropoceno geológico, es decir del impacto que la actividad humana tiene sobre los ecosistemas, no tiene en cuenta la profunda discusión social en torno a qué estructuras y qué actores lo han impulsado realmente. Situar la responsabilidad en el Capitalismo, ya sea como Fractura Metabólica o como Ecología-mundo atendiendo a los diagnósticos del Ecofeminismo y de los Estudios Críticos sobre el Antropoceno, permitiría romper con el marco del Estado-nación y buscar soluciones emancipatorias y efectivas.

**Comparativa de enfoques entre el marco Liberal adoptado por la COP y la propuesta de la Teoría Verde**

| | **Liberalismo** | **Teoría Verde** |
|---|---|---|
| ***Marco*** | ***Estatocéntrico*** | ***Ecocéntrico*** |
| Participantes | ONGs, Movimientos sociales transnacionales como asesores, Estados como decisores | Comunidades humanas en conjunto: superación de la división centro-periferia, el sistema de clases, el racismo o el patriarcado como mecanismos de gobierno |
| Diagnóstico del problema central | Insostenibilidad del sistema económico | Capitalismo como sistema depredador de la naturaleza |
| Solución | Economía sostenible, mercados de emisiones, sistemas de monitorización de cumplimiento de compromiso | Cambio de sistema guiado por principios como el decrecimiento o el buen vivir (Sumak Kawsay) |

## VI. CONCLUSIONES

En un periodo global marcado por la gran amenaza del cambio climático, la Teoría Verde revela ser indispensable. El deshielo de los polos, la creciente deforestación de los pulmones planetarios o la acidificación de los océanos constituyen algunos de los problemas más graves a los que se enfrenta el planeta. Los efectos de más de cinco siglos de capitalismo global son ya palpables, pero amenazan con agudizarse en las próximas décadas si no se toman medidas efectivas para contrarrestarlos.

Las diversas corrientes que conforman este paradigma ofrecen tanto una riqueza argumental como unas herramientas analíticas de extrema utilidad para trascender los marcos hegemónicos que reifican al Estado o naturalizan los dispositivos de gobierno del sistema capitalista global. Si bien existen notables diferencias entre sus postulados, tal como hemos podido ver, todas las teorías aquí descritas coinciden en aportar una visión de las relaciones internacionales que, incorporando al conjunto de la ecología planetaria a sus análisis, permiten realizar estudios innovadores e identificar soluciones tan creativas como efectivas a la crisis medioambiental global.

Para una comprensión completa de la vida en el planeta que habitamos no basta con incorporar meros análisis de impacto ecológico a los estudios de Relaciones Internacionales, sino que es indispensable entender el medioambiente como la matriz donde todo sucede y de la que todo depende. La Teoría Verde ofrece, además, una ventaja adicional: las corrientes que la componen tienen un marcado carácter militante y una fuerte oposición al dogmatismo por lo que se encuentran en una constante discusión abierta cuyo fin último consiste en tratar de incidir sobre la realidad.

El campo de la Teoría Verde es vibrante y está en constante ebullición, por lo que es de esperar que crezca exponencialmente en las próximas décadas, aupado, sin duda, por la agudización del cambio climático severo que está experimentando nuestro planeta.

## VII. RECAPITULACIÓN

**Cuadro ilustrativo sobre principales rasgos del origen, desarrollo y debates del enfoque teórico**

| **Principales rasgos** | |
|---|---|
| Rasgos comunes a la Teoría Verde | Estructura: ecocentrismo, Agencia: conjunto de la biosfera, Marco Anticapitalista, Antiindustrialismo, Antimodernismo, Seguridad Medioambiental, Justicia Medioambiental |
| **Corrientes teóricas** | |
| Ecofeminismo | Crítica al dualismo cartesiano/filosófico, Reproducción Social como eje analítico, vínculo estructural entre patriarcado y apropiación de la naturaleza |

| | |
|---|---|
| Fractura Metabólica | Análisis dualista, corriente marxista, estudio de las fracturas metabólicas entre el metabolismo social y el metabolismo universal |
| Ecología-mundo | Marco Estructuralista, crítica al dualismo cartesiano, centralismo de los cuatro baratos como eje de estudio de las fases de acumulación |
| Estudios del Antropoceno | Vertiente socioproductiva del Antropoceno, búsqueda de responsabilidades históricas y sociales sobre el cambio climático, marco de oposición: el Capitaloceno, numerosas subcorrientes: Desechoceno, Tecnoceno, Hombretropoceno |

## VIII. RECOMENDACIONES

### *Otros recursos para profundizar en el tema*

Bonneuil, Christophe, y Jean-Baptiste Fressoz. *L'événement Anthropocène. La Terre, l'histoire et Nous.* París: Points, 2016.

Eckersley, Robyn. "Green Theory." En *International Relations Theories. Discipline and Diversity,* editado por Tim Dunne, Milja Kurki, y Steve Smith, 266–86. Nueva York: Oxford University Press, 2007.

Molinero-Gerbeau, Yoan. *El Medioambiente En Las Relaciones Internacionales.* Madrid: Síntesis, 2022.

Moore, Jason W. *El Capitalismo En La Trama de La Vida. Ecología y Acumulación de Capital.* Madrid: Traficantes de Sueños, 2020.

Pérez de Armiño, Karlos. "La Teoría Verde En Las Relaciones Internacionales. Aportes y Desafíos de Una Corriente Emergente." En *100 Años de Relaciones Internacionales. Una Mirada Reflexiva,* editado por Caterina García Segura, José Antonio Sanahuja, y Francisco J. Verdes-Montenegro, 337–66. Valencia: Tirant Lo Blanch, 2020.

Sorogoyen, Rodrigo. As Bestas. Película 2022.

Stanley Robinson, Kim. *El ministerio del futuro.* Barcelona: Minotauro, 2021.

Takahata, Isao. Pompoko. *La guerra de los mapaches.* Película de animación 1994.

Taniguchi, Jiro. *La montaña Mágica.* Rasquera: Ponent Mon, 2016.

Vettese, Troy y Pendergrass, Drew. *Socialismo de medio planeta.* Barcelona: Levanta Fuego, 2023.

# *Capítulo 12*
# ***Nuevos Materialismos***

**IGNASI TORRENT***

## I. INTRODUCCIÓN

El presente capítulo sintetiza las principales contribuciones que han hecho los nuevos materialismos al pensamiento crítico y praxis contemporánea, específicamente en el marco de la disciplina de Relaciones Internacionales (RRII), así como también cuáles son sus límites tal y como los han expuesto un significativo número de autores. Lejos de una rígida categorización del término, lo que sería contradictorio con los propios fundamentos filosóficos del movimiento, el siguiente texto pretende exponer un continuo abierto de intervenciones surgidas de un rico entramado de sensibilidades académicas y ético-políticas que conjuntamente componen lo que hoy en día conocemos como nuevos materialismos. Es por esta razón que a lo largo del capítulo no se hace referencia al nuevo materialismo, sino a los nuevos materialismos.

Íntimamente entrelazado con corrientes teóricas críticas como el realismo especulativo, el posthumanismo, la Teoría del Actor-Red (ANT, por sus siglas en inglés) o la Ontología Orientada al Objeto (OOO), tal y cómo se desarrolla más abajo, los nuevos materialismos podrían definirse como una corriente intelectual que pretende quebrantar la supremacía ontológica del ser humano en el mundo, a la vez que revitalizar el papel que juega lo no humano, ya sea orgánico o inorgánico, material o inmaterial, en el plano de la experiencia percibida, es decir, la realidad. Concretamente, la existencia de todo ser, humano y no humano, se explica por lo que en inglés algunos han definido como 'entangled ontologies', que se traduce en la presente como 'ontologías enredadas'. Éstas presumen que todo ser es precedido por su condición relacional. En otras palabras, la relacionalidad es previa al ser y, por lo tanto, todo ser es un compuesto. Como se aborda en las siguientes páginas, una de las principales implicaciones teóricas de

* Profesor agregado de Relaciones Internacionales en la Universitat Oberta de Catalunya (Barcelona).

esta suposición nuevo-materialista es por consiguiente la vulnerabilidad del ser, cuyo devenir depende de otros seres y acontecimientos. A nivel práctico, esto se puede percibir, entre otras posibilidades, como una invitación a repensar la forma en que el ser humano imagina su condición de agente individual y autónomo, en particular, la problemática relación entre subjetividad y praxis que desde occidente se ha concebido históricamente desde un marco lineal y determinista: A (causa) lleva a B (efecto). De esta forma, los nuevos materialismos no solo intentan sacudir los pilares ontológicos de la modernidad, sino que también ofrecen una concepción especulativa de ideas fundamentales como la experiencia, el espacio o el tiempo.

El capítulo se estructura en cinco secciones. En primer lugar, se contextualiza el surgimiento de los nuevos materialismos revisando los principales acontecimientos y protagonistas que condujeron a la consolidación de esta etiqueta político-intelectual, con un énfasis en el papel que juega la disciplina de las RRII. La segunda sección revisa la genealogía filosófica que ha informado la teoría que sustenta los nuevos materialismos. De nuevo, también se analiza como este cuerpo teórico ha sido incorporado en las RRII. En tercer lugar, el texto ejemplifica el valor analítico de los nuevos materialismos mediante la exposición de proyectos académicos que han sido significativamente inspirados por esta corriente teórica y la tradición filosófica que la precede. La cuarta sección analiza el caso del Planet Politics Institute, desde el cual se intentan diseñar e implementar políticas, proyectos y programas con el fin de transformar el mundo en un complejo de relaciones armoniosas, así pues inspirado y coherente con los postulados nuevo-materialistas. La última sección analiza los diferentes debates críticos, con el foco en la literatura de RRII, que durante los últimos años han erosionado algunas suposiciones fundamentales de los nuevos materialismos.

## II. CONTEXTUALIZACIÓN HISTÓRICA

La consolidación de los nuevos materialismos se puede contextualizar en el marco de dos acontecimientos contemporáneos que se refuerzan mutuamente. De un lado, los avances científico-técnicos sin precedentes en campos como las Ciencias de la Tierra y los Estudios de Ciencia y Tecnología han contribuido a definir una nueva era geológica, el Antropoceno, caracterizado por la huella ecológica visible en los ecosistemas del planeta provocada por procesos antropogénicos como por ejemplo el cambio climático[1]. La narrativa del Antropoceno revela y expone fenómenos inquietantes para el devenir del ser humano y de su entorno material, incluyendo el calentamiento global, la deforestación masiva, la desertificación, así como también las inciertas implicaciones del progreso en ámbitos como la neurociencia y la inteligencia artificial. A raíz de tales desafíos, lejos de discursos apocalípticos abstractos y vacíos, la hipotética finitud de la humanidad devine una experiencia material perceptible. En otras palabras, la idea de la historia entendida como el progreso lineal e ilimitado de un ser humano distinto y superior a los otros seres se desvanece, y su futuro parece cada vez más entrelazado, enredado, con el devenir de otros seres y procesos no humanos[2].

Por otro lado, el contenido teórico que nutre el retrato del Antropoceno ha puesto de manifiesto la incapacidad del post-positivismo, es decir, el paradigma desde el cual se ha articulado la teoría social crítica en los últimos cuarenta años, para abastecer herramientas analíticas que faciliten el relato y desembrollo de los procesos de transformación socionaturales tan relevantes para la contemporaneidad, así como el consiguiente reposicionamiento ontológico del ser humano en el mundo. Es decir, la literatura nuevo-materialista expone los límites de las técnicas metodológicas textuales, discursivas y semióticas como insuficientes para capturar los efectos del Antropoceno en la reconfiguración de la relación entre lo humano y su circunstancia material. Por ello, este paradigma post-positivista, en particular corrientes como el post-modernismo y el post-estructuralismo, han sido objeto de crítica. Por ejemplo, a pesar del conspicuo escrutinio foucauldiano de las relaciones (sociales) de poder que sustentan los efectos opresivos de la supremacía del Hombre[3], el excesivo énfasis en lo social y por tanto la subestimación de lo no social, o lo natural, e incluso de la inseparabilidad de ambas esferas, acaba reproduciendo y perpetuando una visión del mundo dualista, considerada por los nuevos materialismos como la génesis de la falla planetaria actual[4]. En otros términos, si la teoría social crítica

---

1 Ver Paul J. Crutzen y Eugene F. Stoermer, «The "Anthropocene"», *Global Change Newsletter*, n.º 41 (2000): 17-18.

2 Ver Anna Tsing, *The mushroom at the end of the world: On the possibility of life in capitalist ruins* (Princeton, NJ: Princeton University Press, 2015).

3 Ver Michel Foucault, *The history of sexuality. Volume 1, An introduction* (New York, NY: Vintage, 1990).

4 Ver Karen Barad, *Meeting the Univers Halfway: Quantum Physics and the Entanglement of Matter and Meaning* (Durham, NC: Duke University Press, 2007), 145, 209; Vicki Kirby, *Quantum Anthropologies: Life at Large* (Durham, NC: Duke University Press,

se caracterizó por su asentamiento en el llamado giro epistemológico, es decir, se centró en el estudio del marco, la forma y la finalidad en qué se produce el conocimiento, los nuevos materialismos se ubican en el llamado giro ontológico, el propósito del cual es la investigación sobre el propio ser y los acontecimientos que lo engendran.

Durante la década de los 2000 se publican una serie de obras que serán clave para la corriente teórica nuevo-materialista. Entre otras, se podrían destacar tres: 'Reassembling the Social' (2005), de Bruno Latour; 'Meeting the Universe Half-Way', de Karen Barad (2007); y 'When Spieces Meet' (2008), de Donna Haraway. Este conjunto de literatura consigue articular un enfoque teórico-práctico centrado en la compleja y enredada relación entre lo humano/sujeto/cultural y lo no humano/objeto/natural como condición primera para toda posibilidad. De esta forma, tal y como se desarrolla más abajo, se desbanca la concepción del ser humano como un elemento ontológicamente superior y se invita a repensar la realidad como algo independiente de éste. Dando cobijo a esta última idea, en el año 2007 tiene lugar en la Universidad de Goldsmiths de Londres la conferencia 'Speculative Realism', que dará nombre a este movimiento filosófico tan cercano a los nuevos materialismos. Ray Brassier, Graham Harman y Quentin Meillassoux son algunos de los nombres destacados de la conferencia. Pocos años más tarde, en 2012, la London School of Economics celebra la 41 edición de la conferencia 'Millennium' bajo el título 'Materialism in World Politics'[5], que para algunos significa el momento de consolidación del movimiento nuevo-materialista en el marco de las RRII. Algunos de los nombres que participan en la monografía que surgió de la conferencia incluyen Diana Coole, William Connolly, Erika Cudworth y Stephen Hobden, todos ellos figuras de relevancia para las posiciones nuevo-materialistas y también post-humanistas dentro de la disciplina.

A modo aclaratorio, es preciso distinguir estos movimientos intelectuales, y los nuevos materialismos en particular, del materialismo clásico o marxista. Si bien esta cuestión podría llenar cantidades ingentes de páginas, una vaga explicación sugiere que, mientras el materialismo histórico es una herramienta de análisis para entender todas aquellas relaciones humanas (políticas, sociales, culturales) como una proyección de las

2011), 95; Timothy Morton, *Hyperobjects* (Minneapolis, MN: University of Minnesota Press, 2013), 4.

5 Para acceder a la monografía completa ver: https://journals.sagepub.com/toc/mila/41/3

relaciones económico-materiales, los nuevos materialismos entienden que la experiencia percibida es fruto de una condición intrínsecamente relacional de todo ser, humano (social) y no humano (natural). En definitiva, la cuestión clave en esta corriente es el abandono del antropocentrismo como punto referencial para comprender y estar en el cosmos. Por esta razón, como se intenta exponer a continuación, las disciplinas que juegan con estas posturas nuevo-materialistas, por ejemplo, la biología, la geografía, la filosofía o la antropología, entre otras, juegan también a desdibujar la barrera entre las tradicionalmente llamadas ciencias naturales y ciencias sociales, en tanto que esta distinción se considera artificial, arbitraria y con unos fines antropocéntricos notablemente problemáticos para el devenir del mundo.

## III. FUNDAMENTOS TEÓRICOS

La llegada de los nuevos materialismos en el marco de las RRII debe situarse en una genealogía teórica mucho más amplia y antigua. Si bien la filosofía continental no consolida un trabajo ontológico centrado en la condición relacional, de proceso, del ser hasta el inicio de la modernidad, otras tradiciones de pensamiento situadas fuera de Europa han fundamentado desde hace siglos sus sistemas filosóficos, y en particular la ontología del ser, en un plano marcado por una emergencia continuamente en proceso, siempre en relación con otros seres y sus circunstancias. En otras palabras, todo ser, tanto humano como no humano, juega un papel fluctuante, vibrante e intenso en el proceso ontológico constitutivo, a diferencia de la concepción occidental de lo no humano (lo natural) como algo pasivo, inerte. Por ejemplo, Qin argumenta como los procesos y las relaciones son elementos cruciales en la filosofía política china. Concretamente, este autor expone, primero, como los seres se constituyen mutuamente y que ningún ser precede a otro ser; segundo, como los procesos posibilitan la interacción dando lugar a la intersubjetividad; y tercero, como el confucianismo, un sistema de pensamiento chino, proyecta el contorno ontológico de los seres y los procesos como difusos, exponiendo así un cuestionamiento de las taxonomías rígidas kantianas[6]. De forma similar, Ling explica la importancia en la dialéctica taoísta, también enraizada en la filosofía china, de la idea de complementariedad, es decir, la suposición

---

[6] Yaqing Qin, «Relationality and processual construction: Bringing chinese ideas into international relations theory», *Social Sciences in China* 30, n.º 4 (2009): 5-20.

por la que todo ser retiene ontológicamente otros seres, tal y como ilustra el símbolo del yin yang[7]. En esta línea, Ngcoya desarrolla desde la filosofía ubuntu, perteneciente a África subsahariana, como una persona deviene a razón de la existencia del resto de personas, haciendo notar así la importancia de la comunidad, el compartir y el cuidar. En otros términos, el potencial humano solo puede ser materializado en relación a otros seres humanos, presuponiendo así la interdependencia de este no solo con otros seres humanos sino también con su entorno[8]. En el continente americano diferentes comunidades, como los maya y los mapuche, entre otras, comparten filosofías articuladas alrededor del concepto quechua 'sumak kawasay', traducido al español como 'el buen vivir', recogiendo la plenitud armoniosa de la vida como íntimamente entrelazada con el planeta. Querejazu describe dos principales rasgos de la cosmología andina. Por un lado, 'tinku' describe una función cósmica que posibilita el equilibrio entre toda fuerza y energía. Por otro lado, 'taypi' denota un estado entre medio de dimensiones, procesos y conexiones donde las diferencias se negocian y donde consiguientemente sucede la transformación entre seres y procesos[9]. Para poner un último ejemplo, a través de la tradición Dharma, que es fundamental para entender religiones indias como el budismo y el hinduismo, Shani and Behera elucidan como el pensamiento Dharma entrelaza a los seres humanos entre ellos así como con el resto del universo[10]. Grosso modo, todo este cuerpo teórico heterogéneo ha urdido durante siglos una fuente de erosión a las suposiciones ontológicas esencialistas eurocéntricas.

En el continente europeo el estudio de la ontología del ser se basó en su mayor parte desde la filosofía griega hasta el comienzo de la modernidad en la tradición aristotélica, por la que el ser o la substancia original es en

---

7 L.H.M. Ling, *Imagining World Politics. Sihar & Shenya, A Fable for Our Times* (London: Routledge, 2014). Ver también Astrid H.M. Nordin et al., «Towards global relational theorizing: a dialogue between Sinophone and Anglophone scholarship on relationalism», *Cambridge Review of International Affairs* 32, n.º 5 (2019): 570-81.

8 Mvuselelo Ngcoya, «Ubuntu: Toward an Emancipatory Cosmopolitanism?», *International Political Sociology* 9, n.º 3 (2015): 248-62. Ver también Mogboe B. Ramose, *African Philosophy through Ubuntu* (Harare: Mond Books, 1999).

9 Tamara A. Trownsell et al., «Differing about difference: Relational IR from around the world», *International Studies Perspectives* 22, nº 1 (2021): 25–64.

10 Giorgio Shani y Navnita Chadha Behera, «Provincialising International Relations through a reading of dharma», *Review of International Studies* 48, n.º 5 (2022): 837–856.

última instancia dada, estática, concluida, objetivada en el mundo esperando que el sujeto (humano) pensante la llegue a encontrar y conocer. No es hasta el comienzo de la época moderna cuando filósofos como Spinoza o Leibniz cuestionan estos principios ontológicos esencialistas para desarrollar una tarea filosófica de exploración del ser como algo no estático y relacional. Tal y como lo desembrolla Giles Deleuze durante la segunda mitad del siglo veinte, desde el edificio teórico espinosista las partes de un todo no son en sí mismas individuales, no tienen esencia por sí mismas, sino que son determinadas por su exterior, su entorno[11]. De forma similar, el mismo Deleuze utiliza Leibniz para sugerir que las partes y el todo del ser encapsulan una infinitud de desenlaces, fruto de su compleja condición relacional, que se materializan en el mundo[12]. Dos siglos más tarde, notablemente inspirado por filósofos de la tradición ontológica de proceso y relacional como Auguste Comte, William James, John Dewey y Henri Bergson, quien de forma ilustrativa describe que la materia deviene a través de la iteración de procesos[13], será Alfred North Whitehead, también conocedor de tradiciones de pensamiento no europeas como el confucianismo, quien se sumergirá de pleno en la condición relacional del ser. Para este autor, que ha sido recientemente recuperado por figuras de influencia para los nuevos materialismos como Isabel Stengers, Manuel Delanda y Maria Puig de la Bellacasa, entre otros, las relaciones preceden a los relacionantes, lo que el autor llama 'relata', definidas en su obra como las 'entidades reales', es decir las cosas que componen el mundo[14]. Whitehead describe las entidades reales como compuestos, poniendo énfasis en el hecho de que 'cada entidad real en el universo es constituyente de cualquier otra entidad real.'[15] De forma crucial, para este autor, el ser es su proceso de devenir, el cual nunca sucede en aislamiento, sino que está constitutivamente enredado con otros procesos de devenir, o acontecimientos, considerados por Whitehead los verdaderos componentes de toda relación[16].

---

11 Gilles Deleuze, *Spinoza: Practical Philosophy* (San Francisco, CA: City Lights Books, 1988).

12 Gilles Deleuze, *The fold. Leibniz and the Baroque* (Minneapolis, MN: University of Minnesota Press, 1993).

13 Henri Bergson, *Matter and Memory* (Eastford, CT: Martino Fine Books, 2011).

14 Alfred North Whitehead, *Process and Reality* (New York, NY: Free Press, 1979).

15 Whitehead, 148.

16 Alfred North Whitehead, *The Concept of Nature* (Project Gutenberg, 2006).

Esencialmente, los nuevos materialismos reposicionan ontológicamente lo no humano en el plano de la existencia[17]. La condición orgánica, fluida y relacional del ser en el fondo es una herramienta para erosionar el dualismo cartesiano, que separa drásticamente las esferas del sujeto (humano) y el objeto, o bien cultura y naturaleza. Esta separación otorga una superioridad artificial al ser humano en el plano terrenal, que a lo largo de los últimos tres siglos ha degenerado en un progreso antropocéntrico desenfrenado con unos efectos planetarios devastadores. Esta separación también ha generado exclusiones interraciales, de género y en lo que respecta a los cánones de belleza, en tanto que el sujeto en el imaginario cartesiano no es cualquier sujeto humano, sino, hablando metafóricamente, la imagen de Vitrubio de Leonardo da Vinci: un hombre, blanco y proporcionado. Los nuevos materialismos cuestionan con clarividencia lo que algunos autores actuales han descrito de forma crítica como el 'correlacionismo', es decir, el hecho de que la existencia de un sujeto (humano) es condición sine qua non para la existencia del mundo. Desde los nuevos materialismos, el ser humano y la naturaleza no pueden ni jerarquizarse ni disociarse a nivel ontológico: forman parte de un mismo pliego de la realidad, que es por tanto independiente de la existencia del ser humano.

La incorporación de los nuevos materialismos en las RRII no puede desvincularse de la tradición de pensamiento descrita arriba, ni tampoco del contexto antropocénico y de la crisis del post-positivismo expuestos en la sección anterior. Tal y como lo elucida Harrington, el Antropoceno 'refleja una nueva realidad, donde humanos, no humanos, cosas y materiales coexisten en complejas relaciones de vida y de no-vida'[18]. Los acontecimientos de este engranaje donde la realidad de lo social y lo natural se enredan ontológicamente socava la suposición de un pretendido dualismo, desde el cual se ha proyectado el imaginario ilusorio de la modernidad[19]. El impredecible futuro de lo que Haraway llama 'naturculturas'[20] y Morton 'hype-

17 Ver Diana Coole y Samanta Frost, eds., *New Materialisms: Ontology, Agency and Politics* (Durham, NC: Duke University Press, 2010); Christopher N. Gamble et al., «What is new materialism?», *Angelaki* 24, n.º 6 (2019): 111-134.

18 Cameron Harrington, «The Ends of the World: International Relations and the Anthropocene», *Millennium: Journal of International Studies* 44, n.º 3 (2016): 481.

19 Ver Dipesh Chakrabarty, «Planetary Crises and the Difficulty of Being Modern», *Journal of International Studies* 46, n.º 3 (2018): 259-82.

20 Donna Haraway, *The companion species manifesto: Dogs, people, and significant otherness* (The University of Chicago Press, 2003).

robjetos'[21], el más paradigmático de los cuales es el calentamiento global, ha propiciado un amplio abanico de respuestas teóricas y políticas, desde un tecno-optimismo aceleracionista basado en una fe irracional en la ciencia moderna, concretamente en la geoingeniería[22]; la plena adhesión a la construcción de un mundo vivible armoniosamente interconectado[23]; así como la aparición de trabajos especulativos sobre nuevas formas de imaginar el futuro pero también el fin del mundo[24].

Notablemente influenciada por la corriente nuevo-materialista, Aradau instrumentaliza a Barad para argumentar que las infraestructuras de seguridad ni se oponen ni son independientes de las personas, sino que se materializan mediante una fricción constitutiva entre lo humano y lo no humano, lo material y lo inmaterial[25]. En esta línea, Zanotti desarrolla un análisis crítico de como las posturas nuevo-materialistas pueden reconfigurar la forma de imaginar la compleja relación entre agencia y ética. Concretamente, esta autora expone que la materia no es inerte, sino algo con lo que las personas humanas estamos enredados de una forma intra-agencial. Es decir, el mundo se compone de seres y fenómenos cuya agencia nunca es plenamente autónoma, sino que todo lo que acaba deviniendo es fruto de este carácter ontológico enredado[26]. Maximizando el componente de enredo ontológico de la literatura nuevo-materialista, Kurki, quien habla de 'revolución relacional'[27], intenta situar las relaciones internacionales en lo que ella define como un universo relacional. Utilizando el término cosmología relacional, la autora pretende proyectar el universo como una masa interconectada, con la característica que las relaciones preceden a la existencia del ser, humano y no humano. En otras palabras, rememorando

---

21 Morton, *Hyperobjects.*

22 Ver Olaf Corry, «The international politics of geoengineering: The feasibility of Plan B for tackling climate change.», *Security dialogue* 48, n.º 4 (2017): 297-315.

23 Ver *Simon Dalby*, «Environmental Geopolitics in the Twenty-first Century», *Alternatives: Global, Local, Political 39*, n.º 1 (2014): 3-16.

24 Ver Jairus Victor Grove, *Savage Ecology: War and Geopolitics at the End of the World* (Durham, NC: Duke University Press, 2019).

25 Claudia Aradau, «Security That Matters: Critical Infrastructure and Objects of Protection», *Security Dialogue* 41, n.º 5 (2010): 491-514.

26 Laura Zanotti, «Reorienting IR: Ontological entanglement, agency, and ethics», *International Studies Review* 19, n.º 3 (2017): 362-380.

27 Milja Kurki, *International Relations in a Relational Universe* (Oxford: Oxford University Press, 2020), 112.

a Whitehead, para Kurki la emergencia relacional se antepone a una forma esencializada del ser[28].

## IV. VALOR ANALÍTICO

A lo largo de la última década han sido varios las prácticas que se han ido implementado en el marco de la disciplina de RRII utilizando el movimiento nuevo-materialista como herramienta de análisis, y de forma más general, la tradición filosófica que lo informa. Desde el 2014, el reconocido profesor de RRII James Der Derian, junto con otras figuras de renombre en la disciplina como Alexander Wendt, han estado desarrollando el 'Project Q' (Paz y Seguridad en la Era Cuántica), con el objetivo de examinar las posibilidades que la física cuántica puede ofrecer al análisis y a la praxis en una política mundial cada vez más interconectada[29]. En los últimos años varios autores han promovido un debate en las RRII sobre la posibilidad de utilizar conceptos cuánticos como el arriba mencionado 'entanglement' (enredo) o 'uncertainty' (incertidumbre) para descifrar los entramados de los desafíos políticos contemporáneos. El 'Project Q' en particular tiene como visión la congregación de físicos, filósofos, científicos sociales, expertos en estudios militares y diseñadores de políticas, entre otros, para discutir y especular a través de ponencias, conferencias, simposios, recursos audiovisuales y publicaciones como el acontecimiento cuántico puede transformar el mundo. En una obra reciente que recoge los principales logros y retos de tal desafío intelectual, Der Derian y Wendt describen lo cuántico como una nueva ciencia humana para las RRII[30]. Para estos autores, la intervención emancipatoria de carácter cuántico se sustenta sobre tres grandes pilares: la tecnología cuántica, eso es, la aceleración de la carrera global para construir sistemas computacionales, de comunicación, de control y de inteligencia artificial cuánticos; la teoría cuántica, es decir una

---

[28] Para más literatura en RRII influenciada por los nuevos materialismos, ver Joana Castro Pereira y André Saramago, eds., *Non-Human Nature in World Politics. Theory and Practice* (London: Springer Link, 2020); Ignasi Torrent, *Entangled Peace. UN Peacebuilding and the Limits of a Relational World* (London: Rowman & Littlefield, 2021); Alexander Wendt, *Quantum Mind and Social Science. Unifying Physical and Social Ontology* (Cambridge: Cambridge University Press, 2015).

[29] Para más información sobre el 'Project Q', acceder a la página web: https://projectqsydney.com/

[30] James Der Derian y Alexander Wendt eds., *Quantum International Relations. A Human Science for World Politics* (Oxford: Oxford University Press, 2022).

percepción y aproximación cuántica del mundo; y la ciencia cuántica, que se presenta como una herramienta potencial para la teoría y la práctica en las RRII. Así pues, de forma similar al trasfondo epistémico de los nuevos materialismos, este proyecto contribuye a la erosión de la controvertible separación entre ciencias sociales y naturales.

Otro ejemplo de cómo la teoría nuevo-materialista afecta diferentes prácticas en el marco de las RRII, en 2021 la Tokyo International University organizó un foro académico bajo el título 'Doing IR differently: Relational Cosmologies around the World', que incluyó una serie de autores, la mayoría provenientes de la tradición decolonial, como Navnita Chadha Behera, Amaya Querejazu and Chih-yu Shih, entre otros[31]. Este acontecimiento contribuyó a la consolidación de un ambicioso movimiento intelectual, con un fuerte componente político, con el objetivo de repensar el universo usando la lente de RRII y asumiendo que las relaciones constituyentes del cosmos son previas a la existencia de toda entidad. Utilizando el concepto de 'pluriverso', este grupo de académicos intenta conceptualizar y configurar un universo relacional surgido de la confluencia de cosmologías y tradiciones de pensamiento que van más allá del sistema eurocéntrico[32]. Por ejemplo, Shani y Behera sugieren que un compromiso teórico con una cosmología relacional a la práctica puede ayudar a pluralizar la disciplina de RRII haciéndola más sensible a las experiencias de vida de la mayoría de la humanidad, que excede, con mucho, los límites geográficos (y cognitivos) de lo que tradicionalmente se conoce como el norte global[33].

En resumen, tanto el empeño teórico-práctico de este colectivo de autores bajo la etiqueta 'Doing IR differentlty' (Haciendo RRII de forma diferente) para pluralizar el modo de entender la relacionalidad del cosmos desde la disciplina de IIRR como el 'Project Q' con la intención de introducir la física cuántica como herramienta para la comprensión y transformación del mundo, estos proyectos y prácticas comparten un elemento común que les enraíza con los principios de los nuevos materialismos. Con-

---

31 Para más información sobre el evento, acceder a la página web: https://www.tiu.ac.jp/etrack/events/2021/12/004511.html

32 Ver Tamara A. Trownsell et al., «Differing about difference: Relational IR from around the world», *International Studies Perspectives* 22, nº 1 (2021): 25–64; y Tamara Trownsell, «Recrafting ontology», *Review of International Studies* 48, n.º 5 (2022): 801-820, y todo el monográfico del que este artículo forma parte.

33 Giorgio Shani y Navnita Chadha Behera, «Provincialising International Relations through a reading of dharma», *Review of International Studies* 48, n.º 5 (2022): 837–856.

cretamente, se deja entrever una aspiración a abandonar la supremacía ontológica antropocéntrica que ha marcado el paso de la modernidad a lo largo de los últimos tres siglos. Para ello, se intenta redefinir y enaltecer la fuerza y la intensidad constituyente de lo no humano, que se sitúa en un mismo plano que lo humano a la hora de concebir la realidad como un enredo ontológico.

## V. CASO DE ESTUDIO: EL PLANET POLITCIS INSTITUTE

Poco después del auge de los nuevos materialismos en la disciplina de RRII, una serie de académicos reconocidos internacionalmente dentro de las RRII y notablemente influenciados por los postulados nuevo-materialistas creaban el 'Planet Politics Institute'[34] (Instituto de Política Planetaria), un centro virtual de investigación y diseño de políticas con una visión íntimamente vinculada con el popular artículo-manifesto publicado en 2016 'Planet Politics: A Manifesto from the End of IR'[35]. A modo de contextualización conceptual, el debate sobre 'planet politics' (política planetaria) se centra en la definición de una nueva categoría analítica que permita articular una empresa teórica y práctica para afrontar los desafíos ecológicos del Antropoceno: lo planetario. Tal y como lo transmiten en el citado artículo, el colapso ecológico expone la urgencia de que 'estamos en esto todos juntos', incluyendo seres humanos, animales, ecologías y la biosfera. Para la supervivencia, sigue el texto, hay que cuestionar la compleja relación entre capitalismo, modernidad y opresión. El artículo es un llamamiento para que diplomacia, políticos e instituciones lideren sin excusas la transformación ecológica. En esta línea, el Planet Politics Institute se propone como gran objetivo conectar la investigación académica sobre políticas ecológicas, ética y derecho con luchas concretas para el cambio político y con una gobernanza que garantice la supervivencia planetaria. En otras palabras, el Instituto define 'lo planetario' como una categoría analítica para marcar un camino emancipatorio que garantice la supervivencia en el contexto del desafío ecológico actual. Uno de los principales compromisos del centro es por lo tanto explorar nuevos métodos éticos para la convivencia de múl-

---

34 Para más información sobre el 'Planet Politics Institute', acceder a la página web: https://www.planetpolitics.org/vision

35 Ver Anthony Burke et al., «Planet Politics: A Manifesto from the End of IR», *Millennium: Journal of International Studies* 44, n.º 3 (2016): 499-523.

tiples especies, así como reimaginar nuevas constelaciones políticas que puedan orquestar un futuro sostenible para todos los seres en el planeta.

El Planet Politics Institute se presenta al mundo como una comunidad de académicos, abogados, activistas y ciudadanos de a pie comprometidos con la lucha contra el cambio climático, la lucha contra el racismo medioambiental y las injusticias climáticas, el apoyo a pueblos indígenas y activistas medioambientales, la investigación sobre una ética multi-especie así como la consecución de un futuro justo y sostenible para todos los seres de la Tierra. Algunos de los programas concretos a través de los cuales el Instituto pretende llevar a cabo estos compromisos incluyen la difusión de una diplomacia inter-especie, es decir, una diplomacia que ponga los seres vivos no humanos en el centro; la difusión de la tarea del 'Global Animal Advocay Movement', que persigue el diseño e implementación de una política mundial que incluya a los animales; o la producción de una base de datos sobre el trabajo de activistas medioambientales para promover un código penal internacional que incluya crímenes contra la biodiversidad. Sin embargo, la política más ambiciosa que pretende diseñar e implementar el Planet Politics Institute es un tratado internacional para la eliminación del uso del carbón, que según el centro se podría materializar en 2030[36].

El Planet Politics Institute resulta un ejemplo útil para exponer como los nuevos materialismos han ejercido una influencia crucial en varios profesionales de dentro y fuera de la academia para diseñar e implementar políticas, programas e iniciativas con fines de transformación social. Como se aborda con más detalle en el apartado siguiente, el caso de este Instituto también ofrece la posibilidad de cuestionar el deje normativo presente en estas prácticas inspiradas en los nuevos materialismos. Concretamente, mediante una narrativa alarmista y dramatizadora del tipo 'es el momento de ponerse serios', el Planet Politics Institute se convierte en un agente político que deviene fuente de las normas que deben exponer la forma correcta de estar en el planeta. Chandler et al. problematizan este componente normativo comparándolo con los esfuerzos liberales hacia una gubernamentalidad vertical que va desde la élite política hacia las bases de la sociedad[37].

---

[36] Ver Anthony Burke y Stefanie Fishel, «A coal elimination treaty 2030: Fast tracking climate change mitigation, global health and security», *Earth System Governance* 3 2020): 100046.

[37] David Chandler et al., «Anthropocene, Capitalocene and Liberal Cosmopolitan IR: A Response to Burke et al.'s 'Planet Politics'», *Millennium: Journal of International Studies* 46, n.º 2 (2017): 190-208.

En este texto los autores argumentan que la política planetaria no se toma el tiempo para analizar las violencias que puedan generar las estructuras y los marcos legislativos de una nueva gobernanza global a la hora de hacer cumplir y penalizar los crímenes contra lo no humano. Así pues, estos autores sugieren que intentar controlar las emisiones de $CO_2$ a través del derecho internacional apenas tendría la mínima efectividad en la reducción de la desigualdad a escala planetaria, reproduciendo así la violencia colonial que sustenta el capitalismo. En particular, la implementación del tratado internacional para la eliminación del uso del carbón requeriría del diseño y ejecución de mecanismos de cumplimiento y control que, como se señala arriba, pueden generar situaciones de exclusión muy similares a las categorías y prácticas excluyentes de la modernidad. Tal y como lo manifiestan Chandler et al., la institucionalización de la gobernanza global de un modo firme, como si hubiera soluciones universales que se pudieran implementar desde arriba, no es más que el preludio de sistemas autoritarios[38].

## VI. CRÍTICAS

Esta última sección pretende recoger algunos de los puntos críticos que cierta literatura académica reciente, con énfasis en autores de RRII, han articulado para cuestionar los fundamentos teóricos, pero también las potenciales implicaciones prácticas, de los nuevos materialismos. Primero, algunos autores, reivindicando una posición postestructuralista, han observado que la desjerarquización ontológica entre lo humano y lo no humano corre el riesgo de despolitizar el debate sobre Antropoceno, reproduciendo así las relaciones de poder, las violencias y los sistemas de opresión que originaron la falla planetaria que afronta actualmente la humanidad. En este sentido, Swyngedouw and Ernstson argumentan que el giro hacia una ontología relacional-materialista, y su empeño en sobrepasar el dualismo sociedad-naturaleza, omite de forma peligrosa las estructuras que propiciaron en primera instancia esta separación. Para estos autores, el carácter despolitizador de corrientes como los nuevos materialismos acaba perpetuando la continuidad de la sociedad capitalista, es decir el sistema dentro del cual los enredos ontológicos se despliegan[39]. Desde una posición simi-

---

[38] Para una crítica similar, ver Anna M Agathangelou, «On the question of time, racial capitalism, and the planetary», *Globalizations* 18, n.º 6 (2021): 880-897.

[39] Erik Swyngedouw y Henrik Ernstson, «Interrupting the Anthropo-obScene: Immuno-biopolitics and Depoliticizing Ontologies in the Anthropocene», *Theory, Culture & Society* 35, n.º 6 (2018): 3-30.

lar, Joseph, inspirado en Bourdieu, critica que las ontologías relacionales o llanas teorizadas por autores como Latour reproducen el orden social existente eludiendo el escrutinio de las jerarquías opresivas detrás de éste[40].

En segundo lugar, otros autores han discutido una problemática suposición moralizadora intrínseca a los nuevos materialismos, particularmente en los principios filosóficos detrás de las ontologías enredadas: estar en relación es lo moralmente correcto. Colebrook diserta sobre esta premisa denunciando como las normas del entramado relacional han magnificado una moralidad del mundo occidental, europea y racionalista[41]. La humanidad es, sigue esta autora de forma crítica, aquello que se pude auto-reconocer en el marco de unas ricas variantes culturales que componen un mundo auto-consciente e interconectado. Desde esta perspectiva, parece que el fin de este deje relacional suponga el fin del mundo. En otras palabras, el denostado horror de aquello que no está en relación con nada es arrebatado por el privilegio de una forma relacional y en continua emergencia de devenir. Para Colebrook, esto reduce un debate supuestamente crítico y radical a una lógica claramente excluyente, muy similar a los dualismos de la modernidad.

Connolly, entre otros, personifica este rasgo moralizante en el desarrollo del concepto que él llama 'humanismo enredado', lo que define como un proyecto en el que los enredos abarcan tanto procesos culturales, como fenómenos no humanos en un encuentro caótico y complejo. En el fondo, este autor intenta forjar alianzas políticas e intelectuales que desmitifiquen y desvelen las debilidades del sociocentrismo y el excepcionalismo humano[42]. En términos prácticos, Connolly hace una reivindicación ecológica emancipatoria en referencia a acontecimientos como por ejemplo el deshielo del Ártico y sus potenciales efectos para los ecosistemas del planeta. De forma contundente, el autor reclama la necesidad de una acción ecológica radical para reducir las emisiones de $CO_2$ para evitar el colapso medioambiental. De esta manera, la materialización de una forma duradera y enredada de estar en el mundo deviene el sustrato moral que guía la salvación de la humanidad. Connolly recurre a lo que él llama nuevo

40 Jonathan Joseph, «Beyond Relationalism in Peacebuilding», *Journal of Intervention and Statebuilding* 12, n.º 3 (2018): 425-34.

41 Claire Colebrook, «A CUT IN RELATIONALITY: Art at the end of the world», *Angelaki* 24, n.º 3 (2019): 175-95.

42 William Connolly, *Facing the planetary: Entangled humanism and the politics of swarming* (Durham, NC: Duke University Press, 2017).

secularismo para exponer que las afinidades espirituales típicas de diferentes creencias y formas de ser pueden conducir a ensamblajes plurales y sostenibles, así como también a respuestas políticas para la era del Antropoceno. Por consiguiente, el autor ata un moralismo detrás del humanismo enredado que conduce la realización de un mundo cuidadoso con la multiplicidad de especies y materias.

Tercero, estrechamente vinculado con el punto previo, parte de la literatura crítica en las RRII ha puesto de manifiesto como el discurso sobre política planetaria, notablemente influenciado por los postulados nuevo-materialistas, ha ido transformando 'lo planetario' de una categoría analítica a una categoría normativa, es decir, ha pasado de ser una herramienta para comprender el mundo a ser la norma que exhorta como éste debería ser. De nuevo en la línea crítica de Colebrook, la proyección y construcción de un mundo relacional a la Harawayana intensifica el carácter normativo del ser: ser relacional o no ser, esa es la cuestión[43]. Este posicionamiento ontológicamente elitista, es decir, que aparta toda otra forma de ser, es presente en proyectos universalizadores como el marco teórico-práctico de la política planetaria. De hecho, los propios autores del manifiesto citado arriba reconocen en un texto posterior en defensa del manifiesto que tienen un fuerte 'compromiso normativo'[44]. Mientras en el plano teórico estos proyectos corren el riesgo de devenir excluyentes en tanto que eluden la posibilidad de un mundo sin relaciones, a nivel práctico, materializar y garantizar la supuesta interconectividad sostenible del planeta puede desencadenar problemáticos mecanismos de cumplimiento y control. El caso del Planet Politics Institute expuesto en el apartado anterior es un claro ejemplo de esta limitación.

Finalmente, también en la línea de las segunda y tercera críticas, autores han apuntado de forma problemática el rasgo determinista presente en la forma de devenir del ser en el marco de pensamiento nuevo-materialista. Desde este ángulo se cuestiona una suposición que ha sido escasamente examinada por gran parte de la literatura inmersa en este debate: toda relación es siempre generativa, es decir, conduce determinísticamente a nuevas formas de ser y devenir. De hecho, según las ontologías enredadas, el ser se genera a través de una relación. Shaviro interpreta esta propiedad como asfixiante, opresiva, y acierta que la cuestión metafísica última es

43 Colebrook, «A CUT IN RELATIONALITY: Art at the end of the world».

44 Stefanie Fishel et al., «Defending Planet Politics», *Millennium: Journal of International Studies* 46, n.º 2 (2018): 214.

cómo escapar el carácter determinístico y excesivamente determinante de las relaciones[45]. En otras palabras, lo que está en juego es la búsqueda de la posibilidad de liberarse de un mundo ontológicamente enredado. En esta línea, algunos autores han investigado sobre la posibilidad de seres y procesos que rechacen relacionarse en un modo generativo, idea que rememora lo que Deleuze, a través de Leibniz, llamó 'incomposibilidad'[46].

En síntesis y especulativamente: más allá del actual acaparador y dilatado fetichismo de las ontologías enredadas, esta línea cuestiona la posibilidad de la existencia del ser sin estar en relación[47]. En este sentido, Chipato y Chandler, articulando una punzante crítica a las suposiciones detrás del concepto de pluriverso y política planetaria descritas arriba, exponen que la vía de escape hacia mundos complejos, vitales, relacionales y creativos de los imaginarios sobre los universos múltiples, así como la búsqueda de nuevas formas de devenir junto a lo natural, puede contribuir a oscurecer y reducir la genealogía del ser a algo siempre manipulable, gobernable[48]. En vez del componente generativo de las ontologías enredadas en la literatura nuevo-materialista, y antropocénica en particular, estos enfoques proyectan de forma especulativa un cosmos donde el ser y su condición relacional pueden desvanecerse[49]. En términos prácticos, esta línea teórica puede materializarse en la reconfiguración de posicionamientos como el no-compromiso, la no-participación, el rechazo o el abandono como una forma de resistencia política. Tal y como provocativamente expresa Culp, inspirado en la tradición política radical, contrariamente a reflexionar sobre soluciones para salvar el mundo, esta aproximación crítica desvela la necesidad de sugerir formas de que se acabe[50]. En definitiva, esta última corriente, sugiriendo la posibilidad de un ser no-relacional, o no-enredado,

---

45 Steven Shaviro, *The Universe of Things. On Speculative Realism* (Minneapolis, MN: University of Minnesota Press, 2014), 34.

46 Deleuze, *The fold. Leibniz and the Baroque*, 59.

47 Ignasi Torrent, «Problematising Entanglement Fetishism in IR: On the Possibility of Being without Being in Relation», *Review of International Studies* (2023), 1-15.

48 Farai Chipato y David Chandler, «The Black Horizon: Alterity and Ontology in the Anthropocene», *Global Society* 37 n.º 2 (2023):157-175.

49 Para una crítica similar ver Kennan Ferguson ed., *The Big No* (Minneapolis: University of Minnesota Press, 2021).

50 Andrew Culp, «Afro-pessimism and Non-philosophy at the Zero Point of Subjectivity, History and Aesthetics», en *The Big No*, ed. Kennan Ferguson (Minneapolis: University of Minnesota Press, 2021), 105-35.

abre un camino desde el cual especular sobre la realidad como radicalmente abierta, lo que Glissant definió como lo 'abisalmente desconocido'[51].

## VII. CONCLUSIÓN Y FUTURO

El presente capítulo ha expuesto los logros teórico-prácticos de los nuevos materialismos y la crítica que éstos han recibido en el marco de la disciplina de RRII, todo ello en el transcurso de la última década. En referencia a la genealogía filosófica que ha informado los postulados teóricos de los nuevos materialismos, el texto pone de manifiesto como tradiciones de pensamiento, sobre todo fuera de la geografía europea, han desarrollado suposiciones ontológicas en las que el ser no es esencializado ni concluido, sino que responde a unas características de continua emergencia, de proceso y relacionalidad con otros seres y acontecimientos, humanos y no humanos, orgánicos e inorgánicos, materiales e inmateriales. Partiendo de esta premisa, y empujados por el actual debate sobre el Antropoceno así como la crisis del post-positivismo, los nuevos materialismos en el fondo conducen un ejercicio crítico para quebrantar la supuesta superioridad ontológica del ser humano en el plano de la experiencia percibida, es decir, la realidad. Para ello, se reclama el papel constitutivo de las relaciones o enredos ontológicos, que son previos a la propia existencia del ser. En otras palabras, lo que desde la tradición dualista cartesiana se ha considerado como ontológicamente separado (mente/sujeto/cultura versus cuerpo/objeto/naturaleza), desde los nuevos materialismos se argumenta que estas dos esferas son constitutivas la una de la otra y, por tanto, son pliegues distintos de una misma realidad ontológicamente enredada. Además, el capítulo ha descrito algunos ejemplos prácticos de cómo la disciplina ha instrumentalizado esta teoría para implementar proyectos, programas o iniciativas cuyo objetivo es desdibujar la cuestionable división entre ciencias sociales y naturales, enaltecer el carácter vibrante y orgánico de lo no humano, postura que se considera vital para afrontar los desafíos ecológicos actuales, así como proyectar futuros durables no antropocéntricos. El caso que se ha abordado es el del Planet Politics Institute, aunque también se ha hecho referencia a proyectos académicos como el 'Project Q' (Paz y Seguridad en la Era Cuántica) y el grupo académico bajo la etiqueta 'Doing IR differently'.

---

51 Édouard Glissant, *Poetics of Relation* (Ann Arbor, MI: University of Michigan Press, s. f.), 8.

Más allá de estas empresas teórico-prácticas, el capítulo ha analizado diferentes debates críticos que han erosionado algunas suposiciones fundamentales de los nuevos materialismos, incluyendo el discutible factor despolitizador que conlleva la afirmación de una ontología relacional, llana, con el riesgo de encubrir y por tanto reproducir las relaciones de poder y las violencias que propiciaron la actual crisis planetaria; el rasgo moralizador intrínseco de las ontologías enredadas, por el que se asume que estar en relación es lo moralmente correcto; el componente normativo, mediante el cual lo planetario pasa de ser una categoría analítica a una categoría normativa, es decir, debates como el de la política planetaria dejan de ser simplemente herramientas de comprensión de la realidad y se convierten en marcos normativos que exhortan como ésta debería ser; y, finalmente, también el deje determinista que los nuevos materialismos evocan, eso es, toda relación se concibe siempre como un encuentro generativo del que surgen nuevas formas de ser. Potencialmente abriendo un futuro camino para la poética de las RRII, y de los nuevos materialismos en concreto, esta última vertiente crítica cuestiona una forma de devenir determinísticamente relacional-materialista, y especula sobre la posibilidad de reimaginar un cosmos radicalmente abierto, compuesto por la colisión de una infinitud rizomática de seres y acontecimientos, superando así las ontologías totalizadoras y excluyentes de la modernidad.

## VIII. RECAPITULACIÓN

- Los nuevos materialismos componen una corriente intelectual que pretende quebrantar la supremacía ontológica del ser humano en el mundo, a la vez que revitalizar el papel que juega lo no humano, ya sea orgánico o inorgánico, material o inmaterial, en el plano de la experiencia percibida, es decir, la realidad.
- La existencia de todo ser, humano y no humano, se explica mediante el concepto de ontologías enredadas, cuestionando así la ontología dualista cartesiana que articula el pensamiento hegemónico en la modernidad.
- Estas ontologías enredadas presumen que todo ser es precedido por su condición relacional. En otras palabras, la relacionalidad es previa al ser y, por lo tanto, todo ser es un compuesto.
- Una de las principales implicaciones teóricas de esta suposición nuevo-materialista es la vulnerabilidad del ser, cuyo devenir depende de otros seres y acontecimientos.
- Los nuevos materialismos nos invitan a repensar la forma en que el ser humano imagina su condición de agente individual y autónomo, en particular, la problemática relación entre subjetividad y praxis que desde occidente se ha concebido históricamente desde un marco lineal y determinista.

- En los últimos años han crecido los esfuerzos de diseñadores de políticas, programas e incitativas inspiradas por los postulados nuevo-materialistas. El Planet Politics Institute es un ejemplo.
- Más allá de su contribución teórica, analítica y práctica, los nuevos materialismos han sido criticados desde varios enfoques académicos por contener un fuerte componente despolitizador, moralizador, normativo y determinista.

## IX. OTRAS FUENTES

- Chandler, David, Franziska Müller, Delf Rothe (eds.) (2021) *International Relations in the Anthropocene. New Agendas, New Agencies and New Approaches*, Lonodn: Palgrave Macmillan.
- Conferencia de Karen Barad en la Universidad de Aarhus 'Troubling Time/s, Undoing the Future': https://www.youtube.com/watch?v=dBnOJioYNHU&ab_channel=FacultyofArts%2CAarhusUniversitet
- Podcast 'Why Theory' sobre nuevos materialismos: https://podcasts.apple.com/ie/podcast/new-materialisms/id1299863834?i=1000463515635
- Exposición en el Centro de Cultura Contemporánea de Barcelona comisariado por José Luís de Vicente 'Después del Fin del Mundo': https://www.cccb.org/es/exposiciones/ficha/despues-del-fin-del-mundo/224747
- Documental de Werner Herzog 'Into the Inferno' (2016).

*Capítulo 13*

# *Pragmatismo*

**POL BARGUÉS**[*]

## I. INTRODUCCIÓN

Este capítulo pone en valor el pragmatismo, una escuela de pensamiento filosófico que nació en Estados Unidos a finales del siglo XIX y que es fundamental para la crítica a las Relaciones Internacionales más ortodoxas. El pragmatismo subraya la importancia de la práctica, la experiencia concreta y los procesos colectivos mundanos por encima de lo universal, abstracto y teórico. Es a través de la observación de los procesos prácticos —es decir, lo que hacemos y la infinidad de dificultades, dilemas y consecuencias que conlleva lo que hacemos— que podemos entender a las sociedades y su evolución. Con este postulado, el pragmatismo ha contribuido a la desestabilización del Estado como actor principal de las Relaciones Internacionales. En cambio, nos insta a fijarnos en la gente común y sus preocupaciones, intereses o pasiones. El pragmatismo también es útil para desconfiar de teorías supuestamente universales como el liberalismo económico, el Estado del bienestar, o la paz liberal; y así propone que seamos eclécticos, que no nos casemos con ninguna teoría y que examinemos lo concreto, que siempre tiene una historia y depende de un contexto.

Como trataré de justificar en este capítulo, muchas de las aportaciones centrales del pragmatismo —como la crítica a la mirada dual de la realidad (mente/cuerpo, sujeto/objeto, etc.)— han sido acogidas por la mayoría de las teorías críticas incluidas en este manual[1]. Pero el legado más singular del pragmatismo es el de combinar humildad y coraje en la búsqueda de una verdad que no existe: la humildad de desconfiar de nuestras asun-

---

[*] Investigador Sénior de CIDOB (Barcelona Centre for International Affairs).
Me gustaría dar las gracias a las editoras de este libro por su ayuda en este capítulo y por orientar y avivar a las teorías críticas de las Relaciones Internacionales. También quería agradecer a Ignasi Torrent, Oscar Mateos y Ricardo Pol Hermida por comentarios en versiones anteriores.

[1] Richard Bernstein, *The Pragmatic Turn* (Cambridge: Polity Press, 2010).

ciones y el coraje de experimentar y explorar este mundo sin apego a los códigos que funcionaron en el pasado. Esto es crucial para unas Relaciones Internacionales en transición, donde el realismo o el liberalismo sirven de poco para entender la complejidad y la incertidumbre del presente. Y, al contrario que el pragmatismo, estas teorías no sirven de nada para frenar la violencia estructural, las ocupaciones, los conflictos y guerras de los 2020s, ni para revertir la crisis en la educación, la desigualdad y la erosión de la democracia actuales.

Este capítulo está estructurado en cinco partes. La primera se centra en repasar los orígenes del pragmatismo, con un ejemplo de la biografía de Oliver Wendell Holmes y los escritos de William James. La segunda analiza los principales conceptos explicativos. Estos son la incertidumbre, la democracia y la educación como formas de vida, y la importancia de la práctica para generar conocimiento. La tercera analiza las principales aplicaciones del pragmatismo en Relaciones Internacionales, repasando a los autores que han armado una crítica pragmática. La cuarta parte desarrolla un estudio práctico, un ejercicio que consiste en pensar desde una perspectiva pragmática las preguntas que surgieron tras la invasión rusa de Ucrania. Finalmente, la conclusión reflexiona sobre los límites del pragmatismo. ¿Acaso estamos preparados para desconfiar de nuestros principios y valorar lo que hacemos?

## II. LOS ORÍGENES DEL PRAGMATISMO

El pragmatismo fue una escuela de pensamiento filosófico que acoge a pensadores estadounidenses tan diversos como Chauncey Wright (1830-1875), Oliver Wendell Holmes (1841-1935), Charles Sanders Pierce (1839-1914), William James (1842-1910), John Dewey (1859-1952) o Jane Addams (1860-1935) entre finales del siglo XIX y principios del siglo XX. Fue una generación marcada por la Guerra Civil (1861-1865), por las aportaciones a la ciencia de Charles Darwin y por la expansión de la democracia en América, así como por los enfrentamientos entre clases o por la escalada armamentística y belicista que desencadenó en la Primera Guerra Mundial. Debido a tales experiencias, estos pensadores quisieron distanciarse de la tradición moralista e individualista de sus padres y se adaptaron a los cambios vertiginosos de una América que en cincuenta años pasó de estar al borde de la autodestrucción a consolidarse como primera potencia mundial.

La biografía de Oliver Wendell Holmes sirve de ejemplo para entender la desilusión con la América de antes de la Guerra Civil, tal y como nos cuenta la biografía que escribió Stephen Budiansky[2] o la crónica sobre los filósofos pragmáticos de Louis Menand[3]. Holmes luchó la Guerra Civil con el ejército norteño de la Unión, convencido de defender la unidad de la nación y la abolición de la esclavitud. Participó en las más horribles batallas —como la de Ball's Bluff o la de Antietam—, perdió amigos íntimos y fue herido de gravedad en dos ocasiones. La guerra lo acompañaría para siempre: lució su bigote militar, utilizaba metáforas bélicas cuando escribía poesía y narró historias de las batallas y las peripecias de la guerra durante el resto de su vida (véase ilustración 1). Pero en sus memorias apenas mostró orgullo por la moral y las causas que lo incitaron a luchar; ni tan siquiera mencionaba la victoria del ejército norteño o el fin de la esclavitud. Estaba orgulloso de haber sido soldado, del coraje o la responsabilidad mostrada cuando ejercía labores concretas o misiones en condiciones infernales. Recordaba con emoción como colectivamente, junto a sus compañeros, habían sabido cooperar, defenderse y sobrevivir; o como otros morían heroicamente por cumplir con su tarea y deber con compromiso y honestidad, sin temer por la muerte[4]. La experiencia de la guerra le hizo dudar del valor de las ideas universales que defendían las élites o los pensadores ilustrados, en abstracto desde su diván, y comprendió que no merecía la pena que unos impusieran sus ideas a los demás. En definitiva, dudaba de: "lo que es verdad en tu corazón privado es verdad

2 Stephen Budiansky, *Oliver Wendell Holmes: A Life in War, Law, and Ideas* (New York and London: W.W. Norton & Company, 2019).

3 Louis Menand, *The Metaphysical Club: A Story of Ideas in America* (New York, NY: Farrar, Straus and Giroux, 2001).

4 Budiansky, *Oliver Wendell Holmes*, 121.

para todos los hombres”[5]. Como los demás pragmáticos, distanciándose de la superioridad moral que veía en la generación de sus progenitores, Holmes perdió el entusiasmo por las certezas absolutas y propuso valorar como hacemos aquello que hacemos, independientemente de la nobleza de los fines. Holmes no daba tanto valor a las ideas como a la práctica.

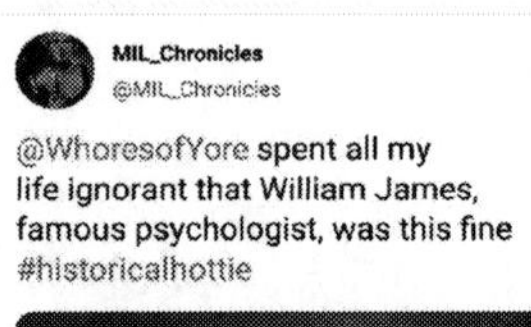

*¿Qué es el pragmatismo?* William James dio una serie de clases magistrales en el Instituto Lowell de Boston entre noviembre de 1906 y enero de 1907 para explicar lo que él entendía por esta idea. Estaba en el atardecer de su exitosa carrera como profesor en psicología y filosofía en Harvard. Tenía 64 años —se retiraría ese mismo año y moriría de un ataque al corazón en 1910— y seguía siendo un excelente orador, pedagógico y cautivador, como recordaban sus alumnos (o un “#HistoricalHottie” [belleza histórica], como se destaca en los debates virtuales de nuestro tiempo [véase ilustración 2]). James empezó su segunda sesión con un ejemplo que ilustraba como el pragmatismo busca producir nuevo conocimiento a través de valorar los procesos prácticos y colectivos.

Cuenta James que un día encontró a un grupo de amigos preocupados por un dilema en el que no eran capaces de ponerse de acuerdo. El dilema giraba en torno a una persona que quería ver a una ardilla que estaba en el tronco de un árbol. Sin embargo, al estar la ardilla justo al lado opuesto del tronco, el tronco impedía que el animal pudiera ser percibido. La persona daba vueltas al árbol para lograr ver a la ardilla, pero no lo lograba ya que el roedor también giraba, a la misma velocidad que la persona. La pregunta que dividía al grupo era la siguiente: “¿mientras daba vueltas al árbol, la persona ha rodeado a la ardilla?”. Mientras unos estaban convencidos de que “sí”, los otros opinaban decididos que “no”. James sugirió a sus amigos que no conseguían llegar a un acuerdo porque se quedaban en una discusión abstracta en vez de buscar un sentido *práctico* a sus dudas:

> Quien tiene la razón... depende de lo que *significa en la práctica* “rodear” a la ardilla. Si uno se refiere a pasar de estar al norte del animal al este, luego al sur, luego al oeste y finamente al norte de nuevo, obviamente el hombre rodea al animal, porque ocupa todas las posiciones sucesivamente. Pero si, por el contrario,

---

[5] Menand, *The Metaphysical Club*, 48.

> uno se refiere a estar primero frente al animal, luego a su derecha, luego detrás, luego a su izquierda y finalmente al frente nuevamente, es también obvio que el hombre no logra rodearlo, porque mediante los movimientos compensatorios que hace la ardilla, mantiene su vientre volteado hacia el hombre todo el tiempo y su espalda hacia atrás[6].

La idea que quería transmitir James es que los dilemas no pueden resolverse si nos quedamos en lo abstracto. El pragmatismo nos anima a buscar las soluciones a los problemas preguntándonos por su aplicación práctica, estudiándolos en su contexto, y teniendo en cuenta las implicaciones de cada opción que tomamos. El pragmatismo insta a pasar de las verdades abstractas y los dilemas teóricos a las preocupaciones reales, mundanas. Como expuso James, es "un método para resolver disputas metafísicas que de otro modo podrían ser interminables"[7]. Y así resumió la preocupación de esta escuela de pensamiento que influiría a la mayoría de las corrientes críticas del siglo XX. El reto, que aprendió Holmes en las trincheras de la Guerra Civil, es valorar lo que hacemos, la práctica, para avanzar en el conocimiento. Ello requiere simultáneamente dosis de coraje y humildad, para estar dispuestos a revisar constantemente nuestras teorías, creencias, valores o prejuicios y adaptarlas a los cambios que acontecen en el tiempo.

## III. PRINCIPALES CONCEPTOS EXPLICATIVOS

Los filósofos pragmáticos contribuyeron a innumerables debates públicos. Holmes escribió la "Ley Común" en 1881, en la que argumentaba que la ley no era lógica sino que estaba basada en la experiencia, y llegó a ser juez de la Corte Suprema Federal; mientras que Jane Addams cofundó la Hull House de Chicago, que integraba a inmigrantes con innovadores técnicas educativas, artísticas y programas de trabajo social[8]. También contribuyó al movimiento de las sufragistas en Estados Unidos y formó parte de las organizaciones y discusiones pacifistas durante la Primera Guerra Mundial, siendo por ello reconocida en 1931 con el Premio Nobel de la Paz. John Dewey, por su parte, fue también uno de los intelectuales de Estados Unidos más célebres e influyentes de la primera mitad del siglo XX.

---

6 William James, *Pragmatism* (Lexington: Renaissance Classics, 2012), 21 énfasis en el original.

7 James, 22.

8 Jane Addams, *Twenty Years at Hull House: With Autobiographical Notes and Sixty-Three Illustrations* (Pantianos Classics, 2017).

Publicó en revistas académicas y en prensa, escribió libros sobre filosofía, psicología, democracia, ética, educación, lógica, religión y arte, y ayudó a repensar los grandes temas de la actualidad, como la intervención estadounidense en la Primera Guerra Mundial o el avance de los derechos de las mujeres.

En este apartado, nos centramos en tres conceptos que fueron explorados por los filósofos pragmáticos y que conectan directamente con las Relaciones Internacionales del siglo XXI: la incertidumbre, la democracia y la educación como formas de vida, y el valor de la práctica en el camino hacia la verdad.

## *1. Un abrazo a la incertidumbre*

En 1861 el joven William James viajó a Brasil en una expedición liderada por su profesor Louis Agassiz, uno de los más célebres naturalistas del siglo XIX, quien deseaba refutar la teoría de la evolución de Darwin. Para ello, Agassiz y su expedición necesitaban encontrar pruebas de que había habido acción glacial en el hemisferio sur ya que, según Agassiz, los glaciares eran creaciones divinas que servían para eliminar unas especias y crear otras. Por lo tanto, si encontraba restos de glaciares en el sur, podría desmentir que hubiera habido una evolución natural de las especies. Pero la expedición decepcionó al joven James. Agassiz era tan brillante como intransigente y no dejaba margen a la duda, ni mucho menos al error: ya sabía la conclusión a la que llegaría antes de empezar a buscar pruebas. En su narración de las biografías de los filósofos pragmáticos, Menand cuenta la decepción de James con el método de Agassiz:

> "la expedición fue diseñada para obtener puntos predeterminados. Era una misión con una misión. Agassiz pretendía reunir pruebas que desmintieran las teorías de Charles Darwin; y, sabiendo de antemano exactamente lo que buscaba, lo encontró"[9].

El problema de fondo con el que se encontró James no era que las ideas de Agassiz fueran erróneas, sino que tratara de imponer unas ideas preconcebidas a la realidad. Pero según James, las ideas de Agassiz no podían criticarse con nuevas ideas o conclusiones, sino con una teoría que rechazara

[9] Menand, *The Metaphysical Club*, 120.

el método de tener ideas fijas o certezas ante una investigación. Es decir, se precisaba una teoría que empezara con la incertidumbre.

Para los pragmáticos, las creencias y convicciones operaban como prejuicios y servían para imponer ideas preconcebidas a unos hechos cuya interpretación dependía siempre del contexto, de perspectivas e intereses del colectivo y de una multitud de variables. Una idea no podía captar una realidad dinámica, cambiante y esencialmente compleja. Como sugería Dewey, la aceptación de la incertidumbre requiere la valentía de ocuparse de nuevas dudas y preguntas. Exige siempre mirar hacia delante. "En lugar de seguir con las proposiciones que funcionaron en el pasado", Dewey proponía "acción" para "cultivar la creación de un futuro"[10].

## 2. *Proceso participativo, educación y democracia*

A finales de la década de 1920, Dewey reflexionó sobre la crisis y el pesimismo alrededor de la democracia, generados por una aparente falta de representación entre los oficiales del gobierno y el interés del público. Contrariamente a los supuestos centrales de la teoría democrática, que asumía que unas instituciones representaban los intereses del pueblo, Dewey[11] argumentó que las prácticas y cambios complejos que surgieron después de la Primera Guerra Mundial llevaron al público a evolucionar y divergir de la relación directa con sus funcionarios y órganos representativos. Dewey observó como el público siempre se moviliza y evoluciona en torno a la politización de un "asunto" específico, que aparece de forma indirecta a partir de unos cambios en la sociedad sobre los que las instituciones no saben dar respuesta. Pensemos, por ejemplo, en las dudas, dilemas, normas, puestos de trabajo o infinidad de controversias que aparecieron después de la introducción del ferrocarril, el automóvil, las vacunas, la fisión nuclear, Internet o la Inteligencia Artificial.

---

10 John Dewey, *The Quest for Certainty: A Study of the Relation of Knowledge and Action* (Wokin: Unwin Brothers, 1930), 289.

11 *The Public & Its Problems* (Athens: Shallow Press Books, Ohio University Press, 1954).

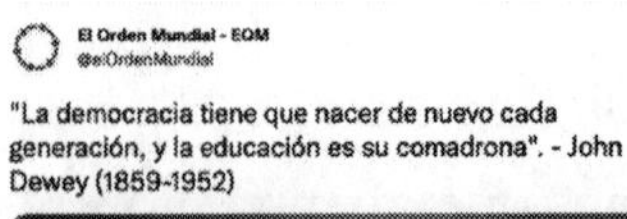

A partir de estas observaciones y en un contexto de auge del totalitarismo y jaque a la libertad y la democracia en Europa y Estados Unidos, Dewey fue influyente en pensar la democracia como una "forma de vida", como un proceso participativo que es fin y medio al mismo tiempo. "La democracia es la fe en que el proceso de la experiencia es más importante que cualquier resultado particular obtenido"[12], escribió. Dewey no compartía la idea de que la democracia debía estar liderada por instituciones o por un gobierno fuerte, por una burocracia rígida o simplemente basarse en unas elecciones cada cuatro años. Quería acercarla a la experiencia de la gente porque ésta evolucionaba en cada generación, en la cual despertaban nuevos intereses o se despejaban nuevas vistas. Dewey tenía fe en un proceso de interacción entre los seres humanos y su entorno, en compartir, discutir, organizarse y matizar las opiniones o los valores, e inventar y añadir así nuevas creencias. "La tarea de la democracia es, ahora y para siempre, la de la creación de una experiencia más libre y más humana en la que todos participemos y a la cual todos contribuyamos"[13].

Dewey creía que el proceso democrático enriquece y es educativo. De hecho, educación y democracia iban de la mano, entendidos los dos como procesos experimentales y colectivos. "Dado que el proceso de la experiencia puede ser un agente educativo, la fe en la democracia es una y la misma cosa que la fe en la experiencia y la educación"[14].

Hoy en día, fuera de debates filosóficos, Dewey es recordado sobre todo por su contribución a la creación de una nueva forma de educación que rechazaba el método tradicional en el que el profesor transmitía un conocimiento abstracto a los niños y niñas que lo interiorizaban a base de repetición y memorización. Para Dewey, la educación, como la democracia, era una forma de vida. En 1896 creó la Escuela Laboratorio de la Univer-

---

12 John Dewey, *La democracia como forma de vida*, Traducción, introducción y selección de textos de Diego Antonio Pineda Rivera (Bogotá: Pontificia Universidad Javeriana, 2017), 201.

13 Dewey, 202.

14 Dewey, 201.

sidad de Chicago, que se centraba en transmitir conocimientos concretos, aplicados, y experimentaba con métodos participativos e interactivos. Las infancias efectuaban actividades grupales y manualidades —aprendían a cocinar, por ejemplo— y así desarrollaban saberes y quehaceres. Su idea central era que el conocimiento es inseparable de lo que hacemos, de nuestra actividad social. La escuela fue un éxito rotundo, nacional e internacional, hasta el punto de que sus avanzados métodos se han convertido en clichés en los debates virtuales actuales (véase ilustración 3).

## *3. El camino hacia la verdad y lo útil*

Una de las contribuciones centrales de los filósofos pragmáticos fue relacionar la verdad con aquello que es valioso y útil en la práctica. Según James, una idea verdadera no era verdadera porque pudiera entenderse a través de la lógica o porque estuviera de acuerdo o representara a la realidad o a un ideal externo. No había ideas verdaderas o falsas en sí mismas. Una idea verdadera era aquella que funcionaba: "una idea es útil porque es verdadera" y "es verdadera porque es útil"[15]. ¿Y qué era lo útil? La utilidad de las ideas y las cosas (o la verdad) debían necesariamente verificarse a través de la experiencia, en lugar de deducirse o suponerse en abstracto, a priori: "verdadera es el nombre de cualquier idea que inicia el proceso de verificación, útil es el nombre de su función completa en la experiencia"[16]. Para James, un mapa era verdadero si nos había ayudado a navegar y llegar al destino; o para seguir con el ejemplo con el que hemos empezado, James creía verdadera la idea que ayudaría al grupo a resolver el dilema sobre la ardilla. En resumen, adquirimos conocimiento de lo que es cierto cada vez que llegamos a conclusiones que responden al problema inicial de investigación.

Nótese que, en el lenguaje coloquial, tomar una decisión pragmática significa una decisión que funcione (que es lo contrario de lo que sería tomar una decisión de acuerdo con un ideal normativo). Esto que intuitivamente decimos en nuestro día a día se ajusta a la perspectiva filosófica de los pragmáticos de valorar lo que es útil, pero, al mismo tiempo, obvia que lo útil sólo se puede conocer a través de su verificación práctica (es decir, lo que es útil no se puede saberse antes de tomar la decisión). Esto es importante, decisivo, porque vincular la verdad con aquello que debe veri-

---

15 James, *Pragmatism*, 98.

16 James, 98.

ficarse por la experiencia no hace sino complicar las cosas. El pragmatismo no busca la sencillez, sino que nos invita a ser valientes y tomar riesgos o abrazar la incertidumbre que envuelve a los procesos prácticos con tal de aprender constantemente.

Para los pragmáticos, la experiencia nunca era un proceso fácil ni previsible. "Lo que caracteriza a la actividad práctica", decía Dewey, "es la incerteza que la envuelve, que es tan inherente que no puede eliminarse"[17]. La clave para encontrar certezas era la experiencia colectiva, el proceso de interacción de buscar aquello que funciona o tiene valor en un contexto determinado en el espacio y el tiempo; y este camino siempre era sinuoso, azaroso y largo. E incluso cuando se logra llegar a un fin, a la resolución de un dilema o a una idea verdadera que nos permite avanzar, esta tendrá que reevaluarse nuevamente, pronto, a partir del diálogo con nuevas experiencias. Las certezas siempre son transitorias, conllevan consecuencias impredecibles y generan insólitas preguntas que conducirán a nuevas certezas. En palabras de Dewey: "Cuando actuamos abiertamente, aparecen las consecuencias; independientemente de si nos gustan o no, ahí siguen. Estamos enredados con el resultado de lo que hacemos; tenemos que afrontar sus consecuencias"[18].

"La búsqueda de la certeza", como tituló Dewey uno de sus libros, no debe entenderse como un proceso desolador en el que la verdad no existe y lo que encontramos hoy, lo perdemos mañana. Es más bien entender que la verdad es inseparable de lo que hacemos y logramos conjuntamente. Y las verdades y sus significados cambian a medida que los intereses cambian; a medida que nuevos objetos entran en el debate público o las nuevas generaciones tienen nuevos sueños. Así lo entendía Dewey: "La necesidad y el deseo —a partir de los cuales surgen el propósito y la dirección de la energía— van más allá de lo que existe y, por tanto, van más allá del conocimiento, de la ciencia. Estos abren continuamente el camino hacia un futuro aún no explorado y aún no alcanzado"[19].

---

17 Dewey, *The Quest for Certainty: A Study of the Relation of Knowledge and Action*, 10.

18 Dewey, 145.

19 Dewey, *La democracia*, 202.

## IV. EL PRAGMATISMO EN RELACIONES INTERNACIONALES: MÉTODOS ECLÉCTICOS, LA PRÁCTICA Y LAS NORMAS

Tras la muerte de Dewey en 1952, el pragmatismo filosófico quedó mudo. En 1955 se publicó una de las obras póstumas de Emile Durkheim, en la que criticaba el pragmatismo por su ataque a la razón y a la verdad. Durkheim captó el sentir generalizado de entonces: había miedo al relativismo, a la pérdida de valores y de certezas. No fue hasta los ochenta que el pragmatismo se revivió en diferentes disciplinas a través del trabajo de Richard Bernstein, Jürgen Habermas, Hilary Putnam y Richard Rorty, entre otros, y a través de los escritos de teóricos franceses como Pierre Bourdieu, Bruno Latour, Luc Boltanski y Laurent Thévenot. En la disciplina de Relaciones Internacionales, el pragmatismo ganó peso ya entrados en el siglo XXI y se ha utilizado desde entonces principalmente de dos formas: en los debates sobre metodología y en el énfasis en la práctica y las normas.

En primer lugar, el pragmatismo se ve como un método que rechaza la existencia de certezas absolutas o universales y está basado en un proceso continuo de investigación[20]. Este método empieza utilizando principios o conceptos ya conocidos, pero que no tiene miedo de replantear y cambiar para tratar de comprender nuevas preguntas o problemas a medida que surgen. En este sentido, es un método ecléctico que puede solucionar batallas entre diferentes teorías dentro de una misma disciplina, por ejemplo, entre el realismo o el liberalismo, o entre teorías estructuralistas y postestructuralistas[21]. Esto es posible porque el pragmatismo está abierto a utilizar cualquier teoría que funcione para explicar un problema en particular.

Por ejemplo, podríamos decir que las miradas realistas fueron útiles para entender la rivalidad y desconfianza entre Estados Unidos y la Unión Soviética durante los períodos más tensos de la Guerra Fría, y estas miradas alimentaron la carrera armamentística o las guerras proxy; mientras que el liberalismo fue importante para estudiar la relación entre desarrollo, democracia y paz y para entender la agenda de los programas de ayuda a

---

20 Friedrich Kratochwil, «Of False Promises and Good Bets: A Plea for a Pragmatic Approach to Theory Building (the Tartu Lecture)», *Journal of International Relations and Development* 10, n.º 1 (2007): 1-15.

21 Ulrich Franke y Ralph Weber, «At the Papini hotel: On Pragmatism in the Study of International Relations», *European Journal of International Relations* 18, n.º 4 (2011): 669-91.

los países en desarrollo que se multiplicaron durante los años noventa del siglo pasado; o también podríamos concordar que el constructivismo ayudó a comprender la importancia que dio la Unión Europea al poder normativo y a las normas para fortalecer la paz y la convivencia en Relaciones Internacionales. Al mismo tiempo, el pragmatismo nos ayuda a entender la simplificación y dualismo de estas perspectivas ortodoxas, que están escritas desde los centros de poder. Por esto, otras teorías como el feminismo son necesarias para revisar críticamente todos estos mismos procesos y destacar la insistencia en la militarización y el estadocentrismo, o señalar la hipocresía que representa pensar que la Unión Europea puede ser un ejemplo para otros.

En otras palabras, el pragmatismo es hostil a las lecturas duales, simplistas, categóricas y con aspiraciones universales que imperan en las teorías tradicionales de la disciplina[22]. Nos propone estar abiertos a revisar constantemente los postulados teóricos en los que confiamos y descartar su pureza epistemológica. Así nos impide casarnos con cualquier teoría y rechazar cualquier superioridad moral que podamos otorgar a una u a otra perspectiva. Así lo escribieron Harry Bauer y Elisabetta Brighi en la introducción de uno de los libros punteros en utilizar el pragmatismo en Relaciones Internacionales: "el pragmatismo puede desactivar las tensiones epistemológicas que han herido a las Relaciones Internacionales de las últimas décadas; no a partir de proponer soluciones que no existen sino desmitificando radicalmente su importancia"[23]. El pragmatismo apela al diálogo y a enfoques transdisciplinares que tan importantes son para desdibujar las líneas entre disciplinas y avanzar en los análisis de los asuntos globales[24]. Al mismo tiempo, se trata también de resolver contradicciones, hacer distinciones necesarias para comprender o averiguar puntos de encuentro entre posiciones aparentemente irreconciliables. El pragmatismo exige reflexión, vacilación, humildad y compromiso —porque no hay teoría mejor que otra, ni verdades para siempre.

---

22 Por ejemplo, Francis Fukuyama, *The end of history and the last man* (New York: Free Press, 1992); Samuel P. Huntington, «The Clash of Civilizations?», *Foreign Affairs* 72, n.º 3 (1993): 22-49.

23 Harry Bauer y Elisabetta Brighi, *Pragmatism in International Relations* (London and New York: Routledge, 2009).

24 Ursula Daxecker et al., «Introduction: Interdisciplinarity and the International Relations event horizon», *European Journal of International Relations* 26, n.º 1_suppl (2020): 3-13.

En segundo lugar, el pragmatismo ha ganado fuerza en la disciplina como un enfoque en sí mismo que busca dar cuenta de la realidad internacional a través del análisis de "la acción" y la "experiencia" de varios actores que interaccionan en un contexto determinado[25]. Podríamos resumir que el pragmatismo se propone estudiar las Relaciones Internacionales a través del análisis y la reflexión sobre la acción o las "prácticas" de los actores, así como de las "normas" que se constituyen[26]. Como veremos a continuación, las Relaciones Internacionales se han beneficiado del estudio de las prácticas y las normas, que tienen significado específico pero que a su vez son efímeras y evolucionan y permutan. Esta herencia del pragmatismo es importante para analizar eventos y procesos sin los riesgos que supone, por un lado, creer en certezas absolutas y atemporales o, por el otro, optar por el relativismo y nihilismo.

## *1. La práctica*

Desde los años 70, partiendo de los principios del pragmatismo, estudios en sociología y antropología han querido dar sentido a procesos complejos a través de la "práctica", es decir, a través de observar qué hacen los actores en las interacciones del día a día. Por ejemplo, Michel de Certeau estudió las prácticas cotidianas como forma de resistencia y de creatividad de los individuos frente a las estructuras sociales dominantes[27]. También Pierre Bourdieu avanzó en el debate entre el determinismo de la estructura social o de la agencia libre individual. Bourdieu teorizó sobre unas prácticas sociales que se reproducen y transforman en el tiempo a partir de las acciones y comportamientos de los individuos que están, al mismo tiempo, influidos por y afectan esquemas mentales y sociales[28].

De manera similar, orientados a entender las Relaciones Internacionales a través del análisis de las prácticas de los actores, los estudios pragmá-

---

[25] Kavi Joseph Abraham y Yehonatan Abramson, «A Pragmatist Vocation for International Relations: The (Global) Public and Its Problems», *European Journal of International Relations* 23, n.º 1 (2017): 26-48; Gunther Hellmann, «Pragmatism and International Relations», *International Studies Review* 11, n.º 3 (2009): 638-62.

[26] Friedrich Kratochwil, *Praxis: On Acting and Knowing* (Cambridge: Cambridge University Press, 2018).

[27] *The Practice of Everyday Life* (Berkley; Los Angeles: University of California Press, 1984).

[28] Pierre Bourdieu, *Bosquejo de una teoría de la práctica*, trad. Mónica Cristina Prado (Prometeo Libros, 2012).

ticos en esta disciplina evitan asumir de antemano cómo son los actores, cómo se comportan o qué lógica siguen. En vez de esto, describen los actores en redes de interacción complejas y en relación con su contexto social y natural y así narran procesos de continuidad o de cambio[29]. Por ejemplo, Vincent Pouliot demuestra como la práctica diaria de los diplomáticos sirve para producir un orden jerárquico de relaciones desiguales en organizaciones multilaterales como Naciones Unidas[30]. En una colección ejemplar, Alejandro Esguerra y Tobias Berger se fijan en los movimientos de gente, organizaciones internacionales, así como de bienes, servicios, o ideas, para captar una política internacional en constante "traducción"[31]. Para ellos, no hay nada fijo ni perene, sino objetos en relación, con interpretaciones, reinterpretaciones o malinterpretaciones, en un contexto sumamente incierto.

En este sentido, es importante ver que las prácticas de los actores son "enredos" que, con toda su fuerza material e ideacional, siempre tienen consecuencias impredecibles, que afectan a mucha gente[32]. Cualquier movimiento o narrativa, institución, discurso, iniciativa, decisión, política o norma tiene un impacto y genera resistencia o reacciones que requieren otras prácticas, que a su vez plantean otras preguntas y complicaciones de las que surgirán nuevas soluciones. Por ejemplo, los oficiales de Naciones Unidas en sus intervenciones en zonas de conflicto se enfrentan a menudo a situaciones complejas. Sus tareas de apoyo a la construcción de paz son tan importantes como de resultado incierto: generan aceptación y rechazo, sorprenden a unos e incomodan a otros, destilan frustración y esperanza al mismo tiempo, en un proceso laberíntico[33]. Para el pragmatismo, la práctica de la política internacional siempre es creativa y generadora de cambios

---

29 Christian Bueger y Frank Gadinger, *International Practice Theory: New Perspectives* (Basingstoke: Palgrave Macmillan, 2014), 2-4.

30 Vincent Pouliot, *International Pecking Orders: The Politics and Practice of Multilateral Diplomacy*, 1.ª ed. (Cambridge University Press, 2016).

31 Tobias Berger y Alejandro Esguerra, eds., *World Politics in Translation: Power, Relationality and Difference in Global Cooperation* (London: Routledge, 2018).

32 Debbie Lisle, «A Speculative Lexicon of Entanglement», *Millennium: Journal of International Studies* 49, n.º 3 (2021): 435-61; Ignasi Torrent, *Entangled Peace: UN Peacebuilding and the Limits of a Relational World* (Lanham: Rowman & Littlefield Publishers, 2021).

33 Pol Bargués, «Peacebuilding without peace? On how pragmatism complicates the practice of international intervention», *Review of International Studies* 46, n.º 2 (2020): 237-55.

y giros transformadores, que a veces son también cambios para peor o cambios para que todo siga igual[34].

## 2. *Las normas*

A partir del estudio del quehacer de los actores, el pragmatismo ha sido importante en la disciplina para fijarse en cómo se construyen las normas y cómo evolucionan en base a las relaciones de fuerza, las acciones, o las interpretaciones de los actores en coyunturas internacionales cambiantes. Jason Ralph, por ejemplo, nos cuenta el auge y fracaso de la norma de la Responsabilidad de Proteger[35]. Esta norma empezó a plantearse a finales de los años noventa a raíz de la falta de compromiso y respuesta internacional a las atrocidades que se cometieron contra la población en Bosnia y Ruanda. En esos momentos, Occidente dominaba los debates en el seno de Naciones Unidas y existía una opinión mayoritariamente favorable a las intervenciones humanitarias para proteger a otras sociedades de crímenes atroces y violaciones de derechos humanos. Pero cuando la norma se adoptó en 2005 y, sobre todo, a partir de la década de los 2010s, la comunidad internacional era mucho más plural —debido al declive de Occidente y al crecimiento de potencias como Rusia y China que también influyen en el debate público y preservan el poder de veto en el consejo de seguridad de la ONU. Esta pluralidad, cuenta Ralph, limitó la posibilidad de alcanzar acuerdos o impulsar acciones apropiadas para implementar la Responsabilidad de Proteger en crisis como la de Libia o Siria. Sin una evolución de la norma para adaptarse a un mundo multipolar con sensibilidades políticas diversas, concluye Ralph, la Responsabilidad de Proteger carece de sentido[36].

Para los pragmáticos las normas no están escritas o fijadas, sino que se construyen y a su vez sufren contestación, y se reinterpretan o rescriben a través de la práctica de los actores y los contextos en los que se desenvuelven. A diferencia de otros análisis que asumen que las normas limitan la

---

34 Frank Gadinger, «On Justification and Critique: Luc Boltanski's Pragmatic Sociology and International Relations», *International Political Sociology* 10, n.º 3 (2016): 187-205.

35 Jason Ralph, «What Should Be Done? Pragmatic Constructivist Ethics and the Responsibility to Protect», *International Organization* 72, n.º 1 (2018): 173-203.

36 Ralph; vease también, Christopher Hobson, «The Moral Untouchability of the Responsibility to Protect», *Journal of Intervention and Statebuilding* 16, n.º 3 (2022): 368-85.

agencia de los Estados o de los que piensan que las normas no importan en absoluto, Molly Cochran articula una teoría normativa de las Relaciones Internacionales de "fundamentos débiles" en la que todas las normas tienen un ancla provisional. Es decir, en lugar de creencias con bases sólidas, con validez a lo largo del tiempo y las culturas, Cochran argumenta que las normas o afirmaciones éticas son (y deben ser) "temporales y provisionales, [...] específicas al contexto, al tiempo y lugar en el que se ofrecen"[37]. Entonces, en su opinión, es posible obtener conclusiones éticas sólo en la medida en que se traten como "conclusiones contingentes" o "lugares de descanso temporales" que sirvan para resolver problemas puntuales para una comunidad concreta, admitiendo que las soluciones son falibles, revisables[38]. Esto es lo que se conoce como el "falibilismo", es la idea de admitir el carácter contextual y situado de la investigación. Cualquier creencia, certeza o conclusión que se derive de la investigación tiene un estado provisional, siempre abierto a nuevas consideraciones, correcciones y críticas.

Lo que une a los autores pragmáticos es la certeza de que no hay normas ni valores universales, inamovibles, o que estén separados de las prácticas de los actores[39]. Las Relaciones Internacionales deben estudiarse a partir del estudio de procesos concretos en el que actores diversos se relacionan con su entorno. Al centrarse en la práctica y la evolución de las normas, los estudios pragmáticos desmontan las dualidades que han marcado la visión más tradicional y dominante de la disciplina. Los estudios pragmáticos no se fijan en la estructura que determina a la agencia, ni en una agencia libre de toda estructura, sino que tratan de entender como agencia y estructura interaccionan y se transforman mutuamente[40]. Al mismo tiempo, no hay sujetos por un lado y objetos por el otro, sino complejas relaciones e interacciones entre ambos; los que intervienen en estas redes son, como diría Latour, "actantes" —agentes que incluyen personas, animales y cosas—[41]. A través de la observación de las prácticas, conoceremos un universo de hábitos, procedimientos, creencias, normas, valores e intereses de sociedades de actantes que evolucionan constantemente.

---

37 Molly Cochran, *Normative Theory in International Relations: A Pragmatic Approach* (Cambridge: Cambridge University Press, 2004), 16.

38 Cochran, 17-18.

39 Bauer y Brighi, *Pragmatism in International Relations.*

40 Simon Frankel Pratt et al., «Pragmatism in IR: The Prospects for Substantive Theorizing», *International Studies Review* 23, n.º 4 (2021): 1933-58.

41 Bruno Latour, *Reassembling the Social: An Introduction to Actor-Network-Theory* (Oxford: Oxford University Press, 2005).

## V. ESTUDIO DE CASO: ¿UN ESTUDIO DE ASUNTOS INTERNACIONALES PRAGMÁTICO?

El público siempre se forma y se organiza a partir de problemas a los que se quiere encontrar solución, escribió Dewey[42]. El reto para un estudio pragmático en Relaciones Internacionales es entonces empezar con la identificación de un problema en el contexto internacional que afecta a un colectivo y que pretende dar respuesta al problema. "*¿Cuál es el problema? ¿quién es el público?*" serían las dos primeras preguntas iniciales. Como modo de ejemplo, piense que el problema es la invasión rusa de Ucrania del 22 de febrero de 2022 y el público podría ser la Unión Europea —con toda su complejidad, sus Estados miembros, sus instituciones y gentes— que reacciona y pretende responder.

"*¿Cuál es la respuesta y cómo evoluciona el público?*" Podríamos argumentar que la Unión Europea se mantuvo en el primer año de conflicto firme tanto en su condena a Rusia y en la aplicación de sanciones económicas como en su apoyo militar y económico a Ucrania, o con la ayuda humanitaria y de gestión de la migración. Podríamos concretar más y analizar detenidamente cualquiera de estas respuestas y ver la evolución de este público. Por ejemplo, podríamos fijarnos en como la invasión fue un punto de inflexión para las políticas de defensa de los Estados miembros como Alemania, que cambió su política armamentística, o Finlandia, que pidió entrar en la OTAN y poner fin a su histórica neutralidad entre Rusia y Occidente; también podríamos centrarnos en como la mayoría de Estados miembros tuvieron una posición de acogida de migrantes ucranianos que dista de la acogida de migrantes en crisis anteriores con solicitantes de asilo procedentes de África u Oriente medio. Lo más interesante es ver como las respuestas a los problemas no forman parte de un proceso lineal, coherente, previsible, simple o claro, sino que

[42] Dewey, *The Public & Its Problems.*

es un proceso que está lleno de contradicciones y dificultades. Y de las respuestas saldrán nuevas preguntas y surgirán nuevas normas.

Finalmente, "*¿cuáles son las nuevas normas que emergen, cuáles son los nuevos problemas que se plantean?*" En otras palabras, "¿dónde está la esperanza, donde están los nuevos riesgos?" Para mandatarios de la Unión Europea como el Alto Representante de política y seguridad, Josep Borrell, la guerra de Ucrania fue "el despertar geopolítico de Europa"[43]. La esperanza de Borrell y la de muchos otros oficiales de Bruselas es que los Estados miembros se den cuenta de la importancia de una Unión Europea integrada y que pueda desarrollar una política exterior coherente, asertiva, ágil y rápida, como una superpotencia. Las ideas como las de una unión más "geopolítica" o la de "autonomía estratégica", que incide en la importancia de que la Unión Europea desarrolle soberanía en sectores estratégicos para no depender de terceros, ha ganado legitimidad desde el inicio del conflicto.

Al mismo tiempo, el estudio pragmático también debería analizar los riesgos de la militarización o las consecuencias inadvertidas a la versión más geopolítica de Europa. ¿Generarán un repliegue de la Unión Europea más preocupada por asegurar su defensa y sus fronteras que de la expresión de su poder normativo y su visión liberal que promueve la cooperación y el multilateralismo? ¿Qué políticas derivaran de estas ideas geopolíticas, de militarización y defensa, y que consecuencias tendrán para la seguridad humana en Europa y en los países intervenidos? El estudio pragmático podría también, como hizo la filósofa pragmática Jane Addams durante la primera Guerra Mundial, reflexionar sobre como la guerra, en lugar de resolver problemas, genera nuevos problemas y hace que los viejos sean aún más difíciles de solventar[44]. Y podemos plantearnos cómo trabajar para conquistar y sostener la paz, que, como dijo Addams, no es la ausencia de la guerra sino el cuidado mutuo, la solidaridad y el compromiso (véase ilustración 4).

---

43 Josep Borrell, «Europe in the Interregnum: our geopolitical awakening after Ukraine, Mar 2022», (Groupe d'études géopolitiques, 2022), https://geopolitique.eu/en/2022/03/24/europe-in-the-interregnum-our-geopolitical-awakening-after-ukraine/.

44 Jane Addams, «Patriotism and Pacifists in Wartime» (City Club Bulletin, Chicago, 6 de junio de 1917).

## VI. CONCLUSIÓN

Existe una tendencia generalizada a valorar lo que decimos o prometemos por encima de lo que hacemos. "Los políticos no cumplen con su palabra" advierten los ciudadanos decepcionados, mientras que los críticos académicos perciben lo mismo en cada debate de Relaciones Internacionales: los tratados de París para mitigar el cambio climático no se están cumpliendo por culpa del egoísmo de los Estados; las misiones para consolidar la paz fracasaron en su intento de implementar la paz; o las promesas de la Agenda de Mujer, Paz y Seguridad de las Naciones Unidas no han servido en la práctica para incorporar a muchas mujeres en decisiones políticas ni para responder a sus intereses y necesidades más básicas. Los discursos liberales dominantes —y algunas teorías críticas también— optan por valorar un marco normativo, las verdades últimas, y al hacerlo tienden a despreciar los procesos prácticos y las experiencias mundanas.

El pragmatismo nos invita a hacer justo lo contrario. En lugar de glorificar la teoría, ideales o normas, los pragmáticos nos animan a estar más abiertos a los descubrimientos que se suceden en el campo de la acción y, por lo tanto, a poder modificar el contenido de los fines y valores. Dewey reinterpretó que la práctica debía situarse en el centro para hacer avanzar a la humanidad: "Un idealismo de acción que se dedica a la creación de un futuro —en lugar de apostar por proposiciones sobre el pasado— es invencible". De Dewey y los demás pragmáticos, por lo tanto, heredamos la confianza de poder llegar al conocimiento a través de la práctica, apostando por hacer y diseñar, confiando en la inteligencia colectiva[45]. El legado del pragmatismo es el coraje de experimentar, recorrer y explorar este mundo sin apego a las normas o valores que funcionaron en el pasado. Esto transformaría una disciplina de Relaciones Internacionales en la que los discursos dominantes todavía están anclados en lógicas pretéritas.

¿Pero, y el riesgo de deshacerse de los principios? ¿Estamos dispuestos a vivir sin la esperanza de saber que estamos en lo cierto, o sin posibilidad de poder cumplir nuestras promesas? Al glorificar la práctica y la experiencia, existe el riesgo de que el pragmatismo engendre más desconfianza y escepticismo a una realidad internacional en plena deconstrucción, falta de confianza en instituciones y normas. Al mismo tiempo, muchas experien-

---

45 Jonathan Luke Austin y Anna Leander, «Designing-With/In World Politics: Manifestos for an International Political Design», *Political Anthropological Research on International Social Sciences* 2, n.º 1 (2021): 83-154.

cias son erráticas y cualquier proceso colectivo genera riesgos de fracaso o de acelerar el enfrentamiento y el naufragio. Pero incluso ante todos estos riesgos, ante la concatenación de errores y fracasos que supondría empezar procesos sin principios, el pragmatismo nos exige desconfiar de aquello que tenemos para seguir buscando, adaptando y transformándolo. De pronto en medio de la niebla se divisa un horizonte nuevo.

## VII. RECOMENDACIONES

- Para un artículo reflexivo sobre conceptos relacionados con el pragmatismo y teorías críticas contemporáneas en RRII, véase:

  Lisle, Debbie. «A Speculative Lexicon of Entanglement». *Millennium: Journal of International Studies* 49, n.º 3 (2021): 435-61.

- Para un libro que recoge la biografía y pensamiento de los filósofos pragmáticos, véase:

  Menand, Louis. *The Metaphysical Club: A Story of Ideas in America.* New York, NY: Farrar, Straus and Giroux, 2001.

- Para un foro que reflexiona sobre las contribuciones del pragmatismo en RRII, véase:

  Pratt, Simon Frankel, Sebastian Schmidt, Deborah Avant, Molly Cochran, Patrick Thaddeus Jackson, Henry Farrell, Jack Knight, y Gunther Hellmann. «Pragmatism in IR: The Prospects for Substantive Theorizing». *International Studies Review* 23, n.º 4 (2021): 1933-58.

- Para un artículo que aplica el pragmatismo a un caso práctico, véase:

  Ralph, Jason. «What Should Be Done? Pragmatic Constructivist Ethics and the Responsibility to Protect». *International Organization* 72, n.º 1 (2018): 173-203.

Películas que reflexionan sobre la conceptualización de la verdad son Origen, dirigida por Christopher Nolan (2010), de ciencia ficción, y *Delitos y faltas*, de Woody Allen, una comedia.

# *Capítulo 14*
# ***Realismo Crítico***

**JONATHAN JOSEPH***

## I. CONTEXTO HISTÓRICO DE SURGIMIENTO

El Realismo Crítico surgió como filosofía de las ciencias sociales a principios de la década de 1970. Asociado a la obra de Roy Bhaskar, se dirigió por primera vez a las ciencias naturales a través de su libro *A Realist Theory of Science*[1] una obra que examina las condiciones generales de posibilidad de la inteligibilidad de la ciencia a partir de la práctica de los científicos. Defiende la opinión de que las prácticas y la historia de la ciencia demuestran que existe una realidad inteligible que está abierta a la investigación. El siguiente libro de Bhaskar, *The Possibility of Naturalism*[2], aplica estos argumentos al mundo social y defiende el naturalismo crítico, es decir, la creencia de que es posible estudiar el mundo social de forma similar a como estudiaríamos el mundo natural (naturalismo), al tiempo que defiende una hermenéutica crítica, es decir, una distinción cualificada del mundo social.

En relación con otras filosofías de las ciencias sociales, lo "crítico" en el realismo crítico significa rechazar la idea, como ocurre en la tradición positivista, de que existe una "correspondencia" idéntica o no problemática entre los métodos de las ciencias sociales y naturales, pero también resistirse a la visión constructivista de que existe una separación absoluta entre ambos ámbitos. El término crítico implica que es necesario hacer importantes matizaciones al enfoque naturalista. Sin embargo, la posición naturalista crítica también implica una serie de perspectivas comunes que vinculan las ciencias sociales y naturales, y son ellas las que proporcionan el punto de partida para un enfoque realista crítico. Ante todo, el realismo subraya la separación entre pensamiento y ser y la primacía del ser sobre

---

* Profesor de Política y Relaciones Internacionales en la Universidad de Bristol (Reino Unido).

1 Bhaskar, Roy *A Realist Theory of Science* (Hassocks: Harvester Press 1987).

2 Bhaskar, Roy, *The Possibility of Naturalism* (Hassocks: Harvester Wheatsheaf, 1989a).

el pensamiento o de lo ontológico sobre lo epistemológico (teoría del ser sobre teoría del conocimiento).

El argumento de Bhaskar es el del realismo trascendental. Esto contrasta con el enfoque kantiano del idealismo trascendental. La pregunta trascendental de Kant es: ¿cómo debe ser la mente para que sea posible el conocimiento significativo? Su respuesta —que la mente debe estar estructurada de una determinada manera de acuerdo con ciertas categorías que producen conocimiento inteligible. La pregunta trascendental de Bhaskar es: ¿cómo debe ser el *mundo* para que sea posible un conocimiento significativo? Su respuesta es que el propio mundo debe estar estructurado de una determinada manera que lo haga inteligible y abierto a la investigación. Esta estructuración e inteligibilidad es, de hecho, asumida por las prácticas reales de los científicos y muestra que la realidad tiene ciertas estructuras, procesos y mecanismos relativamente duraderos.

La combinación de naturalismo crítico, hermenéutica crítica y realismo trascendental lleva a la adopción de la etiqueta realismo crítico para identificar esta posición en evolución. En las décadas de 1980 y 1990, esto también encaja perfectamente con el compromiso evolutivo de Bhaskar con teorías radicales como el marxismo y su interés por la crítica emancipadora o la idea de que la comprensión de un proceso social podría conducir a una evaluación del mismo en relación con cómo afecta al comportamiento y las necesidades humanas[3].

El realismo crítico también desarrolló una posición distintiva sobre la cuestión estructura-agencia y fue esto, junto con los argumentos a favor de una ciencia social no positivista, lo que atrajo la atención de Alexander Wendt[4], quien llevó estos debates a las Relaciones Internacionales. Entre los trabajos posteriores se encuentran los de Dessler[5], Wight y Patomaki[6],

---

3 Bhaskar, Roy, *Reclaiming Reality: A Critical Introduction to Contemporary Philosophy*, (Londres: Verso 1989b).

4 Wendt, Alexander, *Social Theory of International Relations*, Cambridge: Cambridge University Press, 1987).

5 Dessler, David, "What's at stake in the Agent-Structure Debate?", *International Organization*, 43, nº 3 (1989): 441-473.

6 Patomaki, Heikki y Wight, Colin, " After Postpositivism? The Promises of Critical Realism", *International Studies Quarterly*, 44, nº 2 (2000): 213-237.

Wight[7], Kurki[8] y Wight y Joseph[9]. A continuación se analizan en primer lugar los argumentos generales a favor del realismo crítico, seguidos del desarrollo del realismo crítico en las RRII. A continuación, examinaremos más específicamente su relación con los recientes debates sobre el papel de la teoría y la metateoría en las RRII.

## II. POSTULADOS GENERALES, PRINCIPALES AUTORES Y PRINCIPALES CATEGORÍAS EXPLICATIVAS

El punto de partida de cualquier forma de realismo filosófico es la creencia en la existencia de un mundo independiente del conocimiento que tenemos de él. Durante muchos años, esto ha sido objeto de críticas por parte del constructivismo y el postestructuralismo y, más recientemente, es objeto de críticas renovadas por parte de los pragmatistas, los teóricos de la complejidad, los teóricos de la práctica y los teóricos de las redes de actores. Para el realismo crítico, todos estos enfoques tienen en común la tendencia a confundir el mundo en sí con el conocimiento que tenemos de él. Por el contrario, el positivismo afirma la existencia independiente del mundo, pero reduce nuestro conocimiento del mismo a modelos simplificados o identificaciones de regularidades, una especie de realismo empírico. De hecho, lo que los «nuevos» enfoques comparten con el positivismo es una forma de empirismo ingenuo que niega la necesidad de abstracción conceptual o filosófica, independientemente de lo complejo que se considere el mundo. Por el contrario, el realismo crítico considera que el conocimiento tiene sentido precisamente por su relación con algo que está ahí fuera, en el mundo. De hecho, las distintas posturas antes mencionadas sólo pueden entenderse adecuadamente una vez que se reconoce que están disputando la naturaleza del mundo en sí, no sólo el conocimiento que tenemos de él.

Para desarrollar la distinción entre epistemología y ontología, Bhaskar emplea los términos transitivo e intransitivo. Nuestro conocimiento del

---

7 Wight, Colin, *Agents, Structures and International Relations: Politics as Ontology*, Cambridge: Cambridge University Press, 2006).

8 Kurki, Milja, *Causation in International Relations: Reclaiming Causal Analysis.* (Cambridge: Cambridge University Press, 2008).

9 Wight, Colin y Jonathan Joseph, "Scientific Realism and International Relations" en Jonathan Joseph y Colin Wight (eds.) *Scientific Realism and International Relations*, (Basingstoke: Palgrave, 2010).

mundo se describe como transitivo y se plasma activamente en un conjunto de teorías que forman una especie de materia prima para la práctica científica. El conocimiento transitivo corresponde al conocimiento ya establecido que se utiliza para generar nuevo conocimiento. Esto incluye teorías establecidas, modelos, métodos, hechos, etc[10]. La práctica de la ciencia, aunque estudia un mundo intransitivo que existe independientemente, produce un objeto de conocimiento transitivo. Por el contrario, lo intransitivo es aquello que la ciencia pretende estudiar. Los objetos de conocimiento intransitivos son aquellas estructuras, relaciones, procesos y mecanismos generativos que existen independientemente del conocimiento que tenemos de ellos, en un estado relativamente duradero. Al contrario de lo que argumentan los constructivistas en las RRII y en otros ámbitos, cambiar nuestra comprensión de estas cosas intransitivas no conduce necesariamente a un cambio en las cosas mismas.

Por tanto, mientras que la ciencia es un proceso transitivo con un conocimiento antecedente que depende de la actividad humana, sus objetos son objetos intransitivos que no dependen de ninguna de las dos. Como dice Bhaskar: Los objetos intransitivos del conocimiento son en general invariables a nuestro conocimiento de ellos; son las cosas y estructuras reales, mecanismos y procesos, acontecimientos y posibilidades del mundo; y en su mayor parte son bastante independientes de nosotros… Son los objetos intransitivos, independientes de la ciencia, del descubrimiento y la investigación científicos[11]. Lo intransitivo, ya sea natural o social, es en gran medida un mundo transfactual compuesto por estructuras y mecanismos relativamente duraderos. Es esta naturaleza relativamente duradera, independiente e intransitiva de los mundos social y natural lo que hace posible la práctica científica, ya que de otro modo la ciencia sería simplemente un juego de diferentes discursos sin conexión necesaria entre ellos y algo más allá de ellos. La identificación de las leyes y relaciones científicas depende de la transfactualidad relativamente duradera del ámbito intransitivo.

El realismo crítico nos dice que si el conocimiento tiene sentido y, de hecho, si las disputas han de tener algún significado, entonces deben ser sobre algo más que la mera comprensión, y que es el propio mundo o el mundo más allá, en lugar del marco epistemológico, lo que en última instancia es la base del conocimiento significativo. El realismo crítico se pregunta qué debe haber en el mundo para que el conocimiento sea po-

---

10 Bhaskar, *A Realist Theory of Science*, 21.

11 Ibid., 22.

sible. Este realismo trascendental (¿cómo debe ser el mundo dado el tipo de conocimiento que tenemos de él?) nos libera de la circularidad viciosa de los planteamientos epistemológicos o de aquellos puntos de vista que proclaman «prácticas hasta el final». De hecho, se consideraría que estas últimas hacen una afirmación significativa (y errónea) sobre la naturaleza del mundo. La posición realista nos libera así de la falacia epistemológica que comparten los planteamientos constructivistas y positivistas de reducir el mundo real al conocimiento que tenemos de él.

Esto nos devuelve al argumento ontológico de que, dado que la investigación científica es inteligible, esto presupone que el mundo está estructurado de una determinada manera y que estas estructuras procesos y mecanismos son posibles objetos de conocimiento abiertos a la investigación científica. Es el hecho de que el mundo esté estructurado y ordenado lo que hace posible la ciencia y confiere a este conocimiento científico, a su vez, un carácter estructurado e inteligible. Esta posición tiene consecuencias radicales para cualquier teoría de la ciencia. Hay que distinguir entre la identificación transitiva de las leyes causales y los propios mecanismos causales intransitivos. Por ejemplo, es necesario distinguir entre la teoría de la ley de la gravedad y la existencia de esta «ley» en la propia naturaleza. En el mundo social también hay que distinguir entre nuestra explicación social transitiva y el mecanismo real o intransitivo, así, por ejemplo, hay que distinguir entre la teoría marxista que aísla la tendencia a la baja de la tasa de beneficio y los mecanismos económicos reales que pueden confirmar o no esta teoría. La ciencia debe estudiar estos mecanismos y estructuras y tratar de producir una explicación plausible de los mismos. Esto contrasta con las teorías positivistas o pragmatistas que se basan en la identificación de un patrón de acontecimientos o invariancias empíricas y que, en consecuencia, no identifican adecuadamente las estructuras y mecanismos causales más profundos que generan estos acontecimientos.

El realismo crítico defiende que el análisis causal es esencial para comprender el mundo. Sin embargo, éste no es el tipo de enfoque causal que entiende la corriente dominante de las RRII. Una vez más, la posición realista crítica se explica mejor en términos de su oposición a los puntos de vista constructivista y positivista por igual. En el caso del constructivismo, se tiende a rechazar el análisis causal en favor del análisis «constitutivo» sin reconocer (siguiendo a Aristóteles) que la forma en que se constituyen las cosas es en sí misma una forma de causalidad. Irónicamente, constructivistas y positivistas comparten una estrecha comprensión de la causalidad como la conjunción constante de acontecimientos por la que se dice que el acontecimiento empírico A causa o corresponde al acontecimiento empírico

B. La diferencia es que los positivistas adoptan este enfoque, mientras que los constructivistas aceptan la definición de causalidad y, basándose en esta estrecha comprensión, rechazan la causalidad por completo. En otras palabras, el rechazo constructivista de la causalidad se basa en la aceptación de una estrecha visión positivista de lo que es la causalidad. Por el contrario, los realistas críticos como Kurki[12] presentan una visión más rica de la causalidad. En su opinión, existen diversas formas de causalidad y, en última instancia, deberíamos ir más allá de los resultados empíricos, como «si A, entonces B», y tratar de identificar los mecanismos generativos subyacentes que podrían producir una serie más compleja de resultados causales. Estos mecanismos residen en las propiedades de las cosas mismas, así como en tendencias que pueden o no ejercerse en diversas condiciones diferentes[13]. Los positivistas reducen esos mecanismos causales a su ejercicio, mientras que los realistas críticos consideran que la causalidad está complejamente sobredeterminada y es irreductible a lo actualizado o a lo experimentado.

Esto enlaza con otra característica del realismo crítico: su defensa de una ontología estratificada. La realidad se entiende como un conjunto de capas complejas superpuestas. Éstas tienen sus propias propiedades y características distintivas, pero forman parte de un todo que interactúa. Hay capas más profundas y subyacentes que producen efectos causales en niveles superiores. Bhaskar capta esto a través de su distinción entre lo empírico, lo actual y lo real[14]. Mientras que lo empírico se refiere a lo que podemos observar, y lo real a la ocurrencia de sucesos, lo real apunta a los poderes y responsabilidades reales de las cosas que pueden o no manifestarse como sucesos reales o sucesos empíricos.

El mundo real, en lugar de ser una serie de conjunciones constantes, se compone de diversas estructuras y mecanismos causales que interactúan y se contrarrestan y que existen independientemente de nuestras observaciones. Reducir la complejidad del mundo a una serie de conjunciones constantes, como hace el actualismo, es reducir el mundo a una comprensión simplificada basada en la observación. Con ello se pierde de vista por qué es necesaria la experimentación científica. Prácticas como el cierre científico son necesarias precisamente porque las conjunciones constantes no se producen fácilmente en los dominios sociales y naturales abiertos y complejos. Por ello, el enfoque realista crítico insiste en la necesidad de

---

[12] Kurki, Milja, *Causation in International Relations.*

[13] Bhaskar, Roy, *The Possibility of Naturalism*, 14.

[14] Ibid., 56.

ir más allá de las regularidades, experiencias y acontecimientos y estudiar las estructuras causales subyacentes y los mecanismos generativos que las producen. En los sistemas abiertos, un gran número de estas estructuras y mecanismos operan conjuntamente y determinan las cosas en diversas combinaciones, lo que confiere al mundo un carácter multicapa. El realismo crítico lo reconoce en su noción de profundidad ontológica. Intenta pasar de un nivel de explicación a otro subyacente. Una vez descrito un estrato de la realidad, el siguiente paso consiste en examinar qué mecanismos subyacen a ese nivel o se entrecruzan con él. Se trata de un enfoque radical centrado en los procesos de emergencia y cambio. El mundo se considera estratificado en el sentido de que estas estructuras y mecanismos están ordenados de una determinada manera.

En lugar de un enfoque de «niveles de análisis», como podría encontrarse en la corriente dominante de las RRII, el realismo crítico abogaría por un enfoque emergente que considera que los fenómenos internacionales tienen cualidades distintivas, pero también emergen de condiciones sociales particulares. Los «niveles inferiores» de los que surgen las cosas proporcionan las condiciones necesarias de posibilidad, como los recursos físicos o culturales, pero los «niveles superiores» no pueden reducirse a estas condiciones. El mundo natural se entiende así desde hace mucho tiempo: es evidente que el H2O depende del hidrógeno y el oxígeno para existir, pero sus propiedades son claramente distintas e irreductibles a las de sus componentes. Del mismo modo, los procesos políticos pueden depender de determinadas relaciones económicas que contribuyen a constituirlos (causalmente), pero no pueden reducirse a éstas y, contrariamente a las explicaciones reduccionistas, tienen su propia dinámica específica.

El hecho de que el realismo crítico destaque la naturaleza estratificada de la realidad apunta a un compromiso de ver el mundo de una determinada manera que lo considera inteligible y abierto a la investigación. Aunque considera que el mundo es independiente del conocimiento que tenemos de él, este punto de vista, en lugar de seguir el camino postestructuralista de considerar que sólo el conocimiento es significativo y que el mundo en sí carece de sentido, adopta el enfoque de que el significado del conocimiento depende del significado de aquello sobre lo que trata el conocimiento. En contraste con el constructivismo, el conocimiento no es simplemente el producto de las prácticas humanas, sino la forma en que estas prácticas se sitúan en relación con estructuras más profundas. Esto presupone la creencia en relaciones duraderas que pueden investigarse de forma inteligible. Partiendo de la idea de que las prácticas de los científicos son inteligibles, podemos tomar nota de cómo funciona la ciencia natural mediante la presunción de procesos naturales perdurables y mecanismos causales. A su vez, el mundo social debería considerarse relativamente duradero, pero con importantes salvedades.

El realismo crítico cree en el carácter duradero de las relaciones sociales. Sin embargo, a diferencia de las estructuras naturales, las estructuras sociales no existen independientemente de las actividades que rigen. Las estructuras sociales tampoco son independientes de la concepción que los agentes tienen de sus actividades, aunque esta actividad intencionada pueda tener consecuencias inconscientes o involuntarias (de reproducción/elaboración estructural). Las estructuras sociales, a diferencia de las naturales, sólo son relativamente duraderas. Su existencia está «amarrada espaciotemporalmente» y «reproducida, distanciada y transformada geohistóricamente»[15].

El realismo crítico adopta un enfoque pluralista de los métodos de investigación. Aunque es probable que la mayoría de los académicos de las RRII apoyen un enfoque de métodos mixtos, la justificación para ello no suele quedar explícitamente clara. En lo que respecta a la división racionalista-reflexivista en las RRII, podría decirse que ambos cometen la falacia epistémica de reducir el mundo real al conocimiento que tenemos de él gracias a los métodos empíricos. La tendencia actual no es cuestionar la primacía de los métodos, sino el enfoque positivista centrado en los datos cuantitativos. Un enfoque realista crítico cuestiona la primacía de los métodos en las RRII, ya sean racionalistas o reflexionistas, y sugiere en su lugar que los métodos (más que las teorías) deberían entenderse mejor como la «caja de herramientas» con la que los científicos adquieren conocimiento del mundo. El carácter inobservable de las estructuras sociales y los mecanismos generativos significa que la abstracción teórica y el análisis conceptual son también partes esenciales del proceso científico. Los distintos métodos pueden ayudar a revelar diferentes aspectos del mundo social, por lo que deben elegirse en función de su idoneidad y adecuación a los argumentos conceptuales sobre la naturaleza de los procesos que ayudan a investigar.

Bhaskar defiende una combinación de realismo ontológico, relativismo epistémico y racionalismo sentencioso. El realismo ontológico apoya la opinión de que el mundo real es independiente de nuestro conocimiento. El relativismo epistémico reconoce que esta independencia significa que no hay garantía de que nuestro conocimiento transitivo se corresponda

15 Bhaskar, Roy, *The Possibility of Naturalism*, 75.

con la forma en que las cosas son en realidad. Sin embargo, a diferencia del relativismo postestructuralista, el realismo crítico sostiene que sigue habiendo motivos racionales para preferir unas explicaciones a otras. Esto tiene su origen no en la naturaleza del conocimiento, sino en la naturaleza del mundo sobre el que versa dicho conocimiento. El racionalismo crítico implica que hay buenas razones para preferir unas explicaciones a otras en su intento de explicar lo que ocurre «ahí fuera».

Al igual que el constructivismo, el realismo crítico reconoce que el conocimiento está influido por factores sociales, históricos e ideológicos. En consecuencia, el realismo crítico aboga por la relatividad epistémica, es decir, por la inexistencia de una verdad garantizada o única. Pero esto es ser relativista sobre el objeto transitivo, no sobre el intransitivo. Es reconocer que no tenemos acceso garantizado a la verdad, que el conocimiento se construye socialmente y que no hay correspondencia directa entre el conocimiento y su objeto. Sin embargo, el realismo crítico se opone al relativismo sentencioso o a la opinión, defendida por las formas posmodernistas de relativismo, de que no hay motivos racionales para preferir una creencia a otra y que, en esencia, todas las creencias son igualmente válidas. Aunque es correcto afirmar que no existe una correspondencia directa entre el conocimiento y los objetos de conocimiento que existen de forma independiente (relativismo epistémico), es necesario afirmar que no todas las teorías son iguales y que debemos emitir juicios sobre qué teorías y explicaciones son mejores que otras en función de su adecuación explicativa (racionalidad de juicio).

Por último, aunque el realismo crítico se opone a la postura ontológica adoptada por las posturas postestructuralistas, existen algunos fuertes paralelismos con ciertos argumentos epistemológicos. El realismo crítico posterior de Bhaskar[16] desarrolla una fuerte crítica al «presentismo» o a las concepciones puramente positivas de la realidad que ignoran su incertidumbre y contradicciones subyacentes. Esta crítica puede dirigirse claramente contra los planteamientos racionalistas de las relaciones internacionales y su fijación en lo real más que en lo posible. Este enfoque es compatible con la crítica de Adorno al pensamiento identitario y, por tanto, complementario con la crítica de la teoría crítica a los enfoques de «resolución de problemas», que apoyan el statu quo tomando las cosas «tal como son». Esto es compatible no sólo con la crítica anterior de Bhaskar al actualismo, sino también con la teoría crítica y, de hecho, con la deconstrucción de Derrida

---

16 Bhaskar, Roy, *Dialectic: The Pulse of Freedom*, (Londes: Verso 1993).

y su crítica de la presencia[17]. De hecho, el planteamiento de Bhaskar puede ofrecer una crítica de la «metafísica» del positivismo y es compatible con muchas de las ideas de la deconstrucción sin caer en la (anti) «metafísica» del postestructuralismo ni en evasiones ontológicas.

## III. DESARROLLO DE LA TEORÍA Y SUS DIFERENTES VERTIENTES

A mediados de la década de 1980, las relaciones internacionales (RI) entraron en lo que se conoce como su fase pospositivista. Muchos de los principales debates teóricos que han tenido lugar desde entonces se han basado en la preocupación por reconsiderar la mejor manera de investigar los fenómenos internacionales. En el centro de muchos de estos debates había, y sigue habiendo, una profunda insatisfacción con el modelo positivista de las RRII. Entre los enfoques pospositivistas, el realismo crítico ha tenido una influencia significativa, aunque normalmente no reconocida, en la disciplina, debido a su papel en la versión del constructivismo de Wendt, que utiliza el realismo crítico para defender la ciencia al tiempo que bloquea ciertas tendencias positivistas. Sin embargo, es erróneo pensar que puede haber una alternativa realista crítica distintiva a los enfoques dominantes de las RRII, como el neorrealismo y el neoliberalismo. El realismo crítico simplemente no se compromete a ese nivel y no intenta convertirse en una teoría de las RRII. Como filosofía subyacente, no hay razón por la que el realismo crítico no pueda utilizarse para apoyar una serie de teorías sustantivas de las RRII. Pero no puede sostenerlas todas y algunas teorías de las RRII no son compatibles con este enfoque realista.

El realismo crítico, a diferencia de las distintas teorías de las RRII, es una filosofía, no una teoría, que produce afirmaciones de segundo orden, conceptuales o metateóricas. Aunque no es una teoría de las RRII por derecho propio, puede criticar algunos de los supuestos de las distintas teorías examinando sus fundamentos filosóficos, al tiempo que ofrece apoyo a las teorías alternativas reforzando sus afirmaciones ontológicas y epistemológicas. El realismo crítico es útil para quienes desean estudiar las RRII en el sentido de que puede ofrecer una crítica de los fundamentos filosóficos de las posiciones teóricas dominantes y señalar el modo en que los supues-

---

17 Derrida, Jacques, *Of Grammatology*, (Baltimore: The Johns Hopkins University Press 1974), 49.

tos de estas teorías frenan un análisis adecuado, especialmente en lo que se refiere a las relaciones de poder, la explotación de las desigualdades y otras cuestiones.

Por ejemplo, la Teoría de la Política Internacional de Waltz parte claramente de supuestos de naturaleza positivista según los cuales las leyes científicas se basan en las relaciones entre variables del tipo si a entonces b con probabilidad x[18]. Waltz añade que las teorías difieren de las leyes en que muestran por qué se obtienen estas asociaciones; en otras palabras, las teorías explican las leyes[19]. Las consecuencias ontológicas de los puntos de vista de Waltz pueden encontrarse en las conocidas afirmaciones de que «la textura de la política internacional permanece muy constante, los patrones se repiten y los acontecimientos se repiten sin cesar... El carácter anárquico perdurable de la política internacional explica la sorprendente uniformidad de la calidad de la vida internacional a lo largo de los milenios»[20]. Al igual que otros positivistas, Waltz asume que los Estados son las unidades básicas y que la «estructura» está formada por las relaciones externas entre las unidades. Por mucho que se diga que hay que centrarse en la relación de la unidad con la estructura y no en las interacciones entre las unidades, la estructura no es en última instancia más que precisamente esas interacciones. Para Waltz, las cuestiones estructurales se refieren a la organización de las partes de un sistema. En el sistema internacional se dice que cada parte es formalmente igual a otra[21]. El efecto de este análisis es típico de cualquier enfoque positivista, es decir, naturalizar una visión reificada del mundo social (en este caso, su sistema internacional) y ocultar las estructuras más profundas del sistema internacional centrándose en las relaciones recurrentes entre unidades formalmente iguales. Esto no puede decirnos nada sobre la especificidad de las relaciones Norte-Sur, por ejemplo, ni sobre las razones por las que dichas relaciones son explotadoras. Para ello, tendríamos que ir a las condiciones subyacentes que generan las relaciones desiguales entre Norte y Sur, algo que los enfoques positivistas descartan. Para Waltz, la política internacional consiste en descubrir y explicar regularidades de tipo legal[22].

---

18 Waltz, Kenneth, *Theory of International Politics* (Reading, MA: Addison-Wesley 1979), 1.

19 Ibid., 6.

20 Ibid., 6.

21 Ibid., 88.

22 Ibid.,116.

Incluso si aceptáramos el argumento sobre las regularidades similares a leyes (que no deberíamos), no hay posibilidad de concebir ningún proceso subyacente que las produzca. Dicho en términos de realismo crítico, Waltz adopta una filosofía que se centra en el nivel de los acontecimientos, pero ignora el nivel de lo real: las estructuras sociales inobservables, los procesos causales y los mecanismos generativos que producen los acontecimientos. A menos que la teoría de las RRII preste atención al nivel de las estructuras subyacentes, hay pocas posibilidades de descubrir las razones por las que las relaciones Norte-Sur adoptan la forma desigual que adoptan. Las implicaciones ontológicas de los supuestos positivistas pueden verse en la mayoría de los aspectos de las teorías realistas, neorrealistas y otras teorías «racionalistas» de las RRII, que se basan en supuestos positivistas sobre actores unitarios (Estados) que adoptan un comportamiento racional y se relacionan entre sí según un modelo de interacción de bola de billar, que hace hincapié en las conexiones externas que producen regularidades y resultados predecibles. El resultado es una ontología social reificada que excluye las estructuras subyacentes, los mecanismos causales o los procesos constitutivos. En otras palabras, las mismas cosas que podrían explicar la naturaleza de las RRII y llegar a la base explotadora subyacente (en relación con el sistema capitalista internacional) ya están excluidas del análisis.

Como alternativa, el realismo crítico puede aportar una comprensión más clara de las implicaciones ontológicas del positivismo y otras posturas filosóficas, algo que a menudo se niega o se oscurece en los trabajos dominantes. Es habitual considerar estas cuestiones como «metodológicas», como en el caso del Segundo Debate, cuando en realidad tienen importantes implicaciones ontológicas sobre cómo es el mundo en sí (y cómo debe estudiarse). A menudo, los teóricos de las RRII hablan del positivismo como si se tratara simplemente de una metodología que se utiliza para analizar el mundo, en lugar de tener sus propios supuestos ontológicos sobre cómo es el mundo en sí. Por lo tanto, el positivismo es más que una epistemología o una metodología; es una postura filosófica que hace suposiciones ontológicas sobre el mundo como compuesto de patrones y regularidades que pueden «revelarse» fácilmente con la metodología correcta[23].

El principal error de los enfoques alternativos dentro de las RRII —ya sean constructivistas, de teoría crítica o posestructuralistas— es negar la distinción entre la realidad y nuestras ideas sobre ella. De hecho, incluso

---

23 Joseph, Jonathan, "Philosophy in International Relations: A Scientific Realist Approach', *Millennium: Journal of International Studies*, 35, nº 2 (2007): 345-359, 349.

los positivistas, por mucho que hablen de una realidad objetiva, cometen la falacia epistémica de confundir su propia identificación de leyes científicas (transitivas) con los procesos reales intransitivos que intentan explicar. Dicho esto, el conocimiento se produce en un contexto social que influye en él y le da forma. Esto resulta especialmente claro en la disciplina de las RRII, dado el modo en que el contexto sociohistórico de la Guerra Fría ha modelado la manera en que se han planteado y abordado los problemas de las RRII. Las teorías son producto de la misma sociedad que pretenden explicar. Esto no significa que debamos abandonar los intentos de explicación porque estén históricamente condicionados, sino que debemos esforzarnos por lograr la adecuación explicativa o la mejor explicación posible. Esto incluiría explicar por qué ciertas teorías, como el neorrealismo, llegan a dominar el pensamiento durante determinados periodos históricos, y cómo las teorías alternativas pueden ofrecer una mejor explicación de las condiciones reales y dar cuenta del modo en que estas condiciones influyen en las explicaciones alternativas.

El naturalismo crítico sostiene que el mundo social puede estudiarse de forma similar al mundo natural y que, por tanto, las ciencias sociales son una práctica tan válida como las ciencias naturales. Sin embargo, Bhaskar esboza tres diferencias importantes[24]. Fundadas en las relaciones sociales, las estructuras sociales son ontológicamente diferentes de las naturales en el sentido de que dependen de la praxis y del concepto. Es decir, que las estructuras sociales, a diferencia de las naturales, dependen tanto de la actividad humana como de algún tipo de concepción humana de esa actividad. Esta postura adopta una especie de constructivismo crítico. El hecho de que las estructuras sociales dependan de la praxis y del concepto significa que los objetos de las ciencias sociales son de naturaleza social e histórica, mucho más específicos y dependientes del contexto que los objetos de las ciencias naturales. Los objetos de las ciencias sociales pueden ser jurídicos, pero también históricos. Desde el punto de vista epistemológico, las ciencias sociales se diferencian de las ciencias naturales en que no es posible crear las condiciones cerradas en las que tiene lugar la experimentación.

Esto significa que las ciencias sociales no deberían ser principalmente predictivas —como sostienen los enfoques positivistas de las RRII—, sino que deberían intentar ser explicativas. El método explicativo del realismo crítico procede como (1) el análisis causal de un acontecimiento, (2) una

---

24 Bhaskar, Roy *Reclaiming Reality: A Critical Introduction to Contemporary Philosophy*, Londres: Verso (1989), 185-189.

redescripción teórica de las causas componentes, (3) un proceso de retroducción desde los acontecimientos o estados componentes redescritos hasta los procesos antecedentes que podrían haberlos producido y (4) una eliminación de causas alternativas[25]. A continuación, la teoría debe comprobarse o probarse empíricamente. También existe una importante diferencia relacional en el sentido de que las ciencias sociales forman parte de su propio campo de investigación: son un producto de la propia formación social que pretenden analizar.

Una vez superadas las etapas del realismo trascendental y el naturalismo crítico, la tercera etapa del camino del realismo crítico se refiere a la idea de la crítica explicativa. Se trata de ir más allá del examen de teorías y explicaciones alternativas para tratar de dar cuenta de la producción de estas ideas y de las condiciones sociales que dan lugar a estas explicaciones —el ejemplo clásico de esto es la creencia de Marx de que la economía clásica es un producto de la sociedad capitalista. Del mismo modo, podríamos decir que el neorrealismo y el institucionalismo neoliberal son productos de la sociedad capitalista antes y después de la Guerra Fría. Así, una crítica de las teorías inadecuadas o una concepción de su papel ideológico conlleva necesariamente un análisis de la naturaleza de las condiciones sociales que las producen, de modo que, por ejemplo, una crítica de la ciencia social positivista requiere un análisis de las condiciones sociales atomizadas y mercantilizadas que reflejan estas teorías. Esto está en consonancia con la crítica original de la Escuela de Frankfurt / Teoría Crítica a la ciencia positivista, así como con la vinculación de Robert Cox[26] con la resolución de problemas y las preocupaciones de seguridad de la Guerra Fría.

Este es uno de los medios por los que encontramos un vínculo entre el realismo crítico y las teorías más radicales de las RRII, como el marxismo y la teoría crítica. De hecho, Chris Brown ha afirmado que el realismo crítico en las RRII es más coherente cuando adopta una posición abiertamente marxista[27]. Sin embargo, aunque lo anterior sugiere que el realismo crítico y el marxismo están estrechamente relacionados, no existe una correspondencia necesaria y es muy posible que el realismo crítico pueda relacionarse con otras teorías sociales. La posición realista crítica emerge, después

---

25 Bhaskar, *The Possibility of Naturalism,* 129.

26 Cox, Robert (1981) "Social Forces, States and World Orders: Beyond International Relations Theory", *Millennium: Journal of International Studies,* 10 no, 2, 126-155.

27 Brown, Chris "Situating Critical Realism", *Millennium: Journal of International Studies* 35 (2007), 409-416.

de todo, en relación a la metodología de las ciencias en general, actuando como un «sub-trabajador» filosófico que comenta y clarifica la metodología científica. El trabajo del subempleado filosófico consiste en eliminar las malas hierbas de la confusión, aclarar las afirmaciones y comprensiones teóricas y proporcionar el alimento conceptual necesario para que se desarrollen las teorías científicas.

Como señala Steve Smith, rechazar la insistencia positivista en lo observable y plantear la idea de estructuras no observables nos da la mejor oportunidad de explicar la acción social[28]. Siguiendo a Bhaskar, deberíamos decir que estas estructuras «son no empíricas pero empíricamente identificables, transfactualmente eficaces pero sólo contingentemente manifiestas en resultados particulares y forman la base real de las leyes causales»[29].

Un influyente artículo de los editores del *European Journal of International Relations* planteaba la pregunta «¿estamos asistiendo al fin de la teoría de las relaciones internacionales?». Un punto importante a destacar es que se trataba efectivamente de una pregunta, sin embargo, muchos lectores la tomaron como una afirmación de hecho, tan extendida está esta creencia. Que esto sea así nos dice mucho sobre el estado de la disciplina y el afán por alejarse de las afirmaciones teóricas y las «grandes teorías», algo que ha estado ocurriendo tanto en los enfoques racionalistas dominantes como en los enfoques alternativos basados en la práctica.

Esto refleja probablemente una falta de confianza a largo plazo en la disciplina de las Relaciones Internacionales. Por un lado, las teorías dominantes del neorrealismo y el neoliberalismo mantienen una fuerte desconfianza hacia los enfoques «reflexivistas» que dedican demasiado tiempo a tratar de problematizar supuestos clave sobre el comportamiento, los intereses y la identidad. Por otra parte, los enfoques reflectivistas desconfían mucho de la teoría, en parte como consecuencia de la influencia de los enfoques dominantes. Últimamente han manifestado su escepticismo ante las «grandes teorías» y su creencia en una conceptualización más pragmática y de alcance medio. Dado que las RRII promocionan su propia historia disciplinaria como la de los «grandes debates», y dado que estos debates no parecen tan importantes si se examinan más de cerca, no es de extrañar que a muchos de los que trabajan en este campo no les preocupe la

---

28 Hollis, Martin y Smith, Steve, *Explaining and Understanding in International Relations* (Oxford: Clarendon Press, 1990), 207.

29 Bhaskar, Roy, *Scientific Realist and Human Emancipation* (Londres: Verso, 1986), 106.

perspectiva de dejar todo esto atrás y pasar a los niveles meso o micro de análisis.

Sin embargo, existe cierta incomodidad entre quienes creen que hacer afirmaciones ontológicas y epistemológicas es una parte inevitable de hablar sobre lo que ocurre en el mundo. Esto ha llevado a alguna discusión sobre la necesidad de comprometerse con la metateoría y la infrautilización filosófica, en lugar de decir que esto puede tratarse de forma pragmática. En esta sección se examinan brevemente algunas de estas cuestiones y, en términos más generales, el papel subalterno que el realismo crítico puede desempeñar en las relaciones internacionales.

Según los editores del European Journal of International Relations (una revista de referencia en la disciplina), cada vez hay menos debate interteórico entre paradigmas (o ismos). También señalan que los trabajos que se dedican exclusivamente al desarrollo teórico son ahora muy escasos[30]. Existe un enfoque más pluralista dentro de la disciplina, causado en parte por el fracaso de las principales teorías a la hora de abordar los cambios del mundo real. Sin embargo, la consecuencia de esto es a menudo un cuestionamiento de la eficacia de la propia teoría, de modo que el problema no reside en las afirmaciones específicas del realismo o el liberalismo, sino en todos los ismos. El problema se resume claramente en un artículo de Berenskötter:

> En la actualidad, parece que una de las víctimas del tercer debate ha sido la gran teoría, ya que las posturas moderna y posmoderna —los dos bandos del «debate»— han fomentado el uso superficial de la teoría y el rechazo de la teoría, respectivamente. Pensar a lo grande, en el sentido de una teorización sustancial que combine elementos interpretativos, explicativos y normativos, parece haber quedado relegado a un segundo plano[31].

Monteiro y Ruby[32] ofrecen un buen ejemplo del uso de la filosofía contra la filosofía. Sugieren que el principal problema en disciplinas como las RRII es el fundacionalismo. En las RRII esto ha tomado la forma de una lucha a tres bandas entre el instrumentalismo, el constructivismo y el realismo científico, todos los cuales parten de ciertos fundamentos ontológicos

---

30 Dunne, Tim, Lena Hansen y Colin Wight, "The End of IR Theory?". *European Journal of International Relations* 19 (2013): 406.

31 Berenskötter, Felix "Deep Theorizing in International Relations", *European Journal of International Relations* 24, no.4 (2017): 832.

32 Monteiro, Nuno P. y Keven G. Ruby, "IR and the false promise of philosophical Foundations", *International Theory* 1, no.1 (2009): 15-48.

y epistemológicos. En su opinión, tales fundamentos filosóficos están más allá de toda prueba, pero se utilizan para legislar qué preguntas de investigación —o formas de responderlas— son legítimas en las RRII.

Monteiro y Ruby, junto con Sil y Katzenstein[33], forman parte de una tendencia hacia el «eclecticismo analítico». Se trata de enfatizar el «ethos pragmatista» de las RRII, una orientación hacia una variedad de escuelas y estilos de investigación diferentes que se manifiesta principalmente en la teoría de «rango medio». David Lake[34] ha argumentado que las grandes teorías no han llevado a las RRI a ninguna parte y que el propósito de la teoría de rango medio es centrarse en «lo que funciona». Este es un punto de vista común en las RRII, comenzar con problemas reales en lugar de con un conjunto específico de supuestos analíticos. En consonancia con las cuestiones planteadas por los editores de la revista EJIR (European Journal of International Relations), Lake y otros defienden un marco intermedio más modesto organizado en torno a problemas concretos. Sil y Katzenstein, siguiendo a James, sostienen que «los pragmatistas tratan de eludir «disputas metafísicas que de otro modo podrían ser interminables», y en su lugar «tratar de interpretar cada noción rastreando sus respectivas consecuencias» en situaciones concretas»[35]. El objetivo sería buscar y poner a prueba vínculos concretos y quizá mecanismos para comprender lo que puede o no tener un significado causal.

Sin embargo, este objetivo de poner entre paréntesis la metateoría es ilusorio. Todos tenemos tales fundamentos, nos guste o no. Como responde Chris Reus-Smit: «Los supuestos ontológicos sobre la naturaleza y el carácter distintivo del universo social afectan no sólo a lo que 'vemos', sino también a cómo ordenamos lo que vemos; cómo relacionamos lo material con lo ideacional, los agentes con las estructuras, los intereses con las creencias[36]. Además, la relevancia real y la persistencia de ciertas teorías en las RRII se basan, según Berenskötter, en «su capacidad para fundamentar sus ontologías, explicaciones y prescripciones en respuestas a preguntas

---

[33] Sil, Rudra y Peter J. Katzenstein "Analytical Eclecticism in the Study of World Politics: Reconfiguring Problems and Mechanisms across Research Traditions", *Political Perspectives*, 8, no.2 (2010), 411-431.

[34] Lake, David, "Theory is Dead, Long Live Theory: The End of the Great Debates and the Rise of Eclecticism in International Relations, *European Journal of International Relations*, 19, no.3: 567-587.

[35] Sil, Rudra y Katzenstein, "Analytical Eclecticism", 417.

[36] Reus-Smit (2012) "International Relations. Irrelevant? Don't Blame Theory", *Millennium: Journal of International Studies* 40, nº 3: 531.

filosóficas sobre qué nos impulsa, dónde y quiénes somos y deberíamos ser en el espacio y el tiempo»[37].

Para el realismo crítico, por tanto, cada enfoque de las RRII, ya sea implícita o explícitamente, presupone una teoría de cómo es el mundo (ontología), para que el conocimiento (epistemología) sea posible. Para creer que el eclecticismo analítico sea posible depende en sí mismo de una serie de supuestos ontológicos sobre la naturaleza de la realidad. En cierto sentido, todas las filosofías, discursos y prácticas presuponen un realismo o alguna ontología o relato general del mundo de un tipo u otro[38]. Sencillamente, no se pueden evitar estas áreas cargadas de metateoría. Las RRII están llenas de cuestiones como el significado de la ciencia, la naturaleza de la ontología social, el equilibrio entre agencia y estructura o el estudio de la causalidad[39]. Tanto si se argumenta que las RRII se caracterizan por leyes, como la paz democrática, o condiciones estructurales de anarquía, o normas y reglas construidas socialmente, o decisiones éticas y normativas, se está asumiendo algo sobre la naturaleza de las ciencias sociales como disciplina, sus objetos ontológicos de estudio y la naturaleza de las afirmaciones epistemológicas que se hacen sobre ella[40].

La tendencia continuada hacia los argumentos antiteóricos significa que es probable que el realismo crítico siga teniendo relevancia, al menos como acción de retaguardia, en los debates de las RRII sobre la naturaleza de la disciplina y sobre cómo y por qué desarrollar el conocimiento del ámbito internacional.

## IV. ESTUDIO DE CASO: LA HEGEMONÍA Y LA CUESTIÓN ESTRUCTURA-AGENCIA

El realismo crítico ha contribuido significativamente al llamado debate estructura-agencia. En Bhaskar escribe esto a partir de su modelo transformacional de la actividad social (TMSA). Según este modelo, la sociedad es tanto la condición siempre presente como el resultado continuamente reproducido de la actividad humana[41]. Irónicamente, esta afirmación ha

37 Berenskötter, "Deep Theorizing in International Relations", 833.

38 Wight, Colin y Joseph, "Scientific Realism and International Relations", 9.

39 Wight, Colin *Agents, Structures in International Relations*: 13-33.

40 Wight, Colin y Joseph, "Scientific Realism and International Relations", 5.

41 Bhaskar, *The Possibility of Naturalism*, 34-35.

influido mucho en constructivistas como Wendt[42]. Sin embargo, la afirmación de Bhaskar de que la actividad consciente de las personas reproduce en su mayor parte inconscientemente las estructuras que rigen su actividad presupone un «hiato ontológico», más que una «constitución mutua» de estructura y agente. La sociedad se considera un conjunto de estructuras, prácticas y convenciones que no existen independientemente de la actividad humana (reificación), pero que no son meramente el producto de dicha actividad (voluntarismo)[43]. En contraste con algunos argumentos constructivistas a favor de las «prácticas hasta el final», el realismo crítico sitúa las prácticas en su lugar apropiado como punto mediador que vincula la acción con la estructura. Los agentes adquieren ciertos deberes, roles y responsabilidades en virtud de la ocupación de ciertas posiciones dentro de las prácticas[44]. De ahí que el realismo crítico pueda apoyar un enfoque constructivista de las prácticas y cosas como el reciente giro de las prácticas en las RRII, pero sigue exigiendo que se le dé un contexto estructural más amplio, como el papel de las prácticas en la reproducción o interacción con las relaciones económicas o sociopolíticas subyacentes.

Fue Alex Wendt quien introdujo las ideas realistas críticas en las RRII en su debate sobre la cuestión estructura-agencia. Sin embargo, la diferenciación entre los distintos enfoques de esta cuestión se ha dejado para los trabajos posteriores de Colin Wight. Wendt, por el contrario, tiende a fusionar el enfoque realista crítico de Bhaskar y Archer con el enfoque de estructuración de Anthony Giddens, y es de este último enfoque de donde obtiene la noción de constitución mutua de estructuras y agentes. El artículo de Wendt de 1987 señala, sin embargo, la concepción más débil de Giddens de la estructura como reglas y recursos, en lugar de conjuntos de relaciones internas reales pero inobservables[45]. O, como señala Wight, mientras que para Giddens la estructura es un epifenómeno de los agentes instanciado a través de sus prácticas, Bhaskar otorga un estatus ontológico más firme a las estructuras como relaciones internas y externas[46].

---

42 Wendt, Alexander "The Structure Agency Problem in International Relations", *International Organization*, 41,no. 3 (1987): 335-370.

43 Bhaskar, *The Possibility of Naturalism*, 34-36.

44 Bhaskar, *The Possibility of Naturalism*, 40-41.

45 Wendt, "The Structure Agency Problem", 357, nota 57.

46 Wight, Colin, "They Shoot Dead Horses Don't They?: Locating Agency in the Agent-Structure Problematique", *European Journal of International Relations*, 5, nº 1: 117.

En lugar de hacer que las reglas y las prácticas sean fundamentales, el realismo crítico daría importancia a la estructura subyacente como algo dinámico, causal, profundamente arraigado e irreductible a las actividades agenciales. Las reglas serían importantes como parte de las prácticas, mientras que las prácticas se entenderían como el factor mediador entre la estructura y los agentes[47]. Por tanto, una ontología realista debería insistir en la irreductibilidad de la estructura a las acciones humanas o a las relaciones intersubjetivas. Si bien las estructuras sociales pueden depender de la actividad humana para su reproducción, esta reproducción es normalmente el producto inconsciente y no intencional de dicha actividad. Las sociedades preexisten a los agentes humanos que viven en ellas y las estructuras tienen un poder causal previo sobre los agentes. Es la existencia previa de estructuras y su naturaleza relativamente duradera lo que proporciona las condiciones mismas en las que los agentes pueden actuar. Esto tiene el efecto de definir y limitar los parámetros de esta actividad. David Dessler, en su contribución al debate estructura-agencia, critica la visión neorrealista de la estructura en las RRII, argumentando que se refiere a las consecuencias no intencionadas de la acción formadas espontáneamente, como un producto derivado más que como una consecuencia de la interacción[48]. En realidad, la estructura es en gran medida la consecuencia no intencionada de la acción. Esto es lo que distingue un enfoque estructural de uno intersubjetivo. Las estructuras sociales tienen una existencia independiente de la concepción (propia) que el agente tenga de ellas.

Las ciencias sociales no sólo se ocupan de las acciones, sino también de las condiciones materiales de dichas acciones, del contexto estructural en el que se desarrollan dichas acciones y significados. Las creencias no pueden estudiarse por separado de las prácticas materiales en las que se inscriben. Por lo tanto, el realismo crítico va más allá del constructivismo de Wendt, Dessler y otros al examinar las estructuras sociales que subyacen a la acción y el entendimiento humanos y que los hacen posibles. Ninguna actividad humana puede existir al margen de las estructuras sociales. La causalidad social no se reduce a la cuestión de las normas o el entendimiento, sino que es el producto material de estructuras y prácticas sociales reales.

El enfoque «morfogenético» de Margaret Archer sobre la relación estructura-agencia guarda un gran paralelismo con el TMSA de Bhaskar,

---

47 Joseph, "Philosophy in International Relations", 357.

48 Dessler, "What's at stake in the Agent-Structure Debate?", 450.

pero está más dirigido a la teoría de la estructuración de Giddens y otros, a la que acusa de mezclar estructuras y agentes en lugar de considerar que tienen cualidades y condiciones distintas. En lugar de aceptar el argumento constructivista de que las estructuras y la agencia son «mutuamente constitutivas», sostiene que el sistema cultural es lógicamente anterior a las acciones socioculturales que lo transforman, mientras que la elaboración cultural (desarrollo) es posterior a la interacción[49]. El enfoque morfogenético de Archer, que tiene la ventaja sobre Bhaskar de una mayor temporalidad, es el siguiente: condicionamiento cultural —interacción cultural— elaboración cultural[50].

El concepto de hegemonía, tan popular entre los realistas de las RRII por encapsular las relaciones de dominación dentro del sistema internacional, puede adquirir una mayor resonancia social y cultural si se abordan estas cuestiones de estructura y agencia. Un enfoque consiste en considerar la hegemonía como un punto de mediación en la relación entre estructura y agencia, encajándola en los modelos de Bhaskar y Archer presentados anteriormente[51]. En Bhaskar, es la idea de las prácticas sociales la que desempeña el papel de explicar este proceso de mediación, los medios por los que los agentes, en su actividad consciente pero rutinaria, reproducen inconscientemente estructuras sociales más profundas; por ejemplo, las prácticas conscientes en torno al trabajo reproducen la relación capitalista salario-trabajo subyacente como una consecuencia estructural involuntaria. La hegemonía representa una intervención más activa en este proceso mediante el cual se preservan, mantienen o transforman las estructuras sociales y sus prácticas asociadas. Por lo tanto, el modelo de transformación de la actividad social puede reformularse de manera que implique luchas hegemónicas por la reproducción y la transformación[52].

Inspirándose en Antonio Gramsci, esta cuestión se encuentra en su análisis de la relación entre lo que él denomina estructura y superestructura. Cuando la hegemonía es capaz de encontrar cierta unidad entre ellas, nos encontramos con que «Estructuras y superestructuras forman un «bloque histórico». Es decir, el conjunto complejo, contradictorio y discordante

---

49 Archer, Margaret *Culture and Agency: The Place of Culture in Social Theory*, (Cambridge: Cambridge University Press.1996), xxv.

50 Archer, Margaret *Culture and Agency*, 144.

51 Joseph, Jonathan, *Hegemony: A Realist Analysis*, (Londres: Routledge, 2002).

52 Joseph, Jonathan "A Realist Theory of Hegemony", *Journal for the Theory of Social Behaviour*, 30, no. 2, (2000), Joseph, Jonathan, *Hegemony: A Realist Analysis*.

de las superestructuras es el reflejo del conjunto de las relaciones sociales de producción[53]. Utilizando un ejemplo de su época, Gramsci habla de la aparición del fordismo, que se refiere a la organización de la producción, pero también de la aparición de un nuevo bloque histórico basado en estos avances. Como escribe Gramsci, «de lo que se trata es de la reorganización de la estructura y de las relaciones reales entre los hombres, por una parte, y el mundo de la economía o de la producción, por otra»[54]. El fordismo es un ejemplo de cómo el grupo dominante debe relacionarse con los cambios en los modelos de producción e intervenir en este proceso para reforzar su propia posición. Al relacionarse con los cambios en la producción, la fracción dirigente puede organizar mejor a los grupos afectados por dichos cambios y apelar a sus intereses en desarrollo.

Esto significa que el concepto de hegemonía de Gramsci contiene este elemento estructural, de modo que la organización de la hegemonía en relación con los grupos sociales está relacionada con la organización de la sociedad en el nivel de la producción. Gramsci sostiene que, aunque la hegemonía es ético-política, «debe basarse necesariamente en la función decisiva ejercida por el grupo dirigente en el núcleo decisivo de la actividad económica»[55]. Estas son las condiciones que favorecen a determinados grupos sociales y les permiten ejercer un liderazgo hegemónico a través de su relación con las relaciones socioeconómicas más destacadas.

Aplicado a las relaciones internacionales, el reciente trabajo de Jonathan Pass sobre la hegemonía estadounidense interpreta a Gramsci desde una perspectiva realista crítica para hacer hincapié en el elemento estructural de la hegemonía. También retoma la distinción de Joseph entre hegemonía estructural y de superficie para criticar el influyente trabajo de los neogramscianos en la teoría de las Relaciones Internacionales. En particular, se critica a Robert Cox por no relacionar adecuadamente la hegemonía con las condiciones estructurales subyacentes:

> la teoría neogramsciana, especialmente en su versión coxiana, es culpable de incoherencias ontológicas (y, por tanto, epistemológicas). Su aversión absoluta a cualquier «lógica» subyacente (por ejemplo, un modo de producción) les lleva a historizar la estructura, reduciéndola efectivamente a relaciones intersubjetivas... junto con una tendencia a describir la hegemonía en términos ideológi-

---

53 Gramsci, Antonio, *Selections From the Prison Notebooks,* (Londres: Lawrence and Wishart 1971), 366.

54 Ibid., 263.

55 Ibid., 161.

cos/consensuales (no muy diferente de los liberales) y a restar importancia a la coerción[56].

Pass critica la definición de Cox de las estructuras históricas como relaciones intersubjetivas, lo que hace imposible investigar adecuadamente la interacción de la estructura: «al abandonar la 'estructura profunda' (la hegemonía *estructural* de Joseph) [los neogramscianos] renunciaron implícitamente a cualquier posibilidad de teorizar sobre la dinámica del capitalismo global o la reproducción/formación de clases»[57]. Se dice que esta falta de profundidad ontológica resulta en una teorización inadecuada del Estado como relación social intersubjetiva, situada externamente a la economía y reducida a una «correa de transmisión» entre la esfera nacional e internacional[58].

Por último, en lo que respecta a la teorización del Estado, mencionaremos brevemente a Bob Jessop, cuyo «enfoque estratégico-relacional» es una intervención importante que está influida por la obra de Gramsci junto con la de Poulantzas y, de forma menos directa, por algunos argumentos realistas críticos. En opinión de Jessop, el enfoque estratégico-relacional va más allá de los modelos realistas críticos de estructura y agencia al prestar mayor atención al modo en que las estructuras son estratégicamente selectivas en su forma, contenido y funcionamiento, mientras que la agencia está estructuralmente limitada y es sensible al contexto. La tarea consiste en examinar cómo las estructuras pueden privilegiar a determinados actores y estrategias y cómo los actores pueden tener en cuenta este privilegio diferencial en su cálculo estratégico orientado estructuralmente[59]. El Estado, como conjunto institucional, se entiende entonces como «estratégicamente selectivo», que favorece a determinados agentes, acciones y prácticas sociales en detrimento de otros.

---

56 Pass, Jonathan, *American Hegemony in the 21st Century*, (New York: Routledge, 2019), 5.

57 Ibid., 34.

58 Ibid., 35-36.

59 Jessop, Bob, "Critical Realism and the Strategic-Relational Approach", *New Formations*, 56 (2005): 48.

## V. CONCLUSIÓN

El realismo crítico ha hecho una contribución algo modesta a la disciplina de las Relaciones Internacionales, pero una gran aportación a los debates sobre su metateoría. Esto no es sorprendente, dado que el realismo crítico se entiende a sí mismo como una filosofía de la ciencia. Que esta importante contribución a la metateoría tenga, sin embargo, un impacto limitado en la disciplina de las RRII tampoco es sorprendente, dadas las tendencias antiteóricas de la disciplina y su afán por evitar la metateoría y dedicarse al «verdadero negocio» de estudiar el mundo. Las teorías dominantes del neorrealismo y el neoliberalismo tienen una fuerte tendencia a evitar la reflexión filosófica; sus planteamientos racionalistas o conductistas dan por sentado que el poder y la conducta racional no son algo digno de investigación. Los enfoques alternativos dentro de la disciplina han estado dominados por sensibilidades constructivistas y esto, a su vez, ha llevado a una fijación con la práctica y las actividades prácticas, ignorando las afirmaciones del realismo crítico sobre la ontología subyacente. Aunque en un principio el debate sobre la relación estructura-agencia en las RRII era muy prometedor, al final se ha decantado por la aceptación de la visión «conflacionista» de Wendt.

Como muestra el estudio de caso, los argumentos realistas sobre estructura-agencia pueden seguir marcando una diferencia real en la forma de entender las relaciones sociales y su influencia tanto a nivel estatal como internacional. Aunque no hacen afirmaciones directas sobre la naturaleza de la política internacional, los argumentos realistas críticos pueden ayudar a aclarar las relaciones estructura-agencia, las selecciones estratégicas y los resultados elaborados de diversas estructuras, prácticas, instituciones y actividades, algo que sin duda llega al núcleo de lo que es el estudio de las relaciones internacionales.

| **Afirmaciones generales del realismo crítico** |
|---|
| • Defiende una realidad independiente de la mente<br>• Primacía de la ontología sobre la epistemología<br>• El mundo es multicapa o estratificado<br>• Comprensión crítica del conocimiento y la práctica humanos<br>• El planteamiento es trascendental al argumentar cómo debe ser el mundo real para que el conocimiento humano y la práctica científica tengan sentido.<br>• Justifica la opinión de que el mundo real debe estar estructurado de tal manera que lo haga inteligible y abierto a la investigación.<br>• Distingue entre lo que es empíricamente observable y la base subyacente de éstos en un ámbito "real" irreductible ni a lo observado ni al ejercicio de hecho de los poderes ni la ocurrencia de acontecimientos |

| |
|---|
| • Importancia de la causalidad, no de la pura contingencia (posmodernismo) ni de las regularidades empíricas (positivismo).<br>• Enfoque pluralista de la metodología. |
| **Aplicabilidad del realismo crítico a la teoría de las relaciones internacionales** |
| • Rechaza la confianza del positivismo en la identificación de regularidades empíricas como base de las leyes científicas, así como la fusión idealista del conocimiento y el mundo que se da en las teorías realistas y constructivistas de RRII.<br>• Los desarrollos posteriores del realismo crítico lo vinculan a una visión emancipadora del conocimiento humano y de la práctica social, lo que lo hace compatible con las teorías críticas de RRII.<br>• Ha contribuido de forma distintiva a las RRII, sobre todo como mano de obra en algunas disputas filosóficas y también en el ámbito de la cuestión estructura-agencia.<br>• Algunos, como Alex Wendt, también lo han utilizado para criticar el positivismo dentro de la teoría de las RRII.<br>• Algunos lo han utilizado para enfatizar los poderes causales y su surgimiento. |

# Parte III
# TEMAS

*Capítulo 15*

# *Resistencia*

**MARTA ÍÑIGUEZ DE HEREDIA***

## I. INTRODUCCIÓN

Si hay un concepto que ha nacido y ha sido desarrollado desde las teorías críticas de Relaciones Internacionales (RRII), es el de resistencia[1]. Muchas de estas teorías, ya vistas en este manual, han surgido y evolucionado hasta nuestros días a partir de los movimientos sociales provenientes del feminismo, marxismo, anarquismo y anti-colonialismo, gestando, a su vez, el nacimiento de la disciplina de Relaciones Internacionales[2]. Es decir, como se va a mostrar en este capítulo, el concepto y praxis de la resistencia ha configurado y moldeado la disciplina desde sus comienzos, llevándola a una zona interdisciplinar, en la que, además, se ha puesto de manifiesto que la resistencia, desde una perspectiva internacional o global, puede ser ejercida y pensada no solamente desde lo público, organizado y revolucionario, sino también desde lo cotidiano y personal.

No obstante, este legado intelectual de la resistencia fue sumergido en aquellos inicios y, durante muchos años, la disciplina ha estado enfocada casi exclusivamente en el análisis del poder. En el año 1920, Edward Carr, uno de los fundadores de la autodenominada teoría realista de Relaciones Internacionales y también visto como fundador de la disciplina, hace un alegato contra el liberalismo y su análisis de la política internacional, argumentando que este enfoque era un conjunto de postulados ideológicos y demagógicos que obviaban el rol central del poder político en las relaciones internacionales. En contraposición, Carr argumentaba que el poder, y no la búsqueda de la paz o la democracia, actúa como el motor de

---

* Doctora en Relaciones Internacionales por la Universidad London School of Economics and Political Science (LSE).

1 Nótese que se pone con mayúsculas la disciplina de Relaciones Internacionales, mientras que se habla de las relaciones internacionales (en minúscula) para hablar de la política internacional.

2 Véanse los capítulos sobre feminismo, anarquismo, teoría postcolonial, así como el capítulo sobre Cartografías para el contexto de surgimiento de la disciplina.

acción de los estados y de la política internacional. Este poder, entendido desde esta teoría realista en términos de hegemonía política y capacidad económica y militar, se establece desde entonces como el concepto clave sobre el que giran las relaciones internacionales. El estado, en tanto que organización política que encarna este poder y mantiene el monopolio del uso legal de la fuerza, se convierte por defecto en el actor central a estudiar en las Relaciones Internacionales.

Pero si Carr preguntó a los liberales del momento: ¿y el poder?; las teorías críticas han venido a preguntar: ¿y la resistencia? Como va a mostrar este capítulo, desde aproximadamente los años 1950, la motivación principal para estudiar la resistencia en Relaciones Internacionales ha sido la de mostrar la contestación al orden establecido, revelando su impacto negativo, puntos débiles y posibilidades de cambio. Michel Foucault, filósofo e historiador francés al que se considera fundador del postmodernismo, argumentaba que 'donde hay poder, hay resistencia'[3]. Lo que quería decir Foucault, y lo que se quiere transmitir en este capítulo, es que ningún poder es ejercido sin que haya al menos puntos de contención y confrontación, o intentos de transformación. Esta forma de conceptualizar la resistencia no tiene que ver necesariamente con ideologías concretas, ni con intentos revolucionarios de transformación social, sino que hace referencia a las infinitas formas de limitar, coartar o restringir la acción del poder, venga este de una estructura social o política, global, nacional o personal.

El prisma sociológico que utilizan las teorías críticas en Relaciones Internacionales va más allá de las relaciones inter-estatales, para estudiar las estructuras políticas y sociales existentes en el mundo actual. En nuestro caso, este prisma ha servido para estudiar las diferentes formas de resistencia que no solo se han enfrentado a las diferentes estructuras de poder, sino que las han configurado, incluyendo el estado y el sistema de estados. El capitalismo, el neoliberalismo, la guerra en sus diferentes formas, la forma en la que los estados se han relacionado entre ellos y un largo etcétera es fruto no sólo de procesos marcados por el ejercicio del poder y de actores, digamos, poderosos, sino también por diferentes formas de resistencia.

El capítulo está divido en tres partes. Primero, examina tres momentos históricos que han puesto la resistencia en la agenda de investigación de las Relaciones Internacionales; segundo, analiza los postulados básicos de los enfoques teóricos principales que han estudiado la resistencia; y, por últi-

---

[3] Michel Foucault, *Historia de la Sexualidad: La Voluntad del Saber*. (Siglo XXI: Madrid, 2007) Vol. 1, Trigésimoprimera edición, p. 51.

mo, aborda uno de los debates principales en la actualidad, centrado en si las formas de resistencia hay que estudiarlas únicamente desde lo público y revolucionario o cabe una teorización de la resistencia desde lo privado y no necesariamente organizado, ni con un fin revolucionario.

## II. EL ESTUDIO DE LA RESISTENCIA ENTRE LA TEORÍA Y LA PRÁCTICA

Para Esther Barbé, la disciplina de Relaciones Internacionales se ha desarrollado en una constante dialéctica entre la teoría y la práctica[4]. El estudio de la resistencia, no obstante, pone de manifiesto un cierto aislamiento, dejando fuera a actores y acciones que no están en el marco de acción directo de la política de las grandes potencias. Esta sección examina tres momentos históricos que nos dan cuenta de cómo los acontecimientos del mundo contemporáneo y sus protagonistas han configurado la agenda de investigación y sus enfoques en torno a la resistencia.

Un primer momento se puede situar precisamente donde se suele situar el comienzo de la disciplina de Relaciones Internacionales, en el paso del siglo XIX al XX. Este es un momento de expansión imperial, en el que las grandes potencias se disputaban sus áreas soberanas a nivel global en la Conferencia de Berlín en 1885, llegando a una conflagración que se expandió por la mayoría de los continentes con la I Guerra Mundial (1914-1918). De hecho, en memoria de los caídos en esta guerra, se creó la Cátedra y el primer Departamento de Política Internacional en la Universidad de Gales en Aberystwyth en 1919[5].

Olvidada quedó la resistencia contra el modelo de estado imperial, gestado en este periodo[6]. En la tradición liberal, el relato del surgimiento de las Relaciones Internacionales tiene que ver con la inquietud y voluntad de gestionar pacíficamente los asuntos mundiales entre las grandes potencias. No obstante, como afirma Sabaratnam, uno de los primeros debates

---

4 Esther Barbé, *Teoría de las Relaciones Internacionales,* (Tecnos: Madrid, 2022) Cuarta Edición, p. 56.

5 Meera Sabaratnam, "Bring up the bodies: international order, empire, and rethinking the Great War (1914-1918) from below" *European Journal of International Relations, 29,* no. 3 (2023), pp. 553-575.

6 Véase capítulo anarquismo en este volumen; también Introducción, capítulos 2 y 8 de Kinna, Ruth, y Matthew Adams (eds.), *Anarchism, 1914-18: Internationalism, Anti-Militarism and War* (Manchester, 2017).

de la disciplina tuvo que ver no solo con la gestión del 'orden mundial' y el equilibrio de poder entre las grandes potencias, sino más bien con la gestión de un orden imperial al que se resistían cientos de pueblos colonizados[7]. El colonialismo y sus estructuras principales, incluyendo el racismo, la desposesión, la guerra, el militarismo y la trata de esclavos, fue resistido y combatido de múltiples formas, desde campañas y actos subversivos, hasta revueltas y guerras[8]. Una de estas revueltas, en los albores del siglo XIX, dio como resultado la creación de Haití, como estado soberano negro e independiente. De manera similar, Etiopía, como la nación negra que nunca pudo ser colonizada, se erigió como el símbolo de la resistencia negra en términos panafricanos[9].

Las primeras publicaciones de las Relaciones Internacionales recogen referencias a estas formas de resistencia que tienen que ver con las relaciones entre las metrópolis y las colonias. Por ejemplo, Paul Reinsch, en su *World Politics at the End of the Nineteenth Century*, publicado en 1900, estudia diferentes dinámicas de resistencia que se estaban produciendo frente al avance de la expansión colonial de países europeos hacia otras partes del mundo y de Rusia en Oriente. En la revista *Journal of Race Development* (la precursora de la actual *Foreign Affairs*) se encuentran análisis de las diferentes formas de resistencia de las sociedades bajo el yugo colonial[10]. *International Affairs*, revista fundada en 1922, publicó varios discursos de líderes anti-coloniales como Ghandi, Nyerere o Ché Guevara[11].

---

7 Ibid., p. 554.

8 Hakim Adi, Panafricanismo y Comunismo: La Internacional Comunista, África y la Diáspora (1919-1939) (Bellaterra: Manresa, 2018): 7-8; Zimmer, Kenyon, "At war with empire: the anti-colonial roots of American anarchist debates during the First World War", in Kinna, y Adams (eds.), *Anarchism, 1914-18 Internationalism, Anti-Militarism and War* (Manchester, 2017).

9 Sylvia Serbin y Ravaomalala Rasoanaivo-Randriamamonjy, African Women, Pan-Africanism and African Renaissance (Unesco Publishing: Paris, 2015).

10 Ej. William L. Ferguson, "The Present Situation in the Congo." *The Journal of Race Development* 1, no. 4 (1911): 400-414; Alexander Francis Chamberlain, "The Contribution of the Negro to Human Civilization." *The Journal of Race Development* 1, no. 4 (1911): 482-502; Alfred L.P. Dennis, "The Indian Problem and Imperial Politics." *The Journal of Race Development* 1, no. 2 (1910): 187-208.

11 Mohandas K. Gandhi, C.H., "The Future of India" *International Affairs*, 10, no.6 (November 1931): 721-739; Julius Nyerere, "Tanganyika Today: II. The Nationalist View", *International Affairs*, 36, no. 1 (January 1960): 43-47; Ernesto Che Guevara, "The Cuban Economy: Its Past, and its Present Importance" *International Affairs*, 40, no. 4 (October 1964): 589-599.

Las relaciones de poder y la amenaza de diferentes formas de resistencia han sido, por tanto, central en las Relaciones Internacionales desde sus inicios. A pesar de esta centralidad, el poco conocimiento que se tiene sobre estas dinámicas y el hecho de que *el primer debate de relaciones internacionales* se considere como algo entre los postulados liberales y los realistas, evidencia el papel secundario que en último término se ha dado a la resistencia[12]. La razón de tal paradoja es que, como afirma Bice Maiguascha, la resistencia ha sido evacuada de la propia concepción de lo político que ha configurado el campo de Relaciones Internacionales, limitándose a la 'lucha continua por el poder entre Estados soberanos, siendo la guerra el peor resultado de esta lucha'[13].

El año 1968 nos brinda un segundo momento con la escalada mundial de conflictos sociales, el auge del movimiento contra la Guerra de Vietnam y, en general, del movimiento anti-militarista, sumado a la expansión de los movimientos por los derechos humanos, el ecologismo, y contra el Apartheid. Ya en años anteriores, el movimiento anti-colonial panafricano había culminado una gran parte de su lucha, con la victoria por la independencia de 17 países, y líderes como Martin Luther King[14] o Frantz Fanon[15] habían publicado textos relevantes para el pensamiento internacionalista[16]. Cuando Luther King gana en 1964 el Premio Nobel afirma:

> [lo] que constituye el principal dilema del hombre moderno, se expresa en tres problemas más amplios... inextricablemente ligado[s].. Me refiero a la injusticia racial, la pobreza y la guerra. [...] Lo que estamos viendo ahora es una explosión de libertad... El profundo estruendo del descontento que oímos hoy es el trueno de las masas desheredadas, que se elevan desde las mazmorras de la opresión a las brillantes colinas de la libertad...[17]

---

12 Peter Wilson, The Myth of 'The First Great Debate' *Review of International Studies*, 24, no. 5 (1998):1-16.

13 Bice Maiguasca, "Governance and Resistance" *Review of International Studies*, 29, S1 (2003): 3.

14 Pastor cristiano que lideró el movimiento por los derechos civiles de las personas negras en Estados Unidos y a nivel global.

15 Psiquiatra y teórico que luchó en la guerra de independencia argelina.

16 *L'An de la Révolution Algérienne* (1959), *Les Damnés de la Terre* (1961), *Pour la Révolution Africaine* (1964).

17 Martin Luther King Jr, "The Quest for Peace and Justice" Nobel Lecture, December 11, 1964. Nobel Prize, https://www.nobelprize.org/prizes/peace/1964/king/lecture/ (Traducción propia)

Se viven momentos de cambio, pero que no tienen que ver solo con la consecución de derechos y libertades, sino también con la confrontación entre EEUU y la URSS en forma de guerras abiertas en Asia, África y América Latina. El mayor impacto de este momento en la disciplina de Relaciones Internacionales se puede observar en el Número Especial de la revista *International Affairs* en 1969, con artículos reflexionando sobre la resistencia, la revolución y la violencia de la talla de Hanna Arendt, Charles Hamilton o Ali Mazrui[18]. A partir de este momento, la década de los años 1970s y los 1980s supone la consolidación de los enfoques críticos en la disciplina entre las que destacan las aportaciones del marxismo, el feminismo y el postestructuralismo, conceptualizando la capacidad de diferentes actores o 'fuerzas sociales' para configurar, moldear, limitar y subvertir el orden establecido más allá de los estados y sus capacidades económicas y militares[19].

En este segundo momento, el marxismo se hace un hueco en la academia, proponiendo pensar las relaciones internacionales en términos histórico-materialistas de manera que podamos observar cómo las relaciones de producción están en la base del sistema piramidal internacional de poder económico y político que existe en el mundo[20]. Para Wallerstein, por ejemplo, la resistencia es la manera en la que las clases trabajadoras se rebelan contra la explotación de las clases capitalistas[21]. Pero al contrario que el feminismo, que siempre ha puesto de manifiesto la necesidad de un enfoque relacional y no dicotómico entre la política exterior y la interna,

---

18 Ver el Número completo de *International Affairs*, 23, No. 1 (1969) *Political Conflict: Perspectives on Revolution* https://www.jstor.org/stable/i24354741 especialmente los artículos de: Hannah Arendt, "Reflections on Violence." *Journal of International Affairs* 23, no. 1 (1969): 1-35; Manfred Halpern, "A Redefinition of the Revolutionary Situation." *Journal of International Affairs* 23, nº 1 (1969): 54-75; Charles V. Hamilton "Conflict, Race and System-Transformation in the United States." *Journal of International Affairs* 23, no. 1 (1969): 106-18.

19 Robert Cox, *Production Power and World Order: Social Forces in the Making of World History* (New York: Columbia University Press, 1987); Warren Magnusson, 'Social Movements and the Global City', *Millennium* 23: 3 (1994), pp.621-6; Robert B.J. Walker, *One World/Many Worlds: Struggles for a Just World Peace* (Boulder, CO: Lynne Rienner, 1988); Chandra Mohanty (1988). Under Western Eyes: Feminist Scholarship and Colonial Discourses. *Feminist Review, 30*(1), 61-88. https://doi.org/10.1057/fr.1988.42

20 Ver capítulo 3 de este manual.

21 Inmanuel Wallerstein, "Class-Formation in the Capitalist World-Economy" *Politics & Society*, *5*, no. 3 (1975): 367-375.

el marxismo mantuvo en este periodo el foco en la acción de los estados y los mercados; lo que no terminó de descentrar la atención en los estados y en el poder material de estos que seguía dominando la disciplina en ese momento.

Por ello el feminismo promueve un estudio de la resistencia basado en la integración del ámbito privado y personal como vertebrador y no secundario a las estructuras de poder global. Desde el movimiento antinuclear y pacifista, por ejemplo, el feminismo enfatiza la delgada línea entre la paz y la guerra, el rol de estos dos fenómenos en la reproducción de las desigualdades estructurales, y en particular, de género, así como la necesidad de estudiar las desigualdades a nivel global[22].

Este segundo momento inserta la resistencia en las Relaciones Internacionales como un punto de no retorno, sobre todo a partir de los años 1980s con la consolidación de las teorías críticas en la disciplina. En todo caso, como vamos a ver, no será hasta años más tarde cuando la agenda de investigación sobre la resistencia en la disciplina tome un lugar más preponderante.

Un tercer momento histórico es el movimiento anti-globalización que se dio a partir de los años 1990s, típicamente relacionado con las protestas contra las cumbres mundiales de la Organización Mundial del Comercio, el G-7 o el Fondo Monetario Internacional surgidas en Seattle, Washington, Barcelona o Praga. Para Maiguasca, este movimiento representa la posibilidad de observar 'la política de la resistencia' y de ponerla en una agenda internacional y de Relaciones Internacionales que tiende a concentrarse en la 'política de la gobernanza' y la 'política desde arriba'[23].

Los movimientos anti-globalización han hecho emerger diferentes formas de resistencia y luchas, que convergen en entender la globalización como un sistema común de desigualdades y estructuras de poder persistentes a pesar del triunfo de la democracia en muchas partes del mundo. Estos movimientos dieron lugar a una explosión de trabajos en los que la resistencia se hizo el foco principal. Algunos de estos estudios analizaron el

---

22 Ruddick, Sara. "Maternal Thinking." *Feminist Studies* 6, no. 2 (1980): 342-67; Mohanty, "Under Western Eyes"; Sheila Tobias, "Toward A Feminist Position On The Arms Race" Minerva, 1, no. 4 (1983); Sarah Brown, "Feminism, International Theory, and International Relations of Gender Inequality" *Millennium, 17,* no. 3 (1988): 461-475.

23 Maiguashca, Bice. "Governance and Resistance in World Politics: Introduction." *Review of International Studies* 29 (2003): 5.

impacto de estos movimientos a nivel global[24]; otros, utilizaron estos movimientos para teorizar la resistencia. Como indica Louise Amoore, esta teorización se dio principalmente desde cuatro perspectivas: el pensamiento de Karl Polanyi (E.g. Mitchell Bernard, Vicki Birchfield, Marguerite Mendell and Daniel Salee); el de Antonio Gramsci (E.g. Giovanni Arrighi, Robert Cox, Stephen Gill and Ankie Hoogvelt); el feminismo (E.g. Marianne Marchand), o desde Michel Foucault (E.g. Roland Bleiker)[25].

Es por esto que, más intensamente desde los años 1990, los estudios sobre la resistencia han proliferado. Y si bien con el fin de la guerra fría y el auge del multilateralismo en múltiples ámbitos (economía, seguridad, salud, etc), el mundo se pensó como globalizado y, por tanto, la resistencia también se pensó como global, analizándose desde los movimientos antiglobalización masivos, públicos y organizados, comienzan a tomar fuerza trabajos que estudian las formas de resistencia llevadas a cabo desde la cotidianeidad de diferentes colectivos y personas, y no solamente desde el punto de vista de las grandes protestas[26]. Así surgen trabajos que teorizan la maternidad y los cuidados como una forma de resistencia a un sistema global de capitalismo, patriarcado, estatismo y militarismo[27]. Los cuidados, en general, se han visto como una esfera de reapropriación de lo que el patriarcado y su sistema mercantil-estatal viene a expoliar, incluyendo las mujeres, la solidaridad, el apoyo mutuo, el medioambiente y las relaciones no competitivas, basadas en el cuidado[28].

---

24 Ej. Gills, Barry (ed.), Globalisation and The Politics of Resistance (London: Macmillan, 2002); Gill, Stephen. Power and Resistance in the New World Order (London: Palgrave, 2003); Shaw, Martin (ed.), Politics and Globalisation: Knowledge, Ethics and Agency (London: Routledge, 1999); Walker, Robert 'Social Movements/World Polities', Millennium, 23: 3 (1994), pp. 669-700.

25 Louise Amoore, "Introduction: Global Resistance - Global Politics", en *The Global Resistance Reader*, ed. Louise Amoore (Abingdon: Routledge, 2005), 4.

26 Thomas D. Hall y James V. Fenelon, *Indigenous Peoples and Globalization: Resistance and Revitalization* (Routledge: London, 2009).

27 Alison Watson, "Agency and the Everyday Activist" in Audra Mitchell and Oliver Richmond, Hybrid Forms of Peace: From Everyday Agency to Post-Liberalism (Palgrave MacMillan: Basingstoke, 2012); Alison Watson, ""Home" in Peace and Conflict Studies: A Site of Resistance and of Reform," Peace and Conflict Studies, 26, No. 1(2019); Memee D. Lavell-Harvard, y Kim Anderson, eds. *Mothers of the Nations: Indigenous Mothering as Global Resistance, Reclaiming and Recovery*. Demeter Press, 2014.

28 Pascual Rodríguez, Marta y Yayo Herrero López, 'Ecofeminismo, Una Propuesta Para Repensar el Presente y Construir El Futuro, 2010, Boletín ECOS nº 10 (CIP-Ecosocial).

La resistencia ha pasado a tener protagonismo en casi todos los subcampos de estudio como, por ejemplo, los estudios de desarrollo, los estudios de paz y conflicto, y los estudios de seguridad[29]. También han proliferado otros enfoques como los postcoloniales[30] y los llamados de 'teoría cotidiana', inspirados en James Scott y que se analizan más abajo[31]. A todo esto se ha sumado desde 2005 aproximadamente una nueva ola de protestas y revueltas bajo diferentes nomenclaturas —indignados, Occupy, 99%, primaveras afro-árabes— que han recorrido el mundo, haciendo ver, nuevamente, que las estructuras de poder tienen fisuras, están constantemente bajo escrutinio y encuentran resistencia, y que ha hecho florecer la literatura de resistencia en Relaciones Internacionales[32].

A pesar de esto, no fue hasta el año 2008 cuando apareció una revista dedicada al estudio de la resistencia. Esta surgió de la iniciativa de un grupo de autores y autoras suecas —Stellan Vintagen, Mikael Baaz and Mona Lilja— transformándola en el *Journal of Resistance Studies* en 2015, con la categoría de revista académica interdisciplinar, aunque con un fuerte contenido del campo de Relaciones Internacionales.

La resistencia pone de manifiesto que las Relaciones Internacionales han sido impermeables a los acontecimientos ocurridos fuera del área del poder de las grandes potencias. Es por ello que, a pesar de la importancia de las constantes dinámicas de resistencia, cuando no de abierta revuelta y alzamiento, y a pesar de la atención otorgada a estas por diversos estudios

---

29 Ver introducción - Marta Iñiguez de Heredia, "The Conspicuous Absence of Class and Privilege in the Study of Resistance in Peacebuilding Contexts" *International Peacekeeping*, 25, no. 3 (2018): 325-348.

30 Anna M. Agathangelou, "Fanon on Decolonization and Revolution: Bodies and Dialectics, Globalizations," Globalizations, 2015, 1-20; Anna M. Agathangelou and L. H. M. Ling, "Postcolonial Dissidence within Dissident IR: Transforming Master Narratives of Sovereignty in Greco-Turkish Cyprus," Studies in Political Economy 54, no. 0 (1997): 7-38; Chowdhry Geeta and Sheila Nair, Power, Postcolonialism and International Relations: Reading Race, Gender and Class (New York: Routledge, 2013); Alina Sajed, Postcolonial Encounters in International Relations: The Politics of Transgression in the Maghreb (Routledge, 2013).

31 Marta Iñiguez de Heredia, Everyday Resistance, Peacebuilding and State-Making (Manchester University Press: Manchester, 2017); Oliver Richmond, *From Peacebuilding as Resistance to Peacebuilding as Liberation* (Routledge: London, 2012).

32 Ver por ejemplo el volumen entero de *Millennium: Journal of International Studies*, 2018; Lawson, George. "Halliday's Revenge: Revolutions and International Relations." *International Affairs (Royal Institute of International Affairs 1944-)* 87, no. 5 (2011): 1067-85.

pioneros, no ha sido hasta hace relativamente poco que la resistencia se ha consolidado como una agenda de investigación en la disciplina. Es también por esto que la disciplina de Relaciones Internacionales ha tenido que ir adquiriendo conceptos y postulados de otras áreas de las Ciencias Sociales.

## III. EL ESTUDIO DE LA RESISTENCIA: DE LAS CIENCIAS SOCIALES A LAS RELACIONES INTERNACIONALES

El estudio de la resistencia en las Ciencias Sociales ha sido netamente interdisciplinar. En Relaciones Internacionales estos estudios han tomado prestado muchas herramientas, por ejemplo, de la Teoría Política, la Sociología, la Antropología o la Historia. Estas disciplinas han actuado como precursoras a nivel conceptual y teórico y muchos de los debates que se han tenido dentro de estas disciplinas han surgido en Relaciones Internacionales décadas después. Por ejemplo, mientras que en Antropología y Sociología han estado debatiendo la definición y límites del concepto de resistencia desde hace varias décadas, solo en 2018, los y las editoras de *Millennium Journal of International Relations* plantearon que el concepto de resistencia no está claro y menos aún el papel que éste, junto con el de revolución, juegan en las Relaciones Internacionales.

En la sección anterior se daba cuenta de cómo se ha ido tejiendo el estudio de la resistencia en la disciplina a partir de los eventos, dinámicas y procesos prácticos acaecidos en el mundo. Esta sección tiene por objetivo ahondar en esta cuestión, pero a partir de los debates y enfoques de otras Ciencias Sociales. En general, se observan tres maneras de abordar el estudio de la resistencia, ya sea esta normativa, descriptiva o explicativa. Si bien ha habido un grado de solapamiento, cada una de estas ha puesto el énfasis en, respectivamente, analizar la legitimidad misma de la resistencia y los actores, retratar uno o varios acontecimientos y teorizar la resistencia como categoría analítica.

Los enfoques normativos han venido desde la teoría política y filosofía, centrándose en si la resistencia es legítima o si un colectivo dado debe resistirse o rebelarse. Los ejemplos que nos llegan desde el canon puramente occidental se remontan a Tomás de Aquino y Thomas Hobbes, precisamente teorizando en qué contexto puede ser legítimo resistirse a la autoridad. De Santo Tomás se deriva la posibilidad de insumisión, aunque esto tenga que hacerse, a su vez, bajo una autoridad legítima[33]. Como Hobbes determina que las personas no somos capaces de coexistir y florecer sino es bajo una autoridad, la resistencia será siempre ilegítima, a no ser que la propia autoridad esté prácticamente a punto de quitarnos la vida[34]. En la Teoría Política contemporánea abundan los ejemplos de este tipo, con una tendencia no solo a legitimar sino a promover la resistencia a las diferentes formas de poder que provocan diferentes formas de subyugación e injusticia social[35]. Ha sido esta línea la que más ha proliferado en Relaciones Internacionales, con un desarrollo especial en el campo de la Teoría Política Internacional[36].

No obstante, y sin que ello haya significado el reconocimiento de este enfoque teórico-político, ha habido una tendencia en Relaciones Internacionales a deslegitimar a aquellos actores que, en línea con Hobbes, se han visto como atentando 'ilegítimamente' a la autoridad en sus diversas formas. Por ejemplo, dentro del campo de los estudios de paz y conflicto, y más específicamente, dentro del estudio de las intervenciones de paz, ha habido una tendencia a considerar a los actores que apoyan las estrategias de paz internacionales, ciertos actores de la sociedad civil y las ONGs internacionales como legítimos, y aquellos que resisten, subvierten o no las apoyan como ilegítimos, dándoles nombres como spoilers, terroristas o bárbaros[37]. De hecho se podría decir que incluso en trabajos netamente empíricos —es decir, estudios cuyo objetivo es dar cuenta de hechos prácticos y no la elaboración teórica— la conceptualización de los actores implica asignarles o quitarles legitimidad, dependiendo de si se habla de 'te-

---

33 Tomás de Aquino, *Suma Teológica* (Tecnos: Madrid, 2014).

34 Thomas Hobbes, *Leviatán* (Losada: Buenos Aires, 2013).

35 Janet Coleman, *Against the State: Studies in Sedition and Rebellion* (London: BBC Books, 1990); Frantz Fanon, *The Wretched of the Earth*, 1st Evergreen ed (New York: Grove Weidenfeld, 1991); Ernesto Guevara, *Guerrilla Warfare: A Method* (Peking: Foreign Languages Publishers, 1964); Etienne de La Boétie, *The Politics of Obedience and Étienne de La Boétie*, trans. Paul Bonnefon (Montréal: Black Rose Books, 2007); Max Stirner, *The Ego and His Own*, 1912; Subcomandante Marcos, *Our Word Is Our Weapon: Selected Writings*, ed. Juana Ponce de León (London: Serpent's Tail, 2001).

36 Clarke, Ian. Hierarchy. The Hierarchy of States: Reform and Resistance in the International Order. Cambridge University Press, 1999; Christopher Daase & Nicole Deitelhoff (2019). Opposition and dissidence: Two modes of resistance against international rule. *Journal of International Political Theory*, *15*(1), 11-30.

37 Iñiguez de Heredia, Everyday Resistance, Peacebuilding and State-making. Manchester University Press, 2017.

rroristas', 'piratas' (ej. Somalia) o 'rebeldes'. En el caso de la intervención de la OTAN en el Mediterráneo contra la piratería marítima en Somalia, donde España estaba especialmente implicada por sus intereses pesqueros, la denominación de 'piratas' a quienes atacaban los buques significaba la deslegitimación de sus actos, que no eran otros que resistir y frenar la amenaza a su tradicional fuente de ingresos en aguas que consideraban como propias[38].

Si la Teoría Política nos ha invitado a pensar la legitimidad de los actos y actores en los actos de resistencia y en el ejercicio de la autoridad, la Antropología, la Sociología y la Historia han invitado a pensar casi todo el resto de los aspectos. Como se ha mencionado anteriormente, estas disciplinas han producido, primero, estudios que podemos denominar descriptivos, los cuales han indagado sobre los casos en los que se han producido procesos de resistencia y rebelión[39]. Esta literatura ha descrito las maneras y los actores involucrados en actos y procesos de resistencia, los objetivos e intereses en juego, y el contexto histórico en el que se han dado. Este enfoque se diferencia de lo que puede llamarse un enfoque explicativo, que ha producido trabajos con el objetivo de teorizar la resistencia en sí, es decir, dar cuenta de qué es la resistencia, cómo y a qué se resiste y quién resiste. Los/as autores/as en este marco, han tratado de definir la resistencia, y con ella, si tiene una mentalidad política, si tiene un ideal emancipador, si es colectiva o no, si es generada por el poder al que se resiste o si existe como una categoría en sí misma, previa a dicho poder. [40] Ninguna disciplina ha

---

38 Gilberto Carvalho Oliveira, "The Causal Power of Securitisation: An Inquiry into the Explanatory Status of Securitisation Theory Illustrated by the Case of Somali Piracy." *Review of International Studies* 44, no. 3 (2018): 504-25.

39 Norman Cohn, *The Pursuit of the Millennium* (London: Secker and Warburg, 1957); Max Gluckman, *Order and Rebellion in Tribal Africa: Collected Essays with an Antobiographical Introduction* (London: Cohen and West, 1963); Eric Wolf, *Peasant Wars of the Twentieth Century* (London: Faber and Faber Ltd, 1971); Gebru Tareke, *Ethiopia, Power and Protest: Peasant Revolts in the Twentieth Century* (Cambridge: Cambridge University Press, 1991).

40 Jean-Paul Sartre, *Being and Nothingness: An Essay on Phenomenological Ontology* (London: Methuen, 1969); Émile Zola, *The Earth,* trans. Douglas Parmée, Penguin Classics (Harmondsworth: Penguin, 1980); Barrington Moore, *Injustice: The Social Bases of Obedience and Revolt* (London: Macmillan, 1978); James C. Scott, *Weapons of the Weak: Everyday Forms of Peasant Resistance* (New Haven: Yale University Press, 1985); James Scott, *Domination and the Arts of Resistance: Hidden Transcripts* (New Haven: Yale University Press, 1990); Michel Foucault, *Discipline and Punish: The Birth of the Prison.*, Second (New York: Vintage Books, 1995); Michel Foucault, *The*

cerrado la cuestión, dando una respuesta definitiva a qué es resistencia y cómo se diferencia de protestas o revueltas. La resistencia representa, a grandes rasgos, un desafío, rechazo, subversión o transformación de aquello que se sitúa en el centro del análisis —sea el capitalismo, el estado, el militarismo, el patriarcado o el racismo.

En Relaciones Internacionales han predominado los enfoques explicativos, sobre todo desde los años 1990 en los que se ha pasado de constatar las múltiples formas de resistencia existentes a las estructuras de poder global a teorizar cómo y por qué ocurre la resistencia y, sobre todo, porqué ciertas acciones se pueden denominar 'resistencia'. En este sentido, los debates sobre los fundamentos ontológicos desde los que ha partido cada teoría —ej. las relaciones de producción, de género u otras— han predominado menos que los que han versado sobre otros aspectos quizá más banales, pero a la vez más determinantes para entender qué ocurre exactamente cuándo nombramos algo como resistencia, y qué significado puede tener esta para la estructura de poder del orden mundial. De esta forma, aspectos cruciales que se han debatido han sido si la resistencia debe ser colectiva o no, si tiene que tratarse de una confrontación abierta contra el poder, si los medios tienen que ser combativos, creando una amenaza directa a los estamentos e instituciones de poder, si deben tener o partir de postulados ideológicos contrarios a los que sustentan el poder y si, además, deben aspirar a suplantar, derrotar o conquistar ese poder. Como se apuntaba anteriormente, aquí se enmarcan los debates sobre si los cuidados o la maternidad se pueden considerar formas de resistencia de la misma manera que las protestas, manifestaciones o la confrontación armada. Aquí la disciplina de Relaciones Internacionales llega tarde, pues se hace eco de un debate que tuvo lugar en la Antropología en los años 70 y 80, pero que es relevante, en tanto en cuanto no queda claro que el foco en lo internacional y en lo macro, pueda dar cuenta de formas de resistencia —significativas e influyentes— que no sean colectivas y públicas. Por el contrario, una serie de trabajos han puesto sobre la mesa la necesidad de estudiar formas de resistencia latentes y cotidianas, no siempre en forma de grandes performances públicas. Para verlo más claramente, la siguiente sección aborda específicamente el debate entre la resistencia pública y potencialmente revolucionaria en contraposición a la latente y, en apariencia, sin un potencial impacto significativo.

---

*History of Sexuality. Vol I*, trans. Robert Hurley (New York: Pantheon Books, 1978); Eric Wolf, *Europe and the People Without History* (Berkeley: University of California Press, 1982).

## IV. LA RESISTENCIA ENTRE LO PÚBLICO Y LO LATENTE

Las Relaciones Internacionales se han visto abocadas a un debate que ya se tuvo en Antropología y Sociología hace cuatro décadas, pero que se ha hecho necesario ya que plantea la necesidad de reflexionar sobre lo que sustenta y da pie a la posibilidad de todos y cada uno de esos momentos importantes en los que la resistencia ha marcado el rumbo de los acontecimientos internacionales. Todos ellos nos plantean un dilema: ¿dónde acaba la experiencia vital personal que alimenta el impulso de organizarse y resistir y dónde empieza la resistencia pública y militante? ¿Puede considerarse como resistencia la huida, una mueca en forma de burla o un silencio? Los enfoques Gramscianos y aquellos basados en James Scott también han puesto sobre la agenda de Relaciones Internacionales, los mismos debates a los que respondieron en los años 1980, en cuanto al grado de absorción de la ideología dominante por parte de las clases populares.

Todo esto ha llevado a la creación de dos corrientes fundamentales que tratan precisamente la resistencia como algo público y visible, perteneciente al mundo de los movimientos sociales, las ideologías y los retos claros al poder y orden establecidos y aquella que, por el contrario, considera que la resistencia ocurre de manera habitual como algo latente y menos visible, y más cotidiano, siendo el área de lo público y organizado no algo opuesto, sino su colofón o la punta del iceberg de estas formas habituales de resistir.

### *1. La resistencia pública organizada*

Como ya hemos visto, desde las revueltas anti-coloniales, los movimientos feministas, anarquistas, ecologistas y anti-militaristas, hasta las protestas anti-globalización y las primaveras afro-árabes, la agenda de Relaciones Internacionales en el campo de la resistencia ha versado en gran medida sobre los procesos visibles, organizados y con objetivos políticos claramente delineados.

Uno de los grandes autores de referencia del marxismo, Immanuel Wallerstein, al analizar las diferentes formas de resistencia que han existido durante el periodo de formación y desarrollo del sistema capitalista, establece dos categorías de movimientos que para él han existido desde el siglo XIX: sociales y nacionales[41]. Los primeros confrontan 'la opresión del

---

41 Immanuel Wallerstein, "Análisis de Sistemas", 90; *Transforming Social Revolution.*

proletariado por la burguesía' y los segundos 'la opresión de los pueblos (y las "minorías") por los grupos dominantes" buscando alcanzar la igualdad[42]. Estos dos se han dado de manera paralela entre dos líneas principales de tiempo: entre 1848 y 1968 y post-1968, aunque con diferencias entre Occidente, el Este y el Sur —por las dinámicas contextuales diferenciadas de acuerdo al rol que estas regiones juegan en la división internacional del trabajo que él mismo teoriza, entre centro, semiperiferia y periferia. Para él todos estos movimientos marcan cambios fundamentales en la estructura política global. Los movimientos obreros de 1848 establecen una nueva configuración social y política dentro de los estados occidentales en el marco de una intensificación y estructuración del sistema mundo, y se mantienen como protagonistas del movimiento social y durante una larga primera mitad del siglo XX, en forma de expansión de partidos comunistas y socialdemócratas. Los movimientos de liberación nacional suponen la consecución del poder del estado como objetivo, si bien esto se ve como insuficiente para la transformación de las estructuras de poder del capitalismo global y es en parte lo que da pie a la 'revolución de 1968'.

Para Wallerstein, 1968 supone una revolución que, primero, transforma 'las realidades ideológico-culturales' y el funcionamiento estructural del sistema-mundo; segundo, confronta la hegemonía norteamericana, y tercero, hace emerger una serie de 'nuevos movimientos sociales' liderados por jóvenes que marcan diferencias frente a la 'vieja izquierda', y que destronan el liderazgo de la 'revolución', dando paso a una multiplicidad de luchas[43]. Para Wallerstein, lo que la resistencia ha puesto de manifiesto desde 1968 es que la manera de lograr cambios sociales no pasan necesariamente por conquistar el poder del Estado sino formando alianzas entre los diferentes movimientos —feministas, ecologistas, jóvenes, anti-militaristas, anti-racistas, etc[44]. Lo que el marxismo y, en concreto Wallerstein, nos revela es la necesidad de estudiar estas formas de resistencia para conocer realmente las estructuras de poder y sus cambios tanto históricos como futuros.

Siguiendo este enfoque, y con los eventos sucedidos que llevaron a la Revolución Iraní en 1979, Fred Halliday, fue más allá del estudio de la re-

---

42 Immanuel Wallerstein, "1968: revolución en el sistema-mundo: Tesis e interrogantes" en Apuntes básicos para el Simposio: "1968 como un evento global", Brooklyn College, Nueva York, 20-21 de octubre de 1988. https://estudiossociologicos.colmex.mx/index.php/es/article/download/1115/1115

43 Wallerstein "Revolución en el Sistema Mundo".

44 Ibid.

sistencia e inauguró el estudio sobre las revoluciones[45]. Animado por los estudios sobre las mismas desde la sociología histórica (ej. Theda Skocpol, Charles Tilly y Michael Mann), Halliday dio un giro a las Relaciones Internacionales identificando cómo el orden social estatal y por tanto mundial puede cambiar por las acciones de aquéllos opuestos a un orden determinado, y no sólo por las decisiones y acciones de estadistas en un mundo competitivo por el poder. Es más, lo que tanto los movimientos sociales como esta literatura sobre la revolución pone de manifiesto es que lo que ocurre dentro de los estados tiene un impacto transformador en la arena internacional, y no es algo ajeno.

El problema es que el enfoque sobre los grandes acontecimientos corre el riesgo de silenciar prácticas y dinámicas que no tengan un carácter tan sonado o exitoso. Un ejemplo de las consecuencias de esta tendencia a poner el foco en los "éxitos", sumado al carácter eurocéntrico de las Ciencias Sociales, en general, y de las Relaciones Internacionales, en particular, ha llevado a un silenciamiento de la resistencia y a las revoluciones de facto que han existido en el continente africano[46].

En este sentido, también desde la sociología histórica han surgido recientemente una serie de estudios bajo el concepto de 'políticas contenciosas'. Este concepto se ha utilizado para examinar diferentes prácticas disruptivas con objetivos políticos o de cambio de la política gubernamental[47]. Estas prácticas pueden incluir diferentes acciones de confrontación, manifestaciones, huelgas, disturbios y acciones de desobediencia civil, pero que también pueden conectar con prácticas terroristas e insurgentes. Tilly define la política contenciosa como "interacciones en las que los actores hacen reclamaciones que afectan a los intereses de otros, en las que los gobiernos aparecen como objetivos, iniciadores de reclamaciones o terceros"[48]. El objetivo principal de estos autores ha sido aunar en una única línea de investigación lo que, en el campo de la sociología, hasta ahora venían siendo líneas separadas entre movimientos sociales, huelgas y revoluciones. En

---

45 Fred Halliday, "The Iranian Revolution: Uneven and Combined Development and Religious Populism" *Journal of International Affairs* 36, no. 2 (1982): 187-207. http://www.jstor.org/stable/24356434; Fred Halliday, Revolution and World Politics: The Rise and Fall of the Sixth Great Power (Springer: Geneva, 1999).

46 Pascal Bianchini, Ndongo Sylla y Leo Zeilig, *Revolutionary Movements in Africa: An Untold Story* (Pluto Press: London, 2023).

47 Charles Tilly y Sidney Tarrow, Contentious Politics (Oxford University Press: 2015).

48 Ibid., 25.

Relaciones Internacionales, esta literatura se ha aplicado por ejemplo al estudio de diferentes prácticas de confrontación en contextos de programas de intervención internacional para el restablecimiento de la paz[49].

No obstante, incluso esta visión ampliada sigue teniendo una tendencia a ver la resistencia como algo público, colectivo y organizado, dejando de lado la resistencia que se da en el ámbito privado o, por lo menos, no en forma de resistencia pública y organizada, y que podrían ser mayoritarias. La nueva tendencia en la literatura ha sido, por tanto, poner el foco en formas de resistencia más cotidianas, menos estructuradas y que no necesariamente tienen el objetivo explícito de un gol revolucionario. De hecho, desde el propio marxismo, han surgido enfoques con rasgos postestructuralistas, bajo la denominación de post-Marxismo como el de los autores Michael Hardt y Antonio Negri.

En su trabajo central, a través de las obras *Imperio* y *Multitud,* los autores exponen que el capitalismo sigue operando bajo el paraguas de una oligarquía mundial —el Imperio— el cual sin embargo se ha transformado desde los años 1990s. El Imperio de finales de siglo XX y principios del siglo XXI no se puede identificar con ningún país, puesto que ningún país por sí solo es capaz de determinar el orden mundial. Por el contrario, este orden está determinado por el capital global y el mercado mundial operando más bien a partir de lo que denominan una constitución mixta donde la monarquía militar de EEUU, la aristocracia oligárquica de los grandes poderes económicos y la democracia que aportan las organizaciones civiles y ONGs conviven.

En *Multitud,* abarcan de manera directa las posibilidades de democracia, liberación y revolución. De manera similar al argumento de Wallerstein, para Hardt y Negri, la marca característica que define las protestas y formas de resistencia de los movimientos anti-globalización y los que han sobrevenido posteriormente, es su carácter plural, no cuadrando dentro de conceptos unificadores como 'el pueblo', 'la clase trabajadora', etc. La multitud es esencialmente la multiplicidad de agentes, cosmovisiones, intereses, aspiraciones y prácticas de resistencia que necesariamente se ven abocadas a formar alianzas; precisamente, por la multidimensionalidad de la opresión que crean el capitalismo y el sistema de estados-nación actual. Estas prácticas de resistencia no siempre tienen que ver con una organización formal, sino con prácticas cotidianas e informales.

---

49 Outi Keranen, *The Contentious Politics of Statebuilding: Strategies and Dynamics* (Routledge: London, 2017).

Ciertamente, como ya se indicaba anteriormente, desde aproximadamente 2005, los movimientos que han surgido en prácticamente todos los continentes priman las coaliciones de intereses, la tendencia a la organización horizontal, con amplias miras políticas más hacia el cambio social que hacia la toma de poder[50]. Movimientos como "*Occupy*", "99%", "Black Lives Matter", "Me Too", etc han tenido una repercusión internacional, provocando nuevas coaliciones de movimientos sociales, revisiones nacionales de legislación y una condena internacional[51].

Estas protestas representan las formas de resistencia a los problemas, límites y fracturas del orden mundial. Estas también muestran las formas en las que el orden social cambia y se constituye no solo por la acción de actores en una situación de poder, sino la acción de múltiples formas de resistencia. La siguiente sección lleva esta afirmación más allá con la inclusión de prácticas de resistencia menos visibles. El objetivo de esto es poner de manifiesto que si bien las protestas aquí vistas están marcadas por objetivos sociales y políticos y llevadas a cabo de manera pública y de alguna forma organizada, no podrían haberse llevado a cabo si no pensamos en lo que Scott llama la 'prehistoria' de estas movilizaciones, es decir, las múltiples prácticas cotidianas, en el ámbito privado o, por lo menos, fuera del foco mediático, en las que la ideología, motivación e incluso organización de estas protestas se ha gestado. Esta resistencia latente no se opone ni es diferente a la resistencia pública, sino que de hecho la constituye y sustenta.

## 2. *La resistencia latente y cotidiana*

Basándose en la teoría de la cotidianeidad de autores como James Scott o Michel de Certeau, la sociología histórica de Agnes Heller, Henri Lefevre o Pierre Bourdieu, en el feminismo, o el postestructuralismo (Michel de Certeau, Michel Foucault) diversos estudios de Relaciones Internacionales has puesto el foco en prácticas de resistencia latente, fuera del ámbito de

---

50 Iñiguez de Heredia "Reversing Liberal Aspirations"; Adam Branch and Zachariah Mampilly, *Africa Uprising: Popular Protest and Political Change*, 1 edition (London: Zed Books Ltd, 2015).

51 Ro'ee Levy y Martin Mattsson, "The Effects of Social Movements: Evidence from #MeToo" (April 27, 2023). Available at SSRN: https://ssrn.com/abstract=3496903 or; Kevin K. Gaines, "Global Black Lives Matter." *American Quarterly* 74, no. 3 (2022): 626-634. https://doi.org/10.1353/aq.2022.0042; Josep Maria Antentas (2016) Internationalist Challenges: Antiglobalisation, Occupy, and *Indignados*, Globalizations, 13:4, 469-483, DOI: 10.1080/14747731.2015.1041270

los movimientos sociales y de las protestas organizadas. Por ejemplo, Audra Mitchell, examinando el conflicto y proceso de paz de Irlanda del Norte, ha analizado los grafitis e hitos arquitectónicos que han transformado la ciudad de Belfast como formas de resistencia contra las decisiones que a nivel oficial se han realizado sobre las zonas a las que católicos y protestantes debían ceñirse[52]. Esta resistencia se ha leído tanto como un reclamo de integración y del fin de las divisiones, como una reproducción de las mismas y, en último término, como un rechazo a las estrategias oficiales.

En el conflicto de la República Democrática del Congo se encuentran diferentes formas de resistencia que tienen que ver con la cotidianeidad de las estructuras de poder y la propia cotidianeidad de la violencia[53]. Estas formas de resistencia tienen que ver con intervenciones discursivas, denigrando, insultando y burlándose de las autoridades, hasta con formas de reapropiación material como coaliciones cooperativas solidarias, la ocupación y el robo, y la formación de grupos armados. Para Iñiguez de Heredia, lo que define la resistencia no es en sí la 'herramienta' —una protesta, un insulto, un ataque armado o una burla— sino el hecho de que tal herramienta se lanza desde una posición de subalternidad en una relación de poder, en la que va inserta una crítica a ese poder y una visión de cómo sería una relación o situación más justa[54]. Lo que puede hacer de una burla, una práctica de resistencia, es entonces que esa burla se hace desde una situación de desigualdad material y de privilegios hacia una persona o símbolo de la autoridad o poder responsable de esa desigualdad.

A partir de estos estudios ha surgido un debate sobre qué es la resistencia. Si un grafiti, un insulto, o la propia maternidad pueden ser formas de resistencia, ¿todo puede constituir una forma de resistencia? ¿Tiene entonces este concepto algún poder analítico que nos haga identificar esta práctica cuando la vemos?

El reto de los enfoques de la cotidianeidad es mantener la resistencia como concepto analítico, es decir, como una herramienta que nos permite distinguir unas prácticas de otras. David Chandler ha criticado a los enfoques que él llama de la resistencia 'invisible', ser ciegos a los elemen-

---

52 Mitchell, Audra. "Quality/Control: International Peace Interventions and 'the Everyday'", *Review of International Studies* 37, no. 4 (2011): 1623-45.

53 Iñiguez de Heredia, *Everyday Resistance.*

54 Ibid. Cap. 4.

tos estructurales de las relaciones de poder[55]. Si la resistencia puede ser invisible, la cuestión ya no es solo cómo observamos esa resistencia, sino dónde queda la visibilidad de las estructuras de clase, género, raza, etc. Es cierto que algunos trabajos en Relaciones Internacionales han hablado de la resistencia cotidiana como algo invisible. No obstante, el sentido no es la invisibilidad sino la toma en consideración del ámbito privado —en casa o en pareja— o fuera de la visión del poder. Un insulto, un grafiti o la acción de un grupo armado pueden estar relativamente ocultos a la acción de una autoridad, pero eso no significa que sea invisible.

Los enfoques denominados "de la resistencia cotidiana" tienen por objetivo desnaturalizar las relaciones de poder. Esto implica entender que las relaciones de poder no son omnipotentes. Incluso si seguimos a Michel Foucault en la visión de que el poder no se define por su capacidad de reprimir, sino por su capacidad de producir la realidad tanto material como discursiva, estas relaciones se pueden ver como omnipresentes, y encontrarse tanto en nuestras relaciones personales como en las estructuras globales de poder, pero eso no quiere decir que no encuentren resistencia.

Uno de los primeros debates al respecto en Ciencia Política y Antropología fue en torno a la visión gramsciana de que las clases populares absorben la ideología de la élite, produciéndose un cierto autoconvencimiento de la necesidad de una realidad injusta o desigual. En contra de esto, Scott estableció que las clases subalternas no necesariamente interiorizaban la dominación tanto como parecía, sino que las posibilidades de acción eran limitadas debido a la falta de medios y a un contexto de represión[56]. Es más, argumentó que incluso cuando la ideología dominante estaba hasta cierto punto interiorizada, seguían existiendo posibilidades de conflicto (de clase, género, racial, etc)[57]. Para Scott, estas clases subalternas suelen operar desde lo cotidiano, lo físico y lo tangible, aunque sea en forma de discurso, en lugar de apelar a conceptos abstractos como "poder" o "capital".

La resistencia, siguiendo a estos enfoques, puede definirse como la práctica, desde una posición de subordinación, que se opone a una realidad que se percibe como injusta, a la vez que se plantea la posibilidad de o la aspiración a una realidad diferente, fuera de esa injusticia. Si bien este

---

55 David Chandler, 'Peacebuilding and the Politics of Non-Linearity: Rethinking "hidden" Agency and "Resistance"', *Peacebuilding* 1, no. 1 (2013): 17-32.

56 Scott, *Weapons of the Weak*; Scott, *Domination and the Arts of Resistance*.

57 Scott, *Domination and the Arts of Resistance*, 77.

enfoque nos puede dejar con una definición demasiado amplia de resistencia, teorizar la resistencia creyendo que hay un punto final emancipador, también es problemático. No es que la resistencia no pueda generar órdenes políticos emancipatorios, es que la existencia de la resistencia no nos lleva necesariamente allí.

El debate entre las formas de resistencia públicas y organizadas y la resistencia cotidiana ha puesto de manifiesto la versatilidad de las teorías críticas de Relaciones Internacionales y la riqueza de estudiar diferentes fenómenos y prácticas desde una perspectiva interdisciplinar, pero que tiene como objetivo abordar la complejidad de las relaciones sociales —por mucho que el objetivo sea dar sentido a lo que ocurre a nivel internacional. En este sentido, los estudios sobre la resistencia que han llegado desde los estudios de paz, sobre desarrollo o sobre la colonialidad del poder tienen la capacidad de poner de manifiesto las múltiples grietas y fisuras que existen en el orden establecido.

## *3. Estudio de caso*

En los últimos años, los movimientos sociales a nivel mundial han experimentado varias transformaciones. Si en los años 90s, los movimientos anti-globalización eran los protagonistas de grandes protestas en las cumbres de organizaciones internacionales, como símbolos del poder económico y político mundial, durante los años 2000 y, sobre todo, a partir del 2010, han surgido movimientos, con una apariencia más espontánea y desestructurada, pero que han reverberado a lo largo y ancho del globo y han llevado al derrocamiento de regímenes como los de Túnez, Egipto, Burkina Faso y Siria.

En España, surgió el movimiento de "los indignados". El 15 de mayo de 2011 se convocaba una manifestación cuyo espíritu era un sentimiento de indignación contra el sistema y contra 'los políticos'[58]. De las 50 ciudades que se sumaron a esa convocatoria se pasó a la realización de asambleas, concentraciones y acampadas permanentes en las plazas de infinidad de barrios y municipios, inspirando a miles de jóvenes a organizarse por un cambio social. El "15-M" marcó un antes y un después en la política española. El tradicional sistema bipartidista se vio seriamente herido, con la aparición de nuevos partidos. Podemos, un partido nacido netamente del

---

58 https://elpais.com/politica/2011/05/16/actualidad/1305578500_751064.html?event_log=oklogin

movimiento 15M se consolidó como tercera fuerza política, quedando, en su coalición con Izquierda Unida, a tan solo 400.000 votos por debajo del PSOE en las elecciones de 2016, y llegando a gobernar en coalición con el PSOE en las de 2021. El asamblearismo y la horizontalidad calaron en muchas organizaciones tradicionales, viéndose "obligadas" a establecer, por ejemplo, sistemas de elección de líderes mediante primarias.

¿Qué ocurrió? Desde los enfoques más estructuralistas, podríamos decir que lo que vimos fue prácticamente una rebelión, sobrevenida por las tensiones ocasionadas por la crisis financiera. No podemos olvidar el contexto en el que se daba el "15M". Desde el 2008, el sistema financiero había colapsado por lo que Marx denominaría un excedente de producción y la propia dinámica de financiariación de la economía —por la que la economía cada vez se basa en productos financieros intangibles que no guardan relación con la economía tangible. El rescate de este colapso pasó por recortes desmesurados a la economía tangible de países, y en especial los europeos, incluyendo servicios públicos, subvenciones, despidos, etc. Un gran número de personas trabajadoras y familias se quedaron sin medios de vida.

Ahora bien, como dicen Hardt y Negri, este tipo de protestas ya no se pueden ver únicamente desde el punto de vista de la dialéctica material entre las clases productivas y propietarias. Hay que tener en cuenta que quien sale a la calle es lo que ellos denominan 'la gente'; es decir, un colectivo difuso, plural e indeterminado que no necesariamente se puede observar desde las relaciones materiales de producción, sino desde posiciones identitarias e ideológicas de lo que supone su cotidianeidad, así como sus aspiraciones, que no siempre coinciden con un orden emancipado.

Por otro lado, como James Scott argumenta, para entender por qué se producen estas protestas, hay que entender qué formas de resistencia se estaban dando previamente. Para Scott, la clave de por qué, de un día para otro, miles o millones de personas salen a la calle a manifestarse y a rebelarse es porque existe una cultura previa de resistencia cotidiana. Esta cultura tiene que ver con las relaciones materiales de producción, pero también con la formas hegemónicas de dominación ideológica, así como con toda la interseccionalidad de relaciones de poder que afectan de diversas maneras a muchas personas, creando ese sentimiento común de victimismo y opresión, pero también de subversión.

Otras teorías que también se han centrado en las prácticas cotidianas como el feminismo o el posestructuralismo, harían una lectura parecida en cuanto a estudiar las bases que posibilitan una protesta y una 'revolución', cosa que por otro lado, es la dinámica propia de la resistencia y la que con más frecuencia se da, dentro de la excepcionalidad de la revuelta y la revolución. En este sentido, tanto Scott como Foucault apuntarían a los patrones en los que se establecen las relaciones de poder.

Preguntas para trabajar en clase:

- ¿Fue el 15M una revolución o una protesta?
- ¿Qué factores y dinámicas posibilitaron el 15M?
- ¿Es el 15M una excepción o la expresión de un patrón visible?
- ¿Qué repercusión ha tenido el 15M en España y en Europa?

## V. CONCLUSIONES

La resistencia es uno de los conceptos en Relaciones Internacionales que ha sido enteramente desarrollado por teorías críticas. Nace desde la necesidad de entender cómo el poder no es absoluto sino limitado y contestado de múltiples formas y en todos los contextos. Es un concepto que ha llevado a las Relaciones Internacionales a la esfera sociológica, histórica y antropológica, con un enfoque multidisciplinar. De esta forma, los debates que se han tenido en la disciplina han sido similares a los de otras disciplinas.

Hemos visto que ha habido diferentes teorías que han desarrollado la resistencia desde diferentes puntos de vista. Desde los primeros estudios Marxistas y feministas hasta el postestructuralismo, el enfoque de la resistencia cotidiana, el postcolonialismo y las políticas contenciosas. No obstante, lo que ha creado más debate no ha sido tanto el enfoque ontológico concreto sino más bien cuestiones metodológicas y de demarcación de qué es la resistencia. Los grandes debates han sido si la resistencia debe ser colectiva o no para denominarse resistencia; si tiene que tener un objetivo expreso y abierto contra una estructura o institución de poder; si tiene que tener la intención misma de resistir un tipo de poder; si hay tácticas que definen más a la resistencia que otras; y cómo se diferencia la resistencia de otro tipo de prácticas como la revuelta o la propia guerra.

La resistencia es un campo de estudio abierto, en el que queda mucho todavía por saber y estudiar. En la actualidad, hay focos dentro de los diferentes subcampos de Relaciones Internacionales, como los estudios de paz y conflicto, estudios de seguridad, sobre el terrorismo, movimientos sociales, así como los estudios que se centran en los eventos revolucionarios, secesionistas e insurgencias. Si, como ya apuntan muchos estudios, el mundo está cada vez más militarizado, la guerra se ha instalado (de nuevo o más abiertamente) como una herramienta de política exterior, y la economía no tiene visos de cambiar su dinámica distributiva a nivel global, parece que los próximos años seguiremos viendo dinámicas de resistencia que pasarán tanto por las acciones cotidianas como por las más públicas y confrontacionales. Lo que sí sabemos es que esta dialéctica generará cambios sociales y será el estudio de la resistencia el que nos ilumine hacia donde irán esos cambios.

## VII. RECAPITULACIÓN

| **Principales ideas** |
|---|
| La resistencia en sus diferentes formas es una fuerza social constitutiva de las diferentes estructuras, dinámicas y procesos que han configurado y configuran la política mundial. |
| La resistencia ha estado siempre presente como tema en las Relaciones Internacionales porque ha sido una dinámica presente en forma de protestas anti-coloniales, feministas, pacifistas, laborales y muchas otras. No obstante, no ha sido un tema central hasta los años 50 y 60 del siglo 20 que se ha instaurado una agenda de investigación propiamente dicha. |
| Las principales aproximaciones al estudio de la resistencia en Relaciones Internacionales han venido del feminismo, el Marxismo, el postestructuralismo y el postcolonialismo. |
| **Enfoques críticos que abordan el tema** |
| Se distinguen enfoques descriptivos, normativos y analíticos. |
| Se distinguen varias teorías sobre la resistencia incluyendo aquellas que vienen de estudios feministas, anarquistas, post-marxistas, la teoría de la resistencia cotidiana, el postcolonialismo y el estudio de políticas contenciosas. |
| Los debates se han centrado en intentar definir la resistencia como hecho social y concepto analítico, más allá de lo normativo. |

## VIII. RECOMENDACIONES

***Libros***

Baronnet, Bruno, Mora Bayo, Mariana y Richard Stahler-Sholk. 2011. *Luchas "Muy Otras": Zapatismo y Autonomía en las Comunidades Indígenas de Chiapas.* (Universidad Autónoma Metropolitana, México D.F.) .

Brecht, Bertol. *La Medida.* Alianza Editorial.

— Canciones, Poemas y Coros. Alianza.

Fanon, Franz. 2022. *Los Condenados de La Tierra.* Txalaparta.

Negri, Antonio y Michael Hardt. 2009. *Multitud: Guerra y Democracia en la Era del Imperio.* Traficantes de Sueños, Madrid.

Negri, Antonio. 201. Trilogy of Resistance.

Scott, James. 1991. Los dominados y el arte de la resistencia. Ediciones Era, México

Tamale, Silvia. 2020. *Decolonization and Afro-Feminism.* Daraja Press.

Zapatistas. Muy Otras. Zapatismo y Autonomía.

### *Documentales y Películas*

Los Miserables, https://www.youtube.com/watch?v=z8vmOiQC50o

La Toma, https://www.youtube.com/watch?v=VADxTmiShtk

Todos Cuentan 15M, https://www.youtube.com/watch?v=GvQYs5xPVgA

No Logo, https://www.youtube.com/watch?v=oeTgLKNb5R0

El fuego y la palabra, https://www.youtube.com/watch?v=Ysne5iPFfJQ

## *Capítulo 16*

# *Naturaleza(s)*

**AMAYA QUEREJAZU ESCOBARI***

### 1. ¿POR QUÉ EL TEMA DE NATURALEZA ES RELEVANTE PARA LAS RELACIONES INTERNACIONALES? ¿QUE ENTENDEMOS POR NATURALEZA?

El concepto de naturaleza es en sí desconcertante, parece obvio y es al mismo tiempo elusivo. De acuerdo con Tănăsescu, su obviedad se deriva de una tradición filosófica moderna que relega a la naturaleza y la entiende como todo aquello que no es cultura, poniéndola en oposición a ella como el binario naturaleza/cultura. Su característica de elusividad aparece tan pronto cuando se va más allá de ese pensamiento dicotómico y binario propio del pensamiento moderno occidental ilustrado y se evidencia que esa frontera no existe[1]. Para las ciencias sociales, han sido clave las obras de Bruno Latour[2] y de Philipe Descola[3], entre otros, quienes han ido mostrando lo ilusorio de dicha división. Pero no solo ha bastado con cuestionar esa diferenciación sino las premisas a través de las cuales se ha naturalizado que la especie humana se configure como distinta y superior a otras especies, y separada, por tanto, de su entorno natural. Romper con esta premisa conocida como antropocentrismo ha permitido teorizar acerca de qué tipo de actores son la naturaleza y los otros seres no humanos.

---

* Profesora titular de la Facultad de Derecho y Ciencias Políticas de la Universidad de Antioquia, Colombia.

1 Mihnea Tănăsescu, *Understanding the Rights of Nature. A Critical Introduction* (Bielefeld: New Ecology, 2022), 32.

2 Latour, Bruno. 1993. *We Have Never Been Modern*. Cambridge, Massachusetts: Harvard University Press; Latour, Bruno. 2014. "Another Way to Compose the Common World." *HAU: Journal of Ethnographic Theory* 4 (1): 301-7. https://doi.org/10.14318/hau4.1.016.

3 Descola, Philippe. 2011. "Más Allá de La Naturaleza y Cultura." *Cultura y Naturaleza. Aproximaciones a Propósito Del Bicentenario de La Independencia de Colombia*, 75-98.

Aquí se parte de entender que lo que entendemos por naturaleza, y las maneras como nos relacionamos con ella, tienen profundas consecuencias en los mundos que construimos, siendo la gobernanza global del medio ambiente, y ahora más específicamente del cambio climático, uno de los ejemplos más importantes.

En la medida en que la disciplina de RRII ha sido tradicionalmente estado céntrica y Occidental, ha sido necesario acudir a las discusiones que están teniendo lugar en otros campos de las ciencias sociales y naturales, para poder así hacer una crítica a los paradigmas ontológicos binarios y antropocéntricos que caracterizan esta disciplina, entre los cuales se destacan la antropología y la geografía críticas, los estudios de ciencia y tecnología y las filosofías contenidas en las cosmologías indígenas no occidentales y la mecánica cuántica, la ecología profunda derivada de corrientes críticas de la biología respectivamente (Ver también los capítulos de Poscolonialismo, Feminismo, Neo materialismo y Teoría Verde de este volumen). En ese sentido, se hace necesario considerar el tema de reconocer la naturaleza y los otros habitantes del planeta, como actores en la vida internacional, lo que implica una reorientación ontológica de RRII de manera que se dé una apertura que responda a la agencia no humana como relevante para la política internacional.

Este capítulo muestra tres aproximaciones a la naturaleza, una postura dominante o tradicional y dos posturas críticas que entienden la naturaleza no como un objeto sino como un actor. Para ello, en la primera sección se aborda la manera como las teorías dominantes han concebido la naturaleza como un objeto o recurso, por tanto, pasiva y apolítica. En la segunda sección se desarrollan otras dos aproximaciones derivadas de posturas críticas: la naturaleza como una entidad titular de derechos, —con capacidades limitadas y como objeto de protección a través de mecanismos jurídicos—, y la naturaleza como ser y actor político en plena capacidad y agencia. Esta triple distinción nos permite entender que distintas aproximaciones a la naturaleza tienen profundas consecuencias en las formas como se entiende y trata la problemática medioambiental. Si bien no es una clasificación exhaustiva ya que cada una de estas aproximaciones se deriva de corrientes de pensamiento con variaciones importantes, dicha clasificación permite identificar un proceso de cambio en la manera como se ha venido abordando la agenda 'verde' de las RRII, pasando por el reconocimiento del medioambiente como un tema de la agenda internacional, o una categoría analítica, a plantear a la naturaleza como un agente político que complejiza el entramado de actores. Para ello se abordan como marco teórico las teorías verdes, enfoques relacionales como el poshumanismo, el neo materialismo (Ver Torrent en este volumen) y las cosmologías relacionales como las indígenas. Estas lecturas nos mostrarán distintas aproximaciones a la naturaleza desde unas perspectivas no antropocéntricas, de lo cual se concluye, que es muy difícil conceptualizar la naturaleza como una categoría fija, y por lo que es mejor hablar de naturalezas en plural. Para ilustrar las implicaciones que distintas comprensiones de la naturaleza tienen en la vida política internacional, se analizará la gobernanza del cambio climático.

## II. EXPLICACIONES DOMINANTES Y TRADICIONALES: NATURALEZA COMO OBJETO, COMO RECURSO

Los asuntos que tienen que ver con el medio ambiente nunca han sido una prioridad para la teoría de RRII. Las teorías dominantes como el neorrealismo y el neoliberalismo han construido los problemas medioambientales como otro asunto de la agenda internacional que puede atenderse y resolverse desde marcos teóricos prexistentes. Ante esto, la Teoría Verde (Ver Molinero en este volumen) surge como una aproximación holística que cuestiona el estado centrismo y los enfoques racionalistas, así como la ceguera ecológica de la ortodoxia de la disciplina. Estas posturas son también antropocéntricas, pues incorporan la naturaleza como un sistema de soporte del mundo humano, o la objetivizan como una 'amenaza ambiental' que socava la integridad del estado, o como la fuente primaria de los recursos que garantizan la subsistencia de la especie humana. Por lo tanto, las teorías verdes que ahora informan la disciplina vienen de otros campos de las ciencias sociales y naturales[4].

Por otra parte, el llamado para dominar la naturaleza tiene raíces teológicas en la tradición cristiana y se afianza con la Ilustración y el Humanismo, donde el hombre reemplaza a Dios y es el llamado a dominar la naturaleza. Pero es desde la Revolución Industrial que la naturaleza se trata como un commodity que existe básicamente para el beneficio de los humanos y que se considera que los problemas ambientales se resuelven a través del uso de la tecnología[5].

---

4 Robyn Eckesley, "Green Theory," in *International Relations Theories. Discipline and Diversity*, ed. Tim Dunne, Milja Kurki, and Steve Smith, 5th ed. (London: Oxford University Press, 2021), 263.

5 Emilian Kavalski and Magdalena Zolkos, "The Recognition of Nature in International Relations," in *Recognition and Global Politics: Critical Encounters*

Este contexto histórico, político, económico y social, de la mano del predominio de teorías y de metodologías de corte positivista, han incidido en la construcción de una gobernanza medioambiental basada en las premisas ontológicas que asumen una separación entre cultura y naturaleza que ha definido la relación entre humanos y naturaleza en términos de antagonismo: se la destruye, o de excesiva autoconfianza: se la protege y salva. Adicionalmente esto se circunscribe a lógicas modernizadoras y desarrollistas del sistema capitalista que privilegian la explotación y el consumo.

Las instituciones más importantes que hoy por hoy definen la gobernanza internacional del medio ambiente, como la Convención Marco de Naciones Unidas sobre el Cambio Climático (UNFCCC por sus siglas en inglés)[6], las Conferencias de las Partes (órgano negociador de la UNFCCC)[7], que producen tratados como el Protocolo de Kioto (1997) y el Acuerdo de Paris (2016)[8], son estado céntricos y cobijados en el sistema capitalista que ha permitido la producción de estrategias como el mercado de carbón, los mecanismos de desarrollo limpio y los programas de REDD[9] y REDD+ con el propósito de atender las emergencias causadas por el cambio climático a partir de los tres pilares más importantes: adaptación, mitigación y transferencia de tecnología. A ello se suman una serie de principios, como "quien contamina paga", o el de "precaución", que definen una agenda específica igualmente circunscrita al raciocinio capitalista, antropocéntrico y estado céntrico"[10]. El conocimiento científico producido respecto al cambio climático es administrado por el Panel Intergubernamental de Expertos sobre Cambio Climático (IPCC)[11], que produce informes y lineamientos

---

*Between State and World*, ed. Patrick Hayden and Kate Schick (Manchester: Manchester University Press, 2016), 139-55, https://doi.org/10.7228/manchester/9781784993337.003.0008.

6 Sitio web oficial: https://unfccc.int

7 Disponible en: https://unfccc.int/es/kyoto_protocol.

8 Disponible en: https://unfccc.int/es/acerca-de-las-ndc/el-acuerdo-de-paris

9 REDD significa "Reducción de Emisiones derivadas de la Deforestación y la Degradación de los bosques"; el símbolo + se refiere a los componentes de conservación, gestión sostenible de los bosques y participación de población local para su implementación. Al respecto se puede consultar el sitio web: https://redd.unfccc.int/.

10 Declaración de Rio sobre el Medio Ambiente y el Desarrollo, adoptada en 1992 y a partir de la cual se ha venido desarrollando la legislación ambiental internacional y adoptando leyes y regulaciones nacionales. Disponible en: https://www.un.org/spanish/esa/sustdev/documents/declaracionrio.htm

11 Ver: https://www.ipcc.ch/languages-2/spanish/

a partir de la producción académica y científica y evidencias concretas respecto a la degradación ambiental. De estas aproximaciones se desprenden estrategias también antropocéntricas basadas en la ciencia occidental para resolver algunas de las consecuencias del cambio climático, como la geoingeniería y se ha dado un lugar secundario o muy al margen de los conocimientos locales, indígenas ancestrales que se han venido tomando en cuenta recién desde 2016. En ninguna de estas instituciones la naturaleza aparece como otra cosa que no sea un objeto que proteger, se mantiene una separación entre naturaleza y cultura y, sobre todo, se asume una posición antropocéntrica a través de la cual el ser humano es excepcional en su rol de causante del daño y principal protector de la naturaleza. Se trata por tanto de una gobernanza ambiental concebida dentro de los paradigmas modernos occidentales que privilegian la ciencia occidental y son antropocéntricos. Pero esta aproximación que se construye como global o por lo menos universal, está lejos de serlo. Por tanto, a partir de problematizar el concepto de naturaleza es posible dar paso a alternativas, pensar en otros posibles paradigmas y descolonizar la agenda medioambiental, lo que significa repensar, por ejemplo, las múltiples maneras como otras cosmovisiones y mundos se relacionan con el medio ambiente, muchas veces cuestionando las categorías que damos por dadas, y que tiene que ver con tomar en serio las realidades y formas de entender el medio ambiente por pueblos colonizados[12]. Así, cuando hablamos de tierra, no necesariamente nos referimos a lo mismo, pues la tierra puede ser una fuente de recursos, un territorio vivo, incluso un ser con el cual estamos emparentados[13] (Ver Fonseca en este volumen).

Solo últimamente se ha venido cuestionando de una manera aún muy convencional esa división a partir de la idea del desarrollo sostenible, como por ejemplo el programa de Naciones Unidas llamado Armonía con la Naturaleza. En 2009 la Asamblea General de Naciones Unidas proclamó el 22 de abril como el Día Internacional de la Madre Tierra, de manera que los estados reconocieran a la Tierra y sus ecosistemas como un hogar común, promoviendo la armonía con la naturaleza como la manera para alcanzar

---

12 Tănăsescu, *Understanding the Rights of Nature. A Critical Introduction*; Tom B K Goldtooth and Shannon (eds.) Biggs, "Rights of Nature & Mother Earth. Sowing the Seeds of Resistance, Love and Change" (Oakland, 2015), http://movementrights.org/resources/RONME-SowingSeeds.pdf.

13 Marisol de la Cadena, "Indigenous Cosmopolitics in the Andes: Conceptual Reflections beyond 'Politics.'" *Cultural Anthropology* 25, no 2 (2010.) 334-70. https://doi.org/10.1111/j.1548-1360.2010.01061.x.

un balance justo entre las necesidades económicas, sociales y medioambientales de generaciones (humanas) presentes y futuras. Puede verse entonces que incluso usar el nombre de Madre Tierra y reconocerla como hogar no ha alcanzado grandes impactos. Esto porque el paradigma que fundamenta este programa enfocado en la sostenibilidad sigue pensando en la humanidad como el centro y en la naturaleza como el objeto, aunque en dicho programa se reconozcan la aproximación de la naturaleza como titular de derechos para garantizar el desarrollo sostenible y que muchos pueblos tienen otra forma de relacionarse con la naturaleza a partir de una existencia simbiótica. Así, el informe contenido en la Resolución 65/314 de 2010[14] tiene como fin reflexionar sobre la relación que la especie humana ha mantenido con la Tierra y consigo misma en las diferentes etapas de civilización, desde la antigüedad hasta el siglo XXI, y que el programa de Armonía con la Naturaleza lleva a reconocer la interconexión humano naturaleza, pero también a una interpretación romántica de ese relacionamiento que mantiene a la naturaleza como un objeto pasivo.

De todas las críticas que se pueden hacer a la agenda y gobernanza de cambio climático, la que entiende la naturaleza como algo profundamente distinto es tal vez la más importante hoy en día, pues plantea repensar el paradigma moderno occidental sobre el cual ésta se ha erigido y que, como se explica en otros capítulos, ha incidido en que asumamos la realidad de determinadas maneras. Latour y Descola [15] han llamado la atención acerca de cómo la separación entre naturaleza y cultura es en realidad una ficción que obedece a un legado de la Ilustración del cual se deriva el pensamiento dicotómico que plantea la realidad en términos binarios y constructos entre opuestos bueno/malo, civilizado/salvaje, naturaleza/cultura y comprender dichas categorías a partir de su contraposición. Mientras que se piensa en la cultura como el ámbito primordial donde tiene lugar la vida de los humanos y es por tanto un ámbito político, poblado de seres con agencias y voluntades (individuos, estados, corporaciones); la naturaleza encarna y simboliza lo salvaje, lo indomable, un espacio apolítico que por lo tanto no da lugar a normas básicas de coexistencia civilizada. Un lugar donde 'todo vale' pues no está sujeto a ningún tipo de normas y que representa lo opuesto a la civilización: lo salvaje que debe ser domado y doblegado a la voluntad del hombre. La naturaleza es un objeto y su explotación

---

[14] Organización de Naciones Unidas. Armonía con la Naturaleza. Disponible en: http://harmonywithnatureun.org/

[15] Latour, *We have never been modern, Descola* "Más Allá de La Naturaleza y Cultura."

un atributo del hombre como ser superior. Un ejemplo cercano a las RRII y a la teoría política, es como esta presunción está presente en los planteamientos de los contractualistas. Si bien parecen aproximaciones opuestas a los órdenes políticos y civiles que producen los contratos sociales de filósofos como Hobbes, Rousseau y Locke, quienes parten de un "estado de naturaleza" determinado, y de una "naturaleza humana" determinada. Estos filósofos parten de un supuesto o de una presunción, según la cual la naturaleza es algo intrínsecamente distinto a la sociedad, al orden y a la organización política humanas. Si bien esta dicotomía se asienta en la Modernidad, sus antecedentes son mucho más antiguos, y se puede identificar como un legado de la racionalidad judeocristiana. Es en la Biblia donde se le atribuye al hombre un lugar privilegiado y un mandato para dominar la naturaleza y sus seres. Es precisamente esta presunción ontológica, es decir aceptar que cultura y naturaleza son algo distinto y separado, la raíz del problema del humano con su entorno, siendo el cambio climático y las otras afectaciones ambientales sólo un síntoma de esa enfermedad [16]. De hecho, se sostiene que poco se logrará cambiar a menos que no se cambie de paradigma, lo que implica repensar y reconceptualizar la naturaleza en esas instancias internacionales, reconvenir acuerdos eco céntricos y cuestionar más profundamente los efectos del capitalismo[17].

Otra categoría que el pensamiento crítico cuestiona es la de la dicotomía cartesiana que separa sujeto pensante (humano) y objeto (naturaleza). Por tanto, y lo afirma Descola, no es necesario ser vidente para predecir que la relación entre humanos y naturaleza será con toda probabilidad la pregunta más importante del siglo[18].Se puede afirmar entonces que los enfoques relacionales o no antropocéntricos buscan alejarse de una aproximación 'superficial' a los temas ambientales entendidos desde las relaciones entre estados —de conflicto y cooperación— y apuntan hacia una preocupación mucho más profunda en torno a la diversidad, interconectividad y simbiosis sistémica que cortan el pensamiento tradicional positivista y se centran en las relaciones entre humanos y no humanos[19].

---

16 Cullinan, Cormac, *Wild Law. A Manifesto for Earth Justice.* (Cape Town: Green Books. 2nd ed., 2011).

17 Alberto Acosta, "Sólo Imaginando Otros Mundos, Se Cambiará Éste. Reflexiones Sobre El Buen Vivir," in *Vivir Bien: ¿Pardigma No Capitalista?* (La Paz: Cides-UMSA, 2011), 189-208.

18 Descola, "Más Allá de La Naturaleza y Cultura".

19 Kavalski, Emilian, and Magdalena Zolkos, "The Recognition of Nature in International Relations." In *Recognition and Global Politics: Critical Encounters Between State*

## III. LA NATURALEZA COMO ACTOR INTERNACIONAL. ENFOQUES CRÍTICOS NO ANTROPOCÉNTRICOS

Si bien existen distintas aproximaciones críticas a la agenda medioambiental (por ejemplo, los marxismos, feminismos y posestructuralismos), los enfoques críticos que se abordan en este capítulo tienen en como principal objetivo romper con esa dicotomía naturaleza/cultura y partir de politizar lo que entendemos por naturaleza, ofreciendo aproximaciones no antropocéntricas y/o relacionales. Pero ¿qué entendemos por politizar? Politizar se refiere a mantener abierta la discusión respecto a algo, entender que esa discusión fortalece la presencia de diferentes puntos de vista. Desde el poscolonialismo se entiende, por ejemplo, que gran parte de las relaciones de poder se han mantenido precisamente porque se despolitizan la historia, la identidad y estas dejan de ser problemáticas, no porque en sí el problema de la diferencia desaparece, sino porque se lo cubre como un tema resuelto (despolitizado). Otro ejemplo de despolitización se desprende de las lógicas neoliberales, que, en aras de dar paso a la eficiencia, eficacia y rapidez en la toma de decisiones, se despolitizan los temas de la agenda, como si su comprensión ya estuviera decidida. En este caso, entender diferentes aproximaciones de naturaleza es entender un proceso de politización de esta y esa politización, es por tanto un proceso de descolonización o de cuestionamiento a la naturalización y universalización de la categoría de naturaleza. Despolitizar, por tanto, implica generalizar y universalizar y es por tanto una parte importante y seminal del problema. Por ejemplo, la Declaración de Rio sobre el Medio Ambiente y el Desarrollo Sostenible señala como primer principio: "Los seres humanos constituyen el centro de las preocupaciones relacionadas con el desarrollo sostenible. Tienen derecho a una vida saludable y productiva en armonía con la naturaleza"[20]. Esta posición de poner en el centro y como prioridad a los seres humanos no es universal, para la mayoría de las cosmologías relacionales, como las indígenas, el "humano" como tal no existe, sino que resulta de las relaciones que tiene con otros seres[21]. Tampoco es claro

---

*and World*, edited by Patrick Hayden and Kate Schick, (Manchester: Manchester University Press, 2016), 139-55, p. 142.

20 Disponible en: https://www.un.org/spanish/esa/sustdev/documents/declaracionrio.htm

21 Reddekop, Jarrad, and Tamara A. Trownsell. "Disrupting Anthropocentrism through Relationality." In *International Relations in the Anthropocene. New Agendas,*

qué podemos entender por armonía con la naturaleza, pues se presta a prohibiciones, sobre protección, políticas que conservación que terminan afectando ecosistemas, o definiciones de armonía que tampoco son universales. Por tanto, si no problematizamos o politizamos afirmaciones como estas, podemos ser cómplices de lógicas de poder que mantienen silencios o situaciones de colonialidad. Politizar refleja la necesidad, en aras de dar espacio a la diferencia y la pluralidad, de tener en cuenta a todos esos seres no humanos, considerarlos como actores políticos de todo este entramado de relaciones.

Esta sección aborda diferentes corrientes críticas que tienen en común su cuestionamiento al antropocentrismo y a las dicotomías naturaleza/cultura y sujeto/objeto, aunque con variados matices en lo que entienden por naturaleza, su agencia y su impacto.

Comenzamos por una postura intermedia: El enfoque o tendencia de reconocer a la naturaleza como titular de derechos o como sujeto de derechos. Esta aproximación nace en la década de los 70 del siglo pasado a partir del trabajo de abogados ambientalistas, entre los que se destaca Stone, quien planteó la posibilidad de que los árboles pudieran actuar en tribunales nacionales en nombre propio. A partir de entonces se han desarrollado diferentes corrientes sobre el enfoque de derechos de la naturaleza. Por un lado, la corriente que enfatiza el efecto declarativo de los derechos de la naturaleza, es decir que los humanos reconocen unos derechos que la naturaleza ya tiene de forma plena. Los humanos entonces no crean los mecanismos de su reconocimiento, sino que los incorporan a sus prácticas. Otra corriente, basada en la propuesta original de Stone mantiene que el reconocimiento de los derechos de la naturaleza tiene unos efectos constitutivos, ya que afecta lo que se entiende como naturaleza y modifica el comportamiento de los humanos[22]. Así puede entenderse que la primera postura es menos antropocéntrica que la segunda. Estas dos posturas han influenciado en el trabajo del abogado ambientalista australiano Cormac Cullinan, uno de los iniciadores del enfoque de Derechos de la Naturaleza a nivel internacional a partir de su propuesta sobre la "Jurisprudencia de la Tierra" o "Ley de la Tierra"[23]. A partir de esto se adopta un marco normativo, legal y jurisprudencial que se entiende como eco céntrico, basado en

---

*New Agencies, New Approaches,* edited by David Chandler, Franziska Müller, and Delf Rothe, (New York: Cham, 2021) 441-458.

22 Tănăsescu, *Understanding the Rights of Nature.*

23 Cullinan, *Wild Law. A Manifesto for Earth Justice.*

las leyes de la naturaleza más que en las humanas. Este es un aspecto fundante para comprender los derechos de la naturaleza y su práctica, donde la naturaleza puede actuar legalmente por derecho propio y tiene derechos inherentes a su ser. Así para el caso de esta emergente Jurisprudencia de la Tierra, el reconocimiento de la naturaleza significa mucho más que reconocer a la naturaleza como un factor en la vida internacional, pues ya sea si es de forma constitutiva o declarativa, este reconocimiento produce un nuevo estado de cosas[24].

Este enfoque ha influenciado la redacción y contenido de la Declaración Universal de los Derechos de la Madre Tierra adoptada en Bolivia en 2010 en la Cumbre de los Pueblos sobre el Cambio Climático[25]. Dicho documento fue sometido a la Asamblea de Naciones Unidas y está abierto a la ratificación de los estados. En él se asimila naturaleza con Madre Tierra, y se la define como una comunidad de seres vivos: "La Madre Tierra es una comunidad única, indivisible y autorregulada, de seres interrelacionados que sostiene, contiene y reproduce a todos los seres que la componen. Cada ser se define por sus relaciones como parte integrante de la Madre Tierra". Así, entre los derechos más importantes que se le reconocen están: el derecho a la vida y a existir; a ser respetada; a la regeneración de su biocapacidad y continuación de sus ciclos y procesos vitales[26].

Este instrumento que adopta una aproximación relacional sobre la naturaleza, cercana a las concepciones indígenas, como casa, hogar, madre o hermana mayor, tiene instrumentos paralelos de orden regional y nacional, como su reconocimiento en la constitución política de Ecuador, la Ley de la Madre Tierra en Bolivia y legislación concreta que reconoce derechos a seres naturales concretos, como el Rio Ganges en India, el Rio Atrato en Colombia haciendo que ya sea una tendencia que se está extendiendo por países de todo el mundo, desde Nueva Zelanda hasta Irlanda. Otra de las consecuencias y avances al respecto ha sido la creación de los tribunales

---

24 Kavalski y Zolkos, "The Recognition of Nature in International Relations.", p. 140.

25 Declaración Universal de los Derechos de la Madre Tierra. Disponible en: http://rio20.net/propuestas/declaracion-universal-de-los-derechos-de-la-madre-tierra/.

26 Ver Amaya Querejazu and Arlene B. Tickner, "The Rights of Mother Earth: A Pluriversal Reading of Climate Change Governance" in *Postcolonial Governmentalities: Rationalities, Violences and Contestations,* Edited by Teo, Terri-Anne and Elisa Wynne-Hugues. Rowman & Littlefield International (London: New York, 2020), 217-238.

nacionales, regionales e internacionales de los derechos de la naturaleza, que funcionan desde el 2014[27].

Se entiende que esta es una categoría intermedia, porque si bien parte de la premisa de que tanto naturaleza como humanos están sometidos a las mismas leyes, naturales, de las cuales deberían desprenderse los mismos derechos para todos. En la práctica este reconocimiento ha tenido unas manifestaciones muy distintas y por tanto no llegan a romper del todo con el antropocentrismo, porque se siguen sometiendo al reconocimiento de derechos por parte de los humanos y donde predomina una postura liberal de proteccionismo que esencializa a la naturaleza como una categoría fija y pasiva[28].

Esta aproximación de la naturaleza como titular de derechos ha tenido, por razones lógicas, un impacto más importante en los estudios críticos de derecho y de jurisprudencia que en los de RRII, sin embargo, no puede negarse que es una tendencia evidente en las legislaciones y que tendrá repercusiones en la política internacional. Para los enfoques de derechos, existe la limitación de aquellas corrientes que consideran que es a partir del reconocimiento de derechos que la naturaleza y los seres no humanos adquieren una relevancia encaminada sobre todo a su protección. Estas posturas han sido criticadas por ser instrumentalistas y por seguir siendo antropocéntricas, toda vez que son los humanos quienes reconocen esos derechos, asimilándolos a las culturas legales humanas (si bien esta consideración se desprenda de las leyes naturales), entonces, indirectamente, se afirma la superioridad humana como la norma[29]. Así mismo de esta lectura mayormente liberal se desprende una convención más o menos unívoca de

---

27 Estos tribunales no tienen una jurisdicción vinculante, sino que son juicios éticos, siendo su pretensión más importante, la de cambiar la percepción que se tiene de la naturaleza de ser un objeto y de modificar el comportamiento humano frente a ella. Una característica importante es que los seres naturales de cada caso, ríos, montañas, bosques, se presumen como titulares de derechos, y son los humanos quienes actúan en su representación. Los fallos se basan en la Declaración Universal de los Derechos de la Madre Tierra y en legislaciones nacionales. Estos tribunales buscan ser pioneros como instituciones de gobernanza ambiental basados en un paradigma eco céntrico, donde la naturaleza no solo tiene derechos, sino que los derechos, incluso de los humanos se desprenden de las leyes de la naturaleza, cambiando así las premisas antropocéntricas o de separación naturaleza/cultura. La información respecto a estos tribunales se encuentra disponible en: https://www.rightsofnaturetribunal.org/

28 Tănăsescu, *Understanding the Rights of Nature. A Critical Introduction.*

29 Kavalski y Zolkos "The Recognition of Nature in International Relations".

la naturaleza, como aquel ser que es vulnerable y debe ser protegido por el hombre[30]. Esta limitación puede superarse, según Pelizzon[31], a través ya no de una Jurisprudencia de la Tierra sino de una 'Jurisprudencia Ecológica' que permita no solo profundizar en el enfoque eco céntrico de la naturaleza como sujeto de derechos sino en combinar diferentes sistemas jurídicos, de manera que no exista una cooptación occidental y liberal de lo que se entiende por derechos.

Una tercera posibilidad de pensar la naturaleza deriva de los enfoques relacionales, dentro de los cuales están el poshumanismo, el neo materialismo, la ecología profunda y las cosmologías relacionales, como las indígenas. Si bien tienen profundas diferencias, la premisa es que estos enfoques consideran que la realidad está constituida por relaciones, es decir que nada existe como entidad aislada, sino que son el resultado de las relaciones. Esto hace que la realidad sea una serie de relaciones complejas, indeterminadas y siempre cambiantes. Como el aspecto constitutivo son las relaciones no existe una distinción primordial entre el hombre y lo que lo rodea, y entonces tanto hombre y naturaleza devienen en lo que son por las relaciones que los constituyen[32].

En RRII Cudworth y Hobden han analizado las implicaciones que tiene el poshumanismo como un enfoque emancipatorio para pensar sobre todo el relacionamiento entre el humano y otras especies. El efecto de la separación entre naturaleza y cultura es que otros aspectos clave de la política

---

30 Tănăsescu, *Understanding the Rights of Nature. A Critical Introduction*; Rafi Youatt, "Personhood and the Rights of Nature: The New Subjects of Contemporary Earth Politics," *International Political Sociology* 11, no. 1 (2017): 39-54, https://doi.org/10.1093/ips/olw032.

31 Alessandro Pelizzon, "An Intergenerational Ecological Jurisprudence: The Supreme Court of Colombia and the Rights of the Amazon Rainforest." *Law, Technology and Humans* 2 no 1 (2020) 33-44. https://doi.org/10.5204/lthj.v2i1.1476.

32 Haraway, *Staying with the trouble;* Trownsell, Tamara, Arlene B. Tickner, Amaya Querejazu, Jarrad Reddekop, Giorgio Shani, Kozuke Shimizu, Navnita Behera, and Anahita Arian. 2020. "Differing about Difference: Relational IR from around the World." *International Studies Perspectives,* 1-40. https://doi.org/10.1093/isp/ekaa008; Zanotti, *Ontological Entanglements;* Arias-Maldonado, Manuel. "The 'Anthropocene' in Philosophy: The Neo-Material Turn and the Question of Nature" In *Anthropocene Encounters: New Directions in Green Political Thinking,* edited by Frank Biermann and Eve Lövbrand, (Cambridge: Cambridge University Press, 2019) 50-66; Coole, Diana. 2013. "Agentic Capacities and Capacious Historical Materialism: Thinking with New Materialisms in the Political Sciences." *Millennium: Journal of International Studies* 41 (3): 451-69. https://doi.org/10.1177/0305829813481006.

global son ignorados[33]. El neo materialismo por su parte se ha preocupado más por cuestionar la dicotomía entre mente y materia, demostrando que la materia no es inerte y que por tanto humanos y no-humanos tienen una capacidad de actuar derivada de las tensiones e interacciones de la materia[34]. En RRII, este enfoque se ha dedicado a teorizar sobre las agencias que el entramado de relaciones produce[35].

Al deconstruir el binario estos enfoques se concentran menos en tratar de conceptualizar al actor y enfocarse en su agencia, pues es ahí donde se puede identificar la interacción de las relaciones. Esto, porque en la medida en que los actores son el resultado de interacciones e interrelaciones, es decir que no preexisten a las relaciones que los constituyen, la agencia es el principal aspecto para entender las dinámicas que constituyen la realidad. De esta manera, se entiende que la agencia no es una propiedad exclusiva de los humanos[36] sino que también es propia de los no humanos en su capacidad de alterar el entorno. Por ejemplo, pensar que la explotación minera afecta la salud y disposición de las montañas, como el caso de Ausangate en el Perú a quien los pobladores temen enfurecer por miedo a las represalias[37]; que la supervivencia de los humanos depende de su relación de cooperación y reciprocidad con clanes cercanos de animales y plantas[38] o que la agencia humana se entremezcle con la de los animales, como

---

33 Cudworth y Hobden, "Posthuman International Relations. Complexity, Ecology and Global Theory", p. 233.

34 Karen Barad, *Meeting the Universe Halfway. Quantum Physics and the Entanglement of Matter and Meaning* (Durham & London: Duke University Press, 2007); Jane Bennett, *Vibrant Matter a Political Ecology of Things, Revue d'Anthropologie Des Connaissances*, vol. 8 (Durham & London: Duke University Press, 2010), https://doi.org/10.3917/rac.025.0839.

35 Ver Arias-Maldonado "The 'Anthropocene' in Philosophy: The Neo-Material Turn and the Question of Nature"; Zanotti, *Ontological Entanglements;* Conolly, "The 'New Materialism' and the Fragility of Things".

36 Coole, "Agentic Capacities and Capacious Historical Materialism: Thinking with New Materialisms in the Political Sciences"; Bruno Latour, "On Actor-Network Theory. A Few Clarifications, plus More than a Few Complications," *Soziale Welt* 47, no. 1 (1996): 1-16, https://doi.org/10.22394/0869-5377-2017-1-173-197; Connolly, "The 'New Materialism' and the Fragility of Things".

37 Marisol De la Cadena, "Indigenous Cosmopolitics in the Andes: Conceptual Reflections beyond 'Politics,'" *Cultural Anthropology* 25, no. 2 (May 2010): 334-70, https://doi.org/10.1111/j.1548-1360.2010.01061.x.

38 Vanessa Watts, "Indigenous Place-Thought & Agency amongst Humans and Non-Humans (First Woman and Sky Woman Go on a European World Tour!)," *Decolonization: Indigeneity, Education & Society* 2, no. 1 (2013): 20-34.

el caso analizado de los Caribou[39]. Ejemplos similares tienen que ver con "objetos" (sujetos) cotidianos como aparatos tecnológicos como teléfonos móviles o incluso la basura[40].

Para resaltar esto, Latour denomina 'terrestres' tanto a los actores y actantes (agentes capaces de producir un impacto voluntario o involuntario en su entorno y en el mundo) y mostrar que el ser humano no se distingue de la naturaleza, sino que está constituido por una serie de relacionamientos complejos. Se entiende que la naturaleza tiene una agencia distinta a los humanos y que dicha agencia no puede asimilarse ni medirse según el parámetro de la agencia humana. Para eliminar esa distinción Latour argumenta que pensar como un terrestre, lleva a una perspectiva muy distinta del mundo. Entonces es a partir de reconceptualizar la naturaleza como agente del entramado y del humano como parte de ella que se puede pensar la política y repensar el régimen del cambio climático[41]. A partir de entender al humano como parte inseparable de ella y de los seres que la habitan, de relaciones de respeto, afecto, comunicación y reciprocidad se puede desarrollar un ethos y una ética más conscientes y unos acuerdos más responsables.

***La naturaleza en el Antropoceno***

Un abordaje distinto a la naturaleza se hace cada vez más necesario en la medida en que vemos como el término Antropoceno se va posicionando más como un marco explicativo de las dinámicas sociopolíticas en la actualidad. Antropoceno es un descriptor de la era geológica actual. Término acuñado por los químicos Crutzen y Stoermer para decir que la humana es la fuerza geológica actualmente capaz de determinar y afectar los procesos de la tierra, llamando la atención sobre un impacto sin precedentes sobre el clima del planeta y su diversidad[42]. Ahora bien, este concepto es en sí muy polémico, en parte porque homogeniza a la humanidad y su accionar frente a la naturaleza como única y univoca, siendo que una gran mayoría de pueblos en el mundo han mantenido una relación de equilibrio con la misma. Así, Donna Haraway ha sostenido que la fuerza geológica no es el ser humano sino el capitalismo, caracterizando a esta era como el Capitaloceno[43].

---

39 Mario Blaser, "Doing and Undoing Caribou/Atiku: Diffractive and Divergent Multiplicities and Their Cosmopolitical Orientations," *Tapuya: Latin American Science, Technology and Society* 1, no. 1 (2018): 47-64, https://doi.org/10.1080/25729861.2018.1501241.

40 Bennett, *Vibrant Matter a Political Ecology of Things.*

41 Bruno Latour, *Down to Earth: Politics in the New Climatic Regime* (Cambridge: Polity Press, 2018).

42 Kavalski y Zolkos "The Recognition of Nature in International Relations.", p.140

43 Haraway, Donna J. *Staying with the Trouble. Making Kin in the Chthulucene.* (Durham & London: Duke University Press, 2016).

Para los enfoques relacionales los seres y entidades están en constante transformación a través de relaciones, por lo que las relaciones y sus interconexiones constituyen la realidad, por tanto, es más importante el devenir que el ser [44]. Y es precisamente este devenir lo que pone a estos enfoques relacionales en una posición distinta frente a la incertidumbre e impredecibilidad. Se entiende que los devenires son impredecibles. Así, la naturaleza al ser parte de estas relaciones se constituye en una configuración compleja e impredecible según enfoques neo-materialistas[45] o un ser caprichoso según algunas cosmologías indígenas[46], por lo tanto, su relacionamiento con ella es de cuidado, de saber entender sus mensajes y su voluntad y de mantener las relaciones de reciprocidad [47]. Un ejemplo claro son las reglas de la veda: si se entiende que el humano es depredador y cazador y que debe alimentarse de otros seres, esto debe hacerse respetando los ciclos de reproducción de los otros seres, como los peces. Otro ejemplo es lo que Wall Kimmerer[48] llama la "cosecha honorable" (honorable harvest): todo lo que cosechamos (consumimos) sea aprovechado al máximo y obtenido a partir de solicitar permiso a los seres que nos proporcionan alimento, asegurándonos de que habrá para otros en el presente y en el futuro y ofreciendo siempre algo a cambio. Esto en Occidente se conoce como consumo consciente, pues nos hace sensibles a los sacrificios de seres naturales y humanos para proporcionarlos y que por tanto debemos aprovechar de forma responsable.

---

44 Zanotti, *Ontological Entanglements, Agency and Ethics in International Relations: Exploring the Crossroads*; Karen Barad, "Diffracting Diffraction: Cutting Together-Apart," *Parallax* 20, no. 3 (2014): 168-87, https://doi.org/10.1080/13534645.2014.92762; Amaya Querejazu, " Cosmopraxis: Relational Methods for a Pluriversal IR," *Review of International Studies*, 2021, 1-16, https://doi.org/10.1017/s0260210521000450.

45 Arias-Maldonado, "The 'Anthropocene' in Philosophy: The Neo-Material Turn and the Question of Nature".

46 Josef Estermann, *Filosofía Andina. Sabiduría Indígena Para Un Mundo Nuevo* (La Paz: ICEAT, 2009); Kim TallBear, "Standing with and Speaking as Faith: A Feminist-Indigenous Approach to Inquiry (Research Note)," *Journal of Research Practice* 10, no. 2 (2014): 1-8, https://doi.org/10.4324/9781315528854; Watts, "Indigenous Place-Thought & Agency amongst Humans and Non-Humans (First Woman and Sky Woman Go on a European World Tour!)."

47 De la Cadena, "Indigenous Cosmopolitics in the Andes: Conceptual Reflections beyond 'Politics'".

48 Wall Kimmerer, Robin. *Braiding Sweetgrass. Indigenous Wisdom, Scientific Knowledge, and the Teachings of Plants*, (Minneapolis: Milkweed Editions, 2013).

Ahora bien, cabe resaltar que, para la mayoría de las cosmovisiones indígenas relacionales, la naturaleza no puede ser definida como una entidad única o como una abstracción. Al ser una concepción relacional, de contexto y tiempo, los humanos se interrelacionan con otros seres no-humanos y lo que se entiende por naturaleza estará definido por relaciones concretas de ayuda, cooperación, complementación, interdependencia y también temor. Así por ejemplo la "selva" no es en sí una entidad, sino una comunidad habitada por una serie de entidades, visibles e invisibles. Watts[49] ilustra que la agencia tanto de los humanos, como los no humanos se define a través de intercambios concretos entre ambos. Así no es igual la relación entre humanos que viven con los seres en el desierto, que los que viven en islas. De ahí la importancia de los relatos de origen que determinan los términos de relación de comunidades determinadas con entornos determinados, pues como estos entornos son distintos (diferentes ecosistemas o biomas), también son distintos los humanos y distintas las naturalezas[50]. Este pensamiento relacional derivado de las cosmologías indígenas es por tanto una aproximación a la naturaleza desde la pluralidad, de cada una de las leyes de origen o cosmologías (relatos de origen). Así lo explica Leonor Zabalata, mujer Arhuaca y actual embajadora de Colombia ante Naciones Unidas:

> "Las tradiciones de los pueblos indígenas han estado siempre arraigadas a la tierra, de ahí que la conservación de la naturaleza sea un tema de vida diaria. La Ley de Origen es un enfoque de vida, mediante él se establece una relación recíproca con la naturaleza, en esta medida todo tiene vida porque influye en los demás seres. Una ley donde todos los elementos de la naturaleza tienen sus padres y madres. Estos, según nuestra tradición existían antes de materializarse y hacerse tangible lo que hoy tenemos. Por tanto, la ley conduce nuestros usos y costumbres, recoge unos principios para relacionarnos y proyectarnos y se cons-

---

49 Watts, "Indigenous Place-Thought & Agency amongst Humans and Non-Humans (First Woman and Sky Woman Go on a European World Tour!)".

50 Wall Kimmerer, Br*aiding Sweetgrass. Indigenous Wisdom, Scientific Knowledge, and the Teachings of Plants*; Bawaka Country, Sandie Suchet-Pearson, Sarah Wright, Kate Lloyd, Matalena Tofa, Laklak Burarrwanga, Ritjilili Ganambarr, Merrkiyawuy Ganambarr-Stubbs, Banbapuy Ganambarr, and Djawundil Maymuru. "Bunbum Ga Dhä-Yutagum: To Make It Right Again, to Remake." *Social and Cultural Geography* 00, no. 00 (2019): 1-17. https://doi.org/10.1080/14649365.2019.15; Blaser, Mario. *Un Relato de La Globalización Desde El Chaco* (*Al-Qantara*. Vol. XIX. Popayán: Editorial Universidad del Cauca, 2013).

tituye como base para mantenernos dentro de la actualidad en reconocimiento de derechos sociales, políticos y económicos"[51].

Para los pueblos indígenas entonces, la naturaleza no es una abstracción, un ser 'ahí afuera' sino un ser que se co-constituye con otros seres a partir de relaciones de cuidado y sobre todo reciprocidad. Pero es evidente que muchos colectivos indígenas usan tanto el término naturaleza como el de derechos para referirse a sus relaciones con el entorno, entendiéndose que es una forma de asimilación y de estrategia para enmarcar sus luchas y reclamos en lenguajes que Occidente puede entender.

Estas posturas que politizan la naturaleza como ambigua y dual permiten cuestionar posturas liberales antropocéntricas en la que se objetiviza la naturaleza para protegerla o destruirla, pero que en últimas el héroe o villano de esa protección/ destrucción es el humano. También admiten una politización más compleja sobre la agencia de la naturaleza, más allá de si tienen derecho o no o si tienen subjetividad, aquí se discute la naturaleza también en toda su ambigüedad, como dadora de vida, pero también como una amenaza. El argumento de Stengers, al referirse a Gaia como una intrusa ilustra este punto. Asume a Gaia como un ser vivo, pero que también tiene la capacidad de destruir, dejando en evidencia la vulnerabilidad no de la naturaleza, sino del humano. De esta manera, cuando hablamos de la naturaleza ya no nos referimos a ella como algo que hay que proteger y salvar del daño causado por los humanos sino de entender que ella también tiene toda la capacidad de amenazar o alterar nuestras formas de pensar y de vivir[52]. Así, haciendo un argumento similar a los planteamientos ofrecidos desde el feminismo, reconocer la naturaleza implica no feminizarla o infantilizarla sino comprenderla en toda su complejidad como creadora y destructora[53]. Estas posturas nos hacen un llamado a la humildad como "especie humana" a partir de reconocer que la naturaleza tendrá siempre la posibilidad de sobrevivir, con o sin los humanos, relativizando las capacidades humanas para controlar y dominar su entorno, y las fuerzas de la

51 Entrevista con Leonor Zabalata disponible en: https://www.aporrea.org/actualidad/n317437.html

52 Isabelle Stengers, *In Catastrophic Times: Resisting the Coming Barbarism* (Paris: Open Humanities press, Meson Press, 2015), 20.

53 Kim Tallbear, "Being in Relation," in *Messy Eating. Conversations on Animals as Food Being in Relation*, ed. R Scott Carey et al. (Fordham University Press, 2019), 54-67; Rosalyn Bold, *Indigenous Perceptions of the End of the World. Creating a Cosmopolitics of Change*, ed. Rosalyn Bold (London: Palgrave, 2019).

naturaleza, ya que es posible plantear que es prácticamente indestructible y que si bien la humanidad no puede vivir sin la 'naturaleza', la naturaleza si puede sobrevivir sin los humanos[54].

Hablar de naturalezas entonces hace referencia a la pluralidad ontológica, y a las construcciones sociales que repercuten en el relacionamiento con ella, desde el mencionado binaria naturaleza/cultura hasta las *culturanaturalezas* [55]. Al mismo tiempo nos recuerda que no todos los pueblos tienen el mismo relacionamiento con la tierra, muchos han mantenido el equilibrio a partir de relaciones de reciprocidad, mientras que otros de explotación y agotamiento.

***Una definición no antropocéntrica de la naturaleza***

En un sentido no esencialista, Kavalski y Zolkos entienden el concepto de naturaleza como un marco que proporciona un dominio independiente que al mismo tiempo permite y restringe las actividades humanas y que, a su vez, no es infinitamente adaptable a las demandas que los seres humanos le hacen. La naturaleza, por tanto, actúa como una fuerza inherente que dirige al mundo y a los humanos. Consecuentemente, los humanos y sus actividades no están separados de la naturaleza, sino que coinciden en un sitio, hábitat o medio de interacción y encuentro ecológicos[56].

Teniendo en cuenta esta pluralidad de aproximaciones no antropocéntricas y en aras de recoger su argumento, se puede construir la discusión en torno al reconocimiento de la naturaleza como un actor internacional, con capacidad para incidir e impactar.

Pero según la apreciación que se tenga de lo que la naturaleza es, ese reconocimiento tiene unos alcances y limitaciones específicos. Al respecto Kavalski y Zolkos[57] distinguen el reconocimiento y combinan esos tres aspectos para argumentar por el reconocimiento de la naturaleza a partir de (a) reconocimiento de la vulnerabilidad y resiliencia de los sistemas humanos y no humanos; (b) reconocimiento como respeto y (c) mutualidad en el reconocimiento-relación, lo que implica tener en cuenta relaciones de afecto, de los cuales la naturaleza también es capaz de sentir y por tanto lleva a repensar ideas como justicia, paz y democracia. Siguiendo esto, podría

---

54 Cullinan, Cormac, *Wild Law. A Manifesto for Earth Justice.*

55 Donna J. Haraway, *When Species Meet* (Minneapolis & London: University of Minnesota Press, 2008).

56 Kavalski y Zolkos "The Recognition of Nature in International Relations" p. 141.

57 Ibid.

entenderse que el programa Armonía con la Naturaleza se circunscribe en el primer tipo de reconocimiento; la naturaleza como titular de derechos en el segundo y los enfoques relacionales en el tercero, pues enfatiza que la condición ontológica básica de todos los actores internacionales sea humana o no, es relacional.

Consecuentemente, el argumento es que la política internacional contemporánea ya no gira en torno a quién obtiene qué, cuándo y cómo, sino también a la capacidad de reconocer la vida en el planeta en toda su complejidad[58]. Reconocer esto a partir de identificar distintas formas de aproximarse a la naturaleza y su agencia implica que las RRII deben también hacer una reflexión crítica acerca de cómo ha sido su compromiso con las ontologías, epistemologías y políticas antropocéntricas si de verdad quiere ser una disciplina plural y diversa.

De ahí la importancia que cobran las aproximaciones críticas no antropocéntricas, que cada una a su manera ofrece una visión o una conceptualización distinta de la naturaleza.

## IV. CASO

En Colombia se ha llegado a un acuerdo de paz que pone fin al conflicto más largo de la historia contemporánea. En el marco del proceso de paz, la Jurisdicción Especial para la Paz (JEP) es el componente de Justicia del Sistema Integral de Verdad, Justicia, Reparación y no Repetición, creado por el Acuerdo de Paz entre el Gobierno Nacional y las Farc-EP[59]. La JEP tiene la función de administrar justicia transicional y conocer de los delitos cometidos en el marco del conflicto armado que se hubieran cometido antes del 1 de diciembre de 2016.

Uno de los casos más emblemáticos bajo su conocimiento es el caso 02 abierto en julio de 2018 que "Prioriza la situación territorial de Ricaurte, Tumaco y Barbacoas (Nariño)" atendiendo la situación de las víctimas registradas que en su mayoría son indígenas, campesinos y afrodescencientes. Esto ha significado una aproximación con enfoque étnico y de coordinación interjurisdiccional y diálogo intercultural. Este caso es emblemático y pionero en temas de justicia transicional y resolución de conflictos porque se entiende que, para construir paz, se debe tener una comprensión distinta del territorio, como territorio vivo. Así, la JEP reconoce el territorio como sujeto de derechos y se acredita

58 Ibid.

59 Ver https://www.jep.gov.co/JEP/Paginas/Jurisdiccion-Especial-para-la-Paz.aspx

por primera vez al *Katsa Su Awá* (Gran Territorio Awá) como víctima del conflicto armado. Esto implica que la paz se construye a partir de la reparación justicia y no repetición a un ser no humano afectado por la violencia, lo que acerca a la justicia transicional a enfoques no antropocéntricos que reconocen la subjetividad de actores no humanos.

Preguntas:

1. ¿Qué implicaciones tiene para la política internacional y para la gobernanza sobre cambio climático la manera como nos relacionamos con la naturaleza?
2. ¿Qué incidencia tiene el hecho de una comprensión no antropocéntrica de la política internacional en temas como paz, conflicto, seguridad?
3. el caso en cuestión, ¿qué herramientas y alternativas se hacen posibles para construir paz y obtener justicia, reparación y no repetición?
4. ¿Qué otros ámbitos de la política internacional pueden verse afectados por una aproximación relacional a la(s) naturaleza(s)?

## V. CONCLUSIONES

Que el tema de naturaleza ocupe un espacio propio en este manual, indica que las teorías críticas han logrado importantes avances en cuestionar y deconstruir categorías asumidas, naturalizadas y universalizadas de las relaciones internacionales. El poscolonialismo, la Teoría Verde, los neomaterialismos, ofrecen para este caso en concreto, una serie de herramientas para ampliar nuestros marcos conceptuales y comprender la importancia de la diferencia, la pluralidad y la posibilidad de politizar conceptos como el de naturaleza para poder acceder y concebir ideas alternativas, disruptivas y creativas.

Repensar la naturaleza tiene un aporte emancipatorio y decolonial importante, porque cuestiona las categorías del pensamiento binario y también su universalización. Por fuera de esta presunción que se universaliza a través del tiempo con procesos de conquista, colonización, imperialismo, existen visiones y realidades que sostienen que no existe una diferenciación entre naturaleza y sociedad, y que hombre y naturaleza, al estar profundamente conectados se someten a las mismas leyes, las de la naturaleza. Esta aproximación es la que predomina en los pueblos indígenas que mantienen este principio de relacionamiento profundo a partir de sus relatos de origen. Pero también, en otros ámbitos de estudio, dentro del mundo moderno u occidental, se está comenzando a romper con el paradigma dominante de la naturaleza como objeto.

Recapitulando entonces, pensar la naturaleza implica cuestionar las formas como nos relacionamos con ella y sobre todo repensar lo que entendemos como humano. Aquí se exponen tres formas de entender la naturaleza: como separada de lo humano, (un objeto pasivo a ser dominado, explotado, protegido); como un sujeto de derechos, cuya protección depende del reconocimiento como tal por parte de los humanos; o como un ser, entidad o conjunto de entidades que se co-constituye con los humanos, al ser todos, el resultado de un entramado complejo de relaciones.

Asumir a la naturaleza como un actor con plena capacidad, es reconsiderar las formas como el antropocentrismo ha definido su relación con ella ya sea en términos de antagonismo: la explotamos para sobrevivir nosotros, la destruimos cuando la vemos como una amenaza; o de excesiva autoconfianza como especie: los humanos son los llamados a protegerla y a salvarla.

Una posición extrema de ver a la naturaleza como un ser, implica reconocerla como un ser político en todo el sentido de la palabra, como un actor con voluntad e intereses cambiantes, caprichosa, intrusiva, protectora y amenazante, y que pone en evidencia que, si bien la especia humana no sobrevive sin ella, ella si es plenamente capaz de sobrevivir sin el humano.

Aquí se mostró cómo la idea o categoría de naturaleza, y lo que entendemos por ella, así como las maneras como la experimentamos se pueden politizar y esto puede llevar a diferentes formas de entenderla, y de comprender y lidiar a partir de ahí, con temas que se ligan a ella como el cambio climático, las pandemias, incluso el conflicto y la paz; así como el papel de la especie humana en el planeta. Al mismo tiempo es una señal de los muy necesarios cambios que la disciplina debe asumir para adaptarse, ampliarse y ser más plural y diversa en la manera como atiende asuntos ya no internacionales, sino planetarios.

Abordar la naturaleza desde enfoques críticos, no tradicionales, no antropocéntricos enriquece las alternativas al momento de entender los fenómenos medio ambientales como el cambio climático y pensar en otras posibles soluciones a un problema que cobra cada vez más importancia en el ámbito global.

## VI. RECAPITULACIONES

- En este capítulo se hace una breve descripción de la aproximación a la naturaleza desde perspectivas dominantes que han informado la gobernanza global del medio ambiente.
- En la segunda parte se ofrecen aproximaciones criticas dese distintos aportes teóricos que se caracterizan por ser no antropocéntricos y cuestionan la presunción de que lo humano y lo natural son dicotómicamente distintos (sujeto/objeto).
- Uno de los argumentos centrales es que lo que entendemos por naturaleza, y las maneras como nos relacionamos con ella, tienen profundas consecuencias en los mundos que construimos, siendo la gobernanza global del medio ambiente, y ahora más específicamente del cambio climático, uno de los ejemplos más importantes.
- En la medida en que la disciplina de RRII ha sido tradicionalmente estado céntrica y Occidental, ha sido necesario acudir a las discusiones que están teniendo lugar en otros campos de las ciencias sociales y naturales, para poder así hacer una crítica a los paradigmas ontológicos binarios y antropocéntricos que caracterizan esta disciplina.
- (Re)pensar la naturaleza implica cuestionar las formas como nos relacionamos con ella y sobre todo repensar lo que entendemos como humano.
- Aquí se exponen tres formas de entender la naturaleza: como separada de lo humano, (un objeto pasivo a ser dominado, explotado, protegido); como un sujeto de derechos, cuya protección depende del reconocimiento como tal por parte de los humanos; o como un ser, entidad o conjunto de entidades que se co-constituye con los humanos, al ser todos, el resultado de un entramado complejo de relaciones.
- Las discusiones que ya están más avanzadas en otras ciencias sociales son muy necesarias para proponer y pensar alternativas, que la disciplina debe integrar para adaptarse, ampliarse y ser más plural y diversa en la manera como atiende asuntos ya no internacionales, sino planetarios.

## VII. MATERIAL ADICIONAL

Película “El abrazo de la serpiente”. 2015. Director: Ciro Guerra. Productora: Ciudad Lunar Producciones.

Documental “United Natures”. 2013. Director: Peter Charles Downey. Disponible en: https://www.youtube.com/watch?v=4Cf_rpUCBdI

Documental “Mi maestro el pulpo”. 2020. Director Pippa Ehrlich y James Reed. Disponible en Netflix.

## *Capítulo 17*

# *Desarrollo*

**ISALINE BERGAMASCHI***
**VALENTINA BROGNA***

## I. INTRODUCCIÓN

Este capítulo analiza el significado moderno de la noción de "desarrollo"[1] que es un término inicialmente utilizado en las ciencias naturales para describir el crecimiento de los seres humanos y posteriormente trasladado a las ciencias sociales para justificar un proceso socioeconómico[2]. Como punto de partida, reconocemos que no existe —ni ha existido nunca— una definición única de "desarrollo"[3]. Lo definimos aquí vagamente como la modernización de las economías, un cambio material[4] y la mejora de las condiciones socioeconómicas en los países del sur global. Sin embargo, la narrativa del desarrollo tiene sus raíces en la

---

* Profesora de ciencia política y relaciones internacionales en la Universidad Libre de Bruselas (Bélgica), isaline.bergamaschi@ulb.be

* Encargada de curso invitada en Políticas de la Union Europea, Relaciones Internacionales, Organizaciones Internacionales y Sociología en la Universidad católica de Lovaina (Bélgica), valentina.brogna@uclouvain.be

1 Agradecemos a Itziar Ruiz-Giménez Arrieta para sus comentarios detallados y constructivos sobre una versión anterior del texto, y a Mauricio Andia Carvallo para algunas ediciones linguísticas finales. El texto ha sido traducido del inglés por la empresa Translate 4U2 (Bruselas).

2 Gilbert Rist, *Le Développement: Histoire d'une Croyance Occidentale,* 4a ed. (Paris: Les Presses de SciencesPo, 2013), 26.

3 Iris Borowy, Nicholas Ferns, Jack Loveridge y Corinna R. Unger, "Introduction" en *Perspectives on the History of Global Development* editado por Corinna R. Unger, Nicholas Ferns, Jack Loveridge and Iris Borowy, 1-14. Berlin, Boston: De Gruyter Oldenbourg, 2022.

4 Amanda Kay McVety, "Wealth and Nations. The Origins of International development Assistance", en *The Development Century. A Global History,* eds. Stephen Macekura y Erez Manela (New York: Cambridge University Press, 2018), 23.

Ilustración británica, la racionalidad moderna europea en su conjunto y la teoría económica clásica[5].

La disciplina de las Relaciones Internacionales (RRII), centrada principalmente en cuestiones de seguridad internacional, no ha conceptualizado realmente el desarrollo como tal, sino que lo ha considerado un tema de "baja política"[6]. Superando estos límites, aquí exploramos las interacciones de la disciplina de RRII con otros campos del saber, navegamos y buscamos en la economía y las ciencias sociales para, de esta manera, interpretar la dinámica y los efectos del desarrollo.

Aquí, nos aproximamos al desarrollo como un proyecto de gobierno de los países del sur global en el que han participado diversos actores (gobiernos occidentales, organizaciones regionales e internacionales[7], ONG y sector privado[8]) y cuyos resultados han dependido de sus múltiples *usos.* El desarrollo ha abarcado diversos significados y experiencias, y ha servido a proyectos políticos y sociales muy distintos, conservadores o progresistas. Durante el siglo XIX y principios del siglo XX, "tanto las autoridades imperiales como los líderes nacionales utilizaron la retórica del desarrollo como una forma de incitar el apoyo a las transformaciones a gran escala de la vida económica, política y social": proyectos que iban desde "la inoculación de las poblaciones contra las enfermedades hasta la construcción de nuevas fábricas, desde la contrainsurgencia hasta la construcción de presas para producir electricidad, regar las tierras de cultivo y asentar a las poblaciones"[9], o la promoción del nacionalismo y la soberanía como en

---

5 Adam Smith hablaba de "mejora", y de la idea de "progresar", aumentar, mejorar: véanse Macekura y Manela, *The Development Century,* 1; Richard Peet y Elaine Hartwick, *Theories of Development. Contentions, Arguments, Alternatives,* 3ª ed. (New York: The Guilford Press, 2015), 23-44; Cheryl McEwan, *Postcolonialism, Decoloniality and Development* (New York: Routledge, 2019), 100; Julia Schöneberg, *Making Development Political: NGOs as Agents for Alternatives to Development* (Baden-Baden: Nomos Verlagsgesellschaft, 2016).

6 Jana Hönke y Marcus Lederer, "Development and International Relations", en *Handbook of International Relations, eds. Walter Carlsnaes, Thomas Risse y Beth A. Simmons (*SAGE Publications, 2013), 775.

7 Verena Kröss, Corinne A. Pernet y Corinna R. Unger. "Organizaciones Internacionales y Desarrollo". En *Routledge Handbook of the History of Development,* editado por Corinna R. Unger, Iris Borowy y Corinne A. Pernet, 250-263. Abington; Nueva York: Routledge, 2022.

8 Véase Véronique Dimier y Sarah Stockwell (eds.), *The Business of Development in Post-Colonial Africa.* (Londres: Palgrave Macmillan, 2021).

9 Macekura y Manela, *The Development Century,* 2.

Egipto y Sudán[10]. La flexibilidad del concepto "desarrollo" ha contribuido a su supervivencia y resistencia a lo largo del tiempo.

En concreto, en este capítulo estudiamos lo que ha significado el "desarrollo" desde su establecimiento formal como política pública internacional tras la Segunda Guerra Mundial. Por tanto, analizamos las teorías o paradigmas que han guiado las agendas internacionales, así como las políticas públicas en el sur global, y las prácticas que el "desarrollo" ha permitido. Cada teoría y su aplicación intentaron superar los errores previos pero acabaron presentando nuevas limitaciones. Nos centramos en las teorías críticas y el surgimiento de modelos y alternativas a las políticas dominantes promovidas por los gobiernos occidentales y las instituciones internacionales liberales. En concreto, el capítulo aborda dos cuestiones: ¿es el desarrollo una imposición de Occidente al sur global?, y ¿estamos asistiendo, en el siglo XXI, al fin del desarrollo como mito y política internacional autónoma?

El esquema del capítulo sigue un marco cronológico. En la primera sección introducimos brevemente la era del desarrollo (1); posteriormente, presentamos cómo fue criticado por los neomarxistas (2). La tercera sección traza la evolución de las políticas de desarrollo desde la planificación estatal, la industrialización y las estrategias de sustitución de importaciones de la década de los 50 a la de los 70, hasta el ajuste estructural, cuya doxa domina desde los años 1980 (3). Más recientemente, la escuela del posdesarrollo ha pedido que se abandone por completo el peligroso mito del "desarrollo" y ha afirmado la necesidad de una democracia radical. En la cuarta sección, evaluamos la precisión y las limitaciones de esta teoría; en particular, discutimos la idea de que el desarrollo ha sido simplemente una imposición occidental, destacando su conveniencia, así como la "agencia imaginativa" de las sociedades del sur[11], su voluntad y capacidad para contribuir al desarrollo y apropiarse de él (4). En la quinta y última sección, presentamos los debates contemporáneos[12] sobre las perspectivas y los dilemas del desarrollo (5): las tensiones entre el desarrollo y el cambio climá-

---

[10] Macekura y Manela, *The Development Century,* 16; y Alden Young, "A Currency for Sudan: The Sudanese National Economy and Postcolonial development", in *The Development Century,* Macekura y Manela (eds.), 130-149.

[11] Priya Lal, "Decolonization and the Gendered Politics of Developmental Labor in Southeastern Africa." en *The Development Century. A Global History,* eds. Stephen Macekura y Erez Manela, (Nueva York: Cambridge University Press, 2018), 174.

[12] La cuestión del género y el desarrollo no se aborda en este capítulo. Para una primera aproximación sobre el tema, véanse la revista *Gender and Development.*

tico y la creciente subordinación del desarrollo a la agenda de seguridad internacional.

## II. PUESTA AL DÍA Y DESPEGUE: EL PRINCIPIO DEL DESARROLLO COMO HERRAMIENTA DE POLÍTICA EXTERIOR

Convencionalmente, la era del desarrollo propiamente dicha comenzó con el Cuarto Punto del discurso inaugural de Truman en 1949, en un contexto internacional caracterizado por dos dinámicas geopolíticas principales: en primer lugar, mientras se avecinaba la descolonización mundial[13], Inglaterra y Francia estaban decididas a "revigorizar el colonialismo" y evitar la pérdida de su imperio[14] "en una época en la que las grandes potencias habían hecho de la "autodeterminación" un lema de las políticas internacionales"[15]. En realidad, funcionarios y académicos estadounidenses mencionaban la necesidad de invertir capital y enviar asistencia técnica a América Latina ya en 1939[16]. Después de 1945, además, las metrópolis estaban ansiosas por abrir África y acceder a más recursos del continente para financiar la reconstrucción de Europa[17]. Por último, EEUU consideraba que su política exterior debía contener la influencia de la URSS[18] para "ayudar a los pueblos libres a mantener sus instituciones libres y su integridad nacional": "*con la cooperación de las empresas, el capital privado, la agricultura y el trabajo (...) Una mayor producción es la clave de la prosperidad y la paz*"[19].

Aunque Truman tenía en mente la amenaza comunista en Grecia, en su discurso utilizó, por inspiración y accidente, la palabra "subdesarrollado" por primera vez, y se cree que esto cambió el curso de la historia. Desde

---

13 Macekura y Manela, *The Development Century*, 2.

14 Wolfgang Sachs, ed. *The Development Dictionary. A Guide to Knowledge as Power*, 2ª ed. (London and New York: Zed Books, 2010), vii.

15 Frederick Cooper, "Modernizing Bureaucrats, Backward Africans and the Development Concept", en *International Development and the Social Sciences*, eds. Frederick Cooper y Randall Packard (Berkeley y Los Angeles: University of California Press, 1997), 64 y 69.

16 McVety, "Wealth and Nations", 21.

17 Cooper, "Modernizing Bureaucrats...", 70.

18 Sachs, *The Development Dictionary, vii.*

19 Citado en Rist, *Le développement*, 71-72.

entonces, el desarrollo se ha convertido en un programa audaz para ayudar a los países subdesarrollados a subir una hipotética escalera hacia el bienestar al estilo occidental[20].

Hans Morgenthau, uno de los fundadores de la disciplina de las RRII, participó en esos procesos al conceptualizar por primera vez (como Secretario del Tesoro estadounidense) la ayuda como herramienta de política exterior:

> *"Estados Unidos tiene intereses en el extranjero que no pueden asegurarse por medios militares (…) Una política de ayuda exterior no es diferente de la política diplomática o militar o de la propaganda. Son todas armas en el arsenal político de la nación"*[21].

Simultáneamente, la Unión Soviética creó el COMECON (el Consejo de Asistencia Económica Mutua) para ayudar a los participantes a "acelerar la reconstrucción y el desarrollo de sus economías nacionales."[22]

Como resultado, a "mediados de la década de 1960, el desarrollo era un foco generalizado de formulación de políticas, un tema de interés académico y filantrópico, y una característica dominante de la política internacional (…); un lenguaje compartido, un objeto de gobernanza, una forma de expectativa política y un conjunto de prácticas que trascendían las divisiones ideológicas (capitalismo/comunismo)"[23]. También se convirtió en un subcampo de la economía y se conceptualizó por primera vez con la teoría de la modernización, propuesta para Rostow en forma de "teoría dinámica del crecimiento" en cinco etapas[24].

Las críticas más radicales (teóricamente) e influyentes de la teoría de la modernización fueron elaboradas por estudiosos neomarxistas.

---

20 Arturo Escobar. "Power and Visibility: Development and the Invention and Management of the Third World." *Cultural Anthropology* 3(4) (1988): 428-430; Esteva, "Development", en Sachs, *The Development Dictionary*, 1-2; Rist, *Le développement*, 131-149.

21 Hans Morgenthau, "A Political Theory of Foreign Aid" *American Political Science Review* 56(2) (1962): 302.

22 McVety, "Wealth and Nations", 34.

23 Macekura y Manela, *The Development Century*, 4.

24 Walt Whitman Rostow, "The Stages of Economic Growth." *The Economic History Review* 12, no. 1 (1959): 1-16.

## III. LA PERIFERIA NO PUEDE DESARROLLARSE DENTRO DE UNA ECONOMÍA CAPITALISTA GLOBALIZADA: CRÍTICAS NEOMARXISTAS Y SUS IMPLICACIONES POLÍTICAS

El pensamiento marxista influyó en la teorización del desarrollo desde finales de los años 50 y consideró la modernización como una medida de neocolonialismo sobre los países del sur. Estableció que el mundo estaba dividido en las categorías de "centro" y "periferia" (ligadas por relaciones de "dependencia") y denunció el desigual acceso al mercado internacional de los países dependientes. Las teorías neomarxistas no cuestionaron, sin embargo, la necesidad del productivismo ni de la industrialización[25] pero teorizaron su imposibilidad para la periferia, por estar subordinada a la división económica internacional del trabajo y al sistema comercial. Los principales estudiosos procedían tanto del norte como del sur, y propusieron conceptos que siguen siendo relevantes hoy en día como "capitalismo monopolista"[26] y "dependencia"[27].

El marxismo veía el capitalismo como "una forma social de desarrollo basada en la *extracción* de plusvalía de los trabajadores y *competencia* entre capitalistas"[28]. La extracción podría producirse tanto internamente (de los capitalistas contra los trabajadores de un país) como externamente, de los capitalistas de un país contra los trabajadores de otro país. La explotación externa fue analizada por las teorías del imperialismo de Lenin y Luxemburg. Basándose en tales teorías, Baran y Sweezy[29] conceptualizaron el orden político mundial como estructurado en imperios económicos a través de relaciones de explotación desde el comienzo de la era capitalista moderna.

El capitalismo monopolista explicó cómo el progresivo ascenso económico de EEUU en el siglo XX sustituyó a los imperios coloniales de los

---

25 Rist, *Le Développement*, 377.

26 Paul Baran y Paul Sweezy, *Monopoly Capital: An Essay on the American Economic and Social Order (New York: Monthly Review Press.* 1966).

27 André Gunder Frank, "Dependencia Económica, Estructura de Clases y Política Del Subdesarrollo en Latinoamérica." *Revista Mexicana de Sociología* 32, no. 2 (1970): 229-82; Theotonio Dos Santos, "The Structure of Dependence." *The American Economic Review* 60, no. 2 (1970): 231-36; Samir Amin, *Unequal Development. An Essay on the Social Formations of Peripheral Capitalism*, transl. Brian Pierce (Hassocks: The Harvester Press Limited, 1976).

28 Peet y Hartwick, *Theories of Development*, 183.

29 Baran y Sweezy, *Monopoly Capital.*

países europeos. La lógica del capitalismo mantendría al mundo en un sistema de explotación, tanto interno como externo. En consecuencia, la única salida para los países periféricos era retirarse completamente del capitalismo y aplicar políticas socialistas[30].

## *1. Dependencia de las "periferias" respecto al "centro"*

La teoría de la dependencia ha sido la escuela de pensamiento procedente del sur global más influyente sobre el sistema internacional, y que ha situado en el centro de atención al sur global y el desarrollo[31] (Hönke y Lederer 2013, 793). Bajo la etiqueta de *dependentistas,* encontramos a varios estudiosos radicados principalmente en América Latina. Curiosamente, también, la teoría se originó y floreció en la diplomacia multilateral, en particular en la Comisión Económica de las Naciones Unidas para América Latina (CEPAL) a partir de finales de los años 50 (Prebisch, Sunkel, Furtado, Cardoso, Faletto, dos Santos, Frank), lo que garantizó su influencia política. Por "dependencia" entendían "una situación en la que la economía de un determinado grupo de países está condicionada por el desarrollo y la expansión de otra economía, a la que la suya está sometida", "limitando así las posibilidades de desarrollo de las economías subordinadas" (1971, 226)[32]. Así, la integración de las periferias en la economía capitalista de los centros occidentales está dirigida, según esta teoría, a satisfacer las necesidades de recursos de los (antiguos) colonizadores no solo durante el colonialismo, sino también en la época poscolonial, a través de las políticas comerciales, el control de las tecnologías, el pago de regalías y la repatriación de beneficios por parte de las multinacionales. Estas políticas, en definitiva, no se consideran destinadas al bienestar de los países del sur, sino aplicadas con el apoyo de sus élites enriquecidas, que servían de intermediarias frente a los centros[33].

---

30 Peet y Hartwick, *Theories of Development,* 189; Rist, *Le développement,* 202-204.

31 Fernanda Beigel, Alfredo Falero, José G. Gandarilla Salgado, Néstor Kohan, Ladislao Landa Vásquez, Carlos Eduardo Martins, Cecilia Nahón, Corina Rodríguez Enriquez, Martín Schorr y Bettina Levy, *Crítica y teoría en el pensamiento social Latinoamericano* (Buenos Aires: CLACSO, 2006); Hönke y Lederer, "Development and International Relations", 793.

32 Dos Santos, citado en Peet y Hartwick, *Theories of Development,* 188.

33 Peet y Hartwick, *Theories of Development,* 189.

Los *dependentistas* veían el desarrollo de los países de América Latina, África y Asia como una *función inversa* del desarrollo europeo y norteamericano: la modernización de estos últimos había sido posible gracias al "subdesarrollo activo" de los primeros, mediante la conquista violenta, la sumisión colonial, la esclavitud humana y la extracción de recursos. El imperialismo económico, por tanto, reproduce una estructura internacional colonial todavía muy vigente, oponiendo el nuevo poder hegemónico estadounidense a los nuevos países independientes.

Aunque todos coincidían en la necesidad de una alternativa socialista al paradigma desarrollista de la época, las posturas variaban enormemente. Algunos como Emmanuel Argiri o Samir Amin se pronunciaban a favor de la completa *desvinculación* del sistema capitalista global, llegando a la *autosuficiencia*[34]. Por contraste, Cardoso concluyó que se podían lograr "formas dependientes de desarrollo capitalista" dentro de las relaciones periferias-metrópolis[35]. En general, los teóricos de la dependencia dieron importancia a la estructura internacional a la hora de explicar las relaciones económicas entre los antiguos colonizadores y las antiguas colonias[36], con un análisis desde el punto de vista de los países en desarrollo.

Sin embargo, los *dependentistas* fueron acusados de simplificar en exceso la realidad, considerar el desarrollo como un proceso lineal hacia sociedades industrializadas maduras[37], no tener debidamente en cuenta las relaciones de clase, favoreciendo a las élites nacionales[38], y no elaborar suficientes propuestas sobre cómo sería el desarrollo en cada país al margen o más allá del marco de la modernización[39]. Externamente, el objetivo general era obtener un acceso rentable a los mercados. Internamente, el desarrollo se alcanzaría a través de la industrialización[40]. En cualquier caso, los neomarxistas y *dependentistas* tuvieron una inmensa influencia política,

34 Peet y Hartwick, *Theories of Development,* 194; McEwan, *Postcolonialism, Decoloniality and Development,* 125.

35 Peet y Hartwick, *Theories of Development,* 194; Rist, *Le Développement,* 210.

36 McEwan, *Postcolonialism, Decoloniality and development,* 125.

37 McEwan, *Postcolonialism, Decoloniality and Development,* 126.

38 Rist, *Le Développement,* 206-207; Peet y Hartwick, *Theories of Development,* 190.

39 Jan Nederveen Pieterse, "My Paradigm or Yours? Alternative Development, Post-Development, Reflexive Development." *Development and Change* 29(2) (1998): 345.

40 Serge Latouche, *Décoloniser l'imaginaire. La pensée créative contre l'économie de l'absurde.* (Paris: Parangon: 2003), 59.

antes de que su impulso se viera frenado por la crisis de la deuda y la victoria del desarrollo neoliberal.

## IV. LAS POLÍTICAS DE DESARROLLO: DE LA PLANIFICACIÓN INDUSTRIAL AL AJUSTE ESTRUCTURAL

### *1. Planificación, políticas de industrialización y tercermundismo*

El punto álgido de las teorías de la dependencia se alcanzó durante los años 50 y 60 del siglo XX. La CEPAL propuso adoptar medidas proteccionistas (aranceles a las importaciones, para los sectores industriales jóvenes), la sustitución de importaciones mediante la industrialización, la integración económica regional y reformas agrarias. El desarrollo económico dirigido por el estado a través de la industrialización implicaba "una transformación económica estructural impulsada por la industria manufacturera y el desarrollo de las capacidades productivas nacionales"; en todo el mundo, las políticas se basaron en "el uso inteligente de los aranceles, las exportaciones, las tasas de interés y las políticas cambiarias para fomentar la transformación nacional de las materias primas, la provisión de infraestructuras, la creación de corredores de desarrollo y parques industriales, el establecimiento de empresas públicas (...), la creación de proyectos industriales de empresas conjuntas, el fomento del crecimiento de una clase empresarial y de inversión nacional, las inversiones en el desarrollo y el suministro de mano de obra cualificada, la profundización de los mercados nacionales, los incentivos para fomentar los vínculos intersectoriales, y la introducción de políticas sociales básicas"[41]. En África, los objetivos económicos iban de la mano de la construcción nacional, el panafricanismo y la construcción de un nuevo orden internacional[42]. Se buscaba "'[diversificar] las exportaciones para abolir las estructuras de exportación monoculturales heredadas'"[43]. Se esperaba que la agricultura se diversificara y modernizara mejorando los vínculos intersectoriales[44].

---

41 Tetteh Hormeku-Ajei, Aishu Balaji, Adebayo Olukoshi y Anita Nayar, "Introduction: Early Post-Independence Progressive Policies - Insights for our Times." *Africa Development* 47 (2022): 5-6.

42 Hormeku-Ajei et al., "Introduction", 3 y 12.

43 Tandika Mkandawire y Charles Soludo. *Our Continent, Our Future: African Perspectives on Structural Adjustment* (Dakar: CODESRIA, 1998), 15, citado en Hormeku-Ajei et al., "Introduction", 14.

44 Hormeku-Ajei et al., "Introduction", 15-16.

Entre los años 1950 y 1970, los países en desarrollo experimentaron algunas políticas inspiradas en las teorías de la modernización y/o marxistas. Independientemente del color, la orientación y la ideología de los gobiernos de turno, la *ayuda exterior* y la *planificación nacional*[45] se convirtieron en los dos pilares del desarrollo. Se materializó mediante la adopción de planes de desarrollo quinquenales de inspiración soviética y la creación de Ministerios o Unidades de Planificación[46]. Los líderes de los países en desarrollo recibían el apoyo de EEUU o de la URSS, o de ambos, con condiciones (económicas y/o políticas). Con la URSS como modelo y mecenas, muchos países se comprometieron en ambiciosos proyectos de industrialización y estrategias de sustitución de importaciones.

Los límites de las políticas pos-independencia fueron muchos: nepotismo, corrupción, un preocupante nivel de burocracia, abusos de los Derechos Humanos y las restricciones de las libertades civiles tras el inicio de sistemas de partido único y militares[47]. Desde una perspectiva estructural, "las economías africanas con abundancia de tierras y escasez de mano de obra tuvieron dificultades para movilizar rápidamente a los trabajadores hacia exportaciones industriales basadas en mano de obra barata para generar la escala de recursos en divisas"[48]. La industrialización se enfrentó a la volatilidad de los precios[49], la dependencia de la importación de insumos y tecnología relacionados, lo que refuerza los estrechos patrones de consumo en lugar de una amplia base de mercado con posibles vínculos con otros sectores; y, en última instancia, el propio proceso desalentaba la diversificación de las exportaciones, ya que los productores se quedaban en la comodidad y la alta rentabilidad del espacio nacional, por muy ineficientes que fueran[50]. La producción agrícola se estancó tras el punto álgido de 1975 y la deuda se acumuló[51].

---

45 Para un análisis antropológico y crítico de la planeación estatal para el desarrollo y su sacralización, ver: Alexander F. Robertson, *People and the State: An Anthropology of Planned Development.* (Cambridge: Cambridge University Press, 1984).

46 Luis B. Mejía Guinand, *The Changing Role of the Central Planning Offices in Latin America: A Comparative Historical Analysis Perspective.* (Netherlands: Boekenplan, 2014).

47 Hormeku-Ajei et al., "Introduction", 17.

48 Hormeku-Ajei et al., "Introduction", 18.

49 Hormeku-Ajei et al., "Introduction", 19.

50 Mkandawire y Soludo, "Our continent", 15, quoted in Hornaku et al., "Introduction", 20.

51 Hormeku-Ajei et al., "Introduction", 13 y 20.

Los planes de desarrollo eran excesivamente ambiciosos en cuanto a tasas, se basaban en estadísticas deficientes y datos no disponibles[52], métodos analíticos débiles, un alto nivel de abstracción del mundo real. La planificación sufrió una falta de coordinación. Más importante, surgieron tensiones entre políticos y tecnócratas, y el pueblo se volvió a veces contra el estado y su burocracia: el impuesto sobre la producción fue particularmente contestado, ya que se suponía que el sector agrícola generaría los excedentes necesarios para financiar proyectos industriales. En la Tanzania posterior a la independencia, los campesinos y las aldeas se resistieron al *ujamaa* (la creación de unidades comunales de aldea, la nacionalización de la tierra y uno de los mayores reasentamientos de la historia de África): sospechaban que el Estado les robaría la tierra y no les convencía el discurso oficial de la lucha de clases[53]. Con el tiempo, los campesinos escaparon de las políticas verticalistas (y, cada vez, más autoritarias) del estado y de la "absorción en la economía de mercado", que asociaban con el dominio colonial[54]. Elaboraron estrategias de "compromiso selectivo" y de salida o evasión: trabajaban en su parcela individual, no utilizaban fertilizantes, escondían parte de su producción[55]. Las estructuras premodernas siguieron funcionando y se logró "poca transformación del modo campesino"[56]. Con todo, el campesinado permaneció en gran medida "no capturado" por los programas estatales y otras clases sociales, y el capitalismo nunca se convirtió en el modo de producción dominante[57].

En el plano diplomático, las políticas de industrialización impulsadas por la autonomía contaron con el apoyo del tercermundismo.

## 2. *Triunfo y fracaso del tercermundismo*

Con el proceso de independencia, los países en desarrollo se convirtieron en mayoría en el sistema de la ONU y, como consecuencia, el desarro-

52 Samir Amin, *Trois expériences africaines de développement: Le Mali, la Guinée et le Ghana.* Institut d'Etudes du développement économique et social de l'Université de Paris. (Paris: Presses Universitaires de France, 1965), 106.

53 Goran Hyden, *Beyond Ujamaa in Tanzania: Underdevelopment and an uncaptured peasantry* (Londres: Heinemann, 1980), 98.

54 Hyden, *Beyond Ujamaa in* Tanzania, 113.

55 Hyden, *Beyond Ujamaa in* Tanzania, 105.

56 Hyden, *Beyond Ujamaa in* Tanzania, 141.

57 Hyden, *Beyond Ujamaa in* Tanzania, 150.

llo ocupó un lugar destacado en la agenda internacional. En la conferencia de Bandung de 1955, los líderes del Tercer Mundo se comprometieron a "la necesidad de cooperación dentro del sur global; la creación y puesta en común de conocimientos técnicos, investigación y desarrollo; la creación de organismos internacionales para coordinar el desarrollo económico; y la autodeterminación en materia de política económica"[58]. Con la Revolución Cultural China y los movimientos de "Mayo", la década de 1960 fue "una época de esperanza y entusiasmo (...) Los países industrializados tendrían que comprometerse políticamente y compartir más en el ámbito de la economía (...) Los teóricos de la dependencia tenían el viento a favor"[59]. Del mismo modo, la década de 1970 estuvo marcada por la guerra de Vietnam (y la gran derrota de EEUU en 1975) y una crítica de la sociedad industrial. Se adoptó un texto en el que se abogaba por un "Nuevo Orden Económico Internacional (NOEI)", junto a un "Programa de Acción", complementado por la Carta de Derechos y Deberes Económicos de los Estados. A esto, le siguió un gesto diplomático ofensivo sin precedentes por parte de los países exportadores de petróleo (OPEP), que cuadruplicaron el precio del petróleo, perturbando gravemente las economías del norte[60]. Este periodo pareció marcar el final de la hegemonía occidental sobre el sur, un nuevo equilibrio "basado en la equidad, la igualdad soberana, la interdependencia, el interés común y la cooperación entre todos los Estados" que "refundiría las reglas de la economía internacional"[61].

Estas iniciativas alcanzaron resultados significativos, pero al final se diluyeron o fracasaron por varias razones. El propio NOEI "definía la interdependencia de una manera completamente opuesta a la de la escuela de la dependencia" al pedir "crecimiento económico, expansión del comercio mundial y aumento de la 'ayuda' por parte de los países industrializados"[62]. La Carta de Derechos y Deberes Económicos de los Estados también abandonó y marginó las "ideas de retirada o desvinculación" y los sustituyó por modelos de libre comercio (orientados al exterior) y promercado[63]. Además, lo que entonces se llamaba el "Tercer Mundo" se rompió a mediados de los años 70 como resultado de la dinámica política (la mayoría de los

---

58 Sara Salem, "Radical Regionalism: Feminism, Sovereignty and the Pan-African Project." *Africa Development / Afrique et Développement* 47, no. 1 (2022): 168.

59 Rist, *Le développement*, 140.

60 Rist, *Le Développement*, 41 y 140.

61 Rist, *Le Développement*, 141.

62 Rist, *Le Développement*, 149.

63 Rist, *Le Développement*, 150-1.

países del sur se unieron a un de los dos bloques) o de una brecha de desarrollo cada vez mayor entre los 'países menos desarrollados' (LDCs, por sus siglas en inglés) y los países de reciente industrialización (NICs, por sus siglas en inglés), que ya no compartían intereses ni "un proyecto colectivo de futuro"[64].

El Informe Hammarskjöld (1975) describía además el desarrollo "como un fenómeno global que afecta no solo al Tercer Mundo, sino también a los países industrializados [que] deben cambiar sus estilos de vida, reestructurando sus economías y orientándolas hacia una mayor justicia en las relaciones comerciales internacionales"[65]. La Conferencia sobre Cooperación Económica Internacional, así como el informe de Willy Brandt (1980), generaron promesas de caridad en lugar de equidad al propugnar una especie de "keynesianismo mundial"[66]. Estaba claro que "en su propio interés, el norte se negaba a aceptar cualquier cambio radical de las estructuras internacionales"[67] y la agenda se deslizó hacia las medidas humanitarias y el enfoque de las "necesidades básicas"[68].

Tanto las teorías de la modernización como las de la dependencia, y las políticas que inspiraron, perdieron fuerza a finales de la década de 1970 debido a la insuficiencia de sus resultados[69], así como al cambio ideológico y a las relaciones de poder desfavorables que siguieron a la crisis de la deuda y condujeron a la imposición de Planes de Ajuste Estructural (PAE) en la mayoría de las economías en desarrollo.

### *3. Del ajuste estructural a la reducción de la pobreza: el desarrollo neoliberal*

Los países en desarrollo habían conseguido que el desarrollo tuviera centralidad en las agendas de las organizaciones multilaterales, que la comunidad internacional se acordara sobre un NOEI. Esta centralidad nunca se ha recuperado desde entonces. Cuando las crisis del petróleo y la deuda afectaron a América Central y Latina a principios de los años 80 y después, a África subsahariana, las IFI acudieron a su rescate financiero y al rescate de los bancos occidentales que habían concedido préstamos a estos

---

64 Rist, *Le Développement,* 153.

65 Rist, *Le Développement,* 156.

66 Rist, *Le Développement,* 160.

67 Rist, *Le Développement,* 156 y 158.

68 Rist, *Le Développement,* 161-162.

69 Rist, *Le Développement,* 210.

países[70]. A cambio de liquidez, impusieron PAE con estrictas condiciones como: privatización, recortes del gasto público, liberalización del comercio y de los precios, medidas favorables al mercado, recorte de la inversión estatal en prestaciones sociales[71].

Economistas heterodoxos y activistas del norte y del sur han documentado las consecuencias de estos planes. Sostienen que los años de ajuste no lograron el prometido de progreso impulsado por el mercado, convirtiéndose en años "perdidos" para el desarrollo africano posterior a la independencia[72]. Los PAE impulsaron "la captura política y económica por parte de los poderosos estados y empresas del norte global; la externalización de la elaboración de políticas; el estancamiento de la industrialización; el vaciado del estado y los servicios públicos; y la extracción continuada de la riqueza y los recursos de África para enriquecer a las economías del norte global"[73]. Como consecuencia, las inversiones cayeron, las industrias nacionales no pudieron competir a escala internacional, se vendieron activos industriales y las empresas cerraron. Asimismo, los sectores sociales se vieron duramente afectados y la gestión de la deuda se convirtió en una limitación para la elaboración de políticas[74].

Desde entonces, hubo una pérdida de la diversidad de políticas disponibles para los países en desarrollo y de su derecho a experimentar. Con los PAE y la creación de la Organización Mundial del Comercio en 2002, ya no estaba permitido adoptar medidas proteccionistas[75]. Lo que, en un principio, se presentó como una "terapia de choque" temporal, se ha convertido en algo permanente e institucionalizado; una receta única para todos los países deudores, continuando hasta hoy como la estrategia de desarrollo por defecto. El objetivo de la industrialización ha quedado abandonado

---

70 Yves Dezalay y Bryant Garth, "Le 'Washington consensus'. Contribution à une sociologie de l'hégémonie du néolibéralisme." *Actes de la Recherche en Sciences Sociales,* n° 121-122 (1998/1-2): 3-22.

71 Hormeku-Ajei et al., "Introduction", 24-5.

72 Mkandawire y Soludo, "Our continent", citado en Hormeku-Ajei *et al.* "Introduction", 3.

73 Hormeku-Ajei *et al.* "Introduction", 3.

74 Aminata Traoré Dramane, *L'Etau: L'Afrique dans un monde sans frontières.* (Arles: Actes Sud 1999).

75 Robert H. Wade, "What Strategies Are Viable for Developing Countries Today? The World Trade Organization and the Shrinking of 'Development Space'." *Review of International Political Economy* 10(4) (2003): 621-644.

globalmente a las fuerzas del mercado, del libre comercio o de las multinacionales, con malos resultados para los países más pobres.

Las IFI y los economistas neoclásicos ortodoxos presentaron las estrategias de desarrollo pos-Segunda Guerra Mundial como un fracaso absoluto. Los economistas heterodoxos, sin embargo, han contra-argumentado que esta narrativa no está "fundamentada en pruebas ni basada en el contexto histórico"[76]. En retrospectiva, parece que las primeras experiencias dirigidas por el estado fueron mucho más prometedoras y produjeron mejores resultados para los pueblos africanos que el posterior período neoliberal, incluso en términos de crecimiento y acumulación de capital, aprovisionamiento social y cohesión e inclusión nacionales[77]. El crecimiento industrial y el crecimiento económico alcanzaron niveles excepcionales en África subsahariana entre 1960 y 1975, que ya nunca se han visto desde entonces. Pero estos experimentos duraron demasiado poco y se interrumpieron demasiado pronto para compensar siglos de explotación y atacar las causas profundas del subdesarrollo[78]. Un análisis de las trayectorias de desarrollo por los "industrializadores tardíos" asiáticos (Taiwán, Singapur, China y Corea) confirma estas conclusiones: "Estados desarrollistas" fuertes que combinaban políticas comerciales (durante mucho tiempo proteccionistas) y monetarias integradas y adaptativas para servir a la política industrial —incluso, al control de los precios de algunos bienes estratégicos[79]. Estas políticas eran opuestas al tipo de políticas impuestas por los PAE en otros lugares[80], por lo cual China evitó el ajuste estructural[81]. Sin embargo, las trayectorias asiáticas han planteado otras cuestiones importantes, sobre todo en relación con la naturaleza autoritaria de los regímenes.

---

76 Hormeku-Ajei *et al.* "Introduction", 2.

77 Mkandawire y Soludo, "Our continent"; Ha-Joon Chang, "Policy Space in Historical Perspective with Special Reference to Trade and Industrial Policies." *Economic and Political Weekly* 41(7) (2006): 627-33.

78 Ha-Joon Chang, *Globalisation, Economic Development & the Role of the State.* (Londres y Nueva York: Zed Books, 2003).

79 Isabella M. Weber How China Escaped Shock Therapy: The Market Reform Debate. Nueva York: Routledge Press, 2021.

80 Alice H. Amsden, *The Rise of "The Rest": Challenges to the West from Late-Industrializing Economies.* (Oxford University Press, 2001); Ha-Joon Chang, *Kicking Away the Ladder: Development Strategy in Historical Perspective* (Anthem Press, 2002); Chang, *Globalisation, Economic Development & the Role of the State*; Ha-Joon Chang, Bad Samaritans: *The Myth of Free Trade and the Secret History of Capitalism* (Londres: Bloomsbury Publishing, 2010).

81 Weber, *How China Escaped Shock Therapy.*

Después de que sus PAE generaran resultados desiguales y duras críticas en el sur y el norte[82], las IFI anunciaron un nuevo paradigma de desarrollo internacional, conocido como "post-consenso de Washington", que todavía hoy domina la formulación de políticas de desarrollo en los países dependientes de la ayuda[83]. Se basa en el principio de apropiación —entendido como compromiso con el ajuste y la reforma[84]— y la *reducción de la pobreza*, que combina la reestructuración económica con la buena gobernanza, prestación de servicios básicos (educación y sanidad), participación de las organizaciones de la sociedad civil e incentivos individuales (microcréditos y transferencias monetarias condicionadas)[85]. Estos principios se consagraron en los Objetivos de Desarrollo del Milenio (ODM) adoptados bajo los auspicios de las Naciones Unidas en el año 2000 para reducir a la mitad la pobreza extrema en el mundo desde entonces hasta 2015. Durante quince años, los ODM guiaron las políticas públicas, y se convirtieron en una "nueva condicionalidad" de la ayuda en los países endeudados (especialmente, en África subsahariana)[86].

Los ambiciosos ODM, sin embargo, no se alcanzaron en África subsahariana a pesar de la masiva movilización internacional[87]. Las razones que se aducen difieren según las distintas corrientes de la economía del desarrollo: para los neoclásicos, se debe a debilidades internas de los países del sur global (económicas y políticas) y/o a una aplicación insuficiente de las reformas promovidas por las IFI; para los economistas heterodoxos, se debe más bien a que, al combinar las políticas neoliberales con la caridad, el paradigma de reducción de la pobreza es incapaz de fomentar el crecimiento y la industrialización, y termina siendo un obstáculo para un verdadero

---

82 Joseph E. Stiglitz, *Globalization and its discontents.* (Nueva York and Londres: Norton, 2002).

83 Jacqueline Best, "Legitimacy Dilemmas: The IMF's Pursuit of Country Ownership." *Third World Quarterly* 28(3) (2007): 469-488; Isaline Bergamaschi, "The Politics of Aid and Poverty Reduction in Africa: A Conceptual Proposal and the Case of Mali." *Global Cooperation Research Papers* 16. (Duisburg: Käte Hamburger Kolleg/ Centre for Global Cooperation Research - KHK/GCR21, 2016).

84 John Johnson y Sulaiman Wasty. "Borrower Ownership of Adjustment and Political Economy of Reform". *World Bank Discussion* Paper n° 199 (1993), 10-11.

85 Ben Fine, Costas Lapavitsas y Jonathan Pincus (eds). *Development Policy in the Twenty-first Century: Beyond the Post-Washington Consensus,* (London y New York: Routledge, 2001).

86 Jeremy Gould (ed.), *The New Conditionality: The Politics of Poverty Reduction Strategy* (Londres y Nueva York: Zed Books, 2005).

87 Bergamaschi, "The Politics of Aid and Poverty Reduction in Africa", 5.

desarrollo socioeconómico[88]. Desde perspectivas del Sur global, el mismo paradigma también se ha visto como un símbolo de "pereza intelectual", un fracaso político[89], o una negación de las concepciones populares y experiencias autóctonas de la pobreza (así que de sus soluciones locales)[90].

## V. EL DESARROLLO ENTRE NEOCOLONIALISMO E IMPOSICIÓN OCCIDENTAL: EL POSDESARROLLO

La teoría del posdesarrollo se formuló a partir de la década de los 90[91] en feroz contraste con el modelo de la modernización, pero también con las teorías neomarxistas que criticaban principalmente al capitalismo por sus implicaciones en la estructuración de las relaciones mundiales, pero consideraban que la industrialización era necesaria para los países de la periferia. El posdesarrollo ha cuestionado la idea misma de la necesidad de desarrollo en todo el mundo. Aunque intelectualmente influenciado por *dependentistas*[92], el posdesarrollo acoge premisas teóricas, principalmente, del giro posestructuralista en filosofía y estudios poscoloniales[93], poniendo así de relieve los aspectos culturales y psicológicos hegemónicos tras los políticos/económicos, así como la degradación medioambiental causada por los modelos de desarrollo dominantes. Así, el posdesarrollo ha rechazado

---

88 Véanse Fine et al., *Development Policy in the Twenty-first Century...*, 2001; Paul Cammack, "What the World Bank means by poverty reduction, and why it matters." New Political Economy 9 (2004): 189-211; Ha-Joon Chang, "Hamlet without the Prince of Denmark: how development has disappeared from today's 'Development' discourse", in Shahrukh Rafi Khan y Jens Christiansen (eds.), *Towards new developmentalism: Market as means rather than master* (London: Routledge, 2011).

89 Hamidou Magassa y Stefan Meyer, "Le Développement au Mali: Des Mondes Séparés? L'Harmonisation des Bailleurs de Fonds: Entre Efficacité et Démocratisation. Etude de cas IV", *FRIDE Working Papers* No. 50 (Madrid: FRIDE 2008), 11.

90 Hamidou Magassa, "Ethique et Pauvreté : l'exemple du Mali", in *La pauvreté, une fatalité? Promouvoir l'autonomie et la sécurité humaine des groupes défavorisés (Bénin, Burkina-Faso, Mali, Niger)*, eds. Gilles Gohy y Pierre Sané. (UNESCO/Karthala/Futurs africains, 2002), 162.

91 Aram Ziai, «Post-Development: Premature Burials and Haunting Ghosts.» *Development and Change* 46(4) (2015): 834.

92 Simon, 1997, en McEwan, *Postcolonialism, Decoloniality and Development*, 126; Ziai, "Post-Development", 835.

93 Arturo Escobar, *Encountering Development: The Making and Unmaking of the Third World*, 2a ed. (Princeton: Princeton University Press, 2012), xii; Peet y Hartwick, *Theories of Development*, 223.

de plano el paradigma del desarrollo, alegando que la creciente evidencia de la destrucción planetaria y la injusticia social producida por el sistema capitalista moderno conduciría rápidamente a la opinión pública hacia "alternativas al desarrollo"[94].

## *1. Desarrollo en continuidad con el colonialismo: intereses, ideas e instituciones*

Las instituciones internacionales de desarrollo, moldeadas por las diferencias de poder de los estados participantes, han elaborado y aplicado sus propios programas que no son neutrales, sino que utilizan la ayuda para promover enfoques y políticas que reflejan "las ideologías de desarrollo de los poderosos"[95] y el ascenso hegemónico de EEUU tras la Segunda Guerra Mundial. Según Goldsmith:

> "El modelo occidental de desarrollo y los llamados programas de ayuda son meras armas políticas que se adaptan a los intereses comerciales occidentales, destruyen las economías nacionales, empobrecen a la inmensa mayoría y empujan aún más a las naciones prestatarias al abismo de la deuda (...) El desarrollo y el colonialismo (...) son el mismo proceso bajo un nombre diferente (...) Esto ha implicado "establecer élites indígenas", así como urdir intervenciones militares, dar ayuda exterior, entre otras cosas"[96].

Rist considera que "una serie de prácticas que persisten al amparo del 'desarrollo' tuvieron su origen [en la colonización]": existía el llamado "caso filantrópico para la colonización"; y, más tarde, el multilateralismo actuaría "como un disfraz de los intereses coloniales"[97]. Para los posdesarrollistas existe una gran continuidad —o un reciclaje— entre el colonialismo y el desarrollo cuando se observan las instituciones encargadas de éste ("comunidades y geografías imaginadas", pericia en medicina tropical, ingeniería o antropología, y cultura profesional[98]). Por ejemplo, la génesis de la política europea de ayuda al desarrollo está marcada por el regreso

---

94 Esteva, "Development", 21.

95 Katie Willis, *Theories and Practices of Development,* 3a ed. (Londres y Nueva York: Routledge, 2021), 123.

96 Edward Goldsmith, "Development as Colonialism", *World Affairs,* 6(2) (2002).

97 Gilbert Rist, *The History of Development. From Western Origins to Global Faith.* 5a ed. (London: ZED, 2019), 51-59.

98 Uma Kothari, "From Colonial Administration to Development Studies: a Postcolonial Critique of the History of Development Studies", in *A radical history of development studies: individuals, institutions and ideologies,* ed. Uma Kothari (London: Bloomsbury, 2019, 2a éd.), 54, 58, 60, 61 y 62.

de los administradores coloniales franceses y la transferencia de su "identidad colonial" (hecha de vínculos personales, métodos opacos y antiburocráticos, poder discrecional de los dirigentes y excepciones permanentes a la regla) a la DG dedicada al Desarrollo (DG VIII)[99].

Desde estas primeras elaboraciones, el desarrollo ha sufrido reformulaciones discursivas, añadiéndosele sustantivos positivos: "participación", "apropiación", "buena gobernanza", el enfoque de "reducción de la pobreza"; el uso de adjetivos como desarrollo "humano", "inclusivo" y "sostenible"[100]. Sin embargo, para los y las posdesarrollistas se trata de "camuflajes legitimadores"[101]; esto es, componentes de una estrategia de la industria del desarrollo para reproducir lo que Ziai denominó el "ciclo de diagnóstico de la promesa de desarrollo"[102]. Por lo tanto, piden que se examine críticamente el sector del desarrollo ya que, según dicen, es un "sector para tener la conciencia tranquila"[103] o un negocio.

### A) El desarrollo como universalización eurocéntrica

Basándose en los conceptos foucaultianos de discurso y poder, los y las posdesarrollistas han analizado el discurso como una "estructura mental y lingüística históricamente situada que ha sido moldeada por determinados intereses e implica ciertas relaciones de poder"[104]. Sus definiciones de desarrollo varían, pero mantienen la crítica a su eurocentrismo y sus efectos autoritarios y despolitizadores. Así, el desarrollo se considera fruto de una "ideología occidental" que promete prosperidad a los países recién descolonizados como parte de una campaña política estadounidense[105]; un proyecto fallido de transformación socioeconómica de las sociedades del Tercer Mundo basado en la universalización de un modelo occidental logrado a través de la exportación de capital (ayuda e inversiones), conocimiento,

99 Véronique Dimier, *The Invention of a European Development Aid Bureaucracy: Recycling Empire*. Palgrave Studies in European Union Politics. (Basingstoke: Palgrave-MacMillan, 2014).

100 Ziai, *Development Discourse and Global History*, 156.

101 Rist, *Le développement*, 305.

102 Ziai, *Development Discourse and Global History*, 44 y 199.

103 McEwan, *Postcolonialism, Decoloniality and Development*, 231.

104 Aram Ziai, "The Ambivalence of Post-Development: Between Reactionary Populism and Radical Democracy." *Third World Quarterly* 25(6) (2004): 1047.

105 Esteva, "Development"; Majid Rahnema, "Participation", in *The Development Dictionary. A Guide to Knowledge as Power*, 2a ed. Wolfgang Sachs ed. (London and New York: Zed Books, 2010), 174-194.

experiencia y tecnología[106]; un proyecto apto para legitimar la opresión de las comunidades locales en aras de un bien superior, decidido por expertos externos[107]. Todo esto, en sus prácticas, infravalora las economías que no se basan en la mercantilización y crea un "reino de la escasez" que debe satisfacerse mediante la producción y el consumo[108].

Las teorizaciones sobre el desarrollo, según los y las posdesarrollistas, se configuran sobre la base de *un modelo europeo idealizado,* con Europa Occidental y Norteamérica en la cima de una "escalera" unilineal y universal. En las antípodas se sitúan países y sociedades que, en un continuo que va de lo malo a lo bueno, son considerados, e inducidos a percibirse a sí mismos, como inferiores, negativamente dotados y atrasados. Esto opaca la historia de que la industrialización/modernización europea se produjo sobre la base de la explotación colonial del trabajo de casi todo el resto del mundo. Esta supuesta superioridad europea es una continuación de la "misión civilizadora" de la época colonial[109]. En segundo lugar, para el posdesarrollo, el "desarrollo" tiene *implicaciones autoritarias,* produciendo cambios no necesariamente bienvenidos en las comunidades afectadas, sobre la base del conocimiento experto y la financiación de donantes que a menudo saben muy poco sobre el contexto particular en el que intervienen. En tercer lugar, el "desarrollo" tiene *implicaciones despolitizadoras* porque, al traducir cualquier cuestión social en una cuestión de desarrollo, ésta se convierte en una cuestión técnica para tratarse mediante recetas ya probadas, y aplicadas de arriba abajo[110].

Todos los modelos de desarrollo anteriores, según Escobar, deben abandonarse, ya que no permiten que los pueblos decidan su propio modo de vida social, político y económico. Por lo tanto, está a favor de estrategias autónomas concebidas por personas marginadas que permitan soluciones creativas y autodefinidas a problemas percibidos de forma autónoma[111].

---

106 Esteva, "Development"; Escobar, *Encountering Development.*

107 Sachs ed. *The Development Dictionary, vii.*

108 Esteva, "Development"; Ziai, "Post-Development", 841-842.

109 Aram Ziai, *Development Discourse and Global History: From Colonialism to Sustainable Development Goals.* (Londres y Nueva York: Routledge, 2016), 59-60.

110 Ziai, *Development Discourse and Global History,* 59-63.

111 Escobar, "Power and Visibility".

### B) Una pluralidad de escuelas del posdesarrollo

Se pueden destacar, al menos, cuatro escuelas dentro del posdesarrollo:

- *el pluralismo radical*[112]: la escala del cambio debería localizarse;
- *la reevaluación de las sociedades no capitalistas*[113]: culturas, epistemologías y cosmovisiones locales;
- *la vida sencilla*[114]: la felicidad se encuentra mediante algún tipo de espiritualidad;
- *el decrecimiento*[115]: para preservar la naturaleza, evitar el cambio climático y restablecer la justicia social internacional, incluido un reparto más equitativo de los recursos, con responsabilidades diferenciadas entre los países del norte y del sur[116].

A partir de aquí, los estudiosos del posdesarrollo se dividen en dos variantes principales en cuanto a sus recomendaciones políticas: "populismo reaccionario" y "democracia radical"[117]. La primera variante, el "antidesarrollo"[118] o el "posdesarrollo neopopulista", se describe como relativista[119], aplica una visión esencialista de las culturas del sur, romantizándolas, rechazando por completo la modernidad en nombre de una economía de subsistencia, con la consecuencia potencial de apoyar procesos conservadores o reaccionarios, sin reconocer ningún deseo genuino de desarrollo. La segunda variante, el "posdesarrollo escéptico", es más matizada: se basa en un concepto constructivista de la cultura, prudente tanto a la hora de evaluar las tradiciones culturales y los modos de vida de las comunidades locales como la modernidad en su conjunto. Busca no imponer

---

112 Esteva, "Development".

113 Rahnema, "Participation".

114 Sachs ed. *The Development Dictionary*.

115 Latouche, *Décoloniser l'imaginaire*; Jason Hickel, *Less Is More. How Degrowth Will Save the World*, (Penguin, 2021); Federico Demaria y Serge Latouche, "Degrowth", in Ashish Kothari, Ariel Salleh, Arturo Escobar, Federico Demaria y Alberto Acosta eds. *Pluriverse. A Post-Development Dictionary* (Columbia University Press, 2021), 49-51.

116 Latouche, *Décoloniser l'imaginaire*, 16-19, 159.

117 Ziai, "The Ambivalence of Post-Development", 1053; Ziai, *Development Discourse and Global History*, 81.

118 Hoogvelt 2001, citado en Ziai, "The Ambivalence of Post-Development", 1054.

119 Ziai, "The Ambivalence of Post-Development", 1054; Ziai, "Post-Development", 837; Ziai, *Development Discourse and Global History*, 80-81.

una visión específica de las sociedades futuras, porque rechaza el principio de "representación" (la idea de "hablar en nombre de otro"). Esta variante sitúa el posdesarrollo en línea con las ideas de democracia radical[120], con el objetivo principal de "transferir el poder de definir los problemas y objetivos de una sociedad de las manos de expertos externos a los miembros de la propia sociedad"[121]. Así, una crítica a la mirada posdesarrollista consiste en cuestionar la dicotomía norte/sur en la cual se basan los orígenes estrictamente occidentales del desarrollo, así como en subrayar la propia agencia de los países del sur en su teorización e implementación.

## 2. *La agencia del sur, la "apropiación" y la conveniencia del desarrollo*

Considerar el "desarrollo" como una imposición del norte sobre el sur global pasa por alto las contribuciones de líderes y expertos de fuera del norte global a su surgimiento, así como la participación activa de estados y sociedades del sur global en su implementación.

Aunque convencionalmente se dice que el "desarrollo" empezó en 1949, McVety examina afirmaciones anteriores para destacar la intervención de los líderes del sur en la aparición del concepto, mucho antes de la Segunda Guerra Mundial. En 1919, Sun Yat-sen (primer ministro del Partido Nacionalista Chino) envió un "esbozo de proyecto para el desarrollo internacional de China' al Secretario de Comercio de EEUU, William C. Redfield", refiriéndose a la paz, a la Sociedad de Naciones y a su voluntad de "poner fin a la guerra comercial mediante la cooperación y la ayuda mutua". EEUU no aceptó y solo apoyaría el desarrollo de China después de 1945[122]. Fue entonces cuando "los pueblos pidieron desarrollo a las potencias aliadas dominantes" y, como lo consideraron de su interés, "los aliados crearon la maquinaria internacional para [su] promoción"[123]. En África, en 1923, el etíope Ras Tafari (más tarde, Haile Selassie) escribió a la Sociedad de Naciones solicitando su ingreso para poder desarrollar su país. Para ello, pidió capital y tecnología[124]. En América Latina, muchos

---

120 Lummis 1996, Laclau y Mouffe 2001, citados en Ziai, "The Ambivalence of Post-Development", 1056.

121 Banuri 1990, 96, citado en Ziai, "The Ambivalence of Post-Development", 1054; Ziai, "Post-Development", 837; Ziai, *Development Discourse and Global History*, 80-81.

122 McVety, "Wealth and Nations", 21 y 23.

123 McVety, "Wealth and Nations", 33.

124 McVety, "Wealth and Nations", 25.

gobiernos crearon departamentos dedicados a promover la mejora nacional muy pronto. Las primeras instituciones de desarrollo encuentran sus raíces históricas y prácticas en México, donde líderes y funcionarios "en las décadas de 1920 y 1930 articularon visiones del desarrollo internacional y la creación de instituciones internacionales que prefiguraron y moldearon significativamente las instituciones y los debates de la posguerra"[125]. Mc Vety concluye que las primeras narrativas del desarrollo "no tenían por qué volverse racistas y excluyentes"[126]; el historiador Cooper afirma que, en el sur global, el desarrollo pasó de "una construcción imperial a nacional."[127]

En el mismo sentido, Helleiner subraya los escritos de cinco autores que, desde los márgenes (India, China, Rumanía y México) contribuyeron a la preparación de la conferencia de Bretton Woods[128]. Bajo la influencia de los representantes de los países subdesarrollados, la Asamblea General de la ONU "aprobó una resolución en la que se pedía la asignación de fondos para proporcionar 'asistencia técnica para el desarrollo económico' en todo el mundo" en 1948[129]. Como resultado, el desarrollo "se convirtió bruscamente en la *razón de ser* [del Banco Internacional de Reconstrucción y Fomento (BIRF)], inicialmente creado para Europa." Su primera misión visitó Colombia en 1949[130].

Tras estas premisas, en los años 60 y 70, dirigentes u opositores vieron en el marxismo una valiosa teoría histórica, capaz de servir a los intereses de los pueblos (antes) colonizados[131]. Mucho se ha debatido sobre la

---

125 Macekura y Manela eds. *The Development Century*, 12; Christy Thornton "'Mexico Has the Theories': Latin America and the Interwar Origins of Development." in *The Development Century. A Global History*, eds. Stephen Macekura y Erez Manela (New York: Cambridge University Press, 2018), 263-82.

126 McVety, "Wealth and Nations", 24.

127 Cooper, Frederick. "Development, Modernization, and the Remaking of an Imperial World Order" In *Perspectives on the History of Global Development* edited by Corinna R. Unger, Nicholas Ferns, Jack Loveridge and Iris Borowy, 81-102. Berlin, Boston: De Gruyter Oldenbourg, 2022. 89.

128 Helleiner Eric, *Forgotten Foundations of Bretton Woods: International Development and the Making of the Postwar Order* (Ithaca: Cornell University Press, 2014).

129 McVety, "Wealth and Nations", 36.

130 McVety, "Wealth and Nations", 32.

131 Françoise Blum, Héloïse Kiriakou, Martin Mourre, Maria-Benedita Basto, Pierre Guidi, Céline Pauthier, Ophélie Rillon, Alexis Roy y Elena Vezzadini (eds.), *Socialismes africains, socialismes en Afrique* (Paris: Éditions de la Maison des sciences de l'Homme, 2019), 6.

identificación y relevancia de las clases sociales en las sociedades agrarias africanas. Dirigentes como Nkrumah (Ghana), Senghor (Senegal), Nyerere (Tanzania) o Keïta (Malí) consideraron que las zonas rurales africanas y sus formas de organización socioeconómica crearían condiciones favorables para el colectivismo y el mutualismo, y compensarían la falta de un proletariado industrial. A veces, los proyectos "modernizadores" se parecían a experiencias europeas, soviéticas o chinas[132]. Sin embargo, "el socialismo en África se distinguió por su tono insistentemente moralizante" y vinculado a modismos populares[133] como, por ejemplo, en Ruanda, Ghana o Senegal[134]. En definitiva, el desarrollo no ha sido simplemente "una forma modular que se originó en Occidente y se trasplantó a otros lugares", sino más bien "un proyecto totalmente global"[135] "moldeado por la desigual constelación de poder del mundo"[136].

Otros ejemplos más contemporáneos hablan de la introducción del desarrollo en la política y las sociedades del sur. En América Latina, los PAE fueron importados por regímenes civiles o militares y adoptados por una fracción de la élite: los "*Chicago boys*", economistas neoclásicos formados en Estados Unidos, deseosos de desafiar el poder de la élite tradicional; es decir, los "*gentlemen lawyers*" ("señores abogados") en contra de economistas keynesianos, quienes dominaban el campo del poder del estado hasta entonces. Los PAE solo pudieron aplicarse porque fueron capaces de crear consenso, obtener apoyo y adaptarse a las diversas circunstancias nacionales[137].

Como conclusión, el desarrollo en todas partes "surgió y recorrió vías complejas y multidimensionales que (...) también fluyeron a través de organizaciones de la sociedad civil, redes de expertos y grupos de interés nacionales"[138]. Incluso en contextos de "dependencia de la ayuda" alta,

---

132 Blum et al., *Socialismes africains,* 4, 14, 17.

133 James Ferguson, *Global Shadows: Africa in the neo-liberal world order.* (Durham: Duke University Press, 2006), 75-77.

134 Blum et al., *Socialismes africains,* 13 y 17.

135 Lal, "Decolonization and the Gendered Politics of Developmental Labor", 174.

136 Cyrus Schayegh, "Imperial and Transnational Developmentalisms: Middle Eastern Interplays, 1880s-1960s.", in *The Development Century: A Global History,* edited by Stephen Macekura and Erez Manela (Cambridge: Cambridge University Press, 2018), 62.

137 Francisco Panizza, *Contemporary Latin America: Development and Democracy Beyond the Washington Consensus.* (London and New York: Zed Books, 2009).

138 Macekura y Manela, *The Development Century,* 11.

estructural y antigua, como en el Sahel, las normas, prescripciones y recursos internacionales del "desarrollo" son negociados[139], coproducidos, apropiados y/o digeridos por organizaciones multilaterales *y* autoridades nacionales, siendo reelaborandos localmente[140]. Entonces, si el desarrollo ha sido defendido por partes de las sociedades del sur, esto no solo se debe a una "descolonización inconclusa de la imaginación"[141] (como indica W. Sachs), sino también a una cierta "deseabilidad del desarrollo"[142]; es decir, las aspiraciones legítimas y universales a la mejora de las condiciones socioeconómicas y de la vida cotidiana. Lo que los extranjeros alaban como el "modo de vida tradicional africano", a veces, se romantiza y se utiliza erróneamente como "un nombre cortés para la pobreza"[143]. La resistencia popular y organizada al "desarrollo" ha existido, pero acaba de ser *una* posible modalidad de su recepción por parte de los actores estatales o sociales. En suma, es cierto que "denunciar o defender el desarrollo a un nivel alto de generalidad no es muy útil"[144].

El posdesarrollo no ha tenido una influencia significativa en la formulación de políticas ni en los países del sur global ni en la agenda internacional. En Bolivia, el Presidente Morales, ex sindicalista de ascendencia indígena, implementó una estrategia integral de "Buen vivir" que puso en valor las identidades indígenas y los movimientos sociales y la descolonización del Estado (sobre los alcanzes de esta experiencia, ver la proxima sección del capítulo). Por otra parte, los intentos de sustituir las medidas de crecimiento económico con indicadores de felicidad (el *Happy Planet Index*, el *Gross National Happiness index*, el *Index of Sustainable Economic Welfare*, el *Genuine Progress Indicator*)[145] han tenido un impacto demasiado limitado en el

---

139 Lindsay Whitfield ed. *The New Politics of Aid: African Strategies for Dealing with Donors*. (Oxford: Oxford University Press, 2008).

140 Bergamaschi, "The Politics of Aid and Poverty Reduction in Africa", 5 y 12. Bergamaschi, "The Political Economy of Aid in the Sahel.", 352.

141 Sachs ed. *The Development Dictionary*, viii-ix.

142 Sally Matthews, "Colonised Minds? Post-Development Theory and the Desirability of Development in Africa". *Third World Quarterly* 38(12) (2017): 2650-63.

143 Ferguson, *Global Shadows...*, 21.

144 Cooper, "Modernizing Bureaucrats, Backward Africans and the Development Concept", 100.

145 Sobre estos indicadores véase: Cullather, Nick. "Commentary: The New Epicureans" In *Perspectives on the History of Global Development* edited by Corinna R. Unger, Nicholas Ferns, Jack Loveridge and Iris Borowy, 259-268. Berlin, Boston: De Gruyter Oldenbourg, 2022.

espacio (Bután) y en el tiempo como para desviar el paradigma dominante a nivel global.

## VI. DEBATES CONTEMPORÁNEOS: ¿HACIA EL FINAL DEL DESARROLLO?

Examinamos ahora tres preguntas y desafíos para la realización del desarrollo como objetivo político-social y para su supervivencia como régimen internacional autónomo: su mercantilización, el riesgo de su desaparición debido al cambio climático y la creciente influencia de los imperativos de la seguridad internacional.

### *1. ¿De la industrialización a la disolución del desarrollo en el mercado?*

Las condiciones en las que debe producirse el desarrollo hoy en día son muy diferentes a las que prevalecieron durante las décadas desarrollistas (entre 1950 y 1990). En primer lugar, como sostienen los economistas heterodoxos, las políticas de desarrollo dominantes han abandonado los objetivos de crecimiento económico e industrialización. Si bien, en un momento dado, el sur global pedía un NOEI, "una industrialización planificada para luchar contra la pobreza"[146], hoy en día el desarrollo se abandona a la filantropía, reconfortando así (no desafiando) al liberalismo, mediante un conjunto de incentivos dirigidos a micro-unidades (con, por ejemplo, las Aldeas del Milenio para el Desarrollo) o a individuos (con las Transferencias Condicionadas de Efectivo y los microcréditos) en lugar de a las estructuras (nacionales e internacionales) y, por último, al mercado y al sector privado. La evolución de la política de desarrollo de la Unión Europea es un buen ejemplo de esta tendencia. Con la adopción de unos nuevos acuerdos comerciales —por ej. el acuerdo de Samoa (inicialmente denominado "post-Cotonú")—, de unas reformas institucionales y de la "*Comprehensive approach*" compuesta de varios "nexos", esta política pasó de ser "autónoma y orientada hacia la reducción de la pobreza" a ser "un instrumento multipropósito"[147] para servir a los intereses domésticos

---

146 Anton Jäger y Daniel Zamora, «La Silicon Valley contre le développement : Des transferts directs d'argent mais de projets d'infrastructures.» *Le Monde diplomatique,* julio 2023, 22-23.

147 Amelia Hadfield y Simon Lightfoot. 2021. "Shifting Priorities of the EU as a Development Actor: Context and Consequences." *Global Affairs* 7 (4): 490-1.

diplomáticos y estratégicos de los países-miembros[148] a expensas de las necesidades de los países "socios"; es decir: el sector privado, el empleo, las inversiones y exportaciones, por un lado, y los objetivos de seguridad (el control de fronteras y migraciones, y el terrorismo), por el otro (este tema se profundiza en el tercer punto de esta misma sección).

La cooperación Sur-Sur ha dado a los países africanos y latinoamericanos más poder diplomático y de negociación frente a sus socios tradicionales. Además, tienden a tener una dimensión más política e integral —articulan comercio y desarrollo— y en consecuencia más favorables a la transformación industrial de los países socios más pobres[149].

Sin embargo, el "consenso de Pekín" ni ha puesto en entredicho el papel tradicional de África en la división internacional del trabajo económico, ni ha proporcionado por sí mismo a los países los medios para industrializarse. La demanda de China ha impulsado las exportaciones de minerales y materias primas de algunos países africanos, al tiempo que ha afectado a algunas industrias en Sudáfrica[150]. Para algunos países como Zambia o Marruecos, China se ha convertido tanto en un socio como en un competidor. Los programas de ayuda no occidentales se han sumado a la oferta de ayuda al desarrollo existente, pero no la han sustituido. Y también han estado cada vez más motivados por la promoción de sus intereses económicos (exportaciones chinas) y de sus grandes grupos nacionales.[151]

---

148 Gabriel Siles-Brügge, "EU trade and development policy beyond the ACP: subordinating developmental to commercial imperatives in the reform of GSP" en *The Trade-Development Nexus in the European Union: Differentiation, coherence and norms,* editado por Carbone, Maurizio y Jan Orbie (2015). (1st ed.). Routledge.

149 Arnaud Zacharie, Mondialisation: qui gagne et qui perd? *Essai sur l'économie politique du développement.* (Paris : Broché, 2013).

150 Rhys Jenkins y Lawrence Edwards, "Is China 'Crowding Out' South African Exports of Manufactures?" *European Journal of Development Research* 27 (2015): 903-920.

151 Sobre India en África o Brasil en Mozambique, véanse: Pooja Jain y Daniela Marcondes, "Malleable Identities and Blurring Frontiers of Cooperation: Reflections from India's 'Distinct' Engagement with Senegal and Mozambique." en *South-South Cooperation Beyond the Myths. Rising Donors, New Aid Practices?* eds. Isaline Bergamaschi, Phoebe Moore y Arlene B. Tickner (London: Palgrave Macmillan, 2017), 31-57; Jimena Durán y Sérgio Chichava, "Resisting South-South Cooperation? Mozambican Civil Society and Brazilian Agricultural Technical Cooperation." en *South-South Cooperation Beyond the Myths,* eds. Bergamaschi, Moore y Tickner. 271-299.

Paralelamente, se ha reducido el "espacio político" necesario para el desarrollo autónomo[152]; las normas de la OMC son más exigentes y más restrictivas que las anteriores del GATT, permiten menos excepciones al libre comercio y al proteccionismo para el desarrollo o las industrias nacientes[153]. Además, los países africanos se encuentran hoy "en una economía política internacional más hostil, condiciones internas más exigentes y nuevas demandas impuestas por los imperativos de vivir en armonía con el planeta"[154]. Por último, en la actual economía financiarizada, los países del sur global están más expuestos a las limitaciones de las finanzas globales y son más vulnerables a los choques externos o los ataques especulativos[155].

La cuestión de cómo los países en desarrollo pueden navegar en este nuevo contexto también se ve profundamente renovada por tensiones contemporáneas entre el desarrollo como industrialización y el cambio climático. Algunos autores inspirados o próximos al posdesarrollo abogan por el "decrecimiento".

## 2. *El desarrollo hoy: ¿crecimiento, decrecimiento o poscrecimiento? ¿En el sur como en el norte?*

Simultáneamente, a escala internacional, la conciliación entre desarrollo y medio ambiente se ha convertido en una urgencia en las últimas décadas. Aunque el concepto de Desarrollo Sostenible (DS) está consagrado para la ONU desde 1972 (primera Conferencia de la ONU sobre el Medio Humano [Estocolmo], publicación del informe "Los límites del crecimiento"), la *sostenibilidad* no se ha integrado en la gobernanza mundial del desarrollo hasta 2015, con la adopción de la Agenda 2030 para el Desarrollo Sostenible[156] y sus 17 Objetivos de Desarrollo Sostenible (ODS), que sustituyen a los ODM. Sin embargo, hasta ahora solo se han observado cambios menores y el "impacto político" corre el riesgo de no estar a la altura de

---

152 Wade, "What Strategies Are Viable for Developing Countries Today?".

153 Amrita Narlikar, "Fairness in International Trade Negotiations: Developing Countries in the GATT and WTO." en *The World Economy* 29 (2006) 1005-1029.

154 Hormeku-Ajei *et al.*, *"Introduction"*, 27.

155 Ha-Joon Chang y Ilene Grabel, *Reclaiming Development: An Alternative Economic Policy Manual,* 2a ed. (Zed Book, Bloomsbury Publishing, 2014).

156 ONU, *Transforming Our World: The 2030 Agenda for Sustainable Development.* (2015).

las apuestas mundiales[157], a pesar de la gran publicidad que ha recibido la Agenda 2030. El proceso de negociación en torno a la Agenda tuvo que mediar y sintetizar visiones liberales, estructurales y sistémicas sobre la relación entre desarrollo y medio ambiente[158]. Las negociaciones en torno a los ODS también tuvieron que llegar a un compromiso ambiguo entre los intereses de los países del sur y del norte, lo que impidió priorizar los objetivos[159]. La concepción de la sostenibilidad consagrada en los ODS y en la actual gobernanza mundial está configurada por el intento de frenar las repercusiones medioambientales de la economía capitalista, manteniendo al mismo tiempo inalteradas las fuentes y bases del crecimiento económico (ODS8 y ODS9).

Esta concepción ha sido muy criticada por los estudiosos del decrecimiento, que se sitúan entre las escuelas del posdesarrollo. Otros economistas heterodoxos también rechazan la "adicción al crecimiento del PIB" de la economía moderna, sin recurrir a una apelación tajante al decrecimiento: *"lo que necesitamos son economías que nos hagan prosperar, crezcan o no. Ese cambio radical de perspectiva nos invita a convertirnos en agnósticos con respecto al crecimiento, y a explorar cómo economías que estàn hoy en día adictas al crecimiento financiaria, política y socialmente podrían aprender a vivir con o sin ello*"[160]. El poscrecimiento llama a reflexionar de forma prospectiva sobre cómo conciliar el bienestar material con la protección del medio ambiente y buscar alternativas al "capitalismo global colonial"[161].

---

157 Heloïse Weber, "When Goals Collide: Politics of the MDGs and the Post-2015 Sustainable Development Goals Agenda". *SAIS Review of International Affairs,* 34(2) (2014): 129-139, DOI: 10.1353/sais.2014.0026; Heloïse Weber, "Politics of 'Leaving No One Behind': Contesting the 2030 Sustainable Development Goals Agenda", *Globalizations,* 14(3) (2017): 399-414, DOI: 10.1080/14747731.2016.1275404

158 Jean-Frédéric Morin, Amandine Orsini y Sikina Jinnah, "Development and the Environment: From the Stockholm Summit to the Sustainable Development Goals." en *Global Environmental Politics: Understanding the Governance of the Earth,* eds. Jean-Frédéric Morin, Amandine Orsini y Sikina Jinnah (Oxford: Oxford University Press, 2020), 192-225.

159 Peter M. Haas y Casey Stevens, "Ideas, Beliefs, and Policy Linkages: Lessons from Food, Water, and energy Policies", en *Governing through Goals. Sustainable Development Goals as Governance Innovation,* eds. Norichika Kanie y Frank Biermann (Cambridge, Massachussets y London, England: The MIT Press, 2017), 143-144.

160 Kate Raworth. *Doughnut Economics. Seven Ways to Think like a 21st Century Economist.* (London: Penguin Random House Business Books, 2017), 71.

161 Aram Ziai, "Beyond the Sustainable Development Goals: Post-development Alternatives.", 51.

Sin embargo, los promotores de una alternativa radical al crecimiento o a la industrialización (verde) no han recomendado el "decrecimiento" para el sur global, sino en el norte global. De hecho, Raworth afirma: "ningún país ha puesto fin a las privaciones humanas sin una economía en crecimiento"[162]. Raworth lo conceptualiza en forma de *donut* (de ahí el nombre de "economía del donut"); esto es, la economía del siglo XXI debe ser capaz de navegar por el espacio entre *una base social* de necesidades, capacidades y derechos humanos básicos, y *un techo ecológico* de fronteras planetarias, límites al uso de recursos medioambientales. Las políticas económicas son fundamentales para lograr este "equilibrio dinámico"[163]; se prevé así un papel renovado para el "estado progresista", junto con otros actores. Jackson, en este sentido, propone que los estados establezcan un nuevo contrato social:

- decidiendo los *límites* de utilización de los recursos para todas las actividades económicas, basándose en los conocimientos científicos disponibles;
- contrarrestando el *consumismo;*
- abordando la *desigualdad* (ej., reestructurando los niveles salariales de forma que recompensen la utilidad social, en lugar de la competitividad);
- cambiando *resultados económicos* para medir mejor el progreso social, adoptar una estructura más intensiva en mano de obra, priorizar la seguridad a largo plazo, aumentar el control soberano sobre el dinero[164].

El poscrecimiento, por tanto, parece una interpretación más rigurosa de los principios del DS que el actual enfoque de la Agenda 2030; pues, limita el crecimiento, da espacio a la sostenibilidad, al tiempo que tiene en cuenta los imperativos sociales. No recomienda abandonar el crecimiento totalmente para el sur global, sino más bien recortar la extrema riqueza y disminuir el consumo excesivo en las economías del norte para facilitar el

---

162 Raworth. *Doughnut Economics,* 433.

163 Raworth. *Doughnut Economics,* 83.

164 Tim Jackson, *Prosperity without Growth. Foundations for the Economy of Tomorrow.* 2a ed. (Nueva York: Routledge, 2017), 177, 419-432.

desarrollo del sur global, garantizando "unos estándares de vida decente para todos en el planeta"[165]. Como lo ha dicho Matthews[166]:

> "En lugar de centrarnos en conseguir que los del sur descolonicen sus mentes para que rechacen el desarrollo, podríamos empujar a los del norte a reconocer las catastróficas implicaciones medioambientales del continuo crecimiento económico en el Norte, y la necesidad de reparación y redistribución para abordar la desigualdad global"[167].

El decrecimiento como tal no se ha experimentado realmente en la práctica, ni en el norte ni en el sur. China combina uno de los mayores niveles de crecimiento económico, reducción de la pobreza extrema y actividad industrial del mundo, por un lado, con los planes más ambiciosos para reducir las emisiones y descarbonizar la economía, por el otro. Esta combinación de políticas se ve facilitada por el papel del estado y la propiedad pública en la economía, aplicada tanto a escala nacional como local (ciudades) y llevada a cabo de forma centralizada y autoritaria por el estado y el Partido Comunista Chino[168]. Hasta ahora, las iniciativas de transición verde en África subsahariana se han traducido en asociaciones público-privadas impulsadas por las promesas tecnológicas y las estrategias de búsqueda de beneficios de las empresas multinacionales, a expensas de la seguridad alimentaria de los campesinos y los más pobres. En Mali, la "nueva revolución verde" y el proyecto del Muro Verde ofrecen una solución "intensiva en capital", "tecnocrática, orientada al mercado y basada en la oferta (...) que implican cadenas de suministro, productores cada vez más grandes, agroprocesadores, mercados internacionales en expansión y agricultura con fertilizantes inorgánicos, pesticidas y semillas intensivos, y a menudo caros". Sin embargo, todo esto no aborda el "verdadero problema que nos ocupa: el acceso a los alimentos" e ignora o desahucia las "alternativas agroecológicas"[169].

---

165 Timothée Parrique. "From Green Growth to Degrowth." *Global Policy*, abril de 2021, 4.

166 Matthews no es una autora del poscrecimiento, sino del posdesarrollo escéptico.

167 Matthews, "Colonised Minds?", 2660.

168 Xiaoyun Li, "Pro-Poor Development - How China Eradicated Poverty." *Progressive International*, 2024. Virginie Arantès, *China's Green Consensus: Participation, Cooptation and Legitimation*. (Abingdon, Oxon; Nueva York: Routledge, 2023).

169 William Moseley, "The New Green Revolution for Africa: A Political Ecology Critique." *Brown Journal of World Affairs* 23 (2) (2017): 178, 180, 187-188.

A pesar de los llamamientos a proteger la "*Pacha mama*", las experiencias en América Latina desde 2000 han mejorado el alcance de su política social y mitigado las desigualdades *gracias a la* extracción (y no sin ella), desencadenando así contradicciones, tensiones o incluso conflicto[170].

Los economistas heterodoxos consideran que no debe abandonarse el objetivo de la industrialización. Para Oqubay[171], Chang y Andreoni, Whitfield e otros[172], el nuevo contexto internacional crea retos específicos pero también oportunidades emergentes, como la fragmentación de las cadenas globales o el dinamismo de las manufacturas relacionadas con los recursos naturales. En este contexto, para los países en desarrollo, se trata de especializarse en unas tareas, insertarse en las cadenas globales de valor y producción, y de lanzar un proceso de industrialización más verde, o sostenible[173]. Las experiencias en América Latina desde 2000 han mejorado el alcance de su política social y mitigado las desigualdades gracias a un modelo extractivo exportador o "neo-extractivismo". De ahí ha surgido un debate académico con ramificaciones políticas fuertes. Para algunos (como Maristella Svampa, Jeffery Webber, Eduardo Gudynas, Edgardo Lander), "el socialismo no es compatible con el extractivismo"[174], y el "buen vivir" ha generado una "violencia paraestatal, un aumento en los asesinatos de activistas ambientales" e indígenas como un retroceso

---

170 Svampa, "Neoextractivismo en Latinoamerica"; Maristella Svampa, *Development in Latin America: Toward a New Future* (Columbia University Press, 2021).

171 Arkebe Oqubay, *Made in Africa: Industrial Policy in Ethiopia* (Oxford: Oxford Academic, 2015).

172 Lindsay Whitfield, Cornelia Staritz, Ayelech Tiruwha Melese, Sameer Azizi, "Technological Capabilities, Upgrading, and Value Capture in Global Value Chains: Local Apparel and Floriculture Firms in Sub-Saharan Africa". en *Economic Geography* 96 (3): 195-218.

173 Ver: Federico Jensen y Lindsay Whitfield, "Leveraging Participation in Apparel Global Supply Chains through Green Industrialization Strategies: Implications for Low-income Countries", en *Ecological Economics*, 194 (4): (2022), 107331; Valentina De Marchi, Eleonora Di Maria y Stefano Micelli, "Environmental Strategies, Upgrading and Competitive Advantage in Global Value Chains", *Business Strategy and the Environment* 22 (2013): 62-72 ; John A. Mathews, "The Greening of Industrial Hubs: A Twenty-first-century Development Strategy". en *The Oxford Handbook of Industrial Hubs and Economic Development*, eds. Arkebe Oqubay y Justin Yifu Lin (Oxford: Oxford University Press, 2020), 454-470.

174 Frédéric Thomas, "Le socialisme n'est pas compatible avec l'extractivisme". *Contretemps* (2021): *Le socialisme n'est pas compatible avec l'extractivisme* - CONTRETEMPS.

en materia de derechos[175]. Para Mariette y Poupeau, este tipo de críticas hacia el neo-extractivismo en América Latina se han convertido en un instrumento para servir los intereses de sus detractores, es decir la oposición de derecha, los partidos conservadores y su agenda neoliberal. Tras los gobiernos progresistas, lo que atacan realmente es el papel de los Estados en el proceso de desarrollo y la regulación de la economía[176]. En el proceso, ignoran la dimensión reguladora e innovadora del "sustainable mining": a nivel técnico como organizacional, se distingue del extractivismo en su antigua versión. Algunos intelectuales desconectados del terreno y activistas del Norte —autodefinidos como radicales— invisibilizan la adhesión de buenas partes de las sociedades a los proyectos extractivos. Por fin, niegan la diversificación real de la economía boliviana permitida por la explotación del litio, y exageran la represión de los movimientos sociales por el régimen. Con la presencia de unos nuevos materiales muy demandados y utilizados en (nano) tecnologías en Argentina, Bolivia o la República Democrática del Congo, la verdadera tarea para estos países, según Mariette y Poupeau, consiste en "incluir las aspiraciones y los intereses de las poblaciones en un proyecto político coherente, en el cual no se les pide a las clases populares y a los países del Sur" financiar solos la transición[177].

A nivel multilateral, las demandas de los países africanos para la financiación de la adaptación al cambio climático no han sido tomadas en cuenta de forma adecuada y suficiente durante la COP28. Para las economías menos desarrolladas, las expectativas de reducción de las emisiones de gases de efecto invernadero son muy altas, y los recursos para implementar la transición son escasos[178]. Por otro lado, mientras que los países ricos reducen sus emisiones domésticas y piden a los países pobres reducir las suyas, sus acciones son contradictorias: por ejemplo, han aumentado sus

175 Svampa, *Neoextractivismo en Latinoamérica*, 3 y 16.

176 Franck Poupeau y Maëlle Mariette, "En América Latina, ¿en contra de la minería o del Estado?" *Le Monde Diplomatique*, 2021: "En América Latina, ¿en contra de la minería o del Estado?" - *Le Monde diplomatique en español* (mondiplo.com).

177 Maëlle Mariette y Frank Poupeau, "Néo-extractivismes latino-américains. Une critique à contretemps". *Contretemps* (2021): *Néo-extractivismes latino-américains. Une critique à contretemps* - CONTRETEMPS.

178 Rishika Pardikar. "It's really very unjust": Egypt's chief climate negotiator dissects COP28". *African Arguments*. 2024.

inversiones en la extracción de energía fósil en el continente africano desde 2015[179].

Si el desarrollo todavía no se ha visto, en la práctica, fundamentalmente cuestionado por la emergencia climática, su autonomía como política y régimen internacional bien puede haberse visto reducida por imperativos de seguridad en el contexto de la "guerra global contra el terror".

### *3. ¿La titulización y la muerte del desarrollo?*

Acuñado por Duffield, el término "titulización" se refiere a la "fusión del desarrollo con las agendas de seguridad (...) en las políticas exteriores de los estados occidentales" que se ha producido desde principios de la década de 1990 y se ha traducido en paquetes de políticas y acciones "holísticas" respaldadas por el Norte global que van desde las reformas del sector de la seguridad hasta la prevención de conflictos o la construcción del estado[180]. Especialmente, tras el 11-S, lo que se ha denominado "nexo seguridad-desarrollo" combina, en teoría, el desarrollo, la diplomacia y la seguridad[181] pero, en la práctica, conduce al predominio de las soluciones militares[182]. De ahí que algunos autores hayan hablado de una "titulización del desarrollo" y de la ayuda exterior[183].

La evolución de los flujos de ayuda oficial al desarrollo en/hacia el Sahel —una de las zonas más dependientes de la ayuda del mundo[184]— durante la última década, lo ilustra muy bien. Con la operación militar francesa lanzada en 2013, Mali se convirtió en un laboratorio de la guerra

---

179 Ibrahim Kola, "Climate Cynicism: Fossil Fuel Growth in Africa." *Review of African Political Economy*. https://roape.net/2023/01/14/climate-cynicism-fossil-fuel-growth-in-africa/.

180 Mark Duffield, *Development, Security and Unending War: Governing the World of Peoples.* (Cambridge: Cambridge University Press, 2007).

181 Hönke y Lederer, "Development and International Relations", 790-1.

182 William F. S. Miles, "Deploying Development to Counter Terrorism: Post-9/11 Transformation of U.S. Foreign Aid to Africa". *African Studies Review* 55(3) (2012): 27-60.

183 Florian P. Kühn, "Equal Opportunities: Exploring the Turning Point between Securitization and Developmentalization." Paper presentado a la 49th International Studies Association Annual Convention, San Francisco, 26-29 marzo 2008. Stephen Brown y Jörn Grävingholt, *The Securitization of Foreign Aid.* (Londres: Palgrave Macmillan, 2016).

184 Bergamaschi, "The Political Economy of Aid in the Sahel."

global contra el terror y también de formas renovadas de consolidación de la paz: "estabilización" y la posterior Misión de Estabilización de las Naciones Unidas (MINUSMA) en el país; las normas y objetivos internacionales de "reducción de la pobreza" que solían prevalecer en la década de 2000 han quedado relegados y subordinados a las políticas orientadas a la seguridad; y las renovadas rivalidades geopolíticas entre los patrocinadores de la seguridad, a favor de unos acuerdos con Wagner, la empresa privada rusa de mercenarios, a partir del año 2021.

Se podría considerar que los vínculos entre el desarrollo y los imperativos de seguridad no son nuevos; pues, la ayuda exterior durante la Guerra Fría se utilizó como herramienta política para la promoción de proyectos ideológicos y zonas de influencia[185]. Asimismo, en la última década, los jefes de Estado sahelianos, buena parte de los cuales proceden de golpes militares, han "domesticado" la intervención internacional contra el "terrorismo" como medio para consolidar su poder, proteger su soberanía (paradójicamente)[186], debilitar a la oposición, "perseguir a los civiles" o encubrir violaciones de los derechos civiles[187]. En muchos aspectos, las actuales articulaciones entre desarrollo/ayuda y seguridad recuerdan al periodo de la Guerra Fría. Basándonos de nuevo en el caso del Sahel, argumentamos que, sin embargo, existe una diferencia importante entre los dos períodos. De hecho, el apoyo de la URSS incluyó tanto equipamiento militar como cooperación al desarrollo (planificación socialista para la industrialización y formación técnica). Al contrario, la dimensión del desa-

---

185 Sobre el caso de EE.UU., véanse, entre otros: Corinna R. Unger, "La ayuda al desarrollo estadounidense, la descolonización y la Guerra Fría", en *The Cambridge History of America and the World,* editado por David C. Engerman, Max Paul Friedman y Melani McAlister, 190-212. (Cambridge: Cambridge University Press, 2022). Ver unos ejemplos en: Edward Miller, "Development, Space, and Counterinsurgency in South Vietnam's Bến Tre Province, 1954-1960", en *The Development Century. A Global History,* eds. Stephen Macekura y Erez Manela (Nueva York: Cambridge University Press, 2018), 150; y Arlene B. Tickner, "Intervención por invitación: Claves de la política exterior colombiana y de sus debilidades principales / Intervention by Invitation: Keys to Colombian Foreign Policy and its Main Shortcomings" *Colombia Internacional,* 90-111. 2007.

186 Ricardo Oliveira y Harry Verhoeven, "Taming Intervention: Sovereignty, Statehood and Political Order in Africa." *Survival* 60:7-32 (2018).

187 Peter Fabricius, "Wagner is being used in Africa as a proxy to target civilians", Institute for Security Studies, 16 septiembre 2022 (accedido 13 julio 2023).

rrollo como industrializacion está ausente en la colaboración en curso con Wagner[188].

La titulización del desarrollo es más fácil, y más impactante, cuando el propio régimen de desarrollo se ha caracterizado por una dilución de su contenido programático (descrita al inicio de esta sección), el surgimiento de nuevos actores, la "fragmentación de la autoridad", "la disminución de la influencia y la normalización de los paradigmas políticos[189]. La política de desarrollo a nivel europeo —y tal vez mundial— termina siendo más politizada[190], monetizada y securitizada[191], además de estar todavía más subordinada a imperativos comerciales conectados a la adopción de acuerdos de libre comercio o acuerdos de asociación económica (AAE). Lo que se resume en una reducción del espacio para el desarrollo propiamente dicho[192].

## VII. CONCLUSIÓN

En este capítulo, hemos demostrado que el desarrollo ha sido un pilar importante de las relaciones internacionales, esencial para la compresión de las relaciones entre el norte y el sur global. La evolución de éstas desde sus orígenes históricos e institucionalización después de la Segunda Guerra Mundial, demuestra que el concepto ha generado interpretaciones, teorías y políticas diversas. Hemos argumentado que, a pesar de las claras asime-

---

188 Sobre Turquía en Somalia, por ejemplo: véase Mehmet Ozkan, "The Turkish Way of Doing Development Aid?: An analysis from the Somali Laboratory", en *South-South Cooperation Beyond the Myths,* eds. Bergamaschi, Moore y Tickner. 59-68. Por lo tanto, los motivos de seguridad también son cada vez más determinantes en los esquemas no tradicionales de cooperación Sur-Sur.

189 Sarah Babb y Nitsan Chorev. "International Organizations: Loose and Tight Coupling in the Development Regime." *Studies in Comparative International Development* 51: 81-102 (2016), 81.

190 Vanhoonacker, S., y Karolina Pomorska. 2016. "EU Diplomacy post-Lisbon: The Legacy of the Ashton Era." En *The Diplomatic System of the European Union: Evolution, Change and Challenges,* editado por M. Smith, S. Keukeleire, y S. Vanhoonacker, (Londres: Routledge), 49-63.

191 Hadfield y Lightfoot, "Shifting priorities of the EU as a development actor", 493.

192 Jan Orbie, "International Development. A Distinct and Challenged Policy Domain", en *Policy-Making in the European Union,* editado por Helen Wallace, Mark A. Pollack, Christilla Roederer-Rynning y Alasdair R. Young (Oxford: Oxford University Press, 2020), 8ª ed., 430; Wade, "What Strategies Are Viable for Developing Countries Today?"

trías entre los países ricos y pobres, y de sus continuidades con el proyecto colonial, el desarrollo no fue una invención o un monopolio occidental. Sus efectos también han sido contrastados, entre la mejora de las condiciones socioeconómicas de ciertas poblaciones en ciertos lugares o épocas, o conservadoras. Hemos identificado las siguientes tendencias macropolíticas: la estandarización de las opciones políticas hacia unas orientaciones neoliberales y la fragmentación del Sur entre unas economías emergentes y otras dependientes. Es importante resaltar que la urgencia del cambio climático no ha cuestionado el paradigma dominante, basado en la búsqueda del crecimiento económico. Sin embargo, planteamos la hipótesis de que tanto en los escenarios "liberales" occidentales como en los alternativos de cooperación sur-sur, el régimen del desarrollo ha perdido su centralidad y autonomía, y se está *comodificando*. En otras palabras, se ha desvanecido como proyecto de transformación a distintas escalas, además de estar impregnado y subordinado a las crecientes preocupaciones en materia de comercio y seguridad.

## VIII. RECAPITULACIÓN DE IDEAS

| | |
|---|---|
| **Introducción** | • El concepto de desarrollo no tiene un sentido unívoco en las Ciencias Sociales y, por tanto, las definiciones son múltiples. Sin embargo, podemos definirlo como modernización de las economías, un cambio material y la mejora de las condiciones socioeconómicas.<br>• La narrativa del desarrollo tiene sus raíces en la modernidad. |
| **El principio del desarrollo como herramienta de política exterior** | • El desarrollo ha servido a proyectos políticos y sociales muy distintos, conservadores o progresistas.<br>• El desarrollo también ha servido de herramienta geopolítica como, por ejemplo, en la continuidad del dominio colonial, o en el contexto de la Guerra Fría (EEUU y URSS).<br>• En los años 60 del siglo XX, el desarrollo era un foco generalizado de formulación de políticas, basado en la teoría de la modernización (Rostow) y la planeación estatal. |
| **Críticas neomarxistas** | • Según los neomarxistas y *dependentistas*, los países de la periferia —antiguas colonias— estaban ligados al "centro" —antiguos colonizadores y EEUU— por relaciones poscoloniales y de dependencia.<br>• Soluciones: 1) completa *desvinculación* del sistema capitalista global, *autosuficiencia* (Argiri, Amin); 2) lograr formas dependientes de desarrollo capitalista (Cardoso). |

| | |
|---|---|
| **Políticas de desarrollo** | • Entre los años 50 y 70 del siglo XX, los países en desarrollo experimentaron algunas políticas inspiradas en las teorías de la modernización y/o marxistas.<br>• En el plano diplomático, el tercermundismo (lanzado por la conferencia de Bandung de 1955) propició un margen de maniobra diplomática y unos alcances significativos a favor de los países pobres.<br>• El 'Tercer Mundo' se rompió a mediados de los años 70.<br>• Al inicio de los años 80, la crisis de la deuda condujo a la imposición de Planes de Ajuste Estructural (PAE) por las Instituciones Financieras Internacionales (IFI) en la mayoría de las economías en desarrollo.<br>• Desde entonces, ha habido una pérdida de la diversidad de políticas disponibles para los países en desarrollo, una alineación de las políticas hacia el neoliberalismo, y el objetivo de la industrialización ha quedado abandonado globalmente a las fuerzas del libre comercio o de las multinacionales.<br>• Estas orientaciones se traducen en el "post-consenso de Washington", y los Objetivos de Desarrollo del Milenio (ODM-UN 2000-2015). |
| **Posdesarrollo** | • El posdesarrollo ha cuestionado la idea misma de la necesidad del desarrollo (por su carácter eurocéntrico, autoritario y *despolitizador*) y ha mirado hacia otras alternativas.<br>• Sin embargo, el posdesarrollo no toma suficientemente consideración la agencia de los países del sur y las estrategias de apropiación que han puesto en práctica. |
| **Cuestiones contemporáneas** | • Hoy en día, los programas de ayuda no occidentales se han sumado a la oferta de ayuda al desarrollo existente. Sin embargo, el papel tradicional de África en la división internacional del trabajo económico queda del mismo modo, y este tipo de cooperación no parece proporcionar por sí mismo a los países en desarrollo los medios para industrializarse.<br>• Los países africanos se encuentran hoy en una economía política internacional menos favorable a su industrialización y con nuevas demandas conectadas al respecto al medio ambiente (los ODS han sustituido a ODM hasta 2030).<br>• Nuevas tensiones han emergido entre el desarrollo como industrialización y el cambio climático.<br>• El poscrecimiento llama a reflexionar de forma prospectiva sobre cómo conciliar el bienestar material con la protección del medio ambiente, como la "Economía del donut" (Raworth). |

| | |
|---|---|
| **Cuestiones contemporáneas (cont.)** | • Desde principio de los 90, asistimos a la "titulización" del desarrollo; es decir, la "fusión del desarrollo con las agendas de seguridad (...) en las políticas exteriores de los estados occidentales" (Duffield) y el predominio de las soluciones militares, con objetivos como la estabilización y la lucha contra el terrorismo internacional. El contenido del "desarrollo" y su autonomía como régimen internacional está en riesgo de desvanecerse. |

## IX. RECOMENDACIONES

### *Lecturas*

Hickel, J. 2021. *Less Is More. How Degrowth Will Save the World.* Penguin.

Kothari, A.; Salleh, A.; Escobar, A.; Demaria, F. y A. Acosta. (eds.) 2021. *Pluriverse. A Post-Development Dictionary,* Columbia University Press.

McEwan, C. 2019. *Postcolonialism, Decoloniality and Development.* 2ª ed. New York: Routledge.

Melber H., Kothari U., Camfield L. y K. Biekart 2023 (eds.), *Challenging Global Development. Towards Decoloniality and Justice.* EADI Global Development Series. London: Palgrave Macmillan.

Ndlovu-Gatsheni, S. J. 2020. *Decolonization, Development and Knowledge in Africa. Turning Over a New Leaf.* New York: Routledge.

Rist, G. 2019. *The History of Development. From Western Origins to Global Faith.* Fifth. London: ZED

### *Blogs académicos y profesionales*

Aidnography: https://aidnography.blogspot.com/

Convivial Thinking: https://convivialthinking.org/

European Association of Development Research and Training Institutes (EADI) "Debating Development Research": https://www.developmentresearch.eu/

International Institute of Social Studies (ISS - Erasmus University Rotterdam) blog "BlISS": https://issblog.nl/

### *Películas/Documentales*

"The boy who harnessed the wind", de Chiwetel Edjofor, basada en el libro de William Kamkwamba y Bryan Mealer, BBC Films y Participant Media, 2019

***Podcasts***

Rethinking Development Podcast
The Development Dilemma
Curso Desigualdad Cooperación Desarrollo

*Capítulo 18*

# *Sur Global*

**SERGIO CABALLERO***
**DIEGO CRESCENTINO***

## I. INTRODUCCIÓN

En este capítulo, aspiramos a abordar el concepto de Sur Global más allá de su acepción más extendida y cotidiana, que tiende a pensar en este término desde un enfoque geográfico/económico o geopolítico. Tal definición parte de lógicas binarias y dicotómicas mediante las cuales se divide el mundo entre un Norte desarrollado y un Sur en desarrollo, esto es, un grupo de países y regiones caracterizados por una pobreza relativa, bajos niveles de industrialización y una distribución desigual de la riqueza y el poder. Como se irá desgranando a lo largo de las próximas páginas, la discusión sobre el Sur Global no se vertebrará tanto en relación con mapas o ubicaciones, sino más bien a partir de dos rasgos definitorios: por un lado, la autopercepción de formar parte de una identidad compartida asentada sobre unas narrativas de resistencia derivadas de un iter histórico por el que transitaremos en el siguiente epígrafe; y, por otro lado, la reivindicación de una agenda compartida que conecta con problemas y desafíos estructurales que, en muchos casos, se remontan al legado colonial y que hoy en día se construyen como proyectos y agendas proactivas de transformación del sistema internacional.

Así, mientras que esta última interpretación del concepto pareció tornarse más representativa gracias a los efectos asimétricos de la globalización desde la década de 1990, acentuados tras la crisis financiera internacional post 2008, la desigualdad de la capacidad de respuestas de los países ante la pandemia global de COVID-19 suscitó una renovada utilización e interés por la acepción geopolítica. De esta manera, a lo largo de los últimos años,

* Profesor en la Universidad de Deusto y Director de la Cátedra UNESCO con foco en América Latina.

* Investigador postdoctoral Juan de la Cierva en la Escuela de Estudios Hispano-Americanos (EEHA) del Consejo Superior de Investigaciones Científicas (CSIC).

tal caracterización ha sido a la vez reificada y cuestionada, dando lugar a una comprensión matizada y compleja del fenómeno y las relaciones que define globalmente.

Atendiendo a estas alteraciones, el objetivo de este capítulo es abordar la definición de Sur Global, de la mano de su relación con las prácticas políticas y la Teoría de las Relaciones Internacionales. Para ello, el contenido se divide en cuatro apartados. Tras esta breve introducción, se presenta la evolución histórico-contextual del concepto, atendiendo a los debates teóricos abiertos a través de sus alteraciones a lo largo de la Historia. Posteriormente, se analizan las agendas de política internacional en las cuales ha intervenido, y se ofrece un estudio de caso —Brasil— que incluye preguntas para su análisis. El capítulo concluye con una síntesis y algunas reflexiones finales sobre las agendas futuras de investigación.

## II. ENMARCANDO EL SUR GLOBAL: EVOLUCIÓN A TRAVÉS DE SU RECORRIDO POR LA HISTORIA

Como fue referido previamente, la lectura dominante en torno al concepto de "Sur Global" parte de una caracterización geopolítica, relacional y dicotómica del mundo, formulada a partir de la división entre centros y periferias. Tal descripción bebe de una definición de identidad, también dominante, entendida como una representación estructurada que alcanza su carácter positivo a través del ojo de lo negativo. Bajo esta concepción, lo que se es, queda delimitado por el binomio identidad/otredad; es decir, la demarcación de un efecto de frontera construido en oposición a lo que no se es. Sin embargo, este supuesto no es omnipresente en las relaciones internacionales, pues, si bien la concepción relacional subraya procesos de diferenciación, el "Otro" puede tomar formas múltiples en la política mundial[1]. De este modo, las identidades configuran una red coherente defini-

---

1 Lene Hansen, *Security as Practice. Discourse analysis and the Bosnian war* (Oxon: Routledge, 2006); Xavier Guillaume, *International Relations and Identity: A dialogical approach* (Londres: Routledge, 2011); Srdjan Vucetic, "Identity and Foreign Policy," *Oxford Research Encyclopedia of Politics in International Relations*, accessed Nov 6, 2023, https://www.oxfordbibliographies.com/view/document/obo-9780199743292/obo-9780199743292-0250.xml; Diego Crescentino, "La identidad de Brasil como cooperante del Sur: Apogeo y crisis de un modelo de desarrollo alternativo (2003-2016)" (PhD diss., Universidad Autónoma de Madrid, 2021).

da por relaciones interdependientes, dinámicas, complejas y entrelazadas, que establecen nexos de diferenciación, pero también de vinculación.

Ante tal comprensión, toda voluntad por caracterizar al Sur Global debe afrontar una necesaria deconstrucción genealógica, esto es, entender cómo el concepto ha sido resignificado a lo largo del tiempo en virtud de contextos conceptuales propios de cada momento histórico, al mismo tiempo que nos permite entender la praxis y el modo de utilización de la propia noción en la práctica política de cada período. Coincidiendo con Altinbas[2], es posible que el Sur sea un constructo occidental vinculado a una ideología emancipadora profundamente arraigada en los valores de la ilustración. Pero también ha integrado sistemas de conocimiento no occidentales[3], proporcionando, en sus distintas versiones, medios para la generación de vínculos útiles a la organización de formas alternativas de saber/poder en el sistema internacional.

Así pues, dado que el Otro es construido a través de un mecanismo dialógico de diferenciación y vinculación de manera histórica y contextual, para definir el Sur Global se hace preciso trazar un recorrido que aborde la configuración de esta identidad global periférica compartida en el seno del sistema internacional. Se entiende, pues, que el concepto de Sur Global tiene sus orígenes en virtud de la lucha entre la retórica de la modernidad/colonialidad y la lucha política y cognitiva por la emancipación.

A través de esta lógica, es preciso reconocer a los movimientos independentistas de los siglos XVIII y XIX como eventos de referencia originarios, en su adopción de una noción de identidad vinculada al Estado moderno. A pesar de tratarse de un proceso de resistencia de las élites americanas al orden imperial, más que ofrecer un orden global alternativo, esta transformación global implicó una expansión de la lógica del Estado moderno hacia otras latitudes, extendiendo, a su vez, la noción de "Occidente", tornándola abarcadora del continente americano[4].

---

2 Deniz Altinbas, "South-South Cooperation: A Counter-Hegemonic Movement," in *The rise of the Global South: Philosophical, Geopolitical and Economic Trends of the 21st Century*, ed. Justin Dargin (Singapur: World Scientific, 2013), 29-65.

3 Nikos Papastergiadis, "The end of the Global South and the cultures of the South," *Thesis Eleven* 142, no. 1 (2017): 69-90, http://dx.doi.org/10.1177/0725513617712790

4 Barry Buzan, y George Lawson, *The Global Transformation: History, Modernity and the Making of International Relations* (Cambridge: Cambridge University Press, 2015), 22.

No obstante, una de las manifestaciones más claras de esta lucha incipiente, a la par que origen remoto de los conceptos que subyacen a lo que mucho más tarde se llamará Sur Global, estuvo marcada por la Revolución haitiana, que ejerció una influencia sin precedentes en el continente, tanto en términos económicos y políticos, como, principalmente, sociales[5]. Haití, que era una colonia francesa, se convirtió en la primera nación independiente de América Latina tras una exitosa revuelta de esclavos en 1791, desafiando abiertamente al orden económico y político imperante en el hemisferio occidental, y sirviendo de modelo e inspiración para otras comunidades de esclavizados y colonizados de la región que buscaban un reconocimiento como actores del sistema internacional.

A la postre, pronto se transformó en una de las expresiones más claras de la capacidad de agencia de las geografías periféricas para ejercer una influencia global. Y es que, en el esquema del comercio internacional, la isla se había transformado en la mayor productora mundial de caña de azúcar y café. Cuando, en 1804, el gobierno de Haití declaró la independencia del país y abolió la esclavitud, los precios internacionales escalaron exponencialmente, estimulando la expansión de otros mercados productores de caña de azúcar y café, como Brasil y Cuba.

De manera paralela, se vieron desarrollados dos procesos compatibles pero antagónicos. Por un lado, los movimientos abolicionistas ganaron fuerza en las metrópolis desde comienzos del siglo XIX, prohibiendo la trata en un primer momento, y aboliendo la esclavitud en sus colonias algunas décadas más tarde. En este periodo de tiempo, el ensayo de formas diversas de reconfiguración de las relaciones laborales cedió paso, de la mano de la expansión de la revolución industrial, al surgimiento de una mano de obra libre que modificó la organización de las antiguas sociedades esclavistas[6].

---

5 Nelson Maldonado-Torres, "El pensamiento filosófico del 'giro descolonizador'," in *El pensamiento filosófico latinoamericano, del Caribe y 'latino' 1300-2000*, ed. Enrique Dussel, Eduardo Mendieta y Carmen Bohórquez (México: Siglo XXI, 2011), 683-97.

6 Sobre el legado de la revolución haitiana en clave decolonial, véase Agustín Lao Montes, "Descolonizar la memoria en aras de forjar futuros de liberación: repensar las independencias a la luz de la Revolución Haitiana," *Sortuz: Oñati Journal of Emergent Socio-Legal Studies* 5, no. 2 (2014): 90-106.

A pesar del empuje inicial, estas reivindicaciones rupturistas no acompañaron a los procesos independentistas. En la mayoría de los casos, los líderes revolucionarios no fueron capaces —o no tuvieron interés— de convencer a las oligarquías locales; mientras que, en otros, las acciones adoptaron otros derroteros. Ello fue clave en los espacios que concentraban a la mayor proporción de esclavizados, como Estados Unidos, Brasil y el Caribe.

En la América española, San Martín y Bolívar buscaron integrar a los países cuyos procesos independentistas habían liderado en una confederación regional dentro del esquema internacional liberal del siglo XIX. A pesar de su objetivo de integración, la prioridad en su contexto era lograr la independencia a través de la primacía de la nación. Con ello, los procesos posteriores de construcción del Estado fueron liderados por oligarquías poco interesadas en renunciar a sus privilegios, y, entre promesas vacías, demoraron el fin de la esclavitud hasta que el sistema capitalista fue capaz de asimilar las viejas estructuras. Una vez lograda la independencia, el compromiso proto-transnacionalista fue abandonado, y sustituido por una adhesión a la soberanía *à la europea*. Sin embargo, con el tiempo, la formación de alianzas supraestatales condujo a la búsqueda de historias e intereses comunes, que, últimamente, desembocaron en la consolidación de identidades colectivas oscilantes.

A la postre, la independencia política de los países de Latinoamérica y el Caribe no conllevó la consecución de autonomía económica. Desde la época de la colonización, sus economías se insertaron de manera subordinada en el mercado mundial, configurando un modelo productivo que establecía sus prioridades según las necesidades externas. Hacia finales del siglo XIX, la consolidación del modelo económico primario-exportador propició el surgimiento del extractivismo, una modalidad de acumulación caracterizada por la explotación intensiva de recursos naturales con escaso o nulo procesamiento, y la producción de bienes destinados principalmente a la exportación. Esta configuración no solo instauró una subordinación estructural, sino que también sentó las bases de las desigualdades que, a su vez, fungieron como el sustrato de las tensiones y la resistencia de la sociedad

Tras el inicio del siglo XX, la expansión de los elementos europeos de estatalidad alcanzó otras geografías, adoptando configuraciones diversas por medio de los procesos de independencia de China (1912), Egipto (1922) e Irán (1935). Inmersa en estas dinámicas, la Primera Conferencia contra la Liga Imperialista de 1927 representó una propuesta contrahegemónica[7], pero el momento elegido no permitió la consolidación de una identidad compartida. Sin embargo, sirvió de base para futuras construcciones.

En contraste con el caso americano, los procesos de descolonización política en Asia y África en el siglo XX encontraron una mayor integración global a través de la expansión de la lógica sistémica europea, proporcionando un contexto internacional más favorable para el transnacionalismo. Conforme este último cobraba impulso, la institucionalización de las Naciones Unidas y las organizaciones regionales brindó espacios para que los países periféricos debatieran sus posiciones y buscaran soluciones globales. Paralelamente, mientras el proceso de independencias americanas había constituido un momento de expansión de la civilización occidental en pos de su incorporación al 'otro occidente', las descolonizaciones asiático-africanas se dieron en el momento de decadencia simbolizado por la Segunda Guerra Mundial[8].

Uno de estos hitos regionales fue la Primera Conferencia sobre Relaciones Asiáticas, celebrada en Nueva Delhi en 1947, que reunió a los países en proceso de emancipación de la región para afirmar la unidad y la cooperación, y expresar sus preocupaciones sobre el papel del centro en la configuración de las agendas y los imaginarios de la ONU. Tras las independencias de Vietnam (1945), India (1947) e Indonesia (1949), la Segunda Conferencia sobre Relaciones Asiáticas de 1949 amplió esta idea. Contando con la participación de estados asiáticos, Australia, Etiopía y Egipto, esta experiencia sentó las bases de las futuras relaciones asiático-africanas, adoptando, a su vez, una postura anticolonial frente al imperialismo occidental. Ello fue profundizado en las Conferencias de Bogor, Colombo y el Tratado de Panchsheel, que sirvieron de base para reivindicar el sistema internacional interestatal y el respeto a la integridad territorial, la no injerencia y la soberanía.

Poco después, la Conferencia de Bandung de 1955, celebrada en Indonesia y a la que asistieron 29 países periféricos y 30 movimientos de liberación, se convirtió en la piedra angular del internacionalismo del recientemente denominado Tercer Mundo[9]. Los diez principios acordados en ella

---

7 Vijay Prashad, *Las naciones oscuras: una historia del Tercer Mundo* (Barcelona: Península, 2012).

8 Aimé Césaire, *Discurso sobre el colonialismo* (Madrid: Akal, 2006).

9 Arturo Escobar, *La invención del Tercer Mundo Construcción y deconstrucción del desarrollo* (Caracas: Fundación Editorial el perro y la rana, 2007).

enfatizaron el derecho de los países asistentes a reclamar para sí la Declaración de Derechos de la ONU —fundamentalmente, la no injerencia y el respeto a la soberanía—, y la promoción de los intereses mutuos entre los nuevos países.

En retrospectiva, su lanzamiento ha sido considerado como un audaz desafío al imperialismo occidental y un catalizador en el camino hacia la descolonización de la imaginación[10]. Desempeñó un papel importante en la definición de posiciones compartidas sobre cuestiones internacionales y en la construcción de una identidad común entre los países periféricos en un mundo dominado por las potencias imperiales. La búsqueda de un diálogo no alineado en la conferencia permitió a los países participantes establecer posiciones conjuntas sobre cuestiones globales. Más aún, el mito que la rodea no ha hecho más que aumentar su influencia e impacto, constituyéndose parcialmente en el sustento identitario de lo que posteriormente se aglutinará en torno a la idea de Sur Global[11].

El diálogo iniciado por esta semilla en el seno de la Guerra Fría dio lugar a un discurso de solidaridad transnacional entre las naciones recién descolonizadas y los movimientos de liberación. Así pues, mientras los Estados europeos empezaban a ceder soberanía con la creación de la Comunidad Europea del Carbón y del Acero, los Estados asiáticos y africanos abrazaron este concepto para establecerse como actores globales en el sistema internacional, a pesar de los conflictos domésticos surgidos en sus territorios como fruto de las luchas por el control de las nuevas instituciones.

La década de 1960 marcó el nacimiento de varias iniciativas que crearon nuevas vías de diálogo y formulación de políticas comunes desde la periferia. En 1960, cinco países ricos en petróleo —Irán, Irak, Kuwait, Arabia Saudí y Venezuela—, fundaron la Organización de Países Exportadores de Petróleo (OPEP) en la Conferencia de Bagdad. Al año siguiente, los ideales de la Conferencia de Bandung cobraron vida en la primera reunión del Movimiento de Países No Alineados (MNOAL) en Belgrado, donde los sentimientos antiimperialistas y las demandas de poner fin al colonialismo eran esenciales. El MNOAL pretendía trazar su propio camino hacia el desarrollo, libre de la influencia de las dos superpotencias mundiales, y

10 Papastergiadis, "The end of the Global South," 69-90.

11 Chris Alden, Sally Morphet y Marco Antonio Vieira, *The South in World Politics* (Londres: Palgrave Macmillan, 2010).

promover la seguridad colectiva a través de diversos medios como la paz, la independencia y la igualdad[12].

En 1966, el espíritu de Bandung se trasladó a La Habana, donde delegados de 82 naciones africanas, asiáticas y americanas formaron una alianza contra el imperialismo económico y militar, especialmente dirigido contra Estados Unidos. La Tricontinental se convirtió rápidamente en un catalizador del radicalismo político internacional, y desempeñó un papel crucial en la promoción de la solidaridad transnacional en la lucha contra el racismo[13]. Otra iniciativa notable fue la Organización de la Conferencia Islámica, fundada en Rabat en 1969, basada en una identidad religiosa compartida entre sus países miembros en pos de promover la solidaridad y la cooperación entre los pueblos islámicos y liberarse del imperialismo y el colonialismo occidentales.

De manera paralela, la década de 1960 fue testigo de un aumento del poder y la influencia de las alianzas del Sur en el seno de las Naciones Unidas, cuando las comunidades epistémicas latinoamericanas llevaron a la Asamblea General de la ONU los debates sobre los límites del desarrollo. La llegada de Raúl Prebisch como Secretario General de la Conferencia de las Naciones Unidas sobre Comercio y Desarrollo (UNCTAD) brindó a los países periféricos una plataforma para la promoción de medidas encaminadas a superar sus problemas de balanza de pagos, que se creían consecuencia del deterioro de las relaciones de intercambio. En este contexto fueron puestos en marcha ensayos para establecer marcos generales para la regulación de los precios internacionales de la producción primaria, un objetivo que, finalmente, no fue alcanzado.

En 1965, la primera reunión de la UNCTAD dio lugar a la formación del G77, un bloque común entre los países en desarrollo comprometido en promover una acción conjunta en la creación de un nuevo orden mundial. Su primera reunión ministerial, celebrada en Argel en 1967, permitió a las delegaciones asistentes profundizar en un discurso de unidad, cooperación y solidaridad, y coordinar propuestas de reformas en las instituciones económicas y financieras internacionales. Tales iniciativas se vieron plasmadas en la Declaración para el Establecimiento de un Nuevo Orden

[12] Dena Freeman, "The Global South at the UN: Using International Politics to Re-Vision the Global," *The Global South* 11, no. 2 (2017): 71-91, https://doi.org/10.2979/globalsouth.11.2.05

[13] Anne Garland Mahler, *From the Tricontinental to the Global South: Race, Radicalism, and Transnational Solidarity* (Durham: Duke University Press, 2018).

Económico Internacional (NOEI) de 1974, que proponía un sistema equitativo y cooperativo entre todos los Estados[14].

Con todo, a pesar de los esfuerzos sostenidos, el diálogo Norte-Sur no logró cambios significativos en el orden mundial. La crisis del petróleo, la caída de los precios de las materias primas y los problemas de deuda soberana de la década de 1980, junto con los desacuerdos internos en las alianzas del Sur, limitaron seriamente la continuidad de las iniciativas conjuntas. Paradójicamente, en este contexto fue popularizado institucionalmente el concepto de "Sur", a través de los informes "Norte-Sur: un programa para la supervivencia" (1980), y "Crisis común Norte-Sur: Cooperación para la recuperación mundial" (1983) de la Comisión Independiente sobre Asuntos de Desarrollo Internacional ("Comisión Brandt"). De esta manera, el "Sur" fue integrado al discurso global, allanando el camino para el fortalecimiento del discurso globalizador de los años noventa.

Así pues, las ideas de antiimperialismo, anticolonialismo y antirracismo planteadas en eventos como la Conferencia de Bandung, el Movimiento de Países No Alineados, el tricontinentalismo cubano y el impulso a un Nuevo Orden Económico Internacional por parte del G77 son centrales en la noción de Sur Global. Este concepto reconoce la existencia de un sistema interestatal organizado en centros y periferias, pero, a su vez, su propuesta crítica se ve limitada por ello.

Como señala Grovogui[15], bajo esta noción, el Sur Global representa una designación simbólica polifacética con implicaciones políticas, que abarca las posibilidades de unidad entre antiguas entidades coloniales, unidas en un proyecto político decolonial en la actualidad. La importancia de esta iniciativa radica en la necesidad de crear agendas internamente coherentes destinadas a construir una comunidad internacional basada en la igualdad, la libertad y la equidad. En su esencia, este esfuerzo está impulsado por el objetivo de establecer un nuevo orden social, cultural, político y económico que se aleje de las formas de pensar sobre el poder, la responsabilidad y la ética que surgieron del dominio colonial.

---

14 Margot Salomon, "From NIEO to Now and the Unfinishable Story of Economic Justice," *International and Comparative Law Quarterly* 62, no. 1 (2013): 31-54, https://doi.org/10.1017/S0020589312000590.

15 Siba N. Grovogui, "A Revolution Nonetheless: The Global South in International Relations," *The Global South* 5, no. 1 (2012): 175-90, https://doi.org/10.2979/globalsouth.5.1.175.

Sin embargo, siguiendo a Schneider[16], limitar el Sur Global a un concepto geopolítico basado en una lectura estatista del sistema internacional pasa por alto las complejidades de la noción. En este sentido, ignora las múltiples estrategias de oposición y resistencia de los diversos actores en desventaja, cuya influencia ha crecido en las últimas tres décadas, y que no se ajustan necesariamente a la lógica de la estatalidad moderna. A su vez, tal formulación estrecha conduce a una idealización del Norte y al consiguiente silenciamiento de sus desigualdades, así como a una degradación del Sur. El resultado final es una cosificación esencialista e imaginaria de ambas identidades globales.

Tras el fin de la Guerra Fría, el auge del nuevo orden unipolar dejó poco margen de maniobra a los Estados africanos, asiáticos y latinoamericanos. Con todo, la lucha de un "Sur Global" definido geopolíticamente por la democratización del sistema internacional en los organismos multilaterales mantuvo primacía, pero dejó de ser la única expresión de este concepto. Paralelamente, la retórica del fin de la historia y la alineación gradual de los países al orden neoliberal ofreció un espacio novedoso a una noción de Sur vinculado a la sociedad civil mundial, cuyas máximas manifestaciones se ven representadas por movimientos altermundistas y dinámicas sociales alternativas, como el Foro Social Mundial, el Ejército Zapatista de Liberación Nacional o la Vía Campesina. Estas estrategias marcaron una ampliación del concepto de Sur Global, que pasó de una noción geopolítica, vinculada a las periferias, a otra de subalternidad y resistencia al orden hegemónico.

Sin embargo, la crisis del modelo neoliberal surgida en el contexto del cambio de milenio trajo nuevos ingredientes a esta visión dual. Fue precisamente en este contexto en el que algunos autores empezaron a hablar de un ascenso de los otros[17] ["*the rise of the rest*"] que se contraponía a la crisis de legitimidad que sufría el Norte desarrollado a principios del siglo XXI. Esta crisis o cuestionamiento es multicausal, pero apunta principalmente a la erosión de la legitimidad de los Estados Unidos al forzar una guerra

---

16 Nina Schneider, "Between Promise and Skepticism: The Global South and Our Role as Engaged Intellectuals," *The Global South* 11, no. 2 (2017): 18-38, https://doi.org/10.2979/globalsouth.11.2.02.

17 Fareed Zakaria, *The Post-American World: And the Rise of the Rest* (Londres: Penguin Books Limited, 2011).

ilegal como la de 2003 en Irak[18], que a su vez motivó una fractura en el seno de la Unión Europea. En paralelo, se produjo un colapso del modelo capitalista motivado por la desregulación financiera, definida por Susan Strange[19] bajo la idea del "*westfailure*" (en contraposición a la mitificación de Westfalia como origen del estado moderno), y que acabó por desembocar en la crisis financiera internacional de 2008 cuyo epicentro fueron, de hecho, las economías del centro, las del Norte desarrollado.

En contraposición a este proceso, desde 2001 China se adhirió a la Organización Mundial del Comercio (OMC). A la par, a raíz del informe de Jim O'Neill[20] sobre las perspectivas económicas de los BRIC (Brasil, Rusia, India y China), estas cuatro potencias emergentes comenzaron a explorar las potencialidades económicas en una primera fase. Ya en la Cumbre Ministerial de la OMC en Cancún en 2003 había una decidida posición confrontacional con lo propuesto por los Estados Unidos y la UE. No obstante, este proceso fue *in crescendo* a partir de las primaveras árabes. Constatando el uso instrumental de la R2P [responsabilidad de proteger, *Responsibility to protect* por sus siglas en inglés] en Libia por parte de las potencias occidentales con el concepto de RWP [responsabilidad *al* proteger, *Responsibility while protecting* por sus siglas en inglés], los miembros del bloque BRIC no solamente decidieron explorar la hipotética convergencia de sus políticas exteriores, sino también ganar en legitimidad y erigirse en altavoz del Sur Global incorporando a un país como Sudáfrica al club.

Aupados todavía por el ciclo de altos precios de las *commodities* (2003-2014), la plataforma geopolítica BRICS (desde 2010, con 5 miembros) se proyectó como representante informal e impulsor de las agendas propias del Sur Global. No será hasta la segunda mitad de la segunda década del siglo XXI cuando las crisis económicas y políticas en cuatro de los cinco integrantes del bloque desveló nítidamente la medida en la cual este foro es un trampolín diplomático chino para proyectarse política y económicamente en las sociedades del Sur Global, en paralelo con su propia estrategia estatal del *One Belt, One Road*. Asistimos, por tanto, a un intento de cooptación

---

18 Kofi Annan, "Iraq war was illegal and breached UN charter, says Annan," The Guardian, accessed Nov 6, 2023, https://www.theguardian.com/world/2004/sep/16/iraq.iraq

19 Susan Strange, *La retirada del Estado: la difusión del poder en la economía mundial* (Barcelona: Icaria, 2001).

20 Jim O'Neill, "Dreaming with BRICs: The Path to 2050," Goldman Sachs Report, accessed Nov 6, 2023, https://www.goldmansachs.com/insights/archive/brics-dream.html

e instrumentalización de las connotaciones que implica la pertenencia a ese Sur Global sustentado en una identidad de resistencia antihegemónica y de legitimidad entre actores subalternos.

En paralelo se desarrollaron otras prácticas donde evidenciar la versatilidad de lo que englobaba el Sur Global. Así, en ámbitos específicos como el de la cooperación internacional, se transitó desde la ayuda oficial al desarrollo de carácter tradicional, con un marcado sesgo vertical y de condicionalidad política de la ayuda, hacia la llamada cooperación Sur-Sur, que aspiraba a cierta horizontalidad en la cooperación, enfatizando el intercambio de asistencia técnica y *know how* por encima de la transferencia pecuniaria. Un ejemplo palpable de esta particular dimensión del Sur Global se manifestó también en los albores de este siglo con el foro trilateral IBSA, lanzado en 2003 por los presidentes de India, Brasil y Sudáfrica, sustentado en la idea de que frente a ciertos problemas compartidos por los tres (desigualdades, necesidad de mayor desarrollo, desempleo, enfermedades epidémicas, etc.) y dadas sus semejanzas identitarias (grandes democracias multiculturales del Sur, con economías industriales, que en aras de su liderazgo regional apuestan por el multilateralismo, y que sufrieron el colonialismo), tenía sentido explorar sinergias comunes[21].

Con todo, la profundización de las relaciones Sur-Sur ha abierto también marcos alternativos de resistencia en el seno de la sociedad civil de cara a la transformación de los modelos de desarrollo de estos países. A diferencia del antiguo modelo extractivista, que dependía de la presencia de gobiernos autoritarios para garantizar la inversión y el lucro de empresas multinacionales, el surgimiento del neo-extractivismo en el siglo XXI ha cambiado esta dinámica. Así, la combinación del boom de las *commodities*, la llegada de gobiernos progresistas al poder, el florecimiento de tecnologías eficientes y la continuidad de las reformas neoliberales ha llevado a que los Estados desempeñen un papel central en la promoción del desarrollo mediante la expansión de la frontera extractiva.

Este nuevo enfoque ha generado un aumento en la conflictividad socioambiental en América Latina y África, integradas a las cadenas globales de valor gracias al incremento de la demanda de *commodities* por las economías del Norte global, pero también por otros países emergentes, como China. En respuesta, movimientos sociales desafían las concepciones tradicionales de desarrollo, abogando por la justicia intergeneracional y pro-

---

21 Oliver Stuenkel, *India-Brazil-South Africa dialogue forum (IBSA): the rise of the global South* (Londres: Routledge, 2019).

poniendo alternativas inspiradas en conceptos como el *Sumak kawsay*. Un ejemplo palpable de esta resistencia transnacional se observa en la lucha contra la minería contaminante y la desforestación en el Amazonas, donde las comunidades buscan preservar sus formas de vida y los ecosistemas afectados[22].

## III. AGENDAS DEL SUR GLOBAL

Como ya se ha subrayado previamente, lejos de ser un espacio físico o geográfico, el Sur Global nos remite a identidades de resistencia, a la par que a un proceder con agendas proactivas. Así pues, esas agendas o proyectos políticos, de las que aquí nos ceñimos a las más representativas y aglutinadoras, pueden ser desglosadas en cuatro grandes ejes: (i) autonomía política e institucional del estado moderno; (ii) autosuficiencia económica y modelo de inserción internacional; (iii) diversidad e inclusión social frente a homogeneización y genocidios epistémicos; (iv) ambientalismo y desarrollo sostenible frente neo-extractivismos y la paradoja de la transición verde.

En primer lugar, la búsqueda de autonomía política es uno de los grandes pilares de la mayoría de las políticas exteriores de los países del Sur Global. Para entender el porqué de este fenómeno, se hace preciso retrotraernos a sus procesos de independencia y conformación de estados-nación. Y es que, las entidades políticas surgidas en las distintas olas de descolonización en Latinoamérica (siglo XIX) y África-Asia (siglo XX) se constituyeron, *de iure,* en estados soberanos y modernos. No obstante, *de facto* estas estructuras institucionales arrastraron, hasta hoy, severas dificultades para satisfacer los requerimientos básicos del estado moderno *à la Max Weber*, esto es, el ejercicio de la soberanía efectiva basada en el monopolio de la violencia legítima sobre una población en un territorio determinado. Desde sus orígenes vieron desafiada su autoridad y capacidad de coerción. Ello se vio reflejado tanto en el ámbito doméstico (dada la débil institucionalidad, el patrimonialismo de sus elites, la falta de infraestructuras, la difícil orografía, la diversidad étnica, entre otros), como externo (fruto de la narrativa postcolonial en virtud de la cual las antiguas colonias

---

22 Enara Echart Muñoz y María del Carmen Villarreal Villamar, "Resistencias y alternativas al desarrollo en América Latina y Caribe: luchas sociales contra el extractivismo," *Relaciones Internacionales*, no. 39 (2018): 141-63, https://doi.org/10.15366/relacionesinternacionales2018.39.008

siguen siendo objeto de un neocolonialismo económico y epistémico, aunque ya no formalmente político).

Es en este contexto de dependencia y legado colonial donde sigue teniendo relevancia la agenda de la autonomía política, definida en términos de capacidad de tomar decisiones endógenamente, sin imposiciones, injerencias ni coerciones externas. Ello adquirió gran importancia durante la Guerra Fría, marcada por la bipolaridad y la exigencia de adscripción a uno de los bloques en pugna. Precisamente, es en el campo del Análisis de la Política Externa (APE) en el cual se ha desarrollado una literatura muy fértil que ha categorizado distintos tipos de accionar en aras a conseguir distintos tipos de autonomía.

En este sentido, y como indica Deciancio[23], Puig propuso un enfoque de política exterior que pretendía ampliar las opciones internacionales de Argentina a través de la diversificación de sus relaciones políticas y económicas con otros países, estrategia que posteriormente describiría como "autonomía heterodoxa". La premisa central de este concepto es que una nación puede aceptar la orientación estratégica de la potencia dominante dentro de un bloque (en este caso, Estados Unidos), al tiempo que difiere en tres cuestiones clave: su estrategia de desarrollo doméstico, las relaciones exteriores con socios no estratégicos, y la delimitación entre los intereses nacionales de la potencia dominante y los intereses estratégicos del bloque[24]. En suma, las teorizaciones de Puig[25] y de Jaguaribe[26] se convertirán en el andamiaje analítico sobre el que intentar construir agendas políticas autonomistas y soberanas, adoptando posturas heterodoxas desde las periferias en aras a tomar decisiones dentro del sistema global y contrarrestar los efectos no deseados de las hegemonías del centro[27].

---

23 Melisa Deciancio, "International Relations from the South: A Regional Research Agenda for Global IR," *International Studies Review* 18, no. 1 (2016): 1-14, https://doi.org/10.1093/isr/viv020, 8.

24 Helio Jaguaribe, "Autonomía periférica y hegemonía céntrica," *Estudios Internacionales* 12, no. 46 (1979): 91-130, http://www.revistaei.uchile.cl/index.php/REI/article/view/16458; Juan Carlos Puig, *Doctrinas Internacionales y Autonomía Latinoamericana* (Caracas: Instituto de Altos Estudios de América Latina, 1980).

25 Puig, *Doctrinas Internacionales.*

26 Jaguaribe, "Autonomía periférica."

27 Alejandro Simonoff, *Teorías en movimiento.Los orígenes disciplinares de la política exterior y sus interpretaciones históricas* (Rosario: Prohistoria, 2012); José Briceño-Ruiz, "Autonomía: genealogía y desarrollo de un concepto. Su relación con el regiona-

La segunda gran agenda política que encolumna al Sur Global invoca la forma de inserción de sus países en una economía cada vez más globalizada. Como fue señalado, la óptica estructuralista denuncia cómo las economías del Sur se han concebido como periferias que nutren de fuerza de trabajo (antaño sujetos esclavizados y, más recientemente, migrantes mayormente desprovistos de derechos) y materias primas (para garantizar energía y alimento barato) a los centros del Norte desarrollado donde se incorpora el valor añadido y el beneficio/plusvalía[28].

Las aspiraciones industrializadoras para romper este sino han sido prolíficas, pero infructuosas, desde la Comisión Económica para América Latina y el Caribe (CEPAL) y su modelo de Industrialización por Sustitución de Importaciones (posteriormente, de Exportaciones) impulsado por Raúl Prebisch, hasta el Nuevo Orden Económico Internacional, propuesto en 1974. Una vez más, las causas de su no consecución han sido múltiples. Ello implica reconocer causas endógenas, que van desde las élites domésticas, capitalizadoras de estas rentas de diversas maneras, y que, en ocasiones, han hecho uso de la "instrumentalización de la violencia"[29], hasta la cooptación, la corrupción, etc. Por supuesto, en esta dinámica también se hace preciso reconocer las causas exógenas. Estas últimas van desde lógicas geopolíticas que les han convertido en terreno de *proxy wars*, hasta la penetración económica de partenariados estado-empresas (como el de la *France-Afrique*), que entienden estas geografías como una "política del vientre"[30], y pasando por intereses vinculados a la perpetuación de un subdesarrollo para fomentar el desarrollo en otras latitudes[31].

En relación con estas dos agendas, dos teorías se antojan imprescindibles dada su proximidad conceptual y las potenciales sinergias: tanto el estructuralismo[32] como la variante crítica latinoamericana de la Economía

---

lismo en América Latina," Cuadernos sobre Relaciones Internacionales, Regionalismo y Desarrollo 9, no. 18 (2014): 9-41.

28 Véase el capítulo 3 sobre (neo)marxismos en este manual.

29 Patrick Chabal, y Jean Pascal Daloz, *África camina. El desorden como instrumento político* (Barcelona: Bellaterra, 2001).

30 Jean-François Bayart, *El Estado de África: La política del vientre* (Barcelona: Bellaterra, 1999).

31 Frank, *Subdesarrollo Del Desarrollo.*

32 Immanuel Wallerstein, *Análisis de sistemas-mundo. Una introducción* (Madrid: Siglo XXI, 2006).

Política Internacional[33]. Así, el estructuralismo combina una lectura transformadora y crítica que integra la metodología del materialismo histórico de Marx, la tesis Hobson-Lenin de la expansión imperial europea como quinta fase del sistema capitalista monopólico, y los estudios sobre el patrón de dominación histórico/ideológico que postulaba el principio de hegemonía de Gramsci. Esta síntesis parte de la división del mundo entre un centro desarrollado y una periferia subdesarrollada, que configura un sistema-mundo donde prima la dependencia de la segunda hacia el primero[34].

A través del concepto sistema-mundo, autores como Wallerstein señalaron que la globalización ya se aplicaba desde el siglo XVI, en referencia a las relaciones transatlánticas reflejadas por los viajes de europeos a África, y el traslado forzado de esclavizados para llevarlos a producir materias primas en América. Este círculo se cerraba, así, con el traslado de esta producción a Europa. Tal dinámica ha legado, según esta lectura, que todas esas sociedades mantengan una suerte de identidad compartida con base en el legado colonial europeo, y una configuración marcada por la dependencia, por el subdesarrollo, por la explotación colonial y por la exportación de *commodities* sin capacidad de incorporar valor añadido. A través del imperialismo europeo, este fue el patrón de relacionamiento económico estándar y, por tanto, configuró la autopercepción y la experiencia vital en torno a la que se vertebra la idea de Sur Global.

Combinado con este estructuralismo, es reseñable añadir también el especial aporte crítico que la escuela latinoamericana de Economía Política Internacional (EPI) incorpora. La EPI surge como una subdisciplina para entender la interrelación entre los estados y los mercados (definidos con base en las empresas multinacionales), esto es, entre la dimensión eminentemente política y la económica. Más allá de su variante hegemónica[35]

---

33 Diana Tussie, "Relaciones internacionales y economía política internacional: notas para el debate," *Relaciones Internacionales Instituto de Relaciones Internacionales (IRI)*, no. 48 (2015): 155-175.

34 Wallerstein, *Análisis de sistemas-mundo*; André Gunder Frank, *Subdesarrollo Del Desarrollo: Un Ensayo Autobiográfico* (Madrid: IEPALA, 2005 [1966]); Fernando H. Cardoso, y Enzo Faletto, *Dependencia y desarrollo en América Latina* (México D. F.: Siglo XXI, 1969).

35 Robert Gilpin, *The Political Economy of International Relations* (Princeton: Princeton University Press, 1987).

y de la escuela crítica anglosajona de cariz estructuralista[36], tenemos que abordar aquí los aportes que apuntan a cómo se explica la susodicha interacción entre las empresas y los estados en el Sur Global.

Autoras como Diana Tussie[37] enfatizan cómo la escuela latinoamericana parte de cuestionarse las causas del subdesarrollo regional. Para ello, se apoyan en las teorías de la dependencia y la búsqueda de la autonomía en aras a que unos estados nacidos con falencias estructurales, tengan la capacidad de agencia para tomar decisiones propias que mitiguen el poder de los mercados en beneficio del desarrollo de sus sociedades. Se trataría, por tanto, de un rasgo común de esos países autopercibidos como dependientes y del Sur Global, cuya incapacidad para adoptar políticas autónomas con base en su soberanía nacional facilita la imposición de decisiones exógenas por parte de poderosas compañías multinacionales que, en ocasiones, manejan mayores recursos y presupuestos que las propias administraciones públicas[38].

Asimismo, y enfatizando el hecho de que este sea un contexto replicado en distintas latitudes y compartido por una pluralidad de actores, autoras como Cintia Quiliconi[39] proponen, de hecho, hablar de Economía Política Global, al vincularlo con las experiencias de regionalismo. Desde esta lectura, subrayan cómo, desde el Sur Global, la apuesta de inserción internacional pasa por el consenso y convergencia en el ámbito regional, donde se enfrentan problemas de desarrollo compartidos. Más allá del éxito o no de esos proyectos de regionalismo (lo cual se escapa al objeto de este capítulo), esa interacción basada en la asunción de compartir una identidad y un pasado común, y la necesidad de adoptar decisiones coordinadas, han coadyuvado a la conformación de la idea de Sur Global.

Volviendo a las agendas, y ya más vinculada a la transformación sufrida tras el fin de la Guerra Fría, la tercera agenda política reveladora de la propia identidad del Sur Global versa sobre la diversidad y la inclusión social. Frente a un diagnóstico de homogeneización de la mano de la

---

36 Susan Strange, *States and Markets* (Londres: Continuum, 1988); Robert Cox, y Michael G. Schechter, *The Political Economy of a Plural World: Critical Reflections on Power, Morals, and Civilization* (Londres: Psychology Press, 2002).

37 Tussie, "Relaciones internacionales y economía política internacional."

38 Véase el capítulo diecisiete sobre Desarrollo en este manual.

39 Cintia Quiliconi, "Economía Política Global latinoamericana: un campo de estudio efervescente entre el desarrollo y el regionalismo," *Relaciones Internacionales,* no. 50 (2022): 127-44, https://doi.org/10.15366/relacionesinternacionales2022.50.006

globalización de los años 90s, resumidos en la *macdonalización* cultural, el neoliberalismo del Consenso de Washington (con su dogma de liberalización, privatización y desregulación) y el supuesto fin de la historia *à la* Fukuyama, desde el Sur se visibiliza lo diferente y diverso, lo plural y complejo.

La reivindicación del indigenismo y las poblaciones racializadas son ejemplos legitimadores de lo que antaño —la diversidad— sí fue considerado una virtud, ya hablemos del Imperio romano, de la gestación de los Estados Unidos o del Imperio otomano, por poner unos pocos ejemplos. Por contraposición, la homogeneización propuesta desde la mentalidad "moderna" y la construcción del "otro antagónico" bajo lógicas imperiales se han configurado en los caldos de cultivo donde los genocidios epistémicos[40] han podido tener cabida hasta desembocar en supuestas Arcadias, instrumentalizadas, a día de hoy, por las ultraderechas neopatrióticas[41]. En este sentido, como se mencionaba al hablar de la colonialidad del poder[42], las prácticas y los relatos que emanan del Sur aspiran a relegitimar ciertos saberes y el quehacer de distintas subjetividades. Para un mayor acercamiento a estos planteamientos teóricos, puede consultarse el capítulo 2 sobre poscolonialidad y decolonialidad en este mismo libro.

Finalmente, y en franca relación con la anterior, la cuarta agenda aglutinadora del Sur Global conecta con el ambientalismo social y el desarrollo sustentable. Frente a un modelo depredador de desarrollo económico que ha motivado la extenuación de los recursos naturales, tal y como aducen las teorías del Antropoceno[43], desde el Sur Global se promueve una agenda

---

40 Ramón Grosfoguel, "Los cuatro genocidios/epistemicidios del largo siglo XVI y las estructuras de conocimiento racistas/sexistas de la modernidad en la universidad occidental," *Revista Izquierdas*, no. 51 (2022): 1-20.

41 José Antonio Sanahuja, y Camilo López Burian, "Las derechas neopatriotas en América Latina: contestación al orden liberal internacional," *Revista CIDOB d'Afers Internacionals*, no. 126 (2020): 41-64, https://doi.org/10.24241/rcai.2020.126.3.41

42 Anibal Quijano, "Colonialidad del poder, eurocentrismo y América Latina," in *Cuestiones y horizontes. De la dependencia histórico-estructural a la colonialidad/descolonialidad del poder*, ed. Anibal Quijano (Buenos Aires: CLACSO. Universidad Nacional Mayor de San Marcos, 2020), 861-920, https://doi.org/10.2307/j.ctv1gm019g.31.

43 Véase el capítulo once de este manual sobre la Teoría verde.

de vinculación con la preservación de la naturaleza[44] y de giro onto-epistemológico para entender otros mundos y saberes[45].

Como fue adelantado previamente, uno de los desafíos más acuciantes para esta agenda es el renovado impulso del neo-extractivismo, que se sustenta en la paradoja de que la transición verde que se demanda internacionalmente lleva aparejado un mayor incremento de los llamados "minerales críticos de transición". Así pues, en aras a un menor impacto medioambiental en el Norte global (dada su mayor matriz productiva y, por ende, contaminante), se externaliza el perjuicio a un Sur Global que, supuestamente, debería entonces redoblar los proyectos extractivistas en sus territorios. Lo paradójico es que, en muchos casos, estos países cuentan ya formalmente con reconocimientos de protección de naturaleza y/o indígenas, por lo que la alteración de la "transición verde" en el Norte traería aparejados severos impactos negativos directos, de cariz medioambiental, e indirectos, más vinculados con el tejido sociopolítico[46].

Para una exploración más exhaustiva de los enfoques teóricos y su aplicabilidad para entender esta cuarta agenda aglutinadora del Sur Global, consultar los capítulos 6 (feminismos) y 7 (teoría verde) en este mismo libro. A raíz de las reflexiones ahí vertidas, se puede discutir cómo el posthumanismo[47] ha sido moldeado por la concienciación de la responsabilidad humana en el ecocidio —esto es, los desastres ecológicos ocasionados por el modelo expansionista y extractivista de desarrollo—. A través de una crítica tanto hacia el divorcio cartesiano entre la naturaleza y la sociedad, como hacia la temporalidad/espacialidad de las formas europeas de saber/poder, las epistemologías del Sur han procurado trascender su violen-

---

44 Eduardo Gudynas, *Extractivism: Politics, Economy and Ecology* (Winnipeg: Fernwood, 2021).

45 Arlene Tickner, y David Blaney, "Pensar la diferencia: Introducción," *Relaciones Internacionales*, no. 22 (2013): 211-236; Amaya Querejazu, "Encountering the Pluriverse: Looking for Alternatives in Other Worlds," *Rev. Bras. Polít. Int.* 59, no. 2 (2016): e007, http://dx.doi.org/10.1590/0034-7329201600207.

46 Javier Arellano-Yanguas, María del Pilar Bernal-Gómez, y Sergio Caballero "Nuevos proyectos mineros en la Amazonía: impactos sobre las poblaciones y su entorno," in *Transición energética, expansión minera y conflictos ecosociales en la Amazonía*, ed. Javier Arellano-Yanguas, María del Pilar Bernal-Gómez (Bilbao: Universidad de Deusto, 2022), 21-58.

47 Erika Cudworth, y Stephen Hobden, "Complexity, ecologism and posthuman politics," *Review of International Studies* 39, no. 3 (2013): 643-64, https://doi.org/10.1017/S0260210512000290

cia epistémica con el objetivo de visibilizar la colonialidad del poder que aún reproduce la narrativa del Antropoceno.

En la misma dirección, apunta el ecofeminismo[48] cuando subraya las sinergias entre la defensa de la tierra y el proceso de emancipación propuesto desde el feminismo. Su planteamiento enfatiza, con ello, el reconocimiento de la dependencia de la humanidad y el sostenimiento de la vida de un planeta tierra con límites físicos y sus recursos[49]. Sobre esta misma línea, resalta que, entre estos seres humanos, se ha jerarquizado una serie de actividades, esencializando la vulnerabilidad, la producción y los cuidados en las mujeres, y la seguridad y la producción en los hombres.

## IV. CASO DE ESTUDIO: BRASIL EN EL SIGLO XXI

Tras la visibilización de las diferentes acepciones del "Sur Global" a través del abordaje de la evolución histórico-contextual del concepto, el somero recorrido de las corrientes de producción teórica ligadas a él y las agendas viabilizadas en la arena política, se hace interesante bajar a tierra estas ideas a un caso puntual. A este respecto, Brasil es un muy buen ejemplo para reflexionar sobre lo que significa el Sur Global, a la par que permite aterrizar empíricamente algunos de los conceptos presentados.

A lo largo de la historia, la identidad brasileña y la autopercepción de lo que representa Brasil ha transitado por distintas ideas, por lo que acotaremos este caso de estudio a las últimas dos décadas. En ellas, el Brasil de Lula (2003-2010) se proyectó como un líder regional con aspiraciones de jugador global[50], y de la mano de iniciativas como el foro IBSA (India,

---

48 Véase el capítulo 4 sobre feminismos de este manual y, en particular, el apartado de ecofeminismo.

49 Herrero Yayo, "No hay economía ni tecnología ni política ni sociedad sin naturaleza y sin cuidados"," El Salto Diario, accessed Nov 6, 2023, https://www.elsaltodiario.com/ecofeminismo/entrevista-yayo-herrero-econom%C3%ADa-tecnolog%C3%ADa-pol%C3%ADtica-sociedad-naturaleza-cuidados

50 Andrés Malamud, "A Leader Without Followers? The Growing Divergence Between the Regional and Global Performance of Brazilian Foreign Policy," *Latin American Politics and Society* 53, no. 3 (2011): 1-24, https://doi.org/10.1111/j.1548-2456.2011.00123.x; Sergio Caballero, "Brasil y la región: una potencia emergente y la integración regional sudamericana," *Rev. Bras. Polít. Int.* 54, 2. X (2011): 158-72, https://doi.org/10.1590/S0034-73292011000200008.

Brasil y Sudáfrica) y los BRICS aspiró a hablar “en nombre del Sur Global”. No obstante, tras el *impeachment* a la presidenta Dilma Rousseff y el breve mandato de su vicepresidente, Michel Temer, el Brasil de Jair Bolsonaro (2019-2022) se alineó con los Estados Unidos de Donald Trump[51], antagonizó con China, rechazó explícitamente el tercermundismo y renunció a foros regionales como UNASUR o CELAC. Ello implicó abrazar una identidad de adalid del estándar de civilización occidental a nivel sudamericano[52], esto es, como una suerte de garante de los valores asociados con el Norte hegemónico en contraposición a cualquier identificación con una resistencia o contrapeso.

Así pues, en este contexto surgen una serie de preguntas y reflexiones que afrontar:

- ¿Qué es lo que motiva que un actor sea Sur Global? ¿Lo que uno mismo dice de sí mismo o cómo los otros te identifican?
- Y entonces, ¿cómo podemos definir a Brasil?
- ¿En qué medida se modificaron las agendas de política exterior de Brasil entre el período Lula (2003-2010) y el período Bolsonaro (2019-2022)?
- ¿Hasta qué punto la identidad y las agendas de Brasil son monolíticas y coherentes, o, por el contrario, son el resultado de las negociaciones entre diversos actores?
- ¿Es el Sur Global un concepto cristalizado e inamovible?

## V. CONCLUSIONES

Para teorizar adecuadamente el Sur Global en el mundo contemporáneo, se hace trascendental reconocer su complejidad ontológica, y admitir su doble papel estratégico. Mientras que, por un lado, sirve como espacio de denuncia crítica hacia las estructuras de poder existentes, por el otro, promueve una actitud proactiva y propositiva, que reconoce su heteroge-

---

51 Diego Crescentino, y Sergio Caballero, “Arquitectura de la política externa brasileña: autonomistas, globalistas y americanistas en Itamaraty,” *Araucaria* 23, no. 48 (2021): 211-34, http://dx.doi.org/10.12795/araucaria.2021.i48.10.

52 Diego Crescentino, “Las utopías en las Relaciones Internacionales: Brasil, el Sur Global y Occidente,” *El Futuro del Pasado,* no. 14 (2023): 21-64, https://doi.org/10.14201/fdp.30269

neidad inherente[53]. Como sugiere Prashad[54], debemos dejar de buscar el Sur Global en los mapas, y entenderlo, en su lugar, como una idea. Se trata tanto de una negación del Norte Global, ofreciendo la promesa de una vida mejor, como su límite, exponiendo sus contradicciones inherentes[55]. Esta perspectiva alternativa celebra el reconocimiento mutuo entre los subalternos del mundo globalizado que aún no han experimentado los beneficios prometidos. Va más allá de una lectura geopolítica, para convertirse en una metáfora del sufrimiento humano causado por el capitalismo y el colonialismo, así como en una resistencia contra dichas fuerzas opresoras. Es, en otras palabras, anticapitalista, anticolonial, antipatriarcal y antiimperialista[56], representando un alejamiento del discurso poscolonial y emergiendo como un discurso posglobal, reflejando el fracaso del globalismo como discurso hegemónico[57].

Esta noción no alude, pues, a una entidad fija, sino a un proceso en constante evolución, conformado por agentes e instituciones siempre cambiantes que reflejan y potencialmente transforman las posiciones dominantes y subalternas, reestructurando las redes globales de poder[58]. Parte de la denuncia hacia las desigualdades heterárquicas estructurales y estructurantes que impregnan el sistema internacional, incluidas las divisiones geopolíticas, raciales, de género, de clase y epistémicas. Sin embargo, está fundamentado, también, en una propuesta epistemológica, que adquiere forma a través de agendas y proyectos que desafían la idea de modernidad, promoviendo proactivamente un nuevo orden social, cultural, político y

---

53 Diego Crescentino, "Hacia la consolidación de las identidades globales: Antiimperialismo y Sur Global," in *Nuevas miradas sobre el antiimperialismo y/o el antiamericanismo desde la Historia, la Literatura y el Arte*, ed. Misael Arturo López Zapico; Aida Rodríguez Campesino; Gonzalo Vitón (Madrid: Instituto de Estudios Internacionales y Europeos Francisco de Vitoria, 2019), 112-32.

54 Prashad, *Las naciones oscuras*.

55 Roberto Dainotto, "South by Chance: Southern Questions on the Global South," *The Global South* 11, no. 2 (2017): 39-83, https://doi.org/10.2979/globalsouth.11.2.03.

56 Boaventura de Sousa Santos, "Epistemologies of the South and the future," *From the European South*, no. 1 (2016): 17-29.

57 Alfred J. López, "Introduction: The (Post)global South," *The Global South* 1, no. 1-2 (2007): 1-11.

58 Sinah Theres Kloß, "The Global South as Subversive Practice: Challenges and Potentials of a Heuristic Concept," *The Global South* 11, no. 2 (2017): 1-17, https://doi.org/10.2979/globalsouth.11.2.01

económico que reivindica todas las experiencias humanas, buscando espacios alternativos para pensar y actuar fuera de los sistemas convencionales de opresión y explotación[59].

En síntesis, el Sur Global encuentra fundamento en un principio relacional que lo distingue conceptualmente del Norte Global. Reúne a actores históricamente marginados que han sido excluidos de las promesas de la globalización neoliberal, constituyendo una identidad basada en realidades estructurales compartidas y diversas. Reconoce la diversidad cultural, económica, política y social, y rechaza los paradigmas modernos y coloniales. Se basa así en un proyecto emancipador que busca dignificar formas alternativas de vivir, pensar y sentir, que fueron devaluadas y demonizadas por las agendas coloniales, imperiales e intervencionistas[60]. Esta perspectiva trasciende la negatividad, priorizando, a cambio, la capacidad de agencia creativa de las comunidades marginadas en la construcción de un nuevo orden social, cultural, político y económico.

## VI. RECAPITULACIÓN: CUADRO RESUMEN

| CONTEXTO | HITOS | CONCEPTO | RASGOS |
|---|---|---|---|
| Imperio, colonialismo e independencias | Haití (1791)<br>San Martín y Bolívar (1810-1825) | No Occidente | Resistencia |
| Independencias principios s.XX | China (1912), Egipto (1922) e Irán (1935) | Estados no modernos | Contrahegemónica |
| Guerra Fría | Bandung (1955)<br>MNOAL (1961)<br>G-77 (1965)<br>NOEI (1974) | Tercer Mundo<br>No Alineados | Antiimperialista<br>Antirracismo<br>Solidaridad compartida |
| Guerra Fría | CEPAL | Periferia | Autonomía y dependencia |
| Post-Guerra Fría | Unipolaridad<br>Consenso Washington | Sur Global | Altermundismo y subalternidad |

59 Vlad Petre Glăveanu, y Zayda Sierra, "Creativity and Epistemologies of the South," *Culture & Psychology* 21, no. 3 (2015): 340-58, https://doi.org/10.1177/1354067X15601196.

60 Papastergiadis, "The end of the Global South."

| CONTEXTO | HITOS | CONCEPTO | RASGOS |
|---|---|---|---|
| Inicio s.XXI | BRICS | Sur Global | Estrategia geopolítica |
| Post-pandemia | Transición hegemónica<br>Estados Unidos - China | Sur Global | Identidad compartida<br>Resistencia<br>Agendas proactivas |

## VII. RECOMENDACIONES

- WEB The China Global South Project, una organización sin ánimo de lucro dedicada a explorar la relación de China con África. https://chinaglobalsouth.com
- PERFIL DE X de Élodie Brun, Profesora-Investigadora del Centro de Estudios Internacionales en el Colegio de México e investigadora del Sur Global: https://twitter.com/elo_brunStuenkel, Oliver. *India-Brazil-South Africa dialogue forum (IBSA): the rise of the global South.* Londres: Routledge, 2019.

# *Capítulo 19*
# ***Religión****

**ELIZABETH SHAKMAN HURD***

## I. INTRODUCCIÓN

Los estudiantes de Relaciones Internacionales (RRII) suelen pensar que la religión está separada del derecho, la política y la gobernanza. La mayoría de los enfoques realistas, liberales, de la Escuela Inglesa, feministas e histórico-materialistas de las RRII asumen que la religión es algo privado o la tratan como una reliquia cultural de la que deben ocuparse los antropólogos, los estudiosos de la religión o las propias personas religiosas. Incluso los constructivistas han prestado tradicionalmente una atención limitada a la política del laicismo[1] y la religión, centrándose en la interacción de las unidades estatales preexistentes para explicar cómo influyen las normas internacionales en los intereses y la identidad del estado o estudiando la construcción social de los estados y el sistema estatal[2].

---

* Profesora y Directora del departamento de Estudios sobre las Religiones, y Profesora del Departamento de Ciencia Política, en Northwestern University. Me gustaría dar las gracias a Ángela Iranzo, Noah Salomon, Maria Birnbaum, Jens Bartelson y Åsa Knaggård por sus aportaciones a este capítulo.

1 [Nota del Traductor] Por motivos de la traducción, el término original del inglés *secularism* ha sido traducido por secularismo. Sin embargo, en el contexto de lengua castellana hay diversos usos del mismo. El que más se utiliza para dar cuenta del uso específico de *secularism* en este texto es el de secularización, que se refiere a los procesos de transformación y reconfiguración en la modernidad sobre el lugar público de lo religioso. Así, es el ámbito desde el cual se analizan los diversos puentes entre lo religioso y lo político. El término secularismo también se entiende, algunas veces, como una arista política y radicalizada de este proceso, que denota un posicionamiento y juicio que afirma que lo religioso no debe tener ningún lugar en la política y lo público, sino quedar sumido en la dimensión de lo privado. En español, para este proceso también se utiliza el concepto de laicismo/laico, que tiene su significado enfatizando en formas estatales y de políticas públicas. Por ejemplo, cuando se habla de *Secular State* (Estado laico).

2 Para una versión ampliada de este argumento, véase E. S. Hurd, "Secularism and International Relations Theory", en Jack Snyder, ed., *Religion and International Relations Theory* (Nueva York: Columbia University Press, 2011): pp. 60-90.

Esta tendencia tiene el efecto de fijar de antemano definiciones de la "religión" y la "política", así como de las delimitaciones entre ellas. Así, aspectos vitales de la política mundial contemporánea son distorsionados hasta volverse irreconocibles o excluidos por completo. La presunción de que la religión se ha privatizado y ya no es operativa en la política moderna o que su influencia puede encapsularse en los estudios sobre una tradición religiosa concreta y su influencia en la política "desde fuera", ha llevado a académicos y estudiantes de relaciones internacionales a pasar por alto o malinterpretar algunos de los acontecimientos más significativos de nuestro tiempo. Esta mirada estrecha es, en parte, consecuencia de una rígida oposición secular-religiosa que pre-estructura la disciplina de las RRII. Este binario impone límites a nuestra imaginación y prácticas políticas al vigilar el límite de lo que cuenta como "política", lo que cuenta como "religión" y cómo se relacionan entre sí.

Esto no quiere decir que las categorías de lo secular y lo religioso fluctúen tan ampliamente que carezcan de relevancia, sino que no se puede asumir su carácter fijo. El hecho de no considerar su poder y sus limitaciones impone un modelo simplista y distorsionado de la política mundial. Esto puede facilitarles la vida a los científicos sociales que buscan respuestas a corto plazo, pero tiene un alto coste en un mundo donde la forma en que se definen y delimitan estos conceptos es importante para comprender las complejas realidades que intentamos describir.

Este capítulo propone un enfoque alternativo al estudio de la religión en las RRII que amplía el argumento de mi libro *The Politics of Secularism in International Relations*[3]. Propongo un enfoque crítico del estudio de la religión y la política que refleje las realidades de su integración mutua, en lugar del mito de su supuesta separación. Los estudiantes de política mundial necesitan aproximarse a la frontera entre religión y política como algo indeterminado; la misma delimitación debe convertirse en parte del objeto de estudio. El papel de la religión en la modernidad es tanto una historia de autoridad política, interacciones imperiales y poscoloniales, historias jurídicas, experiencias afectivas y estéticas, y trayectorias de formación y transformación del estado, como de tradiciones, prácticas y creencias religiosas[4].

---

3 E.S. Hurd, *The Politics of Secularism in International Relations* (Princeton: Princeton University Press, 2008).

4 Peter Van der Veer, "Travesía y conversión: Conclusion" The Immanent Frame, 11 de julio de 2018. https://tif.ssrc.org/2018/07/11/crossing-and-conversion-

El capítulo consta de cuatro partes. La primera explora el impulso de aislar la religión de la política. La idea de que son entidades discretas y reconocibles, y de que el conocimiento de sus interacciones será cada vez más exhaustivo a medida que los académicos apliquen técnicas estadísticas avanzadas, sigue siendo poderosa en el estudio científico social de la religión. Es difícil desafiar esta concepción sobre lo que la producción de conocimiento significa. Hacerlo, requiere cuestionar suposiciones bien arraigadas sobre la soberanía, la (des)institucionalidad, la libertad religiosa, el laicismo, la religión y la separación entre iglesia y estado. Estas poderosas suposiciones estructuran nuestras vidas colectivas, conforman las divisiones institucionales del trabajo en nuestras sociedades y sirven como principios organizadores de la socialización —que, muy a menudo, se dan por sentados. Como señala Webb Keane, "categorías conceptuales como religión y cultura se han revelado, y apenas estamos en condiciones de volver a recogerlas (...) las categorías se han convertido en hechos sociales"[5]. David Chidester está de acuerdo en que "podríamos abandonar felizmente la *religión* y *lo religioso* como términos de análisis si no estuviéramos, como resultado de esa misma historia, atascados en ellos"[6]. Wilfred Cantwell Smith también lo expresa bien en su crítica al término religión, al señalar que "la religión como entidad sistemática, tal como surgió en los siglos XVII y XVIII, es un concepto de polémica y apologética..." y que "quienes quieran comprender y quieran participar con inteligencia, se enfrentan a una tarea de proporciones nada desdeñables"[7].

---

conclusion/ La intuición de Andrew Huxley sobre el estudio del derecho comparado se aplica igualmente a la religión: "cuando aplicamos nuestras cabezas a las nebulosas cuestiones del derecho en todo el mundo, debemos asegurarnos de que nuestros pies no pierden el contacto con el terreno fangoso de los detalles legales". Andrew Huxley, "Introducción", *Religión, Derecho y Tradición: Comparative Studies in Religious Law*, ed. Andrew Huxley. Andrew Huxley (Nueva York: RoutledgeCurzon, 2002), p. 4.

5 Keane continúa: "Al igual que 'lo moderno', forman parte tanto de los discursos elitistas como de los cotidianos y median en la autoconciencia prácticamente en todas partes; las categorías se han convertido ellas mismas en hechos sociales... Esto sugiere que adoptamos las categorías por cualquier compra que puedan ofrecer. Pero aceptar las categorías existentes exige, al menos, una considerable autoconciencia". Webb Keane, *Cristianos modernos: Freedom and Fetish in the Mission Encounter* (Chicago: University of Chicago Press, 2007), 86.

6 David Chidester, *Savage Systems: Colonialism and Comparative Religions in Southern Africa* (Charlottesville: University of Virginia Press, 1996), 259.

7 Wilfred Cantwell Smith, *El significado y el fin de la religión: A New Approach to the Religious Traditions of Mankind* (Minneapolis: First Fortress Press, 1991), pp. 43, 4.

Puede que, hasta cierto punto, nos quedemos estancados en las categorías y, sin embargo, como han demostrado estos autores junto con Charles Taylor, Talal Asad y otros, tenemos opciones[8]. La cuestión no es *si* estudiamos la religión y la política, sino *cómo* lo hacemos. Las secciones segunda y tercera de este capítulo recomiendan a los estudiantes de RRII considerar las formaciones de la modernidad en su totalidad, en lugar de la "religión" o la "política" como campos presuntamente independientes y mutuamente excluyentes. No podemos presumir la existencia de límites entre estos ámbitos. Esto no quiere decir que tales límites no existan; al contrario, para muchos individuos en muchos tiempos y lugares, tal límite se percibe como un hecho social. Sin embargo, esto no impide que el investigador adopte un principio de distanciamiento y convierta ese límite en parte de su objeto de investigación. La última sección ejemplifica los beneficios de este enfoque para comprender la política de la religión y la libertad religiosa en contextos no europeos como Asia Central postsoviética, África y América.

## II. EL IMPULSO LAICISTA DE AISLAR LA RELIGIÓN

Gran parte de la academia de RRII presupone que las religiones son entidades estables que interactúan con campos preexistentes de la política internacional. Desde este enfoque de "añadir y remover", se entiende que las religiones motivan formas pacíficas o violentas de política, relaciones sociales amigables u hostiles, y sistemas jurídicos y sociales opresivos o emancipadores. Un ejemplo de ello es la noción relativamente poco polemizada de "mundo musulmán", una invención cuya historia explora Cemil Aydin en su excelente libro *The Idea of the Muslim World*[9]. Aydin sitúa el origen de esta noción en el siglo XIX a partir de la idea de una "unidad imaginada del mundo musulmán". Una de las implicaciones de esta visión es que el Islam puede ser una explicación integral del comportamiento humano. Así, puede presentarse como la religión más recalcitrante y resistente a la modernidad occidental. Desde esta perspectiva, se considera —al igual que con otras religiones, pero con ésta más— que el "mundo musulmán" re-

---

8 Charles Taylor, *A Secular Age* (Cambridge: Harvard University Press, 2007); Talal Asad, *Formations of the Secular: Christianity, Islam, Modernity* (Stanford: Stanford University Press, 2003); Craig Calhoun, Mark Juergensmeyer y Jonathan Van Antwerpen, eds., *Rethinking Secularism* (Nueva York: Oxford University Press, 2011).

9 Cemil Aydın, *La idea del mundo musulmán: A Global Intellectual History* (Cambridge: Harvard University Press, 2017).

quiere una gestión especialmente cuidadosa y, a veces, el uso de la fuerza, para evitar que estalle en violencia.

Considerar las religiones como fuerzas causales no sólo distorsiona las complejas realidades de la sociedad humana, sino que contribuye a crear un mundo social saturado de distinciones y sospechas entre "religiones". Aparece entonces una concepción schmittiana de la política en la que los protagonistas creen que "ésta es su religión y sus creyentes son nuestros enemigos". Esto se hizo visible tras los atentados del 11-S en la llamada Doctrina Bush, en un discurso ante una sesión conjunta del congreso, el 20 de septiembre de 2001, en el que se anunció célebremente que "o estáis con nosotros o estáis con los terroristas". El objetivo de una política de este tipo es "derrotar al enemigo y eliminarlo o convertirlo a la ortodoxia y la ortopraxis "reales" —ya sean inspiradas por la divinidad o por la humanidad[10].

El entender la religión como un catalizador o un obstáculo para determinadas formas de política, tiene una larga historia. Lord Cromer, Procónsul General británico durante la ocupación de Egipto, creía que la religión o bien era compatible con la modernidad, en cuyo caso prosperaría (como era el caso del Protestantismo), o bien era retrógrada y anacrónica (Catolicismo, Islam y otras religiones), en cuyo caso estaba destinada a ser barrida por la historia. En palabras de Lord Cromer:

> Si una creencia religiosa no puede adaptarse a las necesidades que constantemente surgen a medida que el mundo envejece, lo más probable es que ocurran dos posibles cosas. O bien la sociedad avanza y la creencia religiosa queda estancada y finalmente olvidada; o bien el credo retiene a la sociedad y le cierra el camino hacia el progreso. La religión cristiana, y más específicamente la versión protestante de esa religión, se enorgullece de no estar obligada a elegir entre ninguna de estas alternativas. Posee suficiente elasticidad para adaptarse a las exigencias modernas[11].

---

10 "El propio constructo de la religión permite a los de fuera atribuir creencias, prácticas y actitudes a otras tradiciones (sí, ésa es su religión, y por eso todos sus creyentes son nuestros enemigos). En la política schmittiana así generada, los amigos son esencialmente aquellos que comparten la enemistad de uno hacia otros definidos. El objetivo de esta política es derrotar al enemigo y eliminarlo o convertirlo a la "verdadera" ortodoxia y ortopraxis, ya sea inspirada por la divinidad o por la humanidad". Talal Asad, "Thinking About Tradition, Religion, and Politics in Egypt Today", *Critical Inquiry* 42 (otoño de 2015): 166-213.

11 Citado en Iza Hussin, *The Politics of Islamic Law: Local Elites, Colonial Authority, and the Making of the Muslim State* (Chicago: University of Chicago Press, 2016), 130.

Cromer describía las religiones como fuerzas autónomas que actúan al margen de la historia sin dejarse influir por ella. Consideraba que el cristianismo protestante estaba especialmente bien equipado para navegar por la modernidad, en contraste con otras religiones que no lograban adaptarse a las instituciones y modos de vida modernos. El planteamiento de Cromer contrasta con el adoptado por la politóloga Iza Hussin en su libro *The Politics of Islamic Law*. A diferencia de Cromer, Hussin sitúa el Islam y, en concreto, la ley islámica *dentro de* la historia y no como una entidad inmutable que *actúa sobre* la historia desde fuera. Explica: "una transformación fundamental del Islam tuvo lugar en medio de las negociaciones entre las élites locales y coloniales, y (…) un primer escenario de esta transformación fue la ley islámica"[12]. Mientras Cromer tomó la religión como una fuerza autónoma que opera desde el exterior, Hussin muestra cómo constructos religiosos como la ley islámica son adaptados dentro de contextos específicos para servir a necesidades particulares.

Esta necesidad de prestar atención a la fluidez de las categorías de lo "religioso" y lo "político" todavía no se ha interiorizado en el campo de las RRII. Como explica Jeremy Menchik, "aprender de los defectos de la generación anterior significa reconocer que la religión, como otros aspectos de la cultura y la identidad, es heterogénea en el tiempo y el espacio, polifacética en la práctica, y su relevancia para la política depende del contexto"[13]. Menchik tiene razón y, sin embargo, persiste la idea de que la religión consiste en un conjunto de creencias y prácticas que influyen en la sociedad al mismo tiempo que permanecen, en gran medida, diferenciadas de ella. Este planteamiento es simplista. Afirmar que la religión es autónoma respecto a su entorno, refuerza poderosos intereses. Algunas instituciones y prácticas son sencillamente más fácilmente reconocibles como "religiosas": la oración, por ejemplo, o la Iglesia católica, o fiestas concretas como la Semana Santa, Diwali o la Pascua judía. Por defecto, estas cosas "religiosas" reflejan, la mayoría de las veces, la religión mayoritaria en una época y lugar concretos. Una noción estable y no cuestionada de la religión también sustenta la existencia de la disciplina de los Estudios Religiosos como empresa independiente; lo mismo ocurre con las RRII. Esto resulta atractivo para los académicos impregnados de la mitología del laicismo. Da lugar a preguntas como: ¿es el cristianismo el culpable del discurso supremacis-

---

12 Ibídem, 14, 17.

13 Jeremy Menchik, "Artículo de revisión: The Constructivist Approach to Religion and World Politics", *Comparative Politics* (julio de 2017): p. 562 (561-81).

ta blanco? ¿Es compatible el Islam con la democracia y la modernidad? ¿Causó la violencia religiosa el genocidio de Myanmar? ¿Por qué son más tolerantes los musulmanes indonesios? ¿Llevó la Reforma Protestante a la libertad religiosa? ¿Cómo podemos limpiar la política y la vida pública de religión y reivindicaciones religiosas o, si eso resulta imposible, cuál es la mejor manera de vigilar la religión como bien público?[14] Nos encontramos en un péndulo que oscila entre dos extremos: descartar la religión por irrelevante para la política, por un lado, o ensalzarla como categoría coherente y aislable, por otro[15].

No podemos dar por sentado que sabemos qué es la religión en un contexto concreto hasta que no conozcamos ese contexto y cómo (y si) la categoría es relevante en él. El reto para los estudiantes de la religión y las RRII es no descartar la religión por irrelevante ni ensalzarla como una categoría fija y estable. El hecho de que la categoría de religión organice vagamente un ámbito de investigación académica, no significa que pueda utilizarse inocentemente para motivar proyectos políticos u orientar a los académicos[16]. Como dice Maria Birnbaum en respuesta a los célebres esfuerzos de Jürgen Habermas por crear un espacio para la religión en la esfera pública[17], "la respuesta a la crítica de Habermas sobre la exclusión de la religión de la esfera pública no es la *inclusión* de la religión en la esfera pública, sino más bien una *impugnación* del propio término religión"[18].

Los intentos de aislar la religión como una fuerza autónoma que puede desvincularse de su entorno social e histórico, es una forma de política lai-

---

14 Véase un ejemplo en Nadim R. Rouhana y Nadera Shalhoub-Kevokian, "A Comparative Perspective on Religious Claims and Sacralized Politics: An Introduction", en *When Politics are Sacralized: Comparative Perspectives on Religious Claims and Nationalism,* eds. Nadim R. Rouhana y Nadera Shalhoub-Kevokian (Cambridge: Cambridge University Press, 2021, pp. 1-30.

15 E.S. Hurd, "Narratives of De-secularization in International Relations", *Intellectual History Review,* 27:1. Número especial sobre "Narrativas de la secularización", editado por Peter Harrison (enero de 2017): 97-113.

16 E.S. Hurd, *Más allá de la libertad religiosa: The New Global Politics of Religion* (Princeton: Princeton University Press, 2017), 130.

17 Craig Calhoun, Jonathan Van Antwerpen y Eduardo Mendieta, eds. *Habermas and Religion* (Cambridge: Policy Press, 2013).

18 Maria Birnbaum, "Pluralismo exclusivo: The Problems of Habermas' Postsecular Argument and the 'Making of' Religion", en Trevor Stack, Naomi Goldenberg y Timothy Fitzgerald, eds., *Religion as a Category of Governance and Sovereignty* (Leiden: Brill, 2015): 183 (182-196).

cista[19]. Si bien el secularismo ha servido como un poderoso marco donde el derecho y la política exterior modernos se han desarrollado, sería ingenuo aceptar su coherencia intelectual o sociológica al pie de la letra. El laicismo implica un complejo conjunto de reivindicaciones y prácticas que se expresan de diferentes maneras en diferentes épocas y lugares[20]. Como explica C. S. Adcock, "definir e impugnar lo que cuenta como religioso son prácticas internas a la política secular"[21]. El marco secularista y las religiones globales semiautónomas que suscribe, ofrecen escasa influencia crítica. Necesitamos, por tanto, nuevas herramientas.

## III. DESPUÉS DEL SECULARISMO: UN ENFOQUE CRÍTICO DE LA RELIGIÓN EN LA POLÍTICA

La idea de que las religiones son objetos distintos que actúan sobre el mundo sin que éste les dé forma, suscita cada vez más escepticismo en las RRII. Muchos se apresuran a reconocer los límites del concepto de "reli-

---

19 Hussein Ali Agrama, *Questioning Secularism: Islam, Sovereignty and the Rule of Law in Contemporary Egypt* (Chicago: University of Chicago Press, 2012). Dressler y Mandair describen el planteamiento de Agrama como una de las tres vertientes de la crítica del laicismo que incluyen "(i) la filosofía sociopolítica del laicismo liberal ejemplificada por Charles Taylor (y en cierta medida compartida por pensadores como John Rawls y Jürgen Habermas); (ii) las críticas 'postmodernistas' de la metafísica ontoteológica por parte de teólogos radicales y filósofos continentales que han ayudado a revivir el discurso de la 'teología política'; (iii) siguiendo el trabajo de Michel Foucault y Edward Said, las diversas formas de análisis del discurso centradas en las genealogías del poder más estrechamente identificadas con el trabajo de Talal Asad." Dressler y Mandair, "Introducción", 4. Markus Dressler & Arvind Mandair, *Secularism and Religion-Making* (Oxford: Oxford University Press, 2011). Véase también Janet Jakobsen y Ann Pellegrini, eds. *Secularisms* (Durham: Duke University Press: 2008) y Anders Berg-Sørensen, eds. *Contesting Secularism: Comparative Perspectives* (Londres: Ashgate, 2013).

20 Joseph Blankholm, *The Secular Paradox: On the Religiosity of the Not Religious* (Nueva York: NYU Press, 2021). Véase también Rajeev Bhargava, *Secularism and its Critics* (Nueva Delhi: Oxford University Press, 1998) y Linell E. Cady y Tracy Fessenden, eds., *Religion, the Secular, and the Politics of Sexual Difference* (Nueva York: Columbia University Press, 2013).

21 C. S. Adcock, *Los límites de la tolerancia: Indian Secularism and the Politics of Religious Freedom* (Oxford: Oxford University Press, 2013), 7.

gión única"[22]. Académicos y estudiantes están ansiosos por prestar atención a cómo las estructuras políticas y jurídicas, así como un sentido amplio de lo público, configuran las religiones, las subjetividades religiosas y las formas religiosas de estar en el mundo. Prestan atención a cómo —y si— definimos el término religión, y cómo esas definiciones adquieren vida propia. Sobre la base de las contribuciones realizadas por Marc Galanter, David Chidester, Winnifred Fallers Sullivan, Talal Asad, Saba Mahmood, David Engle, Pamela Klassen y Paul Christopher Johnson, entre otros, un dinámico campo de estudio está desafiando las divisiones disciplinarias y cuestionando las concepciones habituales de soberanía, religión, derecho, indigenismo, raza, iglesia, laicismo y estado. Esta corriente académica descentra a Europa y sus colonias, y presta atención a cuestiones de raza, poder, género y colonialismo. Por ejemplo, el ensayo de Pamela Klassen sobre las jurisdicciones espirituales en Canadá, muestra que "la idea misma de que pueda lograrse la separación de la iglesia y el estado, ya sea bajo la apariencia de libertad religiosa o libertad de religión, perpetúa una amnesia perversa sobre los fundamentos del poder colonial tanto en Canadá como en Estados Unidos"[23]. ¿Quién define la religión y la libertad religiosa bajo el colonialismo? ¿Cuentan las tradiciones indígenas como "religiosas" y, en caso negativo, qué implicaciones tiene su protección jurídica en los regímenes de gobierno coloniales y poscoloniales? Este es el tipo de preguntas que es posible plantearse cuando descentramos las definiciones europeas de "religión" como parámetros irreflexivos de la disciplina de las RRII. Esta sección presenta este enfoque crítico en la obra del teórico político Matthew Scherer, el especialista en estudios islámicos Noah Salomon y la comparativista Iza Hussin. Pongo sus argumentos en relación entre sí y en relación con las preocupaciones que aborda este capítulo. La sección final mostrará las implicaciones de este enfoque para el estudio de la política de libertad religiosa internacional más allá de Euroamérica.

---

22 "Necesitamos un examen más detallado de cómo los autores de los textos legales (los exégetas brahmanes, los '*ulama* musulmanes, los eruditos chinos, los rabinos judíos, los vinayadhara budistas y los canonistas cristianos) se relacionaban con las estructuras políticas, y con su propia tradición y su propio público". Huxley, "Introducción", *Religión, Derecho y Tradición,* 3.

23 Pamela E. Klassen, "Jurisdicciones espirituales: Treaty People and the Queen of Canada", en Paul Christopher Johnson, Pamela E. Klassen y Winnifred Fallers Sullivan, *Ekklesia: Three Inquiries in Church and State* (Chicago: University of Chicago Press, 2018), 157.

El libro de Noah Salomon es un estudio antropológico del proyecto de construcción del Estado islámico en Sudán[24]. *For Love of the Prophet: An Ethnography of Sudan's Islamic State* explica que el Islam es la lengua en la que se habla la política sudanesa; las nociones occidentales de "Islam político" son demasiado estrechas para captar un amplio campo de producción cultural y política que incluye la poesía, la programación radiofónica y el arte moderno. Desafiando las divisiones convencionales entre estado y sociedad, Salomon se centra en "el espacio político que abrió el Estado islámico y el modo en que un sorprendente conjunto de actores y géneros islámicos clásicos (desde la hagiografía a la poesía, pasando por los sermones sobre la doctrina musulmana) vinieron a llenar ese espacio"[25]. Para entender el contexto sudanés, insiste, es necesario ampliar nuestra comprensión de lo "político" para abarcar diversos aspectos de la vida sudanesa, en lugar de imponer una definición "prefabricada" y constreñida de lo "político" y lo "religioso" al contexto sudanés.

De manera interesante, esto requiere una cierta indiferencia hacia la línea divisoria entre religión y política. Estos *términos* forman parte del objeto de estudio. Sus definiciones no pueden asignarse antes de llevar a cabo la investigación. Por ejemplo, los analistas occidentales interpretan erróneamente el renacimiento islámico (*al-ṣaḥwa al-islāmiyya*) al no ver que "abarca no sólo un argumento sobre lo que constituye una sociedad adecuada y un creyente musulmán adecuado, sino también lo que constituye el propio Islam"[26]. Es decir, los límites en torno a lo que es o no es "islámico" son en sí mismos controvertidos. En Sudán, explica Salomon, esto supuso "un debate entre dos tendencias de la política islámica contemporánea: el sufismo y el mahdismo, organizados de forma tradicional, y las formas políticas que surgieron de ellos, por un lado, y el reformismo islámico al estilo del Frente Nacional Islámico, por otro"[27]. Existen muchas formaciones posibles de lo "islámico" en la vida pública sudanesa, lo que hace que la noción de un "Estado islámico" sea fundamentalmente inestable y esté perennemente cuestionada.

Una segunda ventaja es una nueva e inesperada iluminación de los puntos en común entre el proyecto colonial británico en Sudán y el Estado

[24] Noah Salomon, *For Love of the Prophet: An Ethnography of Sudan's Islamic State* (Princeton: Princeton University Press, 2016).

[25] Ibídem, 5.

[26] Ibídem, 21.

[27] Ibídem, 80.

islámico sudanés con respecto a la reforma islámica. Tanto los esfuerzos británicos por instalar una ortodoxia islámica en Sudán como los proyectos de reforma islámica del gobierno *inqadh* (en árabe: salvación) comprenden lo que Salomon describe como "discursos de dominio". Es decir, tanto los proyectos británicos como los islámicos de construcción del estado se basaban en la suposición compartida de que "el dominio de la religión (tanto en un sentido epistémico como político) era esencial para el funcionamiento de la gobernanza"[28]. Ambos son, así, proyectos modernos por excelencia. Rara vez consideramos que la gobernanza islámica y la colonial tengan mucho en común, pero quizá deberíamos hacerlo. "La historia del estado laico", nos recuerda Salomon, "no tiene tanto que ver con la privatización de la religión como con la formación de nuevos tipos de públicos religiosos, que pueden funcionar dentro de los objetivos del estado moderno y promoverlos"[29]. Esto muestra las limitaciones de los debates sobre los grados de secularización o separación: activa, pasiva, suave, agresiva, etc., en los que la religión se define de tal manera que *sólo* puede concebirse como ocupando un espacio separado[30]. Esto no es siempre —o quizá nunca— así. Esto es evidente en el contraste que Salomon traza entre los discursos islámicos y seculares de dominio y ciertas redes sufíes de discipulado basadas en el reconocimiento de la duda y la incertidumbre. La aceptación por parte de estos sufíes de los límites del conocimiento humano desafía el régimen de conocimiento de los islamistas gobernantes y representa una crítica viva de su ética de la certeza[31].

Esta doble crítica de la episteme modernista —ambas, religiosa y secular— es también un rasgo distintivo de los libros de Hussin y Scherer. En conjunto, estos autores documentan las ventajas intelectuales y políticas de dejar de suponer que el control de la categoría de religión es esencial para la gobernanza moderna. Hay otras formas de pensar, actuar y gobernar que no dependen de divisiones estables y fijas entre lo religioso y lo político.

---

28 Ibídem, 62.

29 Salomon, *For Love of the Prophet*, pp. 37-38, citando a Winnifred Fallers Sullivan, Robert A. Yelle, & Mateo Taussig-Rubbo, eds., *After Secular Law* (Stanford: Stanford University Press, 2011).

30 Sobre las limitaciones de gobernar la "religión" a través de un marco de derechos humanos, véase Elizabeth Shakman Hurd, "Governing Religion as Right", en Jack Snyder, Stephen Hopgood y Leslie Vinjamuri, eds. *Human Rights Futures* (Cambridge: Cambridge University Press, 2017): pp. 189-212.

31 Salomon, *Por amor al profeta*, p. 120.

Estas divisiones son, de hecho, construcciones históricas. En *Beyond Church and State: Democracy, Secularism and Conversion,* Matthew Scherer aborda la religión y la política como elementos que se entrecruzan y reconstituyen mutuamente de forma continua y dinámica[32]. Para Scherer, como para Salomon, la modernidad del Atlántico Norte nunca ha supuesto una superación de la religión: "no es que la modernidad se constituya como superación de la religión, sino que los propios conceptos de 'religioso' y 'laico' se producen con gramáticas netamente modernas a través de un proceso de secularización"[33]. Tanto lo religioso como lo secular se reconfiguran a través de este proceso continuo. En lugar de separación o acomodación, en la modernidad vemos surgir nuevos modelos de autoridad, sociabilidad y poder institucional *tanto en* el ámbito político *como en* el religioso[34]. La idea de que el secularismo se ha liberado de la religión es un mito.

Mientras Salomon recurre a la práctica devocional sufí en busca de recursos críticos, Scherer recurre al filósofo Stanley Cavell. Al igual que los sufíes con los que se relaciona Salomon, la filosofía política de Cavell sirve como recurso para aceptar los límites del conocimiento humano y reafirmar los compromisos adquiridos dentro y fuera de esos límites[35]. Al igual que los sufíes, se enfrenta a la finitud y las limitaciones humanas. Este alejamiento de las epistemologías modernistas genera nuevas ideas sobre el lugar de la religión en la política moderna. Mientras Scherer describe esta humildad epistémica como una especie de "balbuceo", Salomon recurre a una teoría sufí del conocimiento —y, concretamente, al paradigma del secreto— por su afirmación de la duda y su aceptación de la incertidumbre como las condiciones prácticas en las que los musulmanes deben vivir sus vidas. Ambos se resisten a la tentación de separar lo religioso de lo político. Queda abierta la cuestión de si estas distinciones son relevantes para enten-

---

32 Matthew Scherer, *Más allá de la Iglesia y el Estado: Democracy, Secularism and Conversion* (Nueva York: Cambridge University Press, 2013), p. 8.

33 Ibídem, 8. Sobre los detalles de estos procesos en los Estados europeos, véase Mona Kanwal Sheikh y Ole Waever, "Western Secularisms: Variations in a Doctrine and its Practice", en Arlene B. Tickner y David L. Blaney, eds., *Thinking International Relations Differently* (Londres y Nueva York: Routledge, 2012): pp. 275-298. Para un estudio comparativo de las variedades de laicismo en Francia, India, Estados Unidos y Turquía, véase Linell Cady y Elizabeth Shakman Hurd, eds., *Comparative Secularisms in a Global Age* (Nueva York: Palgrave Macmillan, 2010).

34 Scherer, *Más allá de la Iglesia y el Estado,* 83.

35 Ibídem, 172.

der cómo las personas organizan sus vidas en relación con los demás y con las diversas autoridades, dioses, comunidades, estados y formas de apego ético y estético. Dejar indeterminada o infradeterminada la línea entre lo religioso y lo secular abre un espacio productivo para pensar la política dentro y fuera de "Occidente".

*The Politics of Islamic Law: Local Elites, Colonial Authority, and the Making of the Muslim State,* de Iza Hussin, va más allá de Occidente en su historia comparada de la ley islámica en Egipto, Malasia e India. La autora ofrece un primer acercamiento, en la medida en que fue remodelado a través del encuentro entre las autoridades coloniales británicas y las élites locales en estas tres diferentes jurisdicciones. Su contextualización de la ley islámica tiene una ventaja inmediata para el estudio crítico de la religión y las RRII porque nos permite ver la ley islámica como una invención colonial: "el Islam y la ley islámica", escribe, "no estaban en el centro de las preocupaciones de las élites coloniales o locales en India, Malasia y Egipto al comienzo del encuentro colonial, pero se convirtieron en ello"[36]. Nuestra noción familiar de versiones rígidas, codificadas y autoritarias de la ley islámica como un texto fijo con precedentes divinos *no* es, de hecho, inherente a la tradición islámica, sino una invención reciente y producto del encuentro colonial: cuando los musulmanes trataron de defenderse de la invasión de gobernantes no musulmanes. Cuando empezó a imponerse una versión más fija de la ley islámica, muchas de estas mismas autoridades desplegaron y defendieron esta versión de la ley islámica como la quintaesencia de lo "islámico"[37]. En resumen: la asunción de que los estados musulmanes aplican la ley islámica y de que los musulmanes deben recurrir al estado para adquirir los bienes jurídicos islámicos, es un hecho reciente y moderno[38]. En lugar de concebir la modernidad como "una ola uniforme que barrió el mundo musulmán"[39], Hussin la concibe como una serie de momentos en los que "las élites locales —acorraladas por los recursos, la maquinaria administrativa y la violencia del estado colonial— participaron en la construcción del derecho de familia *como* derecho islámico, y del derecho islámico como institucionalización de la *shari'a,* y produjeron (de

36 Hussin, *Política de la ley islámica,* 115. "Si observamos el proceso de definición del islam y de la ley islámica con ojos condicionados por la política global actual, es posible olvidar que hubo un tiempo en que el islam no era ni la única herramienta del arsenal local, ni el principal premio que había que ganar" (115).

37 Ibídem, 204-05.

38 Ibídem, 24.

39 Ibídem, 230.

su nueva situación) nuevos significados y discursos sobre lo que el derecho islámico podía y debía ser"[40]. Esto recuerda la descripción de Salomon sobre la reforma del conocimiento en Sudán como la mezcla creativa de diferentes epistemes, o regímenes de conocimiento, en lugar de la hegemonía de uno sobre otro[41].

Ahora podemos apreciar la "ley islámica" como un proyecto colonial con múltiples autores, incluidas las élites locales, que recurrieron tanto a las lenguas vernáculas europeas como a las locales para atraer a diferentes públicos[42]. Esto no implica un silenciamiento de la *shari'a,* según el famoso argumento de Wael Hallaq[43], sino más bien la proyección de la autoridad del Estado musulmán a múltiples audiencias en múltiples lenguas (polifonía), ampliando el alcance del estado pero también creando nuevos espacios para cuestionarlo[44]. La ley islámica fue un ámbito político central bajo el dominio británico; en un principio, como forma de mantener la autonomía local y, más tarde, como base sobre la que desafiar a la autoridad colonial[45]. Es un *producto* de procesos e historias políticas transnacionales particulares.

Cada uno de estos tres textos cuestiona la inestabilidad de la frontera entre religión y no religión, religioso y secular, religión y política. Lo hacen interrogando "nuestra comprensión del límite entre lo que cuenta como piedad o lo piadoso y lo que no, y empezando a conceptualizar esa frontera como un blanco móvil"[46]. Para Salomon, esto implica abordar con una mente abierta el debate sobre lo que constituye el "Islam" en Sudán bajo el Estado Islámico. Para Scherer implica una reticencia a comprometerse

---

40 Ibídem, 230.

41 Salomon, *Por amor al profeta,* 110.

42 Hussin, *Política de la ley islámica,* 154.

43 Wael Hallaq, *El Estado imposible: Islam, Politics, and Modernity's Moral Predicament* (Nueva York: Columbia University Press, 2014).

44 Así pues, el colonialismo no "causó" transformaciones en la ley islámica, sino que "las oportunidades y recursos específicos del encuentro colonial dieron lugar al ascenso de determinadas élites locales y a una nueva dinámica de poder, dentro de la cual las instituciones islámicas —las de la shari'a en particular— desempeñaron un papel fundamental". Hussin, *Política de la ley islámica,* 20.

45 Ibídem, 5.

46 Lara Deeb, "Pensar juntos la piedad y lo cotidiano: A Response to Fadil and Fernando", *HAU: Journal of Ethnographic Theory* 5, no. 2 (2015): 95 (93-96).

con lo que es o no "religioso" o "cristiano"[47]. El secularismo no se limitó a romper con un pasado religioso que deja atrás; está, a la vez, "escindido de un pasado religioso y, sin embargo, también encerrado en patrones continuos y cambiantes de interrelación con la religión en el presente"[48]. Los procesos que produjeron la idea del secularismo como separación no se limitaron a separar la política y la religión; también re-determinaron la naturaleza de la política y la religión simultáneamente[49]. Para estos autores no existe, pues, una ruptura dramática entre lo premoderno y lo moderno, lo religioso y lo secular. Tanto la política como la religión se remodelan continuamente. Esto es evidente en la descripción que hace Salomon de la programación de Radio al-Kawthar, que no presentaba "ni revitalizaciones acríticas de antiguos modos de práctica islámica (...) ni intentos de anulación de los 'islámicos locales' en favor de una norma global". En cambio, "proyectos como al-Kawthar pueden entenderse como reapropiaciones creativas de tecnologías rituales clásicas muy eficaces — en este caso, dentro del sufismo— al servicio de nuevas agendas —en este caso, unas que trascienden los límites de las órdenes sufíes en las que se desarrollaron— llegando al público de masas mucho más amplio de la nación"[50].

Las narrativas de separación o acomodación no son útiles en este caso. La religión es un blanco móvil, moldeado e informado por formaciones sociales más amplias, agendas nacionalistas, formas de práctica auditiva y estética, y estructuras políticas y jurídicas.

## IV. RELIGIONES Y ESPIRITUALIDADES MÁS ALLÁ DE OCCIDENTE

Entre los beneficios que ofrece un enfoque crítico de la religión y la política, uno de ellos es que permite realizar estudios más ricos sobre la religión y la gobernanza, más allá de Occidente en contextos coloniales y poscoloniales. Hacer que la división entre religión y política forme par-

---

47 "No se trata de que el secularismo sea cristiano o no cristiano (religioso o no religioso), sino... de deconstruir la oposición misma entre lo secular y lo cristiano (lo secular y lo religioso) que autoriza la figura de la separación y sustenta el imaginario secular moderno". Scherer, *Más allá de la Iglesia y el Estado,* 14.

48 Ibídem, 63.

49 Ibídem, 76. Desarrolla este argumento a través de lecturas críticas de Charles Taylor, John Locke y John Rawls.

50 Salomon, *Por amor al profeta,* 156.

te de nuestro objeto de estudio nos permite apreciar aspectos concretos de las relaciones internacionales contemporáneas bajo una luz nueva. Un ejemplo es la política de libertad religiosa internacional en Asia Central postsoviética, África y América Central[51].

Comencemos en Asia Central. Tras el final de la Guerra Fría, a principios de la década de 1990, la defensa de la libertad religiosa, la guerra global contra el terrorismo y la liberalización económica llegaron juntas a Kirguistán en un paquete de medidas patrocinado por Estados Unidos. Como explica Mathijs Pelkmans, las concepciones particulares de la liberalización económica y religiosa trabajaron codo con codo para reforzar los esfuerzos religiosos y políticos de las misiones evangélicas y restar poder a las comunidades reformistas musulmanas y cristianas ortodoxas locales[52]. Esa época fue testigo del rápido ascenso de lo que Bethany Moreton describe como el "modelo Wal-Mart" de libre empresa como servicio cristiano. Tras el final de la Guerra Fría, la libre empresa cristiana "se globalizó" como resultado de una fértil mezcla de intereses militares, comerciales y evangélicos en la política exterior estadounidense[53]. La derrota del comunismo ateo, explica Moreton, "dio tanto a los mercados como a las misiones una nueva oportunidad de ganar almas en todo el mundo"[54].

Pelkmans y Moreton arrojan una nueva luz sobre los ámbitos religioso, económico y político postsoviéticos bajo la influencia de la política exterior estadounidense tras la Guerra Fría. No se trata simplemente de que los misioneros y el gobierno estadounidense trajeran la "libertad religiosa". Más bien, a medida que la Guerra Fría llegaba a su fin, la ideología del libre mercado, las exigencias estratégicas de la guerra global contra el terrorismo y las concepciones específicas de una religión tolerante y civilizada, así como la liberalización religiosa se combinaron para transformar la vida religiosa, económica y política del pueblo kirguís. El efecto fue privilegiar legalmente ciertas *formas de ser* "religioso" que en algunos círculos —especialmente, en Washington, D.C.— se entendían como "modernas" y "libres". La economía, la religión y la política eran inseparables; sus fronteras se reconfiguraban *a través de* estos procesos históricos globales. Las propias

---

51 Esta sección se basa en el capítulo 4 de mi libro *Más allá de la libertad religiosa.*

52 Mathijs Pelkmans, "La "transparencia" del proselitismo cristiano en Kirguistán", *Anthropological Quarterly* 82, nº 2 (2009): 423-45.

53 Bethany Moreton, *Servir a Dios y a Wal-Mart: The Making of Christian Free Enterprise* (Cambridge: Harvard University Press, 2010), 238.

54 Ibídem, 251.

líneas de distinción entre religión, economía y política fueron objeto de contestación y transformación política y jurídica. Suponer que habían sido fijadas sería pasar por alto algunos de los acontecimientos más interesantes de aquella época. En Asia Central y fuera de ella, la política exterior de Estados Unidos determinó lo que significaba liberalizarse económica, política y religiosamente. La defensa de la libertad religiosa internacional surgió, y sigue siendo, una justificación para imponer modos de gobierno favorables a Estados Unidos y Europa, dirigidos contra las amenazas que supuestamente emanan de formas de religión *y* política antimodernas y antiestadounidenses.

En el continente americano, la defensa de la libertad religiosa internacional también se basa en definiciones particulares de "religión" que se ajustan a las concepciones cristianas protestantes y cristianas seculares de lo que significa ser "religioso". Esto tiene implicaciones para las religiones menos formalizadas y para formas de vida que no se consideran "religiones" en absoluto, incluidas muchas prácticas indígenas. Las violaciones a la dignidad humana que no se registran como infracciones "religiosas", languidecen por debajo del umbral de reconocimiento en los regímenes de libertad religiosa internacional. Para apreciar estas dinámicas es necesario ampliar nuestro campo de visión más allá de las concepciones jurídicas y políticas dominantes de la "religión" e introducir una variedad más amplia y diversa de religiosidades, incluidas las que a menudo se clasifican como religiones o espiritualidades indígenas.

Un ejemplo es el de los k'iche', un grupo étnico maya que vive en el altiplano occidental de Guatemala. Las tensiones entre los k'iche' y el Estado guatemalteco aumentaron a raíz del rechazo unánime del Consejo del Pueblo K'iche' (KPC) a los proyectos mineros e hidroeléctricos propuestos a raíz del Tratado de Libre Comercio de América del Norte y otros tratados. Las empresas extranjeras respondieron con ofertas de pagar al KPC un porcentaje mayor de los beneficios, sin comprender que los k'iche' se niegan a permitir la destrucción de la tierra por motivos religiosos. La negativa de KPC provocó discriminación, desposesión y violencia, incluidas violaciones masivas del patrimonio cultural y los derechos sobre la tierra de los k'iche', facilitadas por las empresas mineras canadienses y multinacionales, la policía y el Estado guatemalteco.

Sin embargo, en términos oficiales no hay violación de la libertad religiosa porque el apego de los k'iche' a la tierra no se registra legalmente como "religioso". Esto les impide acogerse a la protección jurídica de la libertad religiosa. Su persecución es invisible para los instrumentos jurídicos que garantizan la libertad religiosa porque, en un sentido importante, se percibe que no tienen religión (reconocible). El Informe sobre Libertad Religiosa Internacional de 2012 del Departamento de Estado de Estados Unidos para Guatemala confirma esta interpretación, al señalar que "no hay informes de abusos sobre la libertad religiosa" en el país ese año. Hacer que la línea de demarcación religiosa-laico forme parte del objeto de estudio en este caso revela cómo y por qué las violaciones del patrimonio religioso-cultural k'iche' cayeron por debajo del umbral de la legibilidad internacional. La tierra y el patrimonio k'iche' no son protegibles, y están desprotegidos.

La política de no reconocimiento también es un factor en la República Centroafricana (RCA). En este caso, el Informe sobre Libertad Religiosa de 2010 del Departamento de Estado de Estados Unidos señalaba que hasta el sesenta por ciento de las mujeres encarceladas en el país habían sido acusadas de "brujería", una forma de religión tradicional africana considerada delito por el gobierno. Pero la discriminación contra esta religión tradicional africana no contaba como discriminación religiosa y, por tanto, no estaba protegida bajo el paraguas de la libertad religiosa internacional. Al igual que los k'iche', las mujeres encarceladas por brujería no podían ser víctimas, ni legal ni políticamente, de las violaciones a la libertad religiosa porque, a ojos del gobierno y de los autores del informe del Departamento de Estado estadounidense, *no tienen religión*. Al igual que en Guatemala, el Departamento de Estado concluyó que la RCA "respetaba en general la libertad religiosa en la práctica", y otorgó al gobierno una buena clasificación. Al igual que los k'iche', las mujeres encarceladas en la RCA quedan fuera del radar porque *los abusos de sus prácticas tradicionales no cuentan* como violaciones del derecho a creer que privilegia la libertad religiosa internacional. Estos instrumentos favorecen un modelo de economías religiosas que privilegia a los consumidores de religión para quienes "creer" es entendido como la característica definitoria de lo que significa ser religioso, y el derecho a creer como la esencia de lo que significa ser libre.

Por último, y siguiendo en África, quienes se identifican con más de una religión también quedan fuera del radar según las definiciones europeas modernas de religión y libertad religiosa. En el momento de su creación en 2011, el nuevo Estado de Sudán del Sur garantizó los derechos religiosos de los ciudadanos pertenecientes a minorías, incluidos los musulmanes. Sin embargo, el gobierno tuvo dificultades porque en Sudán del Sur, como en otros lugares, suele ser difícil clasificar a los ciudadanos como creyentes de una única tradición religiosa[55]. Muchos sudaneses del sur practican *tanto* las Religiones Tradicionales Africanas (RTA, en sus siglas en inglés) *como* el Cristianismo o el Islam, y no distinguen claramente entre éstas y otras prácticas tradicionales. En un régimen moderno de libertad religiosa, quienes se identifican con varias tradiciones se ven obligados a elegir entre ellas (ahora diferentes y discretas) o se vuelven religiosamente invisibles, incluso cuando las religiones oficialmente reconocidas adquieren un nuevo prestigio político. El resultado es un campo político rayado, organizado a través de la diferencia religiosa definida por el gobierno. En estas circunstancias, como explica Rosalind Hackett, "las religiones indígenas o tradicionales africanas se ven obstaculizadas por formar parte de una categoría generalizada y heterogénea, sin una designación clara ni un liderazgo centralizado". Las religiones indígenas se convierten en lo que ella llama "inadaptadas a la libertad religiosa". La solución, sin embargo, no es simplemente asimilarlas a las protecciones internacionales. Como explica Hackett "los recientes movimientos para conceder un espacio institucional y protector a las expresiones indígenas de 'espiritualidad' no sólo esencializan y objetivan las formas tradicionales de creencia y práctica, sino que también las traducen y reformulan para atraer a personas ajenas a la cultura que se adjudican formal o informalmente las reivindicaciones de estos derechos"[56].

El enfoque de la religión y las RRII defendido en este capítulo nos permite comprender que la defensa de la libertad religiosa internacional es una técnica de gobernanza moderna históricamente situada dentro de la historia y la política, y no por encima de ellas. Estos programas exigen que los gobiernos decidan y definan qué constituye religión (y no religión), quién cuenta como sujeto o asociación religiosa legítima y quién está autorizado a representarla. Esto refuerza la mano de quienes están en posición de determinar qué cuenta como religión, y qué religión cuenta más. Asimismo, motiva a los estados a abordar las religiones de forma "estereotipada", como cuerpos estáticos de tradición y convención, y como objetos de

---

55 Noah Salomon y Jeremy F. Walton, "Religious Criticism, Secular Criticism, and the 'Critical Study of Religion': Lessons from the Study of Islam", en Robert A. Orsi, ed., The Cambridge Companion to Religious Studies. *The Cambridge Companion to Religious Studies.* Cambridge: Cambridge University Press, 2012: p. 406 (403-420).

56 Rosalind I.J. Hackett, "Libertad tradicional, africana, religiosa...", en Winnifred Fallers Sullivan, Elizabeth Shakman Hurd, Saba Mahmood y Peter G. Danchin, eds. *Politics of Religious Freedom* (Chicago: University of Chicago Press, 2015, p. 90-91, 96 (89-98).

regulación y reforma. De este modo, las prácticas que se salen de la tradición se dejan de lado. Las formas de religión que "poco tienen que ver con la Iglesia", que no "parecen religión" (como ha demostrado Robert Orsi en el famoso caso de la comunidad católica italiana de Harlem) o que se consideran políticamente indeseables o poco ortodoxas, son desechadas como "paganas y primitivas"[57]. Un enfoque crítico de la religión y la política permite una perspectiva global de los complejos enredos de la política del poder y la diferencia religiosa.

## V. CONCLUSIONES E IMPLICACIONES

Tres puntos resumen el enfoque adoptado en este capítulo. En primer lugar, un enfoque crítico del estudio de la religión y la política tiene en cuenta las realidades sobre el terreno de la integración mutua de lo religioso y lo político a escala mundial, en lugar del mito de su supuesta separación. Los estudiantes de política global deberían abordar la frontera entre religión y política como algo indeterminado, y ese límite debería formar parte del objeto de estudio. En segundo lugar, los estudiantes necesitan repensar los ideales políticos modernos que se basan en definiciones estables de lo "religioso" y lo "político", como la libertad religiosa internacional, prestando atención a cuáles son sus implicaciones para quienes quedan fuera de su protección. También debemos resistir la tentación de sustituir un conjunto de certezas por otro; lo último que necesitamos son nuevos *nomoi* que privilegien nuevas narrativas[58]. En su lugar, necesitamos escepticismo ante las pretensiones totalizadoras de conocimiento, un énfasis en la humildad epistémica y el reconocimiento de la necesidad de tomar en serio lo que a menudo se deja de lado o se excluye como primitivo o "no moderno"[59]. En tercer lugar, los estudiantes y académicos deben rechazar la presión de las instituciones de seguridad nacional para "arreglar" el extremismo religioso, la persecución religiosa y la intolerancia religiosa. Los programas para cultivar musulmanes, budistas, judíos o cristianos toleran-

---

57 Robert A. Orsi, *The Madonna of 115th Street: Faith and Community in Italian Harlem, 1880-1950*, 3ª ed. (New Haven: Yale University Press, 2010): pp. 220-21.

58 Marie Ashe, "Beyond Nomos and Narrative. Unconverted Antinomianism in the Work of Susan Howe", *Yale Journal of Law & Feminism* Vol. 18: 1 (2006), 54.

59 Robert A. Orsi, "Epílogo: La religión cotidiana y el mundo contemporáneo: The Un-Modern, Or What Was Supposed to Have Disappeared But Did Not", en Samuli Schielke y Liza Debevec, eds. *Ordinary Lives and Grand Schemes: An Anthropology of Everyday Religion* (Nueva York: Berghahn Books, 2012), 146-61.

tes y para suprimir el extremismo "religioso" que se basan en la idea de identidad "religiosa" estable y moderada, son desaconsejables. Es necesario atender a un conjunto de factores más complejo.

Perseguir estas alternativas exige distanciarse de las proclamaciones triunfantes de los secularistas liberales y de su "gestión" de la religión buena y mala. Exige escepticismo ante quienes celebran el regreso de la religión a la vida pública democrática, incluidas las interminables luchas por la atención, el poder y los recursos entre jerarquías y ortodoxias renovadas, insurgentes y recién inauguradas. La investigación académica sobre la religión y las relaciones internacionales flaquea en la medida en que se limita a reproducir las presunciones secularistas sobre la religión, en lugar de cuestionar el proyecto modernista en su conjunto. En diversos grados, todas las formas de política encarnan elementos de lo que los modernos llamamos aspectos "religiosos" de la inmensamente diversa experiencia humana.

Preguntas para el debate:

1. En la actualidad, ¿cuáles son algunas de las cuestiones más polémicas de las relaciones internacionales sobre la política de la religión y el laicismo? El enfoque crítico desarrollado en este capítulo, ¿cómo nos sugeriría pensar estos retos?

2. ¿Qué papel desempeñan instituciones internacionales como la Unión Europea, el Tribunal Europeo de Derechos Humanos, la Organización de Estados Americanos y las Naciones Unidas en la resolución de cuestiones relacionadas con la política del secularismo y la religión? ¿Qué otras instituciones internacionales intervienen en estas cuestiones en tu región y cómo influyen sus actuaciones en la vida de los que están sometidos a su jurisdicción?

3. ¿De qué manera se entrecruzan las políticas de raza, clase, género y sexualidad con las políticas de secularismo y religión en las RRII?

4. ¿Qué fuentes utilizarías para estudiar la política mundial del secularismo y la religión? ¿Declaraciones políticas? ¿Tratados internacionales? ¿Discursos? ¿Decisiones jurídicas? ¿Encuestas de opinión? ¿Informes gubernamentales? ¿Actas de congresos académicos? ¿Cultura popular? ¿TikToks? ¿Cómo está cambiando todo esto ante el auge de las nuevas tecnologías para comunicarse y conectarse más allá de las fronteras estatales?

## VII. RECAPITULACIÓN

**Ideas principales:**

- La academia de RRII, en su mayoría, trata la religión como un asunto privado, por asunciones previas, o como una reliquia cultural de la que se encarga la antropología, los académicos de la religión o la gente religiosa. Pero la religión no puede dejarse al margen o cederse a otros. La cuestión relevante no es *si* estudiar la religión en la política internacional, sino *cómo* hacerlo.
- Este capítulo defiende la necesidad de revisar las definiciones europeas de "religión" que se dan por sentadas, como parámetros incuestionables en el estudio de la política internacional, y ofrece ejemplos de trabajos académicos actuales que cumplen este objetivo.
- Los estudiantes de política global deben entender el límite entre religión y política como indeterminado; pues ese límite debería ser, en sí mismo, parte de nuestro objeto de estudio. Esto implica repensar los ideales políticos modernos que dependen de definiciones estables de lo "religioso" y lo "políticos", como la libertad religiosa internacional, prestando atención a sus implicaciones para los individuos y grupos que quedan fuera de su protección.
- Esta forma de aproximarse al estudio de la religión y la política refleja las realidades de su integración mutua, más que el mito de su alegada separación. Esta aproximación se construye desde un campo dinámico de estudio que desafía las divisiones disciplinarias y cuestiona las interpretaciones comunes de soberanía, religión, ley, indigenidad, raza, iglesia, secularización y estado.
- El capítulo se divide en cuatro partes: la primera analiza el impulso de aislar la religión de la política; la segunda y tercera se basan en ejemplos para mostrar a los estudiantes de RRII que deberían centrase en las formaciones de la modernidad en su totalidad, más que en la "religión" o la "política" como campos presuntamente independientes. La última parte muestra las implicaciones de este enfoque para el estudio de la política de la libertad religiosa internacional más allá de Euro-América.
- Esta forma de aproximarse a la religión en RRII demuestra que la libertad religiosa internacional es una técnica, históricamente localizada, de gobernanza moderna, localizada dentro, y no por encima, de la historia y la política.

## VIII. OTRAS FUENTES RECOMENDADAS

- Louis de Bernières, Birds without Wings (Vintage, 2005).

Salman Rushdie, Shalimar the Clown: A Novel (Random House Trade Paperbacks, 2006)

- Winnifred Fallers Sullivan, *The Impossibility of Religious Freedom* (Princeton: Princeton University Press, 2018, new edition).
- Robert A. Orsi, *Between Heaven and Earth: The Religious Worlds People Make and the Scholars Who Study Them* (Princeton: Princeton University Press, 2005).

- Erin K. Wilson, *Religion and World Politics: Connecting Theory with Practice* (Routledge, 2023).

Open access:

https://www.taylorfrancis.com/books/oa-mono/10.4324/9781003037057/religion-world-politics-erin-wilson?_ga=undefined&_gl=1*12qz8jk*_ga*NTA2NzE0MDUzLjE3MDIzMzE3MDQ.*_ga_0HYE8YG0M6*MTcwMjMzMTcwNy4xLjAuMTcwMj

MzMTcwNy4wLjAuMA

*Capítulo 20*

# *Movilidad*

**ÁNGELA IRANZO***

## I. INTRODUCCIÓN

Las relaciones internacionales han estado históricamente atravesadas por las movilidades e inmovilidades de muchas cosas. No solo personas, sino también animales, plantas, mercancías, ideas, obras de arte, virus, armas y medios de transporte han cruzado fronteras, creando en esos *cruces* eso que llamamos "relaciones internacionales". Podríamos decir, por tanto, que las "relaciones" que conforman "lo internacional" han estado siempre basadas en juegos de movimiento y estasis.

Así lo demuestran varias preguntas. ¿Puede el estado moderno existir sin (in)movilidades en sus fronteras? La colonización y el imperialismo, ¿serían posibles sin políticas de movilidad (ej., de esclavos, materias primas, ejércitos, colonos, misioneros y científicos)? ¿Es posible el capitalismo sin las (in)movilidades como parte de su aparato de poder? ¿Es posible responder a amenazas de seguridad como el terrorismo global o las pandemias sin atender a las (in)movilidades? O, como se preguntan Judith Nicholson y Mimi Sheller[1], ¿es posible comprender las representaciones, prácticas y experiencias sobre la estatalidad, las fronteras, la identidad nacional, la otredad y la comunidad política sin escarbar en las intersecciones entre (in)movilidad y raza? O, como proponen algunas feministas, ¿sin estudiar las relaciones entre las (in)movilidades y las intersecciones de género, raza y clase?

Pese a la aparente obviedad de estas preguntas, es llamativo que la disciplina de Relaciones Internacionales (RRII) las haya ignorado hasta muy recientemente. El interés por comprender la (in)movilidad como una fuerza que organiza y gobierna la vida social y política aparece explícitamente en

---

* Profesora del Departamento de Ciencia Política y Relaciones Internacionales, Universidad Autónoma de Madrid (UAM). angela.iranzo@uam.es

1 Nicholson, Judith A., y Mimi Sheller, "Race and the Politics of Mobility," *Transfer* 6, núm. 1 (2016): 4-11.

la disciplina en la segunda década del siglo XXI[2]. Por tanto, en RRII, está emergiendo una agenda de trabajo que no solo introduce el movimiento en un campo de conocimiento caracterizado por *la ficción sedentarista*, sino que busca analizar críticamente cómo movimiento y estasis no solo son el resultado de fuerzas como la globalización, el neoliberalismo o las políticas estatales de control de fronteras, sino también fuerzas constitutivas de estos fenómenos y, en general, de la política internacional. Así, su agenda no solo aborda las migraciones internacionales —como una de las movilidades políticas más evidentes— sino también temas como la estatalidad y la soberanía, la seguridad, las estrategias de gobierno y resistencias, el cambio climático, la guerra, la paz, la pobreza o el racismo, entre otros[3].

Analizar, sin embargo, todos estos temas de las relaciones internacionales contemporáneas es una labor que excede la capacidad de este capítulo. Por ello, la propuesta consiste en centrarlo en la movilidad humana y, en particular, en las migraciones internacionales; esto es, en los movimientos de personas y grupos a través de las fronteras estatales. Pero no todas las movilidades son iguales, ni reciben el mismo significado, la misma aceptación social o el mismo sentido de legitimidad. En la actualidad, empleamos distintas categorías para referirnos a la movilidad humana: la migración "voluntaria" o "forzosa", "regular" o "irregular", las migraciones "mixtas"; el "asilo", "refugio" y "protección internacional", el "desplazamiento forza-

---

2 Iranzo, Ángela y Victoria Silva, "Editorial: movilidad y poder en Relaciones Internacionales," *Relaciones Internacionales* 54 (2023): 5-14.

3 Aradau, Claudia, y Tobias Blanke, "Governing Circulation: A Critique of the Biopolitics of Security," en *Security and Global Governmentality: Globalization, Governance and the State*, editado por Miguel de Larrinaga y Marc G. Doucet (Abingdon: Routledge, 2010): 44-58; Aradau, Claudia, "Political Grammars of Mobility, Security and Subjectivity," *Mobilities* 11, núm. 4 (2016): 564-74; Aradau, Claudia, y Jef Huysmans, "Mobilising (Global) Democracy: A Political Reading of Mobility between Universal Rights and the Mob," *Millennium: Journal of International Studies* 37, núm. 3 (2009): 583-604; Huysmans, Jef, "Motioning the Politics of Security: The Primacy of Movement and the Subject of Security," *Security Dialogue* 53, núm. 3 (2021): 238-55; Huysmans, Jef, "El movimiento fractura "lo internacional" —o, ¿qué signifca dar primacía al movimiento?—," *Relaciones Internacionales* 54 (2023): 15-38; Lesse, Matthias y Stef Wittendorp, "The New Mobilities Paradigm and Critical Security Studies: Exploring Common Ground," *Mobilities* 13, núm 2 (2018): 171-84; Salter, Mark B, "To Make Move and Let Stop: Mobility and the Assemblage of Circulation," *Mobilities* 8, núm. 1 (2013): 7-19; Salter, Mark B., ed., *Making Things International I: Circuits and Motion* (Minneapolis: University of Minnesota Press, 2015); Penttinen, Elina y Anitta Kynsilehto, *Gender and Mobility: A Critical Introduction* (Londres: Rowman & Littlefield, 2017).

do interno", el "tráfico de migrantes" y la "trata de seres humanos", entre otras.

Estas categorías han sido, a lo largo del siglo XX, construidas socialmente y recogidas en leyes y políticas nacionales e internacionales. Sin embargo, es importante subrayar que su significado (lo que *son*) y tratamiento (cómo son *gobernadas*) son el resultado de complejas maquinarias de poder, no siempre expresas y fáciles de identificar, en las que intervienen factores materiales, ideacionales y afectivos; además de múltiples actores y dinámicas en lo político, económico, socioambiental y cultural. De este modo, desde un enfoque de análisis crítico, la migración (y la manufactura social de la mencionada tipología) no sólo son entendidas como fenómenos legales o político-administrativos, sino como prácticas más complejas que requieren una mirada histórica, el análisis de procesos sociales, y la comprensión de fuerzas diversas.

Al abordar el tema de la migración internacional desde la disciplina de RRII, observamos que temas centrales para ésta como la guerra y la formación histórica de las naciones, los estados, los imperios y las economías industrializadas han necesitado y provocado movimientos migratorios, voluntarios y forzosos. Sin embargo, fue a lo largo del siglo XX y, sobre todo en el tránsito al siglo XXI, cuando las migraciones internacionales se convirtieron en un tema ineludible para las agendas de política internacional de diversos actores (estados, organizaciones internacionales, ONGs, movimientos sociales, empresas, sindicatos, academia, entre otros). Desde 1917, la Organización Internacional de Trabajo (OIT) buscó proteger los derechos de los y las trabajadoras migrantes y aprobó la primera convención internacional orientada a este propósito en 1949[4]. Sin embargo, muchos estados mostraron resistencia a abordar el asunto de forma multilateral y —como continúa, muchas veces, ocurriendo— defendieron la necesidad de tratarlo como un asunto de política interna.

Asimismo, el asilo y refugio han estado presentes en las agendas internacionales desde el fin de la I Guerra Mundial y la creación de la Sociedad de Naciones, marcando un hito la creación del Alto Comisionado de Naciones Unidas para los Refugiados (ACNUR) en 1950, la aprobación de la Convención de Ginebra en 1951 y su Protocolo de 1967 que univesa-

---

4 Convenio de los Trabajadores Migrantes nº 97 de 1949. https://www.ilo.org/dyn/normlex/es/f?p=NORMLEXPUB:12100:0::NO::P12100_INSTRUMENT_ID:312242

lizó el derecho de asilo y refugio[5]. Hubo, además, desarrollos similares en otras regiones del mundo, impulsados por la entonces Organización de la Unión Africana (OUA) y la Organización de Estados Americanos (OEA)[6].

Por su parte, el denominado desplazamiento forzado interno (DPI) fue definido e incorporado al trabajo de Naciones Unidas, particularmente del ACNUR, en los años noventa del siglo XX mediante los llamados "Principios Rectores sobre Desplazamiento Forzado Interno" de 1998. Dictaduras como las vividas en América Latina en los 70s y 80s, y guerras civiles como las de Vietnam, Indochina, Angola, Sudán y Mozambique pusieron de manifiesto que mucha de la población que huía de sus lugares de residencia, se trasladaba, una o varias veces, a diferentes zonas de su territorio nacional, pero sin abandonarlo. Eran casos de desplazamiento forzado que, al no cruzar la frontera internacional, no recibían asistencia y protección por parte de la comunidad internacional, originando una discriminación respecto a las personas solicitantes de asilo y refugiadas. Así, la figura del DPI fue creada con el fin de resolver este problema y, como ACNUR ha venido mostrando desde entonces, la mayoría de las personas desplazadas por la fuerza en el mundo son desplazadas forzadas internas. Por ejemplo, a finales de 2022, de un total de 108,4 millones de personas en desplazamiento forzado en el mundo, 65,2 millones eran DPI[7].

Por lo que respecta a la trata de personas, ésta es un tipo de movilidad que tiene profundos antecedentes históricos, como la trata transatlántica de esclavos africanos hacia América Latina entre los siglos XVI y XIX, la posterior trata de mano de obra china hacia Estados Unidos para trabajar en las minas de oro y la construcción del ferrocarril del Pacífico Central en el siglo XIX, o la trata de mujeres blancas para fines de prostitución forzada. Aunque esclavitud y trata no son necesariamente sinónimos[8], los

---

5 El Protocolo de 1967 eliminó el criterio geográfico que limitaba el derecho de asilo a hechos ocurridos en Europa, y el criterio temporal que lo restringía a acontecimientos previos a 1951. De este modo, universalizó un derecho que había sido formulado para responder exclusivamente a los problemas de desplazamientos de poblaciones en Europa durante la II Guerra Mundial.

6 Véase la Convención de la OUA por la que se regulan los aspectos específicos de los problemas de los refugiados en África de 1969; y la Declaración de Cartagena sobre Refugiados de 1984.

7 ACNUR, "Tendencias Globales 2022". https://www.acnur.org/sites/default/files/2023-06/global-trends-2022_esp.pdf

8 La esclavitud hace referencia al estado de una persona sometida a servidumbre forzosa; esto es, la posesión de una persona como propiedad, al menos de su tra-

movimientos de lucha contra la esclavitud en los siglos XIX y XX, contribuyeron notablemente a la construcción de normas y estrategias políticas para poner fin a la trata; la cual implica, al menos, tres acciones: captación de una persona, su traslado y explotación para la obtención de beneficios. También ha habido iniciativas gubernamentales, desde principios del siglo XX, para denunciar la trata y eliminarla, destacando la Convención Internacional para la Represión de la Trata de Mujeres y Niños de 1921, aprobada en la Sociedad de Naciones[9]. Sin embargo, éste es un tema que regresó con fuerza al centro de las agendas políticas internacionales a finales del siglo XX y principios del XXI, cuando diferentes actores, gubernamentales y de la sociedad civil, identificaron casos, especialmente de mujeres y niñas, que daban muestra de las lógicas históricas de la trata insertadas en las dinámicas contemporáneas de la globalización neoliberal. Así, la trata volvió a ser recogida en la legislación internacional en el 2000, cuando Naciones Unidas elaboró dos protocolos que complementan la Convención Internacional contra el Crimen Organizado: el Protocolo sobre Tráfico Ilícito de Migrantes por Tierra, Mar y Aire, y el Protocolo para Prevenir, Reprimir y Sancionar la Trata de Personas, Especialmente de Mujeres y Niños, conocido como el Protocolo de Palermo.

Por tanto, como los/as estudiantes pueden apreciar, la migración internacional es un tema amplio y complejo; pues el acceso al movimiento y las condiciones en las que éste se experimenta son variadas y asimétricas. Esto es, están atravesadas por relaciones de poder que determinan la agencia política de las personas y grupos, su capacidad de acceder a derechos, tomar decisiones, realizar proyectos vitales y vivir más o menos dignamente. Académicos/as como Alexander Betts sostienen que la mala gestión de las migraciones internacionales en las últimas dos décadas se debe, en parte, a la incapacidad (o falta de voluntad) de los estados y las organizaciones internacionales para construir una política internacional coherente, integral, consistente y coordinada. Para Betts[10], lo que ha predominado en el ámbito de las organizaciones internacionales ha sido el desarrollo de

---

bajo. La trata también implica una privación de los derechos de libertad e igualdad, pero en ella se dan acciones de captación, traslado (normalmente, internacional) y explotación bajo el uso de coacción, amenazas y/o engaños.

9 Véase, por ejemplo, la Convención Internacional para la Represión de la Trata de Esclavas Blancas de 1904, la Convención Internacional para la Represión de la Trata de Mujeres y Niños de 1921, así como los trabajos desarrollados en el seno de la OIT desde su creación en 1917.

10 Betts, Alexander, "Global Migration Governance," GEG Working Paper 43 (2008).

normas no vinculantes ("*soft law*") como ilustran, por ejemplo, los Pactos Globales sobre Migración y Refugio de la ONU de 2018. Así, desde un punto de vista realista e incluso liberal, podría decirse que, en materia de migración, ha imperado la voluntad soberana de los estados de continuar con un puñado difuso de normas e instituciones, formales e informales, que abordan la migración a diferentes escalas (nacional, bilateral, regional e internacional), dimensiones (ej., laboral, derechos humanos, criminal, ambiental), y de forma no necesariamente coordinada, coherente y efectiva. Sin embargo, una aproximación crítica afirmaría que, en realidad, sí hay una arquitectura internacional de gobierno migratorio, aunque sea fragmentada, discontinua, descoordinada y multinivel. En otras palabras, los enfoques críticos nos invitan a comprender los procesos de normalización social e institucionalización política de unas formas concretas de interpretar, organizar y gobernar los movimientos migratorios; en particular, los trayectos, experiencias y derechos de perfiles migrantes determinados (ej., irregulares o indocumentados, traficados/as, víctimas de trata y personas en necesidad de protección internacional).

Con este marco como telón de fondo, el capítulo se estructura en tres partes. La primera explica la intrínseca relación entre estatalidad moderna y migración (ir)regular. Lejos de entender estas (in)movilidades como algo *extra-ordinario* para el estado, argumenta que es una condición necesaria para el origen y permanencia de la misma estatalidad moderna. La segunda parte presenta el desarrollo, la seguridad y los derechos humanos como tres *focos*[11] que han dominado las políticas internacionales sobre migración internacional. Este apartado no sólo explica el origen y alcance de estos abordajes, sino también cómo han sido revisados críticamente por los movimientos sociales, las ONGs, las propias personas migrantes y/o académicos/as. La tercera parte introduce a los/as estudiantes en *otros focos* (identidad, espacio y vida/muerte) *encendidos* por los actores previamente mencionados, como parte sus resistencias y búsqueda de formas alternativas de representar, organizar y gobernar las migraciones. Sin duda, no son los únicos existentes, pero responden al objetivo de este capítulo de mostrar a los/as estudiantes de RRII las muchas formas de pensar/hacer que hay en política internacional. Finalmente, el capítulo ofrece un caso de estudio para facilitar el aprendizaje y unas conclusiones.

---

11 El término "foco" se emplea en este capítulo en sentido metafórico (fuente de luz orientada en una dirección) para referirse a los enfoques o formas de aproximación a los hechos.

## II. LA FICCIÓN SEDENTARISTA DEL ESTADO O QUÉ FUERZAS LA HACEN POSIBLE

Es habitual entre diversos actores internacionales, ya sean gobiernos y organizaciones internacionales u ONGs, admitir que el control de las fronteras es una prerrogativa de los estados en virtud de su soberanía. Esto quiere decir que los gobiernos tienen derecho a decidir quién o qué entra y sale de sus fronteras, y en qué condiciones. Esta idea, enunciada de forma reiterada en discursos públicos, comunicados de prensa, políticas, leyes, informes de investigación y acciones de lobby, descansa sobre una forma determinada de entender el estado; esto es, como una entidad política territorializada y demarcada y, por tanto, fija o sedentaria. El efecto inmediato de esta idea, bien arraigada en muchas sociedades, es interpretar el movimiento —sobre todo, el de personas— como algo externo y ajeno a la naturaleza de la vida en la comunidad política que cobija el estado. Aparentemente, el movimiento es algo *extra*-ordinario en relación con la naturaleza y condición de estabilidad del estado territorial moderno.

No obstante, es posible leer la relación entre estatalidad y movilidad de forma distinta. Por ejemplo, John Torpey ha estudiado la construcción sociohistórica del estado moderno y defiende que no es posible entender sus orígenes y consolidación sin atender a la (in)movilidad[12]. Torpey basa su argumento en tres elementos centrales. Primero explica que, antes del surgimiento del estado moderno en Europa, el movimiento de las personas estaba en manos de actores privados (terratenientes, señores feudales, propietarios de esclavos y amos de servidumbre). Esto no significa que el movimiento fuese más libre, pues quien abandonaba el territorio de su amo sin consentimiento podía ser severamente castigado. Segundo, muestra que el origen y progresivo desarrollo de los estados modernos europeos y del sistema internacional de estados durante los siglos XVII y XIX, necesitaron dos procesos de monopolización paralelos: no sólo sobre la violencia legítima sino también sobre la movilidad. Así, alcanzar su monopolio efectivo fue un largo proceso que surgió gradualmente después de la Edad Media y consistió en expropiar a particulares y entidades privadas de los "medios de circulación" legítimos; con especial interés, aunque no solo, en los movimientos a través de las líneas de frontera internacional

---

[12] Torpey, Joh, "Coming and Going: on the State Monopolization of the Legitimate 'means of movement'," *Sociological Theory* 16, núm. 3 (1998): 239-59; *The Invention of the Passport: Surveillance, Citizenship and the State* (Cambridge: Cambridge University Press, 2000).

que estaban naciendo. Y, tercero, Torpey estudia las prácticas cotidianas que, en el pasado y el presente, han sido necesarias para la construcción y permanencia de la estatalidad. En este punto, existe una amplia literatura académica sobre el rol que la recaudación de impuestos para la guerra ha jugado en la formación de ejércitos nacionales y, con ello, en la construcción del estado territorial moderno. Desde la Sociología Histórica (véase el capítulo de Elsa Aimé), autores como Charles Tilly[13] así lo han demostrado mediante numerosas investigaciones. Con la misma intención, Torpey muestra la importancia de prácticas burocráticas como la invención y puesta en marcha de los censos de población, los carnets de identidad, los pasaportes internacionales e internos desde la Revolución Francesa (1798) en adelante y, más recientemente, la digitalización de datos personales y rasgos bio-sociales. Como dice Lily Cho, "si bien el pasaporte puede ser visto como algo relativamente benigno, e incluso deseable, la consolidación de su uso en el periodo contemporáneo atestigua un historial de sospechas estatales dirigidas con especial agudeza contra cualquiera que no quiera quedarse quieto"[14].

En síntesis, el historiador y sociólogo John Torpey muestra que el movimiento no es simplemente un objeto externo sujeto al control de uno u otro estado, sino que actúa como una fuerza endógena al funcionamiento del propio estado moderno. Geoffrey Whitehall expresa la misma idea con elocuencia: "sería más exacto decir que el estado no tiene políticas de inmigración, ya que el estado (...) siempre ha sido una política de inmigración."[15] En definitiva, Torpey, Cho y Whitehall argumentan que el movimiento y las diferentes movilidades e inmovilidades son fuerzas constitutivas de la frontera soberana. En otras palabras, el cruce o movimientos a través de la frontera se convierte en una condición necesaria para la existencia del estado —al menos, el liberal—, en la medida en que construyen

---

13 Tilly, Charles, "Guerra y construcción del estado como crimen organizado," *Relaciones Internacionales* núm. 5 (2007): 1-16. La version original de este artículo fue: "War Making and State Making as Organized Crime," en Peter B. Evans, Dietrich Rueschemeyer y Theda Skopol, eds., *Bringing the State Back* (Cambridge: Cambridge University Press, 1985).

14 Cho, Lily, "Passports," en *The Routledge Handbook of Mobilities*, editado por Peter Adey, David Bissell, Kevin Hannam, Peter Merriman y Mimi Sheller (Londres: Routledge, 2014): 335-343.

15 Whitehall, Geoffrey, "En diferentes estados de indiferencia: movimiento, fricción y resistencia," *Relaciones Internacionales* núm. 54 (2023): 39-56.

su "dentro" y "fuera" ("lo internacional"), la "ciudadanía" y "extranjería", así como los movimientos "regulares" e "irregulares".

La naturaleza del estado moderno no es, por tanto, fija o estática. El sedentarismo que, frecuentemente, atribuyen los actores de la política internacional al estado es una ficción o, como lo llama Liisa Malkki[16], la consecuencia de una "metafísica sedentarista" que ha dominado (y nublado) el trabajo de la ciencia moderna occidental —particularmente, de la disciplina de RRII— y la acción política diaria de los gobiernos en el escenario global. Como la misma Malkki expresa, es el "orden nacional de las cosas" lo que patologiza los cuerpos en movimiento y busca convertirlos en legibles y ordenados; lo cual ha sido históricamente tarea de técnicas de gobierno como los pasaportes. Esta ficción, sin embargo, ha contribuido a justificar, como muestra el siguiente epígrafe, una aproximación a las migraciones llamadas "irregulares" como una anomalía, un problema e incluso una patología —contagiosa a través del "efecto llamada"— que amenaza a la seguridad nacional.

## III. DESARROLLO, SEGURIDAD Y DERECHOS HUMANOS: LOS "FOCOS" DE LAS POLÍTICAS INTERNACIONALES DE MIGRACIÓN

Este segundo epígrafe se pregunta cuáles han sido los principales *focos* que han guiado la interpretación y gobierno de las migraciones internacionales contemporáneas en las agendas políticas internacionales institucionalizadas. Con este propósito, el capítulo se adentra en la contextualización sociohistórica y el análisis crítico de tres *focos* cuyos desarrollos han sido, muchas veces, simultáneos en el tiempo.

### *1. Desarrollo*

Si bien la OIT, desde su creación en 1917, ha trabajado las migraciones internacionales como un tema de mercados laborales y economía, la Conferencia Internacional sobre Población y Desarrollo, celebrada en El Cairo en 1994, fue clave para normalizar el tratamiento del nexo de-

---

16 Malkki, Liisa, "National Geographic: The Rooting of Peoples and the Territorialization of National Identity among Scholars and Refugees," *Cultural Anthropology* 7, núm. 1 (1992): 24-44.

sarrollo-migración en los debates y políticas de la ONU en adelante. El Informe final de la Conferencia de El Cairo reconocía que "la migración internacional ordenada puede tener efectos positivos en las comunidades de origen y en las de destino, por cuanto entran remesas de fondos a aquellas y recursos humanos necesarios a éstas", y establecía como uno de sus objetivos "fomentar la cooperación y el diálogo entre los países de origen y los países de destino a fin de maximizar los beneficios de la migración (...)"[17]. Asimismo, en 1990, la Asamblea General de la ONU había aprobado la Convención sobre la Protección Internacional de los Derechos de Todos los Trabajadores Migratorios y sus Familiares; si bien la norma no entró en vigor hasta 2003 y no ha sido ratificada por ningún país del norte global[18].

A partir de los resultados de la Conferencia de El Cairo, la ONU organizó el primer Diálogo de Alto Nivel sobre Migración y Desarrollo en 2006, repitiéndose la iniciativa en 2013 y 2019, y celebró el primer Foro Mundial sobre Migración y Desarrollo en 2007 en Bruselas, institucionalizando su celebración anual. Asimismo, en el siglo XXI se han alcanzado dos grandes consensos en materia de desarrollo: los Objetivos de Desarrollo del Milenio (ODM), aprobados por los Estados Miembros de la ONU en 2000, y los Objetivos de Desarrollo Sostenible (Agenda 2030), aprobados en 2015. El primero no recogió la cuestión migratoria, pero la Agenda 2030 sí la incorpora de forma expresa; al igual que la Organización Internacional de las Migraciones (OIM), incorporada en el sistema de Naciones Unidad en 2016, ha desarrollado de forma sistemática una estrategia a fin de trabajar el nexo entre migraciones internacionales y desarrollo sostenible, adaptando así su mandato a las exigencias de la Agenda 2030[19].

---

17 ONU, Informe de la Conferencia Internacional sobre Población y Desarrollo, El Cairo, 5-13 septiembre 1994. Ref.: A/CONF171/13/ rev. 1. Capítulo X ("Migración Internacional"), párrafo 10.2, p. 64. https://www.unfpa.org/sites/default/files/pub-pdf/icpd_spa.pdf

18 Consulta realizada el 8 de diciembre de 2023. Véase el estado de ratificaciones en: https://indicators.ohchr.org/

19 OIM, Estrategia Institucional sobre Migración y Desarrollo Sostenible (Ginebra: OIM, 2020). https://publications.iom.int/system/files/pdf/iom-institutional-strategy-es.pdf

| Objetivos de Desarrollo Sostenible (2015-2030) |
| --- |
| **Objetivo 8: Trabajo decente y crecimiento económico** |
| *8.8. Proteger los derechos laborales y promover un entorno de trabajo seguro y sin riesgos para todos los trabajadores, incluidos los trabajadores migrantes, en particular las mujeres migrantes y las personas con empleos precarios.* |
| **Objetivo 10: Reducción de las desigualdades** |
| *10.7. Facilitar la migración y la movilidad ordenadas, seguras, regulares y responsables de las personas, incluso mediante la aplicación de políticas migratorias planificadas y bien gestionadas.* |

Del mismo modo, el Pacto Mundial para la Migración Segura, Ordenada y Regular, aprobado por la ONU en 2018, reconoce, entre los 23 objetivos que elabora, la intrínseca relación entre el fomento del desarrollo y bienestar en los países y las políticas de gestión de la migración internacional.

| Pacto Mundial para la Migración Segura, Ordenada y Regular (2018)[20] |
| --- |
| **Objetivo 19.** Crear las condiciones necesarias para que los migrantes y las diásporas puedan contribuir plenamente al desarrollo sostenible en todos los países. |
| **Objetivo 20.** Promover transferencias de remesas más rápidas, seguras y económicas, y fomentar la inclusión financiera de los migrantes. |

Todos estos acuerdos internacionales, entre otros existentes, ilustran cómo ha ido creciendo progresivamente un entramado institucional de principios, normas, programas y marcos de acción sobre el nexo migración-desarrollo. En su mayoría, estas herramientas se han centrado en cuestiones como las remesas, el emprendimiento, la fuga de cerebros, y la transferencia de tecnología y conocimientos especializados y prácticos. Pero, si bien la asociación entre migración y desarrollo socioeconómico parece razonable, no ha estado exenta de dificultades y controversias.

Diversas voces críticas han mostrado sus contradicciones e ineficacia, así como los juegos históricos de poder que este nexo esconde. Una primera crítica ha apuntado a la tendencia de muchos gobiernos y organizaciones internacionales a interpretar este nexo de forma lineal y unidireccional: a más desarrollo, menos migración o, en otras palabras, la pobreza y la miseria son las causas profundas de la migración. Es razonable pensar que

---

20 Véase también los objetivos 6 y 22 sobre derechos laborales y sociales de las personas migrantes.

quienes migran suelen estar motivados/as por la aspiración de mejorar sus condiciones de vida, pero es muy improbable que sean las personas más pobres quienes lo hagan. Varios estudios han mostrado que no es la pobreza absoluta sino ciertos niveles de desarrollo socioeconómico lo que permite iniciar un proyecto de migración internacional[21]. Por lo general, es la gente con ciertos ingresos, acceso a información y condiciones de salud quienes emigran para mejorar su condición socioeconómica; un proyecto que, es importante subrayar, solo es posible por las desigualdades inherentes al capitalismo mundial y su intensificación con la globalización neoliberal (diferente acceso a oportunidades, salarios y derechos laborales entre países del mundo)[22]. En otras palabras, aunque la movilidad no se reduce a razones económicas, si no hubiese marcadas desigualdades socioeconómicas en el mundo, quizá no valdría la pena iniciar un proyecto de migración internacional para muchas personas de los países "en desarrollo".

Asimismo, otro aspecto crítico ha sido que, más que promover la migración para fomentar el desarrollo en origen y destino, los gobiernos del norte global han tendido progresivamente a utilizar el desarrollo con el fin de reducir la migración irregular hacia sus territorios —si bien, la mayoría de las migraciones internacionales no son hacia el norte global, sino hacia países vecinos[23]. En este sentido, la cooperación internacional al desarrollo ha sido una de las herramientas utilizadas por los gobiernos occidentales para este propósito a través de, fundamentalmente, dos fórmulas: el ya mencionado credo "a más desarrollo, menos migración", y el condicionar la ayuda económica de desarrollo a la colaboración de los gobiernos del

---

21 Skeldon, Ronald, *Migration and Development: A Global Perspective* (Harlow: Longman, 1998). Este mismo argumento ha sido desarrollado por Gergana Danailova-Trainor y Frank Laczko en "Trata de personas y desarrollo: hacia políticas más coherentes," en *Miradas críticas sobre la trata de seres humanos*, coordinado por Mónica Hurtado y Ángela Iranzo (Bogotá: Ediciones Uniandes y Universidad de La Sabana, 2015), 101-143.

22 Hollifield, James F., "Migration, Trade and the Nation State: The Myth of Globalization," *UCLA Journal of International Law and Foreign Affairs* 3, núm. 2 (1998): 595-636.

23 Por ejemplo, en materia de desplazamiento forzado a nivel mundial, ACNUR señala que el 70% de estos desplazamientos son hacia los países vecinos; y el 76% son acogidos por países de renta media y baja. ACNUR, *Tendencias Globales. Desplazamiento Forzado en 2022.* https://www.acnur.org/sites/default/files/2023-06/global-trends-2022_esp.pdf

sur para contener a sus poblaciones (ej., las políticas de cooperación al desarrollo de España y la UE con Marruecos, o de España con Mauritania)[24].

Otra estrategia ha sido el denominado "codesarrollo" que fue creado en Europa en los años 70s, especialmente en sectores de la izquierda francesa, para explorar nuevas formas de cooperación internacional que fomentasen el retorno de los y las migrantes a sus países de origen —dando así solución a la entonces concentración de "sin papeles" en Francia[25]. El "codesarrollo" ha sido, posteriormente, incorporado por países de la UE a sus políticas de cooperación internacional (ej., Plan Director de la Cooperación Española 2005-2008) buscando fomentar el retorno bajo la idea de que las personas migrantes pueden (y deben) hacer importantes contribuciones al desarrollo socioeconómico de sus países a través de la formación y experiencia adquiridas en el extranjero.

Sin embargo, la mayoría de estas respuestas han mostrado tensiones y controversias. Por ejemplo, en relación con las remesas, éstas han sido un factor fundamental para el crecimiento socioeconómico de los países del sur global[26] y, en consecuencia, muchos de sus gobiernos han convertido la migración internacional en un asunto de interés nacional[27]. Pero la complejidad del asunto no termina aquí porque los beneficios de las remesas

---

24 Comisión Española de Ayuda al Refugiado (CEAR), Informe marco. *Cooperación al desarrollo y acción exterior de la UE y España en materia migratoria en África: principales instrumentos e impactos* (Mérida, 2022). https://www.cear.es/wp-content/uploads/2022/03/Informe-Marco-Cooperacion-al-Desarrollo-Externalizacion-Fronteras.pdf

25 Gómez Gil, Carlos, "El debate sobre el codesarrollo en España. Reflexiones y lecciones desde la experiencia," *Papeles* núm. 104 (2008/2009). file:///C:/Users/AI.5018704/Downloads/debate_sobre_codesarrollo__Espa_a.pdf

26 Según el Informe sobre las Migraciones en el Mundo de 2022 de la OIM, en 2020 las remesas internacionales ascendieron a 702 millones de dólares, con una disminución del 2,4% respecto a 2019 debido a las políticas de respuesta a la COVID-19. Sin embargo, esta reducción fue muy inferior a lo inicialmente proyectado (un 20%) debido, en parte, a que muchas de las personas migrantes trabajaron en los "servicios esenciales" y no vieron interrumpidos sus ingresos salariales. De estos 702 millones, 540 millones de dólares fueron remesas internacionales enviadas a países de ingresos bajos y medianos.

27 Aunque una demanda frecuente de las personas migrantes retornadas es que el estado les garantice el acceso a prestaciones sociales como la jubilación, entre otras. Para un análisis pormenorizado de las remesas, véase: De Haas, Hein, "International Migration, remittances and development: myths and facts," *Third World Quarterly* 26, núm. 8 (2005), 1269-1284.

también han sido objeto de debate. Junto a sus efectos positivos sobre el crecimiento del PIB de los países de origen, se han detectado efectos perniciosos como la posibilidad de perpetuar relaciones de dependencia surnorte y aumentar las desigualdades sociales entre la población de los países de origen[28].

Finalmente, otras de las cuestiones controvertidas ha sido la reserva, realizada por las instituciones internacionales, sobre los efectos negativos de la "fuga de cerebros" por reducir las posibilidades de desarrollo en sus países de origen —por ejemplo, desarrollar y alcanzar compromisos como los ODS. Para Hein de Haas, sin embargo, éste es uno de los muchos mitos que circulan sobre la migración y, para evitar que se traduzca en una política de contención, es importante analizar los casos de forma particularizada, y reconocer las ganancias que también genera la "fuga de cerebros"[29]. Como el propio autor subraya, muchos/as migrantes cualificados/as han jugado un rol esencial en la internacionalización e innovación de empresas de sus países de origen, y países como Filipinas han invertido en la formación de profesionales con demanda internacional, como la enfermería, para favorecer el empleo de sus nacionales y generar, a su vez, remesas extranjeras.

En definitiva, el nexo migración-desarrollo ha sido fuertemente criticado por su ineficacia. Las políticas diseñadas e implementadas muestran cómo, en última instancia, la mayoría de los estados occidentales han debilitado la potencial contribución que las migraciones internacionales pueden hacer a la riqueza y bienestar en los países de origen, destino y tránsito. Además, como explica el siguiente subepígrafe, este nexo ha estado fuertemente permeado, desde finales del siglo XX y especialmente tras el 11-S, por preocupaciones de seguridad y defensa. De modo que, si bien las políticas internacionales han mantenido el desarrollo como una de las dimensiones de la migración internacional, su tratamiento ha estado fuertemente influido por las agendas internacionales de seguridad que, como veremos a continuación, ponen de relieve los riesgos y amenazas potenciales que conlleva la migración.

---

28 Kunz, Rahel, "Depoliticization through partnership in the field of migration: The Mexico-US Case," en *Multilayered Migration Governance: The Promise of Partnership*, editado por Rahel Kunz, Sandra Lavenex y Marion Panizzon (Londres: Routledge, 2011); Zacharia, K., E. Mathew y S. Irudaya Rajan, "Impact of Migration on Kerala's Economy and Society," *International Migration* 39, núm. 1 (2001): 63-88.

29 De Haas, Hein, "International Migration, remittances and development: myths and facts," *Third World Quarterly* 26, núm. 8 (2005): 1269-1284.

## 2. *Seguridad*

Paralelamente a los avances en el nexo migración-desarrollo, otro enfoque fue ganando protagonismo en la política internacional durante la década de los 90 del siglo XX. Desde entonces, la concepción realista de la seguridad se ha convertido en otra guía para interpretar qué es la migración internacional y cómo gobernarla. Así, el nexo migración-seguridad que se cronificó en la política internacional tras los atentados del 11-S, ha modificado sustancialmente el tratamiento de la migración, pasando de una gestión centrada en asuntos laborales y económicos a otra, más relevante para el realismo político, como la seguridad y defensa.

Las migraciones internacionales han entrado, por tanto, en esta agenda internacional de seguridad y han sido tratadas como una amenaza en varios sentidos. Si bien en los años 90s, varios países en el mundo empezaron a criminalizarlas y adoptar medidas como, por ejemplo, las restricciones a las políticas de visados y la colaboración de las compañías aéreas en el control migratorio[30], el 11-S marcó un punto de inflexión. La alarma de seguridad creada por los atentados de Al-Qaeda llevó a la Administración estadounidense y a muchos gobiernos occidentales a establecer una asociación directa entre personas en movilidad y potenciales terroristas cuya entrada en sus países había que evitar[31]. Asimismo, este énfasis en la dimensión criminal de la migración ha sido también el resultado de los discursos y políticas orientadas a luchar contra el tráfico de migrantes, entendido como mafias o actores de crimen organizado transnacional, como establece el Protocolo sobre Tráfico Ilícito de Migrantes por Tierra, Mar y Aire (2000). Sin

---

30 Además, estudios como el de Myron Weiner, demuestran que ya había en los años 80s expertos realistas que advertían sobre los posibles peligros de la migración internacional para la estabilidad del orden social y político interno de los estados a través, por ejemplo, de las repercusiones que el reconocimiento de refugiados podía tener sobre la política exterior de los estados, o cómo sus redes transnacionales y acciones desde el exterior podían desestabilizar a los gobiernos de sus países y aliados. Weiner, Myron, *International Migration and Security* (Boulder, CO: Westview, 1993); Weiner, Myron, "On International Migration and International Relations," *Population and Development Review* 11, núm. 3 (1985): 441-455; Teitelbaum, Michael S., "Immigration, Refugees and Foreign Policy," *International Organization* 38, núm. 3 (1984): 429-45.

31 Chowdhry, Aysha A., "The Immigration and National Security Nexus: Balancing Security, Openness and Humanity," *Georgetown Immigration Law Journal* 36, núm. 3 (2022): 1041-1059; Peloche Barrera, Mary Carmen, "The Impact of US Immigration in National Security. A Threat of "America First," *Janus* (2018-2019): 138-139.

embargo, este objetivo de luchar contra el tráfico ilícito de migrantes —a menudo, solapado con otros delitos como el tráfico de armas y drogas—, ha llevado a acciones de criminalización sobre varios actores, más allá de las redes de tráfico, como las ONGs de rescate en alta mar y de asistencia en frontera, o quienes migran y ejercen actividades de "pasante" a cambio de dinero[32]. Pero, también la nueva normativa internacional sobre trata de seres humanos, aprobada en 2000 en el marco de la Convención de la ONU contra el Crimen Organizado Transnacional, ha llevado a criminalizar las movilidades de muchas personas, sobre todo mujeres y niñas, al interpretarlas como víctimas de trata y responder a su situación fundamentalmente en términos de delito penal[33].

No obstante, además de la creciente normalización de esta interpretación que incide en la dimensión criminal de las migraciones, las crisis económicas han servido para estigmatizarlas como una amenaza laboral y social por el posible acceso de los y las migrantes a prestaciones sociales del estado receptor[34]. También a nivel político, el auge de los partidos de extrema derecha ha convertido la migración en una amenaza a la identidad nacional, demonizando los efectos que su cultura, idioma y crecimiento demográfico tienen sobre la estabilidad del estado-nación. Un ejemplo de ello son las formaciones políticas de extrema derecha en la UE que, de forma directa o indirecta —por llegar a formar gobierno o no— han influido notablemente en el tratamiento de las migraciones (ej. Italia, Suiza, Dinamarca, Hungría, Polonia, Eslovaquia, Eslovenia, España y Reino Unido)[35]. Adicionalmente, como muestra el capítulo sobre "salud" de este manual, desde principios de los 90s la migración internacional ha sido incluida entre los factores que explican el surgimiento de "enfermedades infecciosas emergentes" (como, en los 80s, el VIH, o la malaria y el dengue), convir-

---

32 Iranzo, Ángela, "Sub-Saharan Migrants in Transit: Mobility-Immobility Intersections and Production of (In)Securities," *Mobilities* 16 núm. 5 (2021): 739-757.

33 El marcado enfoque de seguridad criminal con el que la trata de personas reaparece en la legislación internacional en el 2000, movilizó a la sociedad civil (ONGs, movimientos de personas migrantes y mujeres) para denunciar los efectos de este enfoque sobre las personas tratadas y exigir una normativa internacional que garantizase su protección como víctimas de una grave violación de los derechos humanos. Un resultado de esta lucha social fue, entre otros, el Convenio del Consejo de Europa sobre la Lucha contra la Trata de Seres Humanos de 2005.

34 Alexseev, Mikhail, *Immigration Phobia and the Security Dilemma: Russia, Europe and the United States* (Nueva York: Cambridge University Press, 2005).

35 Akkerman, Tjitske, "Partidos de extrema derecha y políticas de inmigración en la UE," *Anuario Cidob de las migraciones 2018* (CIDOB, 2018): 48-62.

tiéndose en otra posible fuente de amenaza a la seguridad. Así lo recogía, por ejemplo, el informe "Infecciones Emergentes: Amenazas microbianas a la seguridad en Estados Unidos"[36] de 1992 y lo han reforzado crisis como la pandemia COVID-19[37].

Así, la creciente consolidación de prácticas (discursivas y materiales) que correlacionan la migración irregular y la seguridad de la población, ha producido una ansiedad (miedo) en muchas sociedades que "justifica" la urgencia de los gobiernos de responder al "problema" en clave realista; esto es, de forma soberana, unilateral y contundente por su deber de garantizar la seguridad nacional de su población. Pero, en realidad, este mismo tratamiento del asunto ha necesitado de la cooperación entre estados y con organizaciones regionales e internacionales para controlar el flujo de migrantes en situación irregular mediante intercambios de información en materia de seguridad y la adopción de posiciones coordinadas como, por ejemplo, el acuerdo que el Consejo de la UE cerró con Turquía en marzo de 2016 para que las personas que llegaran irregularmente a las islas del Egeo, incluidas las solicitantes de asilo, fueran devueltas a Turquía[38], o el nuevo Pacto de la UE sobre Migración y Asilo, aprobado por el Parlamento Europeo y adoptado por el Consejo en mayo de 2024. Por tanto, la intensificación de la seguridad como forma de entender y controlar la movilidad ha reforzado los consensos intergubernamentales en materia de migración.

---

36 "Emerging Infections: Microbial Threats to Health in the United States". National Academies of Science, Engineering, and Medicine. Washington D.C.: The National Academies Press, 1992. https://doi.org/10.17226/2008

37 Mezzadra, Sandro y Maurice Stieri, "What happens to freedom of movement during a pandemic?," Open Society (2020). https://www.academia.edu/download/62473267/Stierl_and_Mezzadra__Freedom_of_Movement_during_a_Pandemic__202020200325-103792-s9sare.pdf; Alan Galmen, "Migration and Mobility After the 2020 Pandemic: The End of an Age?," OIM (julio 2020): 1-14. https://publications.iom.int/system/files/pdf/migration-_and-mobility.pdf

38 Consejo Europeo, Comunicado de prensa: "Declaración UE-Turquía, 18 de marzo de 2016". https://www.consilium.europa.eu/es/press/press-releases/2016/03/18/eu-turkey-statement/. Itziar Ruiz-Giménez afirma: "en realidad, formalmente no se trató de un acuerdo internacional sino de una declaración por parte de la UE. De esta forma, los gobernantes europeos eludieron los procesos reglamentarios para adoptar este tipo de decisiones". Ruiz-Giménez Arrieta, Itziar, "El naufragio de Europa: reflexiones feministas en torno a la crisis de las políticas migratorias y de asilo," *Revista Europea de Derechos Humanos* 29 (2017): 143-164, p. 154.

Sin embargo, desde los Estudios Críticos de Seguridad, autores como Didier Bigo (Escuela de París) han mostrado que las decisiones gubernamentales son, en realidad, sólo una parte de las estructuras de poder o gubernamentalidad que organizan las (in)movilidades en las sociedades neoliberales actuales[39]. Para el autor, habría perdido vigencia la metáfora del "panóptico" que actúa como un centro de mando desde donde se vigilan y gestionan las diferentes (in)movilidades. En su lugar, apunta a la existencia de una estructura compleja de poder en la que intervienen, junto a los estados, otros actores como las empresas de defensa y seguridad[40], compañías de transporte, expertos/as científicos/as, traficantes y tratantes, población local, ONGs humanitarias, entre otros. Asimismo, en esta estructura compleja de ejercicio del poder (neo)liberal, se solapan dimensiones como la discursiva (crear miedo y "otredad"), institucional (estatal e internacional), espacial (control del movimiento entre espacios mediante procesos de refronterización y creación de una geografía discontinua de centros de detención e internamiento para sujetos en desplazamiento), jurídica (normas reguladoras del movimiento y ejercicio de derechos) y administrativa (burocracias)[41]. En síntesis, el gobierno global de las migraciones consistiría en una estructura compleja y entramada que opera a través de un complejo de prácticas y actores y, por tanto, trasciende la mera actuación del estado.

También los/as autores/as de los Estudios Críticos de Seguridad como la Escuela de Copenhague han reaccionado de forma crítica al nexo migración-seguridad a través del concepto de "securitización"[42]. Este término, cuyo uso se ha generalizado entre actores de la sociedad civil (ej., ONGs,

---

39 Bigo, Didier, "Security and Immigration: Towards a Critique of the Governmentality of Unease," *Alternatives* 27 (2002): 63-92.

40 Véase el informe elaborado por Mark Akkerman, *Guerras de Frontera*, publicado por Transnational Institute, Stop Wapenhandel y Centre Delàs d'Estudis per la Pau (Amsterdam, 2016). El autor afirma: "lo más perverso de todo es que también demuestra que algunos de los beneficiarios de los contratos de seguridad en las fronteras son algunos de los mayores vendedores de armas a la región de Oriente Medio y el Norte de África, alimentando el conflicto que es la causa de muchos de los refugiados. En otras palabras: las compañías que están creando la crisis después se benefician de ella". file:///C:/Users/AI.5018704/Downloads/guerras-de-frontera-web.pdf

41 Mendiola, Ignacio, "Regímenes de movilidad y domesticación del espacio," *Política y Sociedad* 49, núm. 3 (2012): 433-452.

42 Buzan, Barry, Ole Wæver y Jaap de Wilde, *Security: A Framework for Analysis* (Boulder, CO: Lynne Rienner, 1998).

movimientos sociales, periodistas, sindicatos y asociaciones de migrantes), niega que la migración *sea en sí* un problema de seguridad y argumenta que no *es* sino que *está socialmente construida* por las élites y actores de poder mediante actos de habla (véase el capítulo de "seguridad" en este manual)[43]. Así, estos actores instalan la migración internacional en la agenda pública como una amenaza de seguridad que, a través de las prácticas lingüísticas, se naturaliza entre la sociedad que acaba legitimando —o no denunciando expresamente— medidas restrictivas, represivas e incluso excepcionales, desplegadas en las últimas tres décadas. Entre estas medidas están el reforzamiento de la vigilancia en las fronteras nacionales (tierra, mar y aire) mediante presencia policial e incluso militar; las detenciones extrajudiciales y expulsiones sumarias en frontera ("devoluciones en caliente")[44]; la externalización del control fronterizo como ha hecho la UE mediante acuerdos con Marruecos, Túnez, Libia, Níger y Turquía[45], o Australia con Timor Oriental, Malasia, Papúa Nueva Guinea y territorios en los márgenes de la legalidad como la Isla de Navidad[46]; además de redadas policiales (con "perfil racial")[47], el uso de barcos para la detención y confinamiento

---

[43] Huysmans, Jef. "The European Union and the Securitization of Migration," *Journal of Common Market Studies* 38, núm. 5 (2000): 751-777; Watson, Scott, *The Securitization of Humanitarian Migration* (Abingdon y Nueva York: Routledge, 2009).

[44] Informe del Relator Especial de la ONU sobre los derechos humanos de los migrantes: "Informe sobre las formas de hacer frente a los efectos en los derechos humanos de las devoluciones en caliente de migrantes en tierra y mar". Consejo de Derechos Humanos, 47 periodo de sesiones, 21 de junio – 9 julio 2021. https://documents-dds-ny.un.org/doc/UNDOC/GEN/G21/106/36/PDF/G2110636.pdf?OpenElement

[45] Garcés-Mascareñas, Blanca, "Más externalización del control migratorio," *CIDOB*, Opinión 450 (Diciembre 2016). file:///C:/Users/AI.5018704/Downloads/450_OPINION_BLANCA%20GARC%C3%89S_CAST.pdf

[46] Corrochano Pérez, Carlos, "La Australia-fortaleza y el nuevo paradigma de la movilidad", *Política Exterior* (30 septiembre 2021). https://www.politicaexterior.com/la-australia-fortaleza-y-el-nuevo-paradigma-de-la-movilidad/v

[47] El "perfil racial" (*racial profiling*, en inglés) se refiere a prácticas llevadas a cabo por la policía que aplican criterios de raza y etnia en su labor de identificación de acciones criminales o faltas administrativas. Numerosas organizaciones internacionales (ej. UE, Consejo de Europa, ONU) y ONGs (ej. Amnistía Internacional) han denunciado estas prácticas por ser discriminatorias respecto a las personas migrantes y solicitantes de asilo y refugiadas en los países de tránsito y/o destino. Véase, por ejemplo: Amnistía Internacional, "Stop Racism, not People. Racial Profiling and Immigration Control in Spain", EUR 41/011/2011. https://www.amnesty.org/en/wp-content/uploads/2021/06/eur410112011en.pdf

de migrantes ("cárceles flotantes")[48], o el recurso generalizado a los campos de refugiados como ha ocurrido en Grecia tras la denominada "crisis" de 2015 en la UE, donde la gente vive en condiciones de hacinamiento y falta de acceso a derechos básicos[49].

Frente a estas prácticas, la estrategia de resistencia y emancipación ha consistido en "de-securitizar" las migraciones con el fin de desvelar las identidades e intereses que hay tras los procesos de securitización, sus efectos desproporcionados sobre las personas (tortura y malos tratos, trata de seres humanos e incluso la muerte), los mitos que alimentan el nexo migración-seguridad[50], así como los beneficios que la migración internacional aporta —por ejemplo, cubrir la demanda de importantes sectores del mercado laboral como mostraron los "servicios esenciales" en países de la UE durante la COVID-19, crear oportunidades de interculturalidad, poner a prueba la salud democrática de las sociedades, abrir espacios transnacionales de innovación y emprendimiento, y contribuir a mitigar demográficamente los efectos del envejecimiento de la población en el norte global y su repercusión sobre los aportes a la seguridad social.

Asimismo, actores de la sociedad civil han desarrollado investigaciones, recogido testimonios y judicializando casos que muestran cómo el nexo migración-seguridad está, a su vez, engarzado en otros nexos o intersecciones como el género-sexo, la raza, la clase, la religión y la (dis)capacidad, produciendo discriminaciones y efectos particularizados de sufrimiento[51]. De esta forma, denuncian cómo el enfoque migratorio de seguridad descansa sobre otros dispositivos de poder como el racismo, el colonialismo, el heteropatriarcado y el capitalismo neoliberal como muestran las cadenas productivas globales de los cuidados y de la industria sexual (véase el capítulo sobre "feminismos" en este manual)[52]. También, desde el activismo y teorías feministas críticas, han analizado la violencia sexual hacia las muje-

---

48 *El País*, reportaje "La peor cara de Europa con el migrante", 3 septiembre 2023. Versión impresa.

49 CEAR, Informe "Atrapados en Grecia" (Madrid: 2017). https://www.cear.es/wp-content/uploads/sites/16/2018/01/ATRAPADOS-EN-GRECIA_V5_baja.pdf

50 De Haas, Hein, "International Migration, remittances and development: myths and facts," *Third World Quarterly* 26, núm. (2005): 1269-1284.

51 Penttinen, Elina, y Anitta Kynsilehto, *Gender and Mobility: A Critical Introduction* (Londres: Rowman & Littlefield, 2016).

52 Ehrenreich, Barbara, y Alie Russell Hochschild (eds), *Global Woman: Nannies, Maids and Sex Workers in the New Economy* (Londres: Granta, 2003).

res en los cruces fronterizos y sus reminiscencias coloniales[53], así como las violencias vividas por personas migrantes trans en tránsito y destino; por lo general, invisibilizadas en las políticas nacionales e internacionales sobre migración y trata, como muestra Juliana Vanessa Maldonado en la frontera EEUU-México[54].

### *3. Derechos humanos*

En el orden liberal de post Guerra Fría, junto a los dos *focos* explicados, los derechos humanos ganaron tracción en la trama sociopolítica global como otro *foco* desde el cual interpretar, organizar y gobernar las movilidades. Este *foco* ha sido desarrollado tanto por actores gubernamentales como por prácticas de resistencia de la sociedad civil. Por ello, es un abordaje que tiene la ambivalencia de apuntalar la hegemonía, en términos neogramcianos, e impugnarla al mismo tiempo, como parte de la contrahegemonía. No obstante, la posición dominante que la concepción realista de seguridad ha adquirido en la agenda internacional de las migraciones desde el 11-S y su creciente virulencia hasta la actualidad, ha situado los derechos humanos en el otro extremo de la balanza; es decir, los ha convertido en una herramienta valiosa para frenar (o, al menos, disminuir) la violencia, cada vez más extrema, de las políticas migratorias de las últimas décadas.

Desde la segunda mitad del siglo XX, los derechos humanos han sido desarrollados a través de arquitecturas institucionales robustas tanto a nivel mundial (sistema de la ONU) como regional (sistemas de Europa, América Latina, África, Asia y el mundo árabe)[55]. No obstante, desde el fin de

---

53 Téllez, Michelle, Willia Paul Simmons, y Mariana del Hierro, "Border Crossing and Sexual Conquest in the Age of Neoliberalism in the Sonoran Desert," *International Feminist Journal of Politics* 20, núm. 4, (2018): 524-41.

54 Maldonado Macedo, Juliana Vanessa, "La criminalización selectiva del dispositivo antitrata en México. Experiencias de mujeres trans migrantes y trabajadoras sexuales," *Papel Político* 27 (2022); Bridgen, Noelle K., "Gender Mobility: Survival Plays and Performing Central American Migration in Passage," *Mobilities* 13, núm. 1 (2018): 111-125.

55 Por ejemplo, la Convención Europea para la Protección de los Derechos Humanos y Libertades Fundamentales de 1950, la Declaración Americana de los Derechos y Deberes del Hombre de 1948 y la Convención Americana de Derechos Humanos de 1967 (Pacto de San José de Costa Rica); La Carta Africana de Derechos de los Pueblos de 1981 y la Carta Árabe de los Derechos Humanos de 2004, junto

la Guerra Fría y hasta los atentados del 11-S, experimentaron un notable robustecimiento en las instituciones internacionales, incluyendo entre sus preocupaciones y líneas de acción prioritarias el deber de respetar, proteger y garantizar o hacer efectivos los derechos humanos de las personas migrantes. Así lo demuestra, por ejemplo, la creación de la figura del Relator Especial de la ONU para los Derechos de los Migrantes en 1999, así como la ya mencionada Convención sobre la Protección Internacional de los Derechos de todos los Trabajadores Migratorios y sus Familiares, aprobada en 1990. Desde entonces, y no sin dificultades (ej., lucha contra el terrorismo global, crisis financiera de 2008, cambio climático, guerras y pandemia), han avanzado otras iniciativas entre actores gubernamentales y no gubernamentales que incorporan los derechos humanos en el tratamiento político de las migraciones internacionales. Algunos ejemplos son el Grupo Global sobre Migración que fue creado por el Secretario General de la ONU en 2006, el lanzamiento del Foro Global sobre Migración Internacional en 2007, la entrada de la OIM como agencia de Naciones Unidas en 2016, y los dos Pactos Globales sobre migración y refugio de 2018.

Asimismo, en materia de legislación internacional, el Derecho Internacional de Derechos Humanos ha ofrecido un amplio marco de principios y normas vinculantes para los estados a la hora de realizar el control de sus fronteras soberanas y de las personas extranjeras que llegan a ellas. Además, la pluralidad temática recogida en estos tratados (discriminación, racismo, tortura, derechos de las mujeres y niñas, violencia sexual, derechos de la infancia, desaparición forzada, disfuncionalidad, entre otros)[56] establece una serie de obligaciones jurídicas para los estados —que han ratificado dichas normas— en su gestión política de las migraciones "regulares" e "irregulares". Para esta arquitectura legal, sin embargo, la denomi-

---

al desarrollo de cortes supranacionales de derechos humanos. Para saber más sobre la historia del régimen internacional de derechos humanos, véase: Donnelly, Jack, *Universal Human Rights in Theory and Practice* (Ithaca y Londres: Cornell University Press, 2013).

[56] Entre ellos, la Convención Internacional para la Eliminación de Todas las Formas de Discriminación Racial (1965), la Convención sobre la Eliminación de Todas las Formas de Discriminación contra las Mujeres (1979), la Convención contra la Tortura y otros Tratos Crueles, Inhumanos o Degradantes (1984), la Convención sobre los Derechos del Niño (1989), la Convención Internacional para la Protección de todas las Personas contra las Desapariciones Forzadas (2006), la Convención sobre los Derechos de las Personas con Discapacidad (2006) y el Convenio del Consejo de Europa sobre Prevención y Lucha contra la Violencia contra las Mujeres y la Violencia Doméstica (2011).

nada "migración irregular" no es una violación de derechos humanos en sí misma. No obstante, los estados tienen la obligación de respetar, proteger y garantizar los derechos humanos de estas personas cuando llegan a su territorio, incluso si son vulnerados por terceros como empresas y particulares. Esta misma arquitectura de normas internacionales sí reconoce, sin embargo, la trata como una gravísima violación de los derechos humanos y la solicitud de asilo como un derecho humano que tiene toda persona. Por ello, ante una potencial víctima de trata y/o persona solicitante de asilo, los estados tienen la obligación de permitir su entrada en territorio nacional, estudiar diligentemente su caso y ofrecerle una protección adecuada. En otras palabras, las personas solicitantes de asilo y víctimas de trata no pueden ser expulsadas o devueltas a sus países, como sí puede hace el estado con los/as migrantes irregulares que llegan a su territorio, con la excepción de casos en los que aplique el principio de no devolución (*non-refulement*)[57].

Como ya se ha mencionado, los derechos humanos son un *foco* que en las dos primeras décadas del siglo XXI ha adquirido un sentido de urgencia, a medida que han aumentado dramáticamente los niveles de violencia, sufrimiento, deshumanización e indecencia moral de las decisiones que "gestionan" las migraciones contemporáneas. Pero, pese a este sentido de urgencia, este *foco* también ha mostrado fisuras y contradicciones internas, como han sido planteadas por académicos/as críticos de las Ciencias Sociales, colectivos de personas migrantes y algunas ONGs.

En primer lugar, ha recibido numerosas críticas por su deriva humanitarista en el tratamiento de las migraciones; con el efecto inmediato de provocar su despolitización[58]. Ésta opera en una doble dimensión: despolitización del sujeto migrante y despolitización de las migraciones como fenómeno o práctica global contemporánea. Al enfatizar la *necesidad* prioritaria de dar un trato humano a todas las personas, este enfoque esquiva las complejas estructuras de poder que organizan y gobiernan las movilidades

---

57 Es una norma consuetudinaria de derecho internacional que obligada a todos los estados a no extraditar, deportar, expulsar o devolver a una persona, en contra de su voluntad, a un país donde pueda sufrir graves violaciones de derechos humanos. Diccionario de Acción Humanitaria y Cooperación al Desarrollo, Hegoa-UPV. https://www.dicc.hegoa.ehu.eus/listar/mostrar/157.html (consultado el 8/12/2023).

58 Huysmans Jef y Victoria Squire, "Migration and security," en *Handbook of Security* Studies, editado por Myriam Dunn Cavelty y Victor Mauer (Londres: Routledge, 2009): 1-20.

e inmovilidades. De este modo, centra la atención en las personas (agencias) sin profundizar en las fuerzas o dinámicas sistémicas que contribuyen a la producción del "problema global" de las migraciones "irregulares". Pero, si bien se centra en las personas, el humanitarismo reduce al sujeto migrante o solicitante de asilo a la condición existencial de "víctima" y, además, indefensa, pasiva, dependiente y con necesidad de ser rescatada por una "comunidad internacional" que, muy frecuentemente, está protagonizada por personal occidental, blanco y de clase media-alta (ej., funcionarios/as, tomadores/as de decisiones, personal de asistencia en terreno). Para los feminismos críticos, esta representación débil, pasiva y disciplinada de los y las migrantes internacionales responde a las cualidades históricamente atribuidas a "lo femenino" y reproduce el imaginario "masculinizado" del sujeto "protector/salvador" en las instituciones internacionales de protección y asistencia[59].

Como reacción a esa práctica, muchas voces han exigido una aproximación más compleja a las personas en movilidad, recordando la complejidad y ambivalencia que hay en el ser humano. En una persona se traslapan varias identidades de formas múltiples e incluso contradictoria, del mismo modo que sus intereses, comportamientos, sentimientos y deseos pueden ser múltiples, priorizando unos u otros en cada situación o simplemente brotando de forma instintiva. Con ello, reivindican el reconocimiento de la agencia de las personas migrantes; esto es, su capacidad de resistir (humana y políticamente), tomar decisiones de forma estratégica en las múltiples coyunturas de sus largos viajes[60] y ser políticamente creativas. En síntesis, el planteamiento es que no son meros humanos a re-politizar porque ya son seres humanos políticos desde sus resistencias. Además, como explica Alexandria J. Innes, el humanitarismo, así como la llamada "seguridad humana", son enfoques con una importante capacidad para activar respuestas de asistencia inmediata. Sin embargo, tienen poco potencial para sacar a la luz las experiencias reales de (in)seguridad que las personas en movimiento viven durante sus viajes; unas experiencias que no pueden separarse de *quiénes son* (género, sexo, edad, raza, etnia, clase, nacionalidad, religión, (dis)capacidad) y por *dónde/cuándo* pasan (fronteras, áreas rurales, urbanas, desiertos, bosques, océanos, comisarias, centros de deten-

---

59 Hyndman, Jennifer, y Wenona Giles, "Waiting for What? The Feminization of Asylum in Protracted Situations," *Gender, place and culture* 18, núm. 3 (2011): 361-79; Ruiz-Giménez, Itziar. "El naufragio de Europa".

60 Collyer, Michael, "Stranded Migrants and the Fragmented Journey," *Journal of Refugee Studies* 23, núm. 3 (2011): 273-293.

ción, *check-points*, lugares de espera, locales comerciales, entre otros). Por ello, argumentan que este enfoque, por su tendencia a la abstracción de "lo humano", tiene poco potencial para una política migratoria inclusiva y sensible a lo que *realmente* viven las personas que migran[61].

En segundo lugar, los derechos humanos son una construcción socio-histórica que, a pesar de su vocación cosmopolita, están incrustados en la lógica del sistema de estados moderno o sistema *westafliano*. Aquí reside una paradoja: ponen a las personas, en lugar de los estados, en el primer plano de la protección, pero dependen a su vez de la voluntad soberana de los estados para ello. Así, a diferencia de la invitación que nos hace Liisa Malkki, explicada en el primer epígrafe del capítulo, el enfoque de derechos humanos no cuestiona el "orden nacional de las cosas", ni cómo este orden patologiza el movimiento internacional de los "no nacionales". Es, por tanto, un enfoque orientado a proteger a las personas, como individuos autónomos, pero sin cuestionar los cimientos del statu quo. En definitiva, asume que el derecho a tener derechos es una prerrogativa que, hasta la fecha, sólo conceden los estados; si bien, hay que reconocer que la creación del Derecho Internacional de Derechos Humanos también ha funcionado históricamente como un límite a la capacidad soberana de los estados de *hacer* sobre las personas en su territorio.

Esta paradoja la constata también el hecho de que el derecho humano a la libre movilidad (art. 13 de la Declaración Universal de DDHH y art. 12.1 del Pacto Internacional de Derechos Civiles y Políticos) reconozca el *derecho a entrar* (legalmente) en un país y *circular* por su interior (decidir libremente el lugar de residencia), el *derecho a salir* de éste, pero no el *derecho a ser recibido* en otro estado —a excepción de los y las solicitantes de asilo y víctimas de trata. De este modo, esta crítica subraya que el *foco* de derecho humanos no sólo está condicionado por una ontología espacial *westfaliana* que necesita fronteras para construir territorios soberanos delimitados; también, como explica Mark Franke, reproduce, en última instancia, una ontología fija de lo humano[62]. Así, de algún modo, los derechos humanos apuntalan un modelo sedentarista de vida social y política, donde cada cual vive (más o menos bien) en su territorio de nacionalidad, a excepción

---

[61] Innes, Alexandria J., *Migration, Citizenship and the Challenge for Security* (Basingstoke y Nueva York: Palgrave Macmillan, 2018).

[62] Franke, Mark F. N., "The Displacement of the Rights of Displaced Persons: A Irreconciliation of Human Rights between Place and Movement," *Journal of Human Rights* 7, núm 3. (2008): 262-281.

de factores (anómalos) que le obligan a un desplazamiento transnacional forzoso.

## IV. IDENTIDAD, ESPACIO Y VIDA/MUERTE: OTROS *FOCOS* ENCENDIDOS POR LA SOCIEDAD CIVIL

Más allá de estos tres *focos* que han dominado los debates institucionales sobre migración desde finales del siglo XX y las discusiones que han generado, existen otras miradas que se esfuerzan por iluminar, de algún modo, otras posibles formas de comprender y actuar ante las (in)movilidades humanas. A continuación, se presentan tres de ellas a modo de "focos" alternativos que *encienden*, como *luciérnagas*[63], actores de la sociedad civil. Sus pequeñas luces son, para muchos/as, puertas de esperanza en medio de una resistencia ardua por la vida.

### 1. *¿Quiénes somos? A (re)vueltas con la identidad*

Según la OIM, en 2020, más del 40% de los/as migrantes internacionales en el mundo habían nacido en Asia (115 millones), en su mayoría en India, seguida de China, Bangladesh, Pakistán, Filipinas y Afganistán[64]. Aunque estas cifras recogen el total de migración internacional ("regular" e "irregular") y son el resultado de un estudio anual, dan muestra de una tendencia histórica: la mayoría de la población que inicia un proyecto migratorio procede del sur global y, por tanto, de pueblos que han vivido históricamente la colonización, luchas de independencia y procesos de inserción desigual en las dinámicas sociopolíticas y económicas ya instauradas en el orden internacional durante la segunda mitad del siglo XX. Desde aquí, intelectuales y activistas del sur global como Éduard Glissant, nacido en la Martinica francesa (Caribe), han desafiado el sedentarismo del territorio político estatal y, sobre todo, el carácter monolítico de la

---

63 Didi-Huberman, George, *La supervivencia de las luciérnagas* (Madrid: Les Éditions de Minuit, 2009).

64 Según la OIM, Europa y Asia eran los principales destinos de la migración internacional, con 87 y 86 millones de personas respectivamente (61% del total mundial de población migrante), seguidos por América del Norte (21%), África (9%), América Latina y Caribe (5%) y Oceanía (3%). OIM. Informe sobre las Migraciones en el Mundo (2022). file:///C:/Users/AI.5018704/Downloads/WMR-2022-ES_0%20(1).pdf

identidad nacional que el proyecto de la modernidad entiende como construida en una sola pieza. Por el contrario, Glissant propone un concepto, "transversalidad"[65], que nos permite repensar una pregunta: ¿quiénes son los/as migrantes? La respuesta inmediata es: los/as otros/as, los/as diferentes o extranjeros/as a *mi* comunidad política que, con algunas excepciones, se identifica con el estado de nacionalidad.

La obra de Glissant, recuperada por pensadores críticos de RRII como Nerzat Soguz y Geoffrey Whitehall[66], ofrece con el concepto de transversalidad otra forma de contar la historia de las identidades y del proyecto de la modernidad colonial; así como otra forma de pensar las migraciones en el tiempo presente. Las poblaciones de las excolonias y, en particular, las establecidas en lugares geopolíticos clave para la expansión del imperialismo como las costas del Caribe, muestran que las identidades se construyen en los cruces históricos de múltiples movimientos o migraciones de personas y cosas. No son, por tanto, fijas y puras, como afirman algunos proyectos políticos nacionalistas[67], sino transversales; esto es, producidas *a través* de cruces de historias, subjetividades y territorialidades. En síntesis, las historias de los pueblos que fueron colonizados, muchos de cuyos descendientes son hoy migrantes internacionales, demuestran que las *raíces* identitarias son siempre *errantes* o son muestra, cuando se bucea a lo más profundo, de *rutas* históricas de relaciones en el mundo —en inglés, "*wandering roots*"[68]. En consecuencia, la asociación lineal, no problematizada, "una identidad-un territorio" carece, desde esta perspectiva, de consistencia histórica y es cuestionable políticamente.

Pero lo más interesante de este *foco* de análisis es que no sólo reivindica las historias coloniales de muchas de las personas que migran hoy a través de las fronteras soberanas, sino que cuestiona la legitimidad de los gobiernos y poblaciones occidentales para defender sus nociones de identidad

---

65 Glissant, Éduard, *Caribean Discourses. Selected Essays* (Charlottesville: University Press of Virginia, 1989); *La Poética de la Relación* (Bernal: Universidad Nacional de Quilmes, 2017).

66 Soguz, Nevzat, y Geoffrey Whitehall, "Wandering Grounds: Transversality, Identity, Territoriality and Movement," *Millennium: Journal of International Studies* 28, núm. 3 (1999): 675-98.

67 Las teorías del nacionalismo han debatido extensamente sobre el carácter natural o socialmente construido de las naciones y estados nacionales. Véase, por ejemplo: Gellner, Ernest, *Naciones y nacionalismo* (Madrid: Alianza, 20008); Anderson, Benedict, Comunidades imaginadas (Fondo de Cultura Económica, 2006).

68 Soguz, Nevzat, y Geoffrey Whitehall, "Wandering Grounds."

nacional y ciudadanía como condición de acceso a derechos, *vida buena* e incluso no-muerte. Y es que la transversalidad no alude a un lugar híbrido o tercero que existe entre las fronteras soberanas, ni se presenta como un proyecto de alteridad. Por el contrario, Glissant muestra que la trasversalidad es parte del proyecto de la modernidad y del orden globalizado del siglo XXI. En síntesis, no solo los pueblos coloniales sino también los "otros" —los del norte global— empiezan y acaban en la transversalidad. En otras palabras, sus identidades no son homogéneas o unitarias, sino el resultado de cruces, conexiones y rutas históricas y presentes.

Por tanto, esta idea, evocada por el poeta, dramaturgo y ensayista Glissant, ha sido tomada por activistas y académicos/as para defender que la vida política moderna no empieza en el estado como su piedra angular primera, sino en las relaciones y cruces a través del mundo. Esta forma de entender la identidad política desestabiliza los blindajes legales y políticos atribuidos a la identidad nacional moderna —actualmente reforzada por el auge de partidos políticos nacionalistas de derechas. Y, es más, muestra que la "excepcionalidad" atribuida a "los/as otros/as" inmigrantes (representados como sujetos hibridados o mestizados, fronterizos e inacabados —*diferentes*—) es, en realidad, el principio constitutivo de todo sujeto político contemporáneo (*nosotros/as* y *los otros/as*)[69].

## 2. *¿Dónde habitamos? Los lugares de la política*

Del mismo modo, actores de la sociedad civil y especialmente las personas migrantes en situación irregular, han abierto la pregunta por el espacio, por los lugares de la vida política. A través de sus vivencias y reflexiones han mostrado que ésta no se reduce al territorio soberano del estado. Sus experiencias de movilidades e inmovilidades a lo largo de sus trayectorias de viaje han servido para, como expresan las "heterotopías" de Foucault[70], impugnar los lugares ordinarios, convencionales y privilegiados de la vida. Simultáneamente, con este gesto de impugnación han abierto la mirada a otras espacialidades o territorios —muchas veces,

69 Tamara A. Tronsell, Arlene B. Tickner, Amaya Querejazu, Jarrad Reddkop y Giorgio Shani, "Differing about Difference: Relational IR from around the World," *International Studies Perspective* 22, núm. 1 (2021): 25-64.

70 Foucault, Michel, *El cuerpo utópico. Las heterotopías* (Argentina: Nueva Visión, 2010).

despojados de las condiciones de *habitabilidad*—[71] donde se condensan y expresan fuertemente las relaciones de poder que conforman la política global contemporánea.

Esta pregunta por las espacialidades políticas —y las políticas del espacio—[72] ha cuestionado el monopolio del enfoque jurídico-político sobre la comprensión de las migraciones internacionales, el cual las entiende fundamentalmente como un movimiento o desplazamiento físico entre dos territorialidades jurídicas; normalmente, dos estados, "origen" y "destino", a los que se ha sumado recientemente el reconocimiento de los estados de "tránsito" en las políticas internacionales[73]. Así, este ejercicio crítico ha permitido introducir otras espacialidades de la vida política que deben ser reconocidas y analizadas en las políticas migratorias internacionales como el propio cuerpo, el tránsito, las diásporas, las fronteras, el movimiento nómada[74] y las caravanas migrantes que han recorrido Centroamérica como una estrategia de resistencia, seguridad y símbolo de democratización global desde 2018 y 2019.

Como han defendido las feministas, la vida es una práctica espacializada que empieza en el propio cuerpo. La política no es ajena al cuerpo; por el

---

71 Mendiola, Ignacio, "De la biopolítica a la necropolítica: la vida expuesta a la muerte," *Eikasia. Revista de Filosofía* (junio 2017): 219-248.

72 Michael Keith y Steven Pile, *Place and the politics of identity* (Londres y Nueva York: Routledge, 1993).

73 Consejo de Europa, Resolución 2073 de la Asamblea Parlamenataria, "Countries in Transit: Meeting New Migration and Asylum Challenges," 2015; Iniciativa OIM-MICIC (Migrants in Countries in Crisis Initiative), "Guidelines to Protect Migrants in Countries Experiencing Conflict or Natural Disaster," 2016; Alto Comisionado de la ONU para los Derechos Humanos, "Situation of Migrants in Transit," 2016; Alto Comisionado de la ONU para los Refugiados, "Desperate Journeys," enero-diciembre 2018. No obstante, de alguna manera, la idea de "tránsito" había sido relevante para la elaboración de medidas previa como el Reglamento de Dublín (2003) en la UE, al determinar éste que la solicitud de asilo debe realizarse en el primer país de entrada en la UE. Igualmente, en los primeros años del siglo XXI, países de la UE como España empezaron a responder a la cuestión migratoria en clave de trazado de rutas, atendiendo a los países de origen, tránsito y destino; sobre todo, en el continente africano.

74 Levin, Jamie (ed), *Nomad-State Relationships in International Relations. Before and after borders* (Palgrave Macmillan, 2020); Gilbert, Jérémie, *Nomadic Peoples and Human Rights* (Abingdon: Routledge, 2014).

contrario, se manifiesta en y a través de la carne, la corporeidad[75]. Como puede apreciarse, esta reivindicación da volumen al lema "lo personal es político". Las políticas racistas y machistas han marcado históricamente los cuerpos —colores de piel, rasgos faciales, fenotipos, sexos, alturas, entre otros— y estas marcas corporales son fuerzas que han conformado los tipos de viaje que las personas en movimiento pueden hacer. Del mismo modo, sus experiencias de viaje quedan registradas en sus cuerpos —sanos, enfermos, golpeados, violados, torturados, explotados— que son territorios o geografías donde se manifiestan las dinámicas del poder[76]. Así, reclaman la necesidad de comprender las migraciones desde los cuerpos, sin ignorarlos; sobre todo, cuando éstas se traducen en viajes largos y complejos donde las personas pierden todo referente de habitabilidad (y refugio) más allá de su propio cuerpo.

Asimismo, migrantes, ONG y académicos/as han abierto la "caja negra" del tránsito para explorar qué ocurre allí; esto es, dónde, cómo y por qué se dan intersecciones entre (in)movilidades e (in)seguridades de las personas migrantes y cómo éstas afectan a su agencia política. "Si el análisis del llamado "tránsito" migratorio no va más allá del mero cruce de fronteras estatales y si las políticas internacionales no cambian de foco y abordar el "tránsito" como un lugar fragmentado e inestable donde operan relaciones de poder que conforman movilidades e inmovilidades, ¿cómo vamos a entender las necesidades de protección de las personas en tránsito?"[77]. Los testimonios de migrantes han aportado evidencia empírica sobre cómo personas, grupos y familias viven de forma itinerante durante meses e incluso dos, cinco y diez años tras salir de sus países de origen. Para millones de personas, por tanto, el movimiento se ha convertido en una experiencia y lugar de vida que no es nueva históricamente, pero sí se ha intensificado con la globalización neoliberal[78]. Por tanto, estas voces críticas han mostrado la urgencia de estudiar el tránsito, no solo como un estatus legal, sino

---

75 Hyndman, Jennifer, "The (Geo)politics of Gender Mobility," en *Mapping Women, Making Politics*, editado por Lynn Staeheli, Eleonore Kofman y Linda Peake (Abingdon y New York: Routledge, 2004): 169-184.

76 Mountz, Alison, "Where Asylum-Seekers Wait: Feminist Counter-Topographies of Sites between States," *Gender, place and culture* 18, núm. 3 (2011): 381-99.

77 Iranzo, Ángela. "Subsahan migrants "in transit".

78 Shamir, Ronen, "Without Borders? Notes on Globalization as a Mobility Regime," *Sociological Theory* 23, núm. 2 (2005): 197-217; Cresswell, Tim, "Mobilities II. Still," *Progress in Human Geography* 36, núm. 5 (2012): 645-653.

también y fundamentalmente como un proceso sociopolítico[79], reivindicando a su vez su dimensión política de resistencia.

Del mismo modo, académicos/as y organizaciones de migrantes han reivindicado la vida social y política des-territorializada que conforman las diásporas. En la disciplina de RRII, Fiona Adamson y Madeleine Demetrious llamaron la atención en 2007, sobre la necesidad de re-trazar los márgenes del "estado" y la "identidad nacional" a través de las prácticas diaspóricas[80]. En el siglo XXI, es un hecho que las personas migrantes, regulares o irregulares, desarrollan sus vidas sociales y políticas en varias territorialidades solapadas, materiales y simbólicas[81]. En otras palabras, estas personas viven cada vez más en un mundo transnacional, donde trabajan, hacen negocios, participan de la vida pública y social, así como afectiva, en dos o más países de forma simultánea. Estas formas de vida transnacional o des-territorializada no son incompatibles con la integración de las personas migrantes y solicitantes de asilo en los estados de recepción y, por tanto, no tiene por qué ser entendidas como un "problema" o "amenaza" para el orden social y político del estado[82]. De hecho, tanto la academia como algunos gobiernos, han flexibilizado la noción "densa" de ciudadanía, ejercida en el interior del estado de nacionalidad, para reconocer formas más flexibles y complejas de pertenencia y agencia política[83]. Algunos ejemplos de ello son las nociones de "ciudadanía transnacional" (referida, general-

---

79 Papadopoulou-Kourkoula, Aspasia, *Transit Migration. The Missing Link between Emigration and Settlement* (Hampshire: Palgrave Macmillan, 2008); Collyer, Michael, Franck Düvell y Hein de Haas, "Critical Approaches to Transit Migration," *Population, Space and Place* 18, núm 4 (2012): 407-414; Collyer, Michael, "In-between Places: Trans-Saharan Transit Migrants in Morocco and the Fragmented Journey to Europe," *Antipode* 39, núm. 4 (2007): 620-635.

80 Adamson, Fiona B. y Madeleine Demetrious, "Remapping the Boundaries of "State" and "National Identity": Incorporating Diasporas into International Relations Theorizing," *Journal of International Relations* 13, núm. 4 (2007): 489-526.

81 Abu-Tarbush, José y Nasara Cabrera Abu, "Explicando las diásporas políticas," *Relaciones Internacionales* núm. 54 (2023): 113-132.

82 Hein de Haas, "International migration, remittances and development", p. 1276.

83 Soysal, Yasemin, *Limits of citizenship: Migrants and Postnational Membership in Europe* (Chicago: University of Chicago Press, 1994); Bauböck, Rainer, *Transnational Citizenship: Membership and Rights in International Migration* (Aldershot: Edward Helgar, 1994); Bauböck, Rainer, "Cold Constellations and Hot Identities: Political Theory Questions about Transnationalism and Diaspora," en *Diaspora and Transnationalism: Concepts, Theories and Methods,* editado por Rainer Bauböck y Thomas Faist (Amsterdam University Press, 2010).

mente, a la doble nacionalidad), "ciudanía exterior" (referida a derechos de expatriados promovidos por su estado de origen en terceros países) y "ciudadanía postnacional" (referida a formas solapadas de agencia como en el caso de la UE y, en su lectura más extrema, posibles formas cosmopolitas de ciudadanía global).

Más recientemente, las caravanas protagonizadas por miles de personas migrantes a través de Centroamérica (principalmente, con origen en Honduras, Guatemala y El Salvador) hacia la frontera de México con EEUU, muestran una estrategia de resistencia política a través de la movilidad colectiva y solidaria entre sus integrantes. El movimiento conjunto en recorridos de miles de kilómetros —frecuentemente definido por medios de comunicación convencionales y gobiernos como "avalanchas", "flujos" o "mareas" de "ilegales"—, se convierte en una estrategia de resistencia y protección mutua frente a las represivas políticas migratorias de EEUU y México. El *trazo y rastro por el que* esta colectividad *circula,* produce a su paso un lugar más de territorialidad de vida política. Estas caravanas, protagonizadas en 2018 y 2019, han sido movimientos migratorios con un alto impacto en términos de visibilidad mediática y reacción gubernamental. Sin embargo, como se pregunta Valeria Glockner, quien ha analizado y denunciado las vivencias de niños/as y adolescentes no acompañados en estas rutas:

> "¿Cómo podemos producir estrategias similares para la visibilización y defensa de (menores no acompañados) migrantes en otros contextos de vulneración de derechos, como es el caso de los menores jornaleros, indígenas, desplazados internos y deportados, por mencionar sólo algunos?"[84]

Así, dar relevancia epistémica y política a las personas que viven los procesos de migración permite sacar a la luz "geografías escondidas", donde la política se manifiesta en su dimensión más asombrosa; por inesperada y, como explica el siguiente apartado, por precarizada e indigna. El movimiento, con sus avances, paradas, esperas[85], cambios de dirección,

---

84 Glockner, Valeria, "Las caravanas migrantes como estrategia de movilidad y espacio de protección, autonomía y solidaridad para los adolescentes centroamericanos," *Iberforum. Revista de Ciencias Sociales de la Universidad Iberoamericana* núm. 27 (enero-junio 2019): 145-174, p. 170.

85 Abad Miguélez, Begoña, "Regímenes de movilidad y expropiación del tiempo," *ARBOR. Ciencia, Pensamiento y Cultura* vol. 194-788 (2018); Conlon, Deirdre, "Waiting: Feminist perspectives on the spacing/timing of migrants (im)mobilities," *Gender, Place and Culture* 18, núm. 3 (2011): 353-360.

significados, regulaciones y experiencias, es una forma de territorialidad política que ha ganado consistencia en estas dos décadas de siglo XXI. Además, como han defendido Claudia Aradau y Jef Huysmans, las migraciones internacionales contemporáneas pueden ser entendidas como un movimiento de masas por una democratización global, frente a las estructuras rígidas, violentas y represivas que constituyen las fronteras territoriales soberanas de una parte del mundo[86]. Para Aradau y Huysmans, estas migraciones encarnan un movimiento global de resistencia, donde sus prácticas cotidianas están cuestionando el orden político global y, al mismo tiempo, renegociándolo constantemente.

### 3. ¿Cómo hemos llegado aquí? Vida/muerte

Redadas y palizas; detención en centros de internamiento, campos de refugiados durante esperas crónicas en condiciones de hacinamiento, malos tratos y tortura[87]; subastas de migrantes subsaharianos como esclavos a 4.000 €[88]; migrantes sacados de sus rutas para la trata con fines de explotación sexual, laboral, mendicidad o tráfico de órganos[89]; adultos y niños/as coaccionados con perros en las fronteras; personas en jaulas; mujeres y niñas migrantes sometidas a violencia sexual como "peaje" durante sus viajes[90]; y un (sub)registro de 59.037 personas migrantes desparecidas o muertas en el mundo entre 2014 y agosto de 2023, con la cifra más alta

---

86 Aradau, Claudia, y Jef Huysmans, "Mobilising (Global) Democracy: A Political Reading of Mobility between Universal Rights and the Mob," *Millennium: Journal of International Studies* 37, núm. 3 (2009): 583-604.

87 *El País*. Repostaje "La peor cara de Europa con el migrante". 3/9/2023. Edición impresa.

88 Nima Elbagir, Raja Razek, Alex Platt y Bryony Jones, CNN. 15/11/2017. "People For sale: where lives are auctioned for 400$". https://edition.cnn.com/2017/11/14/africa/libya-migrant-auctions/index.html

89 INTERPOL, Informe "Trafficking of Human Beings for the Purpose of Organ Removal in the North and West Africa" (INTERPOL y ENACT, 2021). https://www.interpol.int/es/content/download/16690/file/2021%2009%2027%20THBOR%20ENGLISH%20Public%20Version%20FINAL.pdf?inLanguage=eng-GB

90 Willers, Susanne, "Migración y violencia: la experiencia de mujeres migrantes centroamericanas en el tránsito por México," *Sociológica* 31, núm. 89 (2016): 163-195.

en el mar Mediterráneo (28.172 personas), seguida por África del Norte (8.138), América del Norte (3.815) y Sudeste Asiático (3.167)[91].

Ante estas situaciones generalizadas, ONGs y familiares de personas migrantes desaparecidas se han movilizado para dar visibilidad a una violencia extrema que no es puntual o marginal, denunciarla y prevenir que este trato, deshumanizado y cruel, sea vivido por otras personas que inician proyectos migratorios. Muchas ONGs han empleado el término “guerra de fronteras” para definir las prácticas desproporcionadas que despliegan actualmente las políticas migratorias[92]. Aunque el símil con la “guerra” no está exento de problemas, sirve metafóricamente para dar cuenta de la gravedad, la excepcionalidad y los niveles de violencia que materializan las políticas de lucha contra la inmigración “ilegal”. Las fronteras terrestres han sido militarizadas y convertidas en “fortalezas” impenetrables a través de fuertes inversiones en instalaciones de vigilancia y defensa (ej., muro México-EEUU, vallas España-Marruecos). Asimismo, existe una coordinación efectiva entre gobiernos para la acción punitiva pero no para el rescate y la asistencia de migrantes; lo que se explica por la construcción del migrante “irregular” como “enemigo”. Es un sujeto en movilidad, al margen de la legislación estatal, sometido a procesos reiterados de deshumanización que lo instalan en un orden jurídico-político de excepcionalidad (donde la ley es susceptible de quedar suspendida con impunidad), como se explicará a continuación. Además, esta acción “bélica” cuenta con presupuestos específicos, muchas veces desorbitados como demanda el sentido de “urgencia” de un conflicto bélico. Y, como en las guerras, hay desapariciones y muertes que quedan en fosas comunes o en el olvido, sin ningún gesto de dignidad —como sí ocurre con los soldados— para la memoria de estas personas que perdieron la vida[93].

Estos actores han puesto en el centro las “políticas de muerte” que subyacen al gobierno global de las migraciones en el siglo XXI. Esta preocupación ha sido también abordada por académicos/as que, desde el análisis crítico, han partido de los trabajos de Michel Foucault sobre biopolítica y

---

91 OIM. Proyecto Migrantes Desaparecidos. https://www.migrationdataportal.org/es/themes/muertes-y-desapariciones-de-migrantes#tendencias-recientes

92 Véase el trabajo de la ONG Caminando Fronteras, la Iniciativa Caravana Abriendo Fronteras y el Transnational Institute sobre “guerra de fronteras”.

93 *El Diario*, Helena Maleno (Caminando Fronteras): “La vulneración de derechos de los migrantes continúa tras su muerte”. 14/04/2023. https://www.eldiario.es/canariasahora/migraciones/helena-maleno-caminando-fronteras-vulneracion-derechos-migrantes-continua-muerte_1_10119718.html

biopoder para preguntarse: ¿cómo ejerce el poder de muerte un sistema político centrado en el biopoder? O, dicho de otro modo, si consideramos la política como una forma de guerra, ¿qué lugar le deja a la vida y al cuerpo humano (herido o maltratado)?

Y es que Foucault argumentó que, en la Europa de finales del siglo XVIII, el ejercicio del poder cambió del territorio, como principal objeto de control, a la población. En síntesis, su interés ya no es la ocupación de territorios, sino el control de la población a través de una serie de técnicas o dispositivos que no se limitan al poder soberano (de la coacción/muerte) sino que abarcan instituciones relacionadas con la salud, la sexualidad, las prisiones, la educación, entre otros. En definitiva, es una forma de poder más orientada a la producción de vida (disciplinada en unas formas de pensar y hacer determinadas) que, como antaño, en el poder coactivo del soberano a través de su monopolio (legítimo) de la violencia. Pero esto no significa que el biopoder renuncie a la capacidad soberana de decidir sobre la muerte.

Para Foucault, era el cruce entre biopoder y racismo lo que podía explicar la pulsión de muerte de estas políticas (tanatopolítica), como atribuía al caso del exterminio de los pueblos judío y gitano por el régimen nazi[94]. Sin embargo, filósofos contemporáneos como el italiano Giorgio Agamben y el camerunés Achille Mbembe han elaborado otras formulaciones teóricas a partir de la biopolítica de Foucault. Para Agamben, el estado de excepción (suspensión de la ley) es el rasgo original y fundante lo político[95]. Esa excepcionalidad es habitada por el *homo sacer*, una figura del derecho romano arcaico recuperada por el autor para referirse a quien es incluido por exclusión. En otras palabras, quien está sometido a la posibilidad de dar muerte con impunidad (sin consecuencias jurídico-políticas) porque se trata de una *nuda vida* que no es ni la vida cualificada política (*bios*) ni propiamente la vida viviente biológica (*zoe*); es la *nuda vida*, donde *bios* y *zoe* se confunden o donde la *zoe* adquiere su particular forma política.

Así, Agamben nos muestra la estrecha relación entre derecho y violencia, alejándose de la lectura liberal que entiende el derecho como un instrumento inequívoco de protección de la vida. El derecho (lo jurídico) sería parte de una matriz de poder inserta en las lógicas securitaria y neoliberal. Así, la exposición a la muerte que viven millones de personas migrantes

---

94 Foucault, Michel, *Hay que defender la sociedad* (Akal: Madrid, 2003).

95 Agamben, Giorgio, *Estado de excepción* (Valencia: Pre-Textos, 2004); *Homo Sacer. El poder soberano y la nuda vida* (Valencia: Pre-Textos, 1998).

no es un hecho puntual, marginal, ajeno o una desviación en el funcionamiento del sistema de poder, sino parte intrínseca de él. Del mismo modo, Mbebe defiende la necesidad de analizar la producción de biopolítica y tanatopolítica al mismo tiempo. Mediante el concepto "necropolítica"[96], el filósofo camerunés lleva la reflexión foucaultiana más allá de los lindes de Europa —lo cual había sido una de las críticas de autores/as postcoloniales a la obra de Foucault— y anuda el poder de hacer-morir o producir muerte al proyecto histórico de la modernidad europea, la esclavitud, el racismo y capitalismo.

> "Las premisas materiales del exterminio nazi pueden localizarse por una parte en el imperialismo colonial y por otra en la serialización de los mecanismos técnicos de ejecución de las personas —mecanismos éstos desarrollados durante la Revolución Industrial y la I Guerra Mundial (...) refiriéndose a las cámaras de gas y los hornos como punto culminante de un largo proceso de deshumanización y de industrialización de la muerte."[97]

> "Todo relato histórico sobre la emergencia del terror moderno debe tener en cuenta la esclavitud que puede considerarse como una de las primeras manifestaciones de la experimentación biopolítica."[98]

Por lo tanto, habría en las políticas migratorias del tiempo presente unos lazos históricos con espacios y cuerpos donde han operado simultáneamente formas de excepcionalidad que someten a las personas a la *exposición a* la muerte o a una forma de *muerte en vida*. No estaríamos ante un poder de dar muerte de forma directa como el homicidio, sino indirecta, como *exposición a* la pérdida de la vida.

Estas voces críticas se esfuerzan, de este modo, por dar volumen a una preocupación ética profunda que revela esta forma de entender el problema: si la *exposición a la muerte* es una realidad intrincada en el ordenamiento sociopolítico (neo)liberal (con sus símbolos, instituciones, normas, economía y afectos), las graves violaciones de derechos humanos que viven los/as migrantes hasta la desaparición y la muerte sin memoria, son parte del paisaje de nuestra cotidianidad. En otras palabras, lindan de una forma muy estrecha con nuestras prácticas cotidianas.

---

96 Mbembe, Achille, *Necropolítica* (Barcelona: Editorial Melusina, 2011).

97 Mbembe, Achille, *Necropolítica,* p. 25.

98 Mbembe, Achille, *Necropolítica,* p. 31.

## Caso de estudio

**Pacto Mundial para la Migración Segura, Ordenada y Regular**

Los días 10 y 11 de diciembre de 2018, se celebró en Marrakech (Marruecos) la Conferencia Intergubernamental encargada de aprobar el Paco Mundial para la Migración Segura, Ordenada y Regular. Hasta la fecha de publicación de este manual, este documento recoge el compromiso internacional más amplio y ambicioso en materia de respuesta coordinada y solidaria a las migraciones internacionales en el mundo del siglo XXI. Basada en la Declaración de Nueva York para los Refugiados y los Migrantes, aprobada por la Asamblea General de la ONU el 18 de septiembre de 2016 — que es un marco de compromisos para mejorar la protección de estas personas—, el Pacto Mundial establece un marco de cooperación, no vinculante jurídicamente, en el que los estados y otros actores pertinentes adoptan una concepción común del desafío migratorio presente, responsabilidades compartidas y unidad de propósito para "conseguir que la migración funcione para todos".

***Ejercicio 1***

En grupos de trabajo, analiza el documento del Pacto Mundial reflexionando sobre las siguientes preguntas:

- ¿Refuerza o cuestiona el sedentarismo como un principio constitutivo del sistema político moderno?
- ¿Es el paradigma de vida social y política sedentaria posible en un mundo globalizado neoliberal?
- ¿Qué papel atribuye el Pacto al estado en la gestión de las migraciones internacionales? Y, ¿a otros actores? ¿Cuáles son estos actores? Y, ¿qué papel desempeñan en la implementación de este Pacto?
- ¿Cuáles son los *focos* que recoge el Pacto Mundial para abordar la cuestión migratoria y hacer que "funcione para todos"? ¿Qué potencialidades y debilidades tienen estos enfoques?
- ¿Qué silencios o ausencias tiene este Pacto como plan de respuesta?
- Bajo la representación o interpretación que el Pacto Mundial ofrece sobre el fenómeno migratorio y el mundo donde éste tiene lugar, ¿qué fortalezas y debilidades identificas para abordar el desafío migratoria de forma realmente efectiva?

***Ejercicio 2***

Ponte en contacto con una organización de migrantes en tu ciudad o con una persona que haya vivido la experiencia de la migración "irregular" o haya sido solicitante de asilo, en caso de conocer a alguien o tener acceso a esta persona. Comparte con él/ella los principales objetivos del Pacto Mundial (selecciona 3 o 4) y contrasta sus contenidos con la experiencia y reflexión de la persona que ha vivido la experiencia migratoria. En clase, comparte con tus compañeros/as y con el profesor/a las conclusiones de tu encuentro y, con base a ello, discute las fortalezas y debilidades del Pacto Mundial.

## V. CONCLUSIÓN

Si bien las migraciones han existido históricamente (provocadas por guerras, conquistas, expulsiones y destierros, hambrunas y otro tipo de situaciones) y han sido esenciales para esa cosa que llamamos "relaciones internacionales", ganan visibilidad y fuerza en el debate de las agendas internacionales a finales del siglo XX. Desde entonces, estados, organizaciones internacionales, ONGs, movimientos sociales, empresas y academia —incluida la disciplina de RRII— han contribuido con sus prácticas a representar las movilidades humanas de unas formas, frente a otras, y a diseñar políticas que las organizan y gobiernan de acuerdo con una serie de *focos* dominantes (los *nexos* de la migración con el desarrollo, la seguridad y los derechos humanos).

Pero las migraciones son uno de los campos de lucha política más vivos de la agenda global del tiempo presente. En un cruce de visiones, experiencias y proyectos políticos diferentes, este capítulo ha mostrado cómo la política de las migraciones resulta de la institucionalización y contestación de formas determinadas de organizarlas y controlarlas como han sido los *focos* mencionados de desarrollo, seguridad y derechos humanos. Sin embargo, el capítulo busca también visibilizar la existencia de otros *focos*, con efectos menos cegadores por su carencia de institucionalización, que se presentan como formas alternativas de entender el desafío de las migraciones internacionales contemporáneas. No son un desiderátum sino parte de la crítica afirmativa; es decir, posibilidades realmente existentes. Son vivencias, reflexiones, recomendaciones y reivindicaciones propuestas por actores de la sociedad civil que, desde sus pequeñas luces, tratan de iluminar parcelas del "problema" invisibilizadas por las prácticas hegemónicas o interpretadas en otra clave por éstas. Estas propuestas nos interrogan sobre aspectos centrales de las RRII como: las formas convencionales de entender la identidad política (nacional y contenida en una espacialidad que corresponde al estado territorial moderno), los lugares donde se despliega vida política (más allá del estado o geografías políticas escondidas) y el poder de *exposición a* la muerte que, actualmente, caracteriza la política que "gestiona" la vida de los/as migrantes en situación irregular (más allá de una disfuncionalidad del sistema).

Finalmente, el capítulo interpela a los y las estudiantes sobre la relación entre movilidad y estatalidad. ¿Es la llegada de personas migrantes una anomalía para el funcionamiento del estado? En las últimas tres décadas, la tendencia de los gobiernos y medios de comunicación, entre otros actores, ha sido patologizarlas y leerlas en clave de seguridad nacional. Sin embargo, como muestra este capítulo, esta pregunta saca a la luz una paradoja llamativa; pues, en contra de la visión sedentarista sobre la vida social y política que ofrece el discurso hegemónico, el estado moderno se origina y consolida no solo en el trazado de fronteras sino también, y fundamentalmente, en el control de los movimientos o cruces a través de ella.

Así, las personas en movilidad que llegan a las fronteras de otros estados no serían algo anómalo o externo al sistema *westfaliano* —ahora en su versión tardo moderna o globalizada—sino una fuerza productora del mismo. Desde los enfoques críticos, el movimiento no es necesariamente una anomalía para la política internacional; muy al contrario, las (in)movilidades son una fuerza inherente a ella. En materia de movilidad humana, la clave no consiste, por tanto, en evitarla o contenerla en los estados del sur global, sino en despojar su organización y gobierno de la "otrificación" que ha legitimado la larga historia política de la (neo)colonialidad (tardo) moderna.

## V. RECAPITULACIÓN

- ✓ Las movilidades e inmovilidades de personas, objetos, mercancías, animales, plantas, entre otros, son consustanciales al desarrollo histórico de las denominadas "relaciones internacionales". Sin embargo, la disciplina de RRII ha empezado recientemente a estudiar la (in)movilidad como una fuerza constitutiva de la política internacional.
- ✓ Las migraciones internacionales han formado parte de las preocupaciones de diferentes actores internacional (estados, organizaciones internacionales, movimientos sociales, instituciones religiosas, ONGs, academia, entre otros) y han dado lugar a iniciativas específicas (acuerdos, leyes, programas) a lo largo del siglo XX. Sin embargo, desde los años 90s en adelante se intensifica su visibilidad y debate en las agendas de política internacional.
- ✓ Tres *focos* han dominado el tratamiento de las migraciones internacionales desde la política institucionalizada: el desarrollo, la seguridad y los derechos humanos. Estos tres focos se originan y desarrollan de forma simultánea, entrelazándose en sus significados, objetivos y efectos. Además, estos tres *focos* no solo son el resultado de la decisión/acción de las instituciones internacionales (gobiernos y organizaciones internacionales), sino también de las prácticas intrincadas de éstas con otros actores de la sociedad civil como las ONGs, la academia, los movimientos sociales, sindicatos y las propias organizaciones de personas en movilidad. Por tanto, desarrollo, seguridad y derechos humanos son tres *focos* que ponen de manifiesto los debates y luchas políticas en las que está inserta la cuestión de la migración.

- ✓ La interpretación y propuestas para el gobierno de las migraciones internacionales no se agotan en el desarrollo, los derechos humanos y la seguridad. Existen, en los márgenes, otras propuestas reflexivas sobre qué son, cómo organizar y gobernar las movilidades humanas; particularmente, las denominadas migraciones irregulares. Esto otros *focos* son muchos —y, muchas veces, difíciles de identificar— porque son enunciados por las propias personas que experimentan las políticas de (in)movilidad y/o actores de la sociedad civil que las acompañan. Este capítulo ilustra estos *focos* a través de la relectura crítica de: i) la identidad nacional y el territorio estatal, ii) los lugares donde existe vida política, y iii) la vida/muerte en la acción política hacia "los otros" migrantes.
- ✓ Las migraciones internacionales son un tipo de (in)movilidad política que, si bien no es nueva, se ha convertido en una pieza clave para comprender la naturaleza y dinámicas de las relaciones de poder en el mundo globalizado del siglo XXI. Comprender las migraciones internacionales exige una mirada histórica y crítica que analice cómo estructuras de poder complejas como la modernidad, colonización, el racismo, la esclavitud, el capitalismo y el patriarcado han servido y sirven (con sus transformaciones) al propósito de legitimar y/o normalizar las políticas de "gestión" migratoria del siglo XXI.

## VI. OTRAS FUENTES

### *Literatura*

Traoré, M. y L. D. Bruno (2014). *Partir para contar* (*Leaving to Tell the Story*). Logroño (España): Pepitas de Calabaza.

Luiselli, Valeria (2019). *Desierto sonoro.* Madrid y Ciudad de México: Sexto Piso

Tokarczuk, Olga (2019). *Los errantes.* Barcelona: Anagrama.

Zamora, J. (2024). *Solito.* Random House.

### *Documentales*

*Marea humana.* Dirección de Ai Weiwei, 2017

*Fire at the sea.* Dirección de Gianfranco Rosi, 2016

*Al otro lado del muro.* Dirección de Pau Ortiz (2017)

*The other side of immigration.* Dirección de Roy Germano (2009)

### *Cine*

*Adú.* Dirección de Salvador Calvo, 2020.

*Mediterráneo.* Dirección de Marcel Barrena, 2021.

*Capítulo 21*

# *Fronteras*

**PAOLO NOVAK***

## I. INTRODUCCIÓN

En su *Romanes Lecture*, pronunciada en la Universidad de Oxford en 1907, Lord George Curzon, que había sido Virrey de la India de 1899 a 1905, describió célebremente las fronteras como el filo de la navaja del que penden las cuestiones sobre la guerra y la paz, la vida y la muerte de las naciones. Esta afirmación se anticipó en unos cien años al argumento del filósofo francés Etienne Balibar de que las fronteras son el centro de la política y los espacios políticos, una de las proposiciones más difundidas y comúnmente aceptadas en los estudios contemporáneos sobre fronteras. ¿Cómo es posible que uno de los administradores imperiales más violentos y brutales y un filósofo posmarxista afable y lleno de matices puedan compartir una conceptualización de lo que son las fronteras? ¿Y qué debemos deducir de ello?

Las preocupaciones intelectuales de Curzon y Balibar no podían ser más diferentes. El objetivo de la conferencia de Curzon era concebir las fronteras como objeto de estudio científico. Basándose en su experiencia como administrador colonial y en textos académicos de la incipiente disciplina de la geopolítica, su descripción de las fronteras respondía a las preocupaciones administrativas prácticas de los "expertos en fronteras" imperiales, como Thomas Holdich, geógrafo y militar que participó en varias Comisiones de Fronteras, y a las contribuciones intelectuales de eruditos como Friedrich Ratzel, a quien se suele atribuir la creación del campo de los Estudios Fronterizos con su libro de 1897 *Geografía Política* y su infame ensayo de 1901 *Lebensraum* que posteriormente se convirtió en una pieza clave fundacional de la cosmovisión nazi. En cambio, el argumento de Balibar se presentó en el cambio de milenio como parte de reflexiones más amplias sobre la universalidad y las identidades individuales y colectivas,

* Profesor en Estudios de Desarrollo y Director del Centro de Estudios sobre Migración y Diásporas del SOAS, Londres.

sobre el racismo y la ciudadanía europeos, sobre las fronteras, y en conversación con filósofos y politólogos marxistas y posestructuralistas, así como con los problemas políticos prácticos de la Europa desde la que escribía. Esa Europa empezaba a sentir el impacto del proyecto de globalización neoliberal en los estados-nación, a experimentar los efectos subversivos de los movimientos migratorios autónomos y a sucumbir a los movimientos políticos reaccionarios que lo capitalizaban. Era una Europa que, según él, necesitaba democratizar su democracia —o, como sugirió más tarde, democratizar sus fronteras.

Sin embargo, y a pesar de sus perspectivas políticas profundamente diferentes y de los distintos momentos históricos de sus reflexiones, ambas figuras ofrecen una comprensión bastante similar de las fronteras como algo plástico y maleable, como zonas perpetuamente abiertas y mutables definidas por experiencias corporeizadas. Por supuesto, para Curzon esta mutabilidad y apertura era algo que había que gobernar. El gobierno de las fronteras era un acto de traducción entre tratados abstractos y demarcaciones lineales, por un lado, y las realidades fluidas y accidentadas de la vida fronteriza, por otro. La política fronteriza era, para él, un proceso cuidadoso y localizado de institucionalización de la línea fronteriza. Para Balibar, la apertura y la mutabilidad de las zonas fronterizas eran cuestiones políticas que ponían de manifiesto cómo las líneas fronterizas, al definir quién es "el pueblo" y, por tanto, al excluir al Otro, constituyen la condición previa no democrática para esa democracia parcial y limitada de la que algunos Estados-nación disfrutaron durante cierto tiempo. Para él, democratizar la frontera consiste precisamente en deconstruir y desmantelar el proceso de institucionalización que preocupaba a Curzon.

Este capítulo se ocupa de las tensiones evocadas por estas dos figuras y por sus propuestas: la tensión entre la diferenciación abstracta de espacios e identidades afirmada por las líneas fronterizas y la incontenibilidad y los excesos de la vida social a través de ellas; la tensión entre el proceso "arriba-abajo" de institucionalización de las fronteras y su democratización y subversión radicales de "abajo-arriba"; la tensión entre el orden nacional de la ciudadanía y la producción de Otros, internos y externos, que lo hacen continuamente inestable. Estas tensiones definen, en última instancia, lo que es una frontera y cómo puede conceptualizarse. Así, el capítulo presenta y discute diferentes puntos de vista sobre el tema, trazando varios debates dentro del campo de los Estudios Fronterizos y ofreciendo a su vez una visión de éstos como campo de batalla epistemológico.

## II. DE LAS FRONTERAS A LAS LÍNEAS FRONTERIZAS

La conferencia de Berlín de 1884/1885 se celebró bajo los auspicios del canciller alemán Otto Von Bismarck con representantes de las naciones europeas, Estados Unidos y el Imperio Otomano. Su objetivo era reafirmar la doctrina colonial del libre comercio y repartir el continente africano entre las potencias coloniales. Se trazaron líneas en el famoso mapa de África que Bismarck había montado en la pared principal de la sala donde presumiblemente se celebraron acaloradas discusiones. Estas líneas se trazaban casi siempre utilizando coordenadas latitudinales y longitudinales, ríos y montañas, como indicadores geográficos de dónde terminaba un dominio colonial y empezaba el otro. No era la primera vez que las potencias imperiales utilizaban paralelos y meridianos para reivindicar tierras que no eran suyas. El famoso Tratado de Tordesillas de 1494 resolvió las disputas entre las coronas, española y portuguesa, dividiendo las tierras "recién descubiertas" y "por descubrir" fuera de Europa entre sus dos imperios, basándose en un meridiano considerado a medio camino entre las islas de Cabo Verde, en posesión de Portugal, y las islas donde desembarcó Colón en su primer viaje, que eran reclamadas por España. Expresión de los últimos avances tecnológicos, de los sistemas de conocimiento, de los proyectos de los Estados poderosos (y de sus élites), así como de las relaciones de propiedad social, estas delimitaciones esculpieron los espacios mundiales en unidades político-económicas definidas linealmente en un proceso que Sandro Mezzadra y Brett Neilson han conceptualizado como similar a una acumulación primitiva del espacio[1].

Es importante reflexionar sobre estos repartos, aunque sea brevemente, ya que las demarcaciones lineales que estos hombres imaginaron, acordaron y luego impusieron violentamente en todo el mundo a través de sus agentes, siguen asolando nuestro mundo contemporáneo. En su encarnación abstracta, estas líneas de territorialización ignoraban por completo la disposición geográfica de quienes iban a convertirse en súbditos de una u otra potencia europea, su propia conceptualización y relación con el espacio, sus medios de vida y reproducción social, así como sus formas de producción de conocimiento. Se acordaron y ratificaron en declaraciones y tratados que apelaban y se decía que estaban redactados de acuerdo con el derecho internacional y con el régimen jurídico que se había desarrollado desde las Cruzadas para justificar la conquista y colonización de tierras no

---

1 Mezzadra, Sandro and Brett Neilson, *Border as a method or the multiplication of labour* (Durham, NC: Duke University Press, 2013).

europeas por parte de las potencias europeas y de la iglesia. Fomentaron la desposesión y extendieron las fuerzas del mercado por todo el planeta. En otras palabras, establecieron jerarquías epistémicas y materiales cuyos legados raciales, políticos, económicos y sociales siguen reverberando hoy en día. La colonialidad de las fronteras deriva, precisamente, de la presencia rearticulada de estas fuerzas en los escenarios contemporáneos, que reproducen de forma fluida pero profunda las jerarquías, desigualdades y prácticas coloniales en nuestro día a día.

A efectos del debate aquí propuesto, recordar estos actos de partición también sirve para evocar el contexto en el que surgió lo que hoy llamamos Estudios Fronterizos. Se trataba de un contexto en el que, en realidad, las fronteras definían cuestiones de guerra y paz, de vida y muerte —¡y no sólo para las naciones! Como era de esperar, los primeros autores de este campo, en su mayoría geógrafos políticos, se preocuparon precisamente por justificar la existencia de las fronteras conceptualizando su división política del espacio en relación con las sociedades que definían o con la importancia de las estrategias territoriales para el ejercicio del poder estatal. De hecho, durante este periodo (finales del siglo IX y principios del XX) se desarrollaron dos conceptualizaciones distintas. La primera, tradicionalmente asociada a los geógrafos franceses Paul Vidal de la Blache y Jacques Ancel, se ocupa no tanto de la línea fronteriza como de su relación con las sociedades que encierra y de su equilibrio. Una sociedad equilibrada "encuentra" sus límites naturales basándose en una comprensión compartida de la historia, una lengua compartida y una memoria común, un argumento que podría interpretarse como un primer intento de concebir lo que Benedict Anderson llamó mucho más tarde "comunidades imaginadas". La segunda conceptualización está infamemente asociada a la obra del geógrafo alemán Frederich Ratzel quien, inspirándose en Darwin y Malthus, veía, por el contrario, las fronteras como la expresión natural del espacio vital de las naciones. Para él, los estados eran orgánicos, en el sentido de poseer sus propias biografías de nacimiento, madurez, declive y muerte; y, por tanto, necesitaban alimentarse mediante la expansión continua de sus territorios. Si una nación no conquista nuevos territorios, argumentaba, corre el riesgo de fracasar porque otras naciones también se comportan orgánicamente.

Estos debates, preocupados en última instancia por la relación "interna" entre las fronteras y la sociedad o por la dimensión "externa" de las fronteras y las relaciones interestatales, se referían al contexto europeo y se inspiraban e informaban de los acontecimientos políticos posteriores a la guerra franco-prusiana. De especial interés para estas notas es el hecho de que ambos enfoques consolidaron la idea de que las naciones y los estados (europeos) constituían las unidades políticas fundacionales del orden internacional. Más allá de Europa, sin embargo, empezaron a desarrollarse otras conceptualizaciones sobre dónde debían establecerse las fronteras, igualmente influidas por sus contextos sociales y políticos.

En particular, cabe destacar la obra de Fredrick Jackson Turner, quien, como historiador estadounidense, se distanció de las visiones geopolíticas europeas y concibió la frontera como el punto de encuentro entre el salvajismo y la civilización. Para él, es la frontera, más que la nación, la que desempeña un papel fundamental en la configuración del carácter nacional único de los Estados, Estados Unidos, en este caso. La expansión de la frontera no sólo implicaba una menor dependencia de Inglaterra, sino que también promovía la formación de una nacionalidad compuesta para el pueblo americano. Los legados de esta concepción fueron especialmente significativos en el periodo de entreguerras y se utilizaron para proyectar una idea de Estados Unidos como un país singularmente diferente de los países europeos y, en algunos círculos, para justificar la expansión estadounidense de su "frontera civilizacional" por todo el mundo. A pesar de su diferente concepción sobre la relación entre estados, naciones y fronteras, los debates sobre las fronteras en Europa y Estados Unidos se centraban en *justificar* la existencia de fronteras y giraban en torno a qué lógica, ya fuera nacional, orgánica o civilizacional, era más apta para comprender y, por tanto, promover ideas particulares sobre la relación entre estados, sociedades y territorios.

En las colonias, sin embargo, una nueva generación de estudiosos de las fronteras, geógrafos y oficiales militares, desarrollaron el campo de los Estudios Fronterizos en nuevas direcciones, empezando por concebir las fronteras en términos de procesos concretos de producción de fronteras. De hecho, en su conferencia, Curzon establece una distinción entre los procesos de delimitación de fronteras y los de demarcación. El primero, es obra de tratados y autoridades políticas, de hombres (blancos) que se reúnen en salas con mapas enormes, aunque a menudo inexactos, como los de la conferencia de Berlín. La segunda, en cambio, cae en manos de geógrafos e ingenieros, implica estudios y expediciones, da lugar a discusiones y ajustes locales, a retrasos y disputas que pueden acabar incluso en una guerra con las poblaciones locales. La demarcación de fronteras es un arte que deben llevar a cabo los oficiales de fronteras del Imperio, hombres versados en lenguas y culturas locales, formados en instituciones y universidades como desde la que yo escribo este capítulo[2].

Los eruditos que contribuyeron al incipiente campo de los Estudios Fronterizos desde esta perspectiva, estaban menos interesados en establecer dónde debían situarse los límites orgánicos, equilibrados o civilizacionales de las naciones y los estados. Estaban mucho más preocupados por gestionar las estrategias e imperativos geopolíticos, a menudo contradictorios, de sus gobiernos imperiales con la necesidad de gobernar y administrar a las agitadas poblaciones locales. Asimismo, estaban menos preocupados por la evolución de las fronteras y las zonas fronterizas en el espacio y tiempo, y mucho más preocupados por traducir y aplicar el concepto europeo de frontera como una línea fija en lo que eran fronteras y zonas fronterizas extremadamente fluidas y desconocidas en su mayoría. Curzon, junto con geógrafos y oficiales militares como Thomas Holdich y Charles Fawcett, se interesaron por la importancia de las geografías físicas (montañas, ríos, valles) y sociales (tribus, parientes, redes comerciales) para los imperativos, aparentemente contradictorios, de proteger el Imperio de las incursiones extranjeras y gestionar las poblaciones locales. Intentaron entender las fronteras en términos de sus funciones como vías de circulación y antirutas, en lugar de profundizar en las implicaciones filosóficas y políticas de concebir las fronteras como la expresión del espacio vital o la armonía de las naciones, o como un marcador de civilización. En última instancia, estuvieron en primera línea del proceso de demarcación práctico y violento

---

2 Véase https://www.cambridge.org/core/books/school-of-oriental-and-african-studies/4F5FA04C691B19BEDAF24BB668DBD132.
El relato sobre la evolución del campo de los Estudios de Fronteras presentado en este capítulo es indudablemente anglocéntrico. Esto, en parte, es un reflejo de la propia colonialidad de las fronteras de la que he hablado anteriormente, así como de sus jerarquías epistemológicas. Numerosos estudios han confirmado el sesgo anglocéntrico del mundo académico y este capítulo refracta las jerarquías existentes en los Estudios de Fronteras. Esto es, en parte, un reflejo de la naturaleza eurocéntrica de las fronteras y su conceptualización cartesiana de los espacios mundiales. No es de extrañar que este campo de conocimiento surgiera precisamente allí donde se consideraba natural dividir los espacios mundiales en jurisdicciones definidas linealmente. Esto es también un reflejo de mi propia erudición y conocimientos lingüísticos. Hay que buscar paralelismos y distinciones entre los textos y autores aquí mencionados y los que surgieron en el contexto colonial español y/o caracterizan los debates históricos y contemporáneos sobre las fronteras en España, pues tienen genealogías y trayectorias muy diferentes.

que resultó del proceso de delimitación abstracto y violento llevado a cabo por los cancilleres y estrategas europeos, y esto se reflejó en su "erudición".

Estos dos grandes enfoques sobre las fronteras; uno que las justifica basándose en la fuerza relativa y el tipo de relación entre territorio, estados y naciones (civilizadas), y otro que las concibe como producto de la naturaleza contextual y contingente de los procesos de demarcación lineal y su incompletitud social, siguieron siendo dominantes a lo largo del siglo XX, y siguen, de hecho, siendo una mirada habitual para muchos estudiosos de Relaciones Internacionales. Como ha sugerido recientemente Alexander Murphy, la influencia de este enfoque moderno del territorio puede apreciarse en la fusión de los conceptos de nación y estado, y en el sesgo estatista que subyace en los relatos sobre la soberanía. Las concepciones territoriales modernas están en el centro de la forma en que entendemos la geopolítica y, según él, van en contra del desarrollo de ideas geopolíticas alternativas que podrían allanar el camino hacia un mundo más justo y pacífico.

## III. GESTIÓN DE LAS LÍNEAS FRONTERIZAS

La progresiva consolidación de las líneas fronterizas como instituciones fundacionales del sistema mundial en las primeras décadas del siglo XX, garantizó el dominio continuado de estas concepciones modernas del territorio. Dos grandes transformaciones que han caracterizado el corto siglo XX pueden explicar el predominio continuado de estas perspectivas. También definen dos grandes preocupaciones dentro de los contemporáneos Estudios de Fronteras: la primera, la demarcación de las líneas fronterizas y, la segunda, su grado de apertura o cierre.

En primer lugar, el proceso de descolonización tras la Segunda Guerra Mundial reafirmó el principio *Uti Possidetis Juris,* que proclamaba que los nuevos estados independientes heredaban las fronteras territoriales establecidas por las potencias coloniales. La aplicación de este principio del derecho internacional consuetudinario presenta continuidades e innovaciones. La continuidad está en que es la evolución de un mecanismo desarrollado, por primera vez, en el derecho privado romano para resolver las disputas sobre tierras que favorecía, en principio, al ocupante real. Este mecanismo evolucionó hasta convertirse en un principio consuetudinario del derecho internacional al ser invocado en disputas territoriales entre potencias europeas en suelo europeo durante la Edad Media y, sobre todo, en relación con reclamaciones sobre "tierras recién descubiertas" que se consideraban *terra nullius*; es decir, tierras jurídicamente consideradas como desocupadas o deshabitadas, listas para ser colonizadas. En apoyo de este principio, se añadieron otras consideraciones justificativas que, por el contrario, podrían considerarse innovaciones. En la época de las independencias de las antiguas colonias españolas en América, se decía que el *Uti Possidetis* ayudaba a prevenir los designios que las potencias colonizadoras pudieran tener sobre regiones que habían sido asignadas por la antigua potencia imperial a uno u otro país recién independizado, pero que seguían deshabitadas o inexploradas. Impedía la aplicación de reivindicaciones basadas en el concepto jurídico *terra nullius*. En el momento de la independencia de los Estados africanos, por el contrario, el principio se invocó principalmente para evitar los riesgos asociados a los movimientos secesionistas y separatistas; es decir, para impedir que la independencia y la estabilidad de los nuevos estados se vieran amenazadas por luchas provocadas por la artificialidad de las fronteras establecidas en la Conferencia de Berlín y que atravesaban comunidades basadas en el parentesco.

La "inviolabilidad" de las fronteras demarcadas colonialmente mediante el principio de *Uti Possidetis Juris* sigue siendo un principio clave del derecho internacional y se ha convertido en un imperativo para las políticas contemporáneas de gestión de fronteras, ya que se considera una condición previa para la cooperación interestatal. Este punto de vista, por ejemplo, se reafirma en el documento estratégico de 2020 *la Unión Africana para una mejor gobernanza integrada de las fronteras*. Sin embargo, nuestro mundo contemporáneo sigue caracterizándose por numerosas disputas fronterizas que dan lugar, como nos recuerda Curzon, a dos ámbitos distintos de debates e intervenciones: uno relacionado con la demarcación de fronteras y otro con su delimitación. Ambos tipos de debates, y sus preocupaciones contrapuestas, siguen estando en el centro de los Estudios Fronterizos contemporáneos. Por un lado, muchas fronteras siguen sin demarcar o están mal demarcadas. Este es el caso, por ejemplo, de situaciones en las que los marcadores geográficos utilizados en los tratados coloniales han desaparecido (algunos tratados se refieren a arbustos y cabañas de aldeas o ríos que pueden haber desaparecido desde entonces), o cuando hay desacuerdos sobre cuál es la ubicación exacta de la línea que discurre entre dos mojones fronterizos erigidos durante la época colonial. De hecho, se están realizando diversos esfuerzos para resolver las disputas fronterizas mediante una demarcación coherente en Asia central y sudoriental, en todo el continente africano y en otros lugares. Por otro lado, sigue habiendo numerosas reivindicaciones territoriales en pugna. Ya se trate de disputas antiguas, como en el caso de Cachemira, reactivadas recientemente, como en el caso de Nicaragua-Colombia, o de nueva configuración, como en el caso de Grecia y Turquía por la isla de Kastellorizo, estos debates se refieren a la delimitación de las líneas fronterizas y giran en torno a diversos y contrapuestos principios del derecho internacional, su interpretación y su posible aplicación. En ambos debates participan juristas, historiadores, cartógrafos y geógrafos internacionales y, por supuesto, políticos, gobiernos y sus aliados.

En segundo lugar, la consolidación de un orden bipolar tras la Segunda Guerra Mundial reforzó la fuerza y la importancia de las líneas fronterizas en todo el mundo; aunque, por supuesto, de forma selectiva y con implicaciones heterogéneas. La rivalidad entre las dos superpotencias no se centró tanto en redibujar las líneas fronterizas como en ganar influencia en terceros países y asegurar su alineamiento con uno u otro proyecto político-económico e ideológico. Se trataba de una batalla que se libraba *dentro de* fronteras preexistentes e incuestionables; por ejemplo, mediante diversas formas de desarrollo y cooperación, o utilizando a los refugiados y el régimen de refugiados con fines geopolíticos.

Durante este periodo, los académicos de los Estudios Fronterizos se dedicaron, sobre todo, a modelar tipologías de fronteras en función de su grado de apertura o cierre, y a reflexionar sobre el papel de la gestión de fronteras en la resolución o perpetuación de los conflictos y la cooperación entre países. Desde esta perspectiva, las fronteras tienen funciones que van más allá de la de delimitar la extensión territorial del dominio soberano: pueden fomentar o impedir el conflicto, la cooperación y la circulación. Por tanto, pueden gestionarse para lograr fines concretos. Los exponentes de este enfoque funcional de los Estudios Fronterizos, figuras como Julian Minghi o John Robert Victor Prescott, se ocuparon sobre todo de las negociaciones fronterizas, de la delimitación y demarcación de nuevas fronteras políticas como las marítimas, de la cooperación y gestión en zonas fronterizas. Partiendo de una conceptualización de las fronteras como expresiones temporales del poder relativo entre fuerzas políticas opuestas que cambian en función de los conflictos, el expansionismo militar y la conquista territorial; es decir, ancladas, en última instancia, en las ideas de Ratzel, cuya principal preocupación era identificar aquellos tipos de intervenciones que con mayor probabilidad generarían trayectorias de resolución de conflictos o de cooperación, en contraposición a los conflictos y las disputas. Esta concepción funcional de las fronteras —esto es, una preocupación más centrada en lo que las fronteras hacen que en lo que son—, siguió siendo dominante incluso después del final de la Guerra Fría, y sigue dominando el campo. Al igual que en relación con la distinción entre delimitación abstracta y procesos de demarcación situados, pueden identificarse dos debates distintos.

Por un lado, gestionar la apertura y/o el cierre de las fronteras puede entenderse a un nivel más abstracto, como una relación entre el territorio estatal y la circulación transfronteriza. La consolidación de las ideas neoliberales y la afirmación del proyecto de globalización neoliberal a lo largo de la década de 1990 y posterior, por ejemplo, promovieron la apertura de las fronteras y la transnacionalización de los flujos de capital y comercio como un medio para lograr el crecimiento económico, la paz y el desarrollo. Desde esta perspectiva, las fronteras crean distorsiones o diferencias entre jurisdicciones que obstaculizan las fuerzas del mercado, por lo que es necesario abrirlas para alcanzar esos fines. El *Informe sobre el Desarrollo Mundial* 2009 del Banco Mundial es ejemplar en este sentido. Las fronteras no son un problema, afirma el informe, reafirmando así la inviolabilidad de las fronteras. El problema radica más bien en los costes asociados a cruzarlas, que deberían reducirse abriéndolas y liberalizándolas (por ejemplo, mediante la reducción de aranceles e impuestos de importación y exportación) y eliminando trámites burocráticos (por ejemplo, modernizando y digitalizando las infraestructuras fronterizas). Por el contrario, la securitización de la gestión fronteriza desde el cambio de milenio, hizo de la seguridad de las fronteras un imperativo político, promoviendo prácticas de gestión de fronteras orientadas a su cierre selectivo. Definió lo que hoy se entiende comúnmente como el campo de la gestión de fronteras. Esta última no se ocupa tanto de la apertura o el cierre absolutos de las fronteras, sino de su permeabilidad selectiva. El doble imperativo de la gestión contemporánea de las fronteras es precisamente el de favorecer simultáneamente la circulación de lo que se considera movimiento legítimo de personas, inversiones y mercancías e impedirla para los cuerpos, flujos financieros y envíos ilegítimos. Podemos ver cómo se desarrollan estos debates en importantes documentos políticos como los mencionados anteriormente (Banco Mundial y Unión Africana) y muchos más, así como en las políticas de Gestión Integrada de Fronteras, de las que la Unión Europea es abanderada.

Por otro lado, la gestión de la apertura y/o cierre de las fronteras también posee una dimensión más fundamentada. El trabajo de Óscar Martínez a finales de los años 1980 y 1990 es crucial para comprender las continuidades entre las preocupaciones de Curzon y los debates contemporáneos sobre las denominadas zonas fronterizas; es decir, las áreas situadas a lado y lado de la línea fronteriza. Martínez concibió estas áreas como zonas fronterizas de contacto, intercambio e interacción a través de dos entidades estatales distintas (e incuestionables), con un carácter determinado no tanto por la naturaleza orgánica, equilibrada o civilizacional de las sociedades, sino más bien por el alcance de las interacciones transfronterizas, la evolución histórica de las áreas que ahora están separadas por una línea y por el grado de apertura y cierre de dicha línea. Así pues, gestionar las fronteras desde una perspectiva de zona fronteriza exige comprender las historias y culturas situadas, ya que su éxito está profundamente relacionado con ellas. Martínez desplazó la aproximación funcional a las fronteas desde el ámbito interestatal que habían desarrollado autores como Minghi y Prescott, hacia dinámicas más contextuales y fundamentadas. Recordando una vez más a Curzon, él entendía la institucionalización de las fronteras no sólo como una cuestión de encontrar el grado óptimo de apertura/cierre desde la perspectiva del gobierno central, sino más bien como un arte fundamentado y situado que debe realizarse periféricamente en la propia frontera.

Este reconocimiento es crucial en las políticas contemporáneas de gestión de fronteras. El Banco Mundial, por ejemplo, ha puesto en marcha numerosos proyectos que intentan cohesionar sus políticas centradas en el estado con las experiencias concretas de los comerciantes transfronterizos, a menudo excluidos y marginados por estas políticas. El PNUD ha inaugurado recientemente el Centro de Fronteras de África, que se ocupa de traducir y adaptar sus objetivos tradicionales de reducción de la pobreza y capacitación a las especificidades de las zonas fronterizas. Del mismo modo, la expansión de la UE hacia el este siempre se ha preocupado por institucionalizar sus fronteras precisamente a través de interacciones transfronterizas.

## IV. LEJOS DE LAS LÍNEAS FRONTERIZAS

A lo largo de la década de 1980, y especialmente en la de 1990, el significado de las líneas fronterizas como inscripciones no problemáticas del espacio pasó a ser objeto de escrutinio desde diversas perspectivas disciplinarias. En primer lugar, esto puede verse en términos de una serie de desafíos interdisciplinares a la conceptualización de los estados como contenedores territoriales de la sociedad y las relaciones sociales.

Dentro de la geografía política, la obra de John Agnew es ejemplar en este sentido. Agnew cuestionó una serie de supuestos territorialmente atrapados que, en su opinión, caracterizaban la mayoría de los análisis de las Ciencias Sociales. La trampa a la que se refería deriva de tres suposiciones/presunciones interconectadas: los estados son las unidades básicas del espacio soberano; existe una polaridad y distinción entre los ámbitos nacional y extranjero; y los estados son "contenedores" de sociedades. Subrayando que las explicaciones sobre el comportamiento político agregado se buscan tradicionalmente en categorías y conceptos que relacionan todas las divisiones sociales con el nivel del estado, expuso las limitaciones de los estudios que entienden el estado territorial como la única forma espacial y organizativa de la política. De este modo, en su libro de 1987, *Place and Politics,* Agnew proponía entender los estados como un conjunto de localidades (geográficas), y sugería que los lugares, sus historias sociales y sus bases sociales, son un espacio crucial para comprender los posibles compromisos y resistencias a las instituciones estatales. Al afirmar que lo político está situado geográficamente, ofreció una comprensión multiescalar de la política que iba más allá del territorio estatal. Las huellas de esta perspectiva pueden verse, por supuesto, en el trabajo de Óscar Martínez comentado anteriormente.

Agnew no fue el único que cuestionó el nacionalismo metodológico y las concepciones de la vida social y política centradas en el estado. El politólogo R. B. J. Walker, por ejemplo, cuestionó de forma similar las concepciones rígidas de la dicotomía nacional/internacional y de la inscripción lineal en la que se basa. Su libro de 1992, *Inside/Outside: International Relations as Political Theory,* cuestionaba la distinción entre las concepciones "internas" del Tiempo que giran en torno a los relatos estadocéntricos del progreso y la historia como logros colectivos acumulativos, y el Tiempo "externo" que, en cambio, se concibe en términos de repetición o aplazamiento de proyectos progresistas, al estar la historia impulsada por el interés propio y el poder relativo de los estados[3]. Otros autores asumieron retos similares dentro de sus propias disciplinas. De hecho, gran parte de la literatura de Ciencias Sociales de finales de la década de 1990, se ocupaba precisamente de rechazar los análisis territorialmente atrapados, haciendo hincapié, por el contrario, en las múltiples conexiones espaciales que se habían convertido, según estos autores, en algo más relevante que los análisis territorializados en el contexto de la globalización. Estas conexiones, según el argumento, configuran lugares e identidades mediante el establecimiento de relaciones socioespaciales que trascienden los confines delimitados de cualquier estado, ciudad o región, conexiones que abren lugares e identidades, que desterritorializan los procesos y las relaciones sociales. Se trata de un conjunto de contribuciones y perspectivas dispa-

---

3 Véase, Ancel contra Ratzel, más arriba.

res, pero que comparten la ambición de superar los análisis territoriales centrados en el estado, subrayando, en cambio, la naturaleza en red, "flujo cultural" y/o transnacional de los procesos sociales contemporáneos. Las transformaciones materiales producidas por el despliegue del proyecto de globalización neoliberal del que hablábamos más arriba, expresadas en el famoso sonsonete académico de Keinichi Omahe —"el mundo sin fronteras de la globalización"—, dieron lugar a una serie de preguntas nuevas o reformuladas sobre los desniveles, las diferencias, las singularidades y universalidad, sobre la política y los estados, la democracia y las exclusiones en este "nuevo" mundo interconectado —el mismo tipo de preguntas que animan el ensayo de Balibar con el que empezamos este capítulo.

Por supuesto, el campo de los Estudios Fronterizos no fue inmune a esta evolución. De hecho, en la mayoría de los casos representó un laboratorio de germinación de estas ideas. Las contribuciones son muy variadas, pero es posible identificar cuatro corrientes teóricas que se alejan de la conceptualización de las fronteras como líneas que se pueden gestionar y que, en su lugar, privilegian los relatos que ponen de relieve su fluidez, su carácter situado y sus vacilaciones. Cada una de estas corrientes entiende la relación entre fronteras, territorio y poblaciones de formas diferentes.

En primer lugar, Gloria Anzaldua que escribió en relación con la misma frontera entre Estados Unidos y México que preocupaba a Martínez y en el mismo momento histórico, llevó el tema por derroteros completamente nuevos y radicalmente innovadores con su libro de 1987, *Borderlands/La Frontera*[4]. Este último replanteaba la preocupación por las líneas fronterizas y las dicotomías que engendran, desde la perspectiva de las historias y experiencias corporeizadas y subjetivas, la hibridez y la sensualidad. Las líneas fronterizas son siempre antinaturales en el mundo de Anzaldua. Establecen jerarquías y diferencias entre los que pueden habitar la tierra fronteriza legítimamente —esto es, los que están en el poder— y los que están prohibidos y vetados, basándose en la posesión de documentos y/o identidades étnicas. Las zonas fronterizas surgen en la intersección entre estas líneas de frontera antinaturales y los residuos emocionales que generan subjetivamente. Son lugares vagos e indeterminados, lugares en constante estado de transición, lugares habitados por *atravesados*, queer, *mulatos*, mestizos, que se emancipan cruzando, traspasando o atravesando los confines de lo "normal"; es decir, a través y más allá del orden socioespacial

4 Anzaldúa, Gloria, Borderlands/La frontera: *The New Mestiza* (San Francisco, CA: Aunt Luttle Books, 1987).

de las fronteras. Anzaldua reinscribió las líneas fronterizas en las historias y experiencias subjetivas que las animan y perturban. Señaló con el dedo el carácter irreconciliable entre los órdenes centrados en el estado y nuestras vidas sociales y subjetivas.

En las epistemologías feministas y poscoloniales de las fronteras siguen predominando las interpretaciones corporales de las mismas. Desde estas perspectivas, las prácticas políticas corporeizadas son a la vez contingentes y constitutivas del territorio. La política, sugiere Jennifer Hyndman, opera a escalas distintas a la del estado-nación, y una geopolítica feminista explora las prácticas políticas que operan a escalas más finas y más gruesas que el estado-nación. Nira Yuval Davis, Georgie Wemyss y Kathryn Cassidy[5], de forma similar y más recientemente, sostienen que la frontera y la política de pertenencia se comprenden mejor a través de una perspectiva interseccional situada que se centra en lo cotidiano. Las perspectivas corporeizadas también son relevantes. De hecho, adquieren aún más importancia en la era de las tecnologías fronterizas digitales. Para Louise Amoore[6], de hecho, estas tecnologías, como la biométrica, proporcionan la condición de posibilidad para que una frontera sea transportada por cuerpos móviles y se despliegue para dividir cuerpos en fronteras internacionales, aeropuertos, estaciones de tren, en el metro o en las calles de la ciudad, en la oficina o en el barrio.

En segundo lugar, la relación entre territorios y población puede verse a través de una lente fronteriza. En este caso, la frontera adquiere una connotación distinta a la que Anzaldua atribuye a este concepto. La literatura fronteriza clásica concibe la frontera en términos territoriales y no subjetivos. Una tierra fronteriza es una zona situada al otro lado o muy cerca de una frontera internacional, una zona en la que los estados no tienen pleno control o no han establecido plenamente su autoridad. En las zonas fronterizas, las identidades, la pertenencia, la comunidad y la autoridad no se definen (exclusivamente) en relación con órdenes espaciales centrados en el estado, sino que adquieren significados diferentes; la mayoría de las veces debido a los amplios vínculos transnacionales que hay con las poblaciones del otro lado de la frontera. La bibliografía es muy amplia, pero en

5 Véase, por ejemplo: Yuval-Davis, Nina, "A situated intersectional everyday approach to the study of bordering", EUROBORDERSCAPES Working Paper 2, agosto 2013.

6 Amoore, Louise, "Biometric borders: governing mobilities in the war on terror", *Political Geography* 25, núm. 3 (2006): 336-251.

su mayor parte parece girar en torno a la preocupación por las políticas de rechazo o compromiso que las poblaciones de estas zonas despliegan en su relación con los estados. Conceptos como "autoridades competidoras", "soberanías superpuestas" o "ciudadanía fronteriza" recogen estas preocupaciones de diversas formas.

Desde el punto de vista analítico, la preocupación por las zonas fronterizas se convirtió en una corriente floreciente dentro del campo de los Estudios Fronterizos. A finales de la década de 1990, los trabajos de Willem van Schendel e Itty Abrahams[7] sobre la frontera de Bengala, por ejemplo, reformularon las preocupaciones de Martínez en el contexto de la globalización, reterritorializando los flujos globales a medida que cruzaban físicamente la frontera. El libro de James Scott *The Art of Not Being Governed*, publicado en 2007, también se ocupaba de las zonas fronterizas, entendiéndolas como espacios no estatales. El *Journal of Borderland Studies* y diversas organizaciones académicas regionales como *African Borderlands Research Network* (ABORNE) o *Asian Borderlands Research Network* (ABRN) actualizan y adaptan continuamente todas estas ideas y reflexiones de forma intelectualmente estimulante. En relación con la política, como ya se ha mencionado, las zonas fronterizas se han convertido en un lugar clave de intervención. Así se puede ver en Europa, donde las iniciativas fronterizas han regido la ampliación de la Unión Europea hacia el este. También en el Sur Global. La iniciativa *Borderland* del PNUD (anteriormente mencionada) o el programa transfronterizo del Banco Mundial son ejemplares en este sentido, ya que tratan de gobernar las zonas fronterizas mediante marcos institucionales innovadores. Del mismo modo, en Asia Meridional se promueven actividades de integración transfronteriza, como la apertura de fronteras informales, aunque la mayoría de las veces vayan acompañadas de procesos de refuerzo o vallado de fronteras. En última instancia, partiendo de la preocupación de Curzon, parecen tener como objetivo la institucionalización de la frontera mediante la captación de las prácticas informales existentes más allá del ámbito de los estados, institucionalizándolas.

En tercer lugar, el denominado "giro procesual" de los Estudios Fronterizos desplaza la atención analítica hacia las prácticas situadas de construcción y reconstrucción de fronteras, hacia los procesos de creación de

---

7 Van Schendel, Willem and Itty Abrahams, eds., *Illicit flows and criminal things: states, borders and the other side of globalization* (Bloomington, IN: Indiana University Press, 2005).

fronteras. Este giro analítico, iniciado por la obra de Henk Van Houtum[8], llama la atención sobre la naturaleza inestable de las fronteras y su relación con el territorio, poniendo en primer plano el encuentro entre las prácticas gubernamentales de institucionalización de las fronteras y las ideas, imaginaciones y relaciones a través del espacio y el tiempo que las concretan. Esta reinterpretación de las fronteras como procesos de ordenación que tratan de hacer realidad la demarcación ofrece una nueva conceptualización de éstas como espacios relacionales complejos e implica centrarse en la "relacionalidad" como característica crucial de la frontera. Así, las fronteras vuelven a concebirse como lugares móviles, relacionales y multidimensionales, con diferentes formas, funciones y ubicaciones simbólicas y materiales. Al igual que las líneas anteriores, esta perspectiva también se ocupa de las identidades y la producción de la "otredad", así como de los procesos de negociación asociados a ellas, pero concibe la frontera como una realidad social múltiple y situada. La abstracción moderna y las geometrías fijas impresas en el espacio por las fronteras se reconstituyen así en términos de prácticas que se expanden a través del espacio y tiempo.

Dos términos captan el significado contemporáneo de esta corriente de pensamiento. El concepto de "paisaje fronterizo" evoca el conjunto de normas, semánticas y otras prácticas que se concretan mediante las prácticas de múltiples agentes que en su encuentro concretan la frontera. El concepto de "trabajo fronterizo" subraya de forma similar el conjunto de prácticas de personas, organizaciones y estados que se producen y reproducen a través de un trabajo constante que, en algunas versiones, promulga la frontera de forma diferente en distintos contextos y en relación con distintos pueblos. El primero parece preocuparse por los espacios esculpidos por los encuentros fronterizos, el segundo por el proceso dinámico de construcción de la frontera a través de dichos encuentros.

En cuarto y último lugar, se examina la relación entre territorios y poblaciones a través del proceso de multiplicación y virtualización de las fronteras. Partiendo de la afirmación de Etienne Balibar de que las fronteras son vacilantes, de que ya no están en la frontera, esta corriente ha ampliado espectacularmente el campo de los Estudios Fronterizos al situarlo en una variedad de preocupaciones teóricas sociales. Nick Vaughn Williams[9],

---

8 Van Houtum, Henk, Oliver Kramsch and Wolfang Zierhofer, eds., *B/ordering Space* (Aldershot: Ashgate, 2005).

9 Vaughan-Williams, Nick, *Border politics: the limits of the sovereign power* (Edimburgo: Edimburgh University Press, 2009).

por ejemplo, ofrece el concepto de "frontera bio-política generalizada" para reconceptualizar los límites del poder soberano como algo difuso a través de los cuerpos y que opera a través de la sociedad y la vida cotidiana. Esta frontera biopolítica generalizada desvincula el análisis de la actividad del poder soberano de los límites territoriales del estado y reubica dicho análisis en el contexto de un campo biopolítico que se extiende por el espacio nacional e internacional. Desde una perspectiva diferente, y desarrollando este tema en una dirección distinta, Achille Mbembe sugiere que las fronteras ya no son sólo un punto concreto en el espacio, sino más bien una tecnología que, a través de la partición del espacio, la deslocalización y vallado de la riqueza, y la fragmentación de los territorios, "borderiza" los cuerpos, distinguiéndolos entre los que son un riesgo y los que no lo son. Sostiene que las fronteras, entendidas como tecnología que persigue a los cuerpos, muestran la violencia organizada que sustenta tanto el capitalismo contemporáneo como nuestro orden mundial en general.

En ocasiones, el concepto de frontera se lleva más allá al concebirla como sinónimo de controles sociales o, en algunos casos, como sinónimo de diferencias sociales. Los trabajos de Sandro Mezzadra y Brett Neilson[10] analizan la multiplicación de las fronteras en función de su crucial papel en la producción del espacio y el tiempo profundamente heterogéneos del capitalismo global. Aquí, el reforzamiento de las fronteras internas o externas, así como la creación de nuevas "fronteras" como las establecidas por las Zonas Económicas Especiales, o la redoblada importancia de los regímenes de visados, y los contratos y contratistas laborales en la gestión de la movilidad humana, crean una compleja diferenciación espacial que es funcional al capitalismo y que reconfigura las anteriores concepciones de la división internacional del trabajo. Las fronteras están en todas partes y su proliferación redefine conceptos políticos como ciudadanía y soberanía. Aunque, para algunos, estas perspectivas extienden en exceso la metáfora de la frontera al restar importancia al significado estructurador de las líneas fronterizas en nuestro mundo contemporáneo, esta conceptualización sigue siendo extremadamente influyente en este campo de estudios.

Aunque se presentan como vertientes "diferentes", cada uno de estos enfoques resuena con el otro de múltiples maneras. Aunque, a menudo, son producto de proyectos epistemológicos contrapuestos, comparten la idea de que las fronteras son móviles, fluidas y situadas, si bien esbozan las implicaciones de su análisis en distintas direcciones y con diferentes inte-

---

10 Mezzadra, Sandro and Brett Neilon, *Border as method.*

reses disciplinarios. De hecho, las contribuciones más recientes recurren libremente a uno u otro concepto, utilizando el vocabulario que acabo de describir de formas cada vez más innovadoras. Pero esto nos deja con la cuestión de dónde está la frontera.

### CASO DE ESTUDIO

**¿Dónde está la frontera de la UE?**

La idea de que el ejercicio del poder estatal no se desarrolla exclusivamente en las líneas fronterizas parece ya consolidada en todo el campo de estudio. Además, el continuo proceso de innovación en materia de gestión de fronteras ha proporcionado pruebas circunstanciales de que las fronteras no están donde se supone que deben estar. En ningún lugar es esto más evidente que en el contexto europeo, que ha desarrollado un amplio conjunto de prácticas de gestión fronteriza relacionadas con la externalización de los controles fronterizos. Tanto si pensamos en la deslocalización de los centros de detención de inmigrantes como en los acuerdos bilaterales en el marco de la vecindad de la UE, en la generalización de los controles biométricos y la interoperabilidad de las bases de datos de información o en el patrullaje naval de las aguas internacionales del Mediterráneo y el Atlántico, está claro que los esfuerzos de la UE por anticiparse a la migración con destino a la UE y contenerla se desarrollan lejos de sus fronteras.

Sin embargo, ¿confirma esto que las fronteras han perdido su significado? ¿Son estas formas de control fronterizo algo radicalmente nuevo que transforma lo que son las fronteras?

Para algunos no es así. Si las fronteras están en todas partes, también lo están en ninguna en particular, lo que oscurece la importancia configuradora del mundo de las líneas fronterizas. Otros subrayan cómo los relatos que privilegian una visión dispersa de las fronteras opacan las estructuras y trayectorias históricas que permiten a algunos estados proyectar su poder más allá de sus límites territoriales. Otros siguen insistiendo en que, por mucho que el ejercicio de las funciones fronterizas pueda activarse lejos de las líneas fronterizas, éstas siguen siendo absolutamente significativas en términos de aplicabilidad y ejercicio del derecho.

- ¿De qué manera están reconfigurando los procesos de externalización la espacialidad de las fronteras de la UE?
- ¿Cómo se relacionan con la espacialidad fronteriza las categorizaciones legales e institucionales centradas en el estado y etiquetas como las de "refugiado" e "inmigrante económico", por inexactas y políticamente perniciosas que sean?
- ¿En qué medida las espacialidades emergentes que hemos presentado en este capítulo, son útiles capturar los procesos de gestión de fronteras que tienen lugar fuera de la UE?
- ¿Es la externalización un concepto eurocéntrico desde la perspectiva de los países receptores de estas políticas?

## V. CONCLUSIONES

A modo de conclusión, quiero destacar dos cuestiones/preguntas clave que se desprenden del conjunto de perspectivas analizadas en las páginas anteriores.

La primera es urgente y tiene una fuerte carga política. Las fronteras son una cuestión de vida o muerte para las personas en todo el mundo. Las fronteras definen identidades que distinguen entre personas y lugares en función de su ubicación en los espacios que las propias fronteras definen. Las fronteras hacen mundos, pero estas palabras parecen muy desiguales. Establecen y niegan derechos de ciudadanía; establecen y niegan el derecho a los recursos terrestres y marítimos. Pueden fomentar la pertenencia o la alienación. Diferencian, restringen o potencian la movilidad. Son un recurso para quienes pueden aprovecharse de las diferencias jurisdiccionales que crean, ya sean personas refugiados, contrabandistas, capos de la droga, blanqueadores de dinero, ciudadanos de Schengen, la élite del 1% o empresas que las cruzan para explotar las diferencias en regímenes fiscales, legislación laboral, oportunidades políticas, mercados económicos, o simplemente buscando mejorar sus vidas. ¿Pueden gestionarse mejor las fronteras para obtener mejores resultados o deben democratizarse desinstitucionalizándolas?

La segunda es analítica y reflexiva. Teniendo en cuenta que las fronteras crean mundos, no es de extrañar que el ámbito académico que las considera su principal objeto de investigación haya evolucionado en múltiples direcciones y ahora abarque todos los campos académicos. En el intento de descifrar e interpretar qué "mundos" crean realmente las fronteras y cuál es su relación con otros "mundos" que existen dentro de ellas y a través de ellas, el interés por las fronteras se ha multiplicado. De aquí, la jerga, la auto-referencialidad y la teorización abstracta que suelen acompañar a un tema de investigación actual e innovador. Y, sin embargo, muchos insisten en que no tiene sentido recopilar conocimientos sobre las fronteras, ya que no son más que un reflejo del capitalismo racial, el imperialismo, el patriarcado, el desarrollo desigual y sus juegos geopolíticos. ¿Es factible y deseable desarrollar una "teoría de las fronteras" o son éstas simplemente un reflejo sobre el que debemos teorizar desplegando los repertorios analíticos tradicionales?

En última instancia, los Estudios Fronterizos parecen estar atrapados en el dilema de si concentrarse en la producción de conocimiento situado o, por el contrario, basarse en teorías más generales. Algunos han pedido polémicamente su desaparición en favor de un escrutinio de las fronteras sociales como espejo de las formas del mundo.

## VI. RECAPITULACIÓN

**Ideas principales:**

- El capítulo ha ofrecido una definición básica de frontera como tensión: por una parte, las fronteras definen las identidades de personas y lugares a través de la creación de una cuadrícula espacial que atribuye significado a estas identidades sobre la base de su localización en esta cuadrícula; por otra parte, este proceso no es ni unidireccional ni absoluto, sino siempre contestado, reapropiado y/o desviado.
- La gestión de las fronteras es un intento de controlar estas tensiones, de concretar e institucionalizar estas identidades y espacios abstractos.
- Los Estudios de Fronteras, sin embargo, están relacionados con procesos analíticos para la identificación de las fuerzas sociales que definen las fronteras, su cuadrícula espacial y las jerarquías materiales y epistemológicas que subyacen a ellas.
- El capítulo ha presentado una revisión histórica sobre las diferentes posiciones existentes sobre el tema, analizando las preocupaciones sobre la legitimidad y coherencia de esas cuadrículas cara a cara con las identidades de la gente y el territorio a definir.

# *Capítulo 22*
# *Paz*

**ÓSCAR MATEOS***

## I. INTRODUCCIÓN

El debate sobre la guerra y la paz ha vertebrado la disciplina de las Relaciones Internacionales desde su inicio con la creación en 1919 de la cátedra Woodrow Wilson en la Universidad de Gales (Aberystwyth). El contexto en el que emergió esta histórica iniciativa era, precisamente, el de unas sociedades profundamente traumatizadas por el impacto de la Primera Guerra Mundial que había dejado más de 9 millones de víctimas mortales y que, sólo en el caso de Francia, por ejemplo, había llevado a que más del 50 por ciento de sus jóvenes de aquel momento fueran heridos o muertos como consecuencia del campo de batalla[1]. Un acontecimiento tan traumático como este, señala Ken Booth, se convirtió así en el "catalizador para convertir el campo [de las Relaciones Internacionales] en una disciplina académica coherente"[2].

En el plano de la arquitectura internacional, la aspiración de lograr la paz ha jugado también un papel esencial. Desde 1919 con el experimento frustrado de la Sociedad de Naciones, y tras la Segunda Guerra Mundial, con el establecimiento en 1945 de las Naciones Unidas, la búsqueda de instrumentos que contribuyeran al afianzamiento de la paz y la seguridad a nivel internacional se convirtieron en el principal motor de las discusiones y agendas internacionales. No obstante, fue el final de la Guerra Fría el que supuso un considerable punto de inflexión en la articulación de la agenda internacional de paz. Desde inicios de la década de los 90, especialmente desde la publicación de la llamada "Agenda para la paz" o "Programa de Paz" (*Agenda for Peace*) del entonces Secretario General de la ONU, Bou-

---

* Profesor Titular de Relaciones Internacionales y coordinador del grupo de investigación consolidado GLOBALCODES de la Facultad de Comunicación y Relaciones Internacionales Blanquerna (Universidad Ramon Llull).

1 Esther Barbé, *Relaciones Internacionales* (Barcelona: Tecnos, 1995), 28.

2 Ken Booth, "International Relations: The Story So Far", *International Relations* 33, no. 2 (2019): 360.

tros Boutros-Ghali[3], la aspiración de construir la paz se convirtió en un eje transversal en la mayoría de políticas internacionales, hasta llegar, por ejemplo, a su inclusión como pilar fundamental de la Agenda 2030 a través del Objetivo de Desarrollo Sostenible 16[4]. La arquitectura internacional de paz es resultado también de una compleja e intensa interacción entre actores de todo tipo (organizaciones internacionales, estados, ONG, comunidades epistémicas, etc.), quienes de forma desigual, con diferentes enfoques, recursos y capacidades, han contribuido a la comprensión de los conflictos actuales, así como a las estrategias internacionales de intervención y construcción de paz.

El capítulo tiene como objetivo entender la evolución de la agenda internacional de paz desde 1945, pero sobre todo a partir del final de la Guerra Fría hasta nuestros días. En ese propósito, las siguientes páginas tratarán de analizar qué concepciones de la paz desde la teoría de las Relaciones Internacionales (idealismo, realismo, liberalismo, marxismo, corrientes post-positivistas o críticas), han informado e influenciado las diferentes fases de esta agenda internacional, así como qué actores y procesos han contribuido a dicha configuración. Se argumenta que la mayoría de estas diferentes concepciones, impulsadas por determinados actores de las relaciones internacionales, se han confrontado y coexistido en cada una de las fases, si bien algunas de ellas han logrado convertirse en hegemónicas a la hora de determinar la articulación y operacionalización de la agenda y de la arquitectura internacional de paz. Como veremos, su evolución presenta numerosas continuidades a lo largo de esta trayectoria histórica pero también elementos de cambio y de novedad que intentaremos analizar.

---

3 Véase "An agenda for peace: preventive diplomacy, peacemaking and peace-keeping: report of the Secretary-General pursuant to the statement adopted by the Summit Meeting of the Security Council on 31 January 1992", 1992, https://digitallibrary.un.org/record/144858?ln=zh_CN

4 El ODS 16 se ha convertido en uno de los objetivos más emblemáticos de la Agenda 2030, hasta el punto que en numerosos foros se lo ha denominado como el "ODS 16 plus", por su carácter de interconexión y facilitación de las diferentes dimensiones del desarrollo, asumiendo que sin la dimensión de la paz no es posible la del desarrollo. Véase Óscar Mateos, "Deconstruyendo el ODS 16: construcción de paz y apropiación local en la Agenda 2030", en *La comunidad internacional ante el desafío de los objetivos de desarrollo sostenible. XXIX Jornadas de la Asociación Española de Profesores de Derecho Internacional y Relaciones Internacionales*, dirs. Antoni Pigrau i Solé, Maria Font i Mas, Diana Marín Consarnau, Susana Borràs Pentinat y Alfonso González Bondia (Tirant Lo Blanch, 2023), 349-370.

El capítulo considera que desde 1945 pueden distinguirse tres etapas en la evolución de la agenda internacional de paz. Una primera etapa en el contexto de enfrentamiento bipolar en la que dicha agenda está capturada por una visión realista de las Relaciones Internacionales que entiende la paz como "equilibrio de poder", ofreciendo un espacio limitado al papel de Naciones Unidas y a visiones de la paz más emancipadoras. Una segunda etapa, ya en el contexto de posguerra fría, caracterizada por lo que llamaremos "el consenso de la paz liberal"[5], que derivará en un modelo de intervención más ambicioso y complejo. Este "consenso", apunta Oliver Richmond[6], se asienta en un "metadiscurso" de la paz en el que confluyen las principales visiones de las Relaciones Internacionales (realismo, liberalismo, idealismo, marxismo), configurando la idea de "paz como gobernanza" (*peace-as-governance*). Una tercera etapa en el contexto post-11-S, a partir de 2001, en la que la construcción discursiva de los contextos de conflicto armado como problemas de seguridad colectiva potenciará un modelo que privilegia la construcción de instituciones fuertes (siendo especialmente relevantes las estrategias de Reforma del Sector de la Seguridad, RSS) como forma de construir una paz más efectiva, esto es, una agenda de "construcción de paz como construcción de estado" (*peacebuilding-as-statebuilding*)[7].

Un aspecto importante al que el capítulo otorgará una especial relevancia es el debate crítico mantenido por multitud de autores en torno a los límites y problemas de la agenda internacional de paz de posguerra fría. Además de problematizar este modelo, todas estas contribuciones críticas considerarán otras formas "post-liberales" de construcción de paz como formas más "sostenibles" y "legítimas" de construir la paz, poniendo espe-

---

5 Oliver Richmond, *The Transformation of Peace* (Londres: Palgrave MacMillan, 2005); Itziar Ruiz-Giménez (ed.), *El sueño liberal en África Subsahariana. Debates y controversias sobre la construcción de paz* (Madrid: La Catarata/Casa África, 2013); Óscar Mateos, "La «paz liberal», el día después. Un análisis de la segunda generación de críticas a la agenda internacional de construcción de paz", en *Pax Crítica. Aportes teóricos a las perspectivas de paz posliberal*, eds. Karlos Pérez de Armiño y Iker Zirion (Madrid, Tecnos/Hegoa, 2019), 45-79; Karlos Pérez de Armiño y Iker Zirion, eds., *Pax Crítica. Aportes teóricos a las perspectivas de paz posliberal* (Madrid, Tecnos/Hegoa, 2019).

6 Oliver Richmond, *Peace in International Relations* (Londres: Routledge, 2008).

7 David Chandler, *Peacebuilding. The Twenty Years Crisis, 1997-2017* (Cham: Palgrave MacMillan, 2017).

cial énfasis en el ámbito de lo "local", de lo "híbrido" y de lo "cotidiano"[8]. Esta nueva "generación" de aportaciones críticas se erige como uno de los debates más importantes en el marco de las Relaciones Internacionales de los últimos años caracterizándose por la diversidad de visiones, sobre todo procedentes de la teoría crítica, el post-estructuralismo, el feminismo y el de- o post-colonialismo[9]. Asimismo, el texto analizará la posible crisis en la actualidad del modelo de paz liberal y las implicaciones de lo que se ha denominado como "el giro pragmático", esto es, una agenda internacional de paz que persigue formas más eficientes de construcción de paz enfrentando múltiples contradicciones y dilemas[10].

Para analizar todos estos aspectos, el capítulo se divide en cuatro partes principales. En la primera sección se analiza la evolución y características de la agenda internacional de paz de las tres primeras etapas, esto es, desde 1945 hasta la articulación del llamado "consenso de la paz liberal" en el contexto de posguerra fría y su evolución tras el 11 de septiembre de 2001. La segunda parte del capítulo presenta las críticas hacia el modelo de construcción de paz hegemónico desde los 90, así como las aportaciones post-positivistas que abogan por la comprensión y visibilización de formas y experiencias post-liberales de construcción de paz. El tercer apartado se detiene a analizar el contexto, las características y las implicaciones del "giro pragmático" que la agenda internacional de paz ha protagonizado en los últimos años, planteando algunos debates y dilemas sobre el futuro de la idea de paz en las Relaciones Internacionales. La parte final del capítulo recoge algunas conclusiones, elabora una breve recapitulación del capítulo y propone algunas recomendaciones para profundizar en este ámbito concreto.

---

8 Roger MacGinty, "Everyday peace: Bottom-up and local agency in conflict-affected societies", *Security Dialogue*, 45, no. 6 (2014); Thania Paffenholz, "Unpacking the Local Turn in Peacebuilding: A Critical Assessment Towards an Agenda for Future Research", *Third World Quarterly*, 36, no. 5 (2015).

9 Mateos, "La «paz liberal», el día después. Un análisis de la segunda generación de críticas a la agenda internacional de construcción de paz".

10 Chandler, *Peacebuilding. The Twenty Years Crisis, 1997-2017*; Cedric De Coning, "Adaptive peacebuilding", *International Affairs*, 92, no. 2; Louis Wiuff Moe y Finn Stepputat, "Peacebuilding in an era of pragmatism", *International Affairs*, 94, no. 2.

## II. DE LA HEGEMONÍA REALISTA DE LA GUERRA FRÍA AL "CONSENSO DE LA PAZ LIBERAL" DE POSGUERRA FRÍA

En este primer apartado analizaremos las características de las tres primeras etapas de la agenda internacional de paz (Guerra Fría, posguerra fría y post-11-S). Como veremos, aunque en la discusión de esta agenda han coexistido múltiples visiones y concepciones de la paz, a menudo en tensión y en importante conflicto, generando múltiples controversias ideológicas y jurídicas, su operacionalización ha sido hegemonizada por determinadas concepciones, fundamentalmente desde el realismo y el liberalismo, impulsadas por determinados actores del ámbito internacional.

### *1. Un sistema liberal emergente en un contexto de hegemonía realista*

La creación de Naciones Unidas supuso un hito histórico en cuanto al impulso de la construcción de paz a nivel internacional se refiere. En su Preámbulo, la Carta de Naciones Unidas aspiraba a *"preservar a las generaciones venideras del flagelo de la guerra"*[11], derivando esta voluntad en multitud de instrumentos e instituciones que han sido desplegados desde aquel momento. En su artículo 2.4. la Carta también instaba a los firmantes a abstenerse *"de recurrir a la amenaza o al uso de la fuerza"*[12], mientras que el principal mandato del Consejo de Seguridad de la ONU se basaba, precisamente, en *"la responsabilidad primordial de mantener la paz y la seguridad internacionales"*. Este *momentum* no era repentino, sino que se insertaba en una larga trayectoria de debates e iniciativas, que sobre todo a partir del siglo XIX habían ido apuntalando la posibilidad de contar con una institución supranacional que fuera capaz de hacer realidad este propósito.

El impulso liberal-internacionalista en el que se asentaba el despliegue y operacionalización de instrumentos internacionales de paz, sin embargo, colisionaba con el principio de respeto a la soberanía que guiaba el com-

---

11 Carta de las Naciones Unidas: Preámbulo. En: https://www.un.org/es/about-us/un-charter/preamble

12 Especialmente significativo es el contenido de los capítulos VI y VII de dicha Carta. Mientras que el Capítulo VI establece los detalles para el *"arreglo pacífico de controversias"*, el Capítulo VII contempla los mecanismos oportunos para la intervención *"en caso de amenazas a la paz, quebrantamientos de la paz o actos de agresión"*.

portamiento de los estados dentro de la organización. Según Richmond[13], es evidente que el sistema no sólo se apuntaló en la racionalidad del sistema de Estados, sino que se inclinó en las primeras décadas hacia los intereses y preferencias de EEUU —como se podía ver sobre todo en el desarrollo de las principales instituciones financieras internacionales como el Banco Mundial o el Fondo Monetario Internacional— y, en general, hacia los intereses de la mayoría de los países occidentales. De este modo, Naciones Unidas se construyó durante esta etapa en un contexto internacional realista de equilibrio de poder que coexistía, y muy a menudo, neutralizaba, las aspiraciones de una agenda internacional liberal. Asimismo, la concepción dominante en este momento de la idea de paz la entendía como una mera ausencia de guerra, un aspecto que detallaremos en profundidad más adelante.

A pesar de todo, autores como Thomas Weiss[14] han defendido el bagaje de la organización en materia de paz y seguridad durante esta etapa. Las operaciones de "mantenimiento de la paz" (*peacekeeping*), a pesar del poder de veto de los cinco miembros permanentes del Consejo de Seguridad, se convirtieron en un sello distintivo de Naciones Unidas, especialmente hasta mitad de la década de los 70, cuando el bloqueo de la organización fue total por el aumento de la tensión entre Washington y Moscú. El llamado "Capítulo seis y medio", situado entre los métodos tradicionales de solución pacífica de controversias del Capítulo VI de la Carta de Naciones Unidas, y las medidas coercitivas para el mantenimiento de la paz del Capítulo VII, permitieron que la organización diera un salto significativo en cuanto a la naturaleza de su actividad. La idea de desplegar soldados para "mantener la paz" fue utilizada oficialmente en la crisis de Suez de 1956, y desde entonces, hasta en un total de 13 ocasiones hasta 1978, siendo la misión en el Congo (ONUC), entre 1960 y 1964, especialmente significativa, por la inclusión de elementos civiles o por la posterior aprobación por parte del Consejo de Seguridad del uso de la fuerza.

Para Richmond[15], la ambición y estructura política de la organización durante esta primera etapa debe considerarse, en términos legales, institucionales y normativos, como una arquitectura mucho más compleja y avanzada que el sistema de equilibrio de poder existente en el siglo XIX.

---

[13] Oliver. P. Richmond, *The Grand Design. The evolution of the international peace architecture* (Oxford: Oxford University Press, 2022).

[14] Thomas G. Weiss, *Would the world be better without the UN?* (Londres: Polity, 2018).

[15] Richmond, *The Grand Design. The evolution of the international peace architecture.*

Sus aspiraciones normativas permitieron una comprensión y experiencia superior de lo que es la paz en el plano internacional, siendo esta cuestión estrechamente relacionada con la defensa de los derechos humanos, la mejora del bienestar, el impulso de la cooperación internacional o la promoción de la democracia como elementos ineludibles.

Oliver Stuenkel[16], por su parte, ha señalado que algunos espacios de la organización, como la Asamblea General o la UNCTAD (Conferencia de las Naciones Unidas sobre Comercio y Desarrollo), sirvieron desde su creación para que los países en vías de descolonización a partir de la década de los 50, encontraran un foro desde el que reivindicar la necesidad de construir un nuevo orden internacional más inclusivo y justo. En esta línea, Itziar Ruiz-Giménez[17], haciéndose eco de la idea de Hedley Bull, considera que la Asamblea General durante esta etapa fue el espacio en el que aconteció "la revuelta contra Occidente". Una "revuelta" que logró algunas conquistas normativas por parte de los nuevos países soberanos, así como una reinterpretación de los principios fundamentales de la Carta de Naciones Unidas. Las dos consecuencias principales a este respecto, señala la autora, fueron, por un lado, la inclusión del derecho a la autodeterminación de los pueblos y el derecho de una vida libre de violencia dentro de la legislación internacional de Derechos Humanos, y, por otro lado, la reorientación de la agenda de la organización hacia cuestiones vinculadas con las desigualdades socioeconómicas o los conflictos armados, entre otros aspectos.

Desde el plano académico, algunos aspectos van a resultar especialmente cruciales en la comprensión de la idea de paz, siendo especialmente significativos la influencia de las ideas estructuralistas, de la teoría de la dependencia o neomarxistas, la creación en 1964 del *International Peace Research Association* (IPRA) (que reivindicará la existencia de agendas de investigación de paz más plurales, sociocéntricas y que vayan más allá de los problemas del Norte global), la producción académica de sectores de los estudios feministas que empiezan a introducir en el debate los desiguales impactos de género de las guerras y los conflictos, así como a cuestionar, junto con otras voces, el devenir de la carrera armamentística o a impulsar la aprobación de tratados que prohíban armas de destrucción masiva, o bien la paulatina radicalización del discurso de autores como el noruego

---

16 Oliver Stuenkel, *The BRICS and the Future of Global Order* (Londres: Lexington Books, 2020).

17 Itziar Ruíz-Giménez, "Algunas reflexiones teóricas sobre la relevancia actual de Naciones Unidas", *Revista Española de Derecho Internacional,* 72, no. 2 (2020).

Johan Galtung y su capital influencia en una nueva generación de investigadores[18]. Para Galtung, el objetivo es entender las causas profundas de los conflictos y hacerlo, no desde la perspectiva realista que pone a los estados en el centro, sino desde la perspectiva de los individuos, los grupos y las sociedades, proponiendo la idea de una "paz civil". Asimismo, se otorgará una centralidad especial a la idea de "paz positiva" (*positive peace*), esto es, una paz que erradique no sólo la "violencia física" o "directa", sino sobre todo las otras violencias (cultural y estructural) que subyacen, explican y condicionan las formas visibles de violencia[19]. Este tipo de planteamientos son resultado también del papel ejercido por un movimiento pacifista con un carácter cada vez más transnacional, que responsabilizará a los EEUU y a la Unión Soviética de las causas y dinámicas de las guerras, abogando por estrategias que pongan el desarme, los derechos humanos o el desarrollo como pilares ineludibles de cualquier agenda de paz.

## 2. *El "consenso de la paz liberal" de posguerra fría*

El fin del enfrentamiento bipolar ofreció a Naciones Unidas la posibilidad de una nueva entrada en los asuntos domésticos y posibilitó la existencia de mayores consensos en el seno del Consejo de Seguridad[20]. Una de las iniciativas que abanderará esta nueva fase serán las denominadas "operaciones de construcción de paz post-conflicto" (*post-conflict peacebuilding missions*), que pasaron a convertirse en la principal actividad de Naciones Unidas desde entonces. La idea de "construcción de paz" (*peacebuilding*) suponía un salto sustancial respecto a la idea de "mantenimiento de la paz" (*peacekeeping*). El lanzamiento en 1992 del documento "Un Programa de Paz" (*Agenda for Peace*) del entonces Secretario General de Naciones Unidas, Boutros Boutros-Ghali, aludía así a la aspiración, mucho más ambi-

18 Rafael Grasa, "Cincuenta años de evolución de la investigación para la paz: tendencias y propuestas para observar, investigar y actuar", *Col·lecció recerca per la pau*, no. 4 (Barcelona: Oficina de Promoción de la Paz y de los Derechos Humanos, 2010).

19 Johan Galtung, *Peace by Peaceful Means. Peace and Conflict, Development and Civilization* (Londres: SAGE Publications, 1996).

20 Roland Paris y Timothy D. Sisk, *The Dilemmas of Statebuilding: Confronting the Contradictions of Postwar Peace Operations* (Londres: Routledge, 2009).

ciosa, de erradicar las estructuras que posibilitan la existencia de conflictos violentos[21].

Sólo en la década de los 90 se aprobaron y pusieron en marcha más misiones que en todas las décadas anteriores de existencia de la organización. Este salto cuantitativo vino acompañado por un importante salto cualitativo, al contemplar mandatos mucho más amplios que integraban, entre otras actividades, el desarme de combatientes, la organización de elecciones o el diseño de estrategias de mejora de la gobernanza política. Pero no sólo Naciones Unidas utilizó de forma recurrente el concepto de "construcción de paz". La mayoría de actores internacionales, tanto bilaterales como multilaterales, así como las principales ONG internacionales, lo adaptaron a sus diferentes mandatos. La idea de "construcción de paz" se fue asociando así a un tipo de operaciones cada vez más multifuncionales, multidimensionales y complejas, que combinaban aspectos tradicionales, como el mantenimiento de la paz, con otros aspectos de carácter político, económico o social, y que conllevaban un importante ejercicio de coordinación entre actores de diversa naturaleza (públicos y privados, locales, regionales, internacionales o transnacionales, etc.)[22].

Las misiones de construcción de paz de posguerra fría consolidaron un tipo de intervención cada vez más estandarizado y homogéneo, que se fundamentaba en cuatro áreas de intervención principales: seguridad y gobernanza; democratización y participación política; recuperación socioeconómica y liberalización económica, y justicia transicional[23]. Según Christopher Cramer[24], este modelo demostraba la aspiración de la comunidad internacional a favorecer "una triple transición" en países afectados por una guerra: una transición social, que ayude a pasar de la guerra y la

---

21 Mateos, "La «paz liberal», el día después. Un análisis de la segunda generación de críticas a la agenda internacional de construcción de paz"; Michael Pugh, "Peacebuilding's Origins and History", en *A Requiem for Peacebuilding?*, eds. Jorg Kustermans, Tom Sauer y Barbara Segaert (Londres: Palgrave MacMillan, 2021), 17-40.

22 Charles T. Call y Elizabeth M. Cousens, "Ending Wars and Building Peace: International Responses to War-Torn Societies", *International Studies Perspectives*, 9 (2008), 1-21.

23 Marina Ottaway, "Rebuilding State Institutions in Collapsed States", *Development & Change*, 33, no. 5 (2002), 1001-1023; Roland Paris, *At War's End. Building Peace after Civil Conflict* (Cambridge: Cambridge University Press, 2004).

24 Christopher Cramer, *Civil War Is Not a Stupid Thing: Accounting for Violence in Developing Countries* (Londres: Hurst & Co., 2006), 257.

violencia a la paz y la reconciliación; una transición política, que posibilite avanzar de un gobierno en estado de guerra —o de la ausencia de gobierno— a un régimen parlamentario y democrático; y una transición económica, que contribuya a pasar de una economía de guerra, inefectiva y centralizada, a una economía liberal de mercado, más transparente y efectiva. Para numerosas voces, la consolidación de este modelo de "paz liberal" ponía de relieve la existencia de un "consenso" que entiende la construcción de paz como forma de transformar contextos conflictivos en democracias liberales y economías de mercado "tan pronto como sea posible"[25].

Para Richmond[26], sin embargo, este "consenso" no es monolítico, sino que encierra cuatro grandes discursos, con trayectorias históricas diferentes, sobre la construcción de paz. Primero, el discurso de la "paz del vencedor" (*victor's peace*), fundamentado en la idea realista de que la paz lograda mediante una victoria militar o mediante la hegemonía o la dominación tiene más probabilidades de sobrevivir. Segundo, el discurso de la "paz institucional", que descansa sobre los intentos idealistas, liberal-internacionalistas y liberal-institucionalistas de aferrar los estados a una normativa y a un contexto legal en el que acepten de mutuo acuerdo cómo comportarse y cómo determinar su conducta. Un tercer discurso es el de la "paz constitucional", fundamentado en el argumento kantiano de que la paz emana de la democracia, el libre comercio y un conjunto de valores cosmopolitas que entienden los individuos como fines en sí mismos, en vez de cómo medios para un fin. Y, finalmente, un cuarto discurso es el de la "paz civil", que a diferencia de los anteriores, superaría la idea del estado o de situar la agencia en las organizaciones internacionales, para centrarse en la agencia individual, entroncando también con las concepciones estructuralistas que entienden la paz como emancipación o que aspiran a una visión maximalista de la paz como "paz positiva". Estos cuatro discursos sobre la construcción de paz son contradictorios y a la vez complementarios, ya que cada uno aporta al consenso un cierto bagaje empírico e intelectual. El resultado sería un formato "híbrido" sobre el cual se habría organizado el consenso ontológico y epistemológico de "paz como gobernanza" (*peace-as-governance*), especialmente hegemónico durante los 90, mediante el que el estado liberal está llamado a proporcionar el marco para la creación de paz a nivel local, estatal e internacional.

---

25 Paris, *At War's End. Building Peace after Civil Conflict*; entre otros.

26 Richmond, *Peace in International Relations*.

Los diferentes discursos que conforman el consenso de la construcción de paz liberal no tienen, sin embargo, la misma influencia ni relevancia a la hora de determinar el tipo de modelo de construcción de paz liberal implementado y construido en contextos posbélicos, existiendo tres "gradaciones" o "submodelos" que, según Heathershaw[27], acaban desarrollándose sobre el terreno: el modelo conservador-realista (paz como orden y estabilidad, propio de contextos como Afganistán en 2002 o Irak en 2003), el modelo ortodoxo-liberal (paz como gestión de conflictos) y el modelo emancipador-transformador (paz como justicia social).

### *3. "Construcción de paz como construcción de estado": el consenso "liberal-realista" post 11-S*

Los atentados del 11 de septiembre de 2001 supusieron un importante giro para la agenda internacional de construcción de paz. El regreso al discurso de la seguridad nacional y el nuevo énfasis en la idea de "vulnerabilidad mutua" favorecieron la consolidación de un modelo de construcción de paz conservador-realista que aspiraba como principal objetivo a la consolidación de "instituciones fuertes". Este nuevo "consenso" de la construcción de paz liberal, ahora entendida como "construcción del estado" (*statebuilding*), se explica principalmente a partir de tres condicionantes: primero, el resurgimiento del debate sobre los "estados frágiles", en tanto que contextos susceptibles de alterar la estabilidad internacional; segundo, la influencia de determinadas aportaciones académicas (las obras de Roland Paris y Francis Fukuyama sobre esta cuestión, ambas publicadas en 2004, fueron las más relevantes) que subrayaban la necesidad de "institucionalizar" los países en situación posbélica antes que emprender cualquier otra reforma "liberalizadora, como, por ejemplo, celebrar elecciones; y finalmente, un tercer factor que tiene que ver con el protagonismo de organismos donantes, como el USAID o DfID, entre otras organizaciones bilaterales y multilaterales, que otorgaron una especial prioridad al enfoque de la "construcción del estado" y a la llamada "reforma del sector de la seguridad" (RSS), por encima de cualquier otra estrategia. Este hecho supondrá de facto, sostiene Surkhe[28], un nuevo "consenso post-Washington"

27 John Heathershaw, "Unpacking the Liberal Peace: The Dividing and Merging of Peacebuilding Discourses", *Millennium - Journal of International Studies*, 36, no. 3 (2008), 597-621.

28 Astri Suhrke, "Reconstruction as Modernisation: The 'Post-Conflict' Project in Afghanistan", *Third World Quarterly*, 28, no. 7(2007), 1291-1308.

en el que las organizaciones internacionales abandonan su política de los años 80 y 90 de reducir el estado como receta para el desarrollo (en el marco de las llamadas "políticas de ajuste estructural") para pasar a defender la estrategia de fortalecer algunos de sus ámbitos (seguridad, gobernanza, etc.) como principal prioridad.

Las intervenciones en Afganistán e Irak, a partir de 2002 y 2003, respectivamente, serán los principales exponentes de este enfoque neoinstitucionalista[29]. Ambos contextos protagonizarán la puesta en marcha de reformas especialmente orientadas a dotar de capacidad militar y seguridad a los estados y en el que el nivel de intrusismo internacional, especialmente de donantes bilaterales como los EEUU, será extraordinario, generando importantes debates sobre los dilemas éticos de este tipo de intervenciones. Afganistán e Irak pondrán de relieve el modelo de paz liberal "conservador-realista", utilizando la categorización de Heathershaw[30], que otorga una especial relevancia a la dimensión institucional y securitaria, y que arrincona visiones más emancipadoras de construcción de paz que habían logrado un mayor espacio político durante la década de los 90. Para muchos, supondrá en el fondo un "consenso liberal-realista" en el que la construcción de estados fuertes se asume como una condición ineludible para construir instituciones solventes y, a largo plazo, democráticas[31].

La securitización de la agenda internacional de paz comportó también un gradual cambio operativo desde mitad de los 90. Los fracasos de las misiones internacionales en contextos como Somalia, Ruanda o la antigua Yugoslavia, otorgaron un nuevo papel a organizaciones regionales como, por ejemplo, el ECOWAS/CEDEAO en África occidental o a la propia Unión Africana (UA), quien a partir de 2002 abogará por la idea de "soluciones africanas a los problemas africanos" implicando la puesta en marcha de una nueva "Arquitectura de Paz y Seguridad Africanas" (APSA). En paralelo a esta dinámica y gracias a los avances que el movimiento global de mujeres propugnaba, actores como Naciones Unidas aprobaba la denominada "Agenda Mujeres, Paz y Seguridad", a partir de la aprobación por parte del Consejo de Seguridad de la Resolución 1325 y de otras nueve resoluciones

---

29 David Chandler, *International Statebuilding: The Rise of Post-Liberal Governance* (Oxon: Routledge, 2010).

30 Heathershaw, "Unpacking the Liberal Peace: The Dividing and Merging of Peacebuilding Discourses".

31 Mateos, "La «paz liberal», el día después. Un análisis de la segunda generación de críticas a la agenda internacional de construcción de paz".

posteriores. De esta forma, las cuestiones de género pasaban a tener una mayor visibilidad, dentro de la agenda internacional de construcción de paz, en especial a través del desarrollo de iniciativas diversas para implementar los llamados "Cuatro pilares" sobre los que pivotan dichas resoluciones, esto es: la participación de mujeres en negociaciones, los procesos y actividades de construcción de paz, la protección de mujeres y niñas contra la violencia (especialmente, en lo respectivo a la violencia sexual como arma de guerra), y, finalmente, integrar el enfoque de género en las actividades de prevención, asistencia y reconstrucción. Cabe señalar también la extensa controversia entre las diferentes corrientes del feminismo respecto a la configuración de esta agenda[32].

## III. DEBATES CRÍTICOS SOBRE EL MODELO DE PAZ LIBERAL DE POSGUERRA FRÍA

El balance sobre el impacto de las operaciones de construcción de paz durante los 90 fue moderadamente optimista. Para Doyle y Sambanis[33], las misiones de construcción de paz lideradas por Naciones Unidas, especialmente aquellas con un mandato multidimensional, contribuyeron significativamente a reducir la violencia y a fortalecer las oportunidades de democratización del contexto en cuestión, si bien los ya mencionados fracasos en países como Ruanda empezaron a poner bajo el foco la efectividad de esta agenda internacional. De Coning[34], por su parte, considera que los resultados en Afganistán e Irak a partir de mediados de la década

---

32 Para todas estas cuestiones y debates, véanse, entre otras aportaciones: Itziar Ruíz-Giménez, "La nueva agenda de construcción de la paz en África: oportunidades y desafíos", en *África Subsahariana, continente ignorado,* eds. VVAA. (Zaragoza: Fundación Seminario Investigación para la paz, 2011), 255-272; Itziar Ruíz-Giménez, "Mujeres, paz y seguridad. Controversias feministas en torno a la paz liberal", en *La tensión cosmopolita: avances y límites en la institucionalización del cosmopolitismo,* coords. Caterina García i Segura y Marta Abegón Novella (Madrid: Tecnos, 2016), 322-369; María Villellas Ariño, "Mujeres, paz y seguridad: 15 años de la Resolución 1325 de las Naciones Unidas. Una evaluación de la Agenda sobre mujeres, paz y seguridad", Informes 12/2016, Barcelona, Instituto Catalán Internacional por la Paz (ICIP), en: https://www.icip.cat/wp-content/uploads/2020/12/1325-castella-maquetat.pdf

33 Michael W. Doyle y Nicholas Sambanis, *Making War and Building Peace: United Nations Peace Operations* (Princeton: Princeton University Press, 2006).

34 De Coning, "Adaptive peacebuilding".

de los dos mil, fueron determinantes para cambiar la percepción de la comunidad internacional, asumiendo la existencia de importantes límites que, en muchos casos incluso, llevaban a considerar las misiones de paz como parte del problema y no de la solución.

En ese contexto proliferaron también toda una serie de críticas procedentes del ámbito académico que cuestionaron los fundamentos, los resultados y las motivaciones de las operaciones de construcción de paz posbélica[35]. Todos estos debates se integran en lo que se ha considerado como una "segunda generación" de autores críticos[36]. que desde diversas visiones post-positivistas de las Relaciones Internacionales acabaron elaborando una "metacrítica" de la agenda internacional de paz de posguerra fría[37]. Asimismo, estas aportaciones confluyeron también en la necesidad de otorgar más peso al ámbito de lo local como forma de construir una paz más legítima y sostenible[38].

## *1. El modelo de paz liberal cuestionado*

En términos generales, la mayoría de autores que participaron desde diferentes enfoques (teoría crítica, post-estructuralismo, feminismos, de- y post-colonialismo) en la deconstrucción y cuestionamiento del modelo de paz liberal de posguerra fría han problematizado tres aspectos principales que a continuación presentamos de forma muy somera.

Un primer aspecto tiene que ver con la *forma* en que por parte de los actores internacionales se concibe la construcción de paz en sociedades de postguerra, destacando dos asuntos principales:

---

35 Oliver P. Richmond y Roger MacGinty, "Where Now for the Critique of the Liberal Peace?", *Cooperation & Conflict*, 50, no. 2(2015), 171-89.

36 Los trabajos de autores como Elise y Kenneth Boukding, Herman Schmid o Robert Azar, entre la década de los 60 y de los 90, pueden considerarse parte de una "primera generación" de visiones que cuestionaron la agenda internacional de paz del momento. Véase Mateos, "La «paz liberal», el día después. Un análisis de la segunda generación de críticas a la agenda internacional de construcción de paz".

37 Pérez de Armiño y Zirion, *Pax Crítica. Aportes teóricos a las perspectivas de paz posliberal.*

38 Paffenholz, "Unpacking the Local Turn in Peacebuilding: A Critical Assessment Towards an Agenda for Future Research.

- Se cuestiona la *estandarización* y *carácter tecnocrático* del modelo de construcción de paz, que replica patrones, reformas y estrategias de un contexto de postguerra a otro, sin tener en cuenta las características históricas, las complejidades antropológicas y sociales, o los factores políticos o económicos de cada contexto en el que se interviene. Esta estandarización de la paz se basa en una "cultura expatriada" que, por ejemplo, Séverine Autesserre, desde una perspectiva constructivista[39], denomina *"Peaceland"*, en la que los integrantes de organizaciones internacionales, consultoras e incluso ONG acaban replicando un mismo *modus operandi*.
- Se critica que las estrategias de la paz liberal se basen, además, en un *enfoque vertical* (*top-down*), en el que la participación local es escasa. La mayoría de reformas se elaboran de forma exógena, a menudo incluso en despachos y en foros alejados del contexto en cuestión, ya que se considera que la población no dispone todavía de las "capacidades" para poder ponerlas en práctica. Se concibe así la realidad local como "una pizarra en blanco"[40]. Esta forma de proceder excluye especialmente de los procesos de deliberación a las mujeres y a las comunidades locales.

Un segundo conjunto de críticas tiene que ver con el tipo de *resultados* obtenidos, considerados como insuficientes e incluso problemáticos, destacando algunas cuestiones:

- Se considera que la paz liberal genera un *gran nivel de expectativas sociales*. El despliegue masivo de actores internacionales o la gran cantidad de recursos utilizados para poner en marcha diferentes reformas y estrategias contribuye a la percepción social de que la construcción de paz logrará cambios y mejoras en el corto plazo.
- La paz liberal genera, además, *"efectos no deseados"*, que muchas veces agudizan las dinámicas de violencia en lugar de erradicarlas, como consecuencia, entre otros aspectos, del análisis superficial que se hace de las causas de fondo de los contextos de violencia. Autores

---

39 Séverine Autesserre, *Peaceland. La resolución de conflictos y las políticas cotidianas en las intervenciones internacionales* (Barcelona: Bellaterra/ICIP, 2018).

40 Cramer, *Civil War Is Not a Stupid Thing: Accounting for Violence in Developing Countries.*

como von Billerbeck y Tansey[41], por ejemplo, han demostrado a partir de su análisis de la misión de construcción de paz en la República Democrática del Congo hasta qué punto la agenda de paz ha contribuido a la deriva autocrática del país.

- La paz liberal acaba construyendo también una *"paz virtual"* o *"negativa"*[42], orientada a contener los problemas, pero no a la transformación de la violencia estructural. Esta "paz virtual" es una paz insuficiente porque no cambia las estructuras de poder generadoras de injusticia social. Es una paz que sirve a las élites, tanto nacionales como internacionales, pero que no modifica sustancialmente la vida de las poblaciones.

Un tercer grupo de aportaciones críticas, especialmente influenciadas por visiones *foucaultianas*[43], señala la existencia de *visiones y motivaciones* determinadas en la implementación de la agenda de paz liberal:

- Los *objetivos* que la paz liberal persigue, arguyen algunas visiones críticas, no aspiran a la transformación de los problemas de fondo, sino que buscan la "regulación", o "domesticación" de "espacios no gobernados", "conflictivos" o "frágiles", interpretados como una amenaza a la seguridad internacional y a los intereses de los actores internacionales[44].
- La *generación de lenguaje y conocimiento,* en definitiva, de un "sentido común", por parte de los actores internacionales ha sido también apuntado como un aspecto trascendental. Detrás de conceptos aparentemente neutros como "construcción de capacidades", "rendición

---

41 Sarah von Billerbeck y Oisín Tansey, "Enabling autocracy? Peacebuilding and post-conflict authoritarianism in the Democratic Republic of Congo", *European Journal of International Relations*, 25, no. 3 (2019), 698-722.

42 Richmond, *Peace in International Relations.*

43 Véase a este respecto el capítulo en esta obra sobre "Post-estructuralismo" de Jorge Estévez y José Luis de la Flor. Ambos autores se refieren a los "Estudios de Gubernamentalidad Global" como una corriente dentro del post-estructuralismo, especialmente influenciada por la obra de Michel Foucault. Aquí utilizamos el término "foucaltianismo" para destacar hasta qué punto algunos conceptos de dicho autor (tales como *biopoder* o *biopolítica*) han sido especialmente significativos y utilizados por autores post-estructuralistas como Mark Duffield (véase referencias finales en este capítulo) para entender las motivaciones últimas de la agenda internacional de paz de posguerra fría.

44 Mark Duffield, *Las nuevas guerras en el mundo global. La convergencia entre desarrollo y seguridad* (Madrid: La Catarata, 2004).

de cuentas", u otros, se encierran formas de control y de dominación basados no tanto en las prioridades de los actores locales sino en las aspiraciones de los actores internacionales[45]. En definitiva, la paz liberal acaba siendo una *nueva forma hegemónica de dominación,* que algunos catalogan incluso de "neocolonial" o de "neoimperialista"[46].

Estos debates críticos señalan la existencia de tres problemas de fondo en la agenda internacional de paz de posguerra fría: un *problema de eficiencia,* resultante de la incapacidad del modelo de mejorar las vidas de las personas de los contextos en los que interviene; un *problema de sostenibilidad,* fruto del escaso arraigo de la construcción de paz en la realidad local, y finalmente, un *problema de legitimidad,* como consecuencia de una dinámica que aboga por estrategias verticales que no suelen contar con el consenso ni la participación de los actores locales.

## 2. *El "giro a lo local" y las experiencias "post-liberales" de paz*

La "segunda generación de críticas" ha considerado el protagonismo de las visiones y de los actores locales como el espacio desde donde construir visiones alternativas al modelo de construcción de paz dominante. Existen, sin embargo, diversas corrientes dentro de ese "giro hacia lo local". Una primera corriente enfatiza un enfoque de "paz consecuente" o "consecuencialista" que, desde postulados liberales e incluso constructivistas (la obra, por ejemplo, de Séverine Autesserre, a este respecto, es especialmente significativa), aspira a reconocer los límites de la paz liberal y a estar predispuesto a que los operativos de paz incorporen todos aquellos elementos que la hagan más eficaz, legítima y sostenible[47]. Un segundo enfoque es el de "paz social o emancipadora" que, desde la teoría crítica (véanse, por ejemplo, los trabajos de Michael Pugh desde una perspectiva neomarxista), cuestiona la dimensión "securitizadora" de la paz liberal y enfatiza la dimensión social y relativa al bienestar y dignidad de las sociedades afectadas

---

45 Ruíz-Giménez, "Algunas reflexiones teóricas sobre la relevancia actual de Naciones Unidas".

46 Vivienne Jabri, "War, Government, Politics: A Critical Response to the Hegemony of the Liberal Peace", en *Palgrave Advances in Peacebuilding: Critical Development on Approaches,* ed. Oliver P. Richmond (Hampshire, Palgrave Macmillan, 2010), 193–212; Gerald Knaus y Felix Martin, "Lessons from Bosnia and Herzegovina: Travails of the European Raj", *Journal of Democracy,* 14, no. 3 (2003), 60-74.

47 Roland Paris, "Saving Liberal Peacebuilding", *Review of International Studies,* 36, no. 2, (2010), 337-365.

por la violencia[48]. Y, finalmente, un enfoque de "paz multicultural" que, desde el post-estructuralismo, visiones foucaltianas o el post-colonialismo, cuestiona cualquier idea universalizadora de paz y la importancia de respetar las múltiples y diversas nociones de "paz" que emerjan del contexto post-violencia en cuestión[49].

Esta última corriente ha sido especialmente influyente a la hora de plantear algunas nociones que han recibido una notable atención y discusión en los últimos años en el marco de los debates críticos, tales como la idea de "hibridismo", la de "paz post-liberal" o el llamado *"everyday peace"* ("paz cotidiana"). La idea de "hibridismo", por ejemplo, examina la relación entrelazada de las formas de gobernanza de la paz internacionales y locales, formales e informales, y liberales y antiliberales. Según Tania Paffenholz[50], en el centro del debate sobre el hibridismo se encuentran las denominadas "estructuras híbridas de gobernanza de la paz", que fusionan a los distintos actores en un marco conjunto ("híbrido") de normas, valores e instituciones, considerando que estos "órdenes híbridos" son más capaces de aprovechar los conocimientos locales, movilizar a los ciudadanos y, por lo tanto, generar legitimidad y ser más sostenibles en el tiempo. Otros autores como Roger Mac Ginty[51] o Séverine Autesserre[52] han señalado la necesidad de visibilizar formas de "paz cotidiana" (*everyday peace*), consideradas como aquellas acciones y formas de pensamiento que la gente utiliza para navegar en sociedades y contextos afectados por la violencia y la división sociopolítica. Las formas de paz cotidiana deben ser consideradas como experiencias de supervivencia y como "estrategias de afrontamiento" naturalizadas e internalizadas por las poblaciones locales, pero invisibilizadas o infravaloradas por los actores internacionales. Para Mac Ginty[53], estas formas de paz, entre otros motivos, son importantes porque nos ayudan a

---

48 Michael Pugh, "Welfare in War-torn Societies: Nemesis of the Liberal Peace?", en *Palgrave Advances in Peacebuilding: Critical Development on Approaches*, ed. Oliver P. Richmond (Hampshire: Palgrave Macmillan, 2010), 262-278.

49 Roger Mac Ginty, *Everyday Peace. How so-called ordinary people can disrupt violent conflict* (Oxford: Oxford University Press, 2021).

50 Paffenholz, "Unpacking the Local Turn in Peacebuilding: A Critical Assessment Towards an Agenda for Future Research, 863.

51 Mac Ginty, *Everyday Peace. How so-called ordinary people can disrupt violent conflict.*

52 Séverine Autesserre, *The Frontlines of Peace. An insider's guide to changing the world* (Oxford: Oxford University Press, 2021).

53 Mac Ginty, *Everyday Peace. How so-called ordinary people can disrupt violent conflict*, 12-16.

ir más allá de las formas institucionales, elitistas y patriarcales de entender la paz, y porque son en el fondo, formas más autóctonas y contextualizadas de entender la paz. Estas experiencias "post-liberales", sostiene Richmond[54], tienen un mayor potencial de construcción de formas de paz más emancipadoras, legítimas y sostenibles.

Estas aportaciones críticas han logrado, entre otros aspectos, construir un marco de análisis que permite al ámbito académico desfragmentar y deconstruir la naturaleza política de las diferentes actividades de paz, y entender algunos de sus principales problemas, generando un amplio debate sobre las contradicciones, límites y perspectivas de este modelo. En paralelo a los posibles logros de las visiones críticas, una cuestión central es considerar hasta qué punto pueden haber tenido o no la capacidad de permear y condicionar la agenda internacional de paz[55]. Asimismo, el debate crítico ha sido cuestionado en sí mismo, principalmente por sobredimensionar el alcance y las aspiraciones de la agenda internacional de paz, o bien por idealizar y romantizar el papel de lo local como un espacio aparentemente neutro o benévolo, sin visibilizar las jerarquías de poder y estructuras de injusticia que también caracterizan este nivel[56].

## IV. IMPLICACIONES DEL "GIRO PRAGMÁTICO" PARA LA AGENDA INTERNACIONAL DE CONSTRUCCIÓN DE PAZ

Este último apartado analiza la evolución de la agenda internacional de paz en los últimos años hacia lo que algunos autores han denominado como un "giro pragmático"[57]. Como veremos a continuación, este "pragmatismo" se concreta en una deriva ambigua y contradictoria. Por un lado,

---

54 Oliver P. Richmond, *A Post-liberal Peace* (Londres: Routledge, 2011).

55 Pol Bargués, *La paz diferida. Diferencia, resiliencia y crítica en las intervenciones internacionales* (Barcelona: Bellaterra/ICIP, 2020).

56 Véanse, entre otros: Kristoffer Lidén, "Building Peace between Global and Local Politics: The Cosmopolitical Ethics of Liberal Peacebuilding", *International Peacekeeping*, 16, no. 5(2009), 616-34; Shahrbanou Tadjbakhsh, "Human Security and the Legitimisation of Peacebuilding", en *Palgrave Advances in Peacebuilding: Critical Development on Approaches*, ed. Oliver P. Richmond, (Hampshire: Palgrave Macmillan, 2010), 116-136.

57 Entre otros: De Coning, "Adaptive peacebuilding"; Wiuff Moe y Stepputat, "Peacebuilding in an era of pragmatism".

Naciones Unidas y otros actores internacionales parecen haber asumido los límites de la intervención del modelo de paz liberal y han abrazado formas de intervención más discretas y más enraizadas (al menos en el plano retórico) en el liderazgo y visiones de los actores locales. Por otro lado, el pragmatismo también se está plasmando en un fortalecimiento de la estrategia securitaria como forma de estabilización y construcción de paz, especialmente en determinados contextos como el Sahel. Esta deriva ha generado un incipiente debate sobre la aparente "crisis", e incluso el "deceso", del modelo de paz liberal que merece la pena considerar[58].

## *1. La "apropiación local" en el giro "pragmático" de la agenda internacional de paz*

Más allá del debate circunscrito al ámbito académico, existen evidencias que indican que desde las organizaciones internacionales se vienen asumiendo los límites y problemas de las intervenciones de paz de posguerra fría. Se reconoce especialmente la necesidad de una mayor sostenibilidad y legitimidad de las operaciones de paz que ha llevado, por ejemplo, a Naciones Unidas[59] a asumir la idea de "hacer menos, facilitar más y quedarse más tiempo" como forma de enmendar estos problemas. En su informe de junio de 2015, titulado, *"The challenge of sustaining peace"*, y en el que la organización abiertamente apuesta por la revisión de su enfoque implementado hasta el momento, se afirma:

> *"A nivel operativo, esto significa apoyar procesos que ayuden a los gobiernos a "ampliar la apropiación" a un abanico lo más amplio posible de partes interesadas nacionales, de modo que éstas puedan comprometerse con dichos gobiernos y participar al máximo en todas las fases de la construcción de la paz, desde el inicio de las políticas, pasando por las acciones y*

---

58 Véanse, entre otros: Chandler, *Peacebuilding. The Twenty Years Crisis, 1997-2017*; Filip Ejdus, "Revisiting the Local Turn in Peacebuilding", en *A Requiem for Peacebuilding?*, eds. Jorg Kustermans, Tom Sauer y Barbara Segaert (Londres, Palgrave MacMillan, 2021), 41-58; Michael Pugh, "Peacebuilding's Origins and History", en *A Requiem for Peacebuilding?*, eds. Jorg Kustermans, Tom Sauer y Barbara Segaert (Londres, Palgrave MacMillan, 2021), 17-40; Pol Bargués, María Martín De Almagro y Katrin Travouillon, "New Visions, Critiques, and Hope in the Post-Liberal Age? A Call for Rethinking Intervention and Statebuilding", *Journal of Intervention and Statebuilding*, 17, no. 1 (2023), 1-15.

59 Naciones Unidas, "The challenge of sustaining peace. Report of the Advisory Group of Experts for the 2015 Review of the UN Peacebuilding Architecture", 29 de junio 2015, en: https://www.un.org/pga/wp-content/uploads/sites/3/2015/07/300615_The-Challenge-of-Sustaining-Peace.pdf

> *los proyectos, el establecimiento de prioridades, la ejecución, el seguimiento y la evaluación de los resultados*"[60].

Precisamente, el concepto que mejor ha sistematizado la voluntad de enraizar las prácticas internacionales en los contextos locales es el de "apropiación local" (*local ownership*), entendido como "el grado en que los actores domésticos controlan tanto el diseño como la implementación de los procesos políticos"[61]. Es posible trazar la creciente presencia de este término en los documentos oficiales de organismos internacionales, sugiriendo "que las organizaciones internacionales son conscientes de las ventajas que se obtienen con una mayor legitimidad y sostenibilidad al cooperar con socios locales"[62].

De Coning[63] considera que este cambio cabe situarlo en los fracasos ya mencionados de Afganistán e Irak, pero también en el reconocimiento por parte de la organización de que la construcción de paz no debe considerarse como un mero ejercicio técnico —una de las cuestiones que las corrientes críticas señalaban con mayor contundencia— sino reconocerlo sobre todo como una cuestión política. En el reconocimiento de esta naturaleza política, señala el autor, lo local adquiere un protagonismo excepcional. De este modo, las operaciones de construcción de paz han pasado, al menos en el plano retórico, de ser un ejercicio de movilización de recursos e intrusismo político a un proyecto de acompañamiento político, algo que puede verse reflejado en nociones como la de *"sustaining peace"* que acabamos de mencionar. Para De Coning[64], la adopción de este enfoque es una manifestación del giro pragmático en la construcción de paz y refleja un alejamiento de la preocupación (asociada con la paz liberal) por identificar y abordar las causas de fondo de los conflictos para pasar, sobre todo, a evitar una inminente recaída en la violencia. De este modo, sostiene el autor, la atención se centra ahora en identificar y apoyar aquellas capacidades políticas y sociales que contribuyen a sustentar la paz.

---

60 Naciones Unidas, "The challenge of sustaining peace. Report of the Advisory Group of Experts for the 2015 Review of the UN Peacebuilding Architecture", 21.

61 Timothy Donais, "Operationalising local ownership", en *Local Ownership in International Peacebuilding Key theoretical and practical issues,* eds. Alpaslan Özerdem and Sung Yong Lee (Londres, Routledge, 2015).

62 Mac Ginty y Richmond, "The local turn in peacebuilding: a critical agenda for peace", 180.

63 De Coning, "Adaptive peacebuilding".

64 De Coning, "Adaptive peacebuilding", 304.

Esto ofrece nuevas posibilidades y redibuja de forma considerable la esencia de la agenda internacional de paz. Moe y Stepputat[65], por ejemplo, consideran que este giro ofrece más espacio a actores no estatales, tanto internacionales como locales, y puede suponer en el fondo reconocer o impulsar formas "post-liberales" de construcción de paz. Del mismo modo, es importante valorar hasta qué punto este giro pragmático se queda en el plano retórico o tiene implicaciones operativas reales. Si observamos, por ejemplo, la aplicación de la idea de "apropiación local" numerosos estudios han señalado cómo, en el fondo, los donantes internacionales han entendido a menudo esta idea cómo "una aspiración final" que re-legitima su acción sobre el terreno, pero que a la postre no implica cambios sustanciales sobre quién pilota el grueso del diseño y la implementación de las reformas de paz[66].

## 2. *La deriva securitaria en el "giro pragmático"*

En el análisis de contextos como el de la región del Sahel, en el continente africano, se ha producido un interesante debate sobre los cambios que organizaciones internacionales como la Unión Europea (UE) ha llevado a cabo en su agenda de paz[67]. Por una parte, se considera que la UE ha asumido la necesidad de "localizar" y hacer más inclusivas sus estrategias de paz en este tipo de contextos. A su vez, en muchas de estas estrategias, sobre todo a partir de 2016, en un contexto global más competitivo, geopo-

---

65 Moe y Stepputat, "Peacebuilding in an era of pragmatism", 296.

66 Véanse, entre otros, Óscar Mateos, "¿De quién es la paz? Analizando el principio de "apropiación local" en el proceso de construcción de paz posbélica en Sierra Leona", en *¿Una nueva era para África? Nuevos desafíos y nuevas perspectivas sobre paz y seguridad en África Subsahariana*, eds. Oscar Mateos y Rafael Grasa (Madrid: La Catarata, 2014), 230-262.

67 Véanse, entre otros, Sven Biscop, "The EU Global Strategy: Realpolitik with European Characteristics", *Security Policy Brief*, Junio 2016, 75; Elisa, Lopez-Lucia, "Performing EU agency by experimenting the 'Comprehensive Approach': the European Union Sahel Strategy", *Journal of Contemporary African Studies*, 35, no. 4 (2017), 451-468; Shyamika Jayasundara-Smits, "Bracing the wind and riding the norm life cycle: inclusive peacebuilding in the European capacity building mission in Sahel-Mali (EUCAP Sahel–Mali)", *Peacebuilding*, 6, no. 3 (2018), 233-247; Marta Íñiguez de Heredia, "EU peacebuilding's new khaki: Exceptionalist militarism in the trading of good governed for military-capable states", *Politics*, 41, no. 3 (2020), 296-315; Bernardo Venturi, "The EU's Diplomatic Engagement in the Sahel", IAI Papers, no. 8 (2022), 1-21.

líticamente hablando, y especialmente volátil, en cuanto a la situación de la región del Sahel se refiere, la UE ha ido introduciendo la noción de *"principled pragmatism"* (que podríamos traducir como "pragmatismo con principios"). Se trata de una noción que aboga por combinar el enfoque tradicionalmente normativo, basado en la promoción de la democracia y de los derechos humanos, con una estrategia más efectiva, orientada a mejoras de la estabilización militar y política de contextos como los países del Sahel, que acaba siendo contradictoria en sí misma y que supone un cambio de retórica, mucho más explícita con los propósitos y los medios a utilizar. Jayasundara-Smits[68], por ejemplo, considera que el enfoque de la UE de los últimos años privilegia abiertamente una estrategia más securitaria, basada en la Reforma del Sector de la Seguridad (RSS), mucho más funcional a corto plazo, y elaborada e implementada de arriba abajo. Para la autora, las misiones de la UE en países como Malí anteponen los intereses de seguridad de Bruselas sobre las consideraciones de seguridad local, "lo que sugiere tanto una falta de inclusión y apropiación local como la exclusión y marginación de los actores locales durante los procesos de planificación (e incluso la cooptación y manipulación de algunos de los actores clave) que tienen importantes intereses en el escenario de seguridad maliense". El objetivo de este enfoque, señala Venturi[69], es obtener "logros inmediatos", contradiciendo así el planteamiento de carácter histórico que estaba basado en el desarrollo a largo plazo. Esta deriva, sostiene Biscop[70], representa "una vuelta a la Realpolitik [...] en el sentido original del término", esto es, "un rechazo del utopismo liberal", y en definitiva, el fortalecimiento de una visión realista y securitizada de la construcción de paz.

Pero este giro "pragmático-securitario", no está circunscrito al papel de la UE en África, sino que es generalizado entre la mayoría de actores internacionales, desde Naciones Unidas hasta países como EEUU o China. John Kalsrud[71], por ejemplo, ha analizado las misiones de paz de Naciones Unidas, demostrando hasta qué punto los mandatos de dichas operacio-

---

68 Jayasundara-Smits, "Bracing the wind and riding the norm life cycle: inclusive peacebuilding in the European capacity building mission in Sahel-Mali (EUCAP Sahel-Mali)", 245.

69 Bernardo Venturi, "The EU and the Sahel: A Laboratory of Experimentation for the Security-Migration-Development-Nexus", *IAI Working Papers,* 178, no. 38 (2017).

70 Biscop, "The EU Global Strategy: Realpolitik with European Characteristics", 1-2.

71 John Karlsrud, "From Liberal Peacebuilding to Stabilization and Counterterrorism", *International Peacekeeping,* 26, no. 1 (2019), 15.

nes enfatizan en los últimos años el objetivo de la "estabilización y de la lucha antiterrorista", tanto en el discurso como en la práctica, sustituyendo paulatinamente el concepto de "construcción de paz" como término operativo clave. Según el autor, cada vez se destinan más fondos a tareas y actividades antiterroristas, lo que obliga a los actores de la construcción de paz a reorientar y re-etiquetar sus programas y actividades. Esta reorientación pragmática de la estrategia también cuenta, paradójicamente, con un mayor alineamiento entre los donantes y los principales actores internacionales y sus socios locales y regionales, lo que a la postre supone un mayor protagonismo en estas estrategias de estabilización de los gobiernos y ejércitos domésticos de contextos donde se producen graves violaciones de derechos humanos[72]. Para Marta Íñiguez de Heredia[73] este enfoque securitario ofrece soluciones militares a problemas de raíz política y social y en contextos como los africanos acaba reproduciendo dinámicas propias de la etapa de la colonización.

El "giro pragmático" conlleva, una vez más, la proliferación de multitud de contradicciones, dilemas y debates sobre el presente y futuro de la agenda internacional de construcción de paz que las corrientes críticas, desde diversas perspectivas, siguen abordando.

**Caso de estudio**

**Implicaciones del giro pragmático-securitario en la agenda internacional de paz de la UE**

En 2016, la UE publicó su estrategia titulada *"Shared Vision, Common Action: A Stronger Europe. A Global Strategy for the European Union's Foreign and Security Policy"*. Se trata de un documento en el que desglosa la idea de impulsar un "pragmatismo de principios", en un contexto global que interpreta como más desafiante para los intereses europeos y más competitivo para el papel geopolítico de Bruselas en el entorno global. Para muchos, este giro "pragmático", más estratégico, está ayudando a fortalecer la proyección de la UE, reforzando su imagen como actor global. En términos de efectividad, en cambio, y a la luz del número de víctimas mortales o de la proliferación de grupos yihadistas en regiones como la del Sahel, su planteamiento está siendo cuestionado. No obstante, es en términos de coherencia donde la estrategia europea plantea más interrogantes. Si analizamos, en particular, las implicaciones de este enfoque en la región del Sahel, donde la

72 Jonathan Fisher y Nina Wilén, *African Peacekeeping* (Oxford: Oxford University Press, 2022).

73 Marta Íñiguez de Heredia, "Militarism, states and resistance in Africa: exploring colonial patterns in stabilisation missions", *Conflict, Security & Development,* 19, no. 6 (2019), 623-644.

UE ha desplegado diversas misiones de formación y capacitación de los ejércitos locales en países como Malí o Níger, se presentan algunos problemas que la UE deberá afrontar. El primero tiene que ver con la priorización de actores militares como el G-5 (organización regional fundada en 2014) en detrimento de otras organizaciones regionales, como el ECOWAS (Economic Community of West African States), que históricamente habían jugado un papel clave en estrategias de construcción de paz y de prevención de conflictos, y que hoy se ven desplazadas por otros actores que privilegian claramente una misión militarizada de la gestión de los problemas. Segundo, la estrategia europea lleva a un aparente debilitamiento de herramientas discursivas y operacionales, como la idea de "apropiación local", que la propia UE considera fundamentales para el éxito de cualquier estrategia. Tercero, esta estrategia contribuye a un mayor deterioro de la legitimidad social y política de la UE en un contexto regional en el que además existe una mayor competencia global por la influencia, especialmente, de países como Rusia. El giro pragmático también lleva a un dilema de difícil resolución: a medida que se apuesta por un discurso y una estrategia abiertamente militarizada y de corto plazo de, por el momento, escasos resultados, es cada vez más difícil apostar por un enfoque más reflexivo y de largo plazo, que priorice por la transformación de las causas de la violencia, en muchos casos vinculadas con aspectos socioeconómicos, como la falta de oportunidades o la pobreza.

*Preguntas:*

1. ¿Cómo valoras la evolución discursiva y operativa de la UE en regiones como la del Sahel? ¿Qué aspectos te parecen más contradictorios?
2. ¿Qué implicaciones para la UE de las mencionadas te parecen más relevantes y cuáles crees que no figuran y podrían complementar este análisis?
3. ¿Qué concepciones de la paz, desde la teoría de las Relaciones Internacionales, crees que predominan en este tipo de enfoques?
4. En un contexto global y regional (si nos referimos a África y, en particular, al Sahel) cada vez más volátil e imprevisible, ¿qué concepciones críticas y alternativas de la paz podrían configurar una estrategia diferente a la hegemónica en las últimas décadas?

## V. CONCLUSIONES

El capítulo trata de analizar la evolución de la agenda internacional de la paz, especialmente en el contexto de posguerra fría, y las diferentes concepciones de la paz desde la teoría de las Relaciones Internacionales, que han influenciado y predominado en cada etapa. Del dominio de una agenda de paz eminentemente realista en el contexto bipolar, en medio del difícil despliegue de la arquitectura internacional de paz, pasando por el contexto de euforia internacionalista de los 90 y la puesta en marcha de una agenda de paz multidimensional y mucho más ambiciosa, hasta llegar al gradual enfoque securitario de la actualidad en el que el regreso de un nuevo énfasis realista, y a la vez pragmático, parecen haber puesto contra las cuerdas el proyecto de la paz liberal que Boutros Boutros-Ghali impulsó en la primera etapa de posguerra fría. De hecho, desde el plano académico, los debates más recientes hablan del "réquiem" de la paz liberal[74] o de la "senectud" de dicha agenda[75], e incluso consideran que el "giro local" de los últimos años es sólo el "canto del cisne de un orden liberal en declive"[76] o que el apogeo del proyecto de la paz liberal durante los 90 se trató de una simple anécdota, o en palabras de David Chandler, de "un accidente"[77].

El debate del presente, y cabe presagiar que de los próximos años, sobre la paz en las Relaciones Internacionales, es y seguirá siendo intenso y caracterizado por una enorme pluralidad de visiones y matices, por lo que anticipar el supuesto "deceso" de esta aspiración universal impulsada desde el idealismo de siglos atrás, parece altamente improbable. En este sentido, nos atrevemos a plantear cuatro aspectos que pueden ser relevantes. Primero, que el énfasis securitario y militarista de las últimas décadas seguirá siendo determinante, si bien coexistirá con un importante cuestionamiento de las formas, las implicaciones y los resultados de este modelo, llevando a los actores internacionales a tener que dialogar con otros enfoques y planteamientos alternativos. Segundo, es probable que desde lo que hemos denominado como "enfoques consecuencialistas", se sigan planteando fórmulas que ayuden a los actores internacionales a implementar modelos que pongan las visiones y actores locales como formas eficaces, legítimas y sostenibles de construir la paz, como, por ejemplo, el modelo de *"adaptive peacebuilding"* planteado por autores como De Coning[78] recientemente. Tercero, que los debates sobre enfoques alternativos de construcción de paz tendrán muy en cuenta el papel de los movimientos sociales, que en contextos como los africanos están ensayando en el fondo experiencias emancipadoras de construcción de paz. Finalmente, tal y como trabajos recientes como el de Bargués, Martín de Almagro y Travouillon plantean, las aportaciones procedentes del feminismo o del post y de-colonialismo serán determinantes para pensar la paz desde perspectivas menos etnocéntricas y más plurales, contribuyendo así a deconstruir las

74 Jorg Kustermans, Tom Sauer y Barbara Segaert (eds.). *A Requiem for Peacebuilding?* (Londres: Palgrave MacMillan, 2021).

75 Pugh, "Peacebuilding's Origins and History".

76 Ejdus, "Revisiting the Local Turn in Peacebuilding".

77 Chandler, *Peacebuilding. The Twenty Years Crisis, 1997-2017.*

78 De Coning, "Adaptive peacebuilding".

visiones dominantes y a (re)imaginar otras formas de entender el orden, la seguridad y la paz[79].

## VI. RECAPITULACIÓN

La idea de paz en las Relaciones Internacionales ha sido central en la configuración de la arquitectura internacional, especialmente en el marco liderado por las Naciones Unidas. La aspiración de la paz y la seguridad ha llevado a los principales organismos internacionales a concretar misiones, sobre todo en el marco de la posguerra fría ("paz liberal"), cada vez más multidimensionales e intrusivas, que han ido evolucionando, sin embargo, hacia estrategias cada vez más securitarias y militarizadas. Los límites y controversias experimentadas por esta agenda, en parte alimentadas por los debates críticos en el ámbito académico de las Relaciones Internacionales, también han llevado a repensar la operacionalización de la paz desde formas menos intrusivas, más consensuadas y que pusieran la voz y el protagonismo de los actores locales en el centro. Aunque muchas voces auguran el "deceso" de la paz liberal como forma hegemónica de intervención en contextos bélicos y post-bélicos, la agenda internacional de paz seguirá siendo un espacio de importantes debates, dilemas y controversias en el que las aportaciones teóricas críticas seguirán teniendo un papel reflexivo muy relevante.

## VII. RECOMENDACIONES

Cinco títulos para profundizar en el tema:

- "La paz en las Relaciones Internacionales", por Oliver P. Richmond, versión en español, editada en 2012 por Edicions Bellaterra y el Institut Català Internacional per la Pau (ICIP).
- "El sueño liberal en África Subsahariana. Debates y controversias sobre la construcción de la paz", editado en 2014 por La Catarata, y coordinado por Itziar Ruiz-Giménez, y con la participación de diversos autores.
- "When War Ends. Building Peace in Divided Communities", editado en 2012 por Routledge y coordinado por el sierraleonés David Francis, cuenta con la participación de diversos autores.
- "Epistemologies of African Conflicts: Violence, Evolutionism, and the War in Sierra Leone", de Zubairu Wai, editado en 2012 por Palgrave Macmillan.
- "Pax crítica. Aportes teóricos a las perspectivas de paz posliberal", editado en 2019 por Tecnos y Hegoa y coordinado por Karlos Pérez de Armiño e Iker Zirion Landaluze, con la participación de diversos autores.

---

79 Bargués, Martín De Almagro y Travouillon, "New Visions, Critiques, and Hope in the Post-Liberal Age? A Call for Rethinking Intervention and Statebuilding".

Otros materiales para profundizar:

- "Isla África", novela publicada en 2001 por el periodista español Ramón Lobo con la editorial Seix Barral contextualizada durante el conflicto y la intervención internacional de los 90 en Sierra Leona.
- Web personal de Séverine Autesserre, profesora de la Universidad de Columbia (EEUU) y autora de diversos libros sobre la agenda internacional de construcción de paz: https://severineautesserre.com/
- Web del Stockholm International Peace Research Institute (SIPRI), centro sueco de estudio y análisis de los instrumentos, agendas y misiones de construcción de paz a nivel global: https://www.sipri.org/
- Web de la 'Agenda Mujeres, Paz y Seguridad' perteneciente al Departamento de Asuntos Políticos y Consolidación de la paz de las Naciones Unidas, con acceso a recursos y enlaces complementarios sobre la temática: https://dppa.un.org/es/women-peace-and-security
- Portal web del Grupo de Trabajo de ONG sobre Mujeres, Paz y Seguridad en el que participan organizaciones, entre otras, como Human Rights Watch o Amnistía Internacional: https://www.womenpeacesecurity.org/

*Capítulo 23*

# *Seguridad*

**FRANCISCO J. VERDES-MONTENEGRO***
**ALICE MARTINI***

## I. INTRODUCCIÓN[1]

A lo largo del siglo XX y principios del XXI, la seguridad se ha ido consolidando como un concepto clave, tanto en las políticas domésticas como en el ámbito internacional, siendo hoy un tema central en la agenda política internacional contemporánea. Su uso, lejos de banalizarse, debe ser objeto de escrutinio por parte de las sociedades y sus ciudadanías ya que, como se desarrollará a continuación, securitizar una cuestión tiene una serie de efectos discursivos y prácticos que así lo exigen. En ese sentido, "por motivos de seguridad" es una expresión que puede ser instrumental para legitimar una serie de prácticas que, entre otras cuestiones, limitarían la libertad y derechos de la ciudadanía, para reforzar los poderes de determinados actores —generalmente estatales—; haciendo más perentorio adoptar una posición crítica y reflexiva del uso que se hace de esta noción.

Sin embargo, pese a su uso recurrente y habitual en política doméstica, así como en las políticas internacionales, no es tan habitual explicitar qué se entiende por "seguridad", puesto que la comprensión de este concepto y el modo de alcanzarlo ha ido cambiando a lo largo del tiempo. ¿Qué se entiende por "seguridad"? ¿Cómo ha evolucionado su comprensión en el último siglo? Este capítulo pretende captar así la evolución de la noción

---

* Profesor del departamento de Relaciones Internacionales e Historia Global en la Universidad Complutense de Madrid (UCM), e investigador del Instituto Complutense de Estudios Internacionales (ICEI). Contacto: fjverdes-montenegro@ucm.es

* Profesora del departamento de Relaciones Internacionales e Historia Global en la Universidad Complutense de Madrid (UCM). Contacto: alice.martini@ucm.es

1 Los autores agradecen a las coordinadoras del manual, Itziar Ruiz-Giménez, Ángela Iranzo y Marta Íñiguez; así como a Marina Díaz Sanz por los comentarios realizados a una versión preliminar del capítulo. Como no puede ser menos, los errores u omisiones son responsabilidad exclusiva de quienes lo firman.

de seguridad, reflejando algunas de las principales transformaciones que se han producido en la agenda internacional en las últimas décadas, sin perder de vista las controversias políticas y normativas que estas llevan aparejadas.

En la disciplina existe una amplia diversidad de desarrollos teóricos sobre el concepto de seguridad, tanto desde los enfoques más ortodoxos (*mainstream*), como, sobre todo, desde aproximaciones críticas. Desde la perspectiva de los enfoques críticos, esta diversidad de aproximaciones ha llevado a la conformación de un campo denominado los Estudios Críticos de Seguridad. Integrados por diversas escuelas nombradas, en algunos casos, a partir del lugar geográfico donde trabajan algunos de los autores que las establecen (como, por ejemplo, la escuela de Copenhague, París, o Gales) o por el enfoque específico que adoptan —como, por ejemplo, los estudios feministas de seguridad. En este capítulo, se adoptará una posición teórica específica dentro de los Estudios Críticos de Seguridad (ECS): la de la Escuela de Copenhague y, en concreto, su teoría de la securitización que se aproxima a la seguridad desde una concepción discursiva o intersubjetiva. Esta teoría, además, permitirá revisar históricamente los principales cambios que ha experimentado la seguridad. Es decir, a partir de esta mirada se analizará la evolución de la noción de seguridad a escala internacional, y cómo ello incide en las propias agendas y políticas de seguridad desde el final de la Segunda Guerra Mundial hasta la era pospandemia (COVID-19) de principios de la segunda década del siglo XXI.

## II. UNA APROXIMACIÓN DISCURSIVA A LA "SEGURIDAD" DESDE LAS RELACIONES INTERNACIONALES

Sin lugar a duda, la seguridad ha sido y es una idea clave en RRII, si bien ya estaba presente mucho antes en las tradiciones filosóficas sobre las que esta disciplina se abrió paso. Desde Tucídides a Thomas Hobbes o Nicolás Maquiavelo, pasando por Immanuel Kant y Hugo Grocio, entre otros, muchas son las contribuciones históricas y filosóficas en torno a los conflictos y la guerra. Con el desarrollo de la disciplina, a lo largo del siglo XX, autores como H. Carr, Hans J. Morgenthau, Kenneth Waltz, Robert Keohane, Joseph Nye, por citar algunos ejemplos significativos, formularon sus respectivas teorías tomando la seguridad como una de las categorías centrales de sus formulaciones sobre la política internacional.

Ahora bien, hasta el trabajo seminal[2] que publicó en la década de los ochenta del siglo pasado Barry Buzan, *People, States and Fear: The National Security Problem in International Relations* (1983), no se había puesto el foco en una paradoja que había caracterizado la disciplina: la noción de seguridad, pese a haber estado presente en buena parte de los debates dentro de las Relaciones Internacionales, había registrado una infrateorización. Es decir, que su definición hasta entonces se había dado por sentada, muchas veces se había asociado a la concepción de seguridad nacional o había sido eclipsada por otras nociones como la de poder o paz, sin entrar a debatir sobre su significado como tal. En ese mismo trabajo, Buzan añadía que la noción de seguridad podía entenderse como un "concepto esencialmente en disputa". Esto se debía al hecho de no contar con una definición unívoca y propiciar debates irresolubles sobre su significado y aplicación, según los valores e ideas que tiene cada cual.

Ya durante la década de los noventa, en plena posguerra fría y en paralelo a las reflexiones que afloran del social-constructivismo y corrientes reflectivistas en RRII, el propio Buzan, junto con Ole Wæver y Jaap de Wilde, acuñaron la teoría de la securitización, coincidiendo con un debate abierto en la disciplina entre, por un lado, quienes abogaban por ampliar la noción de seguridad a otras dimensiones más allá de la militar[3]; y, por otro lado, quienes sostenían planteamientos más proclives a mantener una visión restringida de la misma. Así, dentro de las RRII, se abrió paso la teoría de la securitización como posición intermedia con un planteamiento teórico que se desarrolló en el libro *Security: a new framework for analysis*[4], una obra de referencia de la denominada como Escuela de Copenhague. Esta posición intermedia se considerará como una aproximación discursiva o intersubjetiva que, superando las aproximaciones más ortodoxas y extendidas en ese momento, postula que cualquier cuestión o dimensión puede entenderse desde una óptica de seguridad —securitizarse— siem-

---

2 Buzan, Barry (1983) *People, States and Fear: The National Security Problem in International Relations,* Ed. University of North Carolina Press. Por trabajo seminal se entiende que este impacta en la disciplina y genera contribuciones posteriores basadas en sus aportaciones.

3 Pérez de Armiño, K., "Estudios de seguridad: de la visión tradicional a los enfoques críticos", en *Teorías de las relaciones internacionales,* ed. Tecnos, Madrid, 2015, pp. 301-328.

4 Buzan, Barry; Wæver, Ole, y de Wilde, Jaap, "*Security: A New Framework for Analysis*" (Londres: Lynne Rienner Publishers, 1998).

pre y cuando se cumpla con una estructura específica con dos pasos fundamentales.

En primer lugar, se precisa que un actor securitizador —generalmente quien ostenta la máxima responsabilidad en materia de seguridad— identifique una cuestión como una "amenaza" para un objeto de referencia determinado —es decir, lo que se pretende proteger a través de la securitización. Y, en segundo lugar, que el público al que se dirige reconozca ese acto de habla (*speech-act*) como tal. Este último requerimiento es esencial y es el que le imprime el carácter intersubjetivo a la securitización. De lo contrario, si el primer paso no permea entre la audiencia a la que se dirige, estaríamos más bien ante un movimiento securitizador (*securitizing move*) que no logra acompañarse de las medidas para evitar la amenaza. Así, la teoría de la securitización ahonda en cómo un asunto es susceptible de enmarcarse desde una lógica securitizada, y cómo al hacerlo se produce una serie de efectos inherentes al carácter performativo de ese acto de habla. En ese sentido, se plantea el modo en que un asunto pasa de ser aprehendido como un asunto político ordinario, adquiriendo una naturaleza diferenciada y singular que se considera como una amenaza para la seguridad[5].

En consecuencia, para la Escuela de Copenhague, la seguridad supone desplazar una problemática a un ámbito de excepcionalidad que se encuentra más allá de las reglas de juego establecidas. Al identificar, enmarcar y definir un asunto como "amenaza", y por lo tanto como una cuestión "especial" que pone en peligro al "objeto de referencia". Ese movimiento discursivo, además, se acompaña de unas medidas excepcionales para responder a ello[6]. Así, cuando la securitización se materializa al reconocerse por parte del público al que se dirige el actor securitizador la amenaza señalada, se activa una "gramática de seguridad" con una serie de características. Entre ellas, el cierre de opciones políticas, la oligopolización de la toma de decisiones, restricciones a la deliberación pública y la creación de "poderes déonticos" para el actor securitizador. En función de cada caso, la securitización puede entonces implicar una serie de medidas excepcionales que pueden sistematizarse del siguiente modo:

---

5 Verdes-Montenegro, Francisco J., "Securitización: agendas de investigación abiertas para el estudio de la seguridad", en *Relaciones Internacionales* nº 29 (2015), pp. 111-131.

6 Buzan, Wæver, y Jaap de Wilde, *op. Cit.*

(i) polarización extrema del discurso que termina cercenando el debate y la deliberación pública, complicando así la posibilidad de asumir planteamientos matizados;

(ii) el uso de recursos excepcionales (financieros, humanos, etc.), a costa de otras partidas que terminan siendo, supuestamente, menos necesarias;

(iii) margen para vulnerar procedimientos al uso dentro del ordenamiento jurídico que, sin esa securitización mediante, no podrían llevarse a cabo;

(iv) opacidad en la gestión de la información y los recursos, al asumir que la transparencia en estas cuestiones puede ser perjudicial en una respuesta operativa que neutralice la amenaza

(v) prioridad en la agenda pública (*agenda-setting*), captando así el foco de atención de actores políticos y medios de comunicación en detrimento de otros asuntos que pierden atención[7].

Todo ello en aras de una mayor eficacia y rapidez en la respuesta a la amenaza identificada, si bien no dejan de ser efectos que tensionan fuertemente los sistemas políticos, máxime si estos operan desde parámetros democráticos. Estas prácticas, a la postre, son las que suponen dilemas normativos de hondo calado, y exigen un especial escrutinio de los discursos de seguridad por los efectos que pueden conllevar. A su vez, como plantea la propia Escuela de Copenhague, estos procesos pueden operar en sentido inverso, a través de procesos de desecuritización que, dejando atrás los discursos y prácticas excepcionales, permiten que la problemática securitizada se resitúe en una esfera política normalizada y acorde con el ordenamiento jurídico en cuestión.

Desde un prisma analítico, además, esta teoría no asume la "amenaza" sin más y se centra únicamente en su respuesta —como hacen los enfoques ortodoxos— sino que abre el rango de interrogantes que pueden plantearse desde parámetros más reflexivos y críticos: "se estudia quién securitiza, sobre qué cuestiones (amenazas), para quién (objetos de referencia) y por qué, con qué resultados y, no menos importante, bajo qué condiciones (es

7 Verdes-Montenegro, Francisco J., "La militarización como institucionalización de lo excepcional: la defensa en la teoría de la securitización", en *100 años de relaciones internacionales: una mirada reflexiva,* ed, Tirant lo Blanch, 2020, pp.125-138.

decir, qué es lo que explica que la securitización tenga éxito)"[8]. En definitiva, la securitización puede operar en distintos niveles y ningún actor tiene su monopolio como tal, de ahí que la labor de cartografiar todos los procesos que se han puesto en práctica en el último siglo supondría una labor que trasciende de lejos la pretensión de este capítulo. Ahora bien, si partimos de la mirada intersubjetiva a la seguridad que acabamos de exponer, sí podemos tratar de identificar sucintamente distintos procesos de "macrosecuritización"[9] que han operado en las últimas décadas. Así, a continuación, se ilustrará cómo se han desplegado una serie de procesos de macrosecuritización en las últimas siete décadas que han condicionado las interrogantes, los debates y las prácticas de seguridad de distintos actores del sistema internacional, como una muestra palpable de los efectos que el discurso securitario desencadena.

## III. EVOLUCIÓN DE LA SEGURIDAD EN LAS POLÍTICAS INTERNACIONALES

Desde el final de la IIª Guerra Mundial se han producido varios cambios en la comprensión de la seguridad a nivel global. En esta sección, por lo tanto, describiremos algunos de los mayores procesos de macrosecuritización producidos desde entonces en la agenda internacional y reflexionaremos acerca de cómo estos cambios se plasmaron en la *praxis* de la política internacional. Desde el punto de vista de nuestra teoría, todos estos procesos condicionaron enormemente la agenda internacional de seguridad y, en particular, las diferentes interpretaciones de las "amenazas a la seguridad (internacional)". Desde un punto de vista reflexivo y crítico, todas las aquí descritas pueden entenderse como narrativas de poder que presionan a los actores de la sociedad internacional en sus relaciones y alineamientos con terceros, incidiendo además en su política exterior e interna. Como ejemplos de algunos de estos procesos de macrosecuritización, se abordarán aquí algunas de las dinámicas de la Guerra Fría (1945-1989); la posguerra

[8] Sanahuja, José Antonio y Julia Schünemann, "El nexo seguridad-desarrollo: entre la construcción de la paz y la securitización de la ayuda, en *Construcción de la paz, seguridad y desarrollo: visiones, políticas y actores*, Madrid: Editorial Complutense, 2012, pp. 17-70.

[9] Buzan, Barry y Ole Waever, "Macrosecuritisation and security constellations: Reconsidering scale in securitisation theory", *Review of International Studies* 35, no. 2, (2009): 253-276.

fría (década de los noventa), la Guerra Global contra el Terror (GGT, desde el 11 de septiembre de 2001); la respuesta internacional a la pandemia de COVID-19 (2020-2023); acabando con una reflexión acerca de cómo en estos momentos se está abriendo paso un movimiento de macrosecuritización en torno la competencia geopolítica entre Estados Unidos y China.

## *1. La Guerra Fría (1945-1989)*

Con el fin de la Segunda Guerra Mundial y el advenimiento de lo que se ha denominado Guerra Fría, la política internacional registró profundas transformaciones que moldearon las estructuras de seguridad. En este contexto, el concepto de seguridad y los Estudios Internacionales de Seguridad como subdisciplina de las Relaciones Internacionales tomaron forma. Producto de múltiples factores, se consolidaron dos significados del concepto de seguridad: el de seguridad nacional y el de seguridad internacional. En relación con el segundo, la devastación de las Guerras Mundiales llevó a un cambio global en la comprensión de la guerra[10]. El 26 de junio de 1945 se aprobó la Carta de las Naciones Unidas donde, entre otras cosas, se institucionalizó un nuevo sistema de seguridad colectiva, que dejaba de considerar la guerra como herramienta política legitima y prohibía el uso o amenaza de la fuerza internacional, salvo en defensa propia. Así, los actores globales, marcados por las dos guerras mundiales, acordaban este sistema de seguridad compartida y la resolución pacífica de los conflictos internacionales.

Sin embargo, la lógica bipolar de confrontación entre EEUU y la Unión Soviética (URSS) que empezó a abrirse paso en el marco de la Guerra Fría limitó el alcance de la noción de seguridad colectiva y la arquitectura de seguridad que se institucionalizó. Por ello, los debates acerca de este concepto se centraron, sobre todo, en la seguridad nacional de carácter eminentemente estatocéntrico. Esta pondría el foco en las potenciales agresiones externas y casi únicamente en la dimensión militar. El contexto fue de confrontación entre bloques rivales, con el modelo capitalista-liberal que abanderó EEUU, por un lado; y el modelo comunista-estatalista que encabezaba la Unión Soviética, por otro. Los dos se interpretaban mutuamente como una amenaza existencial para sus respectivos sistemas y, con el fin de protegerse y desde la perspectiva de maximizar su seguridad, articularon

---

10 Ruiz-Giménez Arrieta, Itziar, *La Historia de La Intervención Humanitaria.* El Imperialismo Altruista (Madrid: La Catarata, 2005), 65.

esferas de influencia a través de alianzas militares, como la OTAN o el Pacto de Varsovia. El proceso de macrosecuritización, en consecuencia, se produjo en este contexto de confrontación "Este-Oeste" que fue asentándose. En este sentido, es importante remarcar que no solo la seguridad asumirá, en este periodo, una dimensión militar, sino que la política de bloques justificará unos discursos maniqueos en ambos bandos.

Claramente, esta dinámica estaba marcada también por la irrupción de una nueva tecnología que marcaría las políticas de seguridad durante décadas: el arma nuclear. Utilizada por primera vez como arma de guerra en Hiroshima y Nagasaki, el 6 y el 9 de agosto de 1945, respectivamente, se estima que, como mínimo, 110.000 personas murieron en las explosiones que arrasaron ambas ciudades japonesas a una escala de devastación nunca vista antes ni después. La irrupción de esta tecnología alteró las capacidades armamentísticas del grueso de los países creando una dinámica que dominaría las lógicas militares —y políticas— de este periodo: la disuasión. Es decir, en la medida en que se atesorará un arsenal nuclear más avanzado que el rival, este último tendría menos incentivos para atacarme y, por lo tanto, estaría más seguro. Con el arma nuclear, por tanto, las guerras ya no se luchaban, sino que se pretendían evitar. Emergía en este contexto la doctrina de la "destrucción mutua asegurada" (MAD, por su acrónimo en inglés), y el arma nuclear se usaría principalmente como elemento disuasorio por parte de los dos rivales sistémicos (EE.UU. y URSS). El contexto sociopolítico de la Guerra Fría centró las preocupaciones de "seguridad" de los dos grandes bloques en cuestiones relacionadas con las capacidades bélicas y el despliegue estratégico de sus recursos (o capacidades) militares, en especial la amenaza nuclear. Por todo ello, a lo largo de este periodo, la tensión entre las dos potencias alcanzó niveles preocupantes para toda la comunidad internacional, con momentos de máxima tensión y temor a un escenario MAD, como la crisis de los misiles de Cuba de 1962.

A nivel académico, estas preocupaciones se plasmaron en la disciplina de Relaciones Internacionales, con un solapamiento entre los Estudios Internacionales de Seguridad Internacional, centrados, sobre todo, en el análisis de las amenazas, y los Estudios Estratégicos, más focalizados en las respuestas militares a estas amenazas[11]. Como apuntan Barry Buzan y Lene

---

11 Ver, entre otros, Alan Collins. *Contemporary security studies* (Oxford: Oxford University Press, 2019); Christopher Browning, *International Security. A very short introduction* (Oxford: Oxford University Press, 2013).

Hansen[12], las preocupaciones mayoritarias que se planteaban en estos subcampos se centraban en el impacto que había tenido el arma nuclear en materia de armamento y en la respuesta estratégica acorde con ello. Se abrió así el campo de la seguridad a esferas no estrictamente militares porque, la tecnología nuclear, por su singularidad, requería romper con el monopolio castrense que había acaparado buena parte de la reflexión en este ámbito. Consecuentemente, se fueron incorporando a los EIS nuevas formas de conocimiento civiles, como las matemáticas, las físicas, la psicología o la economía[13]. Cabe remarcar también que fruto del interés de Estados Unidos por entender y responder a la amenaza soviética, las conexiones entre teóricos y decisores políticos (*policymakers*) resultó en una financiación significativa a las instituciones de referencia en el campo de la seguridad en aquel periodo con casos paradigmáticos como la Rand Corporation[14].

En este sentido, la macrosecuritización que supuso la Guerra Fría resultaría en una carrera armamentística cuyos niveles de gasto militar marcaron un antes y un después, acompañados de una serie de políticas que, en aras de acabar con la amenaza que representaban "comunistas" o "capitalistas", vulneraron derechos y libertades con el pretexto de garantizar la seguridad (nacional). Respecto a lo primero, como apuntan Waever y Buzan[15], la movilización de recursos excepcionales que requería la Guerra Fría —tras el trauma que había supuesto la IIª Guerra Mundial por el número de fallecidos y heridos, y su elevado coste material—explicó también el auge de la propia noción de "seguridad", con una connotación más civil respecto a otros conceptos como "defensa" o "guerra" que se asociaban con ese suceso reciente. Por otro lado, a lo largo de la Guerra Fría, hubo momentos de fuerte erosión de los sistemas políticos con censuras, purgas y persecución de quienes discrepaban de las posturas oficiales, como por ejemplo el "macartismo" en Estados Unidos o las doctrinas de seguridad nacional que pusieron en marcha las dictaduras militares en América Latina. Como apunta Lesley Gill (2005), la lucha contra los "comunistas" y la misma "seguridad nacional" eran unas categorías enormemente elásticas

---

12 Barry Buzan y Lene Hansen, *The evolution of international security studies.* (Cambridge: Cambridge University Press, 2009), 67-69.

13 Buzan y Hansen, Op. Cit., 67-69.

14 RAND Corporation, https://www.rand.org/ [visitado 02.02.2024]

15 Waever, Ole y Barry Buzan, "After the return to theory: the past, present and future of security studies", en *Contemporary Security Studies,* ed. Alan Collins, Oxford, Oxford University Press, 2022, 437-458.

que podían acomodar cualquier crítica al *status quo*[16]. Unas prácticas, por otro lado, que no eran tampoco ajenas al bloque soviético donde se llevaron a cabo purgas, farsas judiciales y ejecuciones sumarias contra aquellos considerados una amenaza para la estabilidad del Estado o la ideología comunista.

Sin embargo, cabe resaltar que el proceso de macrosecuritización que implicó la Guerra Fría fue objeto de resistencias, como, por ejemplo, por parte del movimiento antinuclear o el movimiento de países no alineados, entre otros. En el primer caso, los movimientos pacifistas alertaban del riesgo que suponía una carrera armamentística que tenía el arma nuclear como protagonista y que ponía en riesgo a toda la humanidad. Por su parte, el movimiento de países no alineados empezó a dar voz a los países que se autodenominaron como "Tercer Mundo" y que no querían quedar encapsulados ni limitados por las agendas o enfoques de la lógica bipolar. Buena parte de quienes lo protagonizaron estuvieron implicados en los procesos de descolonización, a partir de la Conferencia de Bandung de 1955, con liderazgos como los de Jawaharlal Nehru (India), Gamal Abdel Nasser (Egipto) o Sukarno (Indonesia). Es en este periodo que, a nivel político, y fruto de algunas resistencias, también se van a ir desarrollando diversos tratados, para limitar ciertas armas, como en el caso del arma nuclear, el Tratado de No Proliferación Nuclear, o el Tratado sobre Misíles Antibalísticos, también llamados acuerdos SALT. Además, a nivel académico, surge la Investigación para la Paz a través de reflexiones como las de Johan Galtung que ayudaron a repensar el significado de nociones como las de paz[17] o violencia.

Desde estas perspectivas se criticó la concepción de seguridad imperante en los dos bloques por centrarse en cuestiones relacionadas solamente con la contienda bipolar. Por ejemplo, se apuntó la "exclusión de los fenómenos no militares" de los debates de política internacional —una crítica que los autores postcoloniales también formularían a la misma disciplina de RRII[18]. Además, desde estas visiones, se llamaba la atención de la comu-

---

16 Gill, L. (2005) "Escuela de las Americas: entrenamiento militar, violencia política e impunidad en las Americas", Ed. Cuatro Vientos, Santiago de Chile .

17 Véase el capítulo sobre el tema de la paz (capítulo 22).

18 Acharya, Amitav "The Periphery as the Core: The Third World and Security Studies", comunicación presentada en la Conferencia Strategies in Conflict: Critical Approaches to Security Studies, Centre for International and Strategic Studies, York University, Toronto, 12-14 May 1994, 5. Disponible en: https://yorkspace.library.yorku.ca/xmlui/handle/10315/1412 [visitado el 25.10.2023]

nidad internacional a temas como "la escasez de recursos, la superpoblación, el subdesarrollo y la degradación ambiental"[19]. Como subraya Armitav Acharya, "Estas amenazas esencialmente 'no militares' estaban mucho más íntimamente ligadas a la situación de seguridad del Tercer Mundo que a la de los países desarrollados"[20]. La crisis del petróleo a inicios de la década de los setenta, desde una óptica de seguridad económica, y desastres como el de Cherrnóbil, desde un prisma de seguridad ambiental, también coadyuvaron a ir captando las limitaciones de la concepción de seguridad predominante en este periodo. Ahora bien, hubo que esperar al final de la Guerra Fría para que estas problemáticas se incorporaran de pleno a los debates internacionales acerca de la seguridad, como se detalla seguidamente.

## 2. *La posguerra fría (1989-2001)*

El fin de la Guerra Fría y la afirmación de un periodo de globalización conllevó unos cambios estructurales que permitieron la irrupción de nuevas dinámicas en la política internacional y, en consecuencia, también de debates teóricos singulares dentro de la disciplina. Tanto a nivel político como académico, estas transformaciones conllevaron la necesidad de repensar la seguridad y responder a los desafíos de un orden de posguerra fría, en los que la macrosecuritización que había restringido las opciones durante varias décadas había quedado atrás. Esto abría paso a un periodo de desecuritización con una ventana de oportunidad para que se manifiesten con más fuerza algunas agendas y enfoques que habían quedado más eclipsados[21].

En efecto, el final de la Guerra Fría y su momento más simbólico, la caída del muro de Berlín en 1989, abrió paso a un periodo sin una lógica de macrosecuritización nítida, lo que, paradójicamente, permitió vislumbrar los efectos que conlleva un periodo de desecuritización: unos recursos que antes se dirigían a responder a la amenaza "comunista" o "capitalista", de acuerdo con las hipótesis de conflicto recíprocas, comienzan a liberarse en lo que comúnmente se denomina "dividendos de la paz". A su vez, las agen-

---

19 Acharya, "The periphery as the core", 6.

20 Acharya, "The periphery as the core", 6.

21 Ver, entre otros, Keith Krause y Michael C. Williams, "Broadening the Agenda of Security Studies: Politics an Methods", *Mershon International Studies Review* 40, (1996): 229-254.

das que estaban marcadas por lógicas securitarias permitieron que otras dimensiones —muchas de las cuales ya habían empezado a aflorar durante la Guerra Fría—, ganaran mucho más protagonismo, como, por ejemplo, la agenda medioambiental y de desarrollo sostenible, o la violencia contra las mujeres.

A la postre, buena parte de los actores implicados en materia de seguridad a escala internacional tuvieron que redefinir sus planteamientos estratégicos y adecuarlos a unas lógicas en las que el "enemigo" principal durante las últimas décadas ya no estaba presente. Por supuesto, esto no significó que las políticas de seguridad desaparecieran, sino que empezaron a aflorar nuevas agendas políticas y, por ende, académicas como, por ejemplo, debates centrados en los denominados como "Estados Canalla" (*Rogue States*) —considerados así por formar parte de una lista elaborada desde la Administración estadounidense, y entre los cuales se incluye a Cuba, Irak, Corea del Norte o Irán, entre otros—[22]; la preocupación por la proliferación horizontal más que vertical —es decir, Estados que desarrollaran armas nucleares contraviniendo lo establecido en el Tratado de No Proliferación (TNP)—; o un mayor intervencionismo militar a través del discurso humanitarista[23].

Ya sin la lógica bipolar y sin la desconfianza ni hostilidad que llevaban aparejada, Naciones Unidas recuperó un rol protagónico. Con esa pretensión de reimpulso de la organización, su secretario general por aquel entonces, Boutros Boutros-Ghali, presentó en 1992 la Agenda para la Paz, una declaración fundacional sobre el papel de Naciones Unidas en la estabilización del mundo tras la Guerra Fría. Se pretendía así reforzar el papel de esta organización en diplomacia preventiva, mantenimiento de la paz, y cumplimiento y consolidación de ésta después de un conflicto. Así se establecieron los términos para los debates políticos en torno a la organización en las siguientes tres décadas y se abrió paso a una dinámica mucho más asertiva de operaciones en el exterior.

---

22 Desde las teorías feministas, aportaciones como las de Cynthia Enloe en *Bananas, Beaches and Bases: Making Feminist Sense of International Politics* (1990) llamaban la atención en un rasgo que conviene no perder de vista: la militarización de la sociedad que conllevó la Guerra Fría no desaparecía como tal tras la caída del muro, y algunas agendas que irrumpían desde el mainstream político y académico, como la de los "Estados Canalla" pretendía perpetuar la lógica que había preponderado durante décadas (Enloe, 1990).

23 Ver, entre otros, Itziar Ruiz-Giménez, "'*Las buenas intenciones'. Intervención humanitaria en África*" (Madrid: Icaria, 2003).

Uno de los principales cambios en este sentido fue el impulso que recibió, por parte del Programa de Naciones Unidas para el Desarrollo (PNUD) el concepto de "seguridad humana". En el Informe de Desarrollo Humano de 1994, esta comprensión de la seguridad se hacía eco de dos dinámicas que marcaron su comprensión en este periodo. Por un lado, la ampliación del concepto de seguridad a esferas más allá de la dimensión militar, como la ambiental o económica[24]. Y, por otro lado, su profundización a otros objetos de referencia de la seguridad que trascienden al Estado, como por ejemplo los individuos, la humanidad en su conjunto o las mujeres. La comprensión de seguridad del PNUD se basaba, por un lado, en la libertad respecto del miedo (*freedom from fear*), que enfatiza las amenazas físicas; y, por otro lado, la libertad respecto de la necesidad (*freedom from want*), que enfatiza la necesidad cumplir con las necesidades básicas de cada ser humano[25].

En el mismo informe, se detallaba que:

> "Durante demasiado tiempo, el concepto de seguridad se ha interpretado de manera restringida: como seguridad del territorio frente a agresiones externas, o como protección de los intereses nacionales en política exterior, o como seguridad global frente a la amenaza de un holocausto nuclear. Se ha relacionado más con los estados-nación que con las personas (...) Se olvidaron las preocupaciones legítimas de la gente común que buscaba seguridad en su vida cotidiana."[26]

Aunque posteriormente la seguridad humana fue cuestionada por su debilidad teórica o su instrumentalización política, el concepto contribuyó a desafiar la visión tradicional de la seguridad estatocéntrica y a que esta categoría se centrara en las personas, los derechos humanos, y el desarrollo. Se empezaba así a repensar el objeto de referencia de la seguridad fuera de los esquemas que anteponían la seguridad del Estado y, como se ha mencionado anteriormente, con otros objetos de referencia, como los individuos, el planeta en su conjunto o las mujeres. No cabe duda de que

---

24 El informe clasificaba las amenazas a la seguridad humana en siete categorías: seguridad económica, seguridad alimentaria, seguridad sanitaria, seguridad medio ambiental, seguridad personal, seguridad comunitaria y seguridad política. Se ampliaba, por lo tanto, el concepto de "seguridad" y se cuestionaba su comprensión centrada en lo militar que había dominado las décadas anteriores

25 Pérez de Armiño, Karlos e Irantzu Mendia Azkue, *Seguridad Humana. Aportes Críticos al debate teórico y político* (Madrid: Tecnos, 2013).

26 PNUD, "Nuevas dimensiones de la seguridad humana", Informe sobre Desarrollo Humano, Programa de Naciones Unidas para el Desarrollo, (México D.F.: Fondo de Cultura Económica, 1994).

las reflexiones producidas en el seno del ecologismo, las teorías postcoloniales o el feminismo fueron también clave para revitalizar la noción de seguridad.

En ese sentido, desde el feminismo se han formulado preguntas relevantes acerca de la seguridad y de su (im)posible universalidad como, por ejemplo, ¿las amenazas a la seguridad son iguales para los hombres y las mujeres? O, ¿cómo se vive la "seguridad"/"inseguridad" según el género? Los enfoques ortodoxos sobre la seguridad, según esta corriente de pensamiento, producen análisis con una evidente ceguera de género (*gender blind*) [27]. Sin embargo, criticando la universalidad de la categoría, las autoras feministas argumentan que "seguridad" e "inseguridad" pueden asumir significados diferentes según el género —y, también, la raza, y la clase— del objeto/sujeto de referencia de la seguridad[28]. Por lo tanto, este enfoque también abogaba por una profundización de la seguridad que empezó a hacerse más patente durante la posguerra fría, alejándose así de conceptualizaciones más estatocéntricas y poniendo al individuo en el centro de sus análisis.

A este respecto cabe subrayar la importancia que supuso la aprobación, en el año 2000, de la resolución 1325 sobre el papel de las mujeres en la construcción de la paz. Un avance determinante a la hora de reconocer los diferentes impactos de los conflictos armados sobre las mujeres —en especial las violencias sexuales. También del papel que las mujeres cumplen, a su vez, en los procesos de paz y la rehabilitación posbélica. Si bien desde finales de los sesenta del siglo XX se presta más atención a las condiciones de las mujeres, no es hasta la posguerra fría que el vínculo entre género, violencia y conflictos armados no empieza a hacerse más patente, con momentos de reconocimiento explícito como la Conferencia de Beijing de 1995, así como la consideración de este vínculo en tribunales *ad hoc*, como los de la ex Yugoslavia (1993) y Ruanda (1994), o incluso años más tarde para el caso de Sierra Leona[29]. Lo logrado con la resolución 1325, como uno de los ejemplos más significativos, no deja de mostrar la importancia de la movilización de una serie de redes de mujeres, aprovechando un mo-

---

27 Véase también capítulo 4 de feminismos.

28 Sjoberg, Laura (2021). "¿Qué son y dónde se sitúan los Estudios Feministas de Seguridad?", en *Relaciones Internacionales,* nº 48, pp. 15-30.

29 Mesa, Manuela (2010) "Mujer, paz y seguridad: la resolución 1325 en su décimo aniversario", en *Balance de una década de paz y conflictos: tensiones y retos en el sistema internacional, Anuario CEIPAZ 2010-2011,* Madrid, pp. 43-64.

mento estructural favorable que empezó a restringirse, paulatinamente, tras los atentados del 11 de septiembre de 2001 en Estados Unidos (11-S).

## IV. LA GUERRA GLOBAL CONTRA EL TERROR: UNA MACROSECURITIZACIÓN EN TORNO AL TERRORISMO INTERNACIONAL

El 11-S marcó un punto de inflexión dentro de la agenda de seguridad internacional y marcó el comienzo de la Guerra Global contra el Terrorismo (en adelante, GGT). Formulada como respuesta a los atentados cometidos por Al-Qaeda, la GGT representó el comienzo de un ciclo de violencia y de prácticas securitarias en nombre de la lucha global contra el terrorismo internacional. En este contexto sociopolítico tuvo lugar un proceso de macrosecuritización de varias problemáticas que afectan a la política internacional, como pueden ser los estados fallidos, el crimen organizado, la agenda de paz y la de desarrollo, entre otras. Esta macrosecuritización fue causada, por lo menos en parte, por las prácticas y lógicas que fueron desencadenadas por la GGT. Liderada por EEUU y otros países occidentales, la comunidad internacional empezó a interpretar el "terrorismo internacional" y grupos como Al-Qaeda como la principal amenaza a la seguridad global. En este sentido, la GGT emergió como el principal marco discursivo y sociopolítico de estos años dando forma a las políticas y a las narrativas hegemónicas sobre el terrorismo[30].

En efecto, el marco de la GGT fue el resultado de un esfuerzo discursivo de macrosecuritización de determinadas formas de violencia política armada como las ejercidas por grupos no-estatales como Al-Qaeda que, en ese contexto, pasaron a ser macrosecuritizadas, a través de actos de habla, como "terrorismo internacional". El acto de habla, en este contexto, fue llevado a cabo inicialmente desde EEUU, pero también aceptado y reproducido por la mayoría de los actores internacionales[31] con la intención, inicialmente, de legitimar políticamente el esfuerzo bélico estadounidense en Afganistán (2001) e Iraq (2003).

---

30 Fernández de Mosteyrín, L. "Los debates sobre el terrorismo bajo el signo de la Guerra contra el Terror: aportaciones desde la Sociología Política", *Relaciones Internacionales,* 32 (2016): 144.

31 Martini, Alice, *The UN and counter-terrorism. Global hegemonies, power, and identities* (Abingdon: Routledge, 2021).

De este modo, la macrosecuritización que supuso la GGT resultó en una lógica maniquea de división en dos bloques que dominó el contexto sociopolítico y polarizó nuevamente la política internacional. En la lucha contra el "Mal absoluto", el lado del "Bien" se auto-otorgaba poderes excepcionales para luchar en contra de estos grupos[32]. El proceso de macrosecuritización resultaba ser exitoso porque las poblaciones de distintos países a escala internacional, y muchos actores, sobre todo occidentales, entendían que estas medidas excepcionales eran necesarias en la lucha contra el "Mal absoluto". Por lo tanto, la GGT volvió a centrar la agenda internacional en la seguridad, entendida en su sentido militar y bélico, pero también la amplió a prácticas de vigilancia y control masivo.

A nivel internacional, se desarrollaron las campañas bélicas mencionadas, pero también se empezaron a implementar prácticas internacionales que contradecían principios básicos de la comunidad internacional, como el respeto a derechos humanos fundamentales y el derecho internacional. Ejemplos de estas son los vuelos extrajudiciales conocidos como *Rendition Flights,* la prisión ilegal de Guantánamo y Abu Ghraib y, más en general, el cuestionamiento de la prohibición de la tortura bajo la que se llamó la doctrina del "Mal menor" que defendía la posibilidad de torturar excepcionalmente a los terroristas para recaudar información acerca de posibles atentados[33].

A nivel doméstico, legitimados por el marco internacional de la GGT, prácticamente todos los estados y organizaciones internacionales, transformaron sus legislaciones y prácticas de seguridad internas y externas para fortalecer sus medidas de seguridad relacionadas con el antiterrorismo, empezando procesos de transformación que, dos décadas después, siguen vigentes[34]. Por lo tanto, la macrosecuritización del "terrorismo internacional" también tuvo repercusiones domésticas que dieron lugar a varias políticas enmarcadas dentro de "lo excepcional". Ejemplo de ello fue la Ley Patriótica en EEUU (*USA Patriot Act*). Esta ley federal, aprobada con abrumadora mayoría política en el país, ampliaba las capacidades de control del Estado dentro de su lucha contra el terrorismo, promulgaba nuevos delitos y endurecía las penas por delitos bajo esta categoría, asignando a su vez mayores poderes de vigilancia[35] a las distintas agencias de seguridad

32 Martini y Peñas Esteban, "Otra vuelta de tuerca".

33 Fernández de Mosteyrín, "Los debates sobre el terrorismo", 144-145.

34 Fernández de Mosteyrín, "Los debates sobre el terrorismo", 144-145.

35 Jackson, "Writing the war".

del país. Además, teniendo en cuenta únicamente el caso estadounidense, se calcula que la GGT representó un gasto de ocho millones de billones de dólares ($8 *trillions*)[36]. Otros países promulgaron leyes antiterroristas problemáticas como pueden ser el Reino Unido, Francia y España, acompañadas de recursos excepcionales que, en agregado, volvieron a disparar los presupuestos militares relacionados con el contraterrorismo[37]. Asimismo, después del 11-S, organizaciones como Naciones Unidas, la UE o la Unión Africana, fortalecieron sus arquitecturas antiterroristas[38], reforzando y legitimando globalmente así las lógicas de la GGT.

Por lo tanto, la macrosecuritización del terrorismo internacional que conllevó la GGT como marco principal para entender la seguridad dio lugar a esfuerzos bélicos, procesos de militarización de varias esferas sociales y, a nivel doméstico, el fortalecimiento de los poderes del Estado[39] a través del control y la vigilancia masiva de la población en todas las esferas (públicas, privadas, online...). Estos últimos procesos recibieron un fuerte ímpetu después de los atentados de Madrid (2004) y Londres (2005) y, desde 2014, en relación con la respuesta al Estado Islámico de Irak y el Levante (ISIL, por sus siglas en inglés). En este sentido, estas dinámicas permitieron implementar medidas de seguridad que, desde el 11-S, llegan hasta la actualidad. Si bien otros tipos de violencias políticas como, por ejemplo, el terrorismo de extrema derecha, no se han traducido en un proceso de macrosecuritización[40], en el caso del "terrorismo internacional" de Al-Qaeda se vinculó esta amenaza con el islam. Muchas medidas excepcionales, de este modo, han puesto el foco en la población musulmana de muchos países a escala internacional, y estas comunidades empezaron a ser víctimas de racismo. Una dinámica que, a la postre, nos permite observar cómo la seguridad, paradójicamente, puede legitimar medidas excepcionales que, a su vez, generan inseguridad para algunos subgrupos de la población[41].

---

36 "Costs of War", Watson Institute, Brown University, visitado el 25 de octubre de 2023, https://watson.brown.edu/costsofwar/

37 Martini Alice y Fernández de Mosteyrín, Laura, "Del terrorismo al extremismo: las políticas de prevención del extremismo violento en Europa", *Revista CIDOB*, 128 (2021): 15-37, doi.org/10.24241/rcai.2021.128.2.15

38 Martini, "The UN and counter-terrorism".

39 Fernández de Mosteyrín, "Los debates sobre el terrorismo", 114-145.

40 Martini Alice, "Global silences as privilege: The international community's white silence on far-right terrorism", *Security Dialogue* 54 n. 3, (2023): 252-271, https://doi.org/10.1177/09670106221142425

41 Martini y Fernández de Mosteyrín, "Del terrorismo al extremismo".

Por lo tanto, la GGT fue un contexto discursivo, ideológico e institucional en el que cambiaron los significados de seguridad anteriormente presentes en la época de la posguerra fría y que convirtió el "terrorismo internacional" y la lucha excepcional contra esta amenaza en prioridad para la comunidad internacional[42]. Sin embargo, los efectos del marco de la GGT no se ciernen solo al "terrorismo internacional". La GGT resultó en la instauración de un marco securitario como principal marco de debate de muchas cuestiones políticas. En este sentido, aunque no solo por esta razón, muchas esferas y temas políticos fueron enmarcados y tratados como cuestiones de seguridad. Ejemplo de ello, pueden ser la securitización de los denominados como "Estados fallidos" (*failed states*), entendidos como posibles territorios de caldo de cultivo de terroristas, la securitización de la agenda de la construcción de paz, centrada en cuestiones securitarias o de prevención del terrorismo; o la migración internacional, interpretada como una amenaza a la seguridad nacional por parte de distintos países[43].

Aunque la narrativa dominante se produjo desde las esferas oficiales estatales e internacionales, es importante destacar que en el proceso participaron otros actores como los medios de comunicación, la academia, y también la sociedad civil. Sin embargo, también es importante remarcar que en todas estas esferas se produjeron, igualmente, movimientos de resistencia y de cuestionamiento al marco de la GGT[44]. En especial, a algunas de las prácticas que violaban los principios básicos de la comunidad internacional, en especial en materia de derechos humanos. Las voces de la sociedad civil, de los académicos y hasta de muchos representantes políticos de varios países y, sobre todo, de espacios multilaterales como la ONU, han ejercido una resistencia importante a la legitimización de las prácticas excepcionales de seguridad mencionadas[45]. Las campañas bélicas de 2001 y, sobre todo, la de 2003, interpelaron a millones de personas, y se registraron movilizaciones internacionales en distintas ciudades, con el "No a la Guerra" como muestra palpable en España. Así, estas reacciones que se produjeron en distintas latitudes son consideradas, en distintos trabajos, como las primeras movilizaciones de la historia a escala global.

---

42 Martini, *The UN and counter-terrorism*.

43 Como aparece explicado en otros lugares del este manual y en especial en los capítulos sobre paz (23), movilidad (21) y salud (25).

44 Fernández de Mosteyrín, "Los debates sobre el terrorismo", 114-145.

45 Ver, entre otros, "Leaving the War on Terror A Progressive Alternative to Counter-Terrorism Policy", Transnational Institute,, visitado el 25 de octubre de 2023, https://www.tni.org/en/publication/leaving-the-war-on-terror

## V. LA PANDEMIA DE COVID-19 Y LA SEGURIDAD SANITARIA

A partir de 2020 y durante más de tres años, un virus con un tamaño inferior a 130 nanómetros alteró la política internacional por completo A raíz de la capacidad de propagación y la virulencia de este coronavirus (COVID-19), y tras su extensión a escala internacional, la Organización Mundial de la Salud (OMS) tuvo que declarar el 10 de marzo 2020 una situación de pandemia, lo que representó otro movimiento de macrosecuritización que obligó a adoptar una serie de medidas para mitigarlo. En diferentes latitudes, se fueron implementando medidas excepcionales de seguridad parecidas para hacer frente a la situación problemática de salud pública y, sobre todo, el desborde de los sistemas sanitarios en la mayoría de los países.

Mientras no existió una vacuna que redujera su impacto, el grueso de los Estados optó por adoptar figuras jurídicas como el "estado de excepción" o "estado de alarma" para poder responder a una amenaza que, pese a algunas posturas más minoritarias de carácter negacionista, fue reconocida como tal por las sociedades que se vieron afectadas. Estas medidas incluían prácticas como, por ejemplo, el distanciamiento social, cuarentenas, confinamientos, y, por lo general, la interrupción de la libertad de circulación tanto a nivel nacional como internacional para intenta atenuar el nivel de contagio. Además, en muchas sociedades, se encargó a fuerzas armadas la tarea de vigilancia de la población y apoyo en labores logísticas, reforzando así el control estatal y la presencia de estos actores en ámbitos no relacionadas con la seguridad y la defensa[46]. A la postre, esto se tradujo en unas dinámicas que legitimaron, por ejemplo, un aumento del gasto militar[47]. En consecuencia, se implementaban en todos estos contextos normas excepcionales en nombre de la salud pública y la protección de la ciudadanía que, salvo algunas excepciones como la UE con la compra conjunta y centralizada de vacunas, reforzó salidas en clave nacional que

---

46 Binder, Krisztina, et al., 'States of Emergency in Response to the Coronavirus Crisis: Situation in Certain Member States' (EPRS | European Parliamentary Research Service, 4 May 2020); Centre for Civil and Political Rights, 'COVID-19 State of Emergency Data', 2020.

47 A este respecto, no deja de ser elocuente el hecho de que, como detalla SIPRI, el total del gasto militar mundial creció un 0,7% en términos reales en 2021, y llegó a los 2,113 billones de dólares, unas dinámicas que seguirían marcando también las sucesivas crisis internacionales.

dejaron de lado soluciones multilaterales como el mecanismo COVAX[48] que hubiese permitido un acceso más equitativo a escala global[49].

Esta macrosecuritización relacionada con la COVID-19 es de interés para la presente reflexión acerca de la seguridad ya que demostró cómo un tema de salud pública, que se aleja de las esferas más militares y bélicas de la seguridad, también podía ser objeto de un proceso de macrosecuritización y de la implementación de diferentes políticas excepcionales que se desprenderían de esta. En este sentido, la macrosecuritización de la pandemia muestra igualmente que no todos los procesos de securitización tienen un sesgo negativo *per se*, sino que, ante peligros y riesgos fundamentados, estas pueden ser legítimas si se acotan con la debida proporcionalidad. Ahora bien, esto tampoco implica forzosamente que el conjunto de respuestas que se llevaron a cabo durante la pandemia a escala internacional lo fueran[50].

## VI. EPÍLOGO: ¿UNA "NUEVA GUERRA FRÍA" COMO NARRATIVA DE PODER?

¿Qué macrosecuritización se está experimentando hoy? Al escribir estas palabras, en Europa se está desarrollando un conflicto bélico que implica directamente a Ucrania, invadida a gran escala por Rusia desde el 24 de febrero de 2022. En Gaza, en cambio, se está produciendo una catástrofe humanitaria con más de 29.000 civiles asesinados, la mayoría mujeres y menores, por parte de las fuerzas armadas de Israel que, tras la denuncia de Sudáfrica, está siendo objeto de investigación por parte de la Corte Interna-

---

48 El Fondo de Acceso Global para Vacunas Covid-19 es una alianza impulsada por actores públicos y privados con el objetivo de garantizar el acceso equitativo a las vacunas que se logren desarrollar contra la COVID-19.
Por mecanismo COVAX se entiende la iniciativa a escala multilateral para acelerar la investigación y distribución de vacunas contra el COVID-19 en aras de garantizar un acceso justo y equitativo a escala internacional. Este se integró en una herramienta innovadora más amplia, el acelerador ACT, en el que también se trabajó, entre otras cuestiones, en pruebas de detección y tratamientos. Esta se integraba por la Alianza Gavi, la coalición para la promoción de innovaciones en pro de la preparación ante epidemias (CEPI) y la OMS.

49 Fernández de Mosteyrín, Laura, Morán, María Luz, Ruiz Chasco, Santiago y Lohitzune Zuloaga, *Los significados de la seguridad una aproximación a los discursos y a las experiencias ciudadanas* (Madrid: Editorial Dykinson, 2023).

50 Véase capítulo 24 sobre "salud" de José Luis de La Flor.

cional de Justicia por genocidio. Tanto lo acontecido en Ucrania como en Gaza ha tenido un impacto que trasciende las fronteras y ha abierto paso a distintos procesos de securitización, además de debates de calado sobre el posicionamiento del denominado como "Sur Global" y su distanciamiento con el "Norte Global", o la coherencia de este último en su defensa de un orden internacional basado en normas.

Ahora bien, en paralelo a todo ello, existe una narrativa de poder dominante —o movimiento de macrosecuritización— que asume una creciente conformación de un sistema internacional en clave bipolar, con Estados Unidos y esta vez China, en lugar de la URSS, como protagonistas. Esta narrativa sobre una "Nueva Guerra Fría" (NGF), basada en lecturas realistas y estatocéntricas de lo internacional, estaría girando cada vez más en torno a la competencia estratégica entre una China en ascenso y un Estados Unidos que se resiste a perder su liderazgo global, con debates sobre la inevitable aparición del "dilema de Tucídides" asociado a esa transición de poder, y unas agendas en torno al desacoplamiento (*decoupling*) y la reducción de riesgos (*derisking*). Así, si se asume esta NGF, esta narrativa puede dar lugar a una nueva macrosecuritización con los efectos correspondientes ya advertidos en las dinámicas de seguridad de las últimas décadas. Es más, algunas medidas proteccionistas que se han asumido por parte de la administración estadounidense desde el periodo de Donald Trump como, por ejemplo, las sanciones y controles a las exportaciones en sectores como la industria de los semiconductores[51], pasando por la presión ejercida a algunos aliados internacionales con respecto a la colaboración con China en sectores considerados estratégicos (ej: 5G y Huawei), son señales elocuentes en ese sentido.

A su vez, el desplazamiento de poder hacia Asia y el denominado Indo-Pacífico, se ha acompañado de nuevas iniciativas y constructos geopolíticos, como el foro estratégico informal entre Estados Unidos, Australia, Japón e India (Quad). En esa descripción también encaja la pérdida de relevancia estratégica de otras regiones, como la Unión Europa, América Latina o África, enfrentadas a difíciles dilemas si se asume la NGF y privadas de agencia como meros escenarios de la creciente competencia bipolar entre Estados Unidos y China. Esta narrativa con visibles debilidades analíticas, como apunta José Antonio Sanahuja, deja a un lado la economía po-

---

[51] Millner, Chris, Chip war: the fight for the world's most critical technology. (Nueva York: Ed. Simon and Schuster, 2022); Aresu, Alessandro, "Europa en el mundo de la seguridad nacional", en *Le Grand Continent*, 6 de julio de 2023.

lítica internacional y las cuestiones y riesgos transnacionales, y es incapaz de aprehender fenómenos como la crisis de la globalización y el momento de interregno que atraviesa el sistema internacional, dejando a un lado el papel no menor de las empresas y los actores no estatales[52].

Sin perder de vista la evolución de lo que está aconteciendo en Ucrania y Gaza puesto que incidirá en la arquitectura internacional de seguridad de las próximas décadas, conviene ser cautos con narrativas de poder como la NGF porque, como se ha visto a lo largo del capítulo, estas tienden a enarbolar discursos securitarios con una serie de limitaciones prácticas que se experimentan en el día a día. Sin duda, desde una perspectiva crítica y reflexiva, cabe preguntarse: ¿quién está promoviéndolos? ¿por qué? ¿con qué efectos? ¿Para qué/quién/quiénes?

**CASO DE ESTUDIO**

***Seleccione una estrategia de seguridad reciente de algún Estado y analice la concepción de seguridad que se desarrolla. Para ello, tras su lectura, trate de responder a las siguientes preguntas:***

(i) ¿Qué amenaza/s se identifica/n? En su caso, ¿qué silencio/s se identifican?

(ii) ¿Quién o qué es el objeto de referencia de la seguridad?;

(iii) ¿Qué dimensiones se toman en consideración?

(iv) ¿Qué medios se tendrán en cuenta para garantizar la seguridad?

(v) ¿Se identifica algún proceso de securitización? ¿Y movimiento securitizador?

## VII. RECOMENDACIONES

- Barry Buzan y Lene Hansen, *The evolution of international security studies* (Cambridge: Cambridge University Press, 2009).
- Buzan, Barry; Wæver, Ole, y de Wilde, Jaap "Security: A New Framework for Analysis", (Londres: Lynne Rienner Publishers, 1998).
- Collective, C. A. S. E. "Critical Approaches to Security in Europe: A Networked Manifesto", en *Security Dialogue,* 37 n. 4, 2006: 443-487.
- Collins, Alan (ed)., *Contemporary security studies* (Oxford: Ed. Oxford University Press, 2022)

---

52 Sanahuja, J.A. (2022) "Guerras del interregno: la invsasión rusa de Ucrania y el cambio de época europeo y global", en *Anuario CEIPAZ Cambio de época y coyuntura crítica en la sociedad global,* pp. 41-72.

- Enloe, Cinthya, *Bananas, Beaches, and Bases* (Los Ángeles: University of California Press, 1990)
- Jarvis, Lee y Holland, Jack, *Security: A critical introduction.* (Abingdon: Routledge, 2014)
- Waever, O. (2014) *"Securitisation theory - International Relations"*, en *OpenLearn from The Open University* Disponible en: https://www.youtube.com/watch?v=wQ07tWOzE_c

# *Capítulo 24*
# ***Salud***

**JOSÉ LUIS DE LA FLOR***

## I. INTRODUCCIÓN

Queremos empezar este capítulo señalando cómo, hasta las últimas décadas del siglo XX, la disciplina de Relaciones Internacionales había mostrado un gran desinterés por el estudio de las políticas internacionales de salud. A finales de la década de 1980, y ante la extensión de la epidemia de VIH/SIDA, Caroline Thomas criticaba a la disciplina afirmando:

> "La enfermedad es un fenómeno transnacional que no reconoce las fronteras estatales; sin embargo, rara vez aparece en los debates de Relaciones Internacionales. Es importante que la disciplina aborde el tema de la enfermedad y, en general, la salud, no solo para facilitar la contención de la transmisión de enfermedades a través de las fronteras internacionales, sino también porque afecta a las nociones centrales de justicia, equidad, eficiencia y orden"[1].

Para Thomas, la salud era un asunto de baja política, aunque expresara muchas cuestiones centrales para la disciplina a cerca del orden, la justicia, el desarrollo, los derechos humanos o el papel que los actores estatales y no estatales jugaban en el diseño e implementación de las políticas internacionales de salud. Más de treinta años después de la crítica de Caroline Thomas, y con anterioridad a la epidemia de Covid-19 (2019-2021), las cosas habían cambiado profundamente convirtiendo la Salud Global en un floreciente campo de estudio en nuestra disciplina. De hecho, ya son ámbitos habituales de interés para el estudio de las Relaciones Internacionales un largo espectro de asuntos de la salud global como, por ejemplo: las enfermedades infecciosas como amenaza a la seguridad, a las que volveremos más adelante[2],

---

* Licenciado en Farmacia por la Universidad Complutense de Madrid y Doctor en Relaciones Internacionales por la Universidad Autónoma de Madrid

1 Caroline Thomas, "On the health of International Relations and the international relations of health," *Review of International Studies* 15 (1989): 273.

2 Simon Rushton and Jeremy Youde, *Routledge handbook of global health security* (Nueva York: Routledge, 2014).

la gobernanza mundial de la salud[3], las organizaciones sanitarias internacionales[4], la economía política de la salud[5], y otros aspectos diversos de las relaciones internacionales[6] que incluyen estudios concretos de enfermedades donde ha destacado muy especialmente el análisis del VIH / SIDA[7].

Entre todas estas áreas de interés, dedicamos este capítulo a la presentación y estudio del origen y desarrollo de los Estudios Críticos de Seguridad Sanitaria (ECSS) por estas tres razones:

Primero, su importancia inicial en la apertura de la disciplina al estudio de las políticas internacionales de salud. La percepción de las enfermedades infecciosas como amenaza a la seguridad internacional fue un motor necesario para que la disciplina comenzara a introducirse en el estudio de problemas característicos del área de salud global.

Segundo, la evolución académica de las investigadoras e investigadores de Relaciones Internacionales. Así, en su trabajo académico advertimos el avance desde un primer interés centrado en el estudio de la seguridad sanitaria hacia otros problemas y campos de estudio de la salud global estrechamente relacionados con sus investigaciones iniciales. Por ejemplo, Stefan Elbe ha desarrollado un interés por el estudio de la industria farmacéutica como actor de las relaciones internacionales[8], Collin McInnes por la diplomacia sanitaria[9], João Nunes por la economía política de la salud

---

3 Sophie Harman, *Global health governance* (Nueva York: Routledge, 2012).

4 Ver Mark W. Zacher y Tania J. Keefe, *The Politics of Global Health Governance: United by Contagion* (Nueva York: Palgrave Macmillan, 2008); Kelley Lee, *Globalization and health: an introduction* (Nueva York: Springer, 2003).

5 Ver Simon Rushton y Owain Williams, *Partnerships and foundations in global health governance* (Nueva York: Springer, 2011); Hans Löfgren y Owain Williams, *The new political economy of pharmaceuti-cals: conformity and resistance in the global south* (Londres: Palgrave Macmillan UK, 2013).

6 Ver Sara Davies, *Global politics of health* (Cambridge: Polity Press, 2010); Jeremy Youde, *Biopolitical surveillance and public health in international politics* (Nueva York: Springer, 2010); Colin McInnes y Kelley Lee, *Global health and international relations* (Cambridge: Polity Press, 2012).

7 Nana K Poku, *The political economy of AIDS in Africa* (New York: Routdledge, 2017).

8 Stefan Elbe, *Pandemics, pills, and politics: Governing global health security* (Baltimore: JHU Press, 2018).

9 Colin McInnes y Kelley Lee, *Global health and international relations* (Cambridge: Polity Press, 2012).

con especial interés en las desigualdades sanitarias internacionales[10], Sara Davies por la incorporación de una mirada feminista a los problemas de salud global[11] y finalmente Jeremy Youde por cuestiones de gobernanza sanitaria global y geopolítica[12].

Tercero, su marcado sentido interdisciplinar. El estudio de la seguridad sanitaria ha establecido un diálogo entre cuestiones centrales de la disciplina (soberanía, seguridad, derechos humanos, cooperación, diplomacia, frontera) y otras disciplinas como la Historia, la Salud Pública, la Geografía, la Antropología y la Sociología. Esto ha permitido demostrar que la salud no es solo una cuestión técnica que queda limitada al conocimiento de las personas expertas, sino que sus agendas y políticas están atravesadas por debates éticos, dilemas políticos, conflicto de intereses, relaciones de poder, desigualdades históricas y concepciones distintas de entender la salud, el bienestar o el cuidado.

Dada estas razones introductorias, dedicamos el capítulo a comprender la relevancia de los ECSS a través de un análisis detenido.

## II. CONTEXTO DE APARICIÓN DE LOS ESTUDIOS CRÍTICOS DE SEGURIDAD SANITARIA

El surgimiento de un interés por el estudio de la seguridad sanitaria en nuestra disciplina ha respondido a factores históricos vinculados a procesos políticos y sociológicos estrechamente relacionados con los países occidentales.

El final de la Guerra Fría en 1989 supuso la transformación del ámbito de la seguridad internacional. La hegemonía dada a la pugna entre bloques y la posibilidad de un conflicto nuclear se desplazó para incorporar nuevas preocupaciones a la agenda de seguridad como fueron el medio ambiente, la energía, el terrorismo, los flujos migratorios o la re-emergen-

---

10 João Nunes y Gabriela Lotta, "Discretion, power and the reproduction of inequality in health policy implementation: Practices, discursive styles and classifications of Brazil's community health workers", *Social Science & Medicine* 242 (2019): 1-8.

11 Sara Davies y Belinda Bennett, "A gendered human rights analysis of Ebola and Zika: locating gender in global health emergencie", *International Affairs* 92 (2016): 1041-1060.

12 Jeremy Youde, *Global health governance in international society* (Oxford University Press, 2018).

cia de las enfermedades infecciosas. La ampliación de la percepción de amenaza internacional a estos nuevos tipos de vulnerabilidades también supuso profundizar en otros referentes de seguridad que iban más allá de la centralidad dada al estado y la seguridad nacional para atender ahora a la seguridad del individuo, la población o el propio planeta.

La nueva conciencia o sensación de crisis que atraviesa, por primera vez en generaciones, a los estados y las sociedades occidentales, quienes observan cómo sus poblaciones y economías se ven comprometidas por la circulación de nuevas enfermedades infecciosas como la epidemia de VIH/SIDA originada en la década de 1980, los brotes periódicos de la enfermedad vírica del ébola (EVE) y peste sucedidos durante la década de 1990, la aparición y rápida propagación del SRAS (Síndrome Respiratorio Agudo Severo en 2003), la circulación de diversas cepas de gripes aviares durante la primera década del siglo XXI, el temor a que la 24° epidemia vírica del ébola (2014-2016) pudiera alcanzar sus territorios y más recientemente la epidemia de COVID-19 han creado una extendida preocupación por las implicaciones que tiene una nueva enfermedad infecciosa en la salud de las sociedades occidentales, su seguridad nacional y la estabilidad de otras regiones como el sureste asiático o África subsahariana. Por eso, el interés por el estudio de la seguridad sanitaria ha sido en gran medida una respuesta a los propios intereses y miedos occidentales[13].

Ahora bien, la reemergencia de la circulación internacional de las enfermedades infecciosas y los procesos políticos y sociales comentados se localizan, a su vez, dentro de un proceso histórico más amplio que denominamos la medicalización de las relaciones internacionales que, surgido a mediados del siglo XIX, está caracterizado por la aparición de una autoridad médica internacional vinculada a la producción y universalización de un conocimiento médico y la expansión de unas políticas sanitarias internacionales[14]. A continuación, nos detenemos a explicar más detenidamente su origen.

Históricamente, el desarrollo del comercio, los flujos migratorios, las guerras y la colonización posibilitaron un intercambio microbiano global entre zonas del planeta geográficamente distantes. El concepto de "uniformidad microbiana del mundo", propuesto por primera vez en el trabajo

---

13 Sara Davies et al., "Global Health in International Relations: Editors' Introduction," *Review of International Studies* 40 (2014): 827.

14 David Arnold, "Introduction: Disease, Medicine and Empire", en *Imperial medicine and indigenous societies* ed. David Arnold (Manchester University Press, 1988), 1-26.

de Le Roy Ladurie, hace referencia así al proceso histórico por el cual las enfermedades propias de ciertos territorios se universalizan[15]. El motor de la "unificación microbiana del mundo" fue la expansión europea durante los siglos XIV-XVI que supuso "el más formidable traumatismo que hayan experimentado hasta hoy las masas humanas en América y en Eurasia"[16]. En todo caso, la "unificación microbiana del mundo" no se terminó durante los siglos XVII-XVIII; la difusión del cólera en el siglo XIX o la epidemia de covid-19 del siglo XXI refutarían esa creencia. Para responder a las epidemias de cólera, los estados europeos organizaron la primera conferencia sanitaria internacional en 1851, dando lugar a un proceso caracterizado por "la unificación del globo contra la enfermedad"[17]. Las conferencias sanitarias internacionales, que se siguieron celebrando con gran periodicidad hasta 1937 marcaron "el primer intento de abordar el problema de la propagación de la enfermedad a través de la cooperación internacional y la estandarización de procedimientos"[18].

Sin embargo, no podemos limitar el origen del proceso de unificación del globo contra la enfermedad a la llegada del cólera a Europa porque eso supondría olvidar otros aspectos fundamentales que estaban sucediendo con la expansión europea en otros territorios. Por ejemplo, en África, donde la enfermedad era un problema para la expansión europea, el proceso de uniformidad por la enfermedad se había desarrollado de una manera singular. En el caso de este continente, esta uniformidad se encontró dificultada por la barrera natural del Sahara, que protegía al continente de las epidemias. Según Jhon Illiffe, hasta la década de 1740 no hay constancia de una "plaga" que de modo simultáneo afectara los territorios subsaharianos y el norte de África. En todo caso, el desierto del Sahara no logró aislar patológicamente a África de otras enfermedades porque las conexiones comerciales del este del continente con la India y las rutas de peregrinación a la Meca que atravesaban el norte del continente permitieron la llegada de la viruela, por lo menos en ciertas partes del continente, con anterioridad a la expansión europea e igual sucedió con la peste bubónica que alcanzó el Congo y partes de Angola a mediados del siglo XVII, y las costas de Se-

---

15 Emmanuel Le Roy Ladurie, "Un concepto: la unificación microbiana del mundo (siglos XIV al XVII)." *Historias* 21 (1989): 33-34.

16 Le Roy Ladurie, 33.

17 Valeska Huber, "The unification of the globe by disease? The international sanitary conferences on cholera, 1851-1894", *The Historical Journal* 49 (2006): 454.

18 Huber, 455.

negal y Guinea a mediados del siglo XVIII[19]. El comercio de esclavos fue la circunstancia histórica que aceleró la incorporación de África al proceso de uniformidad microbiana y permitió el intercambio de otros patógenos entre América de Sur y África como la sífilis venérea que se introdujo en el continente africano y la fiebre amarilla que hizo lo propio en América[20].

El proceso de medicalización de las relaciones internacionales ha ido continuando a lo largo de la historia del siglo XIX y XX, caracterizado por la constitución de autoridades sanitarias internacionales y la producción de un conocimiento médico necesario para calcular e intervenir sobre diferentes aspectos y problemas de las relaciones internacionales. Sin ser un proceso lineal, la evolución histórica de las relaciones internacionales presenta la constitución de diferentes tipos de medicalizaciones de las que, a continuación, repasamos algunas de las más relevantes.

Medicalización colonial donde la producción de un conocimiento médico sobre las enfermedades que los europeos encontraban en su expansión imperial fue un requisito necesario para la colonización de África y el sureste asiático. Las potencias coloniales comprendieron la necesidad de dotarse de centros de investigación, escuelas de medicina tropical y una administración sanitaria colonial capaz de enfrentar la enfermedad en los territorios colonizados. Las autoridades europeas instrumentalizaron el conocimiento médico para producir un orden colonial racista donde la población nativa fue segregada al considerar que su cultura favorecía comportamientos no higiénicos y sus cuerpos eran un reservorio natural de la enfermedad. En este escenario, las escasas intervenciones médicas en minas y plantaciones trataban de sostener la fuerza productiva del "trabajador tropical" mientras mantenían unas condiciones laborales de explotación y hacinamiento[21]. Estas actuaciones sanitarias, junto a las campañas de vacunación, participaron en justificar la misión colonizadora del europeo[22]. Después de la Segunda Guerra Mundial, las agendas y políticas

---

19 John Iliffe, *África, Historia de un Continente* (Cambridge University Press, 1998): 13-14.

20 Iliffe, 93.

21 Randall Packard, "The Invention of the 'Tropical Worker': Medical Research and the Quest for Central African Labor on the South African Gold Mines, 1903-36,", *The Journal of African History* 34, (1993).

22 Las políticas médicas desarrolladas por las potencias coloniales en África fueron variando a lo largo de la colonización y a su vez fueron diferentes entre sí, como se puede observar al revisar las diversas estrategias aplicadas por los europeos para luchar contra la tripanosomiasis o enfermedad del sueño. Ver Daniel R. Headrick,

de desarrollo internacional estuvieron también altamente medicalizadas. Expertos, técnicos, científicos y procedimientos ligados estrechamente a la Fundación Rockefeller influyeron decisivamente en la recién creada Organización Mundial de la Salud (1945) y en las agencias internacionales de cooperación. Durante las décadas de 1950 y 1960 la erradicación de la malaria a través de la fumigación con DDT fue un elemento fundamental en las políticas internacionales que apostaban por un desarrollo centrado en la construcción de infraestructuras y el aumento de la producción agraria. Sin embargo, durante la década de 1970, la medicalización decolonial, centrada en la construcción de una red de experiencias sanitarias entre países tercermundistas —muchos de ellos recién independizados—, recogió la producción de un conocimiento y tecnologías médicas adecuadas a las necesidades de su población. Así viajaron las experiencias de salud comunitaria impulsadas en países como Tanzania, Cuba, China, Yugoslavia, el estado indio de Kerala que mostraban cómo estados con muy pocos recursos ponían en funcionamiento planes nacionales de salud centrados en las necesidades de su comunidad y basados en la formación de trabajadores sanitarios, la construcción de centros de salud rurales, la movilización de la población para identificar y responder a sus necesidades sanitarias, y la importancia de actuaciones centradas en la educación y la prevención más que en la intervención tecnológica[23]. La internacionalización de estos conocimientos y experiencias durante la Conferencia de Alma-Ata celebrada por la OMS en 1978 vinculó el "derecho a la salud" a este conjunto de estrategias que recibieron el nombre de Atención Primaria en Salud. La medicalización neoliberal de la mano del Banco Mundial desplazó durante la década de 1980 la estrategia de la APS para introducir la planificación de los sistemas de salud en base a la lógica del mercado. La condicionalidad económica que los organismos financieros internacionales impusieron a los estados africanos a través de los Programas de Ajuste Estructural intervino decididamente sobre sus sistemas de salud reduciendo los servicios prestados, los trabajadores sanitarios contratados y la financiación del sistema.

Dentro de un proceso histórico internacional abierto a diversos tipos de medicalizaciones advertimos cómo en la actualidad se constituye un nuevo tipo de medicalización, la medicalización de la seguridad. Desde nuestra

---

"Sleeping sickness epidemics and colonial responses in East and Central Africa, 1900-1940," *PLoS neglected tropical diseases* 8, (2014).

23 Marcos Cueto, "The origins of primary health care and selective primary health care," *American Journal of Public Health* 94, (2004).

disciplina los Estudios Críticos de Seguridad Sanitaria han analizado las características propias de este tipo de racionalidad lo que ha permitido arrojar luz a las características centrales, efectos y desigualdades que produce.

## III. EL ORIGEN DE LA MEDICALIZACIÓN DE LA SEGURIDAD

A comienzos de la Postguerra Fría, virólogos, microbiólogos y medios de comunicación estadounidenses reforzaron el significado de amenaza que suponía la re-emergencia internacional de las enfermedades infecciosas para la salud pública, la seguridad nacional y el comercio internacional[24]. El comienzo de este renovado interés se sitúa el 1 de mayo de 1989 con la celebración de la Conferencia *Emerging Viruses: The Evolution of Viruses and Viral Disease* organizada por el virólogo Stephen S. Morse, el microbiólogo Joshua Lederberg y patrocinada por el *National Institutes of Health* y la Universidad Rockefeller. La conferencia abordó la amenaza que suponía los nuevos organismos infecciosos aparecidos desde comienzos de la década de 1980 como el VIH, el virus del Ebola, el hantaviruses y las nuevas resistencias a antibióticos desarrolladas principalmente en el caso de la tuberculosis. Durante la conferencia, Stephen Morse presentó el concepto de "virus emergentes" y propuso profundizar en los factores que caracterizaban su naturaleza, como eran: sus causas de aparición, sus modelos de propagación, los riesgos sanitarios que planteaban y las estrategias necesarias para prevenir o gestionar su circulación global[25]. Tres años después de la conferencia, el *Institute of Medicine* (IOM) publicó el Informe "Emerging Infections: Microbial Threats to Health in the United States" que amplió el concepto de "virus emergente" a través de la creación del término "enfermedad emergente". El informe fue "la pieza central de una importante campaña" para alertar a los dirigentes y la sociedad de Estados Unidos de que las enfermedades infecciosas, que parecían históricamente relegadas al mundo en desarrollo, amenazaban también su territorio e intereses[26]. En palabras del propio Informe:

---

24 Nicholas King, "Security, Disease, Commerce: Ideologies of Postcolonial Global Health," Social *Studies of Science* 32 (2002): 765.

25 King, 766.

26 King, 768.

"Como la pandemia del virus de la inmunodeficiencia humana (VIH) seguramente debería habernos enseñado, en el contexto de las enfermedades infecciosas, no hay ningún lugar en el mundo del que estemos alejados y nadie de quien estemos desconectados. En consecuencia, algunas enfermedades infecciosas que ahora afectan a personas en otras partes del mundo representan amenazas potenciales para los Estados Unidos debido a la interdependencia global, el transporte moderno, el comercio y los cambios en los patrones sociales y culturales[27].

Como vemos, el Informe daba un papel central al VIH/SIDA como una "enfermedad infecciosa emergente" y mostraba también su preocupación por otras enfermedades como la Enfermedad de Lyme, úlcera péptica, malaria, dengue y el aumento reciente de la resistencia a la tuberculosis y la malaria, sobre todo en zonas de África. Según el mismo informe, diversos factores habían alterado los vectores de transmisión, exponiendo así a nuevos grupos de población a enfermedades procedentes de otros territorios. La investigación relacionó esas dinámicas con una multiplicación de factores entre los que encontramos: la rápida urbanización, los movimientos migratorios, el crecimiento de la población, los refugiados y desplazados por guerras o crisis económicas, la construcción de presas, la deforestación, el cambio climático, las inadecuadas condiciones sanitarias, la falta de campañas de inmunización o programas de control de los vectores y los comportamientos personales que incluían las actividades sexuales, la propia vulnerabilidad inmunológica de la población y la rapidez de los medios de transporte[28]. El interés por las "enfermedades infecciosas emergentes" se multiplicó cuando centros de inteligencia como *National Intelligence Council*, prestigiosos medios científicos como *Centers for Disease Control and Prevention* de Estados Unidos (CDC) y *National Science and Technology Council* y congresos anuales, como el celebrado en 1995 por la Academia de Medicina de Nueva York y el IOM centraron su atención en la problemática de las "enfermedades emergentes". El creciente interés que durante esos años suscita el nuevo campo de investigación acompañó en 1995 la aparición de la publicación on-line *Emerging Infectious Diseases* editada por el CDC y que se convirtió en el referente de los trabajos científicos sobre los factores involucrados en la aparición, difusión, prevención y eliminación de las enfermedades infecciosas emergentes. El año siguiente, 36 publicaciones

---

27 Joshua Lederberg, Robert E. Shope y Stanley C. Oaks. *Emerging Infections: Microbial Threats to Health in the United States* (Washington: National Academy Press, 1992), 6.

28 Lederberg, Shope y Oaks, 34.

médicas en 21 países dedicaron algún número o parte de sus publicaciones a la cuestión de "las enfermedades emergentes o remergentes"[29]. En este contexto científico se comienza a impulsar el diseño de una respuesta vírica que centrada en prevenir el riesgo de un estallido global prioriza la financiación para fortalecer la vigilancia epidemiológica, el refuerzo de la investigación en virología y biología molecular, la creación de las alianzas público-privadas para desarrollar vacunas y medicamentos y la mejora de la coordinación entre instituciones de salud pública locales, nacionales e internacionales[30]. Esta respuesta desplazaba la actuación sobre los factores ecológicos, que habían sido considerados determinantes en la aparición de los estallidos.

Una serie de sucesos internacionales contribuyeron a elevar la preocupación social por las enfermedades emergentes, como fueron el uso en 1988, durante la guerra irano-iraqui, de gases tóxicos por el ejército iraquí contra la población kurda de Halabja, la disolución de la Unión Soviética a comienzos de la década de 1990 que dejó abierta la posibilidad de que el material biológico almacenado en sus antiguos laboratorios pudiera pasar a manos de redes terroristas u otros estados con intenciones de usarlo y el ataque con gas sarín que perpetró en 1995 la secta Aum Shinrikyo en el metro de Tokio[31].

## *1. Estudios sociológicos de Seguridad Sanitaria*

Una primera aportación que hacen los ECSS a través de los estudios sociológicos o socio-constructivista es profundizar en las actuaciones de los expertos científicos y las autoridades políticas que impulsan los procesos de securitización de la salud, que a lo largo de las tres últimas décadas, han respondido principalmente a la amenaza de la circulación de enfermedades infecciosas como el VIH/SIDA, el Síndrome Respiratorio Agudo Severo (SRAS), las gripes aviares, la 24° Enfermedad Vírica del Ébola o la COVID-19. Estos estudios demuestran cómo en los procesos de securitización de la salud participan diferentes actores y referentes de seguridad creando distintos tipos de nexos entre la seguridad y la salud, lo cual conlleva que la seguridad sanitaria no tenga un significado único, sino que se presente

29 King, 679-770.

30 Lederberg, Shope y Oaks.

31 Stephen Collier, Andrew Lakoff y Paul Rabinow, "Biosecurity Towards an anthropology of the contemporary," *Anthropology Today* 20 (2003): 4.

como un concepto en debate[32]. Para Colin McInnes, los procesos de securitización de la salud producen cuatro tipos de nexos entre la seguridad y la salud que son: la seguridad humana donde el referente de seguridad es el individuo; la seguridad nacional e internacional donde el referente de seguridad es el estado y la estabilidad regional; la seguridad sanitaria global donde el referente de seguridad es la salud pública de toda la población y la bioseguridad entendida como el riesgo encerrado en el desarrollo de nuevos microrganismos en los laboratorios científicos[33]. Stefan Elbe sostiene la emergencia de un quinto nexo resultado de construir como amenaza ciertos estilos de vida vinculados a la dieta de alimentos hiperprocesados, el consumo de grandes cantidades de alcohol o el tabaquismo porque todo ello posibilita la aparición de enfermedades y suponen por tanto amenazas directas a la salud pública[34].

La segunda aportación de este grupo de estudios permite analizar los debates que suceden dentro de los procesos de securitización de la salud para identificar cuáles son los discursos, agendas y argumentos que los actores usan para reclamar la construcción de un determinado nexo de seguridad. El estudio de estos procesos de securitización revela la aparición de múltiples actores, nacionales e internacionales, estatales y no estatales que estarían usando el lenguaje de seguridad en respuesta a diferentes agendas e intereses que van desde la defensa nacional frente a una amenaza sanitaria a reforzar los recursos humanos y financieros destinados a una determinada enfermedad[35]. Estos estudios demuestran cómo los actores securitizadores actúan, cooperan o pugnan desde diferentes niveles políticos, sociales, nacionales e internacionales. Por ejemplo, la securitización internacional del VIH/SIDA sucedió después de que la administración Clinton decidera declarar la epidemia como una amenaza para su seguridad nacional en respuesta tanto a los informes estratégicos de sus agencias de seguridad como a las presiones de colectivos sociales que reivindicaron a la Casa Blanca un mayor compromiso financiero internacional en la lucha contra

---

32 William Aldis, "Health security as a public health concept: a critical analysis," *Health Policy and Planning* 23 (2008).

33 Colin McInnes, "The many meanings of health security", en *Routledge handbook of global health security*, ed. Simon Rushton y Jeremy Youde (Nueva York: Routledge, 2014), 5-17.

34 Stefan Elbe, *Security and global health* (Cambridge: Polity Press, 2010),11.

35 McInnes (2014), 8-9.

la epidemia[36]. En el proceso de securitización de la 24° EVE observamos también cómo, en diferentes momentos, Médicos Sin Frontera, los Estados Unidos y el Consejo de Seguridad de las Naciones Unidas exigieron declarar la epidemia como una amenaza global y lograr así desencadenar una respuesta internacional de emergencia[37].

## 2. *Los dilemas normativos*

Como explica el capítulo dedicado "seguridad" en este mismo volumen, los procesos de securitización refuerzan la autoridad del estado al justifican la puesta en marcha de políticas excepcionales[38]. Los procesos de securitización de la salud pueden reproducir esta preocupación a través de medidas para evitar la expansión de la enfermedad como los cordones sanitarios, las cuarentenas o las vacunaciones obligatorias. Sin embargo, los dilemas normativos no se limitan exclusivamente a situaciones de excepcionalidad que suponen la suspensión temporal de derechos civiles. Por ejemplo, ONUSIDA y colectivos sociales usaron el lenguaje de seguridad para reforzar el interés internacional por responder a la epidemia del VIH/SIDA. Finalmente, la securitización internacional del VIH/SIDA caracterizada por la aprobación de la Resolución 1308 del Consejo de Seguridad de las Naciones Unidas enfrentó a defensores y críticos. Los primeros apoyaban la securitización de la enfermedad al considerar que los gobiernos que negaban la presencia del VIH en su población, o infravaloraban sus efectos, cambiarían de actitud al comprender que la enfermedad suponía también una amenaza para su seguridad nacional, lo que incrementaría los recursos nacionales dirigidos a luchar contra el VIH/SIDA y contribuiría a derribar el "muro de silencio" que muchos gobiernos habían levantado en torno a la enfermedad[39]. Los defensores de la securitización del VIH/SIDA presentaron esta medida como una estrategia de salud pública que

---

36 Roxanna Sjöstedt, "Exploring the construction of threats: The securitization of HIV/AIDS in Russia," *Security Dialogue* 39 (2008).

37 Gian Luca Burci, "Ebola, the Security Council and the securitization of public health," *Questions of International Law* (2014).

38 Barry Buzan, Ole Wæver y Japp De Wilde, Security: a new framework for Analysis (Londres: LynneRienner Publishers, 1998), 29.

39 Kofi Annan, "Review of the problema of human inmunodeficiency Virus/Acquired Inmunodeficiency Syndrome in All Aspects", en *Report of the Secretary General to the United Nations General Asambly.* (Nueva York: Organización de las Naciones Unidas, 2001).

permitió multiplicar las iniciativas globales para mejorar el acceso a los medicamentos, especialmente entre la población africana[40], y favoreció la aplicación del artículo 73 (b) de los ADPIC[41] que permitía excepciones a las disposiciones que regulaban las patentes y el comercio internacional de fármacos.

Sin embargo, otros estudios criticaron que la securitización del VIH/SIDA no podía considerarse como una respuesta sostenible porque su interés cesaría en cuanto los gobiernos occidentales rebajaran su percepción de la amenaza[42]. Además, cuestionaron que muchos gobiernos africanos, al interpretar el VIH/SIDA como una amenaza para su seguridad, priorizaron el acceso al diagnóstico y tratamiento de sus militares y funcionarios en detrimento del resto de la población[43]. Igualmente, en situaciones de conflicto y post-conflicto la securitización del VIH/SIDA ha privilegiado la atención de los cascos azules[44], considerados un grupo de riesgo por la transmisión del virus entre sus unidades, por encima de las mujeres que durante los conflictos bélicos y las operaciones de paz son el grupo de población más vulnerable a la infección presentando un aumento mayor de casos[45]. También durante la respuesta de emergencia a la 24° EVE se criticó la falta de una mirada de género cuando la tarea del cuidado de los enfermos recayó especialmente en las mujeres[46]. El papel de las mujeres ha sido fundamental en la respuesta comunitaria a la enfermedad por

---

40 Algunas de estas iniciativas globales han sido el Fondo Global de lucha contra el sida, la tuberculosis y la malaria (desde ahora Fondo Global en 2002) y nacionales como el PEPFAR (2003) que ha sido el programa bilateral que más recursos ha destinado a luchar contra la epidemia.

41 Los acuerdos ADPIC (Acuerdo sobre los Aspectos de los Derechos de Propiedad Intelectual) relacionados con el Comercio, firmados en 1994 sobre patentes de investigación y comercialización de la industria farmacéutica regula el acceso internacional a los medicamentos.

42 Susan Peterson, "Epidemic Disease and National Security," *Security Studies* 12 (2002).

43 Stefan Elbe, "Should HIV/AIDS be securitized? The ethical dilemmas of linking HIV/AIDS and security," *International studies quarterly* 50 (2006):129-130.

44 Diversos estudios de ONUSIDA y otras agencias de seguridad sirvieron para propagar este relato.

45 Hakan Seckinelgin, Joseph Bigirumwami y Jill Morri, "Securitization of HIV/AIDS in Context: Gendered Vulnerability in Burundi," *Security Dialogue* 41 (2010): 515: 515.

46 Lauren Wolfe, "Why are so many women dying from Ebola," *Foreign Policy* 20 (2014).

los cuidados desarrollados y la organización de grupos de apoyo[47]. Una profundización en la mirada feminista a las relaciones internacionales se encuentra en el capítulo que este manual dedica a su estudio.

Por último, la securitización internacional del VIH/SIDA en algunas circunstancias aumentó la estigmatización de la población enferma, al considerarla como una amenaza para la seguridad nacional[48]. Igualmente, durante la 24° EVE, ciudadanos guineanos y liberianos fueron consideradas portadores de la enfermedad y sufrieron prohibiciones para volar a otros países. Por ello, los procesos de securitización de la salud pueden conllevar que personas enfermas tengan que silenciar su estado de salud por temor a un mayor oprobio.

### *3. La racionalidad científica*

Un dilema específico a los procesos de securitización de la salud reside en la autoridad hegemónica conferida a las autoridades y el conocimiento científico que son comprendidos como racionalidades objetivas, neutrales y universales. Por ejemplo, las autoridades de Camboya y Vietnam reconocieron las razones científicas para securitizar enfermedades como el VIH/SIDA, el SRAS o las gripes aviares, pero el temor a los conflictos sociales, culturales, económicos o religiosos que podrían surgir por las medidas excepcionales que deberían adoptar (como la prohibición de ceremonias religiosas, suspensión de movimientos a lo largo del país, limitación a la circulación de mercancías), retrasó sus securitizaciones. Los procesos de securitización de la salud fortalecen el significado universal y neutral del conocimiento médico, al presentarlo como un conocimiento técnico y objetivo que refuerza una pretendida superioridad de la lógica científica, estrechamente ligada al desarrollo de la cultura occidental, y desplaza la existencia de otras racionalidades económicas, sociales o religiosas que influyen también en el diseño de las políticas[49].

---

47 Sophie Harman,"Ebola, gender and conspicuously invisible women in global health governance," *Third World Quarterly* 37 (2016).

48 Richard Coker, "Compulsory screening of immigrants for tuberculosis and HIV: is not based on adequate evidence, and has practical and ethical problems," *British Medical Journal* 328 (2004): 298-300.

49 Catherine Lo Yuk-ping y Nicholas Thomas, "How is health a security issue? Politics, responses and issues," *Health Policy and Planning* 25 (2010).

En este campo de análisis de la lógica científica usada en los procesos de securitización de la salud aparecen los Estudios de Riesgo Sanitario que advierte cómo los expertos sanitarios operan construyendo diferentes circulaciones, eventos o accidentes como riesgos sanitarios. Así, amenazas como el VIH/SIDA, las gripes aviares, la 24° EVE, el uso de agentes víricos con fines terroristas (bioterrorismo), e incluso las enfermedades relacionadas con los estilos de vida son calculadas, no tanto como una amenaza existencial o un problema de seguridad inminente (ya presente), sino más bien y principalmente como un riesgo de seguridad subyacente y a largo plazo. De hecho, los expertos de la OMS requieren seguir paso a paso los cálculos y algoritmos preestablecidos para determinar en qué momento un estallido vírico, como las gripes aviares, el SRAS, la 24° EVE, deben ser declarados como una amenaza sanitaria internacional[50]. Esta actuación la podemos ver también en argumentos usados en la securitización del VIH/SIDA que sostenían la necesidad de actuar y reforzar la respuesta a la enfermedad porque su extensión podía comprometer la estabilidad de los estados africanos y las operaciones que los cascos azules en África. Así, la Resolución 1308 aprobada por el Consejo de Seguridad de las Naciones Unidas presentaba la amenaza del VIH /SIDA en términos de riesgo sanitario al afirmar que "si no se controla, puede suponer un riesgo para la estabilidad y la seguridad" (e igual lo podemos ver con la Resolución 2177 que declaró la 24° EVE como una amenaza sanitaria internacional). También, la cooperación internacional ha calculado la enfermedad como un riesgo para el desarrollo. Así, el VIH/SIDA, la tuberculosis y la malaria se han calculado como riesgos para la incorporación de África a la economía global por lo que se han dirigido iniciativas de salud global específicas para luchar contra ellas[51]. En estos casos, la necesidad de actuar y adoptar las medidas oportunas responde al intento de impedir escenarios futuros donde los agentes víricos puedan acabar causando problemas de estabilidad política, económica, social o sanitaria lo que se aleja de una gramática de seguridad que construye al otro como enemigo. En el capítulo de posestructuralismo de este volúmen se profundiza más en estos estudios de riesgo que, como Aradau y Van Munster sostienen, corresponden a un tipo de racionalidad política específica, caracterizada por una forma de cálculo

---

50 Mark Honigsbaum, "Between securitisation and neglect: managing Ebola at the borders of global health," *Medical history,* 61 (2017).

51 Jeffrey Sachs, *Macroeconomia y salud: invertir en salud en pro del desarrollo económico.. Informe de la Comision sobre macroeconomia y salud* (Ginebra: Organización Mundial de la Salud, 2001).

que decide intervenir en sucesos del presente para controlar o minimizar futuribles efectos nocivos. Esta racionalidad, al presentar las enfermedades como (in)seguridades internacionales, amplía el significado de las amenazas más allá de las capacidades militares o las intenciones hostiles de otros estados[52]. Para enfrentar estos riesgos sanitarios se despliegan un conjunto de tecnologías médicas que amplían el arsenal de las políticas de seguridad. Son las denominadas "contramedidas terapéuticas" que reúnen una serie de intervenciones médicas como el desarrollo, abastecimiento y almacenaje de nuevos tratamientos farmacológico, los programas de acceso a medicamentos, la adecuación de los servicios sanitarios a los nuevos sistemas de alerta epidemiológica o el despliegue de un sistema de vigilancia epidemiológico global[53].

## IV. MEDICALIZACIÓN DE LA SEGURIDAD Y PRODUCCIÓN DE INSEGURIDADES SANITARIAS

Para Collin McInnes y Kelley Lee, desde la década de 1990, el miedo de los estados occidentales a la circulación de nuevas enfermedades infecciosas y el probable uso de agentes víricos por redes terroristas, desplazaron la atención sobre otras inseguridades sanitarias que sufrían las sociedades del Sur como eran el tabaquismo, la falta de suministro de agua potable o las enfermedades infecciosas más comunes entre su población[54]. Para Sara Davies, los reclamos de seguridad de los estados occidentales fueron recogidos por los expertos de la Organización Mundial de la Salud (OMS) que trataron así de reforzar su propia autoridad internacional; aunque con ello, según Davis, perdieron la confianza de muchos gobiernos del Sur[55]. El miedo y ansiedad de las sociedades occidentales ante la llegada de nuevas y desconocidas enfermedades infecciosas ha sido ampliamente animada por sus medios de comunicación. De hecho, se ha construido un relato global que presenta el "estallido vírico" como un suceso exótico propio de territorios no occidentales pero que, gracias a los medios de transporte,

---

52 Stefan Elbe, *Security and global health* (Cambridge: Polity Press, 2010), 27.

53 Lorna Weir, "Inventing Global Health Security, 1994-2005", en *Routledge handbook of global health security*, ed. Simon Rushton y Jeremy Youde, 1994-2005 (Nueva York: Routledge, 2014).

54 Colin McInnes y Kelley Lee, "Health, security and foreign policy," *Review of International Studies* 32 (2006): 18.

55 Sara Davies, "Securitizing infectious disease," *International Affairs* 84, 2 (2008).

podría alcanzar rápidamente sus estados. Este relato fortalece la percepción de amenaza y la ansiedad sanitaria de las sociedades occidentales que demandan contener la enfermedad en su territorio de origen en vez de operar sobre los determinantes y factores estructurales internacionales que posibilitan la aparición de la enfermedad y que reúnen diferentes causas, ecológicas, sociales, internacionales, modelos productivos ganaderos o el crecimiento y hacinamiento urbano[56]. Por ejemplo, durante la 24º EVE las noticias de los medios de comunicación occidentales ofrecieron mayoritariamente un relato catastrófico de la epidemia y solo informaron sobre ella mientras su circulación supuso una amenaza para las sociedades occidentales[57]. Igualmente, otros medios culturales como películas o libros han ido formando en la audiencia occidental una idea de la amenaza y las terribles consecuencias que supondría la llegada de un virus letal africano[58].

Para Simon Rushton, los beneficios de la seguridad sanitaria que disfrutan las sociedades occidentales supone que los estados y las sociedades del Sur Global asuman sus costes y cargas[59]. Por eso, los procesos de securitización de la salud han continuado debilitado los sistemas nacionales de salud de los países del Sur Global después de décadas de ajuste estructural, al crear las políticas de alerta y respuesta epidemiológica de la OMS problemas de coordinación y funcionamiento[60]. La falta de acceso a los fármacos es la problemática que mejor representa esta carga y con ello la desigualdad sanitaria que producen los procesos de securitización de la salud. Diferentes investigaciones han denunciado que la OMS cedió a las presiones del lobby farmacéutico cuando declaró la gripe aviar H1N1 de 2009 como una amenaza epidémica internacional (Cohen and Carter, 2010). En esta línea, la comisión de expertos de la OMS que tenían que evaluar y con-

---

56 Priscilla Wald, *Contagious: Cultures, Carriers and the Outbreak Narrative* (Duke University Press, 2008).

57 José Carlos Sendín y Rebeca Martín Nieto, "Medios de comunicación en el tratamiento internacional de la crisis del Ébola," en *Detrás del ébola Una aproximación multidisciplinar a una cuestión global*, ed. Oscar Mateos y Jordi Tomas (Barcelona: Edicions Bellaterra, 2015), 221.

58 A este respecto destacan como veremos en el último capítulo los dos estudios periodísticos de divulgación científica aparecidos simultáneamente en 1994 de Laurie Garrett, "The Coming Plague: Newly Emerging Diseases in a World out of Balance" y de Richard Preston "The Hot Zone".

59 Simon Rushton, "AIDS and international security in the United Nations System," *Health policy and planning* 25 (2010).

60 Philippe Calain, "Exploring the international arena of global public health surveillance," *Health Policy and Planning* 22 (2007).

firmar esta declaración mantenían relaciones profesionales con la industria farmacéutica, para la que securitizar una enfermedad supone ventas masivas de vacunas y fármacos[61]. En todo caso, ante una declaración de alerta epidémica internacional son sólo los gobiernos occidentales quienes tienen los recursos financieros necesarios para realizar compras masivas de vacunas y fármacos. Por ejemplo, durante la epidemia de H1N1 de 2009 los gobiernos occidentales compraron la mayoría de antigripales disponibles en el comercio global lo que redujo a mínimos sus reservas internacionales. Con un mercado desabastecido y unos altos precios, los estados del Sur no pudieron acceder a estos medicamentos y quedaron a merced de las donaciones internacionales[62].

En todo caso, los efectos negativos que producen los procesos de securitización no se limitan exclusivamente al ámbito sanitario. Por ejemplo, la securitización de las gripes aviares aumentó la pobreza cuando extendió el sacrificio de cerdos y aves criados en pequeñas granjas familiares al considerarlos principales agentes transmisores de la enfermedad. En Egipto, durante la amenaza de gripe aviar H5N1 de 2006, estos sacrificios profundizaron la tensión social entre una población cristiana que criaba los cerdos y que se sintió agraviada ante unas decisiones políticas tomadas por las autoridades musulmanas[63]. En Vietnam ocurrió también algo semejante cuando las medidas sanitarias internacionales obligaron a suspender sus exportaciones avícolas causando importantes daños económicos en las clases populares[64].

Debemos también mencionar los efectos de los propios estudios de seguridad a los que Simon Rushton califica como "industria académica" y que, según el investigador, estarían contribuyendo a construir una percepción exagerada de las posibilidades que ofrece el uso del lenguaje de seguridad para mejorar las condiciones de salud de las poblaciones del

61 Deborah Cohen y Philip Carter, "WHO and the pandemic flu "conspiracies," *British Medical Journal* 340 (2010); Stefan Elbe, Anne Roemer-Mahler y Christopher Long, "Medical countermeasures for national security: A new government role in the pharmaceuticalization of society," *Social Science & Medicine* 131 (2015).

62 Oluyemisi Ijamakinwa y Niamh Stephenson, "Pandemic influenza preparedness: Africa at the crossroads," *Journal of Public Health in Africa* 3 (2012).

63 Nick Bingham y Stephen Hinchliffe, "Mapping the multiplicities of biosecurity", en *Biosecurity interventions: global health and security in question*, ed. Andrew Lakoff y Stephen J. Collier (Columbia University Press, 2008).

64 Jonathan Herington, "Securitization of infectious diseases in Vietnam: the cases of HIV and avian influenza," *Health Policy and Planning* 25 (2010).

Sur. Rushton cuestiona el papel activo que ha tenido la academia al ligar el éxito de la securitización del VIH/SIDA con el aumento directo de la respuesta internacional, olvidando el papel que jugaron otros actores y lenguajes en el aumento de la respuesta internacional a la epidemia. Por ejemplo, la Asamblea General de las Naciones Unidas, el Consejo Económico y Social, ONUSIDA, Organizaciones No Gubernamentales o fundaciones privadas como la Fundación Bill & Melinda Gates relacionaron el VIH con otras agendas diferentes a la seguridad como fueron la de los derechos humanos, el desarrollo, la justicia internacional o la atención médica. Para Rushton la academia refuerza una apreciación positiva de las posibilidades que abre el lenguaje de seguridad mientras desplaza las posibilidades que tienen otras agendas o lenguajes internacionales en el incremento de la respuesta[65].

Las inseguridades causadas por los procesos de securitización de la salud han continuado también en los procesos de desecuritización del VIH/SIDA. Según Alan Ingram, a finales de la primera década del siglo XXI, la percepción del VIH/SIDA como una amenaza internacional se rebajó debido a diferentes causas, como fueron la reducción de la incidencia del VIH/SIDA, el cuestionamiento de las estadísticas usadas para argumentar que su expansión suponía una amenaza real para la seguridad de los estados africanos, la aparición de otras amenazas sanitarias como el SRAS o las gripes aviares, que tendieron a desplazar la que representaba el VIH/SIDA, y la vuelta a un contexto de seguridad tradicional caracterizado por la Guerra Global contra el Terrorismo. En este contexto, Ingram considera que la crisis financiera de 2008 aceleró un proceso de desecuritización que ya había sido iniciado, reduciendo así las aportaciones a los fondos globales destinados a comprar y suministrar antiretrovirales, especialmente a la población africana[66]. Para asegurar el acceso a los medicamentos se crearon incentivos económicos que estimularan las donaciones y que estaban más próximos a la lógica de mercado que a los lenguajes de salud pública o derechos humanos[67]. Otro ejemplo de un proceso de desecuritización fue la 24° epidemia de EVE. Después de lograr cortar la cadena de transmisión del virus y mantener a cero la aparición de nuevos casos, se dio por finalizada la intervención de emergencia internacional (mayo 2015). La posterior

---

65 Simon Rushton,"AIDS and international security in the United Nations System," *Health policy and planning* 25, (2010): 495.

66 Alan Ingram, "After the exception: HIV/AIDS beyond salvation and scarcity," *Antipode* 45 (2013), 444.

67 Ingram (2013), 447.

fase de post-emergencia que supuso de facto el comienzo de un proceso de desecuritización estuvo caracterizada por el desinterés mostrado por los medios de comunicación y los estados occidentales que veían alejarse el temor al contagio[68]. Sin embargo, los estados africanos más afectados por la epidemia continuaron necesitando atención y recursos para responder a las personas convalecientes, los desplazados, otras enfermedades desatendidas durante la epidemia y comenzar la reconstrucción de sectores afectados (educación, sanidad, agricultura)[69].

## 1. *Resistencias*

Los estados y sociedades del Sur, además de otros actores internacionales, no son sujetos pasivos que sufren los efectos de los procesos de securitización de la salud que impulsan los actores occidentales, sino que son actores dinámicos que resisten, contestan o aceptan racionalmente las medidas o mandatos propuestos sin tener que ser obligados o coaccionados.

Por ejemplo, los estados del Sur han enfrentado las medidas y regulaciones normativas surgidas de los procesos de securitización alegando el principio de soberanía sobre su territorio y las consecuencias negativas que las medidas excepcionales tendrían en su economía. Así, el gobierno chino impidió, durante la epidemia del SRAS, la entrada en su estado de equipos de expertos de la OMS y tampoco cooperaron con sus mecanismos de vigilancia epidemiológico al negarse a compartir la información sobre la evolución del brote[70]. En otros casos, las razones políticas para bloquear los procesos de securitización respondieron a otros intereses. Este fue el caso de la negativa de Rusia y China a securitizar el VIH/SIDA y oponerse por tanto a la Resolución del CSN 1308 que había declarado la enfermedad como una amenaza para la paz y la seguridad internacional. Estas resistencias se deben comprender en tensión con los procesos políticos que atravesaron sendos estados en el contexto de las profundas transformaciones sufridas desde el final de la Guerra Fría. Las autoridades

---

68 Stanislaw Stawicki et al., "Reflections on the Ebola Public Health Emergency of International Concern, Part 1: Post-Ebola Syndrome: The Silent Outbreak," *Journal of global infectious diseases* 9 (2017): 41-44.

69 Melissa Leach, "The Ebola Crisis and Post-2015 Development," *Journal of International Development* 27 (2015): 817.

70 David Fidler, "SARS: political pathology of the first post-Westphalian pathogen," *The Journal of Law, Medicine & Ethics* 31 (2003): 485-490.

chinas, en un momento de importantes ajustes en la estructura económica y política del país, se opusieron a securitizar el VIH/SIDA porque eso suponía admitir la existencia de un mercado negro de transfusiones de sangre, la extensión de la prostitución debida al empobrecimiento de la población y la homofobia latente del régimen. Finalmente, cuando las autoridades chinas declararon oficialmente en 2004 que el VIH/SIDA era una amenaza para su seguridad nacional, tomaron medidas excepcionales que aumentaron el presupuesto y los recursos destinados a luchar contra la epidemia (programas de acceso a los antirretrovirales y test voluntarios de la enfermedad)[71]. Las autoridades rusas resistieron las presiones internacionales que le reclamaban securitizar el VIH/SIDA alegando que eran injerencias occidentales. No fue hasta 2006 cuando Vladimir Putin reconoció el impacto y la gravedad de la epidemia de VIH/SIDA en el país y aprobó medidas excepcionales que multiplicaron por veinte el presupuesto federal destinado a la enfermedad[72].

Durante la 24° EVE, los estados africanos de Guinea, Sierra Leona y Liberia también resistieron inicialmente las presiones de ONG y expertos médicos internacionales que solicitaban declarar la epidemia como una amenaza pública. Sus gobiernos censuraron la información sobre el estallido por temor a los impactos comerciales y turísticos. De igual manera, durante las epidemias de gripe aviar, los gobiernos de algunas regiones de Vietnam y Tailandia evitaron su securitización por temor a las repercusiones sociales y económicas que provocarían las medidas desplegadas[73]. Incluso los expertos de las oficinas regionales de la OMS-Afro cuestionaron los protocolos de seguridad aprobados desde la oficina central en Ginebra[74]. Otra resistencia a los mecanismos y regulaciones de la OMS sucedió durante la epidemia de gripe aviar H5N1 en 2006, cuando el gobierno de Tailandia suspendió los protocolos internacionales de cooperación vírica con la OMS denunciando que las cepas que enviaba al organismo internacional estaban siendo usadas por laboratorios privados con el fin de investigar y comercializar una vacuna contra la epidemia. Diversos gobiernos del Sur defendieron la postura del gobierno de Indonesia, mientras que otros

---

71 Catherine Lo Yuk-ping. *The securitisation of HIV/AIDS: China and India.* Hong Kong: HKUTO, 2012.

72 Roxanna Sjöstedt, "Exploring the construction of threats: The securitization of HIV/AIDS in Russia," Security Dialogue 39 (2008).

73 Jonathan Herington, "Securitization of infectious diseases in Vietnam: the cases of HIV and avian influenza," Health Policy and Planning 25 (2010).

74 Ijamakinwa y Stephenson, 117.

estados occidentales, liderados por Estados Unidos, reclamaban el cumplimiento de los acuerdos internacionales suscritos con la OMS[75].

A estas resistencias debemos añadir también los esfuerzos de países como Brasil y otras organizaciones no gubernamentales del ámbito sanitario por construir un concepto de seguridad sanitaria global centrado en la atención de las amenazas sanitarias más cotidianas a su población. Este esfuerzo cuestionaba la definición de seguridad sanitaria global que la OMS consideraba como "el conjunto de actividades proactivas y reactivas necesarias para reducir todo lo posible la vulnerabilidad a incidentes agudos de salud pública capaces de poner en peligro la salud colectiva de poblaciones que se extienden por diversas regiones geográficas y a través de las fronteras internacionales"[76]. También el ámbito académico ha trabajado propuestas alternativas a esa definición vinculadas a una mayor redistribución internacional de los recursos sanitarios y un enfoque cercano a la agenda de desarrollo humano[77]. En este sentido, cabe destacar las investigaciones de João Nunes, quien busca responder a estas preguntas de orden normativo: "¿Debería ser la salud una cuestión de seguridad? ¿Cuáles son los beneficios de comprender la salud como un problema de seguridad? ¿Qué impactos tienen las políticas de seguridad sanitaria en las poblaciones del Sur?"[78]. Para Nunes, analizar los procesos de securitización de las enfermedades infecciosas permite comprender la importancia de los intereses sanitarios, estratégicos y económicos de los actores occidentales que los impulsan, pero invisibiliza la existencia de las amenazas reales sanitarias que cotidianamente afectan a las poblaciones más empobrecidas del Sur global[79]. Para resolver esta situación propone la construcción de un modelo teórico que, partiendo del concepto de la emancipación, identifique estas amenazas sanitarias para poder combatirlas y superarlas. El modelo teórico que propone Nunes para alcanzar estos objetivos aplica un análisis de abajo a arriba (*bottom-up*) que relaciona las experiencias personales y

---

75 Rachel Irwin, "Indonesia, H5N1, and Global Health Diplomacy," *Global Health Governance* 3 (2010).

76 Organización Mundial de la Salud, *Informe sobre la salud en el mundo 2007-protección de la salud pública mundial en el siglo XXI: un porvenir más seguro* (Ginebra: Organización Mundial de la Salud, 2007): IX.

77 William Aldis, "Health security as a public health concept: a critical analysis," *Health Policy and Planning* 23 (2008).

78 João Nunes, "Questioning health security: Insecurity and domination in world politics," *Review of International Studies* 40, (2014): 940.

79 Nunes, 944.

los contextos específicos donde aparece la enfermedad, o donde se dan las condiciones materiales (pobreza) que provocan su aparición, y que se deben a una estructura de dominación internacional que articula tres tipos de poderes: uno de coacción por el que las políticas sanitarias de los gobiernos del Sur quedan sometidas a los intereses de los estados del Norte; uno de exclusión que desplaza la atención sobre ejes centrales para mejorar la salud como son el acceso al agua potable y a los medicamentos; y uno de subjetivación que resulta del efecto de limitar las capacidades y las posibilidades de desarrollo personal debido a la constante presencia o amenaza de la enfermedad[80].

**Estudio de caso**

La pandemia de COVID-19, o pandemia de coronavirus, fue debida a la enfermedad causada por el virus SARS-CoV-2. Los primeros casos se identificaron en diciembre de 2019 en la ciudad china de Wuhan. Las personas enfermas, relacionadas con el mercado mayorista de mariscos de Huanan, desarrollaban un tipo de neumonía desconocida. La Organización Mundial de la Salud (OMS) declaró el 30 de enero de 2020 una emergencia de salud pública de importancia internacional que mantuvo hasta el 5 de mayo de 2023. Durante este tiempo se contabilizaron oficialmente 765 millones de diagnósticos y 6,9 millones de muertes (aunque la propia OMS calcula que los fallecimientos pudieron haber llegado a 20 millones). Las medidas de prevención recomendadas para frenar la expansión de la enfermedad fueron lavarse las manos, cubrirse la boca al toser, distanciarse físicamente, usar mascarilla, autoaislarse en caso de tener síntomas y dar seguimiento a las personas sospechosas de infección. Lo síntomas de la enfermedad y su mortalidad aumentaron en pacientes de más 65 años o con enfermedades crónicas como diabetes, cardiopatías, enfermedades respiratorias, hipertensión arterial o inmunodeficiencias. Aproximadamente un tercio de la población mundial fue confinada y se impusieron fuertes restricciones a la libertad de circulación, lo cual condujo a una reducción drástica de la actividad económica y a un aumento paralelo del desempleo. Debido a la reducción de los viajes y al cierre de numerosas empresas, hubo un descenso en la contaminación atmosférica.

El desarrollo de la epidemia de COVID-19 reforzó la atención a las enfermedades infecciosas como amenaza a la seguridad global. Aunque la globalización de la epidemia afectó a todos los continentes, los procesos de securitización y las medidas tomadas por los gobiernos difirieron. ¿Podrías comentar dos ejemplos de procesos de securitización de la COVID-19 llevados a cabo en estados de la Unión Europea señalando sus semejanzas y diferencias más relevantes? El desarrollo de la epidemia fue creando diferentes problemas para la salud pública global. Seguramente, uno de los principales ha sido el acceso a las vacunas contra COVID-19 para lo que se constituyeron mecanismos globales dispuestos a paliar esta situación y hacer accesible las vacunas a las sociedades africanas. ¿Puedes explicar brevemente las razones de la falta de acceso a la vacunación en los estados de África Subsahariana y considerar si tales mecanismos globales creados lograron paliar

80 Nunes, 946.

esta situación? Un aspecto central de la respuesta global a la epidemia y de la gestión de sus diferentes fases fue el papel desarrollado por la OMS. En algunas ocasiones sus declaraciones y procedimientos fueron cuestionados. ¿Puedes señalar tres críticas procedentes de instituciones científicas internacionales que divergieran con las posiciones de la OMS y explicar brevemente cómo afectaron a su papel como máxima autoridad sanitaria global? En las primeras fases del desarrollo de la epidemia se desplegaron medidas de contención y aislamiento social que afectaron de diferente forma a diversos sectores de la población. Para paliar estos efectos se crearon diferentes redes de cuidados comunitarios. ¿Puedes explicar tres implicaciones negativas de estas medidas y algún ejemplo global de esas redes de cuidado?

*El desarrollo de la epidemia del COVID-19 y las preguntas que presenta para los ECSS:*

- ¿Qué diferencias hubo entre los procesos de securitización de los países de la UE?
- ¿Por qué hubo una falta de acceso a las vacunas en África Subsahariana?
- ¿Cuáles fueron las principales críticas que se hicieron a la OMS?
- ¿Qué problemas principales causaron las medidas de confinamiento en la población?

## V. CONCLUSIONES

A lo largo de este capítulo, hemos repasado la medicalización de la seguridad o cómo las amenazas sanitarias se convierten en un problema de seguridad que conlleva el interés de la disciplina de Relacione Internacionales. Hemos visto cómo la medicalización de la seguridad es el presente de un proceso histórico de más largo recorrido que tiene que ver con la propia medicalización de las relaciones internacionales; es decir, con el papel que el conocimiento médico y las políticas sanitarias han tenido en la construcción de las relaciones internacionales.

Como ya señalamos al principio del capítulo, el comienzo de un interés académico por el estudio de las políticas de seguridad sanitaria permitió superar el desinterés histórico que las Relaciones Internacionales habían concedido al estudio de las políticas internacionales de salud[81]. Asimismo, los expertos médicos y de seguridad de EEUU han sido centrales desde el final de la Guerra Fría para impulsar los procesos de securitización de la salud. Los estudios sociológicos profundizan en el papel de los actores, sus agendas y los dilemas éticos que surgen asociados a estos procesos.

El capítulo ha mostrado cómo la seguridad sanitaria opera como una racionalidad de riego; es decir, como un tipo de cálculo específico que

[81] Thomas, 273.

trata de intervenir en el presente para evitar mayores daños en el futuro. Esto ha reforzado la autoridad internacional de las instituciones médicas y la demanda de sus conocimientos por parte de los expertos en seguridad, lo que ha abierto el interés de nuestra disciplina por los Estudios de Riesgo Sanitario.

Además, como hemos visto, los procesos de securitización de la salud refuerzan la desigualdad sanitaria internacional. Por ejemplo, el acceso a los medicamentos es una realidad en las sociedades occidentales por encima de las del Sur. Las inseguridades sanitarias cotidianas que sufren las poblaciones del Sur global y las resistencias que sus estados y otros actores internacionales oponen al actual proceso de medicalización de la seguridad, impulsa el intento de construir un nuevo concepto de seguridad sanitaria alternativo.

## VI. RECAPITULACIÓN

| | **Conceptos centrales** | **Intereses críticos** | **Propuestas** |
|---|---|---|---|
| **Estudios Sociales** | Securitización | Actores, procesos y dilemas normativos | Precaución para iniciar procesos de securitización de la salud |
| **Estudios Críticos** | Emancipación | Desigualdad sanitaria y resistencias | Atención a las necesidades sanitarias de las poblaciones del Sur |
| **Estudios de Riesgo** | Riesgo | Tecnologías y riesgo sanitario | Revisión de las relaciones entre seguridad global y seguridad sanitaria |

## VII. OTROS RECURSOS

- Javier Padilla y Pedro Gullón. *Epidemiocracia: Nadie está a salvo si no estamos todos a salvo.* Madrid: Capitán Swing, 2020.
- Camus, Albert. *La peste.* Barcelona: Edhesa. 2002
- Johnson, Steven. *El mapa fantasma: la epidemia que cambió la ciencia, las ciudades y el mundo moderno.* Madrid: Capitán Swing Libros, 2020.
- https://www.cdc.gov/
- https://www.who.int/es/emergencies/disease-outbreak-news